레코드 맨

음반 산업의 위대한 역사

개레스 머피 지음 · 배순탁 옮김

Y

한국과 한국의 문화적 위상이 세계적으로 주목받는 이 흥미로운 시기에 여러분과 이 책의 한국어판을 나눌 수 있어 매우 영광이다.

한국은 음악 분야에서 점차 예술 강국으로 자리매김하고 있다. 정말로 그렇다. 팝 음악의 세계를 주도하는 국가는 여전히 미국과 영국이지만 과거 스칸디나비아반도가 그랬던 것처럼 현재 한국을 포함한 지역 신흥 강국이 대거 등장해 다음 같은 사실을 분명하게 보여주고 있다. 21세기 들어 더 다양해진 시장 속에서 더 넓은 시야와 취향이 펼쳐지고 있다는 것이다.

먼저 우리가 얼마나 멀리 왔는지 점검해 보자. 이 책은 약 10년 전 미국에서 처음 출간됐다. 당시 음악 산업은 한 세기 만에 최악의 불황을 겪는 중이었다. 스트리밍이 본격화하기 몇 년 전이었고, 지쳐버린 업계 내부자 중 일부는 이 산업의 종말이 다가왔다고 믿었다. 그들은 말했다. 사람들은 더 이상 음악에 돈을 쓰지 않을 것이고, 음악가들은 곧 멸종될 거라고.

다행히도, 낙관론자들의 말이 옳았다. 삶이라는 건 항상 적응해 나가기 마련이다. 그러니까, 음악은 단지 새로운 방식으로 우리에게 다가갈 방법을 찾았을 뿐이다. 법과 비즈니스 모델이 점차 이를 따라잡았고, 이제 우리는 거대한 전 지구적 르네상스를 경험하는 중이다. 스트리밍은 과거 물리 매체가 할 수 없었던 방식으로 음악을 진정한 의미에서 세계화하고 있다.

이 책은 우리가 주변에서 접하는 대중문화를 어떻게 읽어 낼지에 관한 이야기다. 요컨대 어떤 움직임 속에서 특정한 변화의 흐름을 포착하는 것이다. 새로운 마법은 항상 어딘가에서 일어난다. 그리고 그것은 원석 같은 재능을 발견하고, 그 재능을 스타덤으로 인도하는 소수의 소중한 사람들 덕분에 우리에게 다가온다. 이 책은 바로 이 사람들에 대한 것이기도 하다.

레
코
드
맨

이 역사의 배경에는 끊임없이 형성되는 미래에 대한 진짜 이야기가 있다. 변화, 새로운 목소리, 새로운 리듬과 춤, 그리고 다음 세대들. 여러분이 이 책을 통해 유익한 영감을 찾아내기를 바란다. 어쩌면 여러분 중 일부는 여기에서 더 나아가 직접 실천에 나설 수도 있을 것이다.

즐거운 여행 되시길.

가레스 머피

Contents

일러두기

1. 본문 하단에 나오는 각주는 모두 옮긴이 주다.
2. 책 초반부에 여러 가지 축음기 제품이 나오는데 처음 나올 때만 영어를 병기하였다.
3. Punk, Punky는 펑크, 펑키라고 한글 표기하였고, Funk는 펑크(Funk)라고 병기하였다.
4. 앨범, 영화, 책 제목은 <>로, 곡 제목은 ' '로 표기하였고, 잡지 제목은 기호를 사용하지 않거나 <>로 표기하였다.
5. 녹음, 기록을 뜻하는 Recording은 동명사이므로 리코딩이라고 표기하였다.
6. 레코드 회사의 경우 한글로 정확히 표기하면 레코즈(Records)이지만 모두 레코드로 통일했다.
7. 밴드 이름에 정관사 The가 붙는 경우는 The를 생략했다. 단, 밥 딜런(Bob Dylan)과 함께 활동했던 더 밴드(The Band)의 경우 혼란을 막기 위해 생략하지 않았다.

사람들은 말한다. 어디에서 불어올지 알 수 없기 때문에 사랑은 바람 같은 거라고. 음악 역시 그러하다. 한데 시작하기에 앞서 알아둬야 할 게 있다. 음악을 발굴하고 파는 기술이 단지 산업은 아니라는 점이다. 그것은 차라리 하나의 게임이다. 삶의 방식이기도 하다. 황야를 떠돌며 뮤즈를 추적하는 고독한 사냥꾼이 되는 것이다.

그것은 판매자를 위한 시장이기도 하다. 전도하려는 사람이 있는가 하면 광신자도 있다. 수집가나 눈팅족 혹은 주말 장터의 뜨내기손님이 될 수도 있다. 따라서 이 책을 통해 당신은 도박사나 사기꾼에 가까운 사람을 목격할 수 있을 것이다. 그러나 포커스는 어디까지나 음악적으로 교양 있는 탐사자에게 맞춰졌다. 인디, 산파자, 누구보다 음악의 흐름을 먼저 포착해 낸 경우를 다뤘다. 바로 날것에 가까운 가능성을 재빨리 발견해 그걸 더 큰 세계에 소개한 사람들이다.

책을 쓰는 3년 동안 여러 우여곡절이 있었다. 그중 놀라웠던 게 하나 있다. 이 산업의 베테랑들이 레코드 업계의 전설을 표현할 때 판에 박힌 표현을 되풀이했다는 점이다. 그들은 습관처럼 말했다. "그 사람, 진짜 레코드 맨이죠." 존중을 담고 있는 이 레코드 맨이라는 수식은 항상 다음 사실을 일깨워 준다. 음악 산업 내부에서 미묘한 구분점 역할을 해준다는 것이다. 물론 이 레코드 맨이라는 표현은 오래된 수식이다. 너무 단순해 보이는 측면도 있다. 다소 애매모호한 표현이기도 하다. 그럼에도 거기에는 자신이 관여한 음악에 대해 잘 알고, 확고한 가치를 갖고 있었던 사업가를 향한 찬사가 녹아 있다.

허튼소리 하는 인간이 널려 있는 이 필드에서 한두 번의 운으로 진정한 레코드 맨이 되기란 불가능하다. 승리를 부르는 티켓을 수십 번은 거머쥐어야 가능한 성취다. 그것도 여러 시대에 걸쳐서 말이다. 레코드 산업의 계보를 형성한 50명 내외 선구자의 삶과 시간을 기록하기 위해 이 책을 썼다.

지난 130년간 지속되어 온 주요한 음악적인 발견을 떠올려 보라. 이 발견들은 장르의 탄생에 영감을 제공했고 이를 통해 일군의 레코드 회사가 수천 개의 레코드를 발매할 수 있게 해 줬다. 자, 이제 레코드 맨이 거대한 상황 속에서 얼마나 중요한 존재인지 이해할 수 있을 거다. 그러니까, 필요한 건 오직 그 무언가를 찾아내는 것뿐이다. 때로 3분에 불과한 노래 하나일지라도 문화적인 폭발을 일으키고, 이걸 수백만 달러로 전환해 줄 수 있는 금광 같은 것 말이다.

고인이 남긴 문서, 업계의 저널, 기록, 서신, 수백 시간을 할애한 독점 인터뷰 등을 바탕으로 당신이 아마도 알지 못했을 음악에 대한 수천 가지를 조사했다. 레코드 비즈니스에 관한 바이블을 완성할 거라는 희망을 품고 이 책을 썼다. 누군가 '내가 열일곱 살이었을 때 써 줬으면 좋았을 텐데.' 상상해 보게 되는 그런 책 말이다. 10년 단위를 기반으로 하는 로드맵의 형식으로 쓰고자 했다. 그리하여 레코드 산업 역사를 통틀어 중요한 사건과 인물을 모두 다루는, 광대하면서도 살아있는 역사책이 되길 바랐다.

이 여정은 1860년 파리에서 시작해 워싱턴, 뉴욕, 런던, 베를린, 멤피스, 디트로이트, LA, 자메이카, 남아프리카, 그리고 여러 다른 지역을 타임라인을 따라 추적한다. 바로 레코드 맨의 운명이 벼린 장소들이다. 이 구불구불한 스토리보드를 따라 음악 장르는 끝없는 문화 교류의 과정 속에 등퇴장을 거듭했다. 보드빌, 오페라, 블루스, 재즈, 힐빌리, 알 앤비, 로큰롤, 포크, 사이키델리아, 프로그레시브 록, 레게, 디스코, 뉴웨이브, 포스트 펑크, 신스 팝, 힙합, 일렉트로니카 등등.

말할 필요도 없이 이 책은 미디어 관찰자 대부분이 레코드 업계가 사망 직전에 와 있음을 확신하던 시기에 써졌다. 디지털 혁명이 전례 없는 경험이라는 사실은 이제 관습적인 지혜 정도가 되었다. 내가 받았을 충격을 상상해 보라. 초기 음악 사업의 자료를 면밀히 조사하는 와중에 속담 속 코끼리*가 도서관에 떡 하니 서 있는 걸 발견한 꼴이다. 그러

---

*   영어로 Elephant in the room이라는 표현을 활용한 문장이다. '그 누구도 선뜻 손대려 하지 않는 거대한 문제'를 뜻한다. 이 책 11장 초반에 이 표현이 다시 나온다.

나 1920년대와 1930년대 레코드 사업은 최근의 그것보다 훨씬 더한 재앙을 겪어야 했다. 한데 기이하게도 다양한 인터뷰를 통해 알게 된 레코드 업계의 거물 중 이 사실을 잘 알고 있는 사람은 아무도 없었다.

라디오의 등장과 함께 시작된 그 잊힌 추락은 40년 역사의 축음기 산업이 이전 규모의 5%로 축소되는, 거의 죽음에 가까운 경험으로 절정에 달했다. 대공황 시절 은행에서 돈도 빌릴 수 없었던 여러 골수 레코드 맨은 스윙 재즈, 블루스, 포크 음반을 제작하면서 사막 같던 시절을 갈아내듯 버텼다. 1930년대와 1940년대 주크박스가 인기를 모으면서 상황은 개선될 기미를 보였다. 20년간의 암흑 시대가 끝난 뒤 구식으로 여겨졌던 레코드라는 포맷은 마침내 혼수상태에서 깨어나 병원에서 나온 뒤 결의를 불태우기 시작했다.

인터넷이 레코드 산업을 소멸로 몰고 갔다는 현재의 비관적 인식에는 논쟁의 소지가 있다. 혹시 이것은 엘비스 프레슬리 이후 음악 세계에 대한 우리의 한정된 지식이 낳은 결과가 아닐까. 이 새로운 재건축의 시대에 우리는 잠시 뒤로 물러서서 좀 더 큰 그림을 봐야 하는 것일 수도 있다.

사실은 이렇다. 로큰롤은 기억에서 사라진 대중음악의 초창기, 즉 재즈 시대로부터 모든 걸 물려받았다는 거다. 메이저 레이블, 계약, 음악 출판, 저작권 단체, 라디오 스테이션, 유통망, 관련 장비, 특수 용어 등등. 또한 음악적인 측면에서 로큰롤은 마치 보헤미안 풍으로 뒤섞여 있는 중고 옷 가게의 풍경처럼 1920년대와 1930년대를 수놓은 모든 음악을 실험적으로 믹스했다. 1950년대부터 1980년대에 이르기까지 위대한 스타를 찾고자 했던 레코드 맨은 게임의 법칙을 바로 이 재즈 시대로부터 배웠다. 스타성에 대한 그들의 높은 판단력은 음악적인 문화에 확고한 뿌리를 두고 있었다. 그들은 그저 유행만 좇지 않았고, 미래파를 자처하지도 않았다. 그러면서도 역사에 길이 남을 무언가에 대한 천부적인 감각을 소유하고 있었다.

이러한 더 큰 그림은 레코드 사업이 본질적으로 순환하는 것임을 의심의 여지없이 보여준다. 휴지기나 마찬가지였던 시절마저 결국에는 풍요로운 시대로 이어진다. 지속적으로 줄어들고 있는 로큰롤 세대 기획자들은 자신들이 무서울 정도로 상반되는 특징을 지닌 디지털 세대 속으로 조금씩 진입하고 있음을 깨닫고 있다. 그들이 겪고 있는 이러한 곤경은 완전한 시간의 틀을 바탕으로 바라봐야 비로소 의미를 지닌다. 그러니까, 현재의 시장 상황이 어렵기는 하지만 레코드 사업의 소멸로 이어지지는 않았다는 거다. 예를 들어 목하 인디는 자신의 고집을 지키면서 사막 같은 환경을 잡초와 물웅덩이, 무엇보다 음악에 대한 죽지 않는 믿음에 의지해 터벅터벅 지나고 있다. 사실, 오늘날의 활짝 열린 시장은 어쩌면 거대한 기회의 장일 수도 있다. 강물이 다시 흐르면 선택받은 의지가 다리를 세우고, 정원을 만들 것이다. 새로운 사당을 짓고, 새로운 시장을 형성할 것이다.

흥미롭고, 새로운 사운드와 아이디어를 갈망해 온 10대에 의해 거듭 계승되어 온 영역 안에서 절대 변하지 않을 한 가지가 있다. 그것은 바로 레코드 맨이 필요하다는 것이다. 이를테면 그들은 캠프파이어의 불을 더 밝혀주는 존재다.

레코드 산업 종사자들, 그중에서도 인디 쪽의 특징에 대한 연구를 진행하면서 깨닫게 된 한 가지가 있다. 무엇보다 그들은 아주 뿌리 깊은 믿음을 지니고 있었다. 일반적으로 뮤직 비즈니스 종사자들은 유명 인사의 이름을 마치 친구인양 들먹이면서 꾸며대길 좋아하는 것으로 악명 높다. 반면 인디 레이블 창립자들은 진지하고, 비밀스럽고, 냉정하다. 스타성이나 돈에 취하지도 않는다. 그들에게 동기가 되어주는 건 그보다 더 중요한 무엇이다. 레코드 레이블이 일궈낸 모든 성취 뒤에는 숨겨진 이야기가 존재한다. 보통 청소년과 깊게 관계되어 있다. 현재의 음악에 대한 이 고객들이야말로 뮤직 비즈니스에 있어 최고의 학생들이다. 그들은 판사인 동시에 수호자의 역할을 한다.

음악 커뮤니티는 다양한 형태를 지닌다. 따라서 메이저 대(對) 인디로 나누는 것은 전형적인 클리셰, 즉 지나치게 단순화한 구분이다. 우선 수많은 중요한 레코드 맨이 메이저에서 일한다. 그러나 그들은 본능적으로 둘 중 하나를 선택할 수밖에 없다. 음악이냐 돈이냐. 바로 이 책의 타이틀이 <카우보이스 앤 인디스(Cowboys and Indies)>인 이유다. 음악계의 현명하고 용기 있는 자들은 부족의 족장처럼 일생의 임무를 수행한다. 단지 마을을 지키는 것만이 아닌 문화가 소멸되지 않게 보호하는 것이다. 반대로 대형 음반사와 몇몇 인디 레이블은 마치 카우보이처럼 사납게 행동한다. 도박꾼처럼 속임수를 쓰기도 하면서 거대한 보상금을 노린다. 즉, 그들은 대가로 돈을 추구하는 게임 플레이어다. 이 두 가지가 뒤틀려 섞여 있는 캐릭터도 물론 존재한다.

영화 비즈니스에서는 감독이 배우보다 더 나은 인터뷰 대상이라는 얘기를 종종 한다. 내 생각에 그것은 레코드 비즈니스에도 똑같이 적용된다. 레코드 맨은 스타 뮤지션보다 더 흥미로운 이야기를 들려줄 수 있다. 중요한 목격자이자 촉매 역할을 했던 사람으로서 그들은 리얼한 이야기를 알고 있다. 스타 뮤지션이 실제로는 어떤 사람인지, 어떻게 성공을 거머쥘 수 있었는지에 대한 이야기들 말이다. 그들은 아직 다듬어지지 않은 원석으로부터 가능성을 본 뒤에 계약을 이끌어 내고 로열티와 홍보 방식을 결정한다. 그들의 눈을 통해 우리는 게임을 완전히 다른 시각으로 바라볼 수 있다.

기이한 점이 하나 있다. 팝 스타들은 언제나 더 큰 그림을 보지 못한다는 것이다. 그들은 곡을 쓰고 공연을 한다는 천직을 갖고 있다. 이런 이유로 오직 자기에만 몰두하는 특성을 보인다. 대부분의 시간 동안 그들은 정상을 유지해야 한다는 압박감 속에 살아간다. 최고의 순간일 때조차 그들은 자신과의 싸움을 하는데 시간을 써버린다. 기실 여러 측면에서 성공의 롤러코스터가 한창일 때 그것이 주는 기쁨을 실제적으로 즐기는 당사자는 음반사의 보스다. 그들은 그림자처럼 뒤에 서서 영향력을 행사하고 수익을 계산한다. 가능한 한 가장 유리한 위치에서 상황을 살핀다.

이 직업에는 위험한 스릴이 존재한다. 그것은 마치 괴물을 줄에 묶어 놓고 있는 것과 비슷하다. 이 책에는 조작과 과대망상에 대한 이야기가 여럿 있고, 동시에 전세계가 함께 따라 부르고 춤을 췄던, 각각의 새로우면서도 거대한 음악적인 발견이 기록되어 있다. 한 가지만큼은 확실하다. 레코드 회사 경영은 순수하게 경제적인 관점에서 보자면 말이 안 될 정도로 위험성이 높은 비즈니스라는 점이다. 이 괴물의 관리자라면 누구나 이렇게 말할 것이다. "생계를 꾸릴 수 있는 더 쉬운 방법을 찾아라."

이 책을 통해 우리는 20세기를 관통하는 뮤직 비즈니스 세계의 전경을 계획적으로 살펴볼 것이다. 한데 이 책은 또한 이주(移住)에 대한 것이기도 하다. 오래 지속되어 온 대서양과 북아메리카의 음악적인 교류를 통해 레코드 비즈니스는 시작부터 진화를 거듭해 왔다. 미국과 영국의 위대한 레코드 맨 중 많은 수는 실제로 더 큰 도시에서의 새로운 삶을 위해 바다와 대륙을 횡단했던 모험가였다. 챕터가 시작되면 다양한 공통분모가 드러날 것이다. 이 책의 마지막 챕터 즉, 최종 목적지는 "계시"라고 이름 붙여졌는데 이곳에서 우리는 팝 음악이라 부르는 이 부족 극장에 대한 더 깊은 진실에 도달할 것이다.

레코드 비즈니스라는 서사시에 존재해 온 모든 위대한 선구자를 다루면서 나는 커튼 뒤에 숨겨진 비밀을 발견하려 했다. 사방팔경을 명확하게 볼 수 있는 더 높은 장소에 도달하기 위해 우리는 이제 대항해를 떠날 것이다. 여러 세대를 관통하면서 그들을 벅차고 흥분케 했던 모든 음악적인 유행을 살펴볼 것이다. 한데 여기에는 여러 차례 반복되었던 하나의 패턴이 존재한다. 바로 모든 것이 기술 혁명으로부터 비롯되었다는 점이다.

1.

말하는
기계

태초에 _

그레이엄 벨, 토마스 에디슨,
컬럼비아 레코드, 실린더 포노그래프

1853
~1894

이야기는 파리에서 시작된다. 프로듀서, 레이블, 리코딩 아티스트가 복잡하게 뒤엉켜 레코드 산업의 계보를 형성했던 과정의 뿌리를 추적하면 우리는 정확히 하나의 포인트에 도달한다. 바로 1853년이다. 장소는 비비안 스트리트에 위치한 작은 서점. 한 남자가 의자에 앉아 뭔가를 읽고 있다.

남자의 나이는 서른여섯. 직업은 식자공. 이름은 에두아르-레옹 스콧 드 마르탱빌이다. 그는 지금 물리학 원고를 교정하고 있는데 소리의 파동에 대한 도표가 그려진 페이지에 푹 빠져있다. 도표 속 구불구불한 라인에 매혹된 그는 기계를 하나 만들 수 있겠다는 생각에 미친다.

수년간 질문을 곱씹어 본 이후 스콧 드 마르탱빌은 자연을 복사하면 된다는, 간략하면서도 기발한 결론에 이른다. 그의 생각에 따르면 사운드 기록기는 펜이 부착된 기계적인 귀 모양이 되어야 했다. 즉, 인간의 외이(外耳)가 고막으로 소리를 전달하는 방식과 같았다. 고막의 역할을 하는 건 두 개의 고무로 만든 막(膜)이다. 여기에 그는 레버를 달았는데 3분 동안 액체로 된 내부를 향해 공기의 진동을 전달하는 중이(中耳) 역할을 한다. 스콧 드 마르탱빌은 이 기계로 된 귀의 끝에 달린 펜에 야생돼지의 털을 부착했고, 이 펜은 검댕으로 칠한 유리 표면에 진동을 새겼다.

1857년 3월 25일 스콧 드 마르탱빌은 프랑스 과학 아카데미에 이 기계로 된 귀의 디자인을 제출했다. 그해 말 그는 그가 개발한 포노토그래프(Phonautograph), 즉 사운드 기록기의 특허를 받았다. 이것이 바로 현재까지 최초라고 알려진 사운드 기록 장치다. 그러나 스콧 드 마르탱빌에게는 이 프로토타입을 직접 만들 기술이 없었다. 그래서 그는 수소문 끝에 기술자 루돌프 쾨니히를 찾아냈다. 루돌프 쾨니히의 작업실은 파리 중심에 위치한 생루이 섬에 있었다. 스콧 드 마르탱빌의 책방에서 걸어갈 수 있는 거리였다. 두 남자는 이따금씩 만나 작업에 대해 논의했고, 알려진 바에 의하면 1860년 4월 9일 역사상 최초로 사람의 목소리를 유리 표면의 검댕에 새겼다. 한데 예언적이게도 거기에 새겨진 목소리는 말이 아니었다. "Au Clair de la lune(달빛 아래에서)"이라는 제목의 전통 자장가, 즉 노래였다.

내 친구 피에로 / 달빛 아래에서 / 깃털 달린 펜을 빌려 뭔가 쓸 수 있게 해 줘 / 내 촛불은 꺼졌어 / 나에겐 빛이 없지 / 신의 사랑이 필요해 / 그러니 문을 열어 줘

이 시기는 과학 저널과 박람회의 황금기였다. 아이디어는 그 어느 때보다 더 먼 거리에서 더 빠른 속도로 전달되었다. 1866년 대서양 해저를 가로지르는 전신 케이블이 설치되면서 유럽과 미국은 즉각적인 통신이 가능한 새로운 시대로 접어들었다. 천재성을 지닌 젊고 호기심 넘치는 사람들에게 빅토리아 시대는 과학의 숨겨진 경이로움을 탐구할 수 있는 엄청난 기회의 시기였다.

스콧 드 마르탱빌이 검댕에 노래를 기록했던 1860년 알렉산더 그레이엄 벨이라는 이름의 10대 천재 소년이 스코틀랜드에 살았다. 가족에게 알렉이라고 불렸던 그는 전화기의 발명가로 기억되지만 파리 개척자들의 업적을 대서양 건너 미국에 전달해 폭발적인 통신 혁명을 일으킨 주인공이었다. 무엇보다 벨은 소리의 혁신에 대해 헌신적인 신념을 지닌 자선가였다. 그는 레코드 업계에서 가장 오래된 회사이자 가장 많은 음반을 생산한 회사 중 하나인 컬럼비아 레코드의 간접적인 산파 역할도 했다. 소리의 세기를 나타내는 단위인 데시벨은 바로 그의 이름인 벨을 따서 명명된 것이다.

벨에게 지치지 않는 연구 동기를 부여하고, 그를 비범하게 만든 건 청각 장애였다. 그의 할아버지는 청각 장애 아동을 위해 일했던 존경받는 언어 치료사였다. 그의 아버지 멜빌 벨은 각 소리에 해당되는 입술, 치아, 혀의 위치를 표시해 청각 장애인에게 말하기를 가르치는데 사용되는 '시화법(視話法)'이라는 음성 표기법을 발명했다. 심지어 그의 어머니는 청각 장애인이었다. 어릴 때부터 알렉은 청각 장애인이 의사소통을 할 수 없다는 좌절감보다 침묵으로 인해 더 큰 고통을 받는다는 점을 이해했다. 장애로 인해 감옥이나 정신 병원에 갇히는 청각 장애인도 많았다.

알렉은 열여섯 살 때부터 런던과 에든버러에서 발성법 교사로 일했다. 한편 아버지인 멜빌 벨은 미국 대학으로부터 초대를 받아 그의 시화법을 처음 시연했다. 사실, 그즈음 멜빌 벨은 영국 과학계의 냉소주의를 견디지 못하는 상태였다. 그는 신대륙의 호기심과 기회의 정신을 동경하기 시작했다.

그때 운명의 손길이 벨 가족을 잔인하게 강타했다. 알렉의 두 형제가 결핵으로 연이어 사망한 것이다. 석탄 용광로와 습한 도시가 많았던 빅토리아 시대에 결핵은 흔한 질병이었다. 이후 계속되는 교육과 연구로 지친 알렉의 건강마저 악화되자 상심한 어머니와 아버지는 운명적인 결정을 내렸다. 마지막 남은 아들을 데리고 영국을 떠나기로 한 것이다. 1870년 알렉이 스물세 살이 되던 해 부부는 전 재산을 팔고 신대륙으로 향했다.

여전히 사별의 슬픔에 잠겨있던 벨 가족은 온타리오 그랜드 강기슭에 있는 농장을 구입했다. 알렉은 캐나다에서의 첫 여름을 들판 한가운데에 누워 며칠 동안 멍하니 책을 읽는 무감각한 상태로 보냈다. 그러던 중 인근 모호크족 보호 구역에 대한 호기심이 발동하면서 천천히 예전으로 되돌아갔다. 알렉은 추장에게 모호크어를 공부하고 싶다고 말했고, 추장의 허락 하에 학교 수업에도 참여했다. 아이들의 장난기 가득한 모습 덕에 무거웠던 그의 마음은 조금씩 가벼워졌다.

멜빌 벨은 아들이 새롭게 출발할 때가 왔음을 깨달았다. 1874년 그는 대학 인맥을 활용해 알렉을 위해 보스턴의 구술 전문가 자리를 마련했다. 보스턴 기차역에 도착한 알렉은 곧바로 도시의 매력에 푹 빠졌고, 교육과 연구라는 일상으로 돌아갔다. 방학을 이용해 온타리오로 돌아온 벨은 스콧 드 마르탱빌의 축음기를 직접 제작하고 음향 기계에 대해 고민하기 시작했다.

호기심이 눈을 뜨게 한다면 문을 열어주는 건 우연한 만남일 것이다. 영감을 주는 치료사로서 벨은 보스턴의 청각 장애인 커뮤니티에서 빠르게 이름을 알렸고 강연을 마친 어느 날 부유한 사업가인 가디너 허버드로부터 청각 장애가 있는 딸 메이블의 개인 과외를 해달라는 요청을 받았다.

벨은 메이블 허버드에게 말하기를 가르치면서 교양 있는 허버드 가족에게 깊은 인상을 남겼다. 그는 키 186cm에 흠잡을 곳 없는 매너를 지닌 타고난 신사였다. 기름칠을 한 칠흑 같은 검은 머리에 언제나 매력적인 옷차림을 유지했다. 또한 벨은 독학으로 배운 하일랜드 발라드와 빅토리아풍 왈츠, 심지어 귀로 배운 쇼팽 소나타로 호스트를 즐겁게 했던 뛰어난 피아니스트였다.

허버드 부부는 벨을 가족의 일원으로 신속하게 받아들였다. 게다가 우연히도 당시 가디너 허버드는 자신의 상업적, 정치적 에너지를 전신 산업에 집중하고 있었다. 전신은 1840년대 철도 이후 가장 큰 통신 혁명이었지만 미국 최대 기업 중 하나인 웨스턴 유니온의 독과점 체제로 남용되고 있었다. 가디너 허버드는 미국 재계와 정계의 로비 단체들을 향해 이 부문을 경쟁에 개방해야 한다고 목소리를 높였다.

벨은 전신에 대한 가디너 허버드의 견해를 듣고는 소리 전송에 관한 이론을 개발하고 있다고 고백했다. 그는 중요한 돌파구를 목전에 두고 있었지만 미국 특허를 받을 수 없다는 점을 걱정했다. 영국 시민이었기 때문이다. 지적 재산권 변호사였던 허버드는 벨의 이야기를 주의 깊게 듣고는 법률 및 재정적 지원을 제공했다.

후원자는 또 있었다. 벨은 아버지의 인맥 덕에 친구가 된 MIT의 교수로부터 과학계에서 논의되고 있는 혁신에 대한 최신 정보를 얻을 수 있었다. 새 집주인이었던 샌더스 부인은 그의 방 전체를 몰래 다시 꾸며 줬고, 그를 양아들처럼 대했다. 이후 벨이 스물일곱 번째 생일을 맞이했을 때 샌더스 부인은 깜짝 파티도 열어 줬다. 청각 장애를 가진 제자들에 둘러싸여 행복에 겨워 울고 있는 벨에게 샌더스 부인은 실험할 수 있는 공간도 선물했다.

일주일에 7일, 하루 18시간씩 일하면서 지치고 창백해진 벨은 종종 급성 편두통에 시달렸다. 그는 전화기의 일반적인 원리를 파악하고 있었고, 다른 발명가들도 자신과 같은 길을 가고 있다는 것을 알고 있었지만 감히 자신의 아이디어를 공유하지 못했다. 어느 날 밤 허버드의 응접실에서 피아노를 치던 벨은 연주를 멈추고는 벌떡 일어섰다. 스코틀랜드에 살던 시절 낡은 피아노로 자주 하던 게임, 즉 피아노의 공명 상자에 대고 아무 음이나 노래하면 그에 해당하는 피아노 줄이 조화롭게 진동하는 게임의 중요성을 깨달은 것이다. 마찬가지로 두 사람이 서로 다른 음을 부르면 그에 해당하는 두 현이 진동할 것이었다. 따라서 벨은 여러 개의 고조파 신호가 공기를 통해 송수신될 수 있다면 단일 와이어를 통해서도 전달될 수 있을 거라는 점을 깨달았다. 이 얘기를 들은 가디너 허버드는 벨에게 고조파 전신에 집중하면 된다고 확신을 심어 줬다. 이후 허버드의 인맥 덕에 벨은 웨스턴 유니온의 윌리엄 오튼 사장 앞에서 시연할 수 있는 기회를 얻었다.

그러나 오튼은 젊은 전신 사업자 토머스 에디슨이 발명한 시스템의 특허를 2년 전에 이미 구입한 상황이었다. 에디슨이 고안한 방식은 전류의 세기와 극성의 차이를 이용한 4방향 전신 통신 방법*이었다. 게다가 오튼은 엘리샤 그레이가 발명한 고조파 전신에 대한 특허도 막 사들인 터였다. 이 영향력 있는 전신 거물은 이미 알고 있다는 듯 미소 지으면서 벨의 시제품에 별다른 흥미를 보이지 않았다.

시연은 실망스러웠지만 적어도 벨과 허버드는 경쟁자들이 무엇을 하고 있는지를 알 수 있었다. 벨은 전화기에 더욱 에너지를 쏟았다. 허버드는 특허청을 샅샅이 뒤져 벨의 혁신적인 아이디어가 이미 출원되었는지 확인했다. 아직 출원되지 않은 듯했지만 허버드는 다른 발명가들도 같은 길을 가고 있음을 감지하고는 전화기 관련해 벨이 작성한 모든 편지와 메모를 분류하고 정리했다. 그러나 주변 사람들에 의해 이리저리 끌려다닌 탓에 벨은 극심한 스트레스를 받았다. 그의 아버지는 청각 장애 아동을 지도하고 보스턴 대학에서 수화를 가르치는 본업에 집중하라고 압박을 가했다. 재정을 후원한 가디너 허버드는 벨이 연구실에서 보내는 시간이 너무 적다는 사실에 인내심을 잃었다. 설상가상으로 벨은 메이블 허버드와 사랑에 빠져버렸다.

아이러니하게도 벨에게 중요한 단서를 제공해 준 건 청각 장애에 대한 강의였다. 벨은 청각 장애를 일으키는 오작동을 설명하는 도구로 포노토그래프를 사용하면서 포노토그래프에 달린 기계로 된 막에 집착하기 시작했다. 자신의 약점이 전기라는 것을 깨달은 그는 재능 있는 전기 기술자인 토머스 왓슨을 영입했고, 두 사람은 전자기가 지닌 소리 전달의 가능성을 발견했다.

벨의 첫 번째 중요한 혁신은 오디오 사운드를 전기 신호로 변환하는, 일종의 원시적인 형태의 마이크라고 할 수 있는 송신기였다. 1876년 벨의 전화기는 공식적으로 특허를 받았는데 이는 대부분 가디너 허버드의 법률적 능력 덕분이었다. 이후 벨은 같은 해 필라델피아에서 열린 미국 100주년 기념 박람회에서 금메달을 획득했다. 곧 과학계와 산업계의 모든 사람이 전화에 대해 이야기하기 시작했다.

그것은 운명이었을까 우연이었을까. 전화기를 선보인 필라델피아 박람회의 관람객 중

---

*   영어로 쿼드루플렉스 텔레그래프(Quadruplex Telegraph)라고 쓴다.

벨의 장치를 구경하던 한 사람이 있었다. 바로 훗날 디스크 레코드를 발명한 에밀 베를리너였다. 그저 관람객일 뿐이었지만 베를리너는 벨의 장치가 지닌 아킬레스건을 바로 발견했다. 말하는 사람이 소리를 질러야 상대방이 들을 수 있다는 점이었다. 마우스피스의 송출력이 부족한 탓이었다.

기실 에밀 베를리너는 벨의 기술을 개선할 가능성이 가장 낮은 후보였다. 그는 6년 전 프랑코-프로이센 전쟁에 징병되지 않기 위해 미국으로 건너 온 유대인 출신 가난한 독일인 이민자였다. 당시 화학 실험실에서 청소부로 일하고 있던 그는 과학 교육은 전혀 받지 못했고, 이 외에 여러 잡다한 일과 상점 주인, 여행 세일즈맨 등으로 생계를 꾸렸다. 하지만 베를리너는 미국에 온 그날부터 자신의 지위를 향상시키기로 마음먹었다. 베를리너는 야간 학교에 다니면서 실험실에서 일했다. 청소할 때 과학자들을 주의 깊게 관찰한 그는 월세방에서 자신만의 서투른 실험을 시작했다. 결국 그는 마우스피스를 통해 나오는 음량을 대폭 올린 비접촉식 송신기를 만들었다. 이 특허를 사들인 벨은 베를리너를 자신의 연구팀으로 고용했다.

이를 지켜보던 제3의 인물이 존재했다. 바로 토머스 에디슨이었다. 에디슨은 벨의 전화기가 전신 산업에 격변을 가져올 것이라 봤다. 그의 관측에 따르면 기존의 문자 전보 시스템을 대체할 음성 전보의 새로운 시장이 열릴 터였다. 에디슨 만들려고 했던 장치는 녹음 재생이 가능한 일종의 타자기 타입의 키보드 전화기였다.

베를리너와 마찬가지로 에디슨도 학문적 훈련을 받은 적이 없었다. 그는 오하이오의 작은 마을에서 어머니에게 홈 스쿨링을 받았고, 열두 살 때부터 철로에서 과자와 신문을 팔았다. 그러던 어느 날 고장 난 열차에 치여 죽을 뻔한 역장의 아들을 구한 것이 계기가 되어 과학의 세계에 입문했다. 감사의 표시로 웨스턴 유니온의 전신 교환원으로 일하게 된 것이다. 야간 교대 근무를 하던 에디슨은 산(酸)을 상사의 책상에 엎질러 해고당할 때까지 자신만의 실험을 이어 나갔다. 1874년 쿼드루플렉스 텔레그래프 시스템을 웨스턴 유니온에 판매한 덕분에 그는 서른 살이 되기 전 1만 달러를 벌었다. 이 뜻밖의 횡재로 에디슨은 뉴저지 멘로 파크에 연구소를 설립하고 소리, 빛, 무선 전신에 대한 실험을 동시에 진행했다.

벨의 전화기가 공개되고 몇 달이 지나지 않아 에디슨은 소리를 녹음할 수 있는 새로운 아이디어를 떠올렸다. 그는 전화기 진동판에 바늘을 고정했다. 그에게는 부분적으로 청각 장애가 있었고, 따라서 이렇게 하면 진동하는 소리를 바늘로 느낄 수 있었기 때문이다. 이 방법을 실험하면서 에디슨은 소리를 조절해 바늘을 진동시킬 수 있다면 전신이 테이프에 구멍을 뚫는 것처럼 종이에 홈을 파고 메시지를 녹음할 수 있다는 사실을 깨달았다. 그가 기획한 디자인은 회전하는 실린더에 바늘을 꽂아 음파를 새기는 방식이었다.

그의 천재성은 무엇보다 소리를 기록할 수 있다면 그 움직임을 반대로 가져가서 그 소리를 재생할 수 있다는 점을 깨달았다는 데 있다. 그토록 뛰어난 벨을 포함해 그 누구도 포노토그래프의 거대한 귀가 나팔로 바뀔 수 있다는 사실을 깨닫지 못했다.

1877년 말 에디슨은 프로토타입 축음기에 대고 동요를 외치듯이 노래했고 놀랍게도 동요가 처음으로 재생되었다. 한데 우연히도 에디슨이 미국에서 특허를 출원하기 6개월 전인 4월 30일 프랑스 시인 샤를 크로가 파리의 과학 아카데미에 음향 재생 장치 설계도를 기탁했다. 따라서 소리 재생에 대한 아이디어는 이미 널리 존재했다고 보는 게 합리적이다. 하지만 두 설계는 근본적으로 달랐다. 이 프랑스인의 아이디어는 측면 방향의 나선으로 조각해 소리를 기록하는, 회전하는 디스크에 대한 것이었다.

포노그래프(Phonograph)라고도 불린 크로의 디자인은 에디슨이 자신의 기계를 개발하는 동안 파리의 기록 보관소에 밀봉되어 있었다. 12월에 크로는 디자인이 봉인된 편지를 개봉해 공개해 달라고 요청했다. 이는 에디슨의 발명 소식이 파리에 매우 빠르게 전파되었음을 시사한다.

1877년 겨울 미국 신문들은 에디슨이 말하는 기계를 만들었다고 보도했다. 그것은 미래에 모든 레코드플레이어의 대명사가 될 기계였다. 에디슨이 백악관에 초대되어 러더퍼드 헤이스 대통령에게 발명품을 보여줬을 때 이 발명품이 사기일지도 모른다는 추측이 나왔다. 어느 날 영향력 있는 종교인이었던 존 헤일 빈센트 주교가 에디슨을 깜짝 방문했는데 그는 에디슨의 발명품에 대고 이해하기 힘든 성경 구절을 외쳤다. 축음기가 녹음된 내용을 재생하자 주교는 선언하듯 말했다. "이제야 믿을 수 있겠군요. 미국에서 이 이름들을 이만큼 빠르게 암송할 수 있는 사람은 없을 테니까요."

호기심을 불러일으켰음에도 에디슨의 말하는 기계는 투자자를 끌어들이지 못했다. 다행히 몇 달 후 에디슨의 전기 백열전구에 불이 켜졌다. JP 모건과 밴더빌트 가문의 지원을 받아 에디슨 전기 조명 회사를 설립한 그는 "전기를 저렴하게 만들어 부자들이나 촛불을 켜게 할 것"이라고 예고했다.

에디슨이 전기 조명 쪽으로 관심을 돌린 것을 본 알렉산더 그레이엄 벨은 다시 경쟁에 뛰어들었다. 그는 에디슨의 유망한 발명품을 획기적으로 개선하기 위한 비밀 연구에 자금을 지원했다. 전화가 당대 최고의 산업적 성공 사례로 자리 잡은 이후 벨의 삶은 크게 달라졌다. 1880년 프랑스 정부는 벨에게 볼타상을 수여했다. 상금은 1만 달러였다. 돈이 궁하지 않았던 벨은 사촌 치체스터 벨과 또 다른 재능 있는 과학자 찰스 섬너 테인터를 동료로 영입한 뒤 그 돈으로 볼타 연구소를 설립했다.

벨의 팀은 4년의 연구 끝에 밀랍 실린더, 축음기 바늘, 청진기 튜브를 장착해 에디슨의 말하는 기계를 더 선명하게 들을 수 있도록 개선한 그래포폰(Graphophone)을 완성했다. 그들은 이에 대한 특허를 에디슨에게 판매하려고 했지만 번창하던 전구 사업에 문제가 있다고 느끼던 에디슨은 이를 거절했다. 결국 그래포폰의 특허를 사들인 주인공은 에드워드 이스턴이었고, 그는 이후 레코드 업계 최초의 음반 제작자가 되었다. 즉, 그래포폰 특허 판매와 함께 적어도 상징적으로나마 레코드 비즈니스가 탄생한 것이다.

에드워드 이스턴은 향후 100년이 넘는 세월 동안 히트곡을 만들어 낼 음반사 컬럼비아의 창립자였다. 예리한 눈썰미와 야망을 지녔던 그는 법정 속기사 출신으로 제임스 가필드 대통령 암살자 재판에 관한 이야기를 써서 2만 5천 달러에 팔기도 했다. 이후 법학을 공부하기 위해 대학으로 돌아간 이스턴은 스물아홉 살의 나이에 이미 부자였고, 기회를 찾고 있었다. 단명했던 그의 벤처 파트너는 남북 전쟁 참전 용사였던 제임스 페인 대령이었다. 1887년 볼타 연구소는 특허를 이스턴과 페인의 새로운 회사인 아메리칸 그래포폰 컴퍼니에 양도했다. 이스턴과 페인의 아이디어는 워싱턴 D.C. 지역 모든 관공서에 구술 녹음 재생기로 그래포폰을 판매하는 것이었다. 그들은 기계를 생산하기 위해 코네티컷 브리지포트에 위치한 재봉틀 공장의 한 동을 빌렸다. 마침 경영난에 시달리던 공장이었다.

이 기로에서 마침내 거물이 등장했다. 바로 레코드 업계 최초의 '피해자'라 할 수 있을 제시 리핀콧이었다. 남북 전쟁 참전 용사였던 그는 유리 제품 무역으로 큰 부를 쌓았다. 1884년 아내가 사망한 후 월도프 아스토리아로 이사한 그는 맨해튼 상류층 사회에서 친숙한 얼굴이 되었다. 뉴욕 언론은 그를 "피츠버그 백만장자"라고 불렀다. 벨의 전화기에서 영감을 받은 리핀콧은 이 말하는 기계가 곧 대세가 될 것이라고 확신했다.

그는 자신의 유리 제품 재고를 100만 달러에 팔고, 에디슨을 설득해 포노그래프 특허와 회사 주식 대부분을 50만 달러에 사들였다. 그런 다음 리핀콧은 이스턴과 페인에게 관심을 돌렸다. 이스턴은 현명하게도 특허를 팔지 않았고, 대신 리핀콧에게 전국 독점 판매권을 20만 달러에 라이선스하자고 제안했다. 또한 이스턴은 협상을 통해 판매 지역 한 곳을 라이선스에서 제외했다. 바로 자신의 고향인 워싱턴 D.C.였다. 이후 이스턴은 자신의 고향에 컬럼비아 포노그래프를 설립했다. 그러고는 연방 행정부에 직접 말하는 기계를 팔았다.

리핀콧은 다양한 수표에 서명한 뒤 최초이자 당시 유일했던 독점적 레코드 산업을 구축했다. 벨의 비즈니스 모델을 모방한 그는 미국을 유통 구역으로 나누어 면허를 받은 딜러에게 연간 40달러에 기계를 임대하고, 딜러는 다시 사용자에게 기계를 임대해 줬다. 어느 정도 유망한 출발을 보였음에도 리핀콧의 회사와 모든 계열 유통업체는 손실을 입기 시작했다. 현명한 에드워드 이스턴은 현장에서 무슨 일이 일어나고 있는지 파악하기 위해 직접 나섰다. 1890년 3월 한 달 동안 이스턴은 미국 전역을 돌면서 리핀콧의 31개 지점을 방문했다. 이것이 바로 초기 레코드 산업에 대한 최초의 전국적인 조사였다.

놀랍게도 이스턴은 아무도 예상하지 못한 결과를 발견했다. 샌프란시스코의 한 유통업체가 포노그래프를 '유료' 주크박스로 개조한 것이었다. 아름답게 장식된 나무 케이스에 동전 슬롯이 장착된 맞춤형 주크박스는 상점가, 술집, 소매점 및 다양한 통행 장소에 전략적으로 배치되었다. 이 유행은 이후 캘리포니아에서 다른 도시로 퍼져 나갔는데 유료로 개조한 포노그래프의 평균 수입은 대부분 일주일에 50달러 정도였다. 그러나 뉴올리언스의 한 소매점에 있던 주크박스의 인기와 수익은 차원이 달랐다. 한 달 평균 500달러였다.

단 1년 만에 리핀콧의 독점은 무너졌다. 현금이 부족한 지역 유통업체들이 임대료 지불을 거부했고, 에디슨과 이스턴은 각자의 제조 할당량을 놓고 분쟁에 휘말렸다. 수백 명의 채권자가 리핀콧의 문을 두드렸다. 1890년 가을 리핀콧이 "낙담한 채 마비 상태"에 빠졌다는 보도가 나왔다. 어쩌면 뇌졸중으로 쓰러진 것일 수도 있었다. 신문은 "리핀콧이 모든 돈을 잃고 미쳐 버렸다."라는 에디슨의 주장을 보도했다.

에드워드 이스턴과 컬럼비아는 가장 빠르게 적응했다. 먼저 이스턴은 주크박스 운영자들에게 재미있고, 우스꽝스러운 것을 2분 내외에 녹음할 수 있는 지역 연예인을 구하라고 지시했다. 유머러스한 시골 음악, 음유시, 오페레타, 피들러 연주, 믿기 힘들 정도의 휘파람, 과장된 억양 등이 대상이었다. 그중 빅토리아 시대에 인기 있었던 마칭 밴드는 소리가 큰 덕분에 포노그래프의 한계에 딱 부합했다. 엄청난 폐활량을 가진 가수라고 해봐야 한 번에 녹음할 수 있는 실린더 개수는 겨우 3개였다. 반면 마칭 밴드는 트럼펫 하나에만 10개의 기계를 연결하는 방법을 통해 10개의 실린더를 동시에 녹음할 수 있었다.

컬럼비아는 미 해병 군악대와 독점 계약을 체결한 뒤 군악대가 녹음한 실린더를 딜러에게 도매로 공급했다. 컬럼비아는 10페이지 분량의 음악 카탈로그도 제작했는데 이는 미래를 예고하듯 장르별로 나뉘어져 있었다: 감성, 화제, 코믹, 흑인, 아이리시, 셰익스피어 리사이틀 등등. 곧 컬럼비아는 하루 300개에서 500개의 실린더를 생산했고, 주로 우편 주문으로 이를 판매했다.

1890년대 최초의 전국적인 히트곡은 조지 존슨이라는 흑인 보드빌[*] 공연자로부터 나왔다. 노예로 태어난 존슨은 허드슨 강변 페리 터미널에서 휘파람을 불고 노래를 하면서 생계를 유지하다가 1890년 초 지역 축음기 딜러의 눈에 띄었다. 이후에도 그는 같은 일과를 반복했고, 1890년에서 1895년 사이에 'The Whistling Coon'과 'The Laughing Song'이라는 두 히트곡으로 5만 장의 판매고를 기록했다.

주크박스의 또 다른 히트 장르는 아일랜드 풍자극이었는데 특히 보스턴 출신 배우 러셀 헌팅이 연기한 케이시라는 캐리커처가 인기였다. 예를 들어 'Casey as a Judge'는 판사와 아일랜드 출신 피고인 사이에 벌어지는 법적인 농담을 진한 아일랜드 사투리로 빠르게 주고받는 장면으로 구성된 곡이었다. 또 다른 배우 댄 켈리는 팻 브래디라는 캐릭터를 창조했다. 그는 이 캐릭터를 통해 법정에서 우스꽝스러운 변론을 하고, 선거 유세를 하고, 세

---

[*] 1880년대 초반부터 1930년대 초까지 미국에서 유행한 일종의 버라이어티 쇼. 가수, 댄서, 곡예사, 마술사, 코미디언, 차력사, 동물 등이 무대에 올라 연이어 쇼를 선보이는 형태였다.

계 박람회를 방문한 경험을 들려줬다.

컬럼비아가 앞서가는 상황에서 에디슨은 말하는 기계의 미래가 유틸리티가 아닌 엔터테인먼트에 있다는 사실을 인정해야 했다. 에디슨은 경영난에 시달리던 리핀콧의 회사를 법정 관리로 몰아넣고 특허를 되찾기 위한 싸움을 벌였다. 에디슨이 오랜 분쟁에 갇혀 있는 동안 에드워드 이스턴은 유일한 회장으로서 그룹을 재조직하고, 재정을 보강했다. 이후 그래포폰에 시계태엽 모터를 장착해 안정성을 더했다.

또한 컬럼비아는 에디슨이 2년간의 법정 절차에 묶여 있는 동안 그때까지 더 잘 알려졌던 에디슨의 포노그래프를 구식으로 만들어 버렸다. 1894년 차세대 그래포폰인 '타입 G 베이비 그랜드'를 75달러의 소매가로 출시한 것이다. 이에 더해 약삭빠른 에드워드 이스턴은 인상적인 음악과 코미디에 대한 카탈로그도 확보했다. 미국 내 일반 소비자를 대상으로 말하는 기계를 판매할 적기가 왔음을 감지하고 있었던 것이다.

2.

발명가들의
황금기와
법적 공방

디스크를 회전시키다_

에밀 베를리너와
그라모폰을 둘러싼 싸움

**1888
~1903**

어느 날 오후 워싱턴 D.C.. 에밀 베를리너는 레스토랑에서 스콧 드 마르탱빌이 개발한 포노토그래프의 복제품을 보고 있었다. 그는 측면으로 새겨진 홈이 에디슨의 세로로 잘린 실린더와 근본적으로 다르다는 것을 깨달았다. 관련 조사에 들어간 그는 샤를 크로의 디자인도 살펴봤다. 특허를 받을 수 있는 잠재력이 있다고 판단한 베를리너는 평평한 디스크를 재생할 수 있는 그라모폰(Gramophone)을 개발했다. 아직 개선해야 할 점이 많았지만 바이올리니스트이자 피아니스트, 작곡가였던 베를리너는 샌프란시스코에 최초의 주크박스가 등장하기 전부터 이에 대한 호기심으로 들끓었던, 이 과학의 운명을 정확히 예언한 인물이었다.

베를리너는 1888년 5월 16일 프랭클린 연구소에서 "그라모폰: 인간의 목소리를 새기다."라는 제목의 연설을 통해 자신이 만든 시제품을 선보였다. 그는 다가오는 음악의 폭발 속에서 "미래 세대는 한 사람의 일생에 걸친 음색을 20분 안에 압축해 담아낼 수 있게 될 것"이라고 예측했다. 그는 이탈리아의 소프라노 아델리나 패티를 비롯한 유명 인사들의 이름을 거론하면서 이렇게 주장했다. "저명한 가수, 연사 또는 연주자는 레코드 판매에 대한 로열티로 수입을 얻고, 불법 출시를 막기 위해 가치 있는 레코드는 인쇄해서 등록할 수 있을 겁니다. 레코드 컬렉션은 매우 귀중해질 수 있으며 이것을 쭉 살펴보는 것으로 저녁 시간을 보낼 수 있을 겁니다."

베를리너는 예지력이 뛰어났지만 아무도 그의 말을 듣지 않았다. 1893년 베를리너는 더 개선된 7인치짜리 시제품을 완성하고 기존 포노그래프에 비해 자신의 발명품이 가진 결정적인 장점, 즉 하나의 원본으로 대량 복제가 가능하다는 점을 알리기 시작했다. 그의 또 다른 현명한 선택은 레코드 산업 초창기 최고의 A&R 전문가로 손꼽히는 음악 문화계의 거장 프레드 가이스버그를 영입한 것이었다. A&R은 아티스트와 레퍼토리의 약자로 음반 회사에서 인재를 스카우트하고 개발을 감독하는 부서다.

안타깝게도 자본 투자를 유치하려는 베를리너의 노력은 주변 환경의 도움을 받지 못했다. 1893년 발생한 거대한 경제 대공황의 여파가 재계를 뒤흔들고 있었기 때문이다. 은의 공급 과잉으로 인해 은화를 금으로 교환하려는 대중의 수요가 급증했다. 미국의 금 보유량이 법적 최소치에 도달하고 은행들이 고금리 채권을 발행할 수밖에 없게 되자 결국 시장은 붕괴되었다. 그 결과 총 15,000개 이상의 기업과 500개 이상의 은행이 파산했다. 대공황은 또한 반유대주의를 불러 왔다. 포퓰리즘 만화에서는 로스차일드 가문을 공황의 원인으로 지목했다.

베를리너는 설득력이 뛰어난 편이 아니었다. 스스로도 이를 잘 알고 있던 베를리너는 감리교 목사를 고용한 뒤 전 고용주였던 벨 전화 회사에 새로운 발명품 홍보를 맡겼다. 그러나 베를리너의 전 동료들은 그가 억센 독일 억양으로 'Twinkle Twinkle Little Star'를 어눌하게 부르는 녹음을 듣고는 고개를 갸우뚱했다. "불쌍한 베를리너, 어쩌다 이 지경이 된 거지? 정말 슬프군! 이제 말하는 인형만 만들어서 주면 돈을 좀 쥐여 줄 수도 있겠네."

이와는 대조적으로 에드워드 이스턴은 미국의 모든 가정용 잡지에 컬럼비아 제품을 공격적으로 광고했다. 맥클루어스, 코스모폴리탄, 먼시스, 하퍼스 등등. 전체 소비 경제가 침체된 불황에도 불구하고 이스턴은 본사를 워싱턴에서 맨해튼으로 옮겼다. 이후 시카고, 필라델피아, 세인트루이스, 볼티모어, 버팔로에 지역 사무실을 열 정도로 급격한 성장을 일궈 냈다.

그즈음 특허를 되찾는 데 성공한 에디슨은 1896년 다시 시장에 뛰어들었다. 모든 분야에서 컬럼비아와 경쟁하던 에디슨은 자신만의 음악 카탈로그를 출시하고, 가격을 더욱 낮췄다. 원래 40달러였던 시계태엽 포노그래프를 1년 만에 20달러로 낮춰 내놓은 것이다. 이후 1897년 크리스마스가 되자 컬럼비아가 10달러짜리 그래포폰으로 반격에 나섰다. 가격 경쟁은 7.5달러에 불과했던 에디슨의 모델 '젬'으로 바닥을 쳤다. 이렇게 5년이라는 짧은 시간 동안 말하는 기계 시장은 접근성이라는 측면에서 혁명을 겪었다.

1896년 2월 베를리너의 기술자들은 자체 스프링으로 구동되는 모터가 필요하다는 사실을 깨달았다. 이를 위해 그들은 뉴저지 캠든에서 작은 재봉틀 수리점을 운영하던 델라웨어 출신의 건장한 기계 장인 엘드리지 리브스 존슨을 불러들였다. 이 만남은 존슨의 운명을 바꿨고, 멀지 않은 미래에 그를 미국에서 가장 부유한 사람 중 한 명으로 만드는 행운을 가져왔다. 훗날 베를리너의 시제품이 "목이 아프고 두통에 시달리는, 부분적으로나마 교육받은 앵무새"처럼 들렸다고 농담을 하기도 했지만 존슨은 이내 이 기계에 매료되었다. 어차피 당시 그는 재봉틀 사업에서 수익을 내지 못하고 지쳐 있는 상태였다. 존슨은 여가시간에 그라모폰을 손보면서 여러 미묘한 부분을 이해했다. 일부 부품을 제거함으로써 존슨은 저렴한 해결책을 찾아냈고 결국 베를리너의 수석 제조자가 되었다.

그러던 중 베를리너와 그의 파트너들은 프로모터이자 광고업자인 프랭크 시먼을 우연히 만났다. 자신감 넘치고 낙관적이며 무엇보다도 설득력 있었던 시먼은 베를리너에게 선불 수수료 없이 15년간 독점 에이전시 권한을 갖는 조건으로 계약을 제안했다. 이후 브로드웨이의 음악 지구에 회사를 설립한 시먼은 잡지에 베를리너의 그라모폰 광고를 게재했다.

그즈음 베를리너의 음악 감독인 프레드 가이스버그는 결정적인 사실을 깨달았다. 비록 회사의 생산량은 아직 적었지만 지루하고, 반복적이라는 이유로 실린더 리코딩을 꺼려했던 존경받는 성악가들과 녹음할 수 있다는 점이었다. 그가 낚은 첫 번째 대어는 이탈리아 테너 페루치오 지아니니였는데 그는 <리골레토>, <라 트라비아타>, <일 트로바토레>, <카발레리아 루스티카나>의 아리아를 편집해서 불렀다. 베를리너와 가이스버그는 연사, 전도사, 자유사상가, 배우, 웅변가도 섭외했다. 심지어 당시 높은 인기를 누렸던 존 필립 수자와 그의 미국 해병대 밴드 역시 컬럼비아와의 관계를 끊고, 그라모폰 디스크 전용으로 녹음하는 데 합의했다.

수요가 급증하면서 1898년 프랭크 시먼이 거둔 수익은 100만 달러를 넘겼다. 베를리너는 이에 만족하지 않고 해외 진출을 계속 시도했다. 그는 독일과 영국에 각각 도이치 그라모폰과 그라모폰 컴퍼니를 설립했다. 이 결정은 베를리너의 진영과 컬럼비아 모두에게 경악과 실망을 안겨 줬다. 그중에서도 누구보다 기분이 좋지 않았던 사람은 시먼이었다. 베를리너와의 판매 계약은 미국 한정이었지만 세계로 진출할 미래 또한 꿈꿨기 때문이다. 베를리너의 성장에 우려를 느낀 에드워드 이스턴은 워싱턴의 저명한 특허 변호사 필립 모로를 불러들였다. 당시에는 아무도 짐작 못했지만 이후 시기는 법적인 재앙과 함께 향후 한 세기 동안 음반 산업의 판도를 좌우할 결과를 초래했다.

무시무시한 변호사인 필립 모로는 테이블 위에 베를리너의 그라모폰을 올려놓고, 그 특징을 주의 깊게 연구했다. 그런 다음 그는 상대방의 사업 구조 조사에 나섰다. 1898년

10월 모로는 벨과 테인터의 축음기 바늘 원리에 대한 저작권 침해를 이유로 시먼의 회사에 소송을 제기했다. 모로의 잔인한 전략은 그라모폰의 상업적 성장을 방해하는 동시에 베를리너 진영 내부의 분열을 두드러지게 만드는 것이었다. 베를리너의 진영은 세 개의 다른 회사가 이익을 나누고 있었다. 엘드리지 존슨이 베를리너의 회사에 25%를 더해 기계를 판매하면 베를리너가 시먼에게 40%를 더해 판매하는 식이었다. 모로는 막대한 광고비용 때문에 시먼이 기존 계약을 재협상하고 싶어한다는 믿을 만한 정보를 입수했다. 모로와 컬럼비아는 법정에서 판사에게 특허 위반이라고 주장했지만 시먼은 항소를 통해 시간을 벌었다. 수많은 적을 물리치기로 결심한 프랭크 시먼은 그 와중에 베를리너의 그라모폰을 파렴치하게 베낀 조노폰(Zonophone) 제조에 몰래 착수했다. 조노폰은 그라모폰을 더 무겁게 만들고, 장식적인 디테일 정도를 더한 제품이었다. 시먼은 1899년 3월 다른 지역에 새로운 회사를 등록한 뒤 10월부터 그라모폰 공장 주문을 중단했다. 그 결과 에밀 베를리너와 엘드리지 존슨의 회사는 재정 위기에 빠졌다.

베를리너는 시먼의 행동에 망연자실했다. 그의 파트너들도 마찬가지였지만 외부 투자자들은 법적 대응 외에는 할 수 있는 일이 거의 없었다. 시먼의 기만적인 행각으로 엘드리지 존슨은 파산 직전까지 몰렸다. 그는 4층짜리 공장을 짓기 위해 5만 달러 상당의 그라모폰 주식을 팔지 않는 대신 막대한 자금까지 빌린 상황이었다.

시먼이 법원에 항소장을 제출하면서 음모는 더욱 깊어졌다. 시먼은 태도를 싹 바꿔 그라모폰이 벨과 테인터의 축음기 바늘을 모방했다는 모로의 주장을 인정했다. 판사는 이 가처분 신청을 받아들여 베를리너의 미국 내 사업을 사실상 폐쇄했다. 불과 2주 후 시먼과 모로는 법적 보호와 상업적 이익을 위한 합의에 이르렀다. 베를리너가 미국에서 사업을 할 수 없게 되자 엘드리지 존슨에게는 주식을 팔거나 파산하는 것 외에 선택지가 없었다. 자신만의 특허 역시 없었지만 그에게는 숨겨 놓은 카드 하나가 있었다. 엘드리지 존슨은 3년 동안 베를리너의 디스크를 몰래 현미경으로 조사해 왔다. 그는 들쭉날쭉한 홈의 결함이 거친 금속성 음색의 원인이라고 봤다. 존슨은 왁스 화합물을 사용해 더 우수하고 부드러운 사운드를 내는 자신만의 디스크를 개발했다. 그러나 그의 화합물이 벨과 테인터의 왁스 실린더의 특허권을 침해한다고 판단한 변호사는 특허를 신청하지 말라고 조언했다.

채권자들에게 빚을 갚기로 결심한 엘드리지 존슨은 유능한 영업 사원 레온 더글라스를 영입했다. 더글라스는 탁월한 광고 계획을 세웠다. 1900년 가을 더글라스는 존슨의 마지막 자금 5,000달러 중 절반을 "그라모폰 레코드 무료"라는, 이판사판일 수도 있을 광고에 투자했다. 눈길을 사로잡은 이 캠페인은 그라모폰 소유자에게 존슨의 개선된 새 디스크 무료 샘플 신청을 권유하는 것이었다. 결과적으로 그것은 기세를 끌어올리기에 충분한 캠페인이었다.

시먼은 조노폰이 유일하게 합법적인 디스크 플레이어라고 주장하는 광고로 반격하는 동시에 그라모폰 구매자들을 기소하겠다고 협박했다. 그는 딜러들에게 편지를 보내는 등 엘드리지 존슨의 명성에 흠집을 내기 위해 모든 노력을 기울였다. 그러던 와중 베를리너가 시먼을 상대로 제기한 세 건의 소송이 무혐의로 판결 났다. 베를리너는 개인적인 비극도 겪어야 했다. 갓 태어난 딸 앨리스가 심각한 장 질환으로 인해 죽어가고 있었던 것이다. 1900년 크리스마스 당시 앨리스는 생후 8개월이 지났지만 죽음을 눈앞에 둔 상태였다. 아이의 몸무게는 8파운드가 채 되지 않았다.

베를리너가 딸의 곁을 지키는 동안 복잡한 소송의 그물망이 그를 에워쌌다. 모로와 함께 시먼은 엘드리지 존슨의 새로운 사업체가 베를리너의 옛 회사를 위장한 것일 뿐이라고 주장하면서 사업 금지 명령을 요청했다. 1901년 3월 1일 열린 첫 재판에서 엘드리지 존슨은 판사에게 직접 증언했고, 상대의 기만과 탐욕을 폭로하는 설득력 있는 증언으로 판사의 마음을 흔들었다. 엘드리지 존슨은 그 어느 때보다 유리한 위치에서 법정 밖으로 나섰다. 더 이상 미국에서 그라모폰 상표를 사용할 수는 없었지만 이제 그는 다양한 제품을 자유롭게 판매할 수 있었다.

이후 엘드리지 존슨은 결정적인 행보를 취했다. 바로 베를리너와 장기적인 계약을 체결하는 것이었다. 먼저 복잡하지만 탄탄하게 짜인 계약에 따라 통합 축음기 회사(The Consolidated Talking Machine Company)를 설립하고 베를리너의 특허권을 확보했다. 더불어 빅터 토킹 머신이라는 새로운 브랜드 이름으로 사업을 시작했다. 존슨의 새로운 캠든 공장은 24시간 가동되었고, 빅터 토킹 머신은 첫해에만 7,570대의 그라모폰을 판매했다.

그즈음 필립 모로는 새로운 계략을 떠올렸다. 베를리너의 비밀 연구소에서 사업 초창기 여름 동안 일했던 조셉 존스라는 심부름꾼 소년이 있었다. 베를리너의 장인들이 고군분투하는 모습을 지켜보던 소년은 왁스가 디스크 레코드 제작에 이상적인 재료라는 것을 깨달았다. 1897년 11월 조셉 존스는 왁스 디스크에 대한 특허를 출원했고, 필립 모로가 개입하기 전까지 왁스 디스크는 행정적인 측면에서 주인이 없는 상태였다.

이후 조셉 존스는 베를리너의 영업 비밀을 수상한 구석이 있는 기업가 앨버트 암스트롱에게 넘겼다. 존스와 암스트롱은 스탠다드 토킹 머신이라는 작은 포노그래프 회사를 설립한 뒤 특허가 없었음에도 베를리너의 측면 절단 디스크 시스템을 사용한 듀얼 혼 플레이어를 만들었다. 베를리너는 소송을 제기했지만 존스와 암스트롱은 곧장 회사를 접고 새로운 회사를 설립했다. 이스턴과 모로의 신중한 조언에 따른 것이었다. 그러면서 모로는 조셉 존스의 특허 출원을 점검했다. 당시 컬럼비아는 카지노 칩 공장에서 클라이맥스 로고가 찍힌 측면 절단 디스크의 유통을 막 시작한 참이었다. 여러 회사를 통해 빠르게 성장하던 디스크 시장에 은밀하게 진출하기 위한 포석이었다. 그러나 컬럼비아는 디스크를 직접 생산하지는 않았다. 유통만 했다.[*]

모로의 법률적 능력 덕분에 조셉 존스의 특허는 1901년 12월 10일 승인되었다. 이스턴과 모로는 이 결과에 당연히 기뻐했다. 존스와의 제휴를 통해 마침내 컬럼비아가 합법적으로 자체 로고가 새겨진 디스크 레코드를 찍을 수 있었기 때문이다.

이에 엘드리지 존슨과 레온 더글라스는 기발한 아이디어로 응수했다. 카지노 칩 공장을 인수한 뒤 디스크 제조업자들에게 빅터 토킹 머신 로고가 새겨진 디스크를 제작하게 한 것이다. 디스크 제조업자들은 이스턴과 모로에게 이용만 당했다고 느끼던 차였다. 이스턴은 이 로고가 새겨진 새 디스크 사본을 건네받자마자 화를 참지 못했고, 존슨과 더글라스가 예상한 대로 모로에게 전화를 걸었다. 이후 법적 교환을 통해 빅터가 카지노 칩 공장을 컬럼비아에 원래 가격인 10,000달러에 매각하기로 합의했다. 그 대가로 컬럼비아와 그들의 대리인은 빅터를 상대로 제기한 모든 법적 소송을 취하했다.[**]

<hr />

[*] 당시 컬럼비아는 레코드를 프로듀스 하고 있었다. 단, 특허 문제로 인해 다른 음반사의 레코드를 유통하는 척 위장했을 뿐이다.

[**] 본문에 나오는 것처럼 컬럼비아는 측면 절단 디스크에 대한 권리가 없었다. 따라서 별도의 브랜드인 클라이맥스를 내세우고, 카지노 칩 공장을 이용해 우회적으로 디스크 시장에 진입하려 했다. 즉, 컬럼비아의 경우 카지노 칩 공장을 차후 책임을 회피할 수 있는 단순 생산 기지로 써먹은 반면 빅터는 이를 인수해 정식 브랜드 제품을 제작한 것이다. 또, 빅터에 의해 카지노 칩 공장에서 불법적으로 디스크를 프로듀스 했다는 사실이 밝혀질 수도 있었다. 이런 이유로 결국 상호 간의 합의에 이르게 된 것이다.

4년간의 드라마는 1903년 12월 8일에 체결된 교차 라이선스 계약으로 마무리되었다. 빅터와 컬럼비아는 서로의 특허를 합쳐 측면 절단 디스크 포맷에 대한 효과적인 독점권을 확보했다. 에드워드 이스턴은 이 결과에 만족했다. 그의 라이벌이었던 토마스 에디슨이 이 새로운 포맷에서 제외되었기 때문이다. 엘드리지 존슨도 기뻐했다. 재봉틀 수리공이었던 그는 이제 베를리너의 발명품을 사실상 물려받으면서 비교적 안정적인 위치에 올라섰다.

지금까지의 이야기에서 가장 큰 패배자는 에밀 베를리너라고 할 수 있다. 그는 대신 모든 걸 달관한 사람으로 거듭났다. 교활한 사람들을 상대로 베를리너는 쉽게 모든 것을 잃을 수도 있었지만 끝장을 본 결과 그가 꿈꾸던 그라모폰을 엘드리지 존슨이 마침내 개발했고, 이것은 베를리너의 남은 생애에 금전적으로 상당한 도움을 줬다. 베를리너는 남아 있는 고민도 싹 다 정리했다. 그는 프랭크 시먼의 미국 사업장을 13만 5,000달러에 인수한 후 적절한 때에 문을 닫았다.

사적인 측면에서 에밀 베를리너는 예민한 성격 덕에 가정에서의 비극을 피할 수 있었다. 생우유의 박테리아가 딸의 장에 문제를 일으킨다는 사실을 감지한 그는 의사의 소견을 무시하고 우유를 끓여서 먹였다. 느리지만 확실하게 아기는 살이 쪘고, 1901년 4월 첫 생일에는 몸무게가 거의 20파운드에 달했다. 베를리너는 이 모든 경험을 통해 다른 사람이 되었다. 그는 남은 생애 동안 그라모폰으로 쌓은 부의 일부를 미국 학교에 우유 위생 전단을 인쇄해 배포하는 데 사용했다. 워싱턴의 보건 단체와 정치인을 대상으로 로비를 벌인 이 발명가는 우유 저온 살균의 핵심 운동가가 되었다.

발명가들의 황금기가 이렇게 막을 내렸다. 토마스 에디슨과 에밀 베를리너는 더 빠르고 영리한 선수들에게 뒤처졌다. 초창기 레코드 산업은 이제 건강하면서도 꾸준하게 성장하고 있었다. 이후 그들의 자리를 차지한 존재는 변호사, 세일즈맨, 음악가였다.

3.

주인님의
목소리

엔리코 카루소, 니퍼
그리고 대중을 위한 음악의 등장

**1902
~1921**

레코드 구매자들이 귀를 활짝 열고 여행을 시작했다. 전 세계를 돌아다니면서 도시에서 벌어지는 실험에 깊게 빠져들었다. 미국 문화는 오랫동안 이민의 물결에 의해 형성되어 왔지만 새로운 세기 들어 이민자 수는 더욱 눈에 띄게 증가했다. 새로운 세기의 첫 10년 동안 9백만 명의 외국인이 미국에 들어왔다. 따라서 뉴욕과 그 주변을 중심으로 계속 성장하던 이 광활한 용광로는 인종적 풍자를 위한 좋은 기회를 제공했다.

컬럼비아 레코드는 유대인 코미디의 선두 주자였다. 특히 우스꽝스러운 영어로 전화 통화를 하는 이디시 이민자를 녹음한 캐리커처 음악 'Cohen on the Telephone'으로 인기를 모았다. 재미있는 미국식 억양으로 남부 레드넥을 희화화하는 경우도 있었다. 예를 들어 렌 스펜서는 1902년 'Arkansas Traveler'로 공전의 히트를 기록했는데 내용은 이랬다.

"다음 교차로까지 얼마나 남았죠?" 여행자가 남부 출신 피들러 연주자에게 묻는다.

"코를 따라가다 보면 나올 거요."
"여기서 얼마나 살았어요?"
"저 노새 보여요? 내가 여기 왔을 때도 있었소."*

이어서 여행자는 지붕에 물이 새는 걸 왜 고치지 않느냐고 묻는다. 레드넥은 비가 와서 젖으니까 그렇다고 대답한다. 이 대답을 들은 여행자는 비가 오지 않을 때는 왜 고치지 않느냐고 묻는다. 레드넥은 대꾸한다. "비가 오지 않을 때는 새지 않으니까요."

가장 자주 풍자된 인종 집단은 당시 사회에서 '니그로'라고 부른 흑인이었다. 세기가 바뀌면서 흑인인 척하는 백인 배우의 흉내를 낸 두 흑인 남성, (버트) 윌리엄스와 (조지) 워커에 의해 민스트럴** 형식이 시작되었다. 원래 '투 리얼 쿤스'라고 불렸던 이들은 수년간

---

* 시골에 사는 남부 레드넥의 독특한 발음을 지닌 방언과 자연에 얽매인 그들의 사고방식을 풍자하는 내용. "코를 따라가라."는 직감에 과도하게 의존하는 비이성적 태도를 뜻하고, "저 노새 보여요?"라는 표현 역시 자연에 과도하게 의존하는 그들의 습성을 풍자하기 위해 사용한 것이다.

** 이동식 극장에서 펼쳐진 버라이어티 쇼. 남북 전쟁 전후부터 인기를 모았다. 백인 배우가 인위적으로 피부를 검게 하고, 아프리카계 미국인을 패러디했다. 이런 이유로 '블랙 페이스'라고 부른다.

보드빌 극장에서 코미디를 선보였다. 브로드웨이에서도 인기를 끌자 윌리엄스와 워커는 빅터와 컬럼비아의 초청을 받아 뮤지컬 음악을 녹음했다. 1906년 워커는 당시 상황을 이렇게 설명했다. "생각해 봐요. 얼굴을 검게 칠한 백인 코미디언들이 '검둥이' 캐릭터를 연기하면서 최대한 우스꽝스럽게 보이려고 했어요. 그런데 유색 인종 연기자들이 바로 그 '검둥이'로 분장한 백인 연기자를 모방하게 되는 거예요. 돌이킬 수 없을 정도로 치명적인 결과였죠. 유색 인종이 자신을 묘사하기 위해 자신을 우스꽝스럽게 만드는 것보다 더 말이 안 되는 게 어디 있겠어요."

이처럼 서로 다른 문화가 충돌하는 상황에서 백인 작곡가들은 흑인 보드빌로부터 유래한 쿤 송*의 전통을 가져와 써먹었다. 악보 시장에서 인기를 끌었던 'I Wants a Ping Pong Man'은 탁구에 대한 빅토리아 시대의 유행에 더해 흑인 하녀에 대한 짓궂은 빈정거림을 가미한, 우스꽝스러운 전개를 지닌 노래였다. 그러나 스콧 조플린의 1899년 히트곡 'Maple Leaf Rag'을 비롯한 음악적인 실험들은 메이저 음반사의 레이더망에 아직 포착되지 않은 상태였다. 클래식 교육을 받은 음반사의 스태프들은 축음기를 고급스러운 가정용 엔터테인먼트로 강조하느라 정작 남부에 창작의 물결이 일고 있다는 사실을 알지 못했다.

에밀 베를리너가 예측한 대로 새로운 시대의 가장 거대하고 유일한 장르적 붐은 그랜드 오페라가 될 것이었다. 1902년 빅터의 프레드 가이스버그는 유럽에서 큰 반향을 몰고 온 스물여덟 살의 오페라 테너 엔리코 카루소의 노래를 듣기 위해 이탈리아로 향했다. 그러고는 밀라노의 한 호텔 방에서 역사상 가장 중요한 녹음 중 하나로 꼽히는 카루소의 목소리를 불후의 명곡으로 남겼다.

카루소는 혁신적인 디스크 포맷을 선보인 최초의 기념비적인 스타였다. 그가 뉴욕에서 데뷔한 후 빅터는 메트로폴리탄 오페라와 독점 계약을 체결했고, 이 계약은 당대 최고의 오페라 및 클래식 스타가 참여해 큰 성공을 거둔 레드 씰(Red Seal) 시리즈로 발전했다.

빅터는 녹음 시설을 카네기 홀에서 5번가에 위치한 고급스러운 건물로 이전한 뒤 야심을 더욱 본격적으로 드러냈다. 이곳에서 빅터의 수석 리코딩 엔지니어인 레이먼드 수이는

---

*   쿤(Coon)은 흑인을 비하하는 '깜둥이'라는 뜻이다.

당시 실험실이라고 불렸던 리코딩 스튜디오가 치열한 장소가 되는 광경을 목격했다. 트럼펫을 둘러싸고 녹음하는 것은 그중에서도 어려운 기술이었다. 모든 뮤지션이 트럼펫과 일정한 거리를 둔 채 노래하거나 연주했고, 바이올리니스트는 나팔 달린 기괴한 모양의 스트로 바이올린을 연주했다. 녹음 중 플레이백을 할 수 없었기 때문에 사운드 엔지니어는 매 테이크가 끝날 때마다 돋보기로 마스터를 재빨리 검사해 볼륨 레벨을 육안으로 확인하고, 필요한 경우 어떤 악기가 왜곡을 일으키는지 알아냈다.

당연히 많은 유명 가수와 연예인이 이 기이한 과학에 겁을 먹었다. 수이는 한 오페라 스타가 "녹음을 한번 시도한 후 너무 긴장한 나머지 모자와 코트를 집어 들고 오케스트라를 그대로 둔 채 스튜디오를 뛰쳐나가는 모습"을 지켜봤다. 코미디언이나 연극 배우가 너무 겁에 질려 "이야기를 거꾸로 말하거나 심지어 이름조차 잊어버리는" 경우도 흔했다. 수이는 술을 공급하고, 불안에 떠는 출연자에게 무대 의상을 입혔다. "낡은 모자와 큰 안경을 쓰게 하거나 익숙한 화장을 하게 하면 즉시 적절한 분위기를 느끼고 흔들림 없이 이야기를 계속하더라고요. 관객이 눈에 보이지 않아도 분장이 도움이 되는 것 같았죠." 수이는 관찰을 이어 갔다. 모든 아티스트가 저마다 약점을 갖고 있기 때문에 세션 환경을 각 출연자가 편안하게끔 조정했다. "녹음기를 마주하면 반응이 다 달라요. 긴장하는 아티스트도 있고 자신감 넘치는 아티스트도 있죠. 스튜디오에 지켜보는 사람이 있는 상태에서는 녹음할 수 없는 아티스트도 있고, 누군가가 계속 대기하고 있어야 하는 아티스트도 있어요."

클래식 음악계에는 디바와 괴짜가 많았다. 빅터의 한 스타는 "스튜디오에 있던 누군가가 자신의 담배 파우치를 훔쳤다"고 고발했다. 담배를 찾기 위한 수색이 시작되었지만 찾을 수 없었다. 스튜디오에 있던 한 남성이 그 스타에게 주머니에 있던 담배를 건넸고, 그는 '시도는 해 볼게. 형편없는 대용품이겠지만.'이라고 말했다. 결국 그 스타는 자신의 주머니에서 파우치를 발견했다.

또 다른 기괴한 사건. 무척 다루기 어려운 예술가가 빅터의 오찬 클럽에 참여했다. "이 예술가는 물에서 무언가를 발견하고는 즉시 누군가가 자신을 독살하려 한다고 격렬하게 비난했고, 오찬의 각 코스가 제공될 때마다 인생 최악의 음식이라고 선언하듯 말했다. 한데 몇 번의 칭찬을 듣자 그는 음식에 대한 기억을 싹 잊어버렸다. 오찬이 끝난 뒤 테이블에서 일어난 그는 유색 인종 웨이트리스의 손에 입을 맞추고는 칭찬을 날리면서 오찬이 얼마나 즐거웠는지에 대해 이야기했다."

레이몬드 수이는 이 모든 사례를 한 남자와 대조적으로 설명했다. 그는 한 곡 녹음에 5,000달러라는 적은 비용을 받았음에도 수이의 운명을 바꾼 그 사람이었다. "카루소 씨는 녹음실에 와서 녹음하기 가장 쉬운 아티스트였어요. 그는 거의 항상 완벽하게 노래했고 자신감이 넘쳤기 때문에 두려울 게 없었죠." 수이는 이러한 경험을 통해 깨달음을 얻었다. "좋은 리코딩 아티스트는 좋은 뮤지션과 같아야 해요. 녹음을 기계적으로만 해서는 절대 성공할 수 없어요. 최고의 결과를 얻으려면 뮤지션이 자신이 뭘 하고 있는지를 느껴야 하죠."

수출과 수입 시장이 모두 개방되면서 빅터의 녹음 스태프들은 쿠바, 멕시코, 아르헨티나, 페루와 같은 이국적인 여행지로 파견되어 현지 스타들과 녹음을 진행했다. 그들은 장비를 케이스에 가득 싣고, 증기선과 기차로 장거리 여행을 떠났다. 엘드리지 존슨은 스태프들이 아내를 데려갈 수 있도록 허용했을 뿐만 아니라 집을 살 수 있도록 지원하는 등 가족적인 분위기를 조성하는 데 적극적으로 나섰다.

빅터가 빠르게 성장할 수 있었던 비결은 신생 축음기 사업을 통해 승승장구한 거리의 괴짜 레온 더글라스의 뛰어난 마케팅 덕분이었다. 네브래스카에서 태어난 더글라스는 학교 교육을 받지 못한 채 열한 살 때부터 가족을 부양했다. 소년 시절에는 인쇄공, 전신 배달원, 전화 교환 매니저로 일했다. 이후 축음기라는 새로운 기술에 매료된 그는 리핀콧의 네브래스카 지역 유통을 맡았다. 1880년대에 더글라스는 에디슨의 첫 축음기를 살 형편이 되는 사람이 거의 없다는 사실을 깨달았다. 이후 그는 동전으로 작동하는 주크박스를 직접 제작한 최초의 인물 중 한 명이 되었다. 1893년 시카고 만국 박람회에서 더글라스는 대중을 위한 100대의 동전 축음기를 설치해 기업가로서 첫 번째 성공을 일궈냈다.

거의 20년에 달하는 경험을 통해 레온 더글라스는 사람의 성격, 기술, 음악, 대중 등 사업 관련한 것들에 대해 속속들이 알고 있는 인물로 거듭났다. 비교적 사업에 발을 들인지 오래되지 않았던 엘드리지 존슨은 더글라스에게 빅터의 이미지와 상업적 계획을 수립할 수 있는 자유를 주었고, 심지어 자신보다 더 높은 연봉을 지급했다. 둘 간의 신뢰는 상호

적이었다. 더글러스는 엘드리지 존슨에 대해 이렇게 말했다. "수줍음 많았지만 내가 아는 사람들 중 가장 명석한 두뇌를 지녔다."

1899년 베를리너는 런던 사무실로부터 프란시스 바로의 참신한 그림을 하나 받았다. 한데 당시 이 그림이 지닌 상징적인 힘을 이해한 사람은 딱 한 명뿐이었다. 다름 아닌 레온 더글러스였다. <His Master's Voice>라고 불린 이 그림은 니퍼라는 폭스테리어가 죽은 주인의 목소리가 신비롭게 흘러나오는 축음기 트럼펫을 들여다보는 모습을 묘사한 것이었다. 베를리너의 특허가 엘드리지 존슨에게 양도된 후 레온 더글러스는 빅터의 모든 제품에 개와 축음기가 그려진 간소한 로고를 부착했다. 시간이 지나면서 이 이미지와 "His Master's Voice" 슬로건은 20세기 가장 매력적이고, 오래 지속된 트레이드마크 중 하나가 되었다.

더글러스는 광고에 카루소를 등장시켰을 뿐만 아니라 1905년 업계 최초의 월간지 〈토킹 머신 월드〉가 창간되었을 때 모든 표지에 니퍼를 게재하는 독점 계약을 체결했다. 비용이 많이 들긴 했지만 이 광고를 통해 빅터는 니퍼의 탁월함을 효과적으로 알렸다. 엘드리지 존슨은 "더글러스는 광고 및 판매 분야에서 당대 가장 뛰어난 사람들 중 한 명이었어요."라고 회고하면서 다음처럼 덧붙였다. "그는 시작부터 광고에 매달 수천 달러를 지출해야 한다고 주장했어요. 그래서 처음엔 좀 놀랐지만 신속하고 지속적인 결과가 이러한 지출의 건전성을 입증했죠."

그리고 1906년 8월 빅터는 말 그대로 시장을 뒤집어 놓은 실험적인 모델을 출시했다. 바로 그 모델, 빅트롤라(Victrola)가 차별화된 점은 우아하게 조각된 나무 캐비닛 안에 숨겨진 혁신적인 '내부 혼'이었다. 이전까지 축음기의 혼은 바깥으로 돌출되어 있었다. 레온 더글러스는 이 모델에 대해 이렇게 설명했다. "여성들은 응접실에 기계처럼 보이는 게 놓여 있는 걸 좋아하지 않아요… 존슨은 많이 팔리지 않을까 봐 걱정했죠. 저도 약간 자신이 없긴 했고요… 단가가 너무 비싸서 개당 200달러에 팔아야 했거든요. 그런데 수백만 대를 더 팔았어요. 결국 캐비닛을 만드는 데만 7천 명의 인력을 투입해야 했죠."

빅트롤라에 대한 수요가 엄청나게 급증하면서 빅터는 세계 시장의 선두 주자로 확고히 자리를 잡았다. 가정적이고 살롱 친화적인 디자인을 지닌 빅트롤라의 인기에 힘입어 수억 장의 음반이 판매되었다. 매우 효과적인 광고, 오페라 스타와 훌륭하고 아름다운 연주자를 담아낸 카탈로그 등을 통해 빅터의 더글라스와 존슨은 에드워드 시대의 정신을 담아낸 완벽한 공식을 찾아냈다.

레온 더글라스는 상사에게 경의를 표하기 위해 아들의 이름을 엘드리지로 지었다. 그러나 몇 달 후 안타깝게도 이 네브래스카 출신 세일즈맨은 심각한 신경 쇠약을 겪었다. 불과 7년 만에 더글라스는 빅터를 완전한 지배적 위치에 올려놓았지만 그의 정신은 과로로 인해 피폐해진 상태였다. 엘드리지 존슨은 더글라스의 회복 기간 동안 연봉 2만 5천 달러를 전액 지급하면서 그를 향한 회사 최고 경영진의 깊은 애정을 보여줬다. 결과적으로 레온 더글라스의 사무실은 뉴저지 캠든 본사 안의 먼지투성이 박물관으로 남았다. 이후 그는 회사의 상징적인 회장으로 임명되었다.

레온 더글라스의 후배들은 바이올린의 거장 프리츠 크라이슬러, 아일랜드 출신의 테너 존 맥코맥, 소프라노 앨마 글럭, 넬리 멜바, 루이사 테트라지니 등 당대 최고 스타와 계속해서 독점 계약을 체결했다. 그에 비해 변변치 못했던 컬럼비아는 한발 물러난 채 빅터가 식자층을 위한 음악 분야를 사실상 독점하도록 내버려뒀다.

어느덧 업계에 발을 들여놓은 지 20년이 된 에드워드 이스턴은 스스로가 만든 몰락을 향해 갔다. 모든 면에서 빅터가 앞서가는 상황에서 그는 대체 시장을 찾았고, 어리석게도 행정 기관에 받아쓰기 기계를 판매하겠다는 생각으로 돌아갔다. 만약 이 사업 계획이 애초에 잘못된 것이었다면 타이밍 역시 이보다 더 나쁠 순 없었다. 당시 미국 경제를 지탱하는 데 필요했던 통화 공급의 확대는 알래스카, 콜로라도, 남아프리카에 매장된 금 발견과 유럽 은행의 금 송금에서 비롯된 것이었다. 이에 금 보유량 감소를 우려한 유럽 은행들이 금리를 인상했고, 금은 유럽으로 다시 유입되기 시작했다. 또한 1893년 금융 대공황 이후 은행이 현금 보유고를 유지하도록 강제하는 규제에 신탁은 포함되지 않았다. 그 결과 현금 보유량이 2~3%에 불과한 신탁의 수가 4배 증가했다. 1907년 10월 주식 시장이 50% 하락하자 불안에 떨던 예금자들은 신탁에서 돈을 인출했다. 지급 능력이 없는 많은 은행이 파산할 수밖에 없었다.

정부의 구제 금융으로 진정되기는 했지만 이른바 '1907년 공황'은 경제에 여진을 남겼다. 이스턴은 일부 낭비성 투자에서 헤어나오질 못했고, 컬럼비아는 은행이 대출을 연기하면서 심각한 현금 흐름 문제에 직면했다. 결국 이스턴은 뉴욕과 워싱턴에서 일하는 수백 명을 해고할 수밖에 없었다. 이후 그의 딸은 "아버지에게 깊은 우울함이 찾아왔어요. 웃지도 않으셨죠. 집에 있는 긴 저녁 시간에는 말도 거의 안 하셨어요. 몇 시간이고 앉아서 하늘만 바라보곤 하셨죠."라고 회상했다. 실패와 피로에 시달리던 컬럼비아의 보스는 이렇게 가눌 수 없는 우울증에 빠졌다.

이듬해인 1908년 1월 23일 이스턴은 충실한 동료 윌리엄 모스와 함께 맨해튼행 아침 열차에 탑승했다. 모스는 이스턴이 식당 칸에서 돌아오지 않자 위험을 감지하고는 정차를 요청했다. 에드워드 이스턴은 선로를 따라 먼 뒤쪽에서 쓰러진 채 발견되었다. 살아는 있었지만 정신적으로 마비된 상태였다. 자살을 시도했던 것이다. 경기 침체는 모든 사람에게 큰 타격을 줬고, 심지어 빅터의 매출도 50%나 급감했다. 모든 기업이 동일한 위기 관리 정책을 채택했다. 가격을 인하하고, 부진한 제품 라인을 정리했다. 그리고는 수요가 가장 많은 분야에 집중했다. 컬럼비아는 실린더를 단계적으로 폐지해 나갔다. 이후 빅트롤라를 모방한 그라포놀라(Grafonola)를 출시하고 자체 양면 디스크를 생산했다. 그러나 1910년이 되자 빅터는 10만 7천 대의 축음기를 판매하면서 사상 최고의 한 해를 보냈다. 자신감을 되찾은 빅터는 마케팅에도 적극적으로 투자했다. 자체 뉴스레터인 〈The Voice of Victor〉를 발행해 딜러들에게 신제품 출시, 상품화 아이디어, 기업 소식 등 최신 정보를 제공했다. 매장을 방문하는 순회 영업 사원은 빅터의 이름이 새겨진 간판과 우아한 매장 디스플레이를 무료로 나눠 줬다.

에드워드 이스턴은 다시 일터로 돌아왔지만 제조 책임자였던 토마스 맥도널드가 쉰두 살의 나이에 갑작스럽게 사망하면서 또 한번의 타격을 입었다. 몇 년 간 침울한 시간을 보낸 후 그는 토마스 에디슨에게 메시지를 보냈다. 컬럼비아를 매물로 내놓는다는 내용이었다.

에디슨의 레이블 책임자 프랭크 다이어는 "그렇게 잘하고 있는데 왜 사업을 우리 손에 넘기려고 하죠?"라고 물었다. 이스턴은 사업에서 손을 떼고 싶다고 고백했다. 소중한 사업 친구들이 모두 세상을 떠나면서 흥미를 잃은 탓이 컸다. 다이어는 컬럼비아의 디스크 특허에 매력을 느꼈지만 그가 에디슨에게 보낸 한 통의 흥미로운 메모는 컬럼비아의 경쟁사들로 하여금 결코 잊을 수 없는 논쟁거리를 떠올리게 했다. "컬럼비아와 이스턴 씨에 관해서라면 개인적으로 부도덕하고 신뢰할 수 없다는 느낌이 항상 있었습니다. 엘드리지 존슨 씨도 같은 생각일 겁니다."

이스턴의 제안은 무위로 돌아갔지만 적어도 그것은 에디슨 진영에게 현실 점검의 계기가 되어 줬다. 1913년 에디슨의 회사는 수직으로 홈을 파서 만든 에디슨 다이아몬드 디스크를 출시했다. 음질에 집착했던 에디슨은 극장과 교회에서 진행한 '음색 테스트'를 대대적으로 홍보하면서 새로운 시스템을 출시했다. 기계와 가수는 커튼으로 가린 채 초대된 관객들이 이 둘을 구별하는 식의 테스트였다. 사실 이 모든 것은 터무니없는 속임수였다. 모든 가수가 레코드플레이어처럼 노래하도록 훈련받은 상태였기 때문이다.

에디슨의 아킬레스건은 여전히 음악이었다. 고집스럽고 교양 없고, 자신의 발명품에 대한 소유욕도 강했던 그는 A&R을 직접 통제했다. 그는 유럽 파트너들로부터 훌륭한 오페라 음반을 받았지만 그들을 '오페라 변태'라고 부르며 경멸했다. 이로 인해 많은 잠재적 히트곡이 미국에서 발매되지 못했다. 바이올리니스트 사무엘 가드너는 에디슨의 청각 장애를 다음처럼 내리깔기도 했다. "어차피 음악적인 재능이 없었기 때문에 아무 상관없어요."

에디슨의 반격이 서툴렀음에도 에드워드 이스턴의 몰락은 빠르게 진행되었다. 더 커진 음반 업계에서 인정받지 못한 그는 1915년 쉰아홉의 나이에 불행한 백만장자로 세상을 떠났다. 경쟁자들은 그를 사기꾼처럼 여겼지만 그는 음악 비즈니스에 중요한 선례를 남겼다. 특히 변호사를 광범위하게 활용하는 그의 방식은 앞으로 벌어질 일들을 미리 보여준 것이었다.

유럽에서 전쟁이 발발했을 때 엘드리지 존슨의 음악 제국은 세계 정상에 있었다. 1915년 앨마 글럭의 'Carry Me Back to Old Virginny'로 첫 밀리언셀러를 달성한 빅터는 1917년까지 50만 대의 빅트롤라를 판매하고 7,000여 개의 타이틀을 발매했다. 그러나 이러한 성공에는 책임도 따랐다. 1917년 말 미국이 전쟁에 참전하자 존슨은 공장 대부분을 소총 부품과 복엽기 날개 제조 공장으로 전환하라는 정부의 요구를 받아들여야 했다. 또한 석탄 부족으로 1918년 초에는 11주 동안 매주 월요일마다 공장 문을 닫았다. 그 혹독한 1년 동안 빅터는 생산이 40%나 감소한 2,100만 개의 레코드를 프레싱하는 데 그쳤다. 다행히 미국의 전쟁은 짧게 끝났고 1919년 빅터의 연간 생산량은 47만 4천 대로 증가했다. 1920년에는 연간 매출이 다시 증가해 56만 대의 기계와 3,340만 장의 레코드를 팔면서 두 번째로 좋은 한 해를 보냈다. 1921년에는 무려 5,500만 장의 레코드를 판매했다.

빅터가 시장을 완전히 장악하고 측면 절단 디스크가 업계 표준으로 자리 잡으면서 축음기 사업은 안정화되었다. 미국에서 가장 부유한 사람 중 하나가 된 엘드리지 존슨은 약간 지친 투로 이렇게 말했다. "요즘은 개선이 어려워요. 이 분야는 이미 오래된 시장이죠. 행운의 사냥꾼이 주울 수 있는 엄청난 양의 금 덩어리가 더 이상 주위에 널려 있지 않아요. 구식 탐사꾼은 경쟁에서 탈락했고요."

빅터의 성공을 이끈 두 명의 창의적인 선구자 에밀 베를리너와 레온 더글라스는 적당한 때에 음반 업계 최초의 반(半) 은퇴한 괴짜가 되었다. 여유로운 삶을 즐기던 베를리너는 발명가로서 마지막으로 위대한 프로젝트를 하나 더 진행했다. 또 다른 회전 기계인 헬리콥터였다. 레오나르도 다빈치가 헬리콥터의 원리를 상상했지만 첫 비행이 기록된 건 1907년이 되어서였다. 1909년 베를리너와 그의 아들 헨리는 시제품을 만든 뒤 6피트 상공으로 들어올리는 데 성공했다. 레온 더글라스는 신경 쇠약에서 완전히 회복하지 못했고, 반쯤은 미친 상태였는데 엘드리지 존슨은 그가 명목상 이사회 의장직에서 물러나도록 내버려두지 않았다. 매달 돈이 들어오는 덕분에 더글라스는 계속해서 인생의 열정을 추구할 수 있었다. 52개의 침실이 있는 캘리포니아의 저택으로 가족과 함께 이사한 그는 커다란 창문으로 수영장이 보이는 영화 실험실을 만들었다. 또, 1916년에는 테크니컬러의 전신인 컬러 필름 처리 기술에 대한 특허를 획득해 세실 B. 드밀에게 판매했다. 이후 수중 촬영으로 관심을 돌린 더글라스는 열대어를 촬영하기 위해 장비를 챙겨 하와이에 가기도 했다. 그는 초현실주의에 기반한 책 <Ajax Defied the Lightning>을 썼고, 미국 최초의 컬러 영화 <Cupid Angling>을 만들었다.

이제, 음반 산업의 창시자들은 어느덧 자신이 현대 문화에 기여한 바를 되돌아볼 만큼 나이 먹었다. 클래식 음악 교육을 받은 에밀 베를리너는 엘드리지 존슨의 회사에 컬럼비아나 에디슨이 결코 따라올 수 없는 유럽적인 차원을 부여했다. 레온 더글라스는 어떤 방식으로 대중에게 상징적인 패키지를 제시해 그들이 고급문화를 접하게 할지를 이해한 인물이었다. 자애로움, 충실함, 규율, 모험심을 두루 갖췄던 존슨은 업계에서 가장 강력한 상사였다.

이들의 공동 작업 덕분에 전 세계는 모든 포맷 중 가장 오래 지속되고 있는 디스크 레코드를 채택할 수 있었다. 심지어 더글라스와 베를리너가 말년에 아름다운 저택에서 공상하는 모습은 현대의 음반 프로듀서를 예견하는 것처럼 보였다. 이들이 바로 창시자다. 이들이 개척한 거의 모든 것이 이후에도 거듭 재창조되었다.

4.

엑소더스

흑인 대이동 _
오케이 레코드와 재즈의 폭발

1914~
1920

모든 시대는 다음 시대를 꿈꾸는 법이다. 새로운 세기가 포효하는 20년대*로 성큼성큼 이동하면서 빅토리아적인 상상력의 결실이 곳곳에 맺혔다. 젊은 성인들은 부모 세대가 알던 말과 코르셋의 엄숙한 시대와는 전혀 다른 세상을 물려받았다. 전등, 상점 간판, 전화기, 엘리베이터, 자동차가 등장했다. 도시는 갑자기 훨씬 더 시끄럽고, 화려하고, 빽빽해지는 동시에 빨라졌다.

빅토리아 시대 사람들은 세상을 바꾸겠다는 꿈을 꾸었지만 아무도 1차 세계 대전을 상상하지는 못했다. 보병들이 불구가 되어 정신이 산산조각 난 채 집으로 돌아오자 미국 젊은이들은 빅터 토킹 머신이 멋지게 상징하던 유럽의 낡은 가치를 거부하기 시작했다. 너무 크고, 너무 늙고, 전시 의무에 정신이 팔린 빅터는 젊은 세대와 동떨어진 거대 기업이 되었다. 클래식 음악, 마칭 밴드, 보드빌에 대한 빅토리아 시대의 선호는 어느덧 춤과 자생적인 거리 문화가 지닌 새로운 매력으로 대체되고 있었다. 음반 제작자 중 일부는 이러한 변화를 다른 사람들보다 더 빨리 알아차렸다.

1911년 초 익살스러운 곡 'Alexander's Ragtime Band'는 세계 최초의 진정한 글로벌 히트로서 폭발적인 인기를 끌었다. 이 곡은 여러 연주자와 음반사에 의해 다양한 버전으로 제작되어 100만 장 이상의 판매고를 올렸다. 'Alexander's Ragtime Band'는 전통적인 마칭 밴드 박자를 지니고 있었지만 동시에 인상적으로 통통 튀는 비트와 의기양양한 느낌이 있는 곡이었다. 이를 통해 이전에는 없었던 육체적인 방식으로 듣는 이를 흥분시키는 진정한 댄스 곡이 되었다. 빅터의 리코딩 스태프들도 대중이 춤출 수 있는 음반을 원한다는 것쯤은 알고 있었다. 그러나 클래식 음악계 출신인 그들이 생각해 낼 수 있는 최선은 탱고와 폭스트롯 정도였다.

1914년 이후 선박이 감소하고, 수백만 명의 젊은이가 1차 세계 대전으로 인해 입대하면서 미국의 이민은 둔화되었다. 이러한 고립주의 분위기는 1917년 논란의 여지가 있는 이민법 제정으로 절정에 달했다. 그러나 미국 경제가 계속 확장하면서 노동력 부족 현상이

---

*   1차 세계 대전 이후 경제 호황을 바탕으로 엄청난 변화를 겪은 시기를 뜻하는 용어다.

나타났다. 이러한 상황은 남부 시골에서 또 다른 격변이 일어나고 있는 시기와 맞물렸다. 인종 차별과 농촌 빈곤으로 인해 흑인들이 북부 경제의 중심지로 밀려오기 시작한 것이다. 따라서 전쟁은 남부 농촌 흑인들이 더 나은 삶을 찾아 북부 도시로 이주하는 한 세기에 걸친 대이주 과정을 가속화했다. 1910년에는 흑인 4명 중 3명이 농장에서 살았고, 10명 중 9명이 남부에 거주했다. 이후 10년 동안 약 200만 명의 흑인이 북부로 떠났고, 그중 무려 40만 명이 1916년과 1918년 사이에 이주했다. 남부 흑인 이주민이 가장 많이 집중된 곳은 할렘이었다. 15년 전만 해도 사실상 백인 거주 지역이었던 이곳으로 약 20만 명의 남부 흑인이 이주했다.

시카고는 미시시피, 버지니아, 뉴올리언스, 아칸소, 오클라호마, 텍사스, 조지아에 주로 배포되는 북부 지역 신문인 시카고 디펜더 덕분에 두 번째로 인기 있는 흑인들의 목적지가 됐다. 전에 없던 금주법 역시 시카고의 전국적 인지도를 높인 또 다른 분기점이었다. 캐나다 국경을 넘어 암시장 경제로 흘러들어 가는 술이 너무 많아지면서 시카고는 스피크이지** 술집과 갱스터가 어우러진 새로운 붐타운이 되었다. 이렇게 남부의 따스한 톤과 향기로운 이미지가 시카고와 할렘의 눈부신 조명 속에서 탄생한 대도시의 스웨거와 만나면서 흥미로운 음악이 쏟아져 나왔다.

남부의 흑인 음악은 어느새 댄스 홀과 음악 출판사에 영향을 미쳤다. W. C. 핸디는 남부 흑인 음악을 북부의 대도시로 가져온 최초의 중요한 개척자였다. 그는 이미 10년 동안 음악 업계에 몸담아 온 흑인 작곡가이자 밴드 리더였다.

핸디의 젊은 시절에 초기 블루스는 일반적으로 브라스 오케스트라가 연주했다. 이는 빅토리아 시대 마칭 밴드의 음악적인 유산으로 특히 흑인 공동체에서 인기를 모았다. 19세기 후반에는 대부분의 도시뿐 아니라 여러 기업에서도 축제, 결혼식, 장례식을 위한 자체 브라스 밴드를 보유했다. 1898년 스페인-미국 전쟁 이후 폐기된 값싼 잉여 악기가 뉴올리언스를 중심으로 민간에 유통되면서 래그 스타일이 새롭게 진화했다. 과거 빅토리아 마칭 밴드의 리듬 주제부는 정직한 스타일이었지만 흑인 마칭 밴드는 더 어지럽고 다채로운 그루브를 지니고 있었다. 아프리카 전통에서 비롯된 오프비트 리듬을 귀로 익히고 연주했기

** 1920~30년대 미국 금주법 시대에 생긴 무허가 술집을 뜻하는 단어. 마피아가 주로 운영했다.

때문이다. 래그타임이라는 용어는 바로 이 느슨하고 정해진 틀이 없는 래그 스타일에서 비롯된 것이었다.

핸디는 이 "3개의 코드로 이뤄진 기본 화성 구조"의 메커니즘을 최초로 연구한 사람이었다. 그는 훗날 블루 노트라고 불리는 뒤틀린 효과가 "흑인 잡부, 홍키통크 피아노 연주자, 떠돌이처럼 소외되었지만 주눅 들지 않는 계층의 특징이라는 것을 깨달았다"고 하면서 이렇게 덧붙였다. "초기 남부 흑인은 음계의 세 번째와 일곱 번째 음을 내려서 노래했어요. 이를 통해 장조와 단조를 불분명하게 만들었죠. 델타의 목화밭에서든 세인트루이스 제방에서든 항상 똑같았어요."

1912년 핸디는 악보 시장에서 첫 번째 히트곡이 된 'Memphis Blues'를 작곡했다. 이 곡은 널리 알려진 최초의 12마디 블루스였는데 1914년 뉴욕의 댄스 듀오인 버논과 아이린 캐슬이 폭스트롯을 발명하는 데 영감을 줬다. 또, 탱고가 유행하던 1914년 여름 대도시에서 밴드 리더로 활동하던 핸디는 특별했던 어느 날 밤을 다음처럼 회상했다. "탱고의 도입부를 로다운 블루스로 깜짝 편곡해서 댄서들을 속였어요. 이게 될까 싶어 불안하게 바닥을 훑는데 갑자기 벼락이 치는 것 같은 느낌이 들었죠. 댄서들이 감전된 것마냥 춤을 추더라고요. 그들 안에 있던 무언가가 갑자기 살아난 거죠. 삶을 향한 본능, 팔을 휘저으면서 기쁨을 퍼뜨리고 싶다는 본능으로 넘쳐 나는 모습이었어요."

탱고를 추려면 두 사람이 필요하다는 옛 속담이 있다. 마찬가지로 변화는 북부 도시로 유입된 남부 흑인에만 국한된 게 아니었다. 빅토리아 시대의 이상적인 여성상 역시 이 시기에 약화되면서 여성에게도 사회학적인 변화를 가져왔다. '신여성'이라는 용어가 포효하는 20년대와 거의 동의어로 여겨졌고, 여성 해방은 전쟁 중 큰 도약을 이루었다.

이 물결은 4년간의 전쟁을 치른 영국에서 가장 강력하게 일어났고, 약 200만 명의 영국 여성이 공장에서 남성을 대체했다. 1917년 미국이 전쟁에 참전했을 때 테디 루스벨트 대통령은 미국 작가 해리엇 스탠튼 블래치가 "여성의 힘을 동원하자."라고 대중에게 호소하는 것을 지지했다. 블래치는 감동적인 찬사와 함께 영국의 경우 전쟁을 통해 여성이 "유능하고... 밝은 눈빛과 행복을 갖게 되었다."라고 주장했다. 정치계도 요동쳤다. 1913년부터 1920년 사이 노르웨이, 덴마크, 호주, 러시아, 폴란드, 독일, 영국, 네덜란드, 미국에서 여성 투표권을 인정했다.

이러한 흑인의 이주 및 여성 문화의 격변은 미국이 전쟁에 참전하던 1917년 시카고와 뉴욕에서 새로운 댄스 열풍이 갑자기 불어닥친 이유를 설명해 준다. 재즈는 유기적으로 성장한 최초의 음악적 유행으로 거리에서 발생해 음반 산업의 판도에 변화를 몰고 왔다.

전쟁이 일어나기 전 재즈는 정신 또는 기분 좋음을 뜻하는 단어로 캘리포니아에서 유행했다. 한 모호한 이론에 따르면 재즈는 19세기 단어인 '지즘(Jism)'에서 파생된 것으로 성적인 의미를 담고 있었다. 더 그럴듯한 설명은 이 단어가 게일어에서 유래했으며 철자는 'Teas'지만 열, 흥분, 활력 또는 정신적 열정을 의미하는 '차스(Tchass)'로 발음되었다는 것이다. 이 단어는 성 브리짓의 불타오르는 무덤에 대한 아일랜드의 미신 숭배를 뜻하기도 했는데 이런 이유로 오랫동안 도박꾼들이 이 단어를 들먹였다. 아일랜드인은 이 용어를 미국 도박장으로 처음으로 가져왔다. 이후 다른 영역으로 퍼져 나갔다. 처음에는 스포츠, 그 다음에는 음악이었다. 이렇게 고대어인 게일어의 실제 발음이 라틴 문자로 된 인위적인 철자와 크게 다르다는 점은 1913년과 1918년 사이 미국화된 단어의 철자가 최소 네 가지(Jass, Jas, Jazz, Jaz)나 출현한 이유를 설명해 준다.

1913년 아일랜드계 미국인 스포츠 저널리스트인 스쿱 글리슨은 야구 선수의 정신과 활력을 묘사하기 위해 재즈(Jass)라는 단어를 사용했다. 한데 재즈라는 단어는 이미 거리에서 널리 쓰이고 있는 상태였다. 이후 글리슨이 발행인을 맡았던 신문 샌프란시스코 불레틴은 같은 해 4월 "방금 언어 대열에 합류한 미래주의적 단어 재즈(Jazz)를 찬양하며."라는 제목의 기사를 실었다. 이 기사의 저자인 어니스트 J. 홉킨스는 이렇게 썼다. "새로운 단어는 새로운 근육처럼 오랫동안 필요했을 때만 생겨난다. 이 주목할 만한, 만족스러운 소리의 단어는 생명, 활력, 에너지, 감격, 기쁨, 격려, 매력, 활기, 정열, 용기, 행복과 같은 것을 의미하는데 이게 다 무슨 소용이 있을까? 재즈다. 다른 그 어떤 것으로도 표현할 수 없는."

시카고에서 이 인기 있는 신조어는 갈수록 주목받던 남부 브라스 밴드 음악을 뜻했다. 시카고 데일리 트리뷴 편집자 프레드 샤피로는 1915년 여름 다음처럼 흥분된 글을 썼다. "블루스는 재즈이고 재즈는 블루스다... 블루스는 악보에 써지는 게 아니다. 피아노 연주자나 다른 연주자에 의해 보간되는 것이다. 블루스는 새로운 게 아니다. 단지 인기를 모으면서 다시 태어난 것이다. 블루스는 반세기 전 남부에서 시작되었으며 본래 흑인들에 의해 보간된 음악이다. 그것은 재즈라는 이름으로 불리기도 한다."

아이러니하게도 이 단어는 남부에 가장 늦게 도착했다. 1916년 11월 뉴올리언스 타임스-피카윤은 재즈 밴드의 퍼레이드를 이렇게 프리뷰했다. "연극 저널이 먼저 재스(Jas) 밴드에 주목했다. 처음에는 시카고에서 시작된 것으로 알려졌지만 뉴올리언스 탱고 벨트를 자주 방문한 사람이라면 알 것이다. 재스 밴드의 진짜 고향이 바로 여기라는 것을... 이전까지 뉴올리언스에서만 알려졌던 재스 밴드들이 대체 언제 어디서 유래했는지에 대해서는 논쟁의 여지가 있다. 그들의 기원이 호숫가 캠프, 주말 밤 행사에서 연주한 피시 밴드라는 주장도 존재한다. 주장이 아닌 팩트도 있다. 그들의 인기가 이미 시카고에 도달했고, 다음 침공 목표는 뉴욕일 거라는 점이다."

최초의 재즈 레코드인 'Livery Stable Blues'와 'Dixie Jass Band One Step'은 1917년 2월 빅터에서 발매되었다. 연주자들은 시카고 댄스 홀에서 연주하는 남부 출신 음악가로 구성된 백인 그룹 오리지널 딕시랜드 재스 밴드(The Original Dixieland Jass Band)였다. 3개월 후 컬럼비아는 이들을 초대해 'Darktown Strutters Ball'과 'Back home Again in Indiana'를 녹음했다. 에디슨도 아서 필즈의 'Everybody Loves a Jass Band'로 이 유행에 뛰어들었다. 1917년 말이 되자 '재즈(Jazz)'라는 철자가 더 어감이 좋다는 공감대가 형성되었다.

1919년 오리지널 딕시랜드 재즈 밴드는 런던을 휩쓸었고, 영국 컬럼비아로부터 30개 이상의 레코드를 녹음해 달라는 의뢰를 받았다. 버킹엄 궁전에서 열린 개인 콘서트에서 밴드 리더는 필리프 페탱 원수가 그의 오페라 안경을 통해 "마치 우리에게 벌레가 들러붙은 것마냥" 기분 나쁘게 밴드를 관찰했다고 회상했다. 국왕 조지 5세가 신나게 손뼉을 치자 움직이지 않던 손님들도 긴장을 풀고 즐기기 시작했다. 황홀한 4개월을 보낸 오리지널 딕시랜드 재즈 밴드는 갑작스레 영국을 떠나야 했다. 소문에 따르면 분노한 해링턴 경이 그들을 사우샘프턴 부두까지 쫓아갔는데 뮤지션 중 한 명이 그의 딸과 연애를 해서였다고 한다.

빅터의 고위 관리자들은 젊은 층과 빅토리아 시대 부모 사이에 세대 간 격차가 벌어지고 있음을 느꼈다. 그들은 전체 이미지와 제품 라인을 긴급히 재고했다. 고상한 가치는 유행에서 멀어졌고 이는 곧 수익성이 없다는 것을 의미했다. 빅터의 계약 담당자인 캘빈 차일드는 회사의 모든 오페라 및 클래식 아티스트에게 엄청난 고정 수수료 대신 순이익의 일정 비율을 받고 최소한의 연간 수입을 보장하는 새로운 조건을 받아들이도록 설득하는 섬세한 임무를 맡았다. 물론 카루소는 10년 간 연간 최소 10만 달러를 보장하는 가장 관대한 계약을 맺었다. 수익성이 낮은 가수의 경우 연간 약 15,000달러의 최소 보장을 받았다. 퍼센트에 기반한 로열티의 시대가 잠정적으로 열린 것이다.

1919년 7월 빅터의 모든 아티스트 계약이 재협상되자 잡지 토킹 머신 월드는 "음악의 민주화"를 선언했다. 빅터의 클래식 및 오페라 레코드 가격은 1달러까지 인하됐고, 7달러에 판매되던 빅터의 최고급 한정판 가격도 절반이 되었다. 함께 진행된 비주얼 캠페인에서는 권투 글러브를 끼거나 주방에 있거나 그도 아니면 자전거를 탄 오페라 아이콘을 촬영했다. 클래식 음악에서 거만함을 없애기 위한 노력이었다.

빅터가 미처 예상하지 못한 결과도 있었다. 바로 측면 절단 디스크에 대한 사실상의 독점권을 잃는 것이었다. 전후 가장 큰 단 하나의 격변은 아마도 빅터와 스타 피아노 컴퍼니가 소유한 신생 음반사 제넷 간의 법적 분쟁이었다. 1919년 제넷은 과감하게 측면 절단 디스크를 출시했고, 예상대로 빅터로부터 즉시 소송을 당했다. 그러나 스타 피아노 컴퍼니의 변호사는 특허를 둘러싼 빅터의 여러 모호한 부분을 강조하면서 법원을 설득하는 데 성공했다. 1920년 1월 연방 순회 항소 법원은 빅터의 금지 명령을 기각하고 대규모 경쟁의 문을 열었다.

제1차 세계 대전 중 시작된 과정들이 가속화되면서 음반 사업은 더욱 밀도 있고 활기차게 성장했다. 1916년 약 100페이지 분량으로 발행된 토킹 머신 월드는 1920년 약 200페이지 분량으로 두 배 이상 늘어났고 수록된 제조업체의 목록만 약 200개였다. 새롭게 등장한 축음기의 대부분이 설립자의 이름을 따서 명명된 것이었다: 체니, 에머슨, 하인츠만, 윌슨, 스테거, 크래프트, 온켄, 베저 등등. 다른 브랜드들은 '빅트롤라'의 소리를 로비놀라, 하모놀라, 톤콜라, 삭솔라 같은 이름으로 모방했다. 브런즈윅, 에이올리언-보컬리언, 제넷, 오케이, 파라마운트, 블랙 스완 등 흥미로운 여러 새 레이블들이 음반 제작 시장에 뛰어든 때도 이즈음이었다.

이 복잡하고 빠르게 진화하는 시장에서 당대 가장 진보적인 음반 제작자는 오토 하이네만이었다. 그가 런칭한 오케이는 거의 틀림없이 대안적인 음반 레이블의 첫 사례였다.

예후다 오토 하이네만은 1877년 독일 북부 도시 뤼네부르크에서 열여섯 자녀 중 여섯째 아들로 태어났다. 서른일곱 살이 되던 해 하이네만은 유럽 최대 음반 제국 중 하나인 칼 린드스트롬 AG의 전무이사가 되었다. 베를린에 본사를 둔 이 회사는 대규모 레코드 프레싱 공장과 3개의 대형 레이블인 오데온, 팔로폰, 베카를 소유하고 있었다. 칼 린드스트롬 AG는 수천 명의 직원이 일하던 베를린 공장을 통해 하루에 10만 장의 레코드를 프레싱했고 프랑스, 영국, 오스트리아, 네덜란드에 유통 사업부를 뒀다. 또, 아르헨티나에는 디스코 나시오날 사옥을 열어 탱고의 전설 카를로스 가르델의 첫 번째 음반을 제작했다. 칼 린드스트롬 AG는 틀림없이 유럽 대륙의 첫 메이저 음반사 중 하나였다.

1914년 여름 하이네만은 미국 음반 산업의 시장 상황을 조사하기 위해 뉴욕행 배를 탔다. 그가 바다에 있을 때 전쟁이 발발했고, 그 결과 그는 영국 사우샘프턴 항구에 잠시 억류되었다가 결국 미국에 도착했다. 유럽 국가들이 조약 체결을 통해 서로 선전 포고를 하면서 국경이 폐쇄되고 전신선이 끊어졌다. 선박 운항 역시 위험해졌다. 하이네만은 유럽에서 벌어지는 상황을 지켜보면서 자신이 미국 뉴욕에 갇혔고, 따라서 이곳에서 돈을 벌어야 한다는 사실을 깨달았다.

하이네만은 맨손으로 시작했지만 경험과 적응력이 뛰어났고, 1909년 첫 여행 때부터 미국 음반 산업을 쭉 연구해 왔다. 그는 뉴욕에 수출입 업체인 오토 하이네만 축음기 공급 회사를 등록하고 오하이오에 작은 공장을 세웠다. 그의 사업 계획은 당시 급성장하던 소규모 독립 축음기 제조업체들에게 모터를 공급하는 것이었다. 그의 바람대로 하이네만은 제1차 세계 대전의 호황기에 생겨난 수많은 신생 업체 사이에서 빠르게 고객을 찾았다.

하이네만은 음반 제작에 뛰어들고 싶었지만 인내심을 갖고 주변의 급변하는 음악 시장을 관찰했다. 1918년 전쟁이 막바지에 이르자 그는 파산한 레코드 회사 렉스 토킹 머신 코퍼레이션을 인수하고 뮤지컬 음악 감독 출신인 프레드 해거를 고용했다. 깃털을 달고 있는 인디언 전사의 머리가 그려진 오케이의 로고는 하이네만이 미국 원주민 문화에 매료되었음을 상징하는 것이었다.

1920년 베를린을 방문한 하이네만은 통화 혼란, 막대한 국가 부채, 식량 부족, 정치적 불안정을 목격하고 충격을 받았다. 호황기를 누리던 미국에서 6년 간 소규모로 사업을 진행했던 하이네만은 스타 피아노 컴퍼니가 빅터를 상대로 제기한 소송의 최종 결과를 기대하면서 뉴욕으로 돌아왔다. 그는 전 고용주였던 칼 린드스트롬의 자본 투자를 받아 회사를 재조직하고 시카고, 샌프란시스코, 애틀랜타, 시애틀, 토론토에 오케이 대리점을 열었다. 린드스트롬의 유럽 카탈로그를 마음대로 사용할 수 있게 된 하이네만은 미국의 소수 인종을 겨냥해 독일어, 스웨덴어, 체코어, 이디시어 등으로 녹음된 음반을 수입했다. 이러한 틈새 마케팅 접근법을 통해 하이네만과 그의 직원들은 스스로에게 두 가지 간단한 질문을 던졌다. 흑인 인구가 미국에서 잠재적인 수익성이 가장 높은 소수 인종 시장일까. 그렇다면 흑인 음악이 오케이가 판매하던 다른 소수 인종 음반과 다르게 취급되어야 하는 이유는 무엇일까.

사실 이 질문을 최초로 던진 사람은 흑인 보드빌 순회공연에서 이름을 날리던 흑인 작곡가이자 연극 제작자 페리 브래드포드였다. 1920년 2월 그는 프레드 해거를 만나기 위해 145 웨스트 45번가에 있는 오케이의 스튜디오를 찾아갔다. 흑인 보드빌 공연 'The Maid of Harlem'의 주인공을 맡은 서른여섯 살 가수 마미 스미스를 위해 최근에 쓴 몇 곡을 선보이기 위함이었다. 그러면서 브래드 포드는 이렇게 강조했다. "이 위대한 나라에는 1,400만 명의 흑인이 있고, 그들은 자기들 중 한 명이 녹음하면 음반을 살 겁니다. 우리야말로 이 흥분되는 재즈 곡을 바로 부르고 해석할 수 있는 유일한 사람들이기 때문이죠."

1920년 8월 10일 오케이는 사운드 엔지니어 랄프 피어의 감독 하에 세션을 조직했다. 그 결과 탄생한 곡이 바로 뉴올리언스 브라스 밴드의 어지럽게 쿵쾅거리는 스타일로 편곡된 12마디 음악에 마미 스미스가 매력적인 멜로디를 얹은 'Crazy Blues'였다. 공전의 히트를 기록한 이 노래는 약 100만 장이 판매되었고, 그중 상당수 구매자는 심지어 백인이었다. 금광을 발견한 해거와 하이네만은 W.C. 핸디에게 오케이를 위해 브라스 밴드 블루스를 더 녹음해 달라고 요청했다.

이런 오케이의 성공에 질투심을 느낀 나머지 최초의 진정한 흑인 음반사를 만들기로 결심한 사람이 있었다. 바로 조지아 출신 전직 보험업자이자 핸디의 발행인인 해리 페이스였다. 블랙 스완을 설립한 그는 뉴욕 스트리버 로에 있는 가족으로부터 3만 달러를 빌려 음반을 연달아 발매했지만 결과는 실망스러웠다. 다행히도 그에게는 재능 있는 음악 감독 플레처 헨더슨이 발견한 아름다운 가수 에델 워터스가 있었다. 핸더슨이 발굴한 그녀는 비록 불우한 어린 시절을 보냈지만 블랙 스완의 구세주가 되어줬다. 블랙 스완에서 발매된 워터스의 첫 레코드 'Down Home Blues'와 'Oh Daddy'는 6개월 만에 50만 장의 판매고를 올렸다.

해리 페이스의 절묘한 솜씨는 자신의 예술가들을 중심으로 보드빌 무대를 만든 뒤 전국 투어를 돌게 한 결정에서 빛을 발했다. 1921년 11월부터 1922년 7월까지 블랙 스완 트루바도어스는 21개 주 최소 53개 도시에서 공연을 펼쳤다. 흑인 신문 칼럼니스트였던 레스터 월튼이 투어의 홍보를 담당했고, 그는 뉴욕 에이지, 시카고 디펜더, 피츠버그 쿠리어, 볼티모어 아프로-아메리칸 등이 이 투어를 지속적으로 취재하게끔 설득에 나섰다. 일부 백인 신문도 이 투어에 주목했다.

블랙 스완과 2년간 결혼 금지라는 계약을 맺었던 사랑스러운 가수 에델 워터스는 시카고와 뉴욕 클럽에서 우아한 깃털 의상을 입은 새로운 스타일로 공연을 펼쳤다. 노스캐롤라이나의 신문인 트리뷰트는 "에델 워터스와 그녀의 재즈 거장들은 왔다가 사라졌지만 그 기억은 몇 달 동안 남을 것이다... 수많은 관객이 놀라움에 눈을 크게 뜬 채 숨을 헐떡였다... 그녀의 공연을 본 관객은... 격렬한 기쁨을 주체하지 못했다."라고 보도했다. 7개월간 매진된 콘서트가 끝난 후 블랙 스완의 통신 판매 사업부는 30명의 직원을 고용하고 약 1,000명의 딜러에게 10만 달러 상당의 음반을 발송했다.

레이스 레코드(Race Records)라고 불린 흑인 음악에 대한 수요가 증가하면서 흑인 신문 시장을 중심으로 새로운 유통망이 생겨났다. 신문팔이 소년들이 가판대에서 블루스 레코드를 판매하기 시작했고, 열차 짐꾼들은 간이역에서, 세일즈맨들은 가정 방문을 통해 음반을 팔았다. 시카고 디펜더는 사설을 통해 "인종에 상관없이 돕고자 하는 사람과 모든 음악 애호가"에게 이 새로운 음반을 구입하도록 독려했다.

한편 오케이는 일련의 흑인 아티스트와 계약하고 야심 찬 계획을 수립하느라 분주했다. 오토 하이네만은 대안적인 유통을 넘어 주류 산업 내부에서 조용한 혁명에 착수했다. 1921년 10월부터 오케이는 흑인 신문에 게재했던 광고를 토킹 머신 월드에 기사 형태의 광고로 실었는데 이는 백인 딜러들에게 흑인 음악이 넓고, 수익성 높은 시장이라는 점을 알리기 위한 의도적인 전략이었다.

현대 미국의 정체성을 담은 춤추기 좋은 음악에 대한 백인의 수요가 증가하면서 재즈와 블루스가 주류로 진입했다. 현실에서는 동등한 대우를 받지 못했지만 음악이라는 다른 영역에서는 흑인의 길거리 속어와 남부의 이미지가 강력하게 혼합되어 아메리칸 드림을 표현하는 것처럼 보였다. 이렇게 새로운 물결이 일어나는 와중에 그 뒤에는 더 큰 물결이 밀려오고 있었다.

5.

보이지 않는 파도, 라디오의 등장

기술과 위기_
라디오가 그라모폰 스타를 죽이다.

**1901
~1922**

수평선 위에 드리워진 또 다른 그림자가 있었다. 바다 위에서 갑자기 무언가가 일어나는 중이었다. 하지만 오직 10대 소년들만이 다가오는 그것의 존재를 알아챘다.

음반 산업에 해일이 밀려와 창립자들이 쌓아 올린 많은 것을 휩쓸어 버렸다. 1922년 라디오가 문화적 격변을 일으키면서 더할 나위 없이 나쁜 방향으로 진행된 레코드 산업은 처음으로 심각한 장기 불황에 빠졌고, 이후 약 20년 동안 위축된 채 자기 탐구의 시간을 보냈다.

잠깐 1880년대로 되돌아가 보자. 당시 에디슨은 세 번째 멘로 파크 프로젝트를 통해 축음기와 전구를 개량하고 있었다. 에디슨은 이전 몇몇 다른 사람이 증명한 것처럼 전기 펄스의 공중 전송이 가능하다는 사실을 입증했다. 무선 전신은 빅토리아 시대의 위대한 꿈 중 하나였지만 전화, 전기 조명, 말하는 기계에 비해 막대한 투자가 요구됐다. 돈과 고집이 있었던 에디슨조차 포기하고 특허를 팔 정도였다.

음반 업계 최고 권력자였던 엘드리지 존슨은 이 신생 산업에 대한 기사를 무관심한 시선으로 바라보던 여러 관찰자 중 한 명이었다. 라디오는 다른 어떤 연구 분야보다 더 많은 투자 사기와 환상적인 예측을 낳았다. 당시 그 누구도 선박 간 모스부호 메시지 전송을 기반으로 하는 이 시스템이 눈부시게 개선되어 전 세계로, 그것도 축음기보다 더 좋은 음질로 퍼져갈 거라고는 상상도 하지 못했다.

이 비극적인 이야기의 주인공은 1895년 에디슨의 특허를 획득한 이탈리아의 발명가 굴리엘모 마르코니였다. 마르코니의 장거리 전송 시험에 대한 기사가 보도되자 대중의 관심이 높아졌고, 1899년 5월 뉴욕 타임스는 "지구상의 모든 국가가 친밀해지고, 사람들은 끊임없이 쏟아질 엄청난 양의 뉴스와 정보에 놀라게 될 것."이라고 예측하는 특집을 실어 눈길을 끌었다. 1905년 월즈 워크(The World's Work)는 종합 보고서를 통해 다음 같은 추측을 내놓았다. "언젠가 애리조나의 한 외로운 목장주가 포켓 수신기를 설치해 최신 뉴스를 접할 수 있을 것이다."

대중의 상상력이 비대해지자 부도덕한 기업가들은 회사를 "행운의 둥지"라고 묘사하거나 "100달러를 투자하면 수천 달러를 돌려받을 수 있다."라는 식으로 광고를 내걸었다. 소액 투자자를 끌어들이기 위함이었다. 그러나 1907년 탐사 저널리스트인 프랭크 파얀트는 석세스 매거진에 "바보와 그들의 돈"이라는 제목의 주식 사기 시리즈를 연재했다. 여기에는 무선 전신 버블에 대한 비판적인 보고서가 써져 있었다.

프랭크 파얀트의 폭로 이후 수많은 기업이 사기 혐의로 기소되었고, 합법적인 업체들이 시장을 형성했다. 마르코니를 제외한다면 이 분야의 진정한 경쟁자는 1880년대 에디슨의 멘로 파크 연구소에서 일했던 세르비아 출신 천재 수학자 겸 물리학자 니콜라 테슬라였다. 돈 문제로 에디슨과 결별한 이후 테슬라는 엑스레이, 방사선, 원격 제어 및 레이더를 실험했다. 연구 분야에서 가장 존경받는 인물 중 한 명인 테슬라는 1908년 이렇게 예측했다. "뉴욕의 사업가가 지시를 받아 적으면 런던이나 다른 곳에 있는 사무실에 즉시 활자로 나타나게 할 수 있을 겁니다. 시계보다 크지 않은 저렴한 기기를 사용해 음악이나 노래, 정치 지도자의 담화, 저명한 과학자의 연설, 유창한 성직자의 설교를 아무리 멀리 떨어져 있어도, 그곳이 바다든 육지든 어디에서나 들을 수 있게 될 겁니다. 같은 방식으로 사진, 문자, 그림 또는 인쇄물도 한 장소에서 다른 장소로 전송할 수 있을 겁니다."

니콜라 테슬라는 이 분야에서 어쩌면 가장 뛰어난 인물이었지만 강박 장애의 징후를 보였다. 예를 들어 고급 호텔에 머물 때 그는 수건이나 비누와 같은 일상용품을 항상 3의 배수로 요구했다. 또 다른 문제는 그의 연구가 유럽 자금에 지나치게 의존하고 있다는 것이었다. 월도프 아스토리아 호텔에 무모하게 청구서를 쌓아두던 테슬라는 전쟁으로 자금원이 끊기자 반쯤 지은 라디오 타워를 호텔 주인에게 넘겨야 했다.

반면 마르코니는 실용적인 사업가였다. 뉴펀들랜드와 골웨이에 방송국을 설립한 그는 현명하게도 라디오가 생명을 구하는 데 얼마나 중요한지를 곧장 알아챈 분야에 모든 상업적 개발의 초점을 맞췄다. 바로 해운업이었다. 그가 주목한 초기 라디오 장비의 또 다른 핵심 시장 타깃은 속칭 아마추어 또는 소년이라고 불린 10대 청소년이었다. 선박 라디오 운영자들은 욕설과 장난으로 해상 통신을 방해하는 이 어린 해적들에 대해 가장 먼저 불만을 제기했다.

1909년 로드 아일랜드의 10대 라디오 아마추어들이 난파선에 대한 허위 신고를 보내 미 해군 함정이 밤새도록 빙빙 돌며 항해하는 일이 발생했다. 그해 말에는 증기선이 SS 플로리다 호와 충돌하는 실제 사고가 발생했는데 현장에 출동한 해군 함정이 도청을 하던 장난꾼들에 의해 네 가지 다른 허위 위치를 전달받아 구조가 12시간이나 지연되었다. 청소년의 라디오 중독 문제를 제기하는 신문 기사가 증가하면서 1912년 라디오 법이 제정되었고, 그에 따라 아마추어가 사용할 수 있는 주파수가 공식 제한되었다.

같은 해인 1912년 4월 판도를 바꾼 사건이 터졌다. 바로 타이태닉호의 침몰이었다. 타이태닉호의 라디오 운영자는 마르코니의 직원이었는데 그가 보낸 조난 신호를 60마일 떨어진 곳에 있던 카르파티아호에서 수신했다. 이 배의 라디오 설비 역시 마르코니가 만든 것이었다. 카르파티아호가 새벽 4시 타이태닉의 마지막 좌표에 도착했을 때 얼음으로 덮인 바다 위 구명보트에서 추위에 떨고 있는 706명의 생존자를 발견했다. 이후 타이태닉의 운명에 대한 소식이 라디오 네트워크를 통해 퍼졌다. 카르파티아호가 생존자들을 태우고 뉴욕으로 항해하는 동안 미 해군은 윌리엄 하워드 태프트 대통령을 대신해 카르파티아호의 라디오 마스터와 거듭 연락을 시도했다. 이 과정에서 마르코니가 그의 라디오 운영자들에게 제3자에게 어떠한 정보도 전송하지 말라는 메시지를 보낸 것으로 추정된다. 카르파티아호가 뉴욕에 도착하자 마르코니의 동기는 더욱 명확해졌다. 그는 뉴욕 타임스 기자와 함께 부두에서 기다리고 있었다. 마르코니와 이 기자는 라디오 운영자와의 독점 취재 협상을 마친 상태였다.

마르코니의 사회주의적인 태도에 이미 놀란 적이 있었던 미 해군 수뇌부는 그의 기회주의에 좋지 않은 인상을 받았고, 이후 그의 라디오 운영자들은 강도 높은 조사를 연이어 받아야 했다. 그러나 런던에서 열린 타이태닉에 대한 조사에서 영국의 체신장관은 "사람들은 마르코니라는 한 사람과 그의 놀라운 발명품을 통해 구출된 것."이라고 강조했다. 이 덕분에 마르코니의 기술은 거의 지정학적인 차원으로 올라섰고, 그의 사업은 2,000%나 급성장했다.

이후 티핑 포인트가 도래했다. 유럽에서 전쟁이 발발하자 영국이 독일과 미국을 잇는 전신선을 끊어버린 것이다. 영국의 호전성에 깜짝 놀란 미 해군, AT&T, 웨스팅하우스는 참호전에서 라디오 기술이 지닌 전략적 중요성에 주목했다. 그러고는 장거리 라디오를 긴급 개발하기 위한 비밀 프로젝트에 공동으로 착수했다. 이후 그들이 개발한 진공관 라디오 송신기는 1915년 10월 AT&T 과학자들이 워싱턴 DC 외곽 해군 기지에서 호놀룰루와 파리의 에펠탑까지 신호를 전송할 수 있게 해 준, 거대한 도약의 계기가 되었다.

당시 수천 명의 10대가 라디오 담당자를 다룬 전쟁사를 읽었다. 거기에는 제플린 비행선을 유인해 죽음에 이르게 한 이야기가 담겨 있었다. 그러면서 아마추어 라디오 트래픽이 폭발적으로 증가했다. 1917년 4월 전쟁에 참전한 미국 정부는 국가 안보를 이유로 모든 라디오 방송 및 청취를 금지했다. 미 해군은 전시보안 권한을 사용해 마르코니의 특허를 무효화하고 독일이 자금을 지원한 테슬라의 라디오 타워도 압수했다. 의도적으로 라디오를 장악하기 위함이었다. 모든 제조업체는 미 해군 전용 라디오를 제조하라는 명령을 받았다.

전쟁이 끝날 무렵인 1918년 미 해군은 독점권을 유지하려고 했지만 의회에 의해 거부당했다. 그러나 1919년 4월 미 해군 스탠포드 후퍼 대위와 윌리엄 불라드 제독은 제너럴 일렉트릭의 경영진을 만났다. 장거리 전송 장치인 알렉산더슨 교류 발전기(Alexanderson Alternators)를 마르코니에게 판매하지 말라고 설득하기 위함이었다. 대신 그들은 제너럴 일렉트릭이 라디오 통신 사업자를 자체 설립해 미국에서 장거리 상용 통신의 상업적 독점권을 확보할 수 있을 거라는 제안을 던졌다. 흔치 않은 기회라고 판단한 제너럴 일렉트릭은 마르코니의 미국 사업부를 인수한 뒤 그해 10월 RCA를 설립했다. 이 작전을 지휘한 공로로 불라드 제독은 RCA의 이사회 의장이 되었고, AT&T는 장거리 전화 독점권을 따냈다.

RCA는 제너럴 일렉트릭과 웨스팅하우스의 라디오 기기를 즉시 인수하고 시중에 나와 있는 라디오 관련 특허 대부분을 사들였다. 그들은 라디오 방송국도 설립했다. 이와 함께 아마추어 라디오에 대한 공공 금지가 마침내 해제되면서 이전보다 훨씬 더 많은 수의 사람이 한층 개선된 장비와 함께 새로운 라디오 열풍을 불러왔다.

열풍의 진원지는 바로 10대였다. 10대와 라디오라는 거대한 해일에 휩쓸린 음반 회사들은 소매점이 매장의 상당 부분을 라디오 기기로 바꾼 탓에 매출 급감을 겪어야 했다. 상점 주인들은 라디오에 회의적인 아버지와 함께 온 흥분한 소년이 라디오 장비에 대한 판매원의 무지를 기회만 되면 행복한 표정으로 지적한다는 걸 알아챘다. 물론 아버지는 아들의 질문에 대한 적절한 답변이 있을 때만 지갑을 꺼냈다. 생계를 위해서라도 소매상들은 이제 아이들을 따라잡아야 했다.

초기에는 라디오 장비의 가격이 비쌌다. 그리고 이것은 미국 전역에서 공중전화 기물 파손이 기이하게 급증한 이유를 설명해 준다. 공중전화 부스의 수신기가 대규모로 뜯겨나갔고, 10대 청소년들은 그 부품을 이용해 헤드폰을 만들었다. 이후 1922년 말까지 미국에서 판매된 라디오 세트는 약 200만 대에 달했다. 허가받은 2만 3백 개의 라디오 방송국 중 15,780개가 아마추어의 소유였고 이들 중 상당수는 음악으로 전파를 채웠던 젊은이였다. 1922년 제1회 전국 라디오 학회가 열렸을 때 기업가와 정치인 등에게 할당된 31개의 연설 중 아마추어 면허 발급 담당 기관인 미국 라디오 중계 연맹 회원들에게 주어진 연설은 총 3개였다. 이 감시 단체는 연설을 통해 이렇게 말했다. "우리는 라디오가 장난거리라는 생각을 극복하려고 애쓰고 있습니다. 그래서 우리는 잡지를 통해 라디오 전파 도둑들의 명단을 밝혔습니다. '시민의 무선'을 논할 때 우리는 더 이상 짧은 바지를 입고 장난감을 가지고 노는 어린 소년이 아닌 이 나라의 시민이 참여해 유용한 통신을 계속할 수 있는 광활한 분야를 떠올리고 있습니다." 허버트 후버 미국 상무장관은 개회 연설에서 "(상업적 산업의) 가장 적절한 요구를 수용하는 동시에 소중한 존재, 즉 급격한 관심의 대상이 된 미국의 어린 소년을 보호할 필요성"을 강조했다.

전시 경제 침체로 인한 디플레이션에 더해 전쟁에 나간 병사들이 귀환하면서 미국 노동 시장은 혼란에 빠졌다. 여기에 라디오 붐이 일어나면서 음반 회사들의 문제는 더욱 악화되었다. 기이하게도 1921년을 전후한 음반 판매의 최대 호황은 곧장 업계 30년 역사상 가장 큰 침체로 이어졌다. 첫 번째 희생자는 컬럼비아였다. 호황기의 재고 과잉 생산으로 부채가 쌓여있던 탓이 컸다. 따라서 급작스러운 경기 침체는 즉각적인 위험으로 이어졌다. 1921년 말 컬럼비아는 460만 달러의 손실을 보고했고 적자는 1,570만 달러로 불어났다. 2,200만 달러에 달하는 부채 역시 도저히 갚을 수 없는 상황이었다. 이에 몇몇 주주가 법정 관리 신청서를 제출했다.

빅터의 하락세는 늦게 찾아왔다. 1921년 8월 카루소의 사망으로 인해 빅터의 음반 판매량이 비정상적으로 급증한 덕분이었다. 그러나 1922년 말이 되자 빅터의 판매량은 3분의

1로 급감했고 이듬해에는 레드 씰 시리즈의 판매량이 600만 장으로 떨어졌다. 1920년대 내내 지속될 점진적인 하락세의 시작이었다.

한때 1만 명의 직원을 고용했던 에디슨 레코드는 1922년 2월 공장의 규모를 3,000명으로 축소했다. 당시 사내의 한 대화는 에디슨의 고위 직원들 중 일부가 오직 라디오만을 불행의 유일한 원인으로 지목하지 않았다는 점을 보여준다. 이 대화에서 월터 밀러는 반쯤 귀머거리인 독재자에게 다음처럼 말했다. "선곡에 대해서 오직 한 사람만 의견을 낸다면 틀릴 수밖에 없습니다. 작년 가장 큰 성공작이 된 네 장의 녹음을 거부한 사람은 바로 유일한 선곡자였던 당신이에요."

전쟁 이후인 1921년과 1922년에 걸쳐 생겨난 많은 신생 독립 음반사가 파산을 면치 못했다. 블랙 스완의 설립자인 해리 페이스는 이렇게 증언했다. "라디오 방송의 본격화는 우리에게 파멸을 의미했어요. 즉시 딜러들이 주문을 취소하기 시작했고... 레코드는 싹 다 반품됐죠. 많은 레코드 가게가 라디오 가게로 바뀌었고요." 1923년 12월 블랙 스완 레코드는 파산을 신청했다. RCA의 순이익은 음반 업계의 불행과 극명한 대조를 이뤘다. 1924년에는 총 매출이 5,500만 달러로 급증하면서 3,700만 달러에 그쳤던 빅터를 앞질렀다.

딜러들은 매장 분위기가 바뀌는 것을 목격했고, 라디오 세트는 말하는 기계를 낡아 보이게 만들었다. 한때 경외심을 불러일으켰던 빅트롤라는 거의 40년 간의 성장 끝에 더 강력하고 인터랙티브한 기술에 의해 마침내 추월 당했다. 업계 최고 갑부이자 우울증에 시달리던 엘드리지 존슨이 취한 대응은 고작 침대에 누워 빅트롤라의 스타들에게 라디오 보이콧을 지시한 것뿐이었다. 이렇게 창업자가 부재한 빅터는 진공 상태가 되었고 고위 경영진 역시 그 어떤 조치도 취하지 않았다. 권투 경기, 정치 행사, 코미디 쇼, 동화 등 새로운 엔터테인먼트 형식을 방송하는 수백 개의 새로운 라디오 방송국이, 미국 전역에 세워졌다. 저 자신의 상상력에 매료된 미국은 이전 그 어느 때보다 더 미국적인 나라가 되어가고 있었다.

6.

생존자들

라디오 세대의 현지 녹음 _
시골 블루스와 힐빌리 음악

**1922~
1929**

젊은 세대는 빠르게 적응하고, 때로는 절차 따위 무시하며, 기꺼이 위험을 감수하려는 경향이 있다. 따라서 라디오 시대에 시장은 작아졌지만 그것은 도리어 더 큰 존재가 될 수 있는 기회이기도 했다. 물론 레코드 판매자에게 1920년대는 혹독한 환경이었다. 그러나 음악에 있어서 만큼은 독특한 시대였다. 수요가 틈새시장을 지향하면서 변두리에서 새로운 유형의 재능 사냥꾼, 즉 수단과 방법을 가리지 않는 레코드 맨이 등장했다.

주파수를 탈취하는 10대 해적이 소음처럼 활개치던 상황에서 두 가지 법적 판례가 앞으로 나아갈 길을 제시했다. 1922년 1월 미국 정부는 라디오 아마추어의 '엔터테인먼트' 방송을 금지했다. 다소 모호하게 들렸던 이와 같은 정의는 9월 '기계적으로 작동되는 기기'라는 표현으로 바뀌었다. 즉, 청소년이 레코드를 방송하는 행위를 금지한 것이다. 그러던 1923년 여름, 설립된 지 9년 된 작곡가 및 출판인 연합 ASCAP은 뉴저지의 대형 백화점 소유주이자 라디오 방송국 WOR의 소유주인 L. 뱀버거 앤 컴퍼니를 상대로 소송을 제기했다. L. 뱀버거 앤 컴퍼니는 방송한 곡에 대한 로열티 지불을 거부했지만 뉴어크 법원은 ASCAP의 손을 들어줬다. 한데 음악 출판인들의 경우, 자신들의 몫을 위해 소송을 제기했음에도 라디오를 지지하는 것처럼 보였다. 라디오가 향후 더 큰 이익을 가져다줄 거라고 봤기 때문이다.

컬럼비아는 빅터나 에디슨과 달리 불매 운동이나 소송, 라디오의 떨어지는 음질에 대해 논쟁할 현금이 없는 유일한 대기업이었다. 이런 이유로 실용적인 사고를 택한 컬럼비아 직원들은 라디오를 공짜 홍보로 인식했다. 그러나 컬럼비아의 위태로운 상황에 궁극적으로 필요한 존재는 비전 있는 리더였다. 엘드리지 존슨과 토마스 에디슨 같은 백발의 거물이 저택에서 투덜거리고 있을 때 키가 작고 재치 있는 인물이 등장해 도전에 나섰다. 컬럼비아 런던의 사장 루이스 스털링이었다.

리투아니아 태생의 유대인인 스털링은 어렸을 때 가족과 함께 미국으로 건너왔다. 이후 1903년 스털링은 새로운 삶을 살기 위해 뉴욕을 떠나 유럽으로 향했다. 배가 사우샘프턴에 정박했을 때 그는 마지막 5달러를 탕진하고 영국 감옥 바닥에서 첫날밤을 보냈다. 다음 날 그는 먼지를 털고 일어나 뉴욕에서 만났던 그라모폰 컴퍼니의 사장 윌리엄 배리 오웬을 찾았다. 약속대로 오웬은 스물네 살의 스털링을 순회 세일즈맨으로 고용했고, 스털링은 영국 전역의 문화적 다양성과 구매 패턴에 대해 배울 수 있는 좋은 기회를 얻었다. 이후 여러 소규모 축음기 회사에서 경험을 쌓은 스털링은 1910년 컬럼비아 영국의 영업 책임자가 되었고, 전쟁이 끝날 무렵에는 회사 전체를 운영했다. 스털링은 수수료를 바탕으로 개인 재산을 모았다. 그리고 그중 대부분을 그의 가장 큰 열정인 희귀 서적 수집에 재투자했다.

미국에서 라디오가 시작되었을 무렵 스털링은 런던 투자자들에게 그렇다고 해서 레코드가 쓸모없어진 것은 아니라고 설득했다. 이렇게 시류에 역행하는 습관을 이어가면서 1922년 11월 스털링은 50만 파운드라는 거금을 들여 자신의 고용주인 컬럼비아 영국을 인수했다. 이 계약에는 유럽과 아시아 지역에 대한 상표권도 포함되어 있었다.

이후 그는 미국으로 눈길을 돌렸다. 미국에서 컬럼비아는 법정 관리 중이었지만 여전히 히트작을 내놓고는 있었다. 예를 들어 컬럼비아의 인재 스카우터 프랭크 워커는 블루스 디바 베시 스미스와 계약했다. 오케이 레코드가 흑인 음악으로 히트를 기록한 것에서 영감을 얻은 선택이었다. 당시 베스 스미스는 오케이 레코드의 프레드 해거에게 "너무 흑인스럽다."라는 이유로 거절당한 처지였다. 1923년 파산한 블랙 스완의 해리 페이스 역시 베시 스미스와의 계약을 거부했다. "과하게 뻔하다."라는 게 이유였다. 그러나 운명의 장난처럼 컬럼비아와 계약한 뒤 발표한 베시 스미스의 곡 'Gulf Coast Blues'는 75만 장의 판매고를 기록했다. 이를 통해 컬럼비아는 곤경에서 벗어날 수 있었다.

그 직후 위스콘신에 위치한 파라마운트 레이블이 보드빌 계의 배짱 있는 블루스 디바 마 레이니를 영입했다. 60마일 떨어진 인디애나의 공장 도시 리치몬드에서는 제넷 레이블이 레스터와 월터 멜로즈라는 두 음악 출판인의 도움을 얻어 시카고의 활기찬 재즈 신을 녹음했다. 두 형제가 재즈의 선구자 젤리 롤 모튼과 킹 올리버의 악보를 들고 제넷 레이블의 시카고 전시실에 방문한 결과였다. 젤리 롤 모튼과 킹 올리버는 뉴올리언스 출신으로 당시 시카고의 클럽에서 연주 활동을 하고 있었다.

마치 행운과도 같았던 이 만남을 계기로 루이 암스트롱이 코넷을 연주하고 있던 킹 올리버의 크리올 재즈 밴드는 제넷 레코드를 위해 16곡을 녹음했다. 이것이 바로 리코딩 역사에 있어 공식적인 핫 재즈 장르의 시작이다. 다이아몬드 박힌 치아를 자랑스럽게 내보이던 젤리 롤 모튼은 스토리빌 사창가에서 경력을 쌓은 뒤 도박꾼, 당구장 사기꾼, 포주, 보드빌 코미디언, 피아니스트로 남부 전역을 떠돌아다녔다. 그는 직접 작곡한 음악을 통해 뉴올리언스의 프렌치 크리올과 카리브해 리듬으로부터 받은 영향을 드러냈다. 모튼은 이것을 '스페인적인 느낌'이라고 불렀다.

중서부에서 이렇듯 여러 중요한 레코드가 나왔지만 업계에서 가장 진보적인 행보를 유지하던 회사는 여전히 오케이 레코드였다. 잡지 와이어리스 에이지에서 가장 라디오 친화적인 레코드 회사로 선정된 오케이는 애틀랜타, 세인트루이스, 디트로이트, 시카고로 현장 답사를 시작했다. 이러한 탐험을 통해 등장한 선구적인 레코드 맨 중 한 명이 바로 마미 스미스의 'Crazy Blues'를 담당했던 사운드 엔지니어 랄프 피어였다. 오직 기회가 찾아오기를 기다리면서 피어는 오케이의 트럭을 타고 미국을 횡단했다.

당시 갓 30대가 된 랄프 피어는 미주리의 인디펜던스, 즉 남부 출신 백인이었다. 머리가 좋아 약삭빨랐던 그는 컬럼비아 캔자스 사무실에서 음악 경력을 시작했다. 이후 호텔 방, 창고, 연회장 등에서 블루스, 가스펠, 포크 송을 녹음하던 피어는 미지의 평원에 아직 계약되지 않은 재능이 무궁무진하다는 사실을 깨달았다.

애틀랜타에서 피어가 주로 만난 사람은 당시 열아홉 살이었던 폴크 브록맨이었다. 아버지의 가구점 한쪽에서 레이스 레코드, 즉 흑인 음악을 판매하고 있던 브록맨은 오케이를 설득해 자신의 지역에 대한 도매 총판 권리를 얻어 냈다. 1923년 6월 뉴욕 출장 중 브록맨은 타임스 스퀘어의 팰리스 극장에 갔다. 버지니아에서 열린 피들러 대회 관련 소식을 다룬 영화를 보면서 시간을 때우기 위함이었다. 브록맨은 영화를 보던 중 영감이 떠올라 수첩을 꺼낸 뒤 "피들러 존 카슨 - 지역 인재 - 녹음하자."라는 문구를 적었다. 그 문제의 피들러 존 카슨은 미국 동부 블루릿지 산맥에서 온 쉰세 살의 백인 농부였다. 존 카슨을 발견한 브록맨은 랄프 피어에게 연락해 애틀랜타에 꼭 한번 와야 한다고 설득했다.

이후 존 카슨의 연주를 녹음하던 피어는 삐걱거리는 피들러 연주에 움찔하고 놀라면서 "정말 끔찍한 소리네."라고 내뱉었다. 하지만 브록맨은 알고 있었다. 카슨은 일자리를 구하기 위해 애틀랜타의 제분 산업에 몰려든 레드넥과 남부 출신 농부 사이에서 충성도 높은 팬층을 보유하고 있었다. 녹음이 보류되지 않도록 하기 위해 브록맨은 피어에게 "지금 당장" 500장을 찍어 달라고 간청했다.

4주 후 라벨이 붙지 않은 음반 한 상자가 철도 운송을 통해 애틀랜타에 도착했다. 며칠 후 피들러 존 카슨은 지역 축제에서 두 곡을 공연했고, 브록맨은 열정적인 관중에게 새까 만 디스크를 판매했다. 카슨은 광분한 사람들을 보면서 이렇게 외쳤다. "밀주 만드는 거 그만두고 음반을 만들어야겠어!"

브록맨이 더 많은 음반을 주문하자 피어는 오케이의 카탈로그에 카슨을 포함시켰다. 그 러던 와중 피어는 그해 봄 초에 버지니아에서 일어난 비극적인 열차 사고에 관한 민요인 'The Wreck of the Old 97'을 부른 헨리 휘터의 테스트 프레스를 보류했던 기억을 떠올렸 다. 그는 브록맨에게 사본을 보냈고, 브록맨은 테네시 및 버지니아 시장에서 잘 팔릴 거라 고 확언해 줬다. 오케이는 또 한번 시골에서 히트를 쳤고, 피어는 뭔가 분위기가 달아오르 고 있음을 느꼈다.

경쟁이 시작되는 데는 그리 오랜 시간이 걸리지 않았다. 컬럼비아의 프랭크 워커는 베 시 스미스에게 보냈던 관심을 힐빌리* 가수에게 돌렸다. 그리고 1924년 8월 빅터는 발라 디어(Balladeer)** 버논 달하트에게 'The Wreck of the Old 97'을 보다 감성적으로 노래해 달라고 의뢰했다. 대중적인 청중을 위해 맞춤 제작된 달하트 버전은 전국적으로 큰 인기 를 끌었다. 무려 700만 장이 판매되면서 업계 40년 역사상 최다 판매 기록을 세웠다.

가뜩이나 시장이 위축되어 있었기에 이러한 통계는 반가운 소식이었다. 그해 벨 연구소 의 연구원들은 축음기의 기술적 한계에 대응하는 음파 기술을 개발하면서 더 큰 구세주의 등장을 알렸다. 카본 콘덴서 마이크, 정합 임피던스 진공관 앰프, 새로운 전자기 디스크 커팅 방식을 결합한 전기 리코딩을 발명한 것이다. 이제 마이크와 앰프 덕분에 고음과 저 음을 모두 고해상도로 포착할 수 있었다. 가수는 더 이상 고함치듯 노래할 필요가 없었고, 발음은 더 선명해졌으며 기타와 밴조 같은 악기 소리가 처음으로 들렸다.

이 기술로 특허를 받은 벨 연구소는 웨스트렉스(Westrex)라고 명명한 이 시스템을 빅터 레코드에게 선보였다. 하지만 엘드리지 존슨이 고위급 관리자 중 특별히 육성한 인재였던 그들은 라디오를 경멸했고, 이런 이유로 튜브 앰프의 차별화된 음색에 대한 대답을 보류했다.

런던에서 이 모든 흥미로운 발전을 지켜본 루이스 스털링은 바로 이 시점에 뉴욕으로 건너가 컬럼비아 포노그래프를 250만 달러에 인수한 후 곧장 웨스트렉스 관련 제안에 서명했다. 빅터 역시 결국에는 그 뒤를 따랐다. 기술자들이 스튜디오를 방음 파티션과 분리된 앰프 룸을 갖춘 형태로 개조하는 동안 두 회사는 어쿠스틱 레코드에 대한 대대적인 매각에 착수하기로 비밀리에 합의했다.

당시 엘드리지 존슨은 마지못해나마 라디오를 점진적으로 수용하고 있었다. 그중에서도 어쿠스틱 레코드의 단계적 폐지에 동의한 것은 특히 중요한 행보였다. 존슨의 아들은 세대 간 단절을 상징하는 가슴 아픈 일이긴 하지만 빅터가 라디오 세트와 전축을 결합한 새로운 모델을 생산해야 한다고 확신했다. 그해 2월 초 엘드리지 존슨은 아들에게 생각이 가득 담긴 메모를 보냈다. "나는… 음악 방송 체계가 포노그래프를 대체할 것이라고 믿지 않는다. 그러나 그것이 우리의 확장을 더디게 할 수는 있겠지. 하지만 포노그래프에는 프라이버시, 선택, 반복, 소유권에 대한 감각이라는, 일반적인 방송 제도가 대체할 수 없는 특징이 있단다."

이러한 과정 속에 빅터는 광고 예산을 사상 최대로 늘렸다. 1924년에는 5백만 달러를 집행하면서 캠벨스 수프에 이어 미국에서 두 번째로 많은 잡지 광고비를 지출했다. 그러나 1925년에 이르자 엘드리지 존슨은 잔뜩 움츠러든 채 사상 첫 적자를 발표했다. 그는 회사 주식의 15%를 보유하고 있던 고위 임원들이 하나 둘 회사를 떠나는 것을 무기력하게 바라보면서 다음처럼 다짐했다. "재정적인 측면에는 큰 관심이 없는 사람들로 조직을 재건해야겠어."

성과 없는 보이콧을 포기한 존슨은 브런즈윅 레코드의 뒤를 이어 1926년 새해 첫날 빅터 연구소에서 생방송으로 라디오를 진행했다. 테너의 아이콘인 존 맥코맥이 출연한 이 성공적인 미디어 이벤트는 레코드에 대한 열광을 다시 불러일으켰다. 그러나 모험심이 부족했던 토머스 에디슨은 라디오 방송국에 자신이 가장 좋아하는 에디슨 다이아몬드 디스크 재생을 딱 한 번 허용하고는 우거지상이 됐다. 그는 심지어 방송이 끝난 후 개인적으로 방송국에 전화를 걸어 이렇게 불평했다. "만약 축음기가 어떤 방에서든 저런 소리를 낸다면 아무도 사지 않을 겁니다. 왜 사람들에게 연구실에서의 실험을 그냥 제공하죠? 전 사람들에게 완제품을 주는데 이건 너무 동떨어져 있잖아요. 라디오 관련해서는 그 어떤 것도 관심 없습니다."

기존 거물들이 점점 더 무의미한 존재로 전락하는 와중에도 오케이와 오토 하이네만은 계속 전진했다. 그의 현장 녹음 트럭은 세인트피터즈버그, 클리블랜드, 버팔로, 캔자스시티, 아나폴리스, 애슈빌, 댈러스 등 멀리 떨어진 곳에 있는 라디오 방송국을 향해 나아갔다. 1925년 <토킹 머신 월드>는 뚜렷한 논조로 오케이 레코드의 케이준(Cajun)* 리코딩에 대한 음악학적인 사설을 게재했다. "비평가들은 말합니다. 이 리코딩은 늪지대에서의 삶에 대한 초상화이자 늪지대에 서식하는 기이한 물속 생물과 어부의 평온한 삶에 대한 이야기를 들려주는 진정한 시라고." 오케이는 현장 녹음을 통해 미국의 전통적인 의식(意識)과 신세계로의 이주에 대한 장대한 이야기를 탐구했다.

1925년 루이스 스털링은 오케이의 모기업인 칼 린드스트롬 그룹을 인수하면서 유럽 대륙과 미국 시골 지역에서 컬럼비아의 입지를 동시에 강화했고, 이전까지 보여준 스털링의 행보에 비춰 봤을 때 이것은 어쩌면 필연적인 결과였다. 그러나 훨씬 거대한 기업 이벤트가 이즈음 발생했다. 바로 엘드리지 존슨의 항복이었다. 1926년 금융 컨소시엄인 셀리그만 앤 슈파이어가 빅터 토킹 머신 컴퍼니를 4억 달러에 인수한 것이다. 존슨은 이 결정을 죽을 때까지 후회했다.

이 와중에 경력을 위한 기회를 포착한 랄프 피어는 혼란스럽지만 현대화되고 있던 빅터로 뛰어들었다. 그는 테네시의 브리스톨로 내려가 모자 창고 2층에 스튜디오를 차리고 지역 신문에 "남부의 어느 지역에서도 동부 테네시와 남서부 버지니아의 산악 지대보다 전쟁 이전의 멜로디와 오래된 산악 노래가 잘 보존된 곳은 없습니다... 빅트롤라 회사가 브리스톨을 운영 기지로 선택한 것도 바로 이러한 이유 때문입니다."라는 내용의 광고를 게

---

*   미국 남부 루이지애나의 문화를 뜻한다.

재했다. 피어는 음악가를 달콤한 말로 꼬시는 방법을 잘 알았다. 그는 광고에서 힐빌리 가수인 어니스트 스톤맨이 로열티로 3,600달러를 받았다는 점을 언급하는 데 특히 주의를 기울였다. 곧 가수와 현악 밴드가 모여들었고, 피어는 지미 로저스 앤 더 카터 패밀리를 발견했다. 이들이 녹음한 브리스톨 세션은 훗날 컨트리 음악의 중요한 순간으로 추앙받았다.

랄프 피어가 오케이를 떠나 빅터로 온 동기는 금방 드러났다. 빅터 직원 너대니얼 실크레트에 따르면 고위급 임원 월터 클락이 인재 스카우트로서 그의 보수를 검토하기 위해 피어를 만났다고 한다. 이 자리에서 피어는 클라크에게 "급여를 올리지 않는 대신 음반 한 장당 1센트의 로열티를 아티스트와 나누겠다."라는 참신한 아이디어를 제안했다. 실크레트는 그 제안이 불러일으킨 충격을 기억한다. "이 얘기를 들었을 때 깜짝 놀랐습니다. 음악 스태프 중 누구도 자신의 편곡이나 작곡에 대한 로열티를 받은 적이 없었는데 한 남자가 다른 사람의 곡으로 로열티를 받게 되었으니까요!"

1927년 2분기에만 피어는 로열티로 25만 달러를 모았다. 그는 정식으로 서던 뮤직 컴퍼니를 설립하고 소속 아티스트들에게 매니지먼트와 퍼블리싱 계약을 모두 체결하도록 요구했다. 피어는 무자비한 기회주의자였을지 모르지만 그만큼 자신이 몸담고 있는 시장을 잘 파악하고 있는 인물이었다. 이 미지의 음악적인 영역에서 시골 출신 뮤지션들은 대부분 25달러 또는 50달러의 고정 수입을 기꺼이 받아들였다. 심지어 피어는 "연주자 대부분이 녹음이 무료일 거라고 생각하기 때문에 돈을 줄 필요가 없다."라고 주장하기도 했다.

랄프 피어와 프랭크 워커 같은 인재 스카우트가 컨트리 음악에 관심을 두면서 시골 블루스 시장의 수익성은 낮아졌다. 대신 이 시장은 미시시피 잭슨에 기반을 둔 전설적인 블루스 사냥꾼을 위한 기회가 되어 줬다. 바로 그 사람, 헨리 스피어는 가게를 운영하는 백인이었다. 그는 큰 창고에 축음기와 악기, 그리고 약 3,000장의 레코드를 보관하고 있는데 고객은 주로 흑인이었다. 헨리 스피어는 손님이 부스에서 레코드를 들을 수 있게 했고, 음악가는 위층에서 5달러를 내면 메탈 디스크에 녹음을 할 수 있었다. 그는 훗날 자신의 발견이 얼마나 중요해질지에 대해 전혀 의식하지 못했다. 그럼에도, 1920년대 후반과 1930년대 초반의 주요 델타 블루스 가수를 거의 모두 직접 발굴한 것이나 마찬가지인 인물이 되었다.

소외되어 있던 시골 블루스 시장은 1926년 위스콘신에 위치한 파라마운트가 블라인드 레몬 제퍼슨의 곡으로 공전의 히트를 기록하면서 가능성을 보여 줬다. 성기고, 녹슨 듯한 이 진짜 블루스는 한 남자가 자신의 현관에 걸터앉아 기타 치는 모습을 연상케 했다. 후속작이 필요했던 파라마운트는 광고 네트워크를 통해 도움을 구했다. 한데 마침 파라마운트와 연결되어 있는 인물이 한 명 있었다. 바로 스피어였다. 그는 세인트루이스의 지역 유통 업체를 거치거나 우편을 통해 파라마운트에 주문을 넣고 있었다. 스피어는 미시시피에 블라인드 레몬 제퍼슨만큼 뛰어난 뮤지션이 있다는 걸 잘 알고 있었다. 블루스 고객 또한 그의 전문 분야였다. 토요일이면 흑인들은 낡은 자동차나 마차를 타고 잭슨에 모여 길거리 음악가의 연주를 듣거나 농장에서 파티를 열 때 사용할 레코드를 구입했다. 그래서 여름에는 밤 10시까지 가게 문을 여는 경우도 있었다. 스피어는 하루 최대 600장의 레코드를 팔았다. 그의 고객 대부분은 흑인 여성으로 주로 부유한 백인 가정의 가정부나 요리사였다. 소작인, 특히 목화를 수확하는 농부는 수확기에만 75센트짜리 레코드를 살 수 있었다.

구릉 지대에서 흑인에게 둘러싸여 성장한 스피어는 블루스 가사에 나오는 모든 슬랭을 알아들었다. 그는 블루스가 도박, 음주, 간통, 폭력에 관한 노래라는 것을 알고 있었고 실제로 흑인들은 매음굴에서 총에 맞거나 칼에 찔리기도 했다. 이 종교적인 국가에서는 복음을 노래하는 것이야말로 주님을 섬기는 것이었다. 블루스를 연주하는 흑인은 자신이 악마를 섬기는 죄인이고, 따라서 지옥에 갈 거라고 여겼다.

매력적인 블루스 맨을 찾기 위해 스피어는 지역을 돌아다니면서 길거리 가수와 기차역 아나운서의 노래를 듣고 농장에서 열리는 댄스 파티에도 참석했다. 주 경계를 가로질러 차를 몰고 간 뒤 보름달 파티에서 하룻밤을 보낸 적도 있었다. 어디에서나 재능 있는 사람이 나타났지만 그는 곧 멤피스나 뉴올리언스로 사람들이 몰린다는 것을 알아챘다.

스피어는 잠재력이 있다고 판단되면 메탈 디스크 커터로 두 곡을 직접 녹음한 다음 이 데모를 적절하다고 판단되는 음반사에 보냈다. 좋은 연주를 녹음하기 위해서는 무엇보다 알코올 공급이 필수였다. 금주령 기간 동안 블루스 가수 사이에서 유행하던 마약은 방부제나 고형 알코올, 고체로 된 취사 연료 같은 것이었는데 이 연료를 녹이면 강력한 액체를 얻을 수 있었다.

스피어는 윌리엄 해리스를 제넷 레코드에, 토미 존슨을 랄프 피어에게 소개했다. 그가 청구한 비용은 아티스트 한 명당 150달러였다. 1929년 그는 우연히 '델타 블루스의 아버지'인 찰리 패튼을 만났다. 스피어는 작은 체구에도 우렁찬 목소리를 가진 그의 탁월한 능력을 즉시 파악했다. 게다가 찰리 패튼은 앉아서 한 번에 연주할 수 있는 곡보다 더 많은 곡을 작곡해 놓은 상태였다. 스피어에게 오리지널 작곡이란 스타일만큼이나 중요했고 그 이유는 간단했다. 행운을 잡은 그 뮤지션을 기차에 태워 인근 도시에 있는 이동식 스튜디오로 보낼 수 있었기 때문이다. 스피어의 수수료와 뮤지션에게 지불하는 50달러의 비용을 회수하기 위해 음반사들은 저작권 취득이 가능한 오리지널 곡이 최소 4곡 이상 필요했다. 음반사는 첫 레코드가 판매되면 동일한 세션으로 후속 곡을 녹음했다.

헨리 스피어는 초기 전설의 대부분을 발견했다: 찰리 패튼, 로버트 존슨, 선 하우스, 짐 잭슨, 보 카터, 스킵 제임스, 이쉬먼 브레이시, 블라인드 조 레이놀즈, 블라인드 루즈벨트 그레이브스, 미시시피 시크스, 로버트 윌킨스, 기시 와일리 등등. 이 외에도 그는 재즈 밴드, 백인 스트링 밴드, 촉토* 음악 그룹을 발굴했고, 국경 너머 멕시코 뮤지션을 샌안토니오로 데려와 녹음한 적도 있었다. 파라마운트 외에 빅터, 컬럼비아, 오케이, 브런즈윅-보컬리온, 제넷 등이 그의 고객이었다.

미국인들이 자아를 발견하던 이 10년 동안 도시의 소리는 점점 더 블루지하고 재즈적으로 변화했다. 재즈는 단순한 음악 장르를 넘어 완전히 새로운 문화의 대명사였다. 먼저 찰스턴이라는 이름의 춤 열풍이 불었고, 1927년 흥행 돌풍을 일으킨 최초의 장편 유성 영화 <재즈 싱어>에 출연한 할리우드 스타 알 졸슨이 등장했다.

재즈의 도시적인 우아함은 신데렐라의 잃어버린 구두처럼 시대에 딱 어울렸다. 플래퍼 패션이 여성의 실루엣을 바꿨고, 밀주를 파는 스피크이지에서 쓰는 속어가 거리로 쏟아져 나왔다. 재즈 세대는 술에 취한 상태를 뜻하는 어휘를 여럿 발명했다. 블로토(Blotto), 프라이드(Fried), 호리 아이드(Hoary Eyed), 스플리피케이티드(Splifficated), 오서파이드(Ossified), 조즐드(Zozzled) 등등. 이 외에 끔찍한 맛의 밀주는 관(棺) 광택제로 불렸고, "대니 분을 당긴다."라는 표현은 구토를 의미했다. 숙취는 히비 지비스(Heebie Jeebies) 또는

---

* 미국 원주민들 중 한 종족.

스크리밍 미미스(Screaming Meemies)라고 불렸다. 뱀파이어는 요부, 롤리개거(Lollygag-ger)는 문란한 여자, 케이크 먹는 사람은 플레이보이를 뜻했다. 안면 스트레처는 젊어 보이려 애쓰는 나이 든 여성을 의미했고, 약혼반지는 수갑, 쇠고랑이었다.

꽃을 피우던 뉴욕의 재즈 신에서 가장 영리한 운영자가 걸었던 길은 컨트리 음악에 있어 랄프 피어가 걸었던 길과 같았다. 반쯤은 사기꾼 같았고 반쯤은 예지력 있는 인물이었던 어빙 밀스는 초기 라디오 시대에는 음반 제작보다 출판과 매니지먼트의 수익성이 더 높다는 점을 잘 알았다. 어빙 밀스는 생존에 익숙한 인물이었다. 그는 1894년 오데사에서 이스트사이드 빈민가로 이주한 유대인 부모 사이에서 태어났다. 그의 아버지는 그가 열한 살이었을 때 세상을 떠났다. 넥타이와 벽지를 팔기 위해 학교를 그만둔 그는 브로드웨이 근처 샌리스 레스토랑에서 급사로 일하면서 처음으로 밝은 빛을 봤다. 그곳에는 멋진 오케스트라가 있었고, 어린 어빙은 심부름을 시키면서 팁을 줬던 연극 배우들에게 매료되었다. 열네 살 때 그는 틴 팬 앨리에서 불과 몇 블록 떨어진 극장에서 하루에 두 번 공연이 진행되는 동안 안내원으로 일했다. 배우들은 그에게 팁을 주면서 출판사를 돌게 했고, 어빙은 그 대가로 최신 히트곡의 악보 사본을 구해 왔다. 결국, 한 출판사가 밀스에게 곡 중개인(음반사와 아티스트에게 곡을 추천하는 역할)[**]을 해달라고 요청했다. 밀스는 악보를 읽지는 못했다. 그러나 목소리가 좋아 배우들에게 자신이 만든 노래를 불러 주곤 했다.

젊은 시절 밀스는 오케스트라와 함께 노래하고, 자신의 출판사를 설립하고, 백화점에서 판매할 저렴한 재즈 음반을 제작했다. 그러던 그의 인생이 바뀐 순간은 1926년이었다. 마을에 새로운 밴드가 도착했다는 소식을 듣고 켄터키 클럽에 간 밀스는 듀크 엘링턴이 리더로 있는 워싱턴 출신 밴드를 체크했다. 그는 엘링턴에게서 천재성을 듣고, 스타성을 봤다. 돈 냄새를 맡은 밀스는 바로 다음 날 엘링턴의 밴드와 계약했고 그의 매니저 겸 출판인이 되었다. 1년 동안 백화점에서의 공연과 음반 제작으로 고된 시간을 보낸 끝에 밀스는 엘링턴 밴드가 코튼 클럽에서 전속으로 활동할 수 있는 계약을 따냈다.

밀스는 코튼 클럽 라이브 방송을 기획하는 동시에 레코드도 공세적으로 발매했다. 1927년부터 1930년까지 엘링턴 밴드는 20개 음반사에서 11개의 다른 이름으로 200개가

***

**[**] 영어로는 송 플러거(Song Plugger)라고 부른다.

넘는 음반을 녹음했다. 어빙 밀스의 출판사가 잡지와 출연 계약 대행사까지 갖춘 멀티-아티스트의 실세로 성장하면서 듀크 엘링턴은 미국 최고의 재즈 스타가 되었다. 밀스는 자신의 히트곡 가사를 직접 쓰거나 (사람에 따라 얘기가 다르기는 하지만) 다른 사람의 창작물을 자신의 이름으로 등록하는 등 할 수 있는 모든 일을 다 했다. 사람들은 그를 '재즈 계의 살라미 기계'라고 불렀다.

포효하는 20년대의 막이 내리자 분열된 축음기 산업이 남긴 잔해는 완전히 변모했다. 새로운 세대의 레코드 맨은 클래식했던 시대의 전임자와는 달리 목적을 위해서는 수단을 가리지 않는 노래 사냥꾼이었다. 라디오와 음악 출판이 성장 분야로 떠오르면서 자전(自傳)적이고 회고적인 음악을 위한 새로운 시대가 열렸다. 1929년 미국 정부가 전국적으로 실시한 설문 조사에 따르면 라디오는 그해 가장 큰 호황을 누린 산업이었다. 하드웨어로만 연간 8억 4,200만 달러의 매출이 발생했다. 당시 미국 가정의 약 41%가 라디오를 소유하고 있었다.

그라모폰의 발명가인 에밀 베를리너는 1929년 8월 3일 150만 달러로 추정되는 유산을 남기고 사망했다. 이 디스크의 창시자는 슬픔에 잠긴 가족을 위해 메모를 남겼다. "나는 비싼 장례식을 원하지 않는다. 정성 어린 장례식은 거의 범죄적인 돈 낭비다. 앨리스가 'Moonlight Sonata'의 1악장을 연주하고 마지막에는 조세핀이 쇼팽의 'Funeral March'를 연주해 줬으면 한다. 아기를 가진 불쌍한 엄마들에게 돈을 좀 주고 해 질 무렵에 나를 묻어 줘라. 나는 미국에서 살 수 있었던 것에 감사한다. 내 자식들과 손주들에게 전하고 싶다. 무엇보다 마음의 평화를 얻기 위해 노력해야 한단다."

7.

사해(死海) 건너기

대공황과 폭락 _

존 해먼드가 빌리 홀리데이,
베니 굿맨, 카운트 베이시를 발견하다.

**1929~
1939**

마치 라디오의 시장 안착만으로는 충분히 고통스럽지 않다는 듯 1929년 10월 24일 주식 시장이 폭락했고, 몇 달 후 비뚤어진 건물 몇 채만이 먼지 속에 덩그러니 남았다. 영화와 라디오 회사는 대공황 기간에도 지속적으로 성장했지만 레코드에 대한 대중의 수요는 증발해버린 끝에 웅덩이 정도의 크기가 되었다.

미국의 음반 판매량은 1927년 1억 4천만 장에서 1930년 1천만 장으로 급감했다. 이는 음반 산업 40년 역사상 최악의 수치였다. 1932년에는 미국의 전체 음반 생산량이 600만 장에 그치면서 더욱 큰 폭으로 감소했다. 레코드플레이어 판매량이 98만 7,000대에서 4만 대로 급감하면서 5년 동안 하드웨어와 레코드를 모두 합친 미국 음반 산업의 전체 규모는 이전의 약 5%로 축소되었다. 대공황이라는 잔인한 기준으로 보더라도 이러한 재앙을 경험한 산업은 거의 없었다. 마치 음반 산업이 주저앉아 죽어버린 것 같았다.

이른바 '더러운 30년대'로 불렸던 이 시기에는 여우 같은 생존자가 되는 것만으로는 충분하지 않았다. 마지막 남은 사람들은 이제부터 이방인의 자선에 의존해야 했다. 자선 활동이든 허영심이든 잘못된 투자 전략이든, 동기는 상관없었다. 주로 괴짜이거나 이웃 산업의 거물이었던 이 부유한 외부인들은 모든 오래된 브랜드 이름과 카탈로그로부터 자신들이 구할 수 있는 것을 얻기 위해 다양한 형태의 할인 급매에 모습을 드러냈다. 통합, 규모 축소, 구조 조정, 이름 변경 등을 거쳐 새롭게 탄생한 풍경은 너무 황량해서 알아보기 힘들 정도였다.

오랫동안 쇠락의 길을 걷던 에디슨 축음기 회사는 이번 추락 사고가 죽음의 종소리라는 걸 깨달았다. 에디슨은 정식으로 회사 문을 닫았다. "에디슨은 처음부터 포노그래프를 단지 기계로만 여겼다." <포노그래프 월간 리뷰>는 이렇게 결론지으면서 다음과 같은 비판적인 묘비명을 더했다. "음악에 대한 이해가 전혀 없었는데 어떻게 음악적인 모험에서 성공할 수 있겠는가?"

1929년 1월 셀리그먼 앤 슈파이어는 빅터를 숙적이었던 RCA에 매각했다. 가격은 1억 6천만 달러였다. RCA는 1930년 9월 빅터의 본사를 "세계 라디오 센터"로 개명하는 기념식을 열었다. 엘드리지 존슨이 잠결에 몸부림치는 동안 그의 아들 페니모어는 새로운 체제를 견디지 못한 나머지 아프리카 내륙으로 여행을 떠났다.

발성 영화가 호황을 누리고 텔레비전이 등장했다. RCA의 황제 데이비드 사르노프는 이 새로운 시대를 "가정과 극장에서의 전기 엔터테인먼트"라는 표현으로 찬양했다. 그의 뒤를 이은 할리우드 거대 기업들은 음반 산업의 붕괴를 사운드 분야 확장을 위한 기회로 여겼다. 그런 기업가 중 한 명인 콘솔리데이티드 필름의 소유주 허버트 예이츠는 파테(Pathé) 사의 미국 지사를 사들인 뒤 카메오 레코드, 링컨 레코드, 에머슨 레코드, 플라자 뮤직 등 파산한 여러 독립 음반사를 인수해 아메리칸 레코드 코퍼레이션, 약칭 ARC를 설립했다.

그리고 1930년 4월 워너 브라더스가 브런즈윅을 천만 달러에 인수했다. 할리우드에 더 개선된 음향 기술이 도입되면서 워너는 브런즈윅의 백 카탈로그와 브랜드 이름을 ARC에 라이선스하고 800만 달러를 받아 냈다.

컬럼비아의 운명은 더 복잡했다. 1929년부터 1932년까지 영국에서 음악에 대한 소비자 지출은 절반으로 줄었는데 이는 같은 기간 미국 음반 산업이 사실상 전멸한 것에 비하면 가벼운 급락이었다. 대주주인 JP 모건 은행의 압력으로 컬럼비아 영국 지사는 1931년 빅터의 영국 지사였던 HMV와 합병해 EMI가 되었다.

행복한 결혼 생활은 아니었다. HMV의 임원인 알프레드 클라크가 EMI 회장으로 임명된 반면 루이스 스털링은 상무이사로 재직했다. 두 사람은 거의 말을 하지 않고 편지로 소통했다. 빅터가 미국에서 저지른 실수를 교훈 삼아 EMI는 비교적 느리게 성장 중이던 영국 라디오에 투자를 시작한 뒤 애비 로드에 위치한 스튜디오를 개조했다. 오케스트라를 녹음하기 위함이었다. 또, EMI는 소비자가 새 레코드플레이어를 구입하면 자연스럽게 레코드를 살 것이라는 추론에 따라 손해를 감수하고 레코드플레이어를 판매했다. 그 결과 시장에는 값싼 기계가 넘쳐났다. EMI의 또 다른 영리한 묘책 중 하나는 작곡가들의 덜 알려진 작품을 위한 모임을 조직한 다음 이 틈새 클럽의 가입자에게 우편으로 해당 작품의 레코드를 판매한 것이었다. 열성적인 음반 수집가를 자극한 이 방법을 통해 EMI는 녹음 및 프레싱 비용을 보충했다. 이러한 전략의 결과, 놀랍게도 영국은 대공황 기간 동안 미국보다 더 많은 음반을 수출했다.

영국의 중요성이 커지고 있음을 보여 줬던 또 다른 사례가 있다. 1929년 전직 은행가였던 에드워드 루이스가 데카 레코드를 설립했다. 당시 그는 축음기 제조업체인 데카 그라모폰 컴퍼니에 자문을 제공하고 있었는데 음반 제작으로 사업을 다각화해야 말하면서 "축음기만 제조하는 것은 면도기는 팔지만 소모품인 면도날은 팔지 않는 것과 같다."라고 주장했다. 컨설턴트로서 고객을 설득하는 데 실패한 루이스는 투자자 컨소시엄을 구성해 회사를 인수했다.

런던에서의 이러한 긍정적인 움직임에도 불구하고 루이스 스털링은 미국 쪽 회사들을 포기하고 유럽으로 철수해야 하는 잔인한 운명에 처했다. 그 결과, 오케이는 1930년 독립 음반사로서의 역사를 마감했다. 오케이의 카탈로그와 상표는 1931년 컬럼비아로 흡수되었는데 컬럼비아는 당시 라디오 콘솔 및 냉장고 제조업체인 그릭스비-그루노우 컴퍼니로 인수된 상태였다.

미국에서 유일하게 건실한 음악 회사는 어빙 밀스가 출판, 매니지먼트 및 출연 계약으로 일군 제국이었다. 그는 당대 최고의 두 성공 사례인 듀크 엘링턴과 캡 캘로웨이의 성공을 행복하게 누렸다. 16개의 오케스트라를 대표하고 있던 밀스는 뉴욕 7번가 799번지에 있는 브런즈윅 본사 옆 한 층을 통째로 인수했다. 그는 음반 회사들이 재즈 레코드를 제작할 예산이 없다는 것을 알고 있었다. 따라서 자신의 퍼블리싱 카탈로그를 사용하는 조건으로 레코드 제작 비용을 부담했다. 음반 한 장당 판매량은 몇 천 장 정도. 모두가 적은 이익을 봤지만 레코드는 그의 밴드와 레퍼토리를 알리는 명함 역할을 해줬다. 가끔 'Minnie the Moocher' 같은 대박을 터트리기도 했다.

1932년과 1933년경 미국 경제가 바닥을 치면서 어빙 밀스를 제외한 뉴욕의 음악 산업은 죽음의 침묵에 빠졌다. 하지만 이 사해에서 아마도 역사상 가장 위대한 레코드 맨이 거대한 물고기를 잡았다는 기록이 존재한다. 바로 존 해먼드라는 젊은 작가였다.

어빙 밀스가 시가를 뿜어 대는 엔터테인먼트 감독을 캐리커처화한 것 같은 인물이었다면 해먼드는 완전히 다른 종류의 재즈 모험가였다. 그는 웅변적이고 보헤미안적이며 맹렬한 원칙주의자이기도 했다. 올리버 킹, 얼 하인스, 듀크 엘링턴 등 당대 가장 존경받는 재즈 거장의 이름만 봐도 일군의 재즈 귀족이 형성되고 있음을 짐작할 수 있었는데 해먼드는 심지어 실제 귀족이었다. 그의 어머니 에밀리는 미국 철도를 건설한 네덜란드의 거물 코넬리우스 밴더빌트의 증손녀였다. 모두가 알다시피 밴더빌트 가문은 미국에서 가장 부유하고 강력한 WASP 왕조들 중 하나였다.

그의 아버지는 남북 전쟁을 치른 장군의 아들이자 혼자 힘으로 성공한 은행가였지만 어쨌든 해먼드 가문은 밴더빌트 신탁 펀드와 부동산을 지닌 부유한 후원 가문이었다. 그들은 여름이 되면 가문 소유의 기차를 타고 매사추세츠 레녹스로 가서 그곳의 목가적인 환경 속에서 여름을 보냈다. 해먼드의 부모님은 5번가와 센트럴 파크 바로 옆에 있는 91번가의 5층짜리 호화로운 대저택을 선물로 받았다. 그곳에는 16명의 가사 직원을 포함해 대리석 계단, 엘리베이터, 도서관, 스쿼시 코트, 200명이 편안하게 앉을 수 있는 연회장 등이 있었다.

1910년에 태어난 존 해먼드는 네 자매 사이에서 외아들로 태어났고 이 때문인지 혼자 있기를 좋아했다. 해먼드 가족의 저택은 화려한 유럽 바로크 양식이었다. 오크 나무로 된 수많은 방에서는 클래식이 끊임없이 흘러나왔다. 거장 연주자가 정기적으로 찾아와 가족에게 레슨을 해 줬고, 빅터의 최신 빅트롤라에서는 베토벤, 브람스, 모차르트를 포함한 모든 유럽 거장의 음악이 들렸다.

해먼드의 누나들은 하인들의 숙소 아래층에 숨어 의자에 다리를 올려놓은 채 컬럼비아의 낡은 그라파놀라(Grafanola)로 인기 음반을 듣고 있는 남동생을 종종 발견했다. 클래식 비올라를 배웠지만 어린 존이 매료된 건 흑인들과 그들이 음악을 즐기는 방식이었다. 하인들은 춤을 추며 노래를 함께 불렀고, 울음을 터뜨리는 것을 두려워하지 않았다. 그는 또한 하인들이 위층으로 올라갈 때 긴장으로 몸이 뻣뻣해지는 걸 보면서 뭔가 부당하다는 감각을 느꼈다. 존은 뉴욕의 모든 엔터테인먼트 잡지, 그중에서도 <버라이어티>를 탐독하고 레코드를 열렬히 수집했다. 나중에 그는 이렇게 썼다. "집에서 발견한 초기 디스크로부터 새로운 세계를 발견했어요."

밴더빌트 가문 출신 남자 아이답게 해먼드는 명문 기숙학교인 호치키스로 보내졌고, 그곳에서 특별한 영감을 줬던 영어 선생님의 지도 아래 의사소통 능력을 세심하게 다듬었다. 주일 교회가 끝나면 영어 선생님은 그와 다른 유망한 학생들을 집으로 초대해 가족과 함께 점심을 먹은 후 응접실로 가서 시와 책에 대해 토론했다. 어느덧 술집에 갈 수 있는 나이가 되자 해먼드는 기차를 타고 뉴욕을 드나들 때 레스토랑과 스피크이지 바를 자주 찾아 조용한 구석에 몰래 앉았다. 그러고는 무알코올 음료를 주문하고 뮤지션들을 부지런히 관찰했다. 젊은 그의 마음 속에서 재즈, 정치, 글쓰기, 종교는 마치 하나의 포괄적인 운명처럼 서로 연결되어 있는 것처럼 보였다.

밴더빌트 가문의 아들이라면 예일대에서 법학을 공부하고 대기업에서 성공적인 커리어를 쌓는 게 일반적이었다. 존은 예일대에 잠시 입학했다가 중퇴하고 떠돌아다녔다. 1931년 스물한 살이 되던 해 그는 런던으로 짧은 휴가를 떠났고, 그곳에서 우연한 만남을 통해 음악 출판사인 <멜로디 메이커>와 인연을 맺었다. 미국 재즈 신에 관한 기사를 써달라는 요청을 받은 해먼드는 자신의 펜을 미래를 예언하는 지팡이 삼아 뉴욕으로 돌아왔다.

그가 쓴 글은 논란을 불러일으켰다. 흑인 재즈 뮤지션의 우월성을 공개적으로 옹호하는 어조였기 때문이다. 사실 이런 글은 그에게 고작해야 용돈 정도일 뿐이었다. 실업률이 30%에 달하던 당시 해먼드는 가족 신탁 기금에서 연간 1만 2,000달러를 받았는데 이는 그리니치 빌리지의 새 아파트와 자동차 비용을 지불하기에 충분하고도 남는 액수였다. 해먼드는 직업을 유지하는 데 있어 능숙한 타입은 아니었다. 그러나 반드시 그럴 필요 또한 없었다.

어느 날 듀크 엘링턴이 해먼드를 어빙 밀스에게 추천했다. 밀스는 해먼드에게 전화를 걸어 자신의 잡지사에서 일할 것을 제안했다. 해먼드는 밀스의 사무실로 가서 논의했다. "얼마를 받고 일하고 싶습니까, 존?" 밀스가 물었다.

"주당 100달러요."

"주당 50달러에 하프타임으로 고용하죠." 구두쇠로 악명 높았던 기획자가 결론을 내렸다. 이어진 대화에서 밀스는 시가를 들고 벽에 있는 공간을 가리키며 "거기에 우리가 뭘 놓을 거 같아요?"라고 물어본 뒤 이렇게 말했다. "뮤리엘스(Muriels)."*

이 박식한 기자는 잡지 카탈로그를 적절한 편견으로 채우지 않았다는 이유로 곧 해고당했다. 특별할 것도 없는 일이었다. 당시 해먼드에게는 또 다른 직업이 있었다. 그는 클라리지 호텔 꼭대기에 있는 유대인 방송국에서 재즈 DJ로 일하고 있었는데 이 흥미로운 일자리 역시 다음 같은 이유로 잃었다. 흑인 뮤지션들이 로비를 지나가는 것에 대해 호텔 관리부가 불만을 제기했음에도 뮤지션들이 화물용 엘리베이터를 타도록 강요하는 걸 거부했던 것이다.

비슷한 시기 해먼드는 컬럼비아의 음악 감독인 벤 셀빈과 종종 마주쳤다. 설리번 스트리트에 있는 그의 아파트가 컬럼비아 사무실에서 걸어서 갈 수 있는 거리에 있던 덕이 컸다. 어느 날 밤 호프브라우 하우스에서 셀빈은 재즈 음반에 대한 영국 내 수요에 대해 설명하면서 해먼드에게 의견을 물었다. 해먼드는 <멜로디 메이커> 기사로 자신이 인정 받았다는 사실을 깨닫고는 플레처 헨더슨의 밴드를 추천했다. 그러고는 4곡 녹음을 최저 가격으로 프로듀스하겠다고 제안했다. 셀빈은 기꺼이 동의했다.

예정된 세션이 있던 날 아침 뮤지션들은 거의 3시간이나 늦게 스튜디오로 터덜터덜 들어왔다. 죄책감을 느낀 그들은 3곡을 단숨에 녹음했지만 네 번째 곡을 작업할 시간이 없었다. 컬럼비아 측은 분노했지만 헨더슨의 지각은 형편없는 그의 계약 때문인 게 분명했다. "대부분의 흑인 밴드 리더가 대공황으로 인해 패배감까지는 아니더라도 낙담한 상태였어요."라고 설명하면서 해먼드는 이렇게 덧붙였다. "듀크 엘링턴과 캡 캘러웨이만 성공하고 있었죠. 다른 사람은 아무도 없었어요." 다행히 헨더슨의 첫 음반은 컬럼비아의 악감정이 금방 사라질 만큼 잘 팔렸다. 컬럼비아의 환대를 받게 된 해먼드는 프로듀싱에 대한 열망을 느끼기 시작했다.

1933년 초 해먼드는 가수 모넷 무어가 직접 운영하던 클럽에 들러 프로듀스할 가수를 물색하던 중 빌리 홀리데이라는 이름의 예쁜 열일곱 살 흑인 소녀를 발견했다. 그는 빌리

---

* 일종의 사회학적 풍자다. 벽화를 그려 넣을 것이라는 의미에서 '벽화'를 뜻하는 'Mural'이라고 말해야 하는데 여성 명사인 'Muriels'라고 말한 것이다. 즉, 돈은 많지만 성격이 거칠고, 무식한 사장이 교양 있는 척하려 애쓰다 실패한 것이다. 저자는 그래서 그 다음 단락 첫 문장에 '박식한 기자'라는 표현을 일부러 썼다.

홀리데이가 'Wouldja for a Big Red Apple?'을 독특하게 부르는 걸 듣고는 마법에 걸려버렸다. "그건 제가 꿈꿔왔던 바로 그 사고였어요. 공연이 있는 곳이면 어디든 가서 가끔씩 얻을 수 있었던 보상과도 같은 종류의 사고. 대부분 저는 실망했지만 모든 것이 가치 있게 느껴진 순간도 더러 있었죠."

해먼드는 빌리를 쫓아 그녀가 팁을 받기 위해 공연하는 할렘의 스피크이지 술집을 돌아다녔다. 빌리의 본명은 엘레노라였다. 볼티모어에서 온 그녀는 매춘에 연루되어 감옥에 갇힌 적도 있었다. 아름답지만 변덕이 심하기로 악명 높았던 그녀는 마리화나를 즐겨 피웠고, 유명한 노래를 독특한 방식으로 불러 자신의 것으로 만들어 버렸다. 빌리는 악기를 연주할 줄 몰랐고, 종종 피아노 솔로 반주에 맞춰 노래를 불렀다. 재즈 가수라고 딱 잘라 말하긴 어려웠지만 해먼드는 그녀의 목소리에서 독특한 무언가를 발견했다. 그는 재즈를 좋아하는 친구들을 끌고 와서 그녀의 노래를 들려줬다. "내가 할 수 있는 거라곤 그녀에 대해 이야기하고 글을 쓰는 것뿐이었어요".

1933년 봄 대공황이 바닥을 치고 있을 때 런던과의 인연이 해먼드를 위해 다시 한번 새로운 문을 열어 줬다. 영국에 돌아온 해먼드는 재즈 작가로서 영감을 제공한 글 덕에 <멜로디 메이커> 독자들 사이에서 자신이 유명 인사가 됐다는 사실에 놀라움을 금치 못했다. 새로 설립된 데카 레코드의 리코딩 디렉터로 일하기 시작한 편집자 스파이크 휴즈와 어울리던 해먼드는 그에게 루이스 스털링을 소개해 달라고 부탁했다.

스털링은 EMI 경영을 포함해 영국에서 가장 헌신적인 문화 후원자 중 한 명이었다. 빅터의 존경받는 음악 감독 프레드 가이스버그는 애비뉴 로드에 있는 스털링 부부의 대저택에서 있었던 일요일 저녁 만찬에 대해 다음처럼 언급했다. "이 만찬은 보헤미안 런던의 지속적인 특징이 되었어요... 스털링의 집에서 연극, 영화, 음악계의 동료를 항상 만날 수 있었죠. 한번은 슈나벨과 크라이슬러가 독일의 정치 상황에 대해 깊이 몰두해 토론하고 있었는데 지미 워커 전 뉴욕 시장과 (당시 미국에서 활동하고 있던 덴마크 태생의 오페라 가수) 라우리츠 멜키오르가 합류했죠. 한데 이 토론이 옆방에서 브리지 게임을 하고 있던 (구 소련 출신 오페라 가수) 샬리아핀과 (이탈리아 출신 오페라 가수) 질리를 매우 불편하게 만들었어요."

히틀러의 부상은 루이스 스털링에게 큰 걱정거리였다. 몇 년간 그는 베를린에서 근무하는 유대인 직원의 이민을 후원했다. 또, 찰스 라와 그가 운영하는 진보적인 책방을 지원하면서 영국에서 가장 귀중한 도서 컬렉션 중 하나를 구축했다. 짧은 만남에서 스털링은 해먼드에게 영국 시장을 위해 직접 미국 재즈 음반을 제작할 사람이 필요하다고 설명했다. 젊은 해먼드는 그 기회를 놓치지 않고 네 명의 아티스트와 총 24장의 음반을 녹음하는 첫 계약을 따냈다. 플레처 헨더슨, 베니 카터, 조 베누티, 베니 굿맨. 언제나 그랬던 것처럼 해먼드는 흥분한 나머지 정작 자신의 임금 협상을 잊어버렸다.

해먼드는 새로운 일을 위해 뉴욕으로 돌아왔다. 그가 첫 번째로 방문한 곳은 베니 굿맨이 자주 들르던 스피크이지 술집인 오닉스 클럽이었다. 아니나 다를까. 10시 30분쯤 굿맨이 들어섰다. 해먼드는 잔뜩 긴장한 채 자신을 소개하며 이 클라리넷 연주자에게 컬럼비아의 녹음 계약을 제안했다.

"당신은 빌어먹을 거짓말쟁이야." 그 전주에 벤 셀빈으로부터 레이블이 파산했다는 소식을 들었던 굿맨은 이렇게 말했다. 해먼드는 항변했다. "하지만 이건 미국 컬럼비아가 아닙니다. 돈이 있는 영국 컬럼비아가 하는 일이에요."

굿맨은 해먼드가 괴짜라고 생각했지만 주당 수입이 50달러에 불과했기 때문에 억지로 마음을 진정시켰다. 해먼드는 자유분방한 재즈를 연주할 수 있는 마스터 뮤지션으로 구성된 밴드를 모집할 계획을 굿맨에게 설명했다.

다음 날 굿맨의 밴드를 확인한 해먼드는 몹시 당황하면서 이렇게 말했다. "영국 대중이 턴테이블을 보면서 우리를 비웃을 거예요." 굿맨은 해먼드의 말에 모욕감을 느꼈지만 그에게는 야심이 있었다. 해먼드에게 스윙은 단순한 장르 용어가 아니라 특정한 리듬의 정신을 의미했다. 흑인 뮤지션을 고용하자는 제안에 굿맨은 한발 물러서면서 이렇게 말했다. "유색 인종과 함께 녹음했다는 사실이 알려지면 이 도시에서 다시는 일할 수 없을 거요."

"그렇게까지 나쁘진 않을 겁니다."
"존, 당신은 몰라. 그건 심각해요."

다행히도 베니 굿맨은 해먼드가 즐겨 찾는 클럽에서 많은 밤을 보낸 타고난 댄서였고, 흑인 뮤지션이 최고의 리듬 마술사라는 사실을 기꺼이 인정했다. 해먼드는 일단 아티 번스타인, 딕 맥도너, 조 설리번, 찰리 티가든, 매니 클라인 등 백인으로만 구성된 밴드를 꾸렸다. 그는 심지어 드러머 진 크루파를 설득하기 위해 직접 운전해서 보스턴까지 갔다. 뮤지션들은 3시간 세션으로 각각 20달러의 적은 수입을 얻었지만 3곡 중 하나인 'Ain'tcha Glad'가 벤 셀빈의 관심을 끌었다. 셀빈은 해먼드를 설득해 베니 굿맨이 미국 컬럼비아와 정식 아티스트 계약을 맺도록 했다. 해먼드는 베니의 커리어에 도움이 되는 일을 하게 되어 기뻤지만 자신의 계획을 조금 수정해야 했다. 판매량이 문제였다. 이 음반은 5,000장이 팔렸는데 그것은 1933년의 암울한 기준에서 봤을 때도 평범한 히트 정도였다. 어쨌든 베니 굿맨의 후속작을 간절히 원했던 해먼드는 빌리 홀리데이를 베니 굿맨 밴드의 객원 보컬로 섭외할 기회를 얻었다. 이러한 과정을 통해 만들어진 빌리 홀리데이의 첫 번째 리코딩이 바로 'Riffin' the Scotch'와 'Your Mother's Son-in-Law'였다.

해먼드는 벤 셀빈에게 30대 초반의 나이에 가수로서 표류하고 있던 베시 스미스에 대해 물어봤다. 패배감에 빠진 컬럼비아의 직원들은 베시에게 미래가 있을 거라고 믿지 않았다. 해먼드는 끈질기게 설득한 끝에 값싼 실험을 해볼 수 있는 승인을 받아 냈다. 그는 베시가 호스티스로 일하고 있던 필라델피아의 한 클럽으로 찾아갔다. 그가 도착했을 때 그녀는 술에 취해 있었고 우울해 보였다. "얼마를 줄 수 있는데요?" 베시가 물었다. 해먼드가 베시에게 제안할 수 있는 것은 파산 직전에 놓인 컬럼비아의 오케이 레이블에서 35센트짜리 레코드를 제작하는 계약뿐이었다. 하지만 해먼드는 사비로 뉴욕까지 오는 경비를 대겠다고 제안했다. 베시는 시큰둥하게 동의하면서 이렇게 말했다. "아무도 더 이상 블루스를 듣고 싶어 하지 않아요. 어려운 시기예요. 사람들은 유머러스한 노래를 듣고 싶어해요."

우려했던 대로 레코드는 팔리지 않았다. 한때 '블루스의 여왕'으로 칭송 받았던 베시 스미스는 기차를 타고 필라델피아로 돌아갔다. 그녀의 주머니에는 37.5달러가 있었다. 젊고 열정적이었던 해먼드는 아직 더 넓은 경제 상황을 이해하지 못했다. 베시 스미스의 핵심적인 팬은 대공황으로 가장 큰 타격을 입은 시골에 사는 흑인들이었다.

그즈음 시골 블루스를 녹음하고 있던 인물이 한 명 있었다. 바로 존 로맥스라는 이름의 텍사스 출신 노래 수집가였다. 그의 동기는 상업적 목적이 아니었다. 음악학자에 가까웠던 로맥스는 60세의 영문학 교수이자 <Cowboy Songs and Other Frontier Ballads>라는 선집의 저자였다. 그가 수행하고 있던 임무는 "민속 음악이 사라지기 전에 수집하여 후대 학자들이 분석할 수 있도록 보존하는 것"이었다.

당시 로맥스는 아내의 죽음으로 인해 낙담한 상태였다. 그럼에도 그는 1933년 내내 의회 도서관, 맥밀런 출판사, 미국 인문학 이사회로부터 받은 다양한 업무를 장남 앨런과 함께 수행했다. 트렁크에 315파운드짜리 아세테이트 디스크 녹음기가 장착된 자동차를 타고 남부를 순회하면서 로맥스는 노동요, 블루스, 발라드, 릴* 음악을 찾아다녔다. 로맥스는 특히 수감자들에게 관심을 가졌는데 이유는 다음과 같았다. "수감자들은 감옥 안에서도 어떻게든 방법을 찾아내 여전히 노래를 부르죠. 특히 수년간 감금된 탓에 재즈와 라디오의 영향을 받지 않은 장기 수감자들은 흑인 특유의 옛 멜로디를 즐겨 불렀어요." 그해 로맥스는 라이트닝 워싱턴과 레드 벨리를 발견했다.

베시 스미스가 해먼드와 함께 스튜디오에 있던 바로 그날 미국 컬럼비아의 새 소유주였던 그릭스비-그루나우가 법정 관리에 들어갔고, 결국 1934년 4월 음반사는 파산을 선고받았다. 미국 컬럼비아의 매각이 발표되자 런던의 데카 레코드 대표인 에드워드 루이스는 ARC의 소유주인 허버트 예이츠와 손잡고 미국 컬럼비아를 공동 인수하기 위해 뉴욕으로 향했다. 그러나 루이스가 바다에 있는 동안 예이츠는 미국 컬럼비아의 사무실, 스튜디오, 카탈로그, 아티스트 계약, 상표, 코네티컷 브리지포트에 위치한 제조 공장을 7만 5,500달러라는 터무니 없는 금액에 단독으로 사들였다.

뉴욕에 도착한 루이스는 이 끔찍한 소식을 듣고는 잭 카프에게 전화를 걸어 이 어려움을 어떻게 극복하고 사업을 해 나갈지에 대한 아이디어를 나눴다. 카프는 예이츠의 레이블 중 하나인 브런즈윅을 운영하던 베테랑 음반 제작자였다. 루이스에게는 자금이 있었고, 카프는 높은 신용을 지닌 프로듀서였다. 무엇보다 카프는 브런즈윅의 새로운 희망이었던 빙 크로스비를 포함한 대형 아티스트와 계약할 때 신중을 기해 자신에게 유리하게끔 만들어 놓은 상태였다. 이를 통해 예이츠로부터 합법적으로 돈을 뜯어낸 카프와 루이스는

---

*   스코틀랜드에 뿌리를 두고 있는 춤곡의 일종이다.

컬럼비아의 영업 및 홍보 책임자들을 빼돌리는 등 모든 것을 데카의 미국 지사로 옮겼다. 결국 1934년 인수, 합병 및 라이선스가 이어진 끝에 RCA, ARC, EMI, 데카, 이렇게 4개의 소규모 메이저 회사가 극도로 위축된 시장에서 사실상 모든 레이블과 마스터, 아티스트 계약을 통제하게 되었다.

1933년 금주령이 해제됨에 따라 예상치 못한 시장의 발전이 간접적으로 뒤따랐다. 물론 미국인들은 14년의 금주령 기간 동안 술을 끊은 적이 없었다. 그러나 스피크이지 술집이 합법적으로 바뀌었고, 따라서 이제는 공식적으로 다시 소음을 낼 수 있었다. 기회를 포착한 월리처(Wurlitzer) 사는 1933년 10개의 디스크로 구성된 데뷔탄트 주크박스를 출시했다. 1934년 말이 되자 약 2만 5,000개의 주크박스가 미국 전역에서 운영되었다. 데카는 35센트짜리 레코드 업계의 숙적이자 직접적인 경쟁자였던 ARC와 더불어 이 새로운 시장에 공격적으로 진출했다.

또 하나의 중요한 발전은 1934년 상상력이 풍부했던 빅터의 신임 사장 에드워드 월러스타인 덕분에 이뤄졌다. 런던의 루이스 스털링과 마찬가지로 월러스타인은 레코드플레이어가 구식이 되어버린 현실이 회복의 걸림돌이라고 봤다. 미국 내 2천만 가구가 애용하는 엔터테인먼트가 라디오인 상황이 계속되면서 레코드플레이어는 오랫동안 다락방으로 밀려나버린 상태였다. 월러스타인의 대담한 계획은 다음과 같았다. 바로 라디오 앰프를 통해 레코드를 플레이할 수 있는 저렴한 어댑터를 상용화하는 것이었다. 듀오 주니어라고 명명된 이 턴테이블은 작은 나무 상자에 마그네틱 픽업이 장착된 전기 구동식 턴테이블이었다. 가격은 16.5달러에 불과했는데 RCA 빅터 레코드를 여러 장 구입하면 듀오 주니어를 특별히 무료로 받을 수 있었다.

1934년 9월 루스벨트의 뉴딜 정책으로 경제에 긴급히 필요한 자본이 투입되자마자 월러스타인은 사기가 저하된 직원들에게 이렇게 말했다. "인정합니다. 공황이 바닥을 치고 있을 때 축음기 레코드는 아마도 죽어버린 아이템이었을 겁니다. 이제 그런 시절은 영원히 지나갔습니다... 우리는 음반 업계에서 무슨 일이 일어나고 있는지 보여주고 있습니다. 작년에 축음기 레코드 판매는 100%가 상승했고 여전히 증가하고 있습니다. 이제는 이 사실을 전 세계에 알릴 때입니다."

여러모로 어려운 시기였기에 음악가들 역시 위험을 감수해야 했다. 대표적으로 베니 굿맨은 해먼드로부터 흑인 피아니스트 테디 윌슨을 소개받으면서 음악적으로 완전히 탈바꿈했다. 두 사람이 함께 한 연주는 기이하면서도 최면에 걸린 듯한 실내 재즈였다. 드러머진 크루파가 합류하면서 이들의 화음은 순수한 마술로 변했다. 이 인종이 뒤섞인 투어 트리오는 진정한 이정표가 됐고, 나중 해먼드가 발견한 또 다른 흑인 비브라폰 연주자 라이오넬 햄튼과 함께 4인조로 확대되었다.

1935년 해먼드는 지난 1년간 제작한 흥미로운 재즈 보물을 가득 안고 런던으로 돌아왔다. 그중에는 브런즈윅 레이블에서 작업한 테디 윌슨 오케스트라의 미발매 테스트 프레스가 두 장 포함되어 있었는데 모두 빌리 홀리데이가 참여한 결과물이었다. 'What a Little Moonlight Can Do', 'Miss Brown to You' 같은 매력적인 곡에서 알 수 있듯이 윌슨과 홀리데이의 케미스트리는 긴 모험의 출발을 알리는 것이었다. 결과적으로 그들은 빌리 할리데이 활동 초기와 전성기 시절 대부분을 함께 녹음했다. 정확하게 총 91곡이었다.

해먼드는 새로운 계약을 맺고 런던을 떠났다. 그러나 뉴욕으로 바로 돌아가지 않고 평생의 꿈을 이루기 위해 모스크바를 방문하기로 결심했다. 가족의 연줄을 활용해 해먼드는 영화 제작자 세르게이 아이젠슈타인을 만났다. 아이젠슈타인은 쿨라크*에 관한 영화를 만들던 중이었다. 거대한 영화 세트장을 방문한 해먼드는 밝은 조명이 켜진 격납고 안에 농장과 밀밭 전체가 만들어져 있는 것을 보고 깜짝 놀랐다. 아이젠슈타인은 해먼드에게 모스크바 곳곳을 보여줬고, 한 시끄러운 식당에서 더 이상 공산주의에 대해 확신할 수 없다고 고백했다. 해먼드가 미국으로 떠나던 바로 그즈음 스탈린은 쿨라크에게 책임을 전가했던 선전을 완화하기로 결정하고, 영화 제작을 중단시켰다. 그곳에서 설사와 천연두를 앓았던 해먼드는 결국 뉴욕으로 돌아왔다. 그에게 러시아 사회주의 실험에 대한 환상은 더 이상 없었다.

귀국 후 전미유색인종지위향상협회(NAACP) 이사회에 합류한 해먼드는 또 다른 커다란 기회를 발견했다. 자동차 라디오 주파수를 탐색하던 중 캔자스시티에서 방송되는 실험적인 방송국을 우연히 알게 된 것이다. 어느 무도회장에서 생방송으로 진행한 이 방송에

---

*   스탈린 시대의 농장 집단화 정책과 대치하던 부농을 뜻한다.

출연한 주인공은 바로 카운트 베이시와 그의 밴드였다. 몇 주 동안 해먼드는 매일 밤 차에 앉아 베이시의 현대적인 재즈 사운드를 들으며 경외감을 느꼈다. 그는 재즈 잡지 <다운비트>에 베이시의 스타일에 대한 글을 기고했다.

호기심이 너무 커진 나머지 해먼드는 캔자스시티로 차를 몰고 가서 리노 클럽에 들어갔다. 지저분한 쓰레기장 같았던 이 클럽에서는 밤새 음악이 흘러나왔고, 5센트짜리 맥주와 10센트짜리 핫도그, 수제 위스키를 팔았다. 그들은 이걸 모두 합쳐 '스푸크 댄스(Spook dances)'라고 불렀는데 '스푸크'는 팁에 인색한 사람을 뜻하는 표현이었다. 베이시 밴드 뒤편 창문 너머에서는 마리화나 거래가 진행되고 있었다. 그 장소는 비현실적이었고 음악도 마찬가지였다. 해먼드는 미소 지은 채로 하이햇을 반쯤 열어 연주하는, 재치 넘치는 테크닉을 가진 드러머 조 존스에게 깊은 인상을 받았다. 이곳은 중요한 음악적 공간이었고, 연주자들은 이 공간에서 자유롭게 흘러가는 솔로를 통해 흥분을 전달하는 감각을 창조했다. 해먼드는 이 사운드에서 또 다른 미래를 엿봤다.

그러나 베이시에게 자신을 소개한 해먼드는 나쁜 소식을 접해야 했다. 잭 카프가 <다운비트>에 실린 해먼드의 기사를 읽은 후 베이시에게 강탈이나 다름없는 계약을 제안해 성사시킨 것이다. 이 계약에 따르면 3년 독점 계약 기간 동안 베이시 밴드는 매년 24개의 음반을 녹음하고 1년마다 고정 비용으로 750달러를 받아야 했다. 9명의 뮤지션이 한 번의 리코딩으로 실제 받는 돈은 평균 31달러였다. 심지어 베이시는 계약서에 로열티가 포함되어 있지 않다는 사실을 모르는 상태였다.

다음 날 해먼드는 뮤지션 노조에 이의를 제기했지만 그가 할 수 있는 최선은 베이시의 계약서를 수정해 모든 세션 작업이 노조 기준에 따라 지급되도록 하는 것뿐이었다. 하지만 그는 베니 굿맨의 프로모터인 윌라드 알렉산더를 설득해 베이시가 캔자스를 떠나 전국의 대형 호텔에서 더 많은 돈을 벌 수 있도록 해 줬다.

기록에 따르면 카운트 베이시는 주크박스 시장 덕분에 즉각적인 센세이션을 일으켰다. 그의 음악이 주크박스가 설치된 바에서 흥겹게 스윙 춤을 추기에 좋았던 덕이 컸다. 주크박스가 계속 보급됨에 따라 ARC는 보컬리온 레이블의 각인을 새긴 19센트짜리 저품질 레코드를 주크박스 딜러에게 판매했다. 데카와의 치열한 가격 경쟁 속에 보컬리온은 다공성

셸락 합성물로 레코드를 찍어 냈다. 단돈 10센트에 불과했지만 만약 히트할 경우 단 3일 만에 레코드가 닳아버릴 수도 있었다.

이러한 상황에 큰 충격을 받은 해먼드는 1937년 데카의 부정한 관행에 대해 비판적인 기사를 썼다. 그는 헨리 존슨이라는 가명으로 이 글을 써서 공산주의 잡지 <뉴 매스>에 기고했다. 이 글에서 그는 잭 카프가 개인 소유로 운영하던 스테이트 스트리트 뮤직 퍼블리싱이 다른 사람의 곡을 고정 비용으로 구입하고 심지어 부기 우기라는 용어를 저작권화해서 다른 작곡가의 곡에 대한 저작권료까지 챙기는 방법을 폭로했다. 10만 달러짜리 소송을 당할 위기에 처한 해먼드는 베이시의 계약서 사본과 반박할 수 없는 증거를 들고 데카의 사무실을 방문했다. 해먼드는 "잭, 당신은 해명해야 할 것이 많고, 법정에서 절대 승소할 수 없을 겁니다."라고 주장했다. 근처 사무실에서 고함소리가 들리자 에드워드 루이스가 달려들어 해먼드에게 질문을 던졌다. 이 운명적인 언쟁에서 루이스는 고개를 카프에게 돌렸다. "잭, 당신이 직접 소송을 제기하고 싶다면 나로서는 괜찮지만 데카 레코드가 소송의 당사자가 되는 것은 허락 못합니다."

그 후 해먼드는 주요 기업의 공장, 특히 컬럼비아의 무너져가는 브리지포트 공장을 포함한 ARC 레이블의 비참한 환경에 대한 폭로 기사를 썼다. 해먼드는 숨도 제대로 쉴 수 없는 매연으로 뒤덮인 지옥 같은 공장을 묘사하면서 브리지포트 노동자들이 주당 16달러를 받고 14건의 주 위생법 위반을 견뎌 내야 한다고 밝혔다. 그는 "스튜디오에서 만든 마스터보다 프레스 레코드가 훨씬 더 나쁜 소리를 내는 이유는 당연합니다."라고 결론지었다. 결국 노조를 싫어하던 허버트 예이츠도 위생 상태와 품질 관리를 개선하지 않을 수 없었다.

음악계에 대한 존 해먼드의 거대한 공헌은 최고의 순간에 절정에 달했다. 1938년 12월 23일 카네기 홀에서 열린 <From Spirituals to Swing> 콘서트는 미국 흑인 음악의 역사를 기록하는 이벤트가 될 것이었다. 공연을 위한 연주자를 찾기 위해 해먼드는 이후 음반 업계에서 거대한 운명을 맞이할 영국인 청년 고다드 리버슨과 함께 남부를 돌아다녔다. 아카이브 조사를 통해 해먼드는 당시 무명이었던 델타 블루스 가수 로버트 존슨의 매혹적인 음반을 발견했다. 해먼드는 그를 공연에 섭외하려 했지만 불과 몇 달 전에 살해당했다는 사실을 알았다.

해먼드는 그에 대한 미스터리한 이야기를 모은 뒤 <다운 비트>에 로버트 존슨에 대한 글을 썼다. 1936년 이 젊은 블루스 가수는 미시시피 잭슨에 있는 헨리 스피어의 가게에 들어갔다. 존슨의 연주가 마음에 들었던 스피어는 데모를 브런즈윅의 어니 어틀리에게 보내 둘의 만남을 주선했다. 이후 텍사스 샌안토니오의 한 호텔 방에서 존슨은 엔지니어를 등지고 벽을 마주본 상태로 3일간 16곡을 녹음했다. 그중에는 'Come On in My Kitchen', 'Cross Road Blues' 그리고 'Terraplane Blues' 등이 포함되어 있었는데 주로 주크박스를 통해 텍사스에서 5,000장이 팔렸다. 5개월 후 존슨은 댈러스로 초대되어 좀 더 사색적인 곡을 녹음하는 또 다른 세션에 참여했다.

해먼드가 기획한 쇼는 서아프리카에서 녹음된 아프리카 드럼으로 시작되었다. 이후 블루스 가수 겸 기타리스트 빅 빌 브룬지, 하모니카 연주자 샌퍼드 테리, 가스펠 가수 로제타 타프, 부기 우기 피아니스트 알버트 아몬스와 미드 "럭스" 루이스, 딕시랜드 재즈 클라리넷 연주자 시드니 베셰가 연이어 라이브를 했고, 카운트 베이시와 그의 밴드가 신나는 스윙 넘버로 쇼를 마무리했다. 뉴욕 타임스와 헤럴드 트리뷴은 이전까지 보거나 들어 본 적 없는 이벤트였다는 글로 극찬을 보냈다.

해먼드의 이 쇼는 그리니치 빌리지의 전설적인 한 클럽에도 영감을 주었다. 바로 셰리단 광장의 100년 된 건물 지하에 만들어진 카페 소사이어티였다. 이 클럽의 주인 바니 조지프슨은 해먼드가 주관한 리허설을 지켜보면서 "재능을 발굴하기 위해 다른 곳을 찾을 필요가 없어. 모든 것이 여기에 있잖아!"라고 외쳤다. 카페 소사이어티의 비공식 음악 감독을 맡은 해먼드는 빌리 홀리데이를 오프닝 밤의 헤드라이너로 초대했다. 조지프슨은 자신의 클럽이 "광고에 명시된 방침 그대로 흑인과 백인이 무대 뒤에서 함께 일하고 앞에서는 함께 앉는 곳"이 되기를 원했다. 그는 "올바른 사람들을 위한 잘못된 장소"라는 모토를 내걸고 사업을 시작했다.

빌리 홀리데이가 'Strange Fruit'를 처음 불러 관객을 얼어붙게 한 곳도 카페 소사이어티였다. 이 노래는 언제나 공연의 마지막 곡이었는데 그녀는 조명은 어둡게 하고, 웨이터에게는 서빙을 중단할 것을 요구했다. 관객에게는 소음을 자제해 달라고 요청했다. 숨막히는 정적 속에서 노래하는 빌리의 얼굴에는 오직 스포트라이트 하나만 비춰졌다. 빌리의 마지막 음이 끝나면 모든 조명이 꺼졌다. 조명이 다시 켜졌을 때 빌리는 무대에서 사라지고 없었다.

통합적이면서도 예술적으로 대담해진 재즈는 존 해먼드 덕분에 어느덧 보헤미안적이면서도 진보적인 면모까지 갖추게 되었다. 엔터테인먼트에서 예술로의 이러한 진화는 현장 리코딩 음악학자인 존 로맥스가 학계에서 이루고자 했던 목표를 반영하는 것이기도 했다. 덕분에 레이스 레코드나 힐빌리 같은 경멸적인 용어 대신 블루그래스, 카우보이 송, 릴, 노동요, 필드홀러, 가스펠, 스트링 밴드, 저그 밴드, 영가, 핫 재즈, 딕시랜드, 스윙 등 정확한 명명법이 저널리즘 언어로 서서히 안착했다.

해빙이 진행되고 있음을 증명하듯 그해 미국에서 3,300만 장의 음반이 팔렸는데 그 중 4분의 3이 데카와 빅터에서 발매된 레코드였다. 미국 전역에서 가동된 주크박스는 약 22만 5,000대였고, 연간 1,300만 장의 디스크가 주크박스를 통해 소비되었다. 주크박스가 얼마나 중요해졌는지를 알 수 있는 대목이다. 사업 시작 5년 만에 데카는 연간 1,900만 장의 음반을 생산하는 미국 최대의 음반 회사가 되었다. 당시의 황량했던 산업 환경을 고려할 때 눈부신 성공 사례였다.

기업적인 영역에서 1938년은 할리우드의 독재자 허버트 예이츠와 저렴한 카탈로그 매입에 중점을 두었던 그의 레이블 ARC의 매각이 진행된 해였다. 잭 카프에게 철저하게 밀린 허버트 예이츠는 회사를 매각하고 할리우드로 퇴각했지만 절대 순순히 물러서지는 않았다. 그는 당시 미국에서 세 번째로 큰 방송사이자 가장 문화적인 노선을 추구하고 있던 미디어 대기업 CBS에 자신의 카탈로그를 75만 달러에 팔아 큰 수익을 올렸다. 설립자 빌 페일리의 유능한 리더십 아래 CBS는 RCA 빅터의 보스였던 에드워드 월러스타인을 스카우트해 온 뒤 잠자는 숲속의 미녀와도 같았던 미국 컬럼비아를 부활시키는 등 공격적인 행보를 취했다.

심장마비를 겪은 직후였지만 월러스타인은 컬럼비아의 본사를 7번가에 있는 브런스윅의 옛 사무실로 옮겼다. 어빙 밀스의 사무실 옆에 위치한 이곳은 당대 음악 신의 중심지였다. 어렵지 않은 클래식 음악이 차기 대세임을 직감한 그는 오케스트라를 녹음할 수 있을 만큼 커다란 두 개의 새 녹음 스튜디오를 NBC와 CBS로부터 임대했다. 그런 다음 컬럼비아의 클래식 마스터 작품 시리즈의 소매 가격을 빅터 레코드의 레드 씰 음반 가격의 절반 수준인 1달러로 인하했다. 월러스타인이 최고의 선견지명을 발휘한 도박은 바로 기술에 투자하는 것이었다. 레코드의 재생 시간이 너무 짧다고 확신한 그는 두 명의 엔지니어를 고용해 더 오래 재생할 수 있는 디스크의 실험을 진행했다. 그가 행한 또 다른 대담한 조치는 바로 컬럼비아의 대중음악 리코딩 디렉터로 존 해먼드를 고용한 것이었다. 해먼드는 월러스타인을 설득해 고다드 리버슨을 클래식 부서의 주니어 어시스턴트로 고용했다. 또다른 운명적인 선택이었다.

그러던 와중 해먼드에게 리코딩 감독으로서 첫 번째 시험 무대가 찾아왔다. 빌리 홀리데이가 'Strange Fruit'을 녹음하고 싶다고 요청한 것이었다. 당시 월러스타인은 컬럼비아의 유통망을 재건하느라 바쁜 상황이었는데 그는 이 곡의 충격적인 이미지에 대한 반발이 (특히 남부에서) 있을 거라고 봤다. 해먼드의 경우, 곡에 대해 음악적인 의구심을 갖고 있었다. 그는 린치당한 흑인 시체가 나무에 매달려 있는 장면을 그림처럼 묘사한 가사의 힘은 인정했지만 정작 곡에 멜로디가 없다고 느꼈다. 심지어 빌리의 노래가 다소 가식적이라고 생각했다. 빌리의 스윙하는 모습을 좋아했던 해먼드에게 'Strange Fruit'의 으르렁거림, 관능적인 침묵, 통곡하는 피날레는 다소 과장된 드라마처럼 다가왔다.

관계를 긴장 상태로 몰고 간 배경 사건도 있었다. 빌리의 마약 문제는 재즈계에서 공공연한 비밀이었다. 마리화나는 용인했지만 헤로인에는 선을 그었던 해먼드는 결국 가족끼리도 잘 알고 있던 빌리의 매니저와 이 문제를 의논하는 실수를 저질렀다. 매니저는 마약 딜러, 중독자, 범죄 조직과 연관된 빌리의 관계가 난처한 문제나 협박으로 이어질까 두려워한 나머지 그녀를 버렸다. 빌리는 이러한 해먼드의 간섭을 결코 용서하지 않았다.

서른에 가까워지면서 20대 초반보다 커리어 의식이 조금 더 강해진 해먼드는 심사숙고한 뒤 월러스타인과 함께하기로 결정했다. 둘은 한시적 계약 면제를 허용하는 방식으로 빌리가 소규모 레이블인 코모도어 레코드에서 'Strange Fruit'를 발매할 수 있도록 해 줬다.

이 에피소드는 그의 커리어에 이정표가 되었다. 이제, 빌리 홀리데이처럼 존 해먼드도 자신만의 황야에서 오랜 세월을 보내려는 참이었다. 음반에 대한 수요는 분명 증가하고 있었지만 해먼드는 여러 장르를 다루는 대기업 직원 생활에 잘 적응하지 못했다. 해먼드는 "별 관심 없는 아티스트와 작업하라는 요청을 받고는 했어요. 그런데 제가 리뷰에서 혹평한 경우가 많았죠. 아티스트와 저, 둘 모두에게 쉽지 않았어요."라고 말하면서 다음처럼 덧붙였다. "더 이상 솔직할 수 없었고, 정직하지 못한 건 고통스러운 일이었지만 이윤을 추구하는 음반 업계에서 정규직으로 일하는 이상 어쩔 수 없었어요. 더 이상 제가 좋아하는 음악만 녹음할 수는 없게 된 거죠."

나이 들고 더 지혜로워진 위대한 존 해먼드는 별이 가득한 하늘을 발견하곤 했지만 유럽에서 다시 전쟁이 발발하면서 그의 가장 행복했던 시절은 어느덧 백미러에 비춰지고 있었다. 해먼드와 관련된 많은 재즈 뮤지션에게도 세계사적인 사건은 곧 다가올 태세였다.

8.

세계 대전과
LP의 등장

세계 대전과 음악 _

회복하는 시장과
데카 레코드의 부상

**1940
~1949**

이즈음 사람들은 무슨 일이 벌어질지 알고 있었다. 또 다른 전쟁이 전 세계를 암흑과 격변의 시대로 몰아넣을 것이었다. 수많은 사람을 갈라지게 했던 전쟁의 규모는 압도적이었다. 4개 대륙에 걸쳐 1억 명의 군인이 전체 경제에 의해 지탱되던 살인 시스템에 빨려 들어갔다.

진주만 공습이 있었던 해 미국에서는 약 1억 2,700만 장의 음반이 팔렸다. 20세기 이후 볼 수 없었던 수준의 판매였다. 레코드가 구식처럼 보였던 때로부터 15년이 지나 음악은 다시 중요해지고 있었다. 하지만 아무리 낙관주의자라고 할지라도 곧 닥칠 상황이 어떨지를 예상할 수는 없었을 것이다. 전쟁이 야기한 인간의 외로움은 디스크 음반에 대한 수요를 1차 세계 대전 때만큼 극적으로 소생시키려는 중이었다.

레코드 수요의 르네상스를 더욱 놀랍게 만들어 준 것은 독특한 산업적 맥락이었다. 1941년부터 1944년까지 미국 음악 산업은 최초의 총파업을 겪었다. 이런 이유로 새 음반 공급이 크게 줄었지만 전쟁으로 인한 심리적 불안정 속에 오래된 음반을 포함한 모든 음악이 필수적인 일상 의약품처럼 되었다. 배고픔이 최고의 소스인 것처럼 음악에 있어서도 실연당한 마음만큼 음악을 잘 받아들이는 귀는 없다.

음악 산업 자체의 전쟁은 1930년대 내내 벌어졌다. 급진적인 이데올로기가 주변 정치계를 뒤흔들면서 빈곤한 음악가들은 노동 조합에 더 큰 관심을 보였다. 1933년 산업 조사에 따르면 미국 라디오의 광고 수익은 약 6천만 달러에 달했으며, 이 수치는 매년 증가하고 있었다. 이 막대한 수익을 바탕으로 방송 업계는 약 12,000명의 직원을 고용했다.

1914년 설립된 이래 작곡가 및 출판인 연합 ASCAP은 강력한 로비 단체로 성장했다. 유럽에서 전쟁이 벌어지는 가운데 라디오 방송국들은 NAB(National Association of Broadcasters)의 로비 아래 뭉쳤다. 1937년 ASCAP은 1940년 만료되는 라디오 방송국과의 라이선스 계약을 재검토할 것이라고 발표했다. 기한이 다가오자 ASCAP은 라디오 방송국에게 청취자 규모에 비례한 방송 로열티를 지불하라고 압박했다. NAB는 미국 내 어떤 라디오 방송국도 청취자 규모를 정확하게 정량화할 수 없다는 반론으로 맞섰다.

1940년 미국 연방 법원은 마침내 라디오 방송국이 구매한 레코드를 방송할 수 있다는 판결을 내렸다. DJ가 레코드를 재생하는 현대 라디오 형식의 길을 열어준 판례였다. ASCAP은 1941년 1월 전파 보이콧으로 대응했다. 10개월이라는 긴 시간 동안 NBC와 CBS 네트워크의 모든 방송국은 ASCAP에 등록된 100만 곡이 포함된 음반을 재생할 수 있는 권리를 공식적으로 거부당했다.

1942년 제임스 페트릴로의 지휘 아래 세션 뮤지션을 대표하는 노조인 미국 뮤지션 연맹은 라디오 회사이기도 했던 RCA와 CBS를 포함한 레코드사를 상대로 두 번째 파업을 일으켰다. 연례총회에서 음악가들은 만장일치로 음반사가 실직 음악가를 위한 노조 신탁 기금에 로열티를 지급하는 데 동의할 때까지 녹음 스튜디오를 폐쇄하기로 합의했다. 전쟁이 전 세계를 현대 역사상 가장 큰 위기에 빠뜨렸던 그 시절, 미국의 음악 제작은 사실상 중단된 상태였다.

처음에는 라디오 방송국 측이 반발에 나섰고, 그 와중에 음반사들은 백 카탈로그를 발매했다. 1939년 라디오 경영진은 또 다른 권리 단체인 BMI(Broadcast Music, Inc.)를 설립했다. ASCAP과 제휴하지 않은 자료를 방송국에 제공하는 방식으로 시장 입지를 강화하고, 이를 통해 ASCAP의 독점을 약화시키기 위함이었다. ASCAP을 장악하고 있던 주류는 주로 틴 팬 앨리*의 대형 출판사들이었다. 따라서 내슈빌을 중심으로 한 출판업계의 아웃사이더들은 이로부터 더 많은 에어플레이를 확보할 수 있는 기회를 발견했다.

이런 과정 속에 ASCAP의 파업은 비참한 실패로 끝났다. 그들은 심지어 기존보다 더 나쁜 협상안을 받아들여야만 했다. 일명 '페트릴로 금지법'으로 알려진 녹음 스튜디오의 파업은 더욱 성공적인 것으로 판명되었다. 스튜디오가 마비되고 음악가들이 군 복무에 징집되면서 대부분의 음반사는 이 기간 동안 조용한 시간을 보냈다.

대중의 요구를 가장 잘 파악하고 있던 음반 제작자는 잭 카프였다. 1937년 그는 자신들만의 스타일로 3성부 보컬 하모니를 발전시킨 3인조 컨트리 여성 그룹 앤드류스 시스터즈를 발견했다. 세계적인 대히트곡 'Bei Mir Bist Du Schoen'을 포함한 그들의 초기 음반은

---

* 19세기 후반부터 20세기 초까지 미국 팝 시장을 장악한 뉴욕의 음악 출판업자와 작곡가 집단을 일컫는다. 맨해튼 플라워 지구 웨스트 28번가에 위치한 특정 구역 이름에서 따온 것이다.

페트릴로 금지법 기간 내내 불티나게 팔렸다. 미합중국의 여성 마스코트로 발탁된 앤드류스 시스터스는 미국과 태평양 전역을 쉴새 없이 여행하면서 수용소, 병원, 군수 공장, 군사 기지 등에서 공연을 펼쳤다. 그들은 '군대의 연인'이라는 별명을 얻었고, 사기 진작을 위한 공연의 일환으로 행운의 군인 3명을 초대해 함께 식사하는 이벤트도 진행했다.

한편, 전쟁으로 인해 사랑하는 사람과 떨어져 지내야 했던 미국 내 민간인 청취자도 어느덧 새로운 방식으로 음악을 듣기 시작했다. 이를 통해 레코드 산업 50년 역사상 세 번째에 해당하는 새로운 호황이 시작되었다. 한데 이 호황을 이끈 주체는 바로 사랑하는 사람이 전쟁에 투입된 이들, 즉 여성이었다. 1차 세계 대전의 참상이 생생하게 기억에 남아 있었기 때문인지 당시 여성들은 공장에서 일하는 것을 크게 기뻐하지 않았다. 불확실성이라는 진공 상태 속에서 노래는 그들에게 귀중한 위안을 선물해 줬다.

존 해먼드의 개인적인 경험은 수많은 청년과 그 가족에게 일어난 일을 요약해 준다. 1942년 컬럼비아의 녹음 스튜디오가 휴업 중이었을 즈음 그는 결혼해서 아들을 둔 자랑스러운 아버지였다. 1943년 초 아내가 둘째를 임신한 지 6개월 되었을 때 그는 갑자기 징집되었다. 해먼드는 두려움에 휩싸인 채로 맨해튼에서 기차를 탔다. 주변 모두가 앞날에 대한 공포로 가득 차 있었다. 그는 카운트 베이시 밴드의 멤버 대부분이 같은 날 포트 딕스로 징집되었다는 소식을 들었다. 그러나 그리니치 빌리지의 익숙한 환경과는 달리 군 기지는 분리된 곳이었다.

며칠 만에 해먼드는 자신의 삶 전체가 전쟁에 삼켜졌다는 사실을 깨달았다. 이제 해먼드 일병은 그가 으스댄다는 이유로 괴롭히기를 즐겼던 남부 출신 차별주의자의 명령에 따라야 하는 일개 일병에 불과했다. 해먼드는 버지니아의 포트 벨부아에 배치되어 전투 엔지니어로 근무했다. 85파운드짜리 배낭을 메고 매일 행군을 견뎌야 했던 그는 우울증에 시달렸고, 체중 역시 급격하게 줄었다.

체력 단련 중 쓰러진 탓에 해먼드는 전쟁 내내 미국 땅에 머물면서 인종 문제와 캠프 엔터테인먼트를 다루는 지루한 사무직에 배치되었다. 그는 뉴욕의 한 산부인과에서 갓 태어난 아들을 보기 위해 휴가를 받았고, 9일째 되는 날 아기가 죽는 것을 지켜봤다. 상심과 충격에 빠진 해먼드에게 포트 벨부아로 복귀하라는 명령이 내려졌다. 그의 아내는 첫째 아들을 돌보면서 홀로 비극을 이겨내야 했다. 슬픔과 무기력증에 빠진 해먼드가 집으로 보내는 편지는 모두 군 보안국을 거쳐 검열 스탬프가 찍힌 채 도착했다. 히틀러와 히로히토를 상대로 하는 전쟁은 필요한 것이었지만 가족에게 그것은 끔찍한 격변이었다.

대중의 기억, 그리고 어쩌면 프로파간다의 여운으로 인해 그 시기를 영웅적으로 그리는 경향이 있지만 음악은 다른 이야기를 들려준다. 영국에서 1939년 대히트를 기록한 베라 린의 'We'll Meet Again'은 영국인들이 느낀 불확실성을 드러낸 일종의 비극적인 애국가였다. 호화롭게 편곡된 글렌 밀러의 곡 'Moonlight Serenade'는 클라리넷과 색소폰 하모니로 눈물과 그리움을 동시에 표현하는 것 같았다. 1939년에 녹음된 이 곡은 결국 전쟁 당시의 향수를 불러일으키는 음악 중 하나가 되었다.

페트릴로 금지법에서 예외를 인정받은 덕분에 미 육군은 1943년 레코드 레이블 V-디스크를 설립할 수 있었다. 노조 소속 뮤지션들이 비영리를 조건으로 군용 음반을 녹음할 수 있게 해 달라고 페트릴로에게 요청한 결과였다. 이를 통해 약 400만 장의 레코드가 군 네트워크를 통해 배포되었는데 이는 복무 중인 군인 전체를 만족시킬 수 있을만한 적지 않은 양이었다. 미국 정부는 다양한 사회 집단을 통합할 수 있는 위로의 노래, 즉 가정적인 스타일의 음악으로 대중의 기억을 형성하고자 했다.

밴드 리더 아티 쇼는 남태평양을 순찰하던 항공 모함 사라토가호에서 있었던 잊을 수 없는 장면을 회상하면서 공포가 감정을 어떻게 고조시키는지에 대해 설명했다. 당시 사라토가호의 승조원들은 몇 주간 일본 전투기의 폭격을 17번이나 받았고, 고향에 대한 향수를 느끼고 있었다. 쇼와 그의 오케스트라는 사기 진작을 위해 사라토가호에서 연주해 달라는 요청을 받았다. 극적인 효과를 위해 밴드는 유압식 플랫폼을 타고 갑판 아래의 거대한 항공기 격납고로 내려갔고, 3천 명의 해병대원이 제복을 입은 채 기다리고 있었다. 밴드가 등장하자 쇼는 평생 경험한 적 없는 거대한 굉음을 들었다. "정말 깜짝 놀랐어요. 제가 보고 듣는 것을 믿을 수가 없었고 뭔가 특별한 것을 느꼈죠. 이 사람들은 고향과 엄마와 애플파이를 떠올리게 하는 무언가에 굶주려 있었어요. 그리고 음악이 그런 효과를 줬죠."

전쟁이 낳은 진정한 음악적 아이콘은 데카의 또 다른 스타 빙 크로스비였다. 그의 감미로운 크루닝(Crooning) 창법은 이후 등장할 여러 거장에게 영향을 미쳤다. 전시 군인을 위한 주간 군대 간행물 양크(Yank)지는 글래머 모델의 선정적인 사진을 실어 당시의 성적 통념을 깼고, 독자의 마음을 확실히 사로잡았다. 양크지는 극도의 위기 상황에서 음악이 얼마나 중요한 역할을 할 수 있는지를 상기시키기 위해 다음처럼 대담하지만 그럴듯한 주장도 펼쳤다. 빙 크로스비가 전쟁 기간 내내 종교 지도자나 다른 어떤 유명인보다 군인들의 사기를 높이는 데 더 많은 기여를 했다는 것이었다.

특히 크로스비는 어빙 벌린의 곡 'White Christmas'를 크루닝 창법으로 재해석해 기존의 모든 판매 기록을 깼다. 이 곡은 1942년 말부터 1943년 초까지 11주 동안 미국에서 판매 1위에 올랐다. 'White Christmas'는 전쟁이 끝나기 전 재발매되어 다시 1위를 기록했다. "예전에 알던 바로 그 화이트 크리스마스를 꿈꾸며"라는 단순한 가사가 전쟁의 참혹함 속에서 가슴을 울린 덕분이었다. 오늘날까지도 이 음반은 역대 가장 많이 팔린 싱글로 남아있다.

음반 업계에 화려하게 입성한 새로운 회사 중 하나는 로스앤젤레스에 등장한 최초의 대형 음반사 캐피톨이었다. 당시 할리우드 거물들은 대개 뉴욕의 음반 사업을 인수하려고 했던 반면 캐피톨은 경험이 풍부한 음악 비즈니스계의 베테랑 트리오가 설립한 회사였다. 그리고 그중에는 호기 카마이클과 자주 작업한 다작 송라이터 조니 머서가 있었다. 조지아 출신으로 당시 서른 셋이었던 머서는 빙 크로스비, 글렌 밀러, 프레드 아스테어, 지미 런스포드, 캡 칼로웨이, 앤드류스 시스터스 등 유명 가수가 발표한 일련의 히트곡을 쓴 작사가였다. 일찍 일어나는 새가 벌레를 잡는 것처럼 그는 동이 트자마자 몽환적인 고요함 속에 작사를 했고, 점심시간 이후에는 절대 일하지 않았다.

당시 파라마운트 필름의 중역이었던 그의 파트너 버디 드실바는 조지 거슈윈과 함께 뮤지컬 <Blue Monday>를 만들었고, ASCAP의 이사회에서 활동한 바 있었다. 캐피톨의 세 번째 주인공은 로스앤젤레스의 가장 큰 레코드 가게인 뮤직 시티의 소유주였던 글렌 윌리치스였다. 그는 머서와 드실바를 현명하게 설득해 파라마운트 픽처스의 투자를 받지 않도록 했고, 캐피톨의 독립을 위해 15,000달러를 투자했다.

조니 머서의 첫 번째 큰 발견은 냇 킹 콜이었다. 그러나 당시 계약은 했지만 페트릴로 금지법으로 인해 녹음은 할 수 없는 상태였다. 다행히 잭 카프의 데카가 먼저 제임스 페트릴로와 협상을 타결했고, 데카는 노조 신탁 기금을 지불한 뒤 모든 음반의 일련번호를 포함한 회계 장부를 공개했다. 그 대가로 데카는 또 다른 파업이 발생했을 때 계약 중인 아티스트들을 잃지 않을 수 있었다. 냇 킹 콜 트리오의 음반을 간절히 녹음하고 싶었던 캐피톨은 한 달 후 데카의 뒤를 따랐다. 콜의 첫 번째 레코드 'Straighten Up and Fly Right'는 콜의 아버지가 가장 좋아했던 설교 중 하나를 음악적으로 재해석한 곡이었다. 이 음반은 50만 장이 팔렸고, 이 횡재를 통해 캐피톨은 초기에 들어간 자금 대부분을 충당했다.

크루너 중에서도 가장 눈부신 젊은 스타였던 프랭크 시나트라는 컬럼비아 레코드 소속이었다. 이 잘생긴 파란 눈의 이탈리아계 미국인은 해리 제임스가 이끄는 스윙 밴드의 가수로 음반에 처음 등장했다. 이를 계기로 부드러운 트롬본 연주자이자 터프한 말투의 소유자였던 또 다른 밴드 리더 토미 도르시의 눈에 띄었고, 도르시는 스물여섯 살의 그를 설득해 매니지먼트 계약을 체결했다. 1941년 5월 시나트라는 빌보드와 <다운 비트>의 남성 가수 투표에서 1위를 차지했을 뿐만 아니라 10대 소녀들 사이에서 자신만의 팬층을 확보하고 있는 듯 보였다. 이후 시나트라마니아라고 불릴 이 현상은 1942년 겨울 시작되었다. 바로 시나트라가 뉴욕 파라마운트 극장을 8주 연속 매진시킨 때였다. 목격자였던 코미디언 잭 베니는 이렇게 증언했다. "건물이 무너지는 줄 알았어요. 그런 난리 법석은 처음이었다니까요... 그때까지 들어 본 적도 없는 친구 때문에 이 모든 일이 벌어진 거예요."

컬럼비아는 그를 영입할 기회를 놓치지 않았다. 사실 시나트라가 컬럼비아와 계약하고, 나중 도르시와 결별하도록 설득한 주역은 존 해먼드의 상관이었던 매니 색스였다. 그러나 컬럼비아는 엄청난 수요를 지녔던 시나트라와 계약했음에도 정작 음반을 제작할 수는 없었다. 페트릴로 금지법 때문이었다. 이런 이유로 1939년 출시된 해리 제임스의 음반을 리패키징해 시나트라의 솔로 음반으로 재발매했다. 해리 제임스의 오리지널은 잘 팔리지 않았지만 새 슬리브와 함께 발매된 리패키징 버전은 1943년 여름 내내 백만 장이 판매되었다. 시나트라는 로열티의 43.3%를 빼앗아간 도르시와의 매니지먼트 계약 조건에 대해 재빨리 깨닫고는 색스의 조언에 따라 25,000달러를 주는 조건으로 계약에서 벗어났다. 컬럼비아는 시나트라에게 이 돈을 선지급했다.

태평양, 북아프리카, 러시아 전역에서 전쟁이 격화되면서 1943년 징병제가 강화되었다. 그해 12월 시나트라는 고막에 구멍이 뚫렸다는 이유로 '군 복무 부적합자'인 4-F로 분류되었다. 미모의 여성과 괴성을 지르며 그를 흠모하는 바비삭스에게 둘러싸인 이 잘생긴 플레이보이의 사진이 언론에 가득 실리면서 젊은 시나트라는 전쟁 중 가장 논란 많은 유명인 중 한 명이 되었다. 루머에 따르면 그의 담당자가 거물급 인사에게 4만 달러를 주고 군 복무를 막았다고 한다. 몇 년 후에는 신병 모집 심리학자가 그를 "신경증적"이며 "정신의학적 관점에서 적합하지 않은 인물"로 간주했다는 사실이 밝혀졌다. 이와 관련, 당시 군에 복무했던 저널리스트 윌리엄 맨체스터는 다음처럼 대담하게 말했다. "내 생각에 프랭크 시나트라는 2차 세계 대전에서 히틀러보다 더 미움을 샀다."

전쟁의 마지막 해는 음악 비즈니스에 큰 변화를 가져왔다. 무엇보다 여러 스윙 밴드가 징집의 영향을 가장 크게 받았다. 오케스트라의 규모 때문이었다. 스윙 밴드를 이끈 글렌 밀러는 1944년 영국 해협 상공을 비행하던 중 세상을 떠났다. <다운 비트>는 1942년부터 글렌 밀러를 포함해 전쟁으로 사망한 재즈 뮤지션을 기록하는 "작전 중 사망" 칼럼을 실었다.

스윙은 군대 덕분에 대규모로 노출되었지만 그 뿌리는 어느새 잘려나가고 있었다. 1944년 20%의 유흥세가 부과되면서 이미 어려움을 겪고 있던 무도회장들이 문을 닫았다. 고무와 휘발유의 제한적 배급으로 버스 여행이 힘들어졌고 기차는 종종 군인 이동을 명목으로 예약이 차단되었다. 흑인 음악가에게 전쟁은 특히 잔인했다. 제도화된 인종차별 때문이었다. 카운트 베이시 밴드의 전설적인 색소포니스트이자 빌리 홀리데이의 절친한 친구였던 레스터 영은 1944년 징집되어 앨라배마 훈련 기지로 보내졌다. 마리화나를 피우다 적발되어 곧바로 군법회의에 회부된 영은 1년 동안 영창에서 힘겨운 시간을 보냈다. 많은 흑인 음악가가 징집을 피하기 위해 정신병, 약물 중독, 동성애를 주장하거나 고정된 주소지 없이 이리저리 옮겨 다녔다. 호른 연주자 하워드 맥기는 흑인 병사들을 조직해 백인을 죽일 수 있도록 남부에서 훈련을 받겠다고 요청하여 교묘하게 면제를 받았다. 그는 당황한 군 정신과 의사를 향해 "백인 놈이 프랑스인이든 독일인이든… 내가 알 바가 뭐냐."라는 정신병적인 논리로 열변을 토했다.

이러한 사고방식을 바탕으로 보다 추상적이고 전투적인 재즈 분파가 번성했다. 비밥이라 불린 이 분파는 얼 하인스의 밴드, 그중에서도 찰리 파커와 디지 길레스피 같은 젊은 세대의 재즈 연주자 사이에서 만들어진 활기찬 새로운 움직임이었다. 디지 길레스피는 이렇게 말했다. "그 시기 우리의 적은 독일군이 아니었다. 육체적으로, 도덕적으로 매일 같이 우리를 괴롭히는 백인 미국인이었다... 미국이 헌법을 존중하지 않고, 우리를 인간으로서 존중하지 않는다면 우리는 미국의 방식에 대해, 빌어먹을, 신경을 쓸 이유가 없다. 우리의 음악을 감상하는 걸 미국적이지 않은 행동으로 만든 건 바로 그들이다." 일부 비밥 음악가는 백인 밴드 리더의 한계를 앞다투어 폭로했다. 그들이 흑인 뮤지션의 정당한 음악을 빼앗았다고 생각했기 때문이다. 델로니어스 몽크는 다음처럼 강조했다. "우리는 그들이 연주할 수 없는 음악을 하길 원했어요."

비밥은 언더그라운드의 굶주린 새로운 야수였다. 새로운 물결 속에 비밥은 추상적이고 복잡한 화성을 바탕으로 급진적인 출발을 알렸다. 그것은 의심할 여지없이 전쟁 이후 시기의 재즈가 1920~1930년대에 비해 엘리트주의적이고 주변적인 틈새 장르가 되는 데 기여했다.

녹음 금지 기간 동안 빌리 홀리데이는 'Strange Fruit' 관련한 에피소드로 인해 여전히 상처 입은 상태였다. 그녀는 헤로인 중독에 더 깊이 빠져들면서 방황했고, 결국 컬럼비아와의 계약도 만료되었다. 'Lady Day'라는 가명으로 1942년 캐피톨과 진행한 녹음이 실패한 이후 빌리는 밀트 개블러의 코모도어 레이블에서 12곡의 신곡을 녹음하려 했지만 기다려야 했다. 페트릴로 금지령 때문이었다. 이즈음 빌리 홀리데이를 노리고 있던 인물이 있었다. 바로 잭 카프였다. 그는 빌리 홀리데이를 데카로 유인하기 위해 개블러를 프로듀서로 고용했다. 그의 도박은 성공했고, 더 많은 자원을 자신의 뜻대로 쓸 수 있게 된 밀트 개블러는 빌리의 대표 명곡들을 데카에서 녹음했다.

빌리 홀리데이의 'Lover Man'은 전쟁 기간 동안 발표된 가장 아름다운 작품 중 하나였다. 1944년 발매된 이 정교한 클래식은 무엇보다 외설적이면서도 구슬픈 가사가 돋보이는 곡이었다. "언젠가 당신이 나와 사랑을 나누기를 기도하면서 잠이 들죠." 1944년부터 헤로인 소지 혐의로 18개월의 징역형을 선고받은 1947년까지 빌리는 21곡의 재즈 발라드를 녹음했다. 그중에는 'That Ole Devil Called Love', 'Don't Explain', 'Good Morning Heartache' 같은 최고의 순간이 여럿 있었다.

데카와 캐피톨의 녹음 스튜디오가 문을 열고 히트를 기록하는 것을 본 에드워드 월러스타인은 시나트라에 대한 대중의 수요를 달러로 전환하길 원했다. 프랭클린 루스벨트 대통령의 개인적인 개입에도 불구하고 페트릴로는 조금도 움직이지 않았고, CBS와 RCA를 "남북 전쟁 당시의 노예 소유주"에 빗대며 "노조는 이 회사들과의 관계를 단절하고 그들이 스스로의 비도덕적 계략에 의해 죽게 내버려 두는 것을 주저하지 않을 것."이라고 경고했다. 별다른 해결책을 찾지 못한 월러스타인은 휴전 기념일을 택해 굴욕적인 항복을 발표했다. "이제 우리는 서명하거나 사업을 접어야 합니다."

1946년 1월 존 해먼드는 미국 전역의 여러 군사 기지에서 3년이라는 긴 시간을 보낸 뒤 제대했다. 그는 다른 많은 군인처럼 방향 감각을 잃은 상태였다. "군대에 있었던 탓에 서로를 잘 모르는 아들과 문제를 겪고 있는 아내에게 돌아갔어요. 돌아갈 만한 이유도 있었죠. 한 달 후면 아기가 또 태어날 예정이었거든요. 전 감당할 수 없는 책임감에 직면해야 했어요. 제 집에서 저는 이방인이었고 도움이 필요한 상태였죠."

음악적으로 해먼드는 자신이 남긴 유산을 되찾으려고 애썼다. 이를 위해 그는 조쉬 화이트의 음반 <Chain Gang>을 1941년에 제작했던 그리니치 빌리지로 돌아왔다. 카페 소사이어티의 영향력이 더욱 커진 덕에 그리니치 빌리지의 워싱턴 파크는 어느덧 포크 가수, 밴조 연주자, 발라디어가 몰려드는 광장이 되어 있었다. 해먼드는 이 광경을 보고 행복을 느꼈다. 그의 오랜 친구이자 후원자였던 뉴 매스의 소유주 에릭 버네이는 최신 재즈 및 포크 레이블 키노트를 설립했는데 피트 시거, 우디 거스리, 조쉬 화이트, 벌 아이브스 등이 소속되어 있었다.

거스리, 버네이, 민속 음악학자 앨런 로맥스와 함께 해먼드는 미국 전역의 노동 운동에 시위용 노래를 제공하는 것을 목표로 하는 피트 시거의 인민 노래(People's Songs) 단체에 합류했다. 여전히 순진한 측면이 있었던 해먼드는 컬럼비아에서 일하는 동시에 키노트에서도 친구들을 위해 최신 재즈를 제작할 수 있을 거라고 여겼다. 그러나 그는 에드워드 월러스타인의 인내심을 과소평가했다. 또 다시 해고 당한 해먼드는 지하 세계를 떠돌아다니며 온갖 잡일로 생계를 이어갔다.

페트릴로 금지법이 여전한 상황에서 에드워드 월러스타인은 노동조합이나 음악학에 신경 쓸 겨를이 없었다. 1946년과 1947년 사이 미국의 음반 판매량은 2억 7,500만 장에서

4억 장으로 급격히 증가했다. 캐피톨의 경우만 해도 사업을 시작하고 첫 4년 동안 4,200만 장의 음반을 판매했다. 1948년 4월 기적적인 르네상스를 느끼고 있던 월러스타인은 오랫동안 기다려온 비밀 프로젝트의 준비를 마무리했다. 마침내 33과 1/3rpm의 12인치 롱 플레잉(LP)을 완성한 것이다.

CBS 이사회 회의실에서 열린 역사적인 회의에서 테이블 한쪽에는 그룹 회장 빌 페일리가 앉았고, 그 옆에는 월러스타인, CBS 사장 프랭크 스탠튼, 엔지니어 피터 골드마크가 자리했다. 게스트로는 RCA의 황제 데이비드 사르노프가 자사의 엔지니어 8명과 함께 참석했다. 시연을 위해 스탠튼은 기존의 78rpm 스탠다드 플레잉(SP)과 자신들이 만든 프로토타입 LP를 틀기 위한 턴테이블 두 대를 설치했다.

스탠튼이 두 번째 턴테이블에 바늘을 놓았을 때 게스트들에게 미쳤던 영향을 골드마크는 이렇게 말했다. "우리가 예상했던 대로 짜릿했죠. 8명의 엔지니어가 입술을 꽉 다문 채 우울한 표정을 하고 있었는데 마치 카본지로 만든 카피처럼 변해있더라고요. 그런 광경은 처음이었어요." 사르노프는 입에서 시가를 빼더니 테이블 옆을 노려보면서 말했다. "이 개자식들 나를 완전 당황하게 만드는구먼. 작은 컬럼비아 그래포폰이 나 몰래 이걸 발명했다는 게 믿기지 않는군."

CBS 회장 빌 페일리는 사르노프에게 기술 공유를 위한 라이선스 계약에 응할 용의가 있다고 제안했다. 사르노프는 컬럼비아의 인상적인 작업을 축하하며 제안을 고려해 보겠다고 정중하게 답했다. 하지만 컬럼비아의 시스템은 현재 사용 중인 도구만 활용했기에 특허를 받을 만한 것이 아니고, 따라서 크게 고려해 볼 이유는 없을 것 같다고 덧붙였다.

사르노프의 법적 본능은 돈에 관한 것이었다. 그는 당시 CBS-컬럼비아가 저작권을 소유한 'LP'라는 이름 외에는 지적 재산권이 없다는 점에 주목했다. 1948년 하지(夏至)에 LP는 월도프 아스토리아에 모인 40명의 기자 앞에서 공개적으로 선보였다. 시각적 효과를 위해 컬럼비아는 기존 78rpm SP로 만든 흔들리는 탑을 동일한 양의 음악을 담은 LP 더미와 나란히 쌓아 올렸다. 당연히 LP 쪽이 훨씬 낮았다.

컬럼비아가 각광을 받자 1949년 2월 사르노프의 RCA 빅터는 8분 가량을 담을 수 있는

45rpm 7인치 레코드로 반격에 나섰다. 이렇게 두 가지 새로운 디스크 포맷이 탄생하면서 음반 산업은 명실상부하게 부활했다.

　물론 이 기적적인 르네상스는 전후 재건 정신에 힘입은 결과였다. 7천만 명이 사망하고 국가 전체가 폐허가 된 상황을 극복하고 일궈 낸 이 모든 것을 대체 누가 물려받을 것인지, 적어도 젊은 부모 세대는 명백히 알고 있었다.[*] 사람들은 2차 세계 대전이 미국의 순수함을 끝장냈다고 말한다. 그렇다면 미국 음악의 다음 시대는 일종의 청소년기가 될 것이었다.

---

[*]　베이비 붐 세대를 의미한다.

9.

로큰롤,
선 레코드,
엘비스 프레슬리

알앤비와 미국 _

선 레코드, 애틀랜틱 레코드, 빌보드
그리고 로큰롤의 산파자들

**1950~
1958**

그리고 로큰롤이 있었다. 장소는 멤피스, 수년 동안 블루스의 왕과 음악 사냥꾼 모두를 매료시킨 교차로였다. W. C. 핸디, 해리 페이스, 헨리 스피어, 로버트 존슨 등등. 음악에 관한 한 고대 이집트의 수도 이름을 딴 이 19세기 도시는 문화적 단층선을 따라 건설된 것처럼 보였다. 그것은 바로 레드넥과 아프리카계 미국인의 대륙판이 위태롭게 맞물려 있는 단층선이었다.

멤피스는 미시시피 강변의 주요 항구이자 사방 100마일에 걸쳐 있는 사실상 유일한 대도시였다. 델타 지역과 테네시 평야에서 농부와 흑인, 백인이 그곳으로 모여들었다. 유명한 흑인 거주 지역인 빌 스트리트를 중심으로 도시 중심부에서 강변까지 전설적인 술집, 매춘 업소, 전당포가 쭉 늘어섰다.

1940년대 후반부터 1950년대 초반까지 알앤비 음악에는 애틀랜틱, 킹, 체스, 스페셜티, RPM, 듀크, 임페리얼, 엑셀시오르, 리버티, VJ 등 수많은 주요 레이블이 존재했다. 그러나 임박한 폭발의 진원지에 있었던 건 단 하나의 레이블이었다. 새로운 시대의 시작을 알리는 이 레이블의 이름과 로고는 이보다 더 적절할 수 없었다. 바로 선 레코드였다.

초기 로큰롤이 지닌 모순적인 요소들은 선 레코드를 창립한 인물의 어린 시절을 통해서 보면 비로소 이해 가능할 수 있다. 샘 필립스는 목화 따는 부모를 둔 가난한 남부 백인이었다. 그는 앨라배마주 플로렌스에 있는 300에이커 규모의 농장에서 자랐다. 소년 시절 무더위 속에서 일하던 샘 필립스는 무거운 캔버스 자루를 질질 끌고 다니면서 가시 달린 나뭇가지에서 섬유를 뽑아내 채워 넣었다. 그는 이렇게 말했다. "저는 흑인이든 백인이든 열심히 일하는 사람들 한가운데에 있었어요. 남부에 살았지만 다른 사람들처럼 인종 차별이 있다는 걸 느끼지는 못했죠. 그 누구와 비교해도 우리 가족 상황이 좋은 편이 아니었거든요."

"당시에는 두 가지 유형의 억압받는 사람들이 있었어요. 흑인 일꾼과 백인 소작농이죠. 그 시절에 블루스, 컨트리, 가스펠 같은 억압받았던 자들의 음악, 그럼에도 사람들을 고양시켰던 그 음악을 듣고 사랑하지 않는다는 건 불가능했어요. 그들이 가진 유일한 희망은 블루스를 부르고 종교적인 노래를 부르며 시대가 더 나아질 것이라는 희망을 품고 기도하는 것뿐이었죠... 그중에서도 한 명, 나이 먹은 흑인 사일러스 페인 삼촌이 제게 음악을 가르쳐 줬어요. 악보를 읽거나 이해하는 게 아니라 정말 직관적인 음악이었죠... 내가 그들을 불쌍하게 느꼈냐고요? 어떤 면에서는 그랬죠. 하지만 그들은 내가 할 수 없는 일을 할 수 있었어요. 저는 비교도 안 됐죠. 그들은 끝내주게 노래할 수 있었어요."

사람들은 교육이 식탁에서 시작된다고 말한다. 필립스는 이렇게 말했다. "저는 흑인을 존중하도록 교육받으며 자랐어요. 아버지와 어머니는 누가 사일러스 삼촌이고 누가 미니 이모인지, 그리고 어떻게 그들이 존중받아야 하는지를 가르쳐 주셨죠. 저는 단 한 번도 아버지가 흑인을 학대하는 걸 들은 적이 없었고, 이것이 저에게 큰 영향을 미쳤다고 생각해요. 이런 행위를 통해 아버지는 저에게 친족애를 보여 주셨고, 남부에 대한 어떤 감정이 제 내면에 완전히 자리를 잡았어요. 당시 온갖 종류의 흑백 분리가 있었지만 정신적인 측면과 공동의 문제에 있어서 우리 가족은 거대한 통합을 이뤄 냈어요."

필립스는 1939년 아버지가 다섯 아들과 함께 닷지 쿠페를 타고 텍사스에 있는 침례교 목사를 만나러 갔을 때 멤피스를 처음 봤다. 멤피스를 지날 때 시간은 새벽 4시였고 비가 내리고 있었다. 빌 스트리트를 달리던 차 지붕 아래서 열여섯 살이었던 샘은 눈을 부릅뜨고 말로만 듣던 흑인 거주 지역을 지켜봤다. 술집에서 쏟아져 나오는 군중, 번쩍이는 호텔 간판, 창녀, 길 한가운데를 걷는 인파 등. 당시에는 몰랐지만 그 꿈 같은 장면은 몇 년 동안 그의 머릿속을 맴돌았고, 결국 청년이 된 그를 다시 불러들였다.

형 저드 덕분에 필립스는 종교 라디오 쇼인 '찬송가 시간'에 백인 4중주와 흑인 영가를 섞어서 방송하는, 취미에 가까운 직업을 구했다. 그는 또한 정의라는 개념에 매료되어 지역 법원에서 "거의 복음주의적인" 변호사들의 스타일에 감탄하면서 오후 시간을 보냈다. "대부분의 경우 사실 관계는 중요하지 않았어요."라고 필립스는 말했다. "배심원단의 마음을 뒤흔들기만 하면 되는 거였죠."

1942년 아버지가 갑자기 돌아가셨을 때 필립스는 어머니와 청각 장애가 있는 고모를 부양하기 위해 학교를 중퇴했다. 영안실에서 일하면서 그는 유족을 대하는 방법과 침묵을 존중하는 법을 배웠다. 1943년 12월 그는 그랜드 올 오프리(The Grand Ole Opry)*를 송출하는 유명 방송국 WSM에 취직하기 위해 내슈빌로 향했다. 취업에 성공하지는 못했지만 대신 그는 내슈빌에 있는 소규모 방송국의 아나운서가 막 징집되어 긴급 대체 인력이 필요하다는 소식을 들었다. 그는 멤피스에 공석이 있다는 소식을 접하기 전까지 이 방송국에서 18개월 동안 정규직 DJ로 일하면서 중요한 것들을 배웠다. 이후 그는 한 치의 망설임도 없이 멤피스로 차를 몰고 가서 피바디 호텔에 있는 WREC 라디오 스튜디오로 들어갔다. "블록 바로 아래에 빌 스트리트가 있었고, 저는 '와우'라고 생각했어요. 와우."

필립스는 피바디 호텔에서 스파터(Spotter)**로 일했다. 그가 맡은 업무는 CBS 전국 네트워크를 통해 호화로운 스카이웨이 볼룸 라이브 공연을 송출하는 라디오 관제실에 기술적인 정보를 전달하는 것이었다. 스물두 살이 되던 해 그는 'Sunday Afternoon Tea Dance'라는 쇼를 맡아 진행을 시작했다. 토요일 정오에 열린 이 쇼를 통해 그는 1940년대 후반 당시 유행하던 음악보다 더 원초적인 사운드를 지닌 희귀 싱글을 다양하게 선곡했다.

필립스가 자신만의 녹음 스튜디오를 꿈꾸기 시작한 때는 1949년경이었다. 여기에는 부분적으로 금전적인 동기가 없지 않았다. 6명이나 되는 가족을 부양해야 했기 때문이다. 그의 라디오 동료들은 멤피스에서 개업했다가 1년 만에 문을 닫은 스튜디오를 예로 들며 실패를 예견했다. 하지만 그의 꿈을 믿어준 한 사람이 있었다. 토크쇼 진행자이자 아홉 살 아들을 둔 이혼한 어머니 매리언 카이스커였다. 다른 많은 사람과 마찬가지로 그녀도 샘 필립스의 눈에서 볼 수 있는, 일명 "소용돌이치는 광기의 웅덩이"라는 마법과도 같은 무언가에 홀려 버렸다.

필립스는 유니언가(街)와 마샬가(街) 모퉁이에 있는 가게를 임대하고 이름을 멤피스 리코딩 서비스라고 지었다. 필립스와 카이스커는 1,000달러를 들여 낡은 가게를 새롭게 단장했다. 그러고는 WREC의 한 직원으로부터 돈을 빌려 두 대의 가정용 표준 릴 투 릴 테이프 머신과 4채널 믹싱 테이블, 그리고 그의 소중한 소장품이 될 휴대용 프레스토 PT 900 테이프 머신을 구입했다. 1950년 1월 3일에 개업한 이 스튜디오의 모토는 "우리는 언제 어디서나 무엇이든 녹음합니다."였다. 필립스는 유대교 성인식, 결혼식, 장례식, 정치

---

*   컨트리 전문 공개 라디오 쇼다.

**   방송에서 중요한 정보를 파악해 전달하는 업무를 담당하는 사람을 말한다.

연설, 시민 행사 등 여러 잡다한 일감을 찾아 다니면서 녹음하는 일로 돈을 벌었다.

필립스는 150달러의 임대료와 카이스커에게 지급해야 하는 25달러의 월급을 감당하기 위해 고군분투했다. 그러던 와중 로스앤젤레스에 본사를 둔 알앤비 레이블 RPM 덕분에 행운이 찾아왔다. 레이블 소유주인 비하리 형제가 신예 알앤비 유망주 B. B. 킹의 녹음을 의뢰했던 것이다. 이후 킹은 미시시피 클락스데일의 DJ인 아이크 터너에게 멤피스에서 필립스와 함께 한 세션에 대해 얘기했다. 얼마 지나지 않아 필립스는 또 다른 운명적인 전화를 받았다. 'Rocket 88'이라는 에너지 넘치는 노래를 작곡한 터너의 밴드가 오디션을 보고 싶다고 연락한 것이다. 그러나 1951년 3월 5일 멤피스로 향하던 중 밴드의 앰프가 차 지붕에서 떨어졌고, 그 충격으로 스피커 콘이 부러졌다. 뮤지션들이 도착했을 때 필립스는 스피커 콘을 고칠 수는 없지만 종이로 채워 넣으면 덜거덕거리는 소리가 견딜 수 있는 수준으로 줄어든다는 걸 발견했다. 필립스는 이 고장 난 앰프를 통해 연주되는 일렉트릭 기타가 색소폰과 비슷한 소리를 낸다고 느꼈다.

자동차 라디오를 염두에 두고 작곡된 'Rocket 88'은 거대한 강철 V8 캐딜락과 이 캐딜락에 함께 탄 여성, 그리고 암페타민에 대한 은밀한 언급을 담아낸 노래였다. 필립스는 시카고의 체스 레코드에 사본을 보냈고, 1951년 4월 체스 레코드의 소유주인 레너드 체스가 이 곡을 발매했다. 그해 6월 'Rocket 88'은 알앤비 차트에서 1위를 차지했다. 이후 12월이 되자 그해에 두 번째로 많이 팔린 알앤비 레코드가 되었다. 이렇게 필립스는 자신의 첫 번째 히트곡을 만들어 냈다. 자신감이 크게 높아졌지만 샘 필립스는 하루 18시간씩 일하며 두 가지 일을 병행했다. 지치고 망가진 그는 라디오의 동료들로부터 인종 차별적인 조롱도 들어야 했다. 결국 신경 쇠약에 걸렸고, 입원해 있는 동안 전기 충격 치료까지 받았다.

필립스는 레코드 사업에 집중하기 위해 라디오 일을 그만뒀다. 하지만 불행히도 그는 곧 그 잔인한 경험을 해야 했다. 멤피스에서의 흥행을 눈치챈 레너드 체스와 비하리 형제가 최고의 아티스트인 아이크 터너와 그가 가장 소중하게 여겼던 블루스 가수 하울링 울프를 빼돌린 것이다. 필립스의 표현을 빌리면 하울링 울프는 "내가 지금까지 본 사람 중가장 큰 발을 가진 6피트 6인치의 인간"이었다. 울프는 델타에서 일하던 농부였는데 필립스는 그를 지역 라디오 방송국에서 발견했다. "예쁜 목소리는 전혀 아니었지만 자신이 말하는 모든 단어를 통제하는 가수였어요." 필립스는 이 주술적인 블루스 맨을 이렇게 말했다. "스튜디오에서 비트가 시작되면 그는 앉아서 자신에게 최면을 걸듯 노래했어요. 울프는 날것 그대로의 사람 중 하나였죠... 세상에. 노래할 때 그 사람의 얼굴을 보면 열정이 그대로 드러났어요. 눈에서는 빛이 나고 목에는 핏줄이 서고. 그의 머릿속에 노래 외에는 아무것도 없었어요."

필립스는 독점 계약과 직접적인 판매 채널을 기반으로 자신만의 레이블을 설립하는 것 외에는 선택지가 없다는 걸 깨달았다. 그는 "내 방식대로라면 창작에만 관여하고 비즈니스는 다른 사람에게 맡기고 싶었지만 일단 사업을 시작하면 끝까지 해내야 하는 거죠."라면서 이를 인정했다. 이제 모든 것을 새롭게 시작하고, 더 잘 해내야 할 때였다. "1952년 초에 선이라는 이름을 선택했어요. 나만의 리코딩 사업에 대해 고심하던 때였죠. 농장에서 자란 어린 시절에도 태양은 저에게 보편적인 존재였어요. 그건 저에게 새로운 날, 새로운 기회를 의미했죠."

선 레코드를 정상 궤도에 올리는 것은 엄청난 일이었다. 회사에 현금을 공급하기 위해 메리언 카이스커가 그간 모아 놓은 자금을 써야 할 정도였다. 한데 때마침 내슈빌 출신의 경험 많은 음반 사업가인 짐 불릿이 필립스에게 조언을 해 줬다. 비즈니스 특강 같았던 그의 조언을 샘 필립스는 이렇게 기억한다. "그는 제가 초기에 직면한 대부분의 문제에 대한 통찰력을 제공해 줬어요. 듣고 보니 레코드 사업을 한다는 게 정말 쉽지가 않겠더라고요." 이후 40개의 지역 독립 유통업체에 소개된 선은 1953년 3월 루퍼스 토마스의 'Bear Cat'으로 첫 히트를 기록했다. 이 곡이 10만 장 넘게 팔리면서 선 레코드는 알앤비 신의 한자리를 꿰찼다.

비슷한 시기 애틀랜틱은 업계에서 가장 인기 있는 회사였다. 당시 그들의 손익 분기점은 매월 6만 장 정도였다. 경쟁사와는 달리 애틀랜틱의 직원들은 전국 미디어와 핫라인으로 연결된 인맥 두터운 뉴요커였다. 애틀랜틱의 창립자인 아흐메트 에르테군은 튀르키예 고위 외교관의 아들로 그의 아버지는 파리, 런던, 워싱턴 대사관을 옮겨 다니며 가족을 부양했다. 에르테군의 이러한 배경은 애틀랜틱의 장대한 역사에 스며든 범세계적인 정신의 뿌리였다.

흑인 음악에 대한 그의 사랑은 열 살 때 런던 팔라디움에서 열린 듀크 엘링턴의 공연을 보면서 시작되었다. 에르테군은 "그때가 흑인과의 첫 만남이었어요."라고 회상하면서 다음처럼 덧붙였다. "그들이 입은 턱시도의 우아함, 빛나는 악기, 감각적인 스타일에 압도당했어요... 흑인 음악의 매력에 푹 빠져버린 거죠." 마침 그의 아버지가 워싱턴 D.C.에서 영향력 있는 직책을 맡았고, 젊은 아흐메트는 지역 레코드 가게인 왁시 맥시 실버맨스에서 사람들과 어울렸다. 대학에서 철학을 공부하는 동안 그는 재즈에 대한 권위자로 거듭났다. 동년배 재즈 애호가인 허브 에이브람슨으로부터 도움을 받고, 가족 담당 치과 의사로부터 자금을 지원받은 아흐메트는 1947년 애틀랜틱 레코드를 설립했다.

1953년 에르테군은 막강한 새 파트너를 영입했다. 바로 '리듬 앤 블루스'라는 장르 이름을 만든 빌보드 저널리스트 출신 제리 웩슬러였다. 브롱크스 태생의 웩슬러는 "1930년대에 10대였던 제 세대의 힙스터들은 항상 아프리카계 미국인 문화에 매료되어 있었어요."라고 말하면서 이렇게 강조했다. "흑인 문화에 매료된 백인이 언제나 주변에 있었어요. 한데 그들이 그랬던 건 가식적이거나 관음증적이어서가 아니었어요. 그들은 백인 세계를 떠나 흑인 여성과 결혼해서 할렘이나 와트를 삶의 터전으로 삼았죠. 이를테면 개종한 거였어요."

설득력 있는 유창한 말솜씨와 거구의 덩치를 지닌 제리 웩슬러는 빌보드 편집장 폴 애커먼이야말로 이 르네상스 시대의 숨은 영웅 중 한 명이라고 믿었다. 애커먼의 직업 윤리 덕분에 빌보드는 차트, 거래, 광고 지면 이상을 제공하는 매체가 될 수 있었고, 변두리를 개척하는 독립 음악가를 적극적으로 지원하는 편집 방향을 세울 수 있었다. "유대인 전승에 따르면 모든 세대에 걸쳐 세상의 희망은 10명의 순수한 영혼, 즉 차디킴(Tzaddikim)에게 있고, 이 영혼이 없다면 우주는 분열될 거라고 하죠. 폴이야말로 그런 영혼 중 하나였어요." 웩슬러는 엄숙하게 주장했다. "음반 회사의 홍보물을 거의 그대로 다뤄 달라는 요청보다 폴의 기분을 상하게 하는 것은 없었어요. 그는 과대 포장과 뉴스 사이에 엄격한 선을 그었죠. 악의 없는 찬사로 친구를 돕는 걸 싫어하진 않았지만 그의 친절함에는 올바른 편협함이 깃들어 있었어요. 애커먼은 진정한 편집 컨텐츠의 힘을 믿는 편집장이었어요."

무엇보다도 애커먼은 탁월한 기록가들의 정신을 작가와 독자 모두에게 적극적으로 전달했다. "그의 영웅은 랄프 피어와 프랭크 워커였어요. 휴대용 장비를 들고 스모키스, 델타, 사바나, 피드먼트, 목화밭 같은 곳으로 가서 마 레이니와 베시 스미스, 지미 로저스,

로버트 존슨, 행크 윌리엄스를 발굴해 낸 탐험가들이었죠. 폴이 가장 좋아했던 것은 바로 초창기의 선율이었어요. 블루스와 컨트리를 다루는 독립 레이블의 선구자들과도 친분이 있었죠. 폴은 저에게 나중에 제 경쟁자가 된 허먼 루빈스티, 시드 네이션, 레너드 체스, 솔 비하리 같은 사람도 소개해 줬어요. 그들이야말로 팝 레코드 레이블들이 꽉 잡고 있던 시장을 무너트린 주역이었죠. 그래서 폴이 좋아했던 거예요."

제리 웩슬러가 애틀랜틱에 합류했을 때 아흐메트 에르테군은 그에게 이렇게 말했다. "우리가 만들어야 할 레코드는 예를 들면 이런 거예요. 루이지애나 오펠루서스 외곽에 사는 한 흑인이 있다고 쳐요. 그는 돈을 벌기 위해 열심히 일하지만 빠듯한 형편이죠. 어느 날 아침 이 흑인이 라디오에서 노래 하나를 들어요. 긴박하고, 블루지하고, 진정성 있고, 거부할 수가 없는 노래죠. 그는 이 노래에 집착하게 됩니다. 이 음반 없이는 살 수 없다는 생각이 들죠. 그는 모든 것을 내려놓고 픽업트럭에 올라타 25마일을 달려 처음 발견한 레코드 가게로 향합니다. 만약 우리가 이런 음악을 만들 수만 있다면 성공할 수 있을 거예요."

시골 청중에게 레코드를 파는 방법은 라디오 에어플레이에 의존하는 것이었다. 대부분의 도시 지역에는 적어도 한 명 이상의 개성 강한 알앤비 전문 DJ의 방송이 있었다. 클리블랜드의 앨런 "문독" 프리드, 애틀랜타의 제나스 "대디" 시어스, 로스앤젤레스의 헌터 핸콕, 내슈빌의 호스 앨런, 존 리치버그, 진 노블스, 뉴올리언스의 클라렌스 "팝파 스토파" 하만, 멤피스의 대디 오듀이 등등.

웩슬러는 곧 시장의 변화를 알아차렸다. "1940년대 후반의 리듬 앤 블루스는 성인 취향이었고 술에 대한 노래가 많았어요." 그러나 사람들이 '캣 뮤직'이라고 불렀던 음악이 갑자기 전통적인 알앤비 시장으로 스며들었다. "그림이 보였어요. 특히 남부 지역 아이들이 새로 발명된 트랜지스터라디오를 들고 해변으로 가더라고요. 제가 보기에 남부 백인은 오랜 인종 차별적인 분위기에도 불구하고 남부 특유의 현상인 흑인 음악과 가장 열정적으로 교감해 왔어요. 그리고 1950년대 남부 백인 청소년은 대담한 알앤비 음악을 적극적으로 즐겼죠. 아이젠하워 시대가 더욱 순응주의적으로 변하면서 음악은 반대로 더욱 반항적이고, 성적으로 노골적인 형태로 변한 거예요."

1953년 애틀랜틱은 능란한 기교를 바탕으로 알앤비를 새로운 사운드로 승화시킨 레이

찰스에게서 게임 체인저를 발견했다. 그러나 멤피스에서 마치 외로운 공원 관리인처럼 활동하던 샘 필립스에게는 동일한 작업이 더 까다로웠다. 이유는 뻔했다. 샘 필립스는 거친 사운드의 알앤비 음반을 갖고 가는 곳마다 상점 주인, 카페 주인, 소도시 DJ로부터 똑같은 반대의 목소리를 들었다. 흑인 음악이 선량한 백인 아이들을 타락시킨다는 것이었다. 그는 도덕적인 논쟁을 피하면서 카운터에 기대어 귀를 기울였다. 필립스는 이러한 편견이 여러 세대에 걸쳐 깊숙이 자리 잡고 있다는 것을 깨달았다.

1953년 8월 어느 토요일 오후 끈기에 대한 보상인지 아니면 단순히 운이 좋았던 것인지 이상하게 생긴 소년이 길에서 걸어 들어왔다. 어머니를 위한 발라드를 녹음하기 위해 온 것이었다. 거뭇거뭇하고 긴장한 표정에 기름진 금발 머리를 한 18세 소년은 빌 스트리트에서 산 분홍색과 검은색 옷을 입고 있었다.

카이스커는 자리에 앉으라고 권하면서 그에게 물었다. "이름이 뭐죠?"
"엘비스 프레슬리요."

그녀가 그의 이름을 잘못 적은 뒤 3.98달러의 녹음 비용을 정산하자 태연한 척하려 애썼던 이 10대 소년은 결국 초조함을 이기지 못하고 대화를 시도했다.
"혹시 가수 필요한 사람 아세요?"
"당신은 어떤 가수인데요?" 카이스커가 질문했다.
"전 모든 노래를 불러요."
"누구처럼 들리는데요?"
"그 누구와도 다르게 부르죠."
"무슨 노래 부르는데요? 힐빌리?[*]"
엘비스는 고개를 끄덕이며 말했다.
"힐빌리도 부르죠."
"그럼 힐빌리 가수 중에서 누구랑 비슷한데요?"
"그 누구와도 다르다니까요."

---

[*] 백인이기 때문에 컨트리의 뿌리인 힐빌리를 부를 거라고 짐작한 것이다.

필립스가 나타나 엘비스를 스튜디오로 안내했고, 그는 두 곡의 오래된 발라드를 불렀다. 30분도 채 지나지 않아 엘비스는 녹음한 레코드를 팔에 두른 채 리셉션으로 다시 안내되었다. 필립스는 "언제 한번 전화할게요."라고 말한 뒤 다음 일을 하러 달려 나갔다.

그 후 10개월 동안 프레슬리는 계속 스튜디오에 들러 성가시게 굴었지만 거의 불쌍할 정도로 예의 바른 태도를 잃지 않았다. 필립스가 길을 건너는 그를 보면서 "엘비스다. 우리가 자기를 어떤 스타로 만들 수 있는지 보러 오늘도 왔군!"이라며 농담을 할 정도였다. 심지어 필립스는 스튜디오 안에 들어가 버리는 방법으로 엘비스와 거리를 유지했지만 엘비스는 항상 "부인, 가수 필요한 사람 아세요?"라고 물어봤다. 카이스커는 정중한 태도를 조금이나마 갖추고는 부드럽게 "아니오."라고 대답했다. 프레슬리는 실망한 기색을 감추려 애쓰면서 문을 닫았다.

그러던 1954년 5월 어느 날 필립스가 내슈빌 교도소를 방문했을 때 한 흑인 수감자가 엘비스를 연상케 하는 발라드를 불렀다. 카이스커가 그의 번호를 알아내 전화를 걸자 엘비스는 말 그대로 멤피스를 가로질러 깜짝 놀랄 정도로 빠르게 스튜디오로 왔다. 거의 전화기를 놓자마자 도착한 것 같았다. 리코딩은 썩 잘 풀리지 않았다. 그러나 필립스는 엘비스의 뱃속에 대체 뭐가 있는지 궁금해졌다. 그는 녹음을 중단하고, 엘비스에게 3시간 동안 자신이 아는 모든 노래를 불러 보라고 했다.

당시 필립스는 스코티 무어라는 그 지역 일렉트릭 기타리스트와 동질감을 느끼고 있었다. 근처 식당에서 커피를 마시며 음악에 대해 이야기를 나누던 중 필립스는 다음 같은 결론에 도달했다. "사일러스 페인 삼촌의 이야기와 노래가 제게 호소력이 있었던 것처럼 알앤비 레코드 역시 젊은 백인들에게 호소력이 있다는 결론에 도달했어요... 하지만 그들로 하여금 이 음악을 구매하지 못하게 하는 무언가가 있었죠. 특히 남부 사람들은 자신들도 잘 이해하지 못하는 저항감을 느끼고 있었어요. 알앤비 음악이 좋기는 한데 그걸 좋아해야 하는 건지 확신하질 못했던 거죠."

1951년이 되자 모두가 빌 헤일리를 주목했다. 그는 약물에 대한 언급은 쏙 뺀 채 'Rocket 88'을 원곡보다 더 부드럽게 커버해 발표했다. 1954년 헤일리는 데카에서 발매한 'Rock Around the Clock'과 조 터너가 애틀랜틱 소속으로 불렀던 'Shake, Rattle and Roll'의 커버 버전으로 대히트를 기록했다. 이 현상에 흥미를 느낀 제리 웩슬러는 <캐시 박스>에 다음 같은 내용의 에세이를 썼다. "페리 브래드포드와 스펜서 윌리엄스가 어빙 벌린만큼 인기가 많았던 1920년대에 벌어졌던 현상. 베시 스미스와 에썰 워터스가 수백만 장의 음반을 백화점에 팔았을 때 벌어졌던 현상. 지금 그런 일이 다시 일어나고 있다."

샘 필립스가 스코티 무어와 커피를 마시며 나눈 대화가 유레카의 순간으로 이어졌다. 필립스가 엘비스 프레슬리를 도통 이해하기 어려운 백인 청년의 예로 언급하자 호기심이 발동한 무어가 엘비스를 잼 연주에 불렀던 것이다. 결과는 불합격이었다. 무어는 필립스에게 전화를 걸어 엘비스가 별로라고 말했다. 이후 필립스는 무어와 베이시스트 빌 블랙을 설득해 엘비스가 선 레코드에서 제대로 된 오디션을 볼 수 있게 했다. 1954년 7월의 어느 월요일 저녁 세 뮤지션이 도착했다. 샘 필립스는 컨트롤 룸에서 그들을 맞이했다. 세션은 무어의 아파트에서 연습했던 빙 크로스비의 발라드로 어색하게 시작되었다. 진부한 소재에 갇혀 있다고 느낀 필립스는 세션을 중단하고 스튜디오로 들어왔다.

그때 긴장이 풀린 엘비스가 갑자기 매우 낯선 방향으로 장난을 쳤다. 오래된 블루스를 흥겨운 춤곡 스타일로 바꿔버린 것이다. "That's all right mama, that's all right with me..." 노래의 활기찬 에너지에 기분 좋아진 빌 블랙이 끼어들었다. 스코티 무어는 빌 헤일리 스타일의 속도감 있는 기타 리프로 합세했다. 필립스는 엘비스가 델타 블루스 가수 아서 크루덥의 1946년 곡까지 알고 있다는 사실에 놀랐다.

"뭐 하는 거야?" 흥분한 필립스가 물어봤다.
"우리도 몰라요." 뮤지션들이 웃으며 대답했다.
"그럼, 처음으로 돌아가서 시작부터 다시 해 보자."

무어와 블랙이 곡 구조를 짜는 동안 필립스는 엘비스에게 너무 가식적으로 노래하면 전체 테이크를 소화할 수 없을 테니 날것 그대로 노래하라고 조언했다. 필립스가 빨간 버튼을 누르자 뮤지션들은 곧바로 연주를 시작했다.

녹음한 음악을 듣고는 그 누구도 대체 이걸 어떻게 생각해야 할지 몰랐다. 이후 이틀 저녁 동안 더 단단하고 세련된 느낌으로 리코딩을 진행했지만 필립스는 첫 테이크가 다른 모든 테이크를 능가하는 마법을 갖고 있다는 결론에 도달했다. 이제 멤피스 방송국에서 가장 거친 캐릭터를 지닌 DJ 대디 오 듀이와 상의할 시간이었다. 그는 유행을 선도하는 언어 곡예사이자 디스크 중독자였다.

자정 무렵 듀이가 왔다. 'That's All Right'이 계속 흘러나왔고, 두 사람은 평소답지 않은 침묵 속에 맥주를 마시면서 생각에 잠겼다. 듀이는 눈에 띄게 불편해 하는 것처럼 보였다. 심지어 경계하기도 했지만 어쨌든 계속해서 노래를 들었다. 필립스는 이 순간을 이렇게 회상했다. "그건 흑인 음악도 아니고, 백인 음악도 아니었어요. 컨트리도 아니었고요. 듀이에게도 마찬가지였을 겁니다."

다음 날 아침 필립스는 밤새 잠을 자지 못한 듀이로부터 걸려 온 전화에 잠에서 깼다. 그의 불면이 암페타민 때문인지 엘비스 때문인지는 알 수 없다. 듀이는 방송 시작 전 'That's All Right' 레코드 두 장을 방송국에 보내달라고 요청했다. 필립스가 프레슬리 집에 전화를 걸어 전설적인 DJ가 그날 밤 이 곡을 플레이할 것이라고 알려 주자 엘비스는 패닉 상태에 빠졌다. 그는 어머니가 쓰는 라디오의 주파수를 맞추고 대신 들어 달라고 부탁한 후 영화관으로 달려가서 숨었다. 멤피스 전역에 자신의 목소리가 들릴 거라는 생각에 덜컥 겁을 먹었던 것이다.

10시에 방송을 시작한 대디 오 듀이는 흥분된 상태를 넘어 날아갈 듯한 컨디션을 들려줬다. 그는 청취자들에게 지역 소년 엘비스 프레슬리가 스타가 될 것이라고 예견했다. 듀이가 'That's All Right'을 7번 연속으로 트는 동안 방송국 교환대로 전화가 쇄도했다. 이후 극적인 상황이 펼쳐졌다. 방송 중 듀이가 엘비스에게 당장 스튜디오로 오라고 요청한 것이다. 그는 프레슬리 집에 전화를 걸어 프레슬리 부인과 통화했다. 영화를 보고 돌아온 엘비스는 대혼란을 목격하고는 라디오 방송국으로 달려갔다. 두려움에 떨고 있는 그에게 듀이는 어느 고등학교를 다녔는지 물어봤다. 청취자들에게 가수가 백인이라는 것을 알려 주기 위한 질문이었다.[*] 이후 듀이는 와 준 청년에게 감사를 표했다. 그러자 엘비스는 궁금함을 참지 못하고 질문을 던졌다. "저랑 인터뷰는 안 하실 건가요?" 자신이 이미 방송 출연 중임을 자각조차 하지 못했던 것이다.

---

[*]   흑백 분리법이 있던 시절이었다. 따라서 학교 이름만으로도 흑인인지 백인인지 알 수 있었다. 이 법은 1965년에 가서야 철폐되었다.

선 레코드는 6천 장의 선주문을 받았다. 음반 발매 이틀 전인 6월 19일 필립스는 무어와 그의 밴드 스타라이트 랭글러스에게 엘비스와 함께 활동해 달라고 요청했다. 공연장은 낡은 로드하우스였지만 필립스는 이 위험한 실험을 통해 겁에 질린 엘비스가 적대적인 성인 관객도 매혹할 수 있음을 보여주려 했다. 무대 조명 아래서 엘비스의 목에는 땀이 비 오듯 흐르고 여드름은 번들거렸다. 지저분한 금발은 몇 주 동안 씻지 않은 것처럼 보였다. 필립스는 젊은 관객을 유치하려면 술을 팔지 않는 공연장을 찾아야 한다는 사실을 깨달았다. 이후 DJ인 밥 닐에게 전화를 걸었고, 밥 닐은 힐빌리 요들 가수가 메인인 공연에서 엘비스에게 적합한 자리를 찾아 줬다. 공연장에 도착한 엘비스는 관객의 규모를 보고 또 한 번 공포에 휩싸였다. 무대에 오른 엘비스는 다리에 경련이 일어난 채로 'That's All Right'을 불렀다. 그가 다리를 더 흔들수록 아이들의 비명 소리는 더 커졌다.

젊은 관객의 히스테리적인 반응을 소용돌이치는 눈빛으로 빨아들이면서 샘 필립스는 스타를 목격했다. 아니나 다를까. 지역 DJ들의 적대감도 분명히 존재했다. 그들은 엘비스의 레코드를 못생긴 돌연변이라고 여겼다. 그럼에도, 'That's All Right'은 8월 말 빌보드 차트에 올랐다.

작은 마을 방송국의 마음을 사로잡으려면 기존 세력의 축복이 필요했다. 그는 엘비스의 레코드를 들고 내슈빌에서 가장 큰 실세인 짐 데니를 찾아갔다. "나도 그 곡 들었어, 샘." 데니가 이렇게 말하면서 덧붙였다. "그랜드 올 오프리에서 뭔가 할 것 같긴 한데 지금은 안 하는 게 좋겠어. 거긴 너무 전통적이거든."
"하지만 그건 사람들이 마차 타고 시내로 오던 때의 얘기잖아요." 필립스가 간청했다. "세상이 변했어요. 제트 비행기가 있는 시대라고요!"
"문이 닫혀 있는 건 아니야." 데니가 진정한 프로답게 인정했다. "흥미로운 레코드라고 생각은 하지만 난 스폰서가 취소되는 건 원하지 않아."

너무 거대해져서 거부할 수 없는 존재가 된 엘비스는 그랜드 올 오프리 출연에 이어 남부 젊은이들 사이에서 가장 인기 있는 쇼인 루이지애나 헤이라이드의 무대에도 올랐다. 끊임없는 라이브 공연과 싱글 발매를 통해 엘비스 열풍은 남부 전역으로 퍼져나갔다.
장르의 선두 주자들을 따라잡기 위해 고군분투하던 알앤비 시절과 달리 샘 필립스는 이제 초기 로큰롤 물결의 흐름을 꿰뚫고 있는 만능 레코드 맨이 되어 있었다. 로커빌리의 꿈

나무들이 그의 작은 레코드 회사에 와서 문을 두드렸다. 당대 최고의 스타들 역시 모두 필립스를 산파로 선택했다. 조니 캐시, 칼 퍼킨스, 로이 오비슨, 제리 리 루이스 등등. 필립스는 다른 경쟁자들과 달리 몇 시간, 심지어 며칠을 오디션과 실험에 투자하면서 한순간의 마법을 찾기 위해 노력했다. 조니 캐시는 그에 대해 이렇게 증언했다. "필립스는 매우 영리하고 본능이 뛰어났어요. 열정으로 넘쳤고요. 느긋함과는 거리가 멀었어요. 흥분을 잘했죠. 그는 마음에 드는 녹음이 나오면 컨트롤 룸에서 스튜디오로 뛰어와서 웃으면서 손뼉을 치고 소리를 질렀어요. '정말 멋졌어요! 정말로요. 아주 신선했다니까요.' 그의 열정은 정말 유쾌했어요. 우리의 사기를 북돋아 줬죠."

필립스는 아티스트에게 최대 40번의 테이크를 요구했다. 조니 캐시에 따르면 필립스에게는 테이크를 최종 선택할 때 그만의 기준이 있었다. "저나 필립스나 곡의 핵심 연주가 잘 표현되었다면 트랙 어딘가에 약간의 음악적 오류나 결함이 있어도 크게 문제 되지 않는다고 생각했어요. 루터가 기타 라인을 더듬고, 마샬이 박자에서 벗어나고, 노래의 피치가 어긋나고, 선 레코드에서 발매한 레코드에는 몇몇 실수가 있지만 우리 모두 알고 있었죠. 샘이 기술적인 완벽함보다는 영혼, 열정, 진심을 더 중요하게 여겼기 때문에 그다지 신경 쓰지 않을 거라는 걸요."

하지만 사운드에 관해서라면 필립스는 기술적인 면을 중요하게 생각했다. 스튜디오 장비는 기본적인 수준에 불과했지만 필립스는 실내 음향에 대한 이해도가 높은 프로듀서였다. 수년간 공연장 PA 피드를 라디오 네트워크로 송출한 경험 덕분이었다. 그는 뮤지션의 위치를 끊임없이 바꾸고, 앰프 위에 판지 상자를 올려놓아 소리가 구멍을 통해 구석으로 향하게 했다. 이러한 기법에 그의 특징인 슬랩백 딜레이(짧게 한 번 반복되는 에코)가 더해져 근질거리면서도 교회 같은 사운드가 만들어졌다. 이를 통해 필립스는 음반 산업을 사운드 조작이라는 새로운 시대로 이끌었다. "물론 좋은 노래가 있어야 하지만 분위기는 거의 모든 것을 좌우해요."라고 말하면서 필립스는 이렇게 덧붙였다. "훌륭한 아티스트의 경우라면 그들이 할 수 있는 좋은 일의 절반 정도는 주변에서 일어나는 일에 대한 거의 즉각적인 반응 때문에 만들어져요... 아티스트를 대할 때는 고려해야 할 심리적인 요소가 많습니다... 때로는 불안해하는 아티스트 앞에서 너무 건방지게 굴어서 그들에게 위협을 느끼게 할 수도 있어요... 전 아티스트를 안정감으로 감싸려고 애썼어요... 분위기는 정말 중요해요."

톰 파커 대령과의 운명적인 만남은 1955년 2월 멤피스 공연 직전에 일어났다. 인근 식당 테이블에 엘비스, 필립스와 함께 둘러앉은 파커 대령은 필립스에게 선 레코드가 왜 엘비스를 전국적인 스타로 만들 수 없는지에 대해 자신 있게 강의하며 분위기를 조성했다. 세상 물정에 밝았던 필립스는 파커가 더 큰 포식자라는 걸 파악했다. 그의 치명적인 분석이 옳다는 걸 잘 알았던 필립스는 커피 잔을 사이에 두고 침울하게 앉아 있었다. 선 레코드라는 태양이 무너지는 순간이었다. 파커의 장광설에 깊은 인상을 받은 엘비스는 거의 그 자리에서 납치당할 뻔했다.

엘비스가 법적으로 미성년자였기 때문에 파커는 글래디스 프레슬리의 마음을 먼저 사로잡았다. 심지어 컨트리의 전설 행크 스노우의 입을 빌려 그녀에게 음악 산업이 얼마나 냉혹한지를 설명해 주기도 했다. 글래디스 프레슬리는 아들을 대신해 매우 복잡한 '특별 고문' 계약에 서명했고, 사실상 파커에게 모든 경영권을 부여했다. 선 레코드와의 계약으로 관심을 돌린 파커는 필립스에게 가격을 알려 달라고 요청했다. 전화 통화는 곧 고성으로 번졌다. 필립스는 40,000달러라는 숫자를 두 번에 걸쳐 뱉어내고는 수화기를 쾅 내리치면서 전화를 끊었다.

파커는 엘비스의 영입을 고려하던 아흐메트 에르테군과 제리 웩슬러에게 엘비스를 소개했지만 그가 받은 확실한 제안은 단 한 건뿐이었다. RCA 빅터가 제안한 2만 5천 달러였다. 마지막 날 파커는 RCA의 싱글 부서 매니저인 빌 불록을 설득해 만 5천 달러를 추가로 확보했다. 안도한 파커는 필립스에게 전보를 보내 돈을 구했다는 소식을 전했다.

언뜻 보기에 4만 달러는 보잘것없는 금액이어서 오랫동안 의문이 제기되었지만 때는 1955년 말이었다. 테네시 출신 소년을 위한 계약임을 고려하면 그것은 엄청난 액수였다. 사실 필립스는 급하게 현금이 필요했다. 그는 칼 퍼킨스가 날려줄 확실한 안타를 앞두고 초조해진 상태였다. RCA로부터 수표를 받자마자 그는 1956년 새해 첫날로 'Blue Suede Shoes'의 발매 일정을 잡았다. 기가 막힌 타이밍이었다. 1956년은 로큰롤이 전국 규모로 폭발적인 인기를 얻기 시작한 바로 그해였기 때문이다.

선 레코드에서 엘비스가 발매한 최후의 레코드는 매혹적인 멜로디를 지닌 'Mystery Train'이었다. RCA의 프로듀서들이 이 싱글보다 좋은 사운드를 만들기 위해 (심지어 필립스에게 프로듀스를 제안하기도 하는 등) 고군분투하고 있을 때 'Blue Suede Shoes'는 마치 화물 열차처럼 대도시를 강타했다. 'Blue Suede Shoes'는 그해에만 백만 장이 팔렸다. 프레슬리 또한 'Heartbreak Hotel'의 싱글 뒷면에 'Blue Suede Shoes'를 커버해 수록했다. 결국 필립스는 자신이 세운 하이-로 출판사를 통해 두 레코드의 출판권 수익을 모두 챙겼다.

엘비스를 중심으로 선 레코드에서 일어난 로큰롤 폭발은 마치 별똥별처럼 눈부시면서도 짧게 지나갔다. 엘비스 관련해서는 끊임없는 투어와 관객 폭동, 마약 문제, 자동차 사고가 이어졌다. 엘비스가 호텔 방을 검은색 페인트로 칠해버리는 사건도 있었다. 이후 필립스가 악마적이라 할 제리 리 루이스에 매료되면서 마침내 탈출이 시작되었다. 먼저 소원해진 매리언 카이스커가 사임했다. 칼 퍼킨스는 'Blue Suede Shoes'로 받은 2만 6,000달러에 대해 의구심을 드러내면서 긴장을 고조시켰다. 경험 많은 베테랑으로부터 이 싱글로 골드 디스크를 따냈다면 10만 달러는 받았어야 한다는 말을 들은 퍼킨스는 로열티 명세서를 살펴보다가 여러 의심 가는 부분과 함께 캐딜락을 '선물'로 받은 게 세금 공제 대상이라는 사실을 발견했다. 나중 루퍼스 토마스가 말했듯 수익 분배에 있어 샘 필립스는 "브루클린 다리의 볼트보다 더 단단한" 인물이었다. 결국 부당함을 느끼고 지쳐버린 퍼킨스와 조니 캐시는 내슈빌에 있는 컬럼비아의 컨트리 음악 레이블로 이적했다.

이후 샘 필립스는 1954년부터 1957년까지 있었던 마법 같은 히트를 기록하지는 못했다. 그러나 그의 음반사는 약 200만 달러를 벌어들였고, 필립스는 이를 홀리데이 인 호텔 체인에 투자해 큰 성공을 거뒀다. 라디오 방송국 WHER를 설립한 것도 이러한 자본이 있었기에 가능한 결과였다. WHER은 전원 여성 스태프로 이뤄진 역사상 최초의 방송국이었다.

문화적인 이벤트로서 로큰롤은 전쟁 중 만들어진 딕시랜드 재즈와 프랭크 시나트라 현상 이후 최초의 히스테리를 불러왔다. 그러나 기교를 강조하는 재즈와 달리 3코드 로큰롤은 누구나 스타가 될 수 있다는 생각을 대중화했다. 샘 필립스는 미국의 젊은이들이 자신과 동일시할 수 있는 날것의 캐릭터를 갈망하고 있다는 확신 하에 길거리에서 소년들을 발굴해 그들의 내면에 존재하는 광기를 음반으로 풀어냈다.

샘 필립스는 또한 작은 마을의 자금력 부족한 소규모 독립 레이블이 세계를 정복하고 수백만 달러를 벌어들일 수 있다는 사실을 프로듀서 지망생들에게 증명했다. 다윗과 골리앗의 비유를 연상시키는 이 모든 주제들은 예술 형식이자 기업 모델로서 로큰롤의 본질을 형성한다. 그 후 수십 년 동안 거의 종교적인 감각에 취한 여러 무명 세대가 모험을 감행했고, 영웅적으로 댐에 머리를 부딪혔다. 그중 운이 좋았던 자들이 달러와 예쁜 소녀들로 꽉 들어찬 물결을 세상을 향해 방류했다.

존 해먼드의 어리석음, 밥 딜런

포크 리바이벌 _

컬럼비아 레코드와 LP
그리고 밥 딜런

1959~
1963

모두가 엘비스를 원했다. 영국에서 데카는 가짜 멤피스 억양에 다리를 떠는 엘비스 카피 뮤지션을 세상에 내놓았다. 토미 스틸, 빌리 퓨리, 이든 케인이 바로 그들이었다. 프랑스 판 엘비스도 있었다. 조니 할리데이, 에디 미첼, 딕 리버스는 모두 프랑스인이었지만 영국 풍 가명을 썼고, 프랑스어로 로큰롤을 불렀다. 엘비스 흉내내기가 세계적인 산업이 되었을 때 톰 파커 대령은 이 공식에 대한 특허를 받았어야 했다.

이러한 열풍 덕분에 RCA의 7인치 포맷이 자리를 잡았고 1960년에는 전체 업계 매출의 20%를 차지했다. 7인치 싱글은 상대적으로 제작 비용이 적게 들었고, 크게 히트할 경우 복권 당첨과 같은 대박을 터뜨릴 수 있었다. 경제적인 측면에서 독립 음반사에게 이상적인 포맷이었던 셈이다.

로큰롤의 이러한 골드러시에서 눈에 띄는 불참자가 하나 있었다. 바로 컬럼비아였다. 1940년대 후반과 1950년대에 걸쳐 컬럼비아는 회사의 위대한 기술적 발견인 LP를 중심으로 인상적인 카탈로그를 구축한 고급 레이블로 성장했지만 당시 모든 사람에게 환영받지는 못했다. 한쪽 면에 4분밖에 담을 수 없었던 50년의 시간 이후 등장한 LP는 클래식과 뮤지컬 분야를 제외하면 아직 그 잠재력을 충분히 발휘하지 못한 틈새 포맷이었다. 유명한 재즈광이었던 시인 필립 라킨은 LP에 대해 "처음에는 의심스러웠다."라면서 "좋은 트랙과 함께 나쁜 트랙을 원치 않는 비싼 가격에 사도록 강요하는 패키지 상품 같았다." 라고 술회했다.

세대 간 격차에 따른 포맷의 변화로 인해 음반 산업은 여러 시장으로 나뉘었다. 싱글은 단기간에 수백만 장이 팔리는 반짝 상품이었다. 반면 고가의 LP는 소량 판매되었지만 수익률이 가장 높았고, 진열대에 보통 더 오래 머물렀다. 형식은 제쳐두고, 컬럼비아가 엘비스 유행에 무턱대고 뛰어들지 않은 것은 궁극적으로 기업 문화의 문제였다. 1950년대 후반 컬럼비아의 편집 라인에는 영향력 있는 인물들이 존재했는데 그 중심에는 테드* 월러스타인이 후계자로 선택한 고다드 리버슨이 있었다.

어시스턴트로 시작한 리버슨은 따뜻한 태도와 번뜩이는 재치 덕에 청소부와 아티스트를 포함한 모든 사람의 사랑을 받았다. 영어를 전공하고 클래식 교육을 받은 작곡가이자 절대음감의 소유자였던 그는 시를 쓰고, 4개 국어를 구사하는 유대인이었다. 잘생긴 외모에 성격까지 유쾌했던 리버슨은 아름다운 독일 출신 발레리나 베라 조리나와 결혼했다. 1940년대와 50년대에 뉴욕에 사는 사람이라면 누구나 리버슨을 알았거나 알고 싶어 했다. 일단 한번 듣게 되면 그의 특이한 이름을 잊을 수는 없었다. 언젠가 그루초 마르크스가 음악가 친구에게 전화를 걸어 "고다드 리버슨이라는 이름을 가진 사람이 있는데 같이 식사할래?"라고 물었다고 한다. 친구는 이렇게 대답하면서 흔쾌히 수락했다고 전해진다. "좋지. 내가 그런 이름이 있는지 한번 찾아볼게."

뉴욕의 음악가, 영화배우, 프로듀서 커뮤니티에서 리버슨은 살아 있는 전설로 통했다. 그는 자신의 전보와 메모에 자신의 이름을 줄여 "신(God)"이라고 서명했다. 그의 전보는 대충 이런 식이었다. "일요일에 안드레 코스텔라네츠와 릴리 폰스의 집에서 (당신이 감당할 수 있을지 모르겠네요. 마음의 준비를 하세요.) 그레타 가르보를 만났어요! 당신은 아마 알고 싶겠죠. 그녀의 발이 크지 않고, 정말 매력적으로 말을 하고, 신기하게도 (배우치고는) 똑똑하고, 어린 소년의 가슴을 가지고 있는지 말이에요. 저는 알고 있답니다. 왜냐하면 그녀가 남성용 리넨 반바지만 입고 수영을 했거든요... 저도 수영을 하러 갔지만 금세기 가장 부끄러운 수영복을 입고 있었어요. 안드레가 하와이에서 사온 것이었는데 제 자신이 파고파고에서 온 사람처럼 느껴지더군요. 무엇보다 너무 컸고요. 사람들이 나를 마치 야한 싸구려 프랑스 엽서인 것처럼 봤다니까요."

1956년 6월 노쇠한 테드 윌러스타인은 고다드 리버슨의 천부적인 스타 기질을 알아채고는 정중하게 경영권을 넘겼다. 컬럼비아의 오랜 역사에서 황금기가 열리는 순간이었다. 사장으로 취임한 리버슨은 클래식과 영화 및 뮤지컬 쪽 오리지널 캐스트 리코딩 부서의 A&R 기능을 유지하기로 결정했다. 또, 모기업인 CBS를 설득해 <마이 페어 레이디>의 전체 제작비를 지원하도록 만들었다. 1956년 3월에 개봉한 이 공연은 6,600만 달러의 흥행 수익을 올렸고, 오리지널 캐스트 음반은 600만 장이 판매되었다. 여기에 더해 영화 판권 판매를 통해 500만 달러의 수익을 추가로 거뒀다. 리버슨은 1959년 타임지와의 인터뷰에서 "음악가가 최고의 사업가"라고 말하면서 이렇게 덧붙였다 "그 어떤 변호사든 그와 관련된 사업엔 관심 없어요. 스트라빈스키 관련한 사업을 맡는 게 훨씬 낫죠."

컬럼비아는 수많은 클래식을 편곡하고 감독한 사내 프로듀서 조지 아바키안 덕분에 재즈 분야에서도 선두를 달렸다. 그중에는 데이브 브루벡의 'Take Five, 끝내주는 마일스 데이비스의 앨범 3장*, 루이 암스트롱이 W.C. 핸디를 향해 바친 탁월한 헌정 음반 <Louis Armstrong Plays W.C. Handy> 등이 있었다. 최고의 명성을 자랑한 컬럼비아는 에디트 피아프, 듀크 엘링턴, 빌리 홀리데이와 같은 기존의 전설적인 아티스트도 불러 모았다. 리버슨은 직원 회의에서 프로듀서들을 향해 영업 부서가 다른 레이블의 최신 히트곡을 언급하면서 압력을 가해도 절대 굴복하지 말라고 종종 강조했다. 그는 독창적인 레코드를 만들고 최선의 결과를 바라는 게 더 영리한 방법이라고 굳게 믿었다.

그는 또한 컬럼비아가 문화 수호자로서 일정한 책임이 있다고 믿었다. 뉴욕의 한 식당에서 앨런 로맥스를 만난 리버슨은 <Columbia World Library of Folk and Primitive Music>이라는, 16장으로 구성된 중요한 시리즈를 의뢰했다. 이 프로젝트는 영국 제도, 유럽 대륙, 베네수엘라, 인도, 일본, 인도네시아, 뉴기니, 호주, 프랑스령 아프리카, 영국령 동아프리카, 수(Sioux)족, 나바호 인디언 등의 전통음악을 소개하는, 논리적으로 대단히 복잡한 시도였다. 여기에 로맥스의 라이너 노트가 더해졌다. 상업적으로 성공한 것은 아니었지만 조지 아바키안이 마일스 데이비스에게 스페인 음악을 들려줬을 때 그중 두 개의 스페인 전통 음악이 마일스의 앨범 <Sketches of Spain>을 위한 영감을 제공했다.

구름 위를 날아다니던 컬럼비아가 엘비스와 로큰롤에 대해 크게 신경 쓰지 않은 것은 당연한 일이었다. 물론 예외가 없지 않았다. 프랭크 시나트라, 토니 베넷, 조니 마티스 등을 프로듀싱한 컬럼비아의 팝 A&R 책임자 미치 밀러가 그 예외였다. 1958년 3월 캔자스 시티에서 열린 최초의 디스크 자키 협의회에서 밀러는 "요즘 공중파를 통해 흘러나오는 청소년용 음악의 대부분은 음악이라고 할 수 없다!"라고 주장하면서 신랄한 연설을 펼쳤다. 이 연설은 따스한 박수를 받았지만 리버슨은 그렇게까지 단정적이지는 않았다. 그는 마침 CBS의 상사로부터 청소년 분야에 투자해 달라는 요청을 받은 차였다. 리버슨은 브로드웨이의 관객 수가 줄고 있다는 사실에 주목했다. 세대교체가 진행되고 있었던 것이다. 풍선 껌을 씹는 이 젊은이들이 바로 내일의 성인이었다. 컬럼비아처럼 오래되고 규모가 큰 회사가 이들을 무한정 무시할 수는 없었다.

---

*   <'Round About Midnight>(1957), <Miles Ahead>(1957), <Milestones>(1958). 이렇게 세 장의 앨범이다.

놀라운 운명의 반전이 펼쳐졌다. 프로듀서 존 해먼드가 컬럼비아의 엘리트적 분위기를 유지하면서도 활력을 불어넣을 수 있는 이상적인 후보자로 떠올랐던 것이다. 10년 넘게 컬럼비아에서 환영 받지 못한 해먼드는 1959년 고다드 리버슨에 의해 공식적으로 사면되었고 연간 1만 달러의 적당한 연봉을 제안 받았다. 리버슨은 직원들에게 "존 해먼드는 미국 음반 산업의 학장들 중 한 명이다. 그가 27년 전 첫 디스크를 만들었던 컬럼비아로 다시 돌아오게 되어 기쁘다."라고 발표했다.

어느덧 쉰 살에 가까워진 해먼드의 얼굴에는 이혼, 심리 치료, 아버지의 죽음 등 그가 겪은 사적인 황무지가 고스란히 드러났다. 그의 아들들은 어머니에게 거의 의절 당한 상태였는데 나중 그녀는 해먼드의 아버지가 물려준 농장을 모호한 자선 단체에 기부한 후 스스로 목숨을 끊었다. 해먼드와 그의 네 자매는 부모가 남긴 사유지를 유지할 형편조차 되지 못했다. 어린 시절 그가 누렸던 특권적인 세계는 대부분 증발한 상태였다. 이혼한 외톨이로 중년을 악전고투하듯 보내며 매달 위자료를 지불하던 해먼드는 그즈음 자신의 솔메이트를 만났다. 바로 RCA의 거물 데이비드 사노프의 아들인 로버트 사노프의 전처 에스미 사노프였다. 이혼한 두 사람은 주중에는 맨해튼에서, 주말에는 웨스트포트에서 시간을 보내며 새로운 삶을 시작했다.

여전히 신문을 뒤지고, 클럽을 기웃거리고, 독립 음반을 제작하는 등 해먼드는 최신 유행에서 벗어나지 않고 있었다. 오히려 밑바닥에서 보낸 시간이 그를 새로운 언더그라운드로 이끌었다. 1953년 11월 그는 뉴욕 타임스에 재즈 음반의 사운드를 압축하는 현대적인 제작 방식이 재즈 장르를 상업적으로 죽이고 있다고 비판하는 글을 썼다. 이러한 그의 순수주의는 뱅가드 레코드사의 관심을 끌었고, 뱅가드 레코드는 해먼드를 자신들이 시도하고 있던 재즈 실험에 초대했다.

뱅가드는 완벽주의자인 메이너드와 시모어 솔로몬 형제가 운영하는 레이블이었다. 그들의 목표는 안목 있는 소비자에게 메이저 레이블보다 더 나은 사운드를 제공하는 것이었다. 대부분이 LP였던 뱅가드의 레코드는 뉴욕 최고의 음향 시설을 갖춘 브루클린의 드넓은 프리메이슨 사원에서 녹음되었고, 솔로몬 형제는 마스터링과 복제 테크닉에 세심한 주의를 기울였다. 1957년 뱅가드는 해먼드가 프로듀스한 35장의 컬트적인 재즈 음반을 발매한 데 이어 그룹 위버스의 첫 리코딩과 함께 포크 신에도 진출했다. 메이너드 솔로몬은 이러한 선택을 다음처럼 설명했다. "우리는 다양한 틈새시장을 찾아야 했고, 그중 하나가 포크였어요. 작은 회사가 메이저와의 경쟁에서 살아남으려면 기지를 발휘해야 했죠. 메이저 기업이 보지 못한 틈새를 찾아내야 했어요."

이즈음 학생 인구가 급격히 증가했다. 따라서 이와 관련된 작곡가들은 떠오르고 있는 청소년 팝의 유행을 반겼다. 포크 신은 해먼드가 자주 가던 그리니치 빌리지의 오래된 번화가를 중심으로 형성되었다. 워싱턴 스퀘어의 일요 모임*을 시작으로 이 지역을 중심에 두고 다양한 포크 명소가 생겨났다. 바로 이 장소들, 액터스 플레이하우스, 체리 레인, 게르디스 포크 시티, 빌리지 게이트, 빌리지 뱅가드 등에서 후테나니스(Hootenannies)라고 불렸던 오픈 마이크의 밤이 열렸다. 1950년대 후반이 되자 그리니치 빌리지는 지나가는 관광객의 잔돈을 받아먹고 사는 포크 족으로 득실거렸다.

일렉트라는 그리니치에 있었던 여러 소박한 포크 레이블 중 하나였다. 레코드 로프트라는 이름의 작은 가게에서 운영되던 이 레이블의 소유주 잭 홀츠먼은 음향 및 음악학 애호가로 주로 전통 음악의 고음질 앨범을 제작했다. 1950년대에 지속적으로 성장한 일렉트라는 플라멩코의 거장 사비카스와 이스라엘 포크 가수 테오 비켈 등을 기반으로 인상적인 카탈로그를 축적했다. 일렉트라 외에 그리니치 빌리지의 또 다른 젊은 포크 레이블은 트래디션 레코드였다. 구겐하임의 상속녀인 다이앤 해밀턴(가명)이 트래디션에 자금을 지원했고, 운영은 세 명의 아일랜드 포크 뮤지션으로 구성된 클랜시 브라더스가 맡았다.

1950년대 후반에도 재즈와 포크 신의 역사적인 연결 고리는 여전히 강했다. 1954년 조지 웨인과 일레인 로릴라드가 뉴포트 재즈 페스티벌을 시작한 지 5년 후 피트 시거와 테오 비켈을 비롯한 포크 쪽 인사들이 웨인과 함께 뉴포트 포크 페스티벌을 창설했다. 두 페스티벌은 같은 종류의 지적인 사람들을 끌어 모았다. 잭 홀츠먼은 이렇게 회고했다. "지적으로 깨어 있는 사람들은 뿌리와 다시 연결된다는 아이디어를 좋아했어요. 그런 다음에 정치적 측면이 있었죠… 알마낙 싱어스, 피트 시거, 우디 거스리 등은 대체로 진보적이거나 좌파 성향이 강했어요. 포크 음악 구매자를 보면 학교 교사, 보헤미안, 전문직 종사자 같은 중산층이었는데 여전히 꽤나 소박했던 그 시대에 외부 세계에 관심을 가질 만한 여

---

* 1950~1960년대 워싱턴 스퀘어에서 일요일마다 열린 비공식 음악 집회. 수많은 포크 음악가와 애호가가 자연스럽게 모여 음악적으로 교류했고, 이를 통해 포크 운동의 중심적인 역할을 했다.

유가 있는 사람들이었죠."

당시의 포크는 아직까지 비주류이자 학구적인 측면이 강한 장르였다. 1959년 해먼드가 예전 직장이었던 컬럼비아로 돌아왔을 때 그의 성향 역시 이와 비슷했다. 이제는 꽤 나이 먹은 해먼드는 자신이 1930년대 후반 씨앗을 심었던 그리니치 빌리지 가까이에 쭉 머물러 왔다. 그는 "최상급 마일스 데이비스"를 제외하고는 마약에 취한 듯한 비밥 인트로를 선호하지 않았다. 반면 포크의 순수함은 시민권, 사회 정의, 다문화주의, 오래된 레퍼토리의 전승 등 그가 수년 동안 글로 써온 많은 이상들을 상징하는 장르였다.

리버슨이 요청한 해먼드의 주요 임무는 오래된 컬럼비아 및 오케이 레코드 레퍼토리를 앨범 형식으로 재발매하는 작업을 감독하는 것이었다. 또한 젊은 인재를 발굴하는 일에도 암묵적인 권한을 부여 받았다. "고다드는 저의 강점뿐 아니라 약점까지 잘 알고 있었어요. 그는 저를 사업가라고 생각하지 않았습니다. 그는 재능을 판단하는 저만의 기준이 상업적 잠재력보다는 예술적 잠재력에 주로 기반을 두고 있다고 봤어요. 하지만 대부분의 경우 전 두 가지를 모두 고려했어요."

어느 날 흑인 작곡가 커티스 루이스가 최근에 작곡해 녹음한 데모를 들려줬을 때 해먼드는 컬럼비아에서 처음으로 큰 성공을 거둘 수 있는 기회를 맞이했다. 해먼드는 곡 자체에 귀 기울여야 했지만 "Today I Sing the Blues"라고 노래하는 목소리에 정신이 팔려버렸다. 뭔가 섬뜩할 정도로 익숙한 목소리에 충격을 받은 그는 "누구예요?"라고 물었다. 루이스가 자세히 설명했다. 목소리의 주인공은 유명한 침례교 목사의 딸인 디트로이트 출신의 18세 소녀 아레사 프랭클린이었다. "무명이라고요?" 해먼드는 생각에 빠졌다. 회의가 끝나고 얼마 지나지 않아 그는 브로드웨이에 있는 작은 녹음 스튜디오의 주인으로부터 전화를 받았다. "아레사 프랭클린에 관심이 있는 거 알아요." 그 목소리는 이렇게 말했다. "만나고 싶으면 오늘 스튜디오에 오세요." 해먼드는 코트를 집어 들고 스튜디오로 향했다.

그녀의 노래를 들으며 해먼드는 빌리 홀리데이만큼이나 중요한 스타 탄생의 가능성을 느꼈다. RCA 빅터도 관심을 보였기 때문에 해먼드는 아티스트에게 유리한 로열티와 선급금 조건으로 계약을 체결했다. 1961년 1월 가스펠-재즈 크로스오버 스타일로 아레사의 데뷔작을 프로듀스하던 중 해먼드는 그녀의 매니저에게 다음처럼 외교적인 말투의 메시지를 써서 보냈다. "지난 20년간 이런 가수는 없었어요. 모든 재능을 갖췄지만 여전히 매우 면밀한 관리가 필요합니다."

판매와 리뷰 모두 호조를 보였음에도 해먼드는 아레사의 미성숙함에 좌절을 느꼈다. 미혼모로서 개인적인 어려움에 정신이 없었던 아레사는 목에 문제가 있다고 주장하거나 심지어 아폴로 극장과 빌리지 게이트에서 열린 공연에 나타나지 않는 등 신뢰할 수 없는 모습을 보였다. 1962년 초 해먼드는 공개적으로 지쳐 갔다. 그는 그녀에게 이렇게 편지를 썼다. "당신의 로열티 내역서를 보세요... 당신은 이 업계에서 전설로 남을 수는 있겠죠. 그러나 하루빨리 삶을 바로잡지 않으면 좋은 사람으로 기억될 순 없을 겁니다."

유럽에서 휴가를 보내던 중 해먼드는 교체되었다. 아티스트가 해먼드에게 싫증을 느꼈을 뿐만 아니라 컬럼비아의 젊은 프로듀서들은 아레사가 제대로 프로듀스 받지 못하고 있다고 생각했다. 해먼드가 부재한 상황에서 해먼드처럼 나이 먹은 프로듀서가 재능을 발견할 수는 있지만 정작 히트곡 만드는 방법은 모른다는 주장이 제기되었던 것이다. 동료들 중 한명인 로버트 알트슐러는 당시 컬럼비아 내부에서 합의된 의견을 이렇게 설명했다. "해먼드는 놀라운 귀와 초기 단계의 재능을 알아보는 능력을 갖고 있었지만 바로 그 초기 단계에서의 프로듀스에는 능숙하지 못했어요." 그러나 컬럼비아의 젊은 프로듀서들은 아티스트의 허락 없이 오래된 녹음에 새로운 오케스트레이션을 추가하는 치명적인 실수를 저질렀고, 아레사의 매니저는 소송을 제기해 값비싼 법정 밖 합의를 이끌어 냈다. 이후 해먼드는 아레사가 애틀랜틱으로 이적하고, 그곳에서 제리 웩슬러가 그녀를 슈퍼 스타덤으로 인도하는 광경을 보면서 행복해했다. 웩슬러 자신은 "불가지론적 유대인"이었지만 그의 성공 공식은 이보다 더 간단할 순 없었다. "그녀를 (그녀의 뿌리인) 교회로 들어가게 했다."*

1961년에 이뤄진 해먼드의 두 번째 주요한 계약은 바로 피트 시거였다. 이 계약은 컬럼비아가 포크 음악의 리더가 되겠다는 의지를 보여준 신호탄이었다. 그해 9월 해먼드는 뉴포트 포크 페스티벌에서 눈에 띈 젊은 포크 디바 조운 바에즈와 계약을 시도했다. 조운 바에즈는 터프한 성격의 매니저 앨버트 그로스먼과 함께 해먼드의 사무실로 찾아왔다. 만남

---

*   진짜 교회로 가게 했다는 것이 아니라 가스펠인 요소를 강화했다는 의미이다.

은 불편하게 끝났고 바에즈는 뱅가드와 계약을 체결했다. 마음이 상한 해먼드는 또 다른 여성 포크 뮤지션 캐롤린 헤스터를 영입했다. 그녀 역시 여성 포크 뮤지션이었지만 바에즈 같은 존재감은 없었다.

그것은 과연 우연이었을까 아니면 의도적이었을까. 이 교차로에서 밥 딜런이라는 이름의 스무 살 청년이 클럽 47 공연에서 캐롤린 헤스터의 오프닝을 맡았다. 다음 날 딜런은 헤스터를 만나 그의 어려운 재정 상황을 설명하면서 오프닝을 더 세워달라고 부탁했다. 안타깝게도 헤스터는 음반을 준비하고 있었고, 더 공연할 계획이 없었다. 그러나 딜런이 너무 낙담한 표정을 짓자 하모니카 연주자로 스튜디오 녹음에 합류해 달라고 요청했다. 딜런은 그 기회를 놓치지 않았다. "갈게요. 제 전화번호 여기 있어요."

해먼드는 녹음할 곡을 미리 점검하기 위해 헤스터의 아파트에서 사전 제작 세션을 준비했다. 헤스터는 스탠드업 베이스, 기타, 하모니카, 그리고 어린 밥 딜런으로 구성된 작은 밴드를 불러모았다. 멤버들은 테이블 피크닉 스타일로 둘러앉았고 뮤지션들은 해먼드의 검토를 위해 몇 가지 스윙 넘버를 연주했다. 해먼드 옆에 앉은 딜런은 기타를 치며 몇 곡을 연주하고 화음도 약간 넣었다. 해먼드는 딜런이 아직 덜 익은 뮤지션이라는 걸 알아챘다. 그럼에도 "멋진 캐릭터네. 기타를 치면서 하모니카를 불다니 독특한 걸."이라고 생각하면서 자리에 앉아있었다. 해먼드는 자리를 떠나면서 딜런에게 물어봤다. "다른 뮤지션의 녹음에 참여한 적 있나요?" 딜런은 그저 고개를 젓기만 했다.

스튜디오 녹음 날짜가 다 되었을 즈음 해먼드는 신문을 뒤적이는 일상적인 의식에 빠져 있었다. 그러다가 우연히 뉴욕 타임스에서 프리뷰한 콘서트 기사를 발견했다. 게르디스 포크 시티에서 열리는 공연을 위해 딜런을 프로파일링한 기사였다. 내용은 다음과 같았다. "딜런은 그의 조상이 누구인지, 출생지가 어디인지도 모호하지만 그가 어디에 있었는지가 아닌 어디로 가는지가 더 중요한 뮤지션이다. 그가 얼마나 중요한지는 곧 드러날 것이다."

해먼드는 하늘을 올려다보며 "당장 계약에 대해 이야기해야겠다!"라고 생각했다. 헤스터가 딜런을 데리고 도착하자마자 해먼드는 청년을 사무실로 데려갔고, 그곳에서 딜런은 'Talking New York Blues'를 연주했다. 해먼드가 계약서를 내밀자 딜런은 처음 두 단어인 컬럼비아 레코드만 읽고는 "어디에 서명해야 하나요?"라고 질문했다. 경험은 많지 않았지만 딜런은 해먼드가 누구인지 이미 알고 있었다. "세상에는 수천 명의 왕이 있었고, 해먼드는 그중 한 명이었죠."

해먼드는 잠시 멈칫하더니 딜런에게 나이를 물어봤다.

"스무 살이요."

"그건 어머니와 아버지도 계약서에 서명해야 한다는 뜻입니다. 뉴욕주 법에 따르면 미성년자는 부모의 승인 없이 법적 계약에 서명할 수 없어요."

"어머니, 아버지 둘 다 안 계세요."

해먼드는 그에게 대신 서명해 줄 친척이 있는지 다시 물어봤다.

"라스베가스에 중개인 일을 하는 삼촌이 있어요."

"다른 사람이 대신 서명하는 게 싫은 거죠?"

"존, 날 믿어도 돼요."

여전히 물음표가 남아있긴 했지만 계약은 체결됐다. 뉴욕 타임스 기자는 딜런이 자신의 배경을 밝히지 않는 점을 유심히 관찰했다. 해먼드는 딜런이 중산층 출신임을 숨기고 있다는 사실을 알지 못했다. 심지어 딜런의 여자 친구마저도 그의 본명이 로버트 지머맨이라는 걸 몰랐다. 이제, 해먼드가 이 "가장 복잡한 인간"을 맛볼 차례였다. 이후 15년이 흐르면서 해먼드는 결국 다음처럼 믿게 되었다. "딜런은 스스로 만든 환상의 세계에 살고 있어요. 그리고 이 세계는 우리가 살고 있는 현실에 영향을 미칠 만큼 강력하죠. 딜런은 자신만의 페르소나를 만들어 예술을 위해 사용했고, 이 조합을 거부할 수는 없어요."

딜런이 컬럼비아 사무실을 떠날 때 해먼드는 곧 발매될 블루스 재발매 음반을 선물로 줬다. 딜런은 한 손에는 계약서를, 다른 한 손에는 로버트 존슨의 음반을 들고 뉴욕의 거리를 걸어 집으로 돌아갔다. 3층에 있는 집으로 돌아온 딜런은 레코드를 살펴봤다. <King of the Delta Blues Singers>라는 제목의 이 음반은 1936년 녹음된 곡들을 리마스터링한 것이었다. 딜런은 레코드에 바늘을 올려 'Cross Road Blues'를 틀었다. 이 운명적인 날을 딜런은 이렇게 회상했다. "첫 음이 나오자마자 스피커 진동 때문에 머리카락이 쭈뼛 서더라고요."

1961년 11월 말 단 몇 시간 만에 딜런은 전통적인 노래 여럿과 단 두 곡의 자작곡으로 구성된 데뷔 앨범을 완성했다. <빌리지 보이스>의 저널리스트 냇 헨토프는 해먼드가 "딜런의 앨범을 내가 꼭 들어 보길 원했다."라고 기억하면서 이렇게 덧붙였다. "그는 제가 가사에 집중해서 들어 보길 원했어요. 존이 앨범을 꼭 들어 보라고 한 후에야 비로소 관심을 기울였죠. 뭔가 보이더라고요. 존이 이 아티스트에게서 찾았던 특징은 느낌과 열정이었어요. 딜런에게서 독특한 무언가, 즉 사운드를 통해 전달되는 메시지를 들었던 거예요."

만약 해먼드 아닌 다른 사람이 프로듀스했다면 해먼드의 젊은 상관이었던 데이브 카프랄릭은 딜런의 앨범 발매를 보류했을 것이다. 심지어 딜런 자신도 음반에 대한 확신이 없었다. 완성된 음반을 공장에서 찍어 냈을 때 그는 그것을 파기하고 다시 시작하길 원했다.

앨범은 달랑 1,300장 판매되었다. 이 때문에 딜런은 컬럼비아 내에서 "해먼드의 어리석음"이라는 별명을 얻었다. 하지만 이 불쾌한 경험은 딜런의 창작 야망을 더욱 불태운 것처럼 보였다. 데뷔작만큼이나 그의 연애 생활도 위태로운 상태였다. 여자 친구인 수즈 로톨로가 딜런이 자신의 본명을 말하지 않았다는 사실을 알게 되었을 때 그녀의 어머니는 딸을 이탈리아로 보내 미술을 공부하게 했다. 다른 포크 가수들도 딜런을 외면했다. 허름한 아파트에 고립된 채 딜런이 할 수 있는 활동이라고는 콘서트 출연과 이탈리아로 부치는 러브레터뿐이었다.

이 외로운 곳에서 노래가 쏟아져 나왔다. 해먼드 외에도 딜런 곁에는 두 명의 중요한 동료가 있었다. 피트 시거는 그해 여름 라디오에서 딜런을 "현존하는 작곡가 중 가장 왕성하게 곡을 쓴다."라며 극찬했다. 컬럼비아 내부의 또 다른 조력자는 홍보부서의 젊은 직원 빌리 제임스였다. 그는 딜런이 젊은이를 대상으로 하는 여러 잡지에 소개될 수 있도록 도움을 줬다. 딜런에게 두 번째 기회를 주기에 충분한 지원이었다. 해먼드가 자신의 어리석음을 스튜디오로 다시 불렀을 때 딜런은 수많은 비평가의 입을 닫아버리고 싶은 욕망으로 가득한 상태였다. 결정적으로 이번에는 훨씬 더 강력한 음반을 만들 수 있는 상당한 시간과 공간이 주어졌다.

딜런의 새로운 곡을 들으며 해먼드는 다음 앨범이 큰 반향을 일으킬 것이라고 확신했다. 도전 과제를 이해하고 있던 딜런은 매 세션마다 거대한 스케일의 곡을 준비해 왔다. 대부분이 하루 종일 기타를 치면서 자신의 내면과 외부 환경을 둘러보고 즉흥적으로 단어를 내뱉는 스타일, 즉 우디 거스리의 "Talkin' Blues" 기법을 통해 작곡된 결과물이었다. 딜런은 1년 동안 8회에 걸쳐 총 30곡이 넘는 노래를 녹음했다. 해먼드가 컨트롤 룸에 앉아 신문을 읽는 동안에도 딜런은 일종의 연구 및 개발 대상 취급을 받으면서 미래의 아티스트로 성장했다. 아티스트 중심인 컬럼비아의 기준에서 봐도 이는 넉넉한 두 번째 기회였다.

그즈음 앨버트 그로스먼이 딜런의 매니저로 건물에 들어왔다. 벌레 같은 눈을 가진 그는 전형적인 쇼 비즈니스 사기꾼으로 해먼드가 싫어하는 모든 것 같은 인간이었다. 반대로 그로스먼의 입장에서 보면 해먼드는 딜런을 통제하는 데 걸림돌이 될 수 있는 잠재적 장애물 같은 존재였다. 예상대로 컬럼비아는 딜런이 쓴 것으로 추정되는 공식 서한을 받았다. 그에 따르면 아티스트의 계약은 서명 당시 미성년자였기 때문에 무효였다. 서한을 통해 딜런 측은 모든 마스터를 딜런에게 돌려달라고 요구했다. 두 번째 앨범 작업을 힘들게 진행하던 중 이 서한은 해먼드의 책상 위에 마치 폭탄처럼 떨어졌다.

원래 계약은 밥 딜런에게 4%의 로열티를 주기로 되어 있었다. 해먼드는 그로스먼이 컬럼비아든 다른 레이블이든 더 좋은 조건을 원한다는 걸 당연히 알고 있었다. 컬럼비아의 사내 변호사 클라이브 데이비스는 해먼드에게 그로스먼이 참석하지 않은 상태에서 원만하게 문제를 해결하라고 조언했고, 해먼드는 딜런을 불러들였다. 해먼드는 그로스먼의 전술에 대한 자신의 생각을 솔직하게 털어놨다.

딜런은 두 거물 사이에 끼어 있었다. 존 해먼드를 위해 컬럼비아에서 음반을 만들고 싶었지만 정규 공연을 따내기 위해서는 그로스먼이 필요했다. 해먼드, 그로스먼, 딜런, 데이비스가 참석한 두 번째 회의에서 매니저는 뉴욕 주법에 따라 미성년자가 체결한 계약에는 3년의 법적 제한이 있다는 점을 지적하며 확실한 법적 근거를 회유책으로 제시했다. 즉, 해먼드와 데이비스에게 컬럼비아가 1964년에 딜런을 잃을 수도 있다는 사실을 상기시켰던 것이다.

높은 로열티 비율로 수정된 5년짜리 새 계약서가 정식으로 작성되었다. 딜런은 그로스먼의 사기꾼적 행위를 통해 그래도 무언가를 얻어 냈다는 점에 안도하면서 계약서에 서명했다. 그러나 문제는 여전히 존재했다. 컬럼비아의 고위 경영진으로부터 새 계약서에 서명을 받아야 한다는 것이었다. "저는 밥 딜런에 대한 무한한 믿음을 가지고 있으며, 그가 이 업계에서 가장 중요한 젊은 포크 아티스트가 될 것이라고 생각합니다." 해먼드는 딜런에게 회의적이었던 상사에게 편지를 썼다. 다행히 그는 리버슨의 지지를 받았다.

그러나 이후 그로스먼은 상황을 조작해 존 해먼드를 당황하게 만들고 소외시키는 데 성공했다. 결국 해먼드는 젊은 흑인 프로듀서 톰 윌슨으로 교체되었다. 1962년 말 딜런은 엄청난 양의 흥미로운 곡들을 쏟아냈고, 이제 윌슨이 해야 할 일은 엔지니어들을 잘 통제하면서 그로스먼과의 접촉을 최소화하는 것이었다. 1963년 5월 1년에 걸친 실험의 결과물인 <The Freewheelin' Bob Dylan>이 마침내 발매되었다. 비평가들은 잇달아 찬사를 보냈다. 11곡의 자작곡이 수록된 이 앨범은 당시로서는 이례적인 자전적인 성격의 앨범이었다. 1963년 8월 28일 당시 스물두 살이었던 밥 딜런은 국회의사당에서 열린 민권 운동 이벤트에서 'Only a Pawn in Their Game'을 불렀다. 'Only a Pawn in Their Game'은 인종 차별주의자들에 의해 살해당한 메드가 에버스에 대한 곡이었다. 그리고 마틴 루터 킹 목사는 "나에게는 꿈이 있습니다."라는 제목으로 연설을 펼쳤다. 만약 밥 딜런 초창기 시절 최고의 순간을 선택해야 한다면 아마 이 순간을 꼽아야 할 것이다.

이렇게 밴더빌트 가문의 반역자*가 다시금 컬럼비아를 금광으로 안내했다. 1963년 찬송가 'We Shall Overcome'이 수록된 피트 시거의 라이브 앨범은 수십만 장이 팔렸고, 이 노래는 민권 운동의 애국가가 되었다. 고다드 리버슨은 컬럼비아가 젊은 청중과 함께 미래를 열어가기를 열망했다. 그가 배움을 구한 대상은 바로 학생들과 생각이 깊은 청소년들이었다. 포크가 지닌 매력적인 가사의 진가를 알아본 그들을 통해 리버슨은 이 방대한 세대에 대한 이해도를 높였다.

다시 한번 바이닐의 정글에서 가장 오래된 나무**가 꽃을 피웠다. 밥 딜런이라는 전시(戰時)에 태어난 다작가가 명성을 드높인 덕에 톰 윌슨 같은 컬럼비아의 젊은 프로듀서들은 자전적인 내용을 담은 LP로 1960년대 초반의 모든 팝 싱글을 능가하는 판매량을 기록하고, 음악적으로도 더 빛나는 싱어송라이터 네트워크와 만났다. 과연, 옛 속담 그대로였다. 운은 용감한 자의 편이었다.

---

*　　 존 해먼드를 의미한다.

**　　컬럼비아 레코드

11.

모타운 레코드와
베리 고디 3세

베이비 붐 세대를 위한 팝_

모타운 레코드와
필 스펙터

**1959
~1963**

현대라는 세계에서 뭔가가 꿈틀거렸다. 하지만 그것이 진정 정치적인 자각이었을까?

방 안의 코끼리*가 바닥에 앉아 텔레비전을 보고 있었다. 1950년 한 가정당 평균 3명이었던 아이는 1960년 3.5명 이상으로 증가했다. 대공황과 제2차 세계 대전을 겪으며 지친 어른들은 1945년에서 1965년 사이에 출생한 7,600만 명의 미국 어린이와 함께 그들을 찾아온 낯선 번영을 기쁜 마음으로 만끽했다.

컬러텔레비전이 흑백을 대체할 준비가 되었을 때 수많은 청소년이 팝 음악에서 인종 차별을 종식시키기 위해 거침없이 투표에 참여했다. 1963년 빌보드는 알앤비 차트 운영을 유예했다. 더 이상 별도의 리스트를 운영할 수 없을 정도로 크로스오버 히트가 많아진 까닭이었다. 이로써 다민족인만큼이나 다채로운, 텔레비전화(化)된 미국 팝의 새로운 시대가 열렸다. 여러 레이블과 프로듀서가 이 현상에 기여했다. 그러나 가장 흥미로운 존재는 백인 청소년에게 수백만 장의 음반을 판매한 알앤비의 선구자 탐라-모타운이었다. 이 레코드 회사의 사장은 업계에서 유일무이한 흑인이었다.

당대를 상징하는 대형 자동차의 도시 디트로이트가 이 역사적 사건의 배경이 된 것은 어쩌면 당연한 결과였다. 이 자신감 넘치는 음악의 뒤에는 정치적이지도 종교적이지도 않은, "할 수 있다."라는 철학을 가진 한 가문의 이야기가 있다. 고디 가문은 교육과 노력을 통한 개인의 발전, 즉 부커 T. 워싱턴의 철학을 신봉하는 독실한 추종자였다. 1901년 출간된 자서전 <Up From Slavery>에서 워싱턴은 "노력의 결과 외에 나에게 가치 있는 것은 아무것도 없다"라고 주장했다. 그는 NAACP** 지지자 사이에서 논란의 여지가 있는 사상가였다. 일례로 워싱턴은 '시민권'을 둘러싼 대립이 미국 내 수많은 흑인에게 재앙을 불러올 수 있다고 예측하면서 백인 사회와의 협력을 권고했다.

고디 가문의 약속은 남북전쟁 이전부터 시작해 3대에 걸쳐 계승되었다. 따라서 모타운의 설립자 베리 고디의 개인적인 사명은 단순했다. 아버지와 할아버지가 다른 사업에서

---

* 영어로는 Elephant in the room. '누구나 알고 있지만 언급하길 꺼리는 문제'를 뜻한다.
** 미국 흑인 지위 향상 협회

이룬 성취를 음반 산업에서도 이루겠다는 것이었다. 이 놀라운 유산은 1854년 조지아 오코니 카운티의 목화 농장으로 거슬러 올라간다. 바로 노예 소유주 짐 고디와 그의 연인인 흑인 노예 에스더 존슨 사이에서 베리 고디 1세가 태어난 장소다. 당시 흔히 볼 수 있었던 것처럼 혼혈 소년은 흑인 아이보다 더 나은 기회를 얻었고 심지어 읽고 쓰는 법도 배웠다. 베리 고디는 노예 생활에서 벗어나 목화, 옥수수, 감자, 땅콩, 오크라, 양배추, 콜라드 그린, 사탕수수, 과일 등을 재배했다. 당시 소작농 이웃들은 평생 빚을 지고 살았고 대부분이 문맹이었던 까닭에 서류 처리마저 백인 농작물 구매자에게 맡겼다. 그러나 베리 고디는 꼼꼼하게 장부를 기입했다. 그는 모든 영수증, 대출 명세서, 송장, 증서 등을 성실하게 작성했고, 이를 바탕으로 1890년대에 168에이커 크기의 농장을 구입했다.

베리 고디는 반은 흑인, 반은 인도계 여성인 루시 헬럼과 결혼했다. 9명의 자녀 중 1888년에 태어난 베리 2세는 부엌에서 농작물 가격에 대한 대화를 들으며 노는 것을 좋아하는 고독한 아이였다. 열 살 때부터 아버지를 따라 마을에 나가기 시작한 그의 임무는 면화 1파운드당 가격을 계산하는 것이었다. 아빠인 베리는 자신이 선택한 이 후계자에게 법률 서적을 사주고 정기적으로 그 내용에 대해 퀴즈를 냈다. 열심히 일했던 이 가족의 사업체는 큰 집과 잡화점, 헛간이 있는 100에이커의 땅을 추가로 구입할 수 있을 만큼 충분한 수익을 창출했다. 지역 사업가가 된 아빠 고디는 마을에 대장간까지 차리면서 "큰손"으로서 질투와 존경을 한 몸에 받았다.

1913년 어느 봄날 농장의 하늘이 시커멓게 변했다. 59세였던 아빠 고디는 심한 뇌우가 몰아치자 급히 집으로 뛰어갔지만 번개에 맞아 쓰러졌다. 그의 장례식에는 지역의 흑인과 백인 모두가 참석했다. 이후 나이는 고작 스물네 살에 아버지의 예리한 안목마저 아직 부족했던 베리 2세가 가업을 물려받았다. 남부의 전통은 흑인 유가족이 백인 관리자를 선임해 가업을 승계하는 것이었지만 현명하게도 고디 가족은 스스로를 선임했다. 그러나 불과 며칠 만에 베리 2세는 월별 상환을 조건으로 다양한 구매 계획에 서명하게 하려는 온갖 종류의 세일즈맨에게 쫓겼다. 그는 법률 서적을 참고해 월별 상환을 이행하지 않으면 채무자가 그의 자산, 특히 농장을 압류할 수 있다는 걸 배웠다. 그렇게, 독수리가 가족의 재산 위를 맴돌고 있었다. 세부 사항에 대한 아버지의 집착을 이해한 베리 2세는 계약서의 잘못된 조항 하나만으로도 모든 것을 잃을 수 있다는 사실을 깨달았다. 흠잡을 데 없는 기록 덕분에 아버지가 세상을 떠난 지 몇 달 만에 그와 어머니는 백인 사업가를 상대로 한 법정 소송에서 승소했다. 의심스러운 세일즈맨의 발길도 점점 뜸해졌다.

베리 2세는 교육받은 소녀이자 학교 교사였던 버사 아이다 풀러와 결혼했다. 아버지의 전철을 그대로 밟은 셈이다. 두 사람의 로맨스는 미국이 제1차 세계 대전에 참전하면서 중단되었다. 군에 징집된 베리 2세는 버지니아 뉴포트 훈련소로 보내졌다. 그는 가족이 농장에서 쫓겨날지도 모른다는 생각에 노심초사했다. 그래서 중풍에 걸린 것마냥 걷는 척한 뒤 병문안을 요청했고, 글을 읽지도 쓰지도 못하는 척했다. 근육 경련이 진짜 같아 보인 덕에 그는 3개월 만에 제대할 수 있었다. 농장에 돌아온 그는 주변 농부들이 높은 면화 가격을 유지하기로 합의했던 계획을 여전히 고수하고 있다는 사실에 안도했다. 전쟁 중인 까닭에 수요가 매우 높았고, 1917년의 풍작 덕분에 고디 부부는 대출금을 다 갚았다.

1922년 고디 가문은 조지아에서 가족의 운명을 뒤흔들 만한 큰 거래를 성사시켰다. 그들이 대량의 목재용 그루터기를 2,600달러에 팔자 갑자기 백인 사업가들이 투자 및 이런저런 제안을 들고 찾아왔다. 베리 2세는 지역 은행에 수표를 입금하는 것조차 두려워한 인물이었다. 그는 숨겨 놓은 수표를 도둑맞거나 린치를 당할지도 모른다는 생각에 공포를 느꼈는데 이는 온 가족이 감당하기에는 너무 버거웠다. 어느 일요일, 교회에 간 가족은 베리에게 형 존이 이사 간 디트로이트에서 수표를 현금화하는 게 어떻겠냐고 설득에 나섰다.

그래서 모타운의 할아버지라 할 베리 2세는 교회에서 직접 차를 몰고 역으로 가서 기차에 올라탔다. 흑인 전용 칸에 앉은 그는 창 밖을 바라보며 하나의 챕터가 넘어가고 있음을 깨달았다. 멤피스를 지나 이리 호수를 돈 뒤 북쪽에 위치한 미시간으로 향하는 이 길은 그 이전 수많은 흑인 가족이 남부의 가난과 인종 차별을 피해 떠났던 길이었다. 한데 고디 부부는 너무 부유해진 나머지 안전을 위해 조지아를 떠나려는 중이었다.

기차가 디트로이트에 도착하고, 베리 2세는 거대한 공장과 사방을 둘러싼 흑인들을 보면서 첫눈에 반했다. 하지만 도시 생활에 적응하는 것은 쉽지 않았다. 큰 개는 어느새 불우한 어린 양이 되었다. 부동산 투자에서 사기를 당한 그는 일자리를 찾기 위해 고군분투했다. 유용한 새 직업이 필요하다는 걸 깨달은 베리 2세는 미장공 견습생으로 일하면서 하루 2달러라는 적은 임금을 받았다. 시간이 흐르면서 점차 '팝스(Pops)'라는 애칭으로 불리게 된 그는 조지아에서 아버지가 체계적으로 진행했던 일을 그대로 밟았다. 우선 가족의 지적 가이드였던 인물을 기리기 위해 베리 2세는 부커 T. 워싱턴 식료품점을 열었다. 대공황 기간 동안에는 미장 및 목공 사업을 시작했고 인쇄소도 설립했다. 어려운 시기에도 베리 2세는 부를 축적하고 많은 자녀들에게 일자리를 제공했다. 그중 한 명이 바로 1929년에 태어난 베리 3세였다.

팝스는 근면한 자세와 가족의 소중함을 가르치는 데 있어 거의 종교적인 태도를 고수했다. 식탁에서 아버지가 들려준 조지아 시절과 대공황에 대한 이야기를 통해 3세대 고디 가족은 깊은 역사의식과 기업가 정신에 대한 신념을 배웠다. 먼저 부인이자 엄마인 버사 고디가 모범을 보였다. 그녀는 하루 종일 10대 자녀를 양육할 필요가 없게 되자 대학에 입학해 소매 관리와 상업을 공부한 후 1945년 보험 회사를 설립했다. 민주당 관련한 활동에도 적극적으로 나섰다.

형제자매에 비해 베리 3세는 자신의 진로를 찾는 데 어려움을 겪었다. 직업 권투선수를 하다가 군에 입대한 그는 굉장히 어린 나이에 결혼식을 올렸다. 음악에 관심이 많았던 베리 3세는 디트로이트의 여러 재즈 클럽을 들락거렸다. 이후 1953년에는 비밥을 전문으로 취급하는 레코드 가게인 3D 레코드 마트를 설립했다. 하지만 디트로이트에서 비밥은 과도한 틈새 사업이었다. 그는 2년 만에 가게 문을 닫아야 했다. 이렇게 베리 고디 3세는 직업도, 돈도 없지만 부양해야 할 아내와 아기가 있는 처지에 놓였다.

그는 포드 공장에서 링컨 머큐리 차량에 크롬 스트립을 고정하고 천에 못을 박는 일을 했다. 월급은 주당 86달러였다. 이 지루한 노동은 그의 결혼 생활에 거의 즉시 문제를 일으켰다. 한때 포드는 미국 최고의 흑인 고용주로 여겨졌지만 1950년대가 되자 그것도 옛말이었다. 저녁에 버스에서 자고 있는 흑인이 있다면 포드 직원이라는 농담이 돌 정도였다. 심지어 포드 직원 아내의 불륜에 대한 농담이 인기를 끌기도 했다. 고디의 아내 델마는 1956년 고디가 늦게까지 밖에 있다가 집에 돌아와도 저녁 내내 말을 하지 않고, 얼굴을 때린 적도 있다고 주장하면서 이혼 소송을 제기했다.

그렇게 바닥을 치던 베리 3세는 음악에서 구원을 찾았다. 멜로디를 흥얼거리며 공장에서 일하던 그는 인기 클럽 '플레임 쇼 바'를 종종 방문했다. 그의 누나인 애나와 그웬이 당시 이 클럽에서 사진과 담배 파는 매점을 운영하고 있었기 때문이다. 둘은 지역 거물들에게 "동생은 작곡을 해요."라고 말하면서 도움을 주려고 했다. 지쳐 쓰러지기 직전의 베리 3세는 매일 밤 직접 만든 테이프를 들고 다니면서 어떻게든 인생의 전환점을 찾으려고 애썼다.

고디는 1년 넘도록 아무런 성과도 얻지 못했다. 그러나 작곡 실력만큼은 조금씩 나아지고 있을 무렵 마침내 문이 열렸다. 그는 1957년 클럽을 자주 찾던 인재 스카우트 알 그린이 알앤비 가수 재키 윌슨이 부를 곡을 찾고 있다는 소식을 들었다. 고디는 1940년대에 윌슨과 복싱 경기를 한 적이 있다는 사실을 깨닫고는 그에게 말했고, 윌슨의 즉각적인 신뢰를 얻었다. 고디가 윌슨에게 준 곡 'Reet Petite'는 알앤비 차트 11위에 오르며 히트했다. 그러던 1958년 여름 어느 날 고디는 윌슨의 매니저를 통해 당시 열일곱이었던 스모키 로빈슨이 이끄는 그룹을 소개 받았다.

두 사람은 카페에서 만났다. 베리는 스모키가 쓴 시 노트를 훑어봤다. 글의 구조는 부족했지만 베리는 그에게서 시인의 자질을 발견했다. 더 중요한 게 있었다. 둘 사이에 인간적인 케미스트리가 통했다는 점이다. 스모키의 어머니는 스모키가 열 살 때 돌아가셨고, 아버지는 트럭 운전사였다. 스모키를 양육한 건 이미 10명의 자녀를 두고 있던 그의 누나였다. 스모키가 고디의 집에 처음 초대되었을 때 그는 이 대가족의 일원으로 입양된 셈이나 마찬가지였다. 아버지와 아들 같았던 둘의 관계는 이후 수십 년간 이어졌다.

그즈음 베리의 자매인 애나와 그웬은 연예계 인맥을 활용해 애나 레코드를 설립하고 시카고의 체스 레코드와 배급 계약을 체결했다. 그들은 마스터에 대한 완전한 소유권을 유지하는 데 심혈을 기울였을 뿐만 아니라 'Money (That's What I Want)'로 첫 번째 히트곡까지 내놓았다. 바로 베리 고디 3세가 작곡한 노래였다. 당시 재정적인 문제에 시달리던 베리 고디 3세는 어쨌든 자신만의 레이블을 설립할 수밖에 없다는, 쉽지 않은 결론에 도달했다. 스모키 로빈슨의 격려에 힘입은 바였다.

그는 팝스, 애나, 그웬, 그리고 가장 나이 많은 누나인 에스더의 도움을 받았다. 에스더 역시 애나 레코드에서 일하고 있었다. 당시 그웬과 데이트 중이던 독립 프로듀서 하비 푸쿠아 역시 사업 계획 수립에 많은 도움을 줬다. 둘은 1961년 결혼했다. 푸쿠아는 그룹 문

글로스에서 노래하고, 체스 레코드에서 인재 스카우트 및 녹음 감독으로 일하는 등 음악 제작에 대한 폭넓은 경험을 지니고 있었다. 디트로이트로 돌아온 그는 독립 프로듀서로서 자신의 프로젝트를 계속하면서 애나 레코드의 라디오 홍보 담당자로 추가 수익을 창출했다. 고디 가문 주변을 맴돌던 다른 많은 사람이 그랬던 것처럼 푸쿠아도 고디 가문, 특히 에스더가 남편 조지 에드워즈를 주 의회의원으로 키우는 과정에 매료되었다. 마찬가지로 베리 고디는 누나의 집에서 시간을 보낼 때마다 인재 코치로서 푸쿠아의 훈육 방식에 감탄했다. 푸쿠아의 요구에 따라 아티스트들은 에스더의 지하실에서 지칠 때까지 리허설을 반복해야 했다.

결국 탐라-모타운의 복잡한 사업 계획에 영감을 준 것은 고독한 레코드 맨으로서 푸쿠아가 보여줬던 노동에 가까운 수고였다. 푸쿠아의 문제는 언제나 현금의 흐름이었다. 은행에서 돈을 빌리기에는 회사가 너무 영세했고, 흑인이라는 점도 문제였다. 그는 선불을 고집하는 레코드 납품 업체와 90일 위탁이 기본임에도 실제로는 그보다 더 뒤에 대금을 지불하는 유통업체 사이에 갇혀 있었다. 그 결과 그가 발매한 싱글 중 하나는 40만장이 팔렸음에도 그를 병원에 입원시킬 뻔했다. 팝스와 에스더, 그웬은 레코드, 출판, 매니지먼트 등이 서로 다양하게 연관된 회사를 설립하는 것이 유일한 해결책임을 깨달았다. 그들은 또한 백인 내부자를 고용하는 게 더 낫다고 판단했다. 막강한 유통업체들을 잘 다루기 위함이었다.

가족 자본으로 창업한 베리 고디는 웨스트 그랜드 대로 2648번지에 집을 마련했다. 위층은 거주지로, 지하실은 사무실로, 뒷마당은 스튜디오로 사용할 계획이었다. 스튜디오 이름은 힛츠빌 USA(Hitsville U.S.A.), 레코드 회사는 모타운과 탐라 상표를 소유한 모타운 코포레이션(Motown Record Corp.)으로 정해졌다. 조비 뮤직 퍼블리싱이 작사·작곡 로열티를 처리하고, 별도의 회사인 ITMI(International Talent Management Inc.)로 하여금 아티스트 및 스케줄 관리를 담당하게 했다. 말할 필요도 없이 운이 좋은 아티스트라면 이 모든 회사와 계약을 체결할 수 있었다.

당연히 모타운은 가족 경영 회사가 됐다. 강단 있는 에스더가 그룹 경영을 지휘했고, 형제인 조지와 풀러, 또 다른 자매인 루시가 관리자를 담당했다. 루시의 남편인 색소폰 연주자 론 웨이크필드는 스태프 편곡자를 맡았다. 또 다른 형제인 로버트는 사운드 엔지니어였다. 라디오 홍보를 담당한 하비 푸쿠아는 그의 오랜 친구를 영입했다. 바로 마빈 게이였다. 레이블의 전속 드러머가 된 그는 나중 애나 고디와 결혼했다.

업계 내부자 일을 맡은 인물은 바니 에일스였다. 그는 캐피톨과 워너를 거친 영업 담당자 출신이었는데 당시 그의 업무는 유통업체의 수표를 추적하는 것이었다. 사무실에서 유일한 백인이었지만 바니 에일스는 빠르게 적응했다. 베리 고디와 마찬가지로 그는 게임을 좋아하는 열혈 스트리트 파이터였다. 전화 영업을 하지 않을 때는 고디와 함께 탁구로 승부를 겨루며 시간을 보냈다. 주당 125달러의 급여와 회사에서 제공한 캐딜락, 여기에 부사장 직함까지 갖게 된 에일스는 그 어느 때보다 좋은 시절을 보냈다.

상업적으로 탐라-모타운은 빠르게 도약했다. 1961년 초 스모키와 베리가 함께 만든 'Shop Around'가 알앤비 차트 1위, 팝 차트 2위에 올랐다. 탐라-모타운의 첫 번째 넘버원 팝 히트는 마빈 게이가 연주하는 두왑 드럼 비트에 맞춰 마블렛츠가 흥겹게 노래하는 'Please Mr. Postman'이었다. 마블렛츠가 발표한 일련의 히트곡은 다작 송라이팅 트리오인 브라이언과 에디 홀랜드, 라몬트 도지어(일명 H-D-H)의 합작품이기도 했다.

디트로이트에 별다른 사건조차 없던 시절 탐라-모타운은 매주 오디션을 열어 지역 출신 가수를 꾸준히 선발했다. 그중에는 방과 후 짜증날 정도로 매일 찾아와 '소녀들'로 불리게 된 열여섯 살의 다이애나 로스와 그녀의 친구인 플로렌스 발라드, 바바라 마틴, 그리고 메리 윌슨이 있었다. 또 다른 방문객은 바로 열한 살짜리 시각 장애인 신동 스티브랜드 모리스였다. 이후 그는 리틀 스티비 원더로 이름을 바꾸고 회사와 계약했다. 판이 커지자 고디는 스튜디오에서 녹음할 곡을 선별하기 위해 A&R 직원을 심사위원단으로 활용해 경연대회를 열었다. 초대받은 아이들이 곡을 듣고 평가하기도 했다. 많은 경우 고디가 직접 만든 노래가 직원의 창작곡보다 더 적은 표를 얻었다. 능력주의를 신봉했던 그는 언제나 아버지 같은 미소로 패배를 받아들였다.

날씨가 좋으면 베리 고디는 직원들과 뮤지션들을 위해 디트로이트 강에 위치한 벨 아일에서 피크닉을 주최하고 포대 뛰기와 미식축구를 했다. 이 운동회에서 A&R 담당자인 클라렌스 폴의 팔이 부러지고, 마빈 게이의 발이 골절되는 사고도 있었다. 어떤 주말에는 베리가 모임을 주선해 술을 마시고, 바비큐를 먹고, 음반을 듣고, 마라톤 포커 세션을 벌였다. 마빈 게이에 따르면 고디는 떨어지는 빗방울 두 개를 골라 어리벙벙한 직원과 어느 빗

방울이 먼저 창유리 바닥으로 떨어지는지 내기를 했다고 한다. 게이는 고디의 장난기 가득한 면모가 도박 중독에 대한 조기 경고 신호였을 거라고 회상했다.

1962년 겨울 에스더 고디가 참신한 아이디어를 떠올렸다. 바로 모타운의 모든 공연을 한꺼번에 선보이는 순회 투어인 '모타운 리뷰'였다. 이를 위해 ITC 매니지먼트를 설립한 에스더 고디는 의심을 거두지 않았던 흑인 프로모터와 몇 시간이고 전화 통화를 해야 했다. 결국 프로모터는 23일 동안 열아홉 번의 공연을 기획하는 데 동의했다. 투어 매니저는 모타운의 세일즈 매니저인 바니 에일스가 맡았다. 이후 버스 한 대와 승용차 다섯 대에 45명의 인원이 꽉 채워졌고, 가수는 대개 20대와 30대였다. 경험 많은 세션 뮤지션들이 함께 라이브를 진행했지만 에일스는 곧 다음 같은 사실을 깨달았다. 모타운의 젊은 가수들이 아직은 관객을 압도하지 못한다는 것이었다.

비록 심각한 교통사고로 인해 에일스가 병원에 입원하는 등 액땜에 가까운 경험이었지만 이 순회공연은 레이블의 전환점이 되었다. 라이브 쇼를 통해 엄청난 수익을 창출할 수 있다는 사실을 깨달은 바니 에일스와 에스더 고디는 야심 찬 계획과 함께 디트로이트로 돌아왔다. 이후 트레이너, 스타일리스트, 동기 부여 코치 등으로 구성된 모타운의 아티스트 개발 프로그램이 시작되었다. 고디가 특별히 좋아했던 다이애나 로스는 값비싼 교양 함량 학교에 등록해 스팽글과 마스카라로 자신을 화려하게 치장했다. 킥킥대던 고등학교 소녀가 검은 공주 다이애나가 되는 순간이었다.

돈이 쏟아지자 고디 부부는 소속 아티스트의 개인 재정까지 관리했다. "우리는 투자 프로그램을 통해 아티스트들을 개인적으로 지원하려고 노력해요. 그래서 그들이 파산하지 않게 하는 거죠." 1963년 베리 고디는 한 기자에게 설명하면서 이렇게 덧붙였다. "우리는 아티스트의 복지를 매우 중요하게 생각합니다." 당시 모타운은 약 60명의 직원을 고용할 정도로 호황을 누렸다. 에스더 고디의 까다로운 감독 하에 사내 변호사들은 상상할 수 있는 모든 상황에 대한 조항을 추가했다. 계약서는 100페이지가 넘는 분량으로 늘어났고, 이는 전체 음반 업계에서 가장 복잡한 계약서 중 하나였다.

1963년은 또한 두왑이라고 불린 음악이 팝 장르로써 전국적인 인기를 모은 해였다. 바로 이 두왑 장르에서 당시 모타운의 주요 경쟁자는 나폴레옹처럼 작은 키에도 불구하고 가장 강력한 사운드를 자랑했던 스물세 살의 필 스펙터였다. 그는 자신이 정복하고자 하는 시장에 대한 경멸이 너무 심한 나머지 가수와 뮤지션을 예술가라고 여기지 않았다. 클래식 작곡가를 모델로 삼았던 그는 천재였다. 스펙터는 벨벳 슈트를 입고 은색 지팡이를 든 채 인형이나 마찬가지였던 자신의 오케스트라를 지휘했다. 당시 시장은 이미 원 히트 원더를 모두 추적하는 게 거의 불가능할 정도로 광범위했다. 그러나 그의 미친 과학자 같은 아우라는 결국 '필 스펙터 제작'이라는 스탬프가 찍힌 음반이 DJ의 턴테이블로 곧장 배달되게끔 만들었다.

필 스펙터의 오만함 뒤에는 기실 겁에 질린 영혼이 숨어 있었지만 이 사실을 알아차린 사람은 거의 없었다. 그가 여덟 살이 되던 해 심한 우울증에 시달린 아버지는 대낮에 브루클린 거리에서 배기관에 호스를 꽂아 연결한 뒤 차 안에서 서서히 질식해 죽었다. 친구들로부터 왕따 당하고, 체구는 작았고, 과체중에 심한 천식을 앓았던 필은 어머니의 결혼 전 성(姓)인 스펙터로 인해 괴로움 속에서 성장했다. 집안에 어두운 비밀이 숨겨져 있다고 느끼던 차에 부모님이 사촌 관계일지도 모른다는 사실을 깨달았던 것이다.

이 "10대 음악의 거물"에게 성공은 일찍 찾아왔다. 열일곱 살이 되던 해 그는 아버지의 묘비에 새겨진 "그를 알면 사랑하게 되죠(To know him is to love him)."라는 비문을 보고 악몽에서 깨어났다. 스펙터는 기타를 들고 이 문구를 흥미로운 코드 시퀀스로 엮어 냈다. 이후 테디 베어스가 부른 1958년 싱글은 눈덩이처럼 불어나면서 총 140만 장의 판매고를 올렸다. 그러나 스펙터는 불과 1년 만에 음반 프로듀서로 직업을 바꿨다. 무대 공포증 때문이었다. 종내 뉴욕으로 이주한 그는 히트 작곡 듀오인 제리 리버와 마이크 스톨러의 견습생으로 일하면서 알앤비 음악을 접했다. 이후 로스앤젤레스의 프로듀서 레스터 실의 재정적인 지원을 받아 필스 레코드를 설립했다.

양쪽 해안에서 모두 프로듀스를 해본 스펙터는 로스앤젤레스의 골드 스타야말로 미국에서 가장 밝은 사운드를 만들어 낼 수 있는 스튜디오라고 판단했다. 골드 스타는 재능 넘치는 공동 소유주 데이비드 골드가 녹음 장비와 음향을 직접 맞춤 설계한 곳이었다. 골드가 창조한 에코 체임버의 순수한 음색은 특수 시멘트 석고로 지어진 약 20피트짜리 사다리꼴 모양의 공간 덕분이었다. 이 공간에서 만들어지는 소리는 2피트 크기의 정사각형 트랩도어로 들어간 뒤 다시 마이크를 통해 컨트롤 룸으로 연결됐다. 데이비드 골드의 또 다른 유용한 혁신은 소형 라디오 송신기였다. 이를 통해 프로듀서는 외부에 주차된 자동차 라디오에서 자신이 제작한 믹스를 들을 수 있었다.

"소리의 벽"은 세기가 바뀌던 즈음 미국 저널리스트들이 소년 시절 스펙터가 가장 큰 음악적 영향을 받은 바그너의 음향 전체주의를 묘사하기 위해 처음 사용한 용어다. 스펙터는 5명의 기타리스트, 2명의 베이스 연주자, 2명의 드러머, 3명의 피아니스트, 다양한 현악기 연주자 등의 뮤지션으로 스튜디오를 가득 채웠다. 그는 타악기 연주에도 집착했다. 최대 10명의 타악기 연주자를 붐비는 공간에 몰아넣고 셰이커, 차임, 캐스터네츠, 종, 탬버린, 마라카스 등 고주파로 반짝이는 소리를 내는 모든 종류의 타악기를 연주하게 했다. 테이프를 녹음하기 전 그는 보통 몇 시간 동안 컨트롤 룸과 스튜디오를 오가면서 미묘한 변화를 주려고 애썼다. 지친 뮤지션들이 이동하는 순록처럼 한꺼번에 천천히 연주하면 골드 스타의 에코 체임버는 클래식 음악만큼이나 넓게 펼쳐진 음향 효과를 만들어 냈다.

스펙터가 로네츠와 함께 엄청난 히트를 기록한 것에 깊게 감명한 모타운은 1963년 여름 마사 앤 더 반델라스로 반격에 나섰다. 이 그룹의 리드 싱어 마사 리브스는 원래 모타운의 비서였다. 이후 1964년 1월이 되자 슈프림스가 마침내 팝 차트에 처음 등장했다.

문화적으로 1960년대가 실제 언제 시작되었는지 확실히 말하기는 어렵다. 그럼에도 JFK 암살, 마틴 루터 킹의 "I have a dream" 연설, 로네츠가 'Be My Baby'를 노래하는 모습 등을 담은 텔레비전 영상은 팝 크로스오버의 해인 1963년을 전후해 어딘가에서 큰 변화가 일어났음을 암시한다. 밥 딜런은 이렇게 말했다. "1960년대 초반, 어쩌면 1964년부터 1965년까지는 정말이지 1950년대나 1950년대 후반과 마찬가지였어요. 여전히 1950년대였고, 여전히 같은 문화였죠."

분명히 그것은 베트남 전쟁이나 미니스커트 때문이 아니었다. 미국은 한국 전쟁, 플래퍼(Flapper)* 등을 통해 이러한 것들을 이미 경험한 상태였다. 1960년대를 다르게 만든 건 바로 그 기저에 깔려 있던 베이비붐이었다. 이 시기의 팝 음악은 그 어느 때보다 연령대에 잘 맞아떨어졌다. 인구통계학적 관점에서 보면 1960년대 초반 팝이 왜 그렇게 미성

---

* 1920년대 신여성을 뜻하는 용어이다.

숙한 시절을 노래했고, 이후 10년 동안 왜 그렇게 빠르게 성숙했는지를 쉽게 알 수 있다. 전후 기억을 통해 지나치게 신성화된 1960년대는 사실 운이 좋았던 세대가 성장해서 자리를 차지해버린 일기장 같은 시대였다.

12.

영국의
침공

조지 마틴 이야기_
어떻게 비틀스는
미국을 정복했나.

1950
~1964

두 차례의 세계 대전이 미국 해안까지 도달하지는 못했다. 이후 미국은 1964년 2월 7일 잠에서 깼다. 비명에 가까운 소리 때문이었다. JFK가 암살된 지 불과 4개월 후 팬암 101편의 문이 열리자마자 비틀마니아가 치명적인 바이러스의 폭발처럼 미국 전역을 휩쓸었다.

마치 헬멧 같은 머리를 한 4명의 침략자는 이후 데이브 클락 파이브, 만프레드 만, 허먼스 허미츠, 애니멀스, 롤링 스톤스, 킹크스, 뎀, 후 등을 통해 빠르게 강화되었다. 이렇듯 영국 밴드는 여러 차례에 걸쳐 미국을 정복했고 미국인의 취향을 영원히 바꿔버렸다.

언제나 일감을 찾고 있던 필 스펙터 역시 비틀스의 역사적인 대서양 횡단 비행에 동행했다. 물론 대체 그가 무엇을 바랐길래 동행한 것인지 정확히 알고 있는 사람은 없었다. 10대 왕국을 지배하던 비트 붐은 비틀스에 의해 갑자기 짧은 통치를 끝내야 했고, 비틀스는 두왑을 크리스마스 아침의 낡은 장난감처럼 차갑게 만들었다. 1964년 4월 4일 빌보드 핫 100에서 톱 5를 모두 차지했던 리버풀 출신의 이 사랑스러운 장난꾸러기들을 막을 수 있는 존재는 오직 하나, 모타운뿐이었다.

물론 미국 레코드 회사에게는 기습 공격이었지만 영국의 침공은 상대적으로 냉각기에 있던 시장을 일깨웠다. 과거로 잠시 돌아가서 업계의 전체 매출은 1954년 2억 1,300만 달러에서 1959년 6억 3,000만 달러로 급격히 증가했다. LP와 로큰롤의 성공에 힘입은 바였다. 그러나 이러한 급증세는 1963년 7억 달러 이하로 뚝 떨어졌다. 통계에서 알 수 있듯이 1960년대 초반의 틴 팝은 엘비스와 같은 대중적 흥분을 유지하지 못하는 상태였다. 이제, 수천만 명의 미국 청소년이 가장 격동적인 시기를 맞이하면서 비틀마니아는 그 어느 때보다 빠르게 음반 사업을 성장시켰다.

오늘날까지 비틀스는 팝 음악 역사상 가장 위대한 업적으로 손꼽힌다. 그들은 미국에서만 총 27개의 1위 싱글을 보유하고 있다. 이 놀라운 현상의 배후에는 가히 스튜디오 프로듀서 이상의 존재라고 할 수 있는, 독특한 유형의 음반 제작자 조지 마틴이 있었다. 1950년 팔로폰에 입사해 1962년 비틀스와 계약한 그는 영국 음반 산업이 배타적인 클래식에서 글로벌 팝으로 변모하는 과정을 지켜본 핵심 목격자다. 말할 필요도 없이 조지 마틴의 스튜디오 작업물 대부분은 박물관의 전시품이 되었고, 그가 국민 영웅으로 추앙받는 영국에서는 더욱 그러하다. 하지만 어떤 이유에서인지 영국인들조차 그의 개인적인 이야기는 거의 무시해 왔다. 겸손한 자아실현의 과정이었던 조지 마틴의 이야기는 비틀스의 전설을 한층 천우신조인 것처럼 보이게 한다.

신사적인 태도를 지닌 인물이었지만 조지 마틴은 1926년 영국 계급 격차의 정반대에서 태어났다. 마틴의 4인 가족은 전기도, 욕실도, 부엌도, 수도도 없는 드레이튼 파크의 방 두 개짜리 아파트에서 살았다. 마틴의 어머니는 현관에 있는 난로에서 요리를 하고, 양철 욕조에서 아들을 씻겼다. 1층에는 화장실 한 칸이 있었는데 건물에 사는 세 가족이 함께 사용했다. 목수였던 마틴 시니어는 대공황 당시 치프사이드에서 신문 파는 일자리를 구하기 전까지 18개월간 수입이 없었던 단순 수공업자였다. 조지 마틴은 신문 가판대에서 비를 맞으면서 서 있던 말년 아버지의 모습을 생생하게 기억했다. 막말로 마틴 가족의 생활 수준은 노동자 계급이라는 표현에도 거의 들어맞지 않는 수준이었다.

하지만 조지 마틴은 어렸을 때부터 자신에게 특별한 재능이 있다는 것을 깨달았다. 가족 중 음악가도 없고, 집에 악기도 없었지만 그는 아무 피아노나 찾아서 연주하기 시작했고 음계, 코드 진행, 디미니시 코드와 반전 코드 등을 스스로 터득했다. 절대 음감을 타고난 그는 귀로 음표를 인식해서 쇼팽의 곡을 파악할 수 있었다.

그가 처음으로 유사 종교적인 깨달음을 얻은 때는 BBC 심포니 오케스트라가 드뷔시의 'L'après-midi d'un faune'를 연주한 학교 음악회에서였다. 이 곡의 추상적인 질감은 아직 미성숙한 조지 마틴의 상상력을 하늘로 끌어올렸다. 이 프랑스 음악은 남은 생애 동안 조지 마틴에게 큰 영향을 미쳤다. 그는 이 음악을 통해 음악의 신에게 처음으로 머리에 키스를 받았던 그 옛날 학교 강당으로 돌아갔다.

10대 시절 내내 조지 마틴은 자신의 뮤즈를 쫓았다. 그는 댄스 밴드인 포 튠 텔러스를 결성하고, 수입이 생기면 클래식 피아노 레슨에 그것을 재투자했다. 하지만 전쟁이 터지고 학교가 영국 북부로 이전하면서 그는 전쟁 사무소에서 심부름꾼으로 일해야 했다. 열일곱 살이 되던 1943년 여름 조지 마틴은 해군 항공대에 입대해 어머니의 마음을 아프게 만들었다. 그가 운명적인 첫 만남을 가졌던 때는 영국 남부에서 훈련을 받던 중이었다. 포츠머스에서 열린 피아니스트 에릭 해리슨의 콘서트가 끝날 무렵 그는 관객이 흩어지기를 기다렸다가 홀에 아무도 남지 않았을 때 피아노를 쳤다. 그러던 와중 그는 누군가의 존재감을 느꼈다.

"방금 연주한 곡이 뭐였죠?" 뮤지션이 물어봤다.

"제가 직접 쓴 것 중 하나예요." 마틴이 부끄러워하며 대답했다.

"오, 작곡을 하나요?"

"훈련을 많이 받지는 못했지만 노력은 하고 있습니다." 이 뮤지션은 국영 음악 기관 'The Committee for the Promotion of New Music'의 주소와 연락처를 적어주면서 이렇게 말했다. "당신, 음악으로 뭔가를 해 봐야 할 것 같은데요."

마틴은 기지를 옮겨 다니면서 형성기를 보냈다. 그러는 동안 음악을 읽고 작곡하는 방법을 스스로 터득했다. 한번은 화물칸에 3천 명의 독일군 포로를 가둬 놓은 네덜란드 여객선을 타고 대서양을 항해하면서 맨해튼 고층 빌딩을 잠깐 본 적도 있었다. 이후 마틴은 트리니다드로 파견되어 복무를 이어 나갔다. 숨막힐 듯한 더위 속에서 수륙양용 항공기 조종법을 배우면서도 조지 마틴은 드뷔시풍 교향곡을 작곡했다. 조종사 훈련의 일환으로 그리니치의 아름다운 페인티드 홀에 방문한 적도 있었다. 그곳에서 열린 연회를 통해 마틴은 사교 에티켓을 배웠다. 2주간의 훈련 기간 동안 한 괴짜 장교는 훈련생들에게 진정한 신사는 위생에 엄격하고, 무절제한 식사 습관을 지양해야 하며 규칙적인 배변 활동을 해야 한다고 끊임없이 강조했다.

연합군이 베를린을 점령한 후 영국으로 돌아온 마틴은 자신의 작곡을 분석한 3페이지 분량의 편지를 받았다. 이전에 받았던 비밀스러운 주소로 보낸 편지의 답장이었다. "이런 곡을 더 많이 써야 합니다." 답장을 보낸 사람은 런던 길드홀 스쿨 오브 뮤직의 피아노 교수인 시드니 해리슨이었다. "계속 보내세요. 연락하겠습니다." 이렇게 조지 마틴은 훗날 자신이 "요정과도 같은 대부"라고 불렀던 사람을 만났다.

편지를 통한 음악적인 교감은 계속되었다. 해리슨은 "음악을 진지하게 받아들여야 한다."라고 거듭 강조했다.

"하지만 전 이제 스물한 살인데 정말 음악을 할 수 있을까요?"라고 마틴은 물어봤다.

해리슨은 "물론 가능하죠."라고 장담했다. "음악 대학에 가서 3년 동안 공부하면 됩니다. 내가 어떻게 해야 하는지 알려 줄게요. 길드홀에 가서 교장 선생님께 작곡한 곡을 들려드리고, 교장 선생님이 저만큼 좋아한다면 합격입니다."

마틴은 확신이 없었지만 전쟁이 끝나자 자신에게는 아무런 자격증도, 취업할 만한 기술도 없다는 무서운 사실을 깨달았다. 그래서 1947년 2월 그는 자전거를 타고 길드홀로 가서 교장 에릭 쿤델을 위해 피아노를 연주했다.

"아주 좋아요. 내년부터 시작하죠."라고 쿤델이 말했다.
"학비는 어떻게 해야 하나요?" 마틴은 난처해하면서도 상기된 표정으로 물어봤다.
"해군에 복무하고 있잖아요. 추가 교육을 받을 권리가 있습니다. 보조금을 신청할게요."

당시 마틴의 어머니는 뇌출혈로 세상을 떠났고, 아내 시나는 광장공포증으로 고통받고 있었다. 이런 이유로 마틴은 현실을 잊을 수 있는 클래식 음악에 더욱 몰두했다. 연간 160파운드의 보조금으로 생계를 유지하면서 오케스트레이션, 음악 이론, 화성학, 대위법, 지휘 등을 배웠다. 3년 후 그는 악보를 보관하는 BBC 음악 도서관에 취직했다. 도서관에서 일하던 마틴은 1950년 또 다른 비밀스러운 편지를 받았다. 오스카 프로이스라는 사람으로부터 온 초대장이었다.

마틴은 애비 로드에 자전거를 놓고, 인상적인 저택에 들어섰다. 석탄 벽난로와 그랜드 피아노가 있는 넓은 사무실에서 오스카 프로이스는 친구인 시드니 해리슨이 추천한 거라고 말했다. 이후 주당 7파운드 4센트라는 적은 금액에 스물네 살의 조지 마틴은 EMI 산하 레이블인 팔로폰의 리코딩 어시스턴트로 고용되었다.

당시 EMI는 암흑기에 빠져 있었다. 호주 출신 사이클링 광신도 어니스트 피스크 경의 부실한 경영 때문이었다. 오스카 프로이스는 영감을 주는 멘토 같은 존재였다. 자신의 은퇴가 임박했음을 잘 알았던 그는 마틴에게 레코드 산업의 역사와 더불어 관료주의에 찌든

EMI가 얼마나 천박한 권모술수에 의해 돌아가는 회사인지를 알려 주었다.

　하지만 1955년 조셉 록우드 경이 새로운 EMI 회장에 임명되면서 상황이 바뀌었다. 기민하고 모험심 강하며 동성애자이기도 했던 록우드는 전임자의 보수적인 태도를 거의 고려하지 않았다. 미국을 음악계의 중심으로 봤던 록우드는 캐피톨을 900만 달러에 인수했다. 그가 보인 첫 번째 큰 행보였다. 활력을 되찾은 프로이스와 록우드는 조지 마틴에게 팔로폰 운영을 넘겼다. 조지 마틴은 팔로폰에서 자신만의 틈새시장을 발굴하겠다는 취지 아래 다음 같은 캐치프레이즈를 내세웠다. "유머 감각 있는 사람들을 위한 레이블." 이후 극장에 모바일 리코딩 장비를 설치한 마틴은 피터 쿡, 더들리 무어, 스파이크 밀리건, 피터 셀러스 등 대담한 태도로 주목받았던 신세대 코미디언들의 촌극과 유머러스한 노래를 녹음했다.

　그즈음 로큰롤이 EMI에 안착했다. RCA와 체결한 라이선스 계약 덕분이었다. 엘비스가 15곡을 히트시키면서 1957년 1년 동안 EMI의 7인치 판매량은 100만 장에서 700만 장으로 급증했다. 한편 조지 마틴은 컬럼비아를 부러운 눈으로 지켜봤다. 1958년과 1960년 사이 컬럼비아에서 나온 클리프 리처드의 음반이 550만 장의 판매고를 올렸기 때문이다. 그에게 절실한 건 자신만의 팝 스타였다. 그는 록우드에게 토미 스틸을 어리석게도 거절했다고 솔직하게 털어놨다. 엘비스의 복제품이었던 그는 데카에서 수백만 장의 판매고를 올렸다. 록우드의 얼굴에는 하얗게 질린 실망감이 가득했다. 마틴 역시 절망에 빠진 상태였다. 그러던 1962년 4월 운명적인 전화 한 통이 걸려 왔다. 베테랑 출판인인 시드 콜먼으로부터 온 전화였다.

　"조지, 관심 있을지 모르겠지만 매니저를 맡고 있는 그룹의 테이프를 가지고 온 사람이 있어요. 아직 음반 계약을 맺지 않았는데 한번 만나서 들어 볼래요?"
　"물론이죠. 뭐든 들어줄 용의가 있습니다. 오라고 하세요." 마틴이 대답했다.
　"알았어요. 매니저의 이름은 브라이언 엡스타인입니다."

　비틀스는 파이, 필립스, 컬럼비아에서 단번에 거절당했고, 데카는 두 번의 오디션을 거쳐야 합격 여부를 알 수 있다고 한 상태였다. 환멸에 빠진 엡스타인은 자신의 테이프를 바이닐로 뜨기 위해 옥스퍼드 스트리트의 HMV 매장에 들렀다. 엡스타인은 복사 기술자에게 흐느끼면서 이야기를 털어놨다. 기술자는 그에게 위층으로 올라가 시드 콜먼을 만나보라고 제안했다. 시드 콜먼은 엡스타인에게 "팔로폰의 조지 마틴을 한번 보러 가는 건 어때요?"라고 말하면서 이렇게 덧붙였다. "마틴은 색다른 음악을 좋아해요. 예상치 못한 앨범으로 큰 성공도 했고요. 원한다면 전화해서 약속 잡을게요."

맨체스터 스퀘어에 있는 마틴의 새 사무실에 도착한 엡스타인은 곧장 설득에 들어갔다. 그는 마틴이 비틀스에 대해 들어 본 적이 없다고 하자 일부러 놀란 척 연기까지 했다. 엡스타인이 밴드 계약을 따내기 위해 고군분투해 온 과정을 훤히 꿰뚫어 본 마틴은 "실례지만 리버풀이 어디쯤에 있죠?"라고 물어보려다가 마음을 접었다. 하지만 엡스타인이 비틀스의 레코드를 플레이했을 때 마틴은 조화로운 보컬에 마음을 열었다. 비록 곡은 약했지만 테스트 녹음이 가능한 정도의 잠재력은 있는 밴드였다.

당시 비틀스는 함부르크에서 공연을 하고 있었다. 그래서 1962년 6월이 되어서야 애비 로드에 모습을 드러냈다. 조지 마틴은 얼마 지나지 않아 이 뮤지션들이 마음에 들기 시작했다. 피터 셀러스의 열렬한 팬이었던 비틀스 멤버들은 조지 마틴이 셀러스의 절친한 친구이자 함께 작업한 동료라는 사실을 알고는 유머를 아끼지 않고 쏟아냈다. 비틀스의 연주를 들었을 때 예민한 귀를 갖고 있던 마틴은 드러머 피트 베스트가 가장 잘생겼음에도 불구하고 박자를 맞추지 못한다는 점을 파악했다. 마틴은 엡스타인을 구석으로 데려가서는 이렇게 말했다. "당신이 이 그룹을 어떻게 할지는 모르겠지만 드럼이 내가 원하는 수준에 못 미쳐요. 만약 음반을 만든다면 내가 직접 드러머를 고용하고 싶어요." 사실 마틴의 진심 어린 판단은 다른 3명의 비틀스 멤버가 이미 원하던 바를 승인하는 것이었다. 그들은 링고 스타로 드러머를 교체했다. 스타는 사람을 웃길 줄 아는 친구였다.

계약이 체결되었다. 기간은 5년, 1페니의 로열티와 매년 4곡의 싱글을 발매하는 조건이었다. 팔로폰은 매년 계약을 해지할 수 있는 옵션도 가졌다. 결코 넉넉한 계약은 아니었지만 팔로폰은 수많은 거절 끝에 비틀스가 런던에서 붙잡은 최후의 기회였다. 밴드 내에서 누가 스타성이 있는지 찾기 위해 조지 마틴은 리버풀로 가는 기차를 타고 지하에 있는 캐번 클럽으로 내려갔다. 그곳은 악취를 풍기는 지하 감옥처럼 보였고, 천장에서는 물이 뚝뚝 떨어졌다. 열기를 못 이겨 기절하는 관객도 심심찮게 있었다. 비틀스의 서식지에서 그들을 관찰하던 마틴은 리더가 없다는 점, 그래서 자유분방한 패거리처럼 보이는 이 구성이야말로 매력이라는 걸 깨달았다.

성공은 쉽지 않았다. 1962년 말 'Love Me Do'가 발매되었을 때 EMI 프로모션 부서는 이 곡을 무시했다. 엡스타인 가문의 레코드 가게인 NEMS 덕분에 'Love Me Do'는 리버풀에서 엄청난 판매고를 올리면서 영국 싱글 차트 17위에 올랐다. 그러나 NEMS조차 재주문을 받지 못하면서 매니저와 프로듀서 사이의 관계가 냉랭해졌다. 엡스타인은 전화기에 대고 마틴에게 "도대체 EMI에 무슨 일이 있는 겁니까?"라고 소리를 질렀다. 마틴은 뛰어난 후속 싱글과 공격적이면서도 발이 넓은 음악 출판업자의 도움이 있어야 비틀스가 앞으로 나아갈 수 있다고 주장했다. 마틴이 추천한 인물은 오랜 친구이기도 한 딕 제임스였다. 제임스는 마침 자신의 회사를 막 설립한 차였다. 따라서 그에게도 히트곡은 절실했다.

딕 제임스는 브라이언 엡스타인을 설득해 노던 송스라는 별도의 회사를 설립했다. 제임스가 50%를 소유하고 나머지 50%는 비틀스와 엡스타인이 나눠 갖는 구조였는데 후에 이 계약은 제임스에게 신의 한 수가 되어 줬다. 여기에 더해 그는 10%의 수수료를 추가해 본 사인 딕 제임스 뮤직의 운영비로 썼다. 소개에 고마움을 느낀 제임스는 조용히 마틴을 불러 한 몫을 제안했다. "그렇게 생각해줘서 정말 고맙네." 마틴은 이렇게 대답하면서 덧붙였다. "하지만 역시 양심에 걸려. 내 이익까지 나누는 건 잘못된 것 같아."

비틀스의 후속 싱글은 발라드에 가까웠던 'Please Please Me'를 속도감 있게 연주한 버전이었다. 조지 마틴은 이 곡에 오프닝 훅과 승리의 피날레를 추가했다. 히트가 확실한 테이크가 완성되자 마틴은 인터컴 버튼을 눌렀다. "여러분, 방금 첫 번째 1위 레코드를 만들었습니다!" 딕 제임스는 영국 유일의 음악 전문 TV 프로그램인 <Thank Your Lucky Stars>의 비틀스 출연 섭외에 성공했다. 잠재력을 눈치챈 EMI 직원들은 회사의 주력 홍보 대상 방송국인 라디오 룩셈부르크에서 이 곡이 정기적으로 선곡될 수 있도록 조치했다.

'Please Please Me'가 1위를 차지하자마자 마틴은 밴드를 애비 로드로 불렀다. "좋아요. 오늘 당장 해야 할 일이 있습니다. 여러분이 캐번에서 연주했던 노래 중 내가 고른 곡들을 녹음하는 거예요." 그날 밤 11시까지 앨범 전체가 테이프에 녹음되었고, 예상대로 이 LP는 곧장 1위를 찍었다. 수록곡인 'Twist & Shout'가 인기를 끌자 마틴은 이 곡에 다른 세 곡을 추가한 EP도 발매했다. 이 EP 역시 1위에 올랐다. 꿈에 그리던 발매 이후에도 오리지널 곡은 계속 쏟아져 나왔다. 'From Me to You'와 'She Loves You'는 4주 만에 75만 장이 판매되었다. 마틴은 이렇게 회상했다. "환기구를 열었더니 기름이 솟구쳐 나온 꼴이었어요. 원래는 곧 말라버릴 거라고 생각했는데 생산량이 갈수록 더 많아졌죠." 데뷔 LP를 내놓고 4개월 만에 그들은 서둘러 두 번째 앨범을 발매했다. 8곡의 오리지널과 3곡의 모타운 커버가 수록된 <With the Beatles>였다. 이 음반은 영국에서 21주 동안 1위에 머물렀다.

엡스타인은 비틀스 외에 제리 앤 더 페이스메이커스, 빌리 J. 크레이머, 실라 블랙 등 다른 리버풀 출신 뮤지션·밴드와도 팔로폰을 통해 계약을 맺었다. 1963년 엡스타인·팔로폰 소속 아티스트들은 총 37주 동안 1위를 차지했다. 이 공식을 모방하기 위해 런던 음반 업계는 영국 북부로 골드러시를 떠났다. 파이가 서처스를, 영국 컬럼비아가 애니멀스를, 마틴의 새로운 어시스턴트는 맨체스터에서 홀리스를 발굴해냈다. 갑자기 가수, 코미디언, 작가 등 북부의 모든 게 시크해졌다. 이렇듯 1964년 브리티시 인베이전이 1963년 북부의 런던 침공으로부터 비롯되었다는 사실은 지금껏 종종 잊혀왔다.

다음 문제는 미국이었다. EMI가 캐피톨을 소유하고 있었지만 비틀스의 첫 미국 싱글 2장은 캐피톨 아닌 독립 음반사 VJ와 스완이 라이선스했다. 캐피톨이 발매를 거부했기 때문이다. 소문에 따르면 애틀랜틱의 제리 웩슬러조차 비틀스가 "오리지널리티가 떨어진다"라는 이유로 거절했다고 한다. 심지어 캐피톨의 데이브 덱스터는 다음처럼 무례하게 대답했다. "장발의 애들만 모아 놓은 거예요. 잊어버려요. 아무것도 아니야." 'Please Please Me'가 영국에서 1위를 차지했을 때 캐피톨의 사장 앨런 리빙스턴은 조지 마틴에게 "비틀스가 이 시장에서 뭔가 할 수 있을 것 같지 않아요."라며 퉁명스럽게 말했다. 결국, 캐피톨은 앞서 언급한 것처럼 비틀스의 두 싱글 'From Me to You'와 'She Loves You'의 발매를 거부했다. 이후 비틀마니아가 미국 언론의 레이더망에 포착되자 리빙스턴이 내린 결론은 이러했다. "일단 레코드 한 장만 내고 어떻게 될지 지켜봅시다." 그 레코드가 바로 1,500만 장의 판매고를 올린 'I Want To Hold Your Hand'였다.

판도가 바뀐 건 1964년 1월이었다. 당시 비틀스는 파리에 머물면서 올림피아에서 2주간의 공연을 소화하는 중이었다. 어느 날 이른 아침 마틴은 전화벨 소리에 잠에서 깼다. 술에 취한 브라이언 엡스타인이었다. "방금 멤버들과 축하 파티를 끝내고 왔는데 다들 완전히 흥분한 상태예요." 과장된 긴장감을 반영하는 것 같은 침묵이 잠시 흘렀다. "다음 주

차트에서 빌보드 1위할 거예요. 확실해요. 방금 뉴욕이랑 통화했어요." 마틴은 다시 베개에 몸을 파묻고 천장을 바라보며 웃었다. 이제 그의 모험은 완전히 새로운 차원으로 접어들고 있었다.

미국에 도착했을 때 캐피톨 담당자들은 조지 마틴을 최대한 멀리 떨어뜨려 놓았다. 이제는 전설로 회자되는 JFK 공항 기자회견에서 카메라 앞에 선 앨런 리빙스턴은 활짝 웃으며 비틀스에게 직접 인사를 건넸다. 날카로운 위선의 냄새가 풍겼지만 마틴은 역사적인 사건을 목격하고 있다는 점만으로도 행복을 느꼈다. 중년 남성들이 비틀스 가발을 쓰고 5번가를 걷고, 텔레비전 방송국에서는 비틀스 내한에 대한 최신 특종을 다뤘다. 비틀스가 묵고 있던 5번가 플라자 호텔과 센트럴 파크 앞으로 엄청난 인파가 모여들었다. 거의 모든 방송국에서 비틀스의 노래가 반복해서 흘러나왔다.

영국에서와 마찬가지로 미국 팬들도 비틀스의 유머와 정신에 즉시 매료되었다. "그들의 유쾌한 카리스마가 전 세계로 퍼져나갔어요. 이전에는 보지 못했던 거였죠." 마틴은 이렇게 말하면서 덧붙였다. "그건 젊음의 표현이었어요. 약간은 제멋대로 구는 반항적인 느낌도 있었고요. 젊은 층으로부터 즉각적인 반응을 얻었어요. 신기하게도 부모 세대의 경우 음악 자체는 좋아하지 않았을지언정 그들을 못 마땅하게 여기는 것 같지는 않았어요."

워싱턴의 복싱 경기장에서 열린 첫 콘서트에서 마틴은 주변을 둘러보며 관객을 관찰했다. "꽤 많은 부모가 있기는 했지만 관객 대부분은 10대였어요. 열기가 진짜 뜨거웠죠. 제 옆자리에서 한 여자애가 위아래로 뛰어다니며 말을 걸더군요. '정말 대단하지 않아요? 정말 멋지지 않아요?'"

마틴은 대답했다. "네. 그러네요."
"선생님도 좋아하시나요?" 그녀가 물었다.
"네, 꽤 좋아하는 편이에요." 마틴은 웃으면서 대답했다.

서른여덟 살의 마틴은 자신이 다소 나이가 들었다고 느꼈지만 모든 관중이 'I Want To Hold Your Hand'를 따라 부를 때 함께 노래했다. "그런 상황에서 비명을 지르는 건 아무 것도 아니었어요. 엄청난 행복과 흥분으로 들뜬 물결에 바로 휩쓸리게 되는 거죠." 그해 비틀스는 6개의 1위 싱글과 3개의 1위 앨범을 기록하며 1년 중 약 7개월 동안 정상을 지켰다. 뒤이어 여러 다른 영국 그룹이 1위를 차지했다. 이러한 통계는 전례 없는 사건이었다. 미국 시장이 영국 팝에 이렇듯 완전히 포위된 적은 없었다. 비틀스, 데이브 클락 파이브, 허먼스 허미츠, 애니멀스 같은 밴드의 (거대하게 히트할) 곡들을 거절한 전력에도 불구하고 캐피톨의 매출은 1963년 5천만 달러에서 1964년 7천만 달러로 급증했다. 같은 기간 EMI의 영국 매출은 80% 성장한 900만 파운드에 달했다.

그 와중에 부자가 되지 못한 한 사람이 있었다. 바로 조지 마틴이었다. 1950년 어시스턴트로 EMI에 입사한 마틴의 기본급은 연간 3,000파운드였다. EMI는 고위 관리자와 말단 직원 모두가 비열한 전통을 적극적으로 영속화하려는 것처럼 보이는, 총체적으로 먼지투성이인 관료 조직이었다. 비틀스는 구내식당 냉장고에 자물쇠가 달린 것을 보고 충격을 받았다. 사운드 엔지니어 제프 에머릭은 링고의 베이스 드럼 가까이에 마이크를 설치할 때 서면 허가를 받아야 했다. 행여 마이크가 터지면 임금이 삭감될까 봐 두려웠기 때문이다.

1963년 말 팔로폰 직원들은 크리스마스 특별 보너스로 4일치 급여를 추가로 받았지만 당시 상황을 고려하면 부끄러운 보상이었다. 설상가상으로 마틴은 어쨌든 사장이기에 보너스 면제였다. 그는 계약 조건을 살펴보다가 사직 통보를 1년 전에는 해야 한다는 조항을 발견했다. 그래서 상사에게 12개월 후에 퇴사할 것이라고 통보했다. 갑자기 고위 관리자들이 마틴을 점심 식사에 초대하기 시작했다. 이렇듯 "아님 말고" 식의 접근법이 아니었다면 그는 퀴즈의 대상이 되었을 것이다. 이를테면 다음 같은 퀴즈. 다른 레이블에게 제안을 받은 걸까? 비틀스는 그가 떠나고 싶어한다는 사실을 알고 있나? 프리랜서로서 비틀스 프로듀스를 맡을 수 있을까? 결국 EMI 레코드 대표 렌 우드가 참여한 긴급 회의가 소집됐다. 우드는 "지금 이 문제에 대해 굉장히 완고하게 행동하는군요."라고 말하면서 "하지만 전 당신을 계속 고용하기로 결심했어요."라고 덧붙였다.

"좋아요. 제안은요?" 마틴이 물었다.

"판매 수수료는 당연히 받을 겁니다. 제가 제안하는 건 저희 수익의 3%에서 간접비를 뺀 금액이에요."

"글쎄요. 좀 모호하네요. 구체적으로 설명해 주시겠습니까?"

"잠깐만요... 작년을 예로 들어 볼게요. 만약 작년인 1963년에 이 시스템이 작동했다면 당신은 11,000파운드의 보너스를 받았을 겁니다. 어떻게 생각하나요?" 우드는 자신 있게 웃었다.

"아주 좋네요. 그런데 어떻게 그런 계산이 나온 건가요?" 마틴이 되물었다.

우드는 레이블 직원 4명의 급여와 전년도 뮤지션 수수료를 합산하고 거기에 2를 곱해 팔로폰의 간접비가 약 5만 5천 파운드라고 계산했다. 이 수치를 3%의 수수료인 6만 6천 파운드에서 빼면 11,000파운드가 된다고 EMI 보스는 말했다. 혈관을 타고 분노의 물결이 치밀어 오르는 와중에 마틴은 머리 속으로 숫자와 씨름했다. "잠깐만요." 그는 다음처럼 주장했다. "그건 매출 원가예요. 수익이 아니죠. 6만 6천 파운드는 220만 파운드의 3%에 불과하잖아요!"

"맞습니다."

"하지만 그건 분명히 매출 원가일 겁니다!" 마틴이 목소리를 높이며 압박했다.

"아니요. 수익이 맞습니다."

마틴이 EMI에 대해 가졌던 마지막 신뢰의 끈이 끊어졌다. 캐피톨이 미국에서 벌어들일 수천만 달러는 말할 것도 없고 이 회사는 팔로폰으로 수백만 달러를 벌어들이고 있었다. "정말 감사합니다."라고 마틴은 발표하듯 말했다. "제 마음은 전혀 변하지 않았습니다. 떠나겠습니다."

물론 주택 담보 대출과 부양해야 할 가족이 있는 조지 마틴에게 문을 쾅 닫을 수 있는 수단은 없었다. 그는 이후 1년간 3,000파운드의 연봉으로 여전히 괴로운 시간을 보내야 했다. 비틀스가 전 세계를 정복하던 시절이었지만 재정적인 어려움은 그의 삶 전반에 걸쳐 항상 존재했다. 이 치명적이었던 회의를 통해 조지 마틴은 EMI 내부에 조용한 반란을 일으켰다. 그러나 런던의 급변하는 음악계에서 독립 제작에 대한 아이디어가 확산되고 있다는 사실을 깨닫지는 못한 상태였다.

13.

앤드루 루그 올덤과 롤링 스톤스

찬사받지 못한 영웅_
앤드루 루그 올덤이
롤링 스톤스를 다듬다.

1963
~1964

런던에서 활동하는 쇼 비즈니스맨 모두가 자신만의 환상을 꿈꿨다. 폭풍의 눈과도 같았던 그 속에서 키가 큰 청년이 비틀스의 대안에 대한 가능성을 감지했다. 딸기빛 도는 금발의 소유자였던 그의 이름은 앤드루 루그 올덤이었다.

만약 비틀스의 대안을 제시하는 게 가능하다는 것을 아는 사람이 있다면 올덤이야말로 바로 그 사람이었다. 그는 1963년 봄 내내 비틀스 홍보 담당자로 런던의 칼럼니스트들을 상대했다. 겨우 열아홉 살이었지만 올덤은 노련한 사기꾼이었고, 풍부한 인맥을 자랑했다. 기발한 상상력에 거침 없는 태도를 지녔던 그는 영국의 안이한 음반 업계에 혼란을 가져오려는 무정부주의적 열망에 사로잡혀 있었다. 그가 보기에 당시 음반 업계는 지루한 노인들이 지배하는 식민지 시대의 공무원 조직 비슷했다.

비틀스가 열광의 물결에 휩쓸리고 있을 때 그는 자신이 완벽히 유리한 위치에 서 있음을 깨달았다. 비틀마니아와 더불어 사람들의 욕망은 막 자극되기 시작한 상태였다. 이제 영국 엔터테인먼트 산업 전체가 이 배고픈 짐승에게 먹이를 주어야 했다.

올덤은 젊은 본능에 따라 행동하는 게임 체인저였다. 전화로 마술을 부리지 않을 때는 기사가 운전하는 호화로운 차를 타고 런던을 돌아다니며 약을 하고, 다음 행동을 계획했다. 야생적인 삶을 즐겼던 그는 1960년대 스윙잉 런던(Swinging London)*이 본격적으로 시작되기 전에 이미 그것을 의인화한 인물처럼 보였다. 앤드루 루그 올덤은 영국 팝 음악의 역사에서 제대로 찬양받지 못한 위대한 선구자다. 수많은 밴드, 매니저, 그리고 인디 레이블이 그의 후예가 되어 뒤를 이었다.

비록 동료들에게는 수수께끼 같은 존재였지만 올덤은 다양한 부분의 총합과도 같은 인물이었다. 1943년에 태어난 그는 미 공군 조종사 앤드루 루그와 영국인 어머니 셀리아 올덤 사이에서 태어난 사랑스러운 아이였다. 어머니가 임신한지 3개월 만에 그의 아버지는 영국 해협 상공에서 폭격 임무 수행 중 사망했다. 아버지 없이 자란 앤드루 루그 올덤은

---

* 1960년대, 문화적으로 젊고 활기찼던 영국 런던을 뜻하는 표현이다. 1965년 <보그>의 편집자 다이애나 브릴랜드가 처음 썼던 것으로 알려져 있다. 스윙잉 식스티즈(Swinging Sixties)라고도 부른다.

스스로 미국과의 인연을 이어 나갔다. 할리우드 영화에 심취했던 그는 마치 맨해튼의 사업가인양 자신감 넘치는 태도로 다른 사람을 설득하고, 헛소리를 하고, 동기를 부여했다. 그의 동료들은 모두 영국 계급 문화의 산물이었지만 올덤이 꿈꾸는 세상은 젊고 아름답고 대담한 사람이 왕이 될 수 있는 능력주의 사회였다. 롤링 스톤스의 찰리 와츠는 올덤이 자신이 만난 최초의 미국인이라며 농담을 던지기도 했다.

1960년 열여섯의 나이에 올덤은 학교를 그만두고 킹스 로드에 있는 패션 디자이너 메리 퀸트의 부티크 바자(Bazaar)에 취직했다. 메리 퀸트의 두 번째 매장 오픈을 위해 나이츠브리지에 도착한 그는 전국적인 신문을 통해 대중의 관심을 불러일으키는 언론 홍보 담당자들을 처음 목격했다. 당시 퀸트는 무릎 높이 부츠, 미니스커트, 하이-웨이스트 트위드 튜닉, 트위드 반바지, 단발 헤어스타일 등을 통해 1960년대의 새롭고 대담한 스타일을 개척하고 있었다.

올덤은 메리 퀸트가 일궈 낸 모더니스트 원더랜드를 이렇게 표현했다. "마치 제대로 된 영화에 출연하는 것과 같았어요. 그들은 적절한 순간을 알아차리고 독립 프로덕션을 통해 통제권을 유지하면서 자신들이 런던의 컬트를 세계적인 성공으로 이끌었음을 자각하고 있었죠. 이런 것들을 통해서 나중에 롤링 스톤스와 이미디어트 레코드에서 일할 때 원동력이 되어 준 경험과 소명 의식을 얻을 수 있었어요." 올덤은 퇴근 후 교외에 있는 집으로 돌아가지 않았다. 대신 아마드 자말, 디지 길레스피, 델로니어스 몽크 등의 비밥 연주자가 공연하던 전설적인 클럽 로니 스콧스에서 두 번째 일을 했다. 올덤은 7시부터 자정 또는 새벽 1시까지 휴대품 보관소에서 일하면서 손님을 자리로 안내하거나 길 건너 인도 레스토랑에서 주문한 음식을 손님에게 배달해 줬다.

두 가지(때로는 세 가지) 직업을 병행하며 바쁘게 지내던 몇 달 동안 올덤은 비이성적인 행동 징후를 보였다. 어느 날 밤 그는 여자 친구 쉴라 클라인을 찾아갔다. 그러나 정신 분석가인 그녀의 아버지가 문을 열더니 설거지를 다하기 전까진 만날 수 없다고 그에게 말했다. 분노를 참지 못한 열여섯 살의 올덤은 주머니에서 권총을 꺼내 클라인 박사의 머리에 겨눴다. "어디 이걸 한번 분석해 보시지!" 올덤은 곧장 남쪽 해안으로 사라지듯 도망쳤다.

올덤은 자신의 기분이 어떻게 변하는지에 대한 메커니즘을 이해하지 못했다. 조울증이었다. 그는 자살 충동을 처음 경험했고, 이후에도 계속되었다. 그는 여러 지인과 어울리는 대신 프랑스로 사라진 뒤 메리 퀀트와 로니 스콧에게 자신의 부재에 대해 사과하는 편지를 썼다. 이후 올덤은 지중해의 생트로페와 칸에서 부유한 영국인 관광객을 상대로 돈을 뜯어냈다. 감옥에서 밤을 보내기도 하고 훗날 데이비드 보위의 지기 스타더스트 캐릭터에 영감을 준 뮤지션 빈스 테일러와 어울리기도 했다. 빈스 테일러 역시 자기 파괴적인 충동을 지닌 인물이었다.

지중해의 햇살이 내면의 어둠을 쫓아내자 올덤은 음반 사업에 뛰어들기로 결심하고 런던으로 돌아왔다. 1961년 당시 데카 A&R 부서에서 일하던 전 섀도우스의 드러머 토니 미한은 올덤에게 인기를 얻고 있는 알앤비 레코드가 뭔지를 알려 주고, 셸 탈미 같은 프로듀서가 속해 있는 소규모 독립 프로듀서 네트워크도 소개해 줬다. 훗날 셸 탈미는 후, 킹크스, 데이비드 보위, 만프레드 만을 프로듀스했다. 이 네트워크에는 또 다른 선구적인 독립 프로듀서 조 믹이 있었는데 그가 프로듀스한 'Telstar'는 당대 최고 히트곡이었다. 올덤은 그들과 또 다른 사람들을 위해 프리랜서로 일했다. 그가 맡은 건 주로 홍보 업무였다.

그에게는 재능이 있었다. 특히 런던에서 온 미국 아티스트 에스코트를 아주 잘했다. 올덤은 1962년 밥 딜런이 <Madhouse on Castle Street>이라는 TV용 연극에 배우로 출연한다는 소식을 런던 언론에 알리고 5파운드를 받아 냈다. 필 스펙터 역시 로네츠와 함께 영국을 처음 방문했을 때 올덤을 만났다. 한데 스펙터가 호텔 직원을 모욕하고 왕자처럼 런던을 돌아다니는 모습을 보면서 올덤의 내면에 자리한 악마가 고개를 들었다. "빨간 코듀로이 재킷에 선글라스를 쓴 작은 남자가 메이페어에 서 있는 대형 롤스로이스에서 내리질 않고 있었죠." 올덤은 그에 대해 회상하면서 이렇게 덧붙였다. "필은 예시를 보여 줬고, 저는 그에게 매료되었어요. 지금까지 예의 바르게 살아왔는데 저 작고 완벽한 훌리건을 모델로 삼을 수 있는 기회가 생겼던 거죠."

올덤은 비틀스가 'Please Please Me'를 연주할 때 마침 텔레비전 스튜디오에 있었다. 뒤편에서 단정한 태도로 미소 짓고 있는 매니저를 지켜보면서 올덤은 다음처럼 생각했다. "어느 정도 잘사는 집안에서 태어났기에 자신감 있고, 이 덕에 자신이 상대해야 하는 고집스러운 중산층 출신 레이블 매니저들과도 잘 어울릴 수 있었을 거예요. 사실 브라이언은 <Thank Your Lucky Stars>에서 그저 멤버들을 지켜보고 있었지만 그의 신념과 비틀스의 재능은 자연스럽게 그 공간에 스며들었어요. 그러더니 곧 TV를 타고 북쪽의 리버풀에서 남쪽을 향해, 결국에는 섬 전체로 퍼져 나갔죠."

이렇듯 비틀스의 TV 리허설에 용케 참석한 올덤은 브라이언 엡스타인에게 다가갔다. 잘 차려입은 젊은이가 자신의 홍보 서비스를 소개하자 엡스타인은 그가 어떤 사람인지 속으로 판단했다. 다행히 당시 엡스타인은 비틀스를 좀 더 결단력 있게 지원하지 않는 EMI에 분노하고 있었다. 올덤은 엡스타인이 자신을 고용할 거라고 예감했다. 올덤의 회상에 따르면 엡스타인은 "목에 걸린 가래를 제거하는 사람처럼" 런던을 "론돈"이라고 발음하면서 런던에 자체 홍보 담당자를 두어야겠다고 생각하던 차였다. 아무리 의욕적인 매니저일지라도 리버풀에서 오후 내내 장거리 전화에 매달린 채 런던의 신문사와 라디오 방송국에 홍보하는 건 당시 상상조차 할 수 없는 일이었다.

그래서 올덤은 비틀스의 런던 홍보를 맡게 되었다. 그의 나이 불과 열여덟 살이었다. 아직 비명을 지르는 소녀들은 없었지만 분위기는 무르익고 있었다. 올덤은 에이전트 에릭 이스턴의 건물에 위치한 작은 사무실을 주당 4파운드에 빌렸다. 한데 이즈음부터 그는 화장을 하기 시작했다. 자신의 페르소나를 꾸밀수록 사람들이 자신을 진지하게 받아들인다고 느꼈기 때문이다. 올덤은 능력을 발휘해 패션지 <보그> 화보에 비틀스가 나오게 하는 데 성공했다. 엡스타인은 매우 기뻐하면서 비틀스가 막 스타 반열에 오른 크리스 몬테즈를 서포트하는 52일간의 투어에 올덤을 스태프로 고용했다. 이 투어에서 비틀스는 폭발적인 인기를 얻었다. 그들이 베드포드에 도착했을 때는 비명이 터져 나왔다.

브라이언 엡스타인과 함께 백스테이지에 서 있었을 때 올덤은 절대적인 소음의 정적 안에서 모든 게 변하는 것처럼 느꼈다. 소녀들은 히스테리를 일으키면서 백스테이지의 창문을 모조리 부숴 버렸다. 올덤은 당시를 이렇게 회상했다. "내가 들었던 그 포효는 온 세상의 포효였어요. 보지 않아도 뭔가를 들을 수가 있는 거잖아요. 마찬가지로 이전까지의 경험을 아득히 뛰어넘는 뭔가를 경험할 수 있는 거죠. 굳이 영리하게 굴 필요도 없어요. 그저 대중의 일원이기만 하면 되는 거예요. 그날 밤 소음은 가슴에 한 방 맞은 것처럼 감정적인 충격을 줬어요. 수많은 관객이 억압된 청소년의 섹슈얼리티 너머의 것을 표현하고 있었어요. 그들이 내는 소음이 바로 미래의 소리였죠. 브라이언을 봤는데 그 사람도 저처럼 벅찼는지 눈물을 흘리더라고요."

베드포드 공연이 끝난 후 올덤은 비틀스가 거대한 무언가를 향해 나아가고 있다는 것을 깨달았다. 그의 마음은 바빠졌다. 소명감을 느꼈지만 이상하게도 그것은 비틀스를 위한 게 아니었다. 자신만의 그룹을 만들어야 한다는 것이었다. 필 스펙터는 올덤에게 스스로 알려면 몇 달은 걸릴 유용한 조언을 해 줬다. 녹음할 그룹을 찾았다면 절대 메이저와 직접 계약하거나 음반사의 자체 스튜디오를 이용하지 말라는 것이었다. 또, 필 스펙터는 직접 소유한 스튜디오를 사용하고 음반 회사와 마스터를 라이선스 계약해야 통제권을 유지하고, 훨씬 더 많은 돈을 벌 수 있다는 조언도 건넸다. 올덤은 돈에 신경 쓰기에는 너무 어렸지만 통제권이라는 아이디어에 매료되었다. 그가 원했던 건 거대하고 매력적인 무언가를 목줄로 묶고 통제할 때 얻을 수 있는 황홀감이었다. 브라이언 엡스타인이 그런 것처럼.

소호에 있는 펍 데 헴스는 당시 모든 음악 비즈니스 종사자가 어울리던 장소였다. 올덤은 그곳에서 오렌지 주스를 한 잔 주문한 뒤 오후 내내 누가 들어 오는지 입구를 지켜보곤 했다. 그는 일자리를 구하기 위해 분주한 상태였다. 비틀스 투어가 끝난 직후인 어느 날 오후 <레코드 미러>의 편집자 피터 존스가 롤링 스톤스라는 신생 알앤비 밴드에 대한 정보를 올덤에게 알려 줬다. 존스는 올덤이 자신만의 밴드를 찾고 있다는 사실을 알고 있고, 지저분하면서도 전통적인 알앤비가 머지 않아 대세가 될 거라고 올덤에게 말했다. 베드포드에서 열린 비틀스 무대 뒤에서 깨달음을 얻은 지 불과 몇 주 후 올덤은 지하철을 타고 리치몬드에 있는 스테이션 호텔로 향했다.

입구를 향해 걸어가던 그는 호텔 밖 벽 옆에서 젊은 커플이 격렬하게 다투는 것을 목격했다. 올덤은 그 옆을 지나가다가 화난 청년과 날카로운 눈빛을 주고 받았다. 나중 알고 보니 그 밴드의 보컬이었던 열일곱 살의 믹 재거였다. 올덤은 "우연은 없어요."라고 말하면서 이렇게 덧붙였다. "피터 존스야말로 내 운명의 전달자였어요. 저는 음반 업계의 다른 사람들보다 48시간이나 앞서서 그곳에 도착했는데 이게 바로 하나님의 계획이었던 거죠. 롤링 스톤스를 만났고, 제 남은 인생이라고 할 수 있을 그들에게 인사를 건넸어요."

6명의 젊은 뮤지션이 연주하는 동안 올덤은 그들의 얼굴을 유심히 관찰했다. 드러머는 재즈 비트닉처럼 보였다. 검은 머리의 기타리스트는 입이 두툼한 꼽추 같았다. 베이시스트는 중세풍의 머리를 하고 있었다. 붉은색 도는 금발의 기타리스트는 "이미 인생에서 미납된 청구서가 몇 장 있는 것처럼 보이는 얼굴"이었는데 "목이 거의 보이지 않을 정도로 짧았고, 타잔이 나오는 영화 <그레이스토크>에 등장할 법한 느낌"을 줬다. 이미 밖에서 마주친 보컬의 경우, "아예 정글에서 온 타잔처럼 움직였고, 그래서인지 옷이 영 불편해 보였다." 올덤이 보기에 그들에게는 한 가지 문제가 있었다. 여섯 번째 멤버이자 외모부터 틀려먹었던 피아노 연주자 이언 스튜어트였다.

거칠고 느슨했지만 그들에게는 개성적인 사운드가 있었다. 또한 그들에게는 그 무엇보다 고유한 느낌 같은 게 있었다. 공연이 끝난 후 올덤은 스톤스의 퍼포먼스에 너무 놀란 나머지 말도 걸지 못한 채 기차를 타고 집으로 돌아갔다. 그는 이 밴드가 더 큰 일을 할 수 있는 티켓이라고 생각했다. 안타깝게도 그에게는 돈도 없었고 에이전트 면허를 취득하기에는 나이가 너무 어렸다. 브라이언 엡스타인과 몇몇 잠재적 투자자에게 전화를 걸어본 결과 올덤은 같은 건물 복도에서 일하는 에이전트 에릭 이스턴과 협력하는 게 유일한 대안이라는 점을 깨달았다. 올덤과 이스턴은 크로대디에서 열린 스톤스 공연이 끝난 후 당시 밴드의 공식 리더였던 브라이언 존스에게 접근했다.

에릭 이스턴은 구식이긴 했지만 영리했다. 프로덕션 회사를 공동 설립하자는 올덤의 색다른 아이디어를 받아들이면서도 용의주도하게 100% 자신의 이름으로 된 합작 회사를 등록했다. 그러나 올덤과 이스턴이 몰랐던 점이 하나 있었다. 그들은 매니지먼트 권리를 대가로 스톤스가 무료로 데모를 녹음한 적이 있다는 사실을 브라이언 존스를 통해 알게 됐다. 바로 그 문제의 스튜디오인 IBC는 데모를 다른 레이블에 넘기는 것에는 실패했지만 법적으로 스톤스에 대한 권리를 1963년까지 6개월간 더 갖고 있는 상태였다. 올덤과 이스턴은 존스에게 스튜디오에 들러 다른 밴드에 합류하는 척 행동하면서 정중하게 발매를 요청해 보라고 설득했다. 브라이언 존스는 거짓 연기로 징징대는 걸 자연스럽게 잘했다. 이후 그는 부모님께 정중하게 매달려서 90파운드를 빌렸다. 속임수는 먹혔다. IBC가 그 돈을 가져갔고, 존스의 단독 서명이었기에 계약서 전체는 무효가 되었다.

올덤은 현명하게도 데카의 딕 로우를 다음 공략 대상으로 삼았다. 비틀스를 거절하고 뒤늦게 후회했던 그는 올덤의 제작사와 첫 번째 스톤스 싱글을 계약했다. 스톤스는 척 베리의 곡 중 비교적 널리 알려지지 않은 'Come On'을 커버해 녹음을 마쳤다. 비용은 단돈 40파운드였다. 사진작가 크리스피안 우드게이트와 함께했던 첫 사진 촬영에서 밴드는 자신을 꾸미는 것을 단호하게 거부했다. 올덤은 그들의 반항적인 모습 자체가 미디어에 어필하기 위한 전략임을 금방 깨달았다. "이 친구들의 그런 모습, 침대에서 방금 나와서 마치 당신에게 엿먹으라고 하는 것 같은 그런 모습. 그건 마치 강, 벽돌, 산업화된 장소처럼 그들을 정의하는 멋진 이미지의 시작이었어요." 스톤스를 통해 올덤은 단정하게 양복을 입고, 환하게 웃는 비틀스가 지배했던 시장에서 돋보일 수 있는 가장 빠른 길이 무엇인지를 이해했다.

올덤은 재정이 넉넉하진 않았지만 수완이 좋았다. 그는 판매량을 차트에 제공하는 레코드 가게의 목록을 입수했다. 그러고는 목요일과 금요일에 친구들을 보내 레코드를 사게 한 다음 토요일에도 매장에 보내 재고가 없다는 사실을 확인했다. 이 가게는 월요일에 5장을 더 주문했다. 이 사기적인 수법을 통해 'Come On'은 영국 싱글 차트 49위에 올랐다.

'Rollin''의 끝에 붙는 진부한 미국식 아포스트로피는 언제나 올덤을 짜증나게 했다. "이름 철자도 제대로 쓰려고 하지 않는데 어떻게 사람들이 당신을 진지하게 받아들일 거라고 기대할 수 있겠어요?" 이후 미국에서도 g를 빼먹지 않았다. 올덤은 존스와 재거에게 이언 스튜어트를 해고하라고 설득했다. "5도 무리인데 6은 불가능해요. 9시부터 5시까지 일하는 사람이 4명 이상의 얼굴을 기억할 수는 없어요. 이건 오락이지 기억력 테스트가 아니라니까요." 이언 스튜어트는 밴드가 소식을 전했을 때 눈물을 가까스로 참았다.

롤링 스톤스는 뭔가를 만들어 낼 줄 아는 올덤의 연극적인 감각에 고무되었다. 이 야수 같은 5명의 멤버는 <Thank Your Lucky Stars>를 앞두고 완전히 새로운 모습으로 변신을 끝마쳤다. 스톤스의 첫 텔레비전 출연이었다. 스튜디오에서 긴장한 채 순서를 기다리는 동안 키스 리처즈는 파란색 유니폼을 입은 아일랜드 밴드를 지나치며 "오, 젠장, 아일랜드 해군이네."라고 농담을 건넸다. 아일랜드 뮤지션들이 흥분해서 달려오자 프로듀서가 끼어들어 중재에 나섰다. "얘들아, 좀 침착하자." 프로듀서가 간청했다. 키스 리처즈는 "그렇지. 저 놈들이 망할 아일랜드 해군에 들어가면 안 되지. 안 되고 말고!"라고 맞받아쳤다.[*] 상황이 안정되자 올덤은 몇 달 전 같은 스튜디오에서 엡스타인이 비틀스에게 자신감을 심어준 것을 기억해 냈다. 그는 무대 담당자 중 한 명에게 "다아아아알링(Daaaarling)." 이라고 부르면서 드럼 세트를 오른쪽으로 4인치 정도 옮겨 달라고 요청했다. 매니저의 그

---

[*]   당시 영국 사회 전반에 널리 퍼져있던 아일랜드에 대한 차별과 편견에 롤링 스톤스의 반항적인 태도가 더해진 에피소드다.

런 태도에 자신감을 얻은 스톤스는 무대에서 반항적인 모습을 마음껏 드러냈다.

녹화한 텔레비전 쇼는 그 다음 주 토요일에 방송될 예정이었다. 따라서 올덤은 주요 신문의 지지가 절실히 필요했다. 그는 발행 부수가 5백만 부에 달했던 <데일리 미러>의 강력한 홍보 담당자 레슬리 페린에게 도움을 요청했다. 약간 주저하기는 했지만 페린은 플리트 스트리트에 있는 펍에서 <데일리 미러>의 칼럼니스트 패트릭 돈캐스터와의 만남을 주선해 줬다. 페린은 히죽히죽 사람 불안하게 하는 미소를 지으며 돈캐스터에게 올덤을 소개하고 적절한 때에 자리를 떠났다. 돈캐스터 역시 페린과 비슷한 미소를 띤 채 바로 본론으로 들어갔다. "레슬리가 전화했을 때 같이 웃었어요. 그러고는 말했죠. 워낙 뻔뻔하고 대담한 걸로 유명하니까 당신 하나만 갖고도 칼럼이 가능할 거 같다고요. 그러니까 안심해요. 내 생각에 다음 주 목요일에 나올 기사, 아주 마음에 들 겁니다."

스톤스는 헤드라인을 장식했을 뿐 아니라 (나쁜 소식은 스톤스에게는 좋은 소식이다.) 돈캐스터는 올덤의 악동 전략에 동조하기까지 했다. 그는 한 페이지의 대부분을 할애해 이 밴드에 대한 칭찬을 쏟아냈다. 공평하게 보자면 스톤스는 아직 이런 노출을 받을 자격이 없는 밴드였다. 올덤은 이렇게 회상했다. "롤링 스톤스가 돈캐스터의 승인 도장을 영국의 아침 식탁과 버스 대기 줄에 찍었던 그 목요일에 귀를 잘 기울였다면 멀리서 천둥소리가 들렸을 거예요."

그러다 기묘한 우연이 찾아왔다. 어느 날, 올덤과 스톤스는 새 싱글을 찾기 위해 리허설을 했지만 별다른 소득이 없는 상황이었다. 블루스와 알앤비 커버 레퍼토리를 몇 시간 연습한 후 올덤은 우울한 기분에 휩싸였다. 신선한 공기를 마시기 위해 밖으로 나온 그는 채링 크로스 로드를 향해 정처 없이 걸었다. 그러던 와중 갑자기 낯익은 두 얼굴이 택시에서 비틀거리며 내린 뒤 술에 취해 더듬거리는 손으로 돈을 찾아 택시 기사에게 건네고 있었다. 다름 아닌 존 레넌과 폴 매카트니였다. 둘은 비틀스가 음악 전문지 멜로디 메이커의 '올해의 베스트 보컬 디스크'상을 받은 자리에서 오찬을 마치고 오는 중이었다.

올덤이 다가와서 인사를 건네자 레넌과 매카트니는 그의 상태가 좋지 않다는 것을 알아차렸다. "무슨 일 있어요?" 그들이 물었다. 올덤은 스톤스가 리허설 할 수 있는 시간이 얼마 남지 않았는데 다음 싱글로 낼 곡을 찾지 못했다고 설명했다. 레넌과 매카트니는 반짝이는 눈빛을 주고받더니 다음처럼 말했다. "어서, 거기로 우리를 데려다줘요." 쿠바산 굽으로 된 부츠를 신고 있던 이 세 명은 스톤스가 우울하게 둘러앉아 있는 지하실로 함께 걸어 들어갔다. 레넌과 매카트니는 악기를 빌리고는 스톤스에게 미발표 곡 중 하나인 'I Wanna Be Your Man'을 들려줬다. 두 비틀스는 어디론가 서둘러 떠나야 하는 상황이었고, 곧장 자리를 떴다. 존과 폴의 뒤에서 문이 닫히자 스톤스는 입이 떡 벌어진 채 서로를 향해 미소 지었다. 첫 번째 히트 싱글을 손에 쥘 가능성을 느꼈기 때문이다.

행운의 별이 빛났다는 사실에 안도하면서도 올덤은 익숙한 기분을 느꼈다. 그렇게, 또 한 번의 우울증이 그에게 철의 장막을 내렸다. 그는 도버에서 페리를 타고 이후 며칠 동안 파리 시내를 걸었다. 자살 충동을 떨쳐 내고서야 올덤은 비로소 원래의 자신으로 돌아왔다. 올덤은 'I Wanna Be Your Man' 녹음 세션에는 참석하지 못했지만 다시 기운을 차린 뒤 런던으로 컴백했다. 스톤스는 그가 왜 사라졌는지 이해할 수 없었다. 에릭 이스턴은 개의치 않았다.

에릭 이스턴 덕분에 스톤스는 1963년 가을 32회 공연으로 두 번째 투어를 시작했다. 쉬는 날은 딱 3일뿐이었다. 스톤스의 공연은 수익 면에서 최하위였지만 투어 프로모터는 헤드라이너인 에벌리 브라더스, 리틀 리처드, 보 디들리의 공연이 매진되지 않는다는 사실을 알아챘다. 올덤은 투어가 런던에서 열릴 때 친구들과 그들의 여자 친구를 모두 동원했다. 그러고는 그들에게 롤링 스톤스의 무대로 돌진해 비틀스 공연인양 히스테리에 걸린 시늉을 하라고 지시했다. 그 광경을 본 <NME> 기자는 스톤스가 스타로 가득 찬 라인업의 하이라이트를 선사했다고 생각하고는 집으로 돌아갔다. 또 다른 저널리스트인 션 오마호니는 당시를 이렇게 기억했다. "해머스미스에서 경호원들이 여자아이들을 객석에서 끌어내 무대 뒤 벽을 따라 쭉 늘어놓더라고요. 70여 명의 소녀가 바닥에 누워 속옷을 드러내고 있었는데 정말 끔찍한 광경이었죠."

입소문이 퍼지면서 'I Wanna Be Your Man'은 30위에 올랐다. 그러나 안타깝게도 자신을 정당한 리더로 여겼던 에릭 이스턴과 브라이언 존스가 욕심을 부리기 시작했다. 이스턴은 투어 프로모터로부터 리베이트를 챙겼고, 브라이언 존스는 특별한 호텔 방, 단독 이동 수단, 밴드 동료들보다 주당 5파운드를 더 달라고 요구했다. 성공의 냄새가 점점 강해지면서 심각한 균열이 생겼고, 올덤이 재거, 리처즈와 함께 살면서 균열은 더욱 심해졌다. 올덤은 믹이 비밀스럽고 음울한 성격이라는 걸 깨달았다. 잠을 자거나 기타 연습으로만 시간을 보내는 키스와의 관계 역시 소원해졌다. 깨어 있는 대부분의 시간을 밴드에서 보냈지만 집에 있을 때 올덤은 재거와 리처즈를 부엌으로 불러 이렇게 경고를 날렸다. "곡을 쓸 때까지 너희를 내보내지 않을 거야. 음식도 안 줄 거고."

스톤스에게 부족했던 건 녹음할 곡만이 아니었다. 적절하면서도 저렴한 스튜디오 역시 필요했다. 올덤이 찾아낸 곳은 리젠트 사운드였다. 덴마크 스트리트 인근에 위치한 그곳은 런던 틴 팬 앨리 지역에서 가장 작고 지저분한 스튜디오였다. 작곡가들이 데모를 녹음하러 오는 곳이었다. 목격자들에 따르면 이 스튜디오는 "얼룩 위에 얼룩"이 남아 있을 정도로 더러웠다. 만들어진 날 이후 청소를 한 번도 안 했다는 소문도 있었다. 제어실은 콘솔과 뒷벽 사이에 의자가 간신히 들어갈 정도로 작았다. 스튜디오에는 칸막이도 없었고 투-트랙 모노로만 녹음이 가능했다. 이런 이유로 모든 악기 소리가 올덤이 "소음의 벽"이라고 묘사한 것처럼 만들어졌다. 이 쓰레기장에서 스톤스는 'You Better Move On'이 수록된 4곡짜리 EP를 녹음했다. 이 곡은 BBC의 에어플레이 덕에 영국 싱글 차트 11위에 올랐다.

이러한 초기 성공을 목격한 <레코드 미러>는 "앤드루 루그 올덤이 올가을 가장 성공적인 독립 프로듀서가 될 것이다."라고 보도했다. 그는 재빠르게 움직여야 했다. 1964년 1월 스톤스는 로네츠를 지원하는 두 번째 투어에 나섰고, 올덤과 스펙터는 다시 런던 전역에서 문제를 야기했다. 이즈음 스톤스는 헤드라이너를 맡았다. 서포트 밴드는 훗날 후가 되는 모드 그룹 디투어스였다. 그 와중에 브라이언 존스는 올덤이 스톤스를 처음 본 리치몬드의 스테이션 호텔에서 야드버즈와 함께 공연하기도 했다. 야드버즈는 스톤스의 뒤를 이어 호텔의 하우스 밴드로 활동하는 중이었다.

이후 리젠트 사운드에서 스톤스는 셔플 넘버인 'Not Fade Away'를 녹음했다. 그들의 첫 번째 메이저 히트라 할 이 곡은 3위에 올랐다. 1964년 봄 올덤은 스톤스의 첫 앨범 표지 사진 작업에 들어갔다. 1964년 1월과 2월에 녹음된 이 레코드에는 주로 오래된 블루스와 모타운 커버 버전이 수록되었다. 이를 제외하면 재거와 리처즈가 1곡, 스톤스의 가명이었던 '난커 펠게(Nanker Phelge)'*가 2곡의 크레디트에 써져 있었다.

---

* 올덤에 따르면 '난커', '펠게'는 스톤스가 시카고의 체스 스튜디오를 방문했을 때 들었던 1950년대 블루스 스탠더드 음악에 기원을 둔 곡들의 크레디트에 사용되었다. 브라이언 존스의 아이디어였고, 모두가 작곡 로열티를 나누자는 뜻에서 이렇게 했다고 한다.

니콜라스 라이트가 촬영한 표지 사진은 어둡고 불길하면서도 스타일리시했다. 올덤은 시각적 효과를 극대화하려면 표지에 밴드의 이름이나 제목을 넣지 말고 5명의 얼굴만 넣어야 한다고 확신했다. 데카가 이 아이디어를 거부하자 올덤은 마스터를 넘겨주지 않았다. 양측의 대립은 계속되었지만 데카는 결국 올덤이 옳다고 판단한 뒤 양보했다.

효과는 즉각적이었다. 1964년 4월 비틀스가 1년 전 영국에서 히트한 곡들로 미국에서 모든 기록을 갈아 치우고 있을 때 표지에 이름조차 인쇄되지 않은 롤링 스톤스의 음반이 영국 앨범 차트에서 12주 동안 1위를 차지했다. 올덤은 보도 자료를 통해 "음악에 있어 스톤스의 역할은 강력하다."라고 선언하면서 이렇게 덧붙였다. "스톤스는 부모들의 분노를 그들 곁에 두고 있습니다. 젊은 팬들은 이제 스톤스에 대해 어른들이 공포에 질려 신음하고 있다는 사실을 깨닫고 있습니다. 스톤스에 대한 젊은이들의 충성심은 결코 약해지지 않을 겁니다." 스톤스의 승천을 가까이서 지켜본 후의 기타리스트 피트 타운센드는 자신이 느낀 세대 간 균열을 다음처럼 표현했다. "스톤스는 이전 세대와 그 뒤를 이을 세대 사이에 우리가 놓고 싶었던 거대한 벽을 마침내 쌓아 올렸어요."

데카의 프로듀서 토니 미한은 이렇게 회상했다. "스톤스가 스튜디오에 있었고, 저는 다른 스튜디오에서 믹싱 작업을 하고 있었죠. 그때 처음 만났어요. 비트족처럼 정말 거칠어 보였죠. 당시 그들은 튜닝에 큰 어려움을 겪고 있었어요. 그래서 앤드루에게 '조율이 안 됐네요.'라고 말했죠. 그랬더니 저를 쳐다보면서 웃더군요. 도저히 흉내 낼 수 없는 무정부주의자 같은 표정으로 '네, 멋지지 않아요?'라고 말하는 거예요. 마치 신경도 쓰지 않는 것처럼 말이죠. 사람들은 그런 그의 말에 모조리 속아 넘어갔어요. 앤드루가 팔았던 건 이미지였고, 그는 이걸 아주 잘 해냈어요. 거의 펑크 같았죠."

또 다른 소문이 있었다. 바로 비틀스가 팔로폰과 맺은 계약보다 스톤스가 데카와 맺은 계약이 더 좋다는 것이었다. 올덤의 홍보 에이전시 동료 중 한 명인 토니 칼더는 이 소문을 믿는 쪽이었다. "앤드루가 지식보다는 본능과 운에 의존하는 타입이긴 했지만 스톤스가 서류상으로 체결한 그 계약은 공정하게 말해서 오늘날의 기준에서 봐도 최고 수준이었어요. 비틀스는 아마도 그들이 먼저 왔기 때문에 형편없는 계약을 맺었을 겁니다. 선구자

난커는 브라이언 존스의 별명들 중 하나였고, 펠게는 무명 시절 아파트에서 같이 살았던 친구 이름에서 따온 것이다.

는 항상 뒤에서 화살을 맞는 법이니까요."

히트 앨범을 낸 올덤은 가을이 오기 전 영국에서 가장 큰 독립 프로듀서가 되겠다는 자신의 예언을 이루기로 결심했다. 그는 실험적인 앤드루 올덤 오케스트라를 결성해 스톤스의 히트곡을 기묘한 오케스트라 편곡으로 재구성하는 작업에 들어갔다. 일종의 바로크 팝을 시도했던 셈이다. 또한 그는 마리안느 페이스풀이라는 이름의 열일곱 살 미녀를 발견했다. 그녀는 올덤의 지휘 아래 'As Tears Go By'를 녹음했다. 재거와 리처즈가 만들고, 올덤이 노랫말과 제목을 재작업한 곡이었다.

이 모든 꿈을 실현하려면 돈이 필요했다. 올덤은 딕 로우를 만나 자신의 프로젝트를 제시했다. 그러고는 1929년 데카를 설립한 거물 에드워드 루이스 경을 찾아가서 이야기를 나눴다. 템스강이 내려다보이는 고풍스러운 사무실에서 올덤은 노인의 주름진 얼굴을 유심히 관찰했다. 바로 이 사람이 식민지 시대의 공무원 조직 같았던 데카의 공룡이었다. 에드워드 경이 로큰롤을 싫어한다는 건 런던 음반 업계의 모든 사람이 알고 있는 정보였다. 그는 로큰롤이 그저 지나가는 유행이기를 바라는 쪽이었다.

에드워드 경은 마리안느 페이스풀이 녹음한 'As Tears Go By'를 골동품 그라모폰에 올려놓았다. 올덤은 잉글리시 호른이 바로크 풍 팝 멜로디를 들려줄 때 그의 반응을 지켜봤다. 템스강에 햇살이 내리쬐는 가운데 열아홉 살에 불과했던 앤드루 루그 올덤은 마치 런던 전체가 창문을 통해 자신에게 미소 짓는 것마냥 환하게 서 있었다. 노래가 끝나자 루이스는 전화기를 들고 딕 로우에게 연결해 달라고 요청했다. 그러고는 수화기에 대고 말했다. "이 소년에게 돈을 줘."

14.

영광의
퇴색

사이키델리아의 씨앗 _

**뉴포트 포크 페스티벌
백스테이지에서 벌어진 일**

**1964~
1966**

때는 1964년 1월. 비틀스가 미국에서 폭발적인 인기를 얻기 바로 직전이었다. 당시 비틀스는 밥 딜런의 <The Freewheelin' Bob Dylan>을 처음 들었다. 존 레넌은 이렇게 말했다. "파리에서 3주 있는 동안 그 앨범을 계속 들었어요. 우리 모두 딜런에게 완전히 미쳐 버렸죠." 비틀스가 미국에서 거대해진 같은 해 봄에 레넌은 딜런의 친구였던 미국 저널리스트 알 아로노위츠와 런던에서 인터뷰를 가졌다. 레넌은 그에게 미네소타 출신의 이 수수께끼 같은 작곡가를 만나고 싶다고 말했다.

1964년 8월 비틀스는 미국으로 돌아왔다. 그들은 영화 <A Hard Day's Night>를 통해 비평가들의 찬사를 받았고, 라이프 매거진의 표지를 장식했다. 4월에는 레넌이 직접 그린 그림과 이야기를 담은 책 <In His Own Write>가 세상에 나왔다. 당시 몇 달간 예술가로서 레넌의 삶은 파란만장했다. 자신감에 찬 그는 아로노위츠에게 만남을 주선해 달라는 메시지를 보냈다.

밥 딜런에게도 1964년은 과도기적인 해였다. 그는 고발하고, 비판하는 노래를 쓰는 데 흥미를 잃었고, 새로운 곡의 대부분은 자전적인 것이었다. 2월에 딜런은 3명의 친구와 함께 20일간 미국 횡단에 나섰다. 그는 뒷좌석에 앉아 가사를 썼고 1964년 6월 <Another Side of Bob Dylan>을 완성했다. 뉴올리언스 마르디 그라 축제*에 참여했을 때는 1964년 딜런이 발표한 곡 중 가장 야심으로 넘쳤던 'Mr. Tambourine Man'을 썼다. 딜런은 그해 여름 뉴포트 포크 페스티벌에서 이 곡을 처음으로 선보였다.

만남은 비틀스 콘서트가 끝난 다음 날인 8월 28일 저녁 뉴욕의 델모니코 호텔에서 이루어졌다. 아로노위츠와 딜런, 로드 매니저인 빅터 마무다스, 이렇게 3명이 우드스탁에서 출발해 호텔에 도착한 뒤 모퉁이에 스테이션 왜건을 주차했다. 차에서 내린 셋은 비틀스의 팬들을 밀어내고 비교적 한산한 호텔 로비에 들어섰다. 호텔 측과 공식적으로 연락이 닿자 2명의 경찰이 비틀스가 있는 층까지 에스코트를 해 줬다. 엘리베이터가 열리자 딜런은 복도를 따라 배치된 더 많은 경찰을 지나쳐 안내를 받았다. 경찰 너머에는 기자, DJ, 뮤

---

* 과거 프랑스령 루이지애나의 수도였던 뉴올리언스를 대표하는 축제다. 프랑스어로 '기름진 화요일'을 뜻한다. 금욕 기간인 사순절을 앞두고 음식을 마음껏 먹던 풍습에서 비롯되었다.

지션이 음료가 제공되고 있는 방에서 쏟아져 나왔다. 딜런은 닫힌 방으로 안내되었다. 브라이언 엡스타인과 비틀스 멤버 4명은 막 저녁 식사를 마친 참이었다.

출입문에 들어서자 비틀스는 딜런의 작은 키와 오똑한 코에 단번에 반했다. 팽팽한 긴장감을 풀기 위해 엡스타인은 3명의 손님을 거실로 초대해 무엇을 마실 것인지 물어봤다. "싸구려 와인." 딜런이 대답했다. 이게 농담인지 확신할 수 없었던 엡스타인은 어시스턴트 말 에반스에게 값싼 와인을 구해 오라고 시켰다. 기다리는 동안 딜런은 암페타민이 있다는 얘기를 들었다. 다른 사람들은 거절했지만 딜런은 그 기회를 놓치지 않았다. 그는 우드스탁에서 가져온 환상적인 대마초를 피우자고 제안했다.

말을 잃은 엡스타인과 비틀스가 서로를 바라봤다. 엡스타인은 당황한 표정으로 인정했다. "대마초는 해 본 적이 없어요."

"하지만 당신들의 노래는요?" 딜런이 반문했다. "약에 취했다(Getting High)고 하는 노래 있잖아요."

"어떤 노래요?" 레넌이 물어봤다. 딜런이 'I Want To Hold Your Hand'의 가사 중에서 그 부분을 언급하면서 노래했다. 레넌이 대답했다. "가사가 틀렸어요. High가 아니라 Hide에요."

엡스타인은 30분 동안 호텔 스위트룸의 보안을 점검했다. 문은 잠겨 있었고, 욕실에 있던 수건으로 문틀 주변의 모든 틈새를 채웠다. 블라인드를 단단히 내리고 커튼을 쳐서 파크 애비뉴의 장엄한 경치가 보이는 창문을 가렸다. 엡스타인이 점검을 끝내자 딜런이 어리벙벙한 표정으로 그를 바라보고 있었다. 딜런은 대마초를 꺼내 말기 시작했다.

딜런이 불을 붙이고 먼저 존 레넌에게 건넸다. 한 번도 대마초를 피워 보지 못한 레넌은 불안한 나머지 링고가 자신의 왕립 시연가라고 농담을 건네면서 링고에게 대마초를 건네줬다. 흡연하는 방법을 몰랐던 링고는 대마초 한 대를 혼자서 전부 피워 버렸다. 그러자 딜런과 아로노위츠는 6개의 대마초를 더 말아서 모두에게 나눠 줬다. 냄새가 센 대마초를 피웠을 때 비틀스의 멤버들은 생각했다. "별 느낌 없는데." 그때 링고가 주체할 수 없는 웃음을 터뜨렸다.

　몇 분 만에 호텔 스위트룸은 아수라장이 되었다. 엡스타인은 앉아 있는 곳을 꽉 움켜잡고는 "너무 높아요. 천장에 닿을 거 같아요."라고 반복해서 말했다. 이 난장의 한복판에서 딜런은 전화 받는 시늉을 하면서 "여보세요, 비틀마니아입니다!"라고 농담을 던졌다. 비틀스 멤버들은 경련에 빠진 것마냥 웃어 댔다.

　스트레스에 맞서는 비틀스의 무기는 유머였고, 이 역사적인 밤에는 모두가 웃느라 배가 아플 지경이었다. 딜런이 떠나려고 하자 그들은 투어가 마무리될 때 다시 만나기로 약속했다. 비틀스, 특히 존 레넌에게 이 만남은 업계의 모든 흥미로운 작곡가가 주목하던 뮤지션과의 기묘한 관계가 시작되었음을 뜻했다. 대중의 눈에는 보이지 않았던 이 작은 사건은 훗날 새로운 음악 장르인 사이키델리아가 성장할 씨앗을 뿌렸다.

　무언가 공중에 떠다니고 있었다. 불과 한 달 후 뉴캐슬 출신 영국 그룹 애니멀스가 'House of the Rising Sun'으로 미국에서 공전의 히트를 기록했다. 딜런의 데뷔 앨범에 녹아 있는 전통적인 분위기를 일렉트릭 기타, 베이스, 라이드 심벌, 앨런 프라이스의 감동적인 오르간 연주로 재구성한 곡이었다. 1964년 12월에 발매된 <Beatles For Sale>에는 'I'm a Loser'라는 곡이 실렸다. 존 레넌은 이 곡에서 하모니카 솔로를 연주했다. 딜런으로부터 영감을 얻은 결과였다.

　비틀스가 새해에 <Help!> 촬영을 시작할 무렵 존 레넌은 딜런 마니아를 자처했다. 그는 그리스풍 어부 모자와 스웨이드 재킷을 입고, 원래 쓰던 리켄백커 기타를 어쿠스틱 기타로 바꿔 버렸다. 항상 남들보다 한발 앞서가는 딜런은 이 시기 유난히 여러 작품을 발표했다. 1965년 봄 <Bring It All Back Home>이 히트하는 가운데 캘리포니아 출신 젊은 밴드 버즈(The Byrds)가 딜런의 곡 'Mr. Tambourine Man'을 커버해 빌보드 차트 1위에 올랐다.

　1964년 말 컬럼비아 레코드와 계약한 버즈는 비틀스에 대한 미국의 대항마로 먼저 주목받았지만 빠르게 자신들만의 이미지를 구축했다. 데이비드 크로스비는 독특한 하모니를 만들어 냈고, 로저 맥귄은 12현 일렉트릭 기타로 밝은 사운드를 들려줬다.

딜런은 6분 30초짜리 곡 'Like A Rolling Stone'으로 자신의 돌파구를 마련했다. 그리니치 빌리지에 사는 한 힙스터의 쇠락을 묘사한 곡이었다. 컬럼비아의 영업 및 마케팅 담당자는 이 곡의 싱글 발매에 대해 조심스러운 입장을 취했다. 곡 길이와 시끄러운 사운드 때문이었다. 다행히 앨범 트랙으로만 쓸지 싱글로 발매할지 운명이 결정되기 전에 발매 담당자 숀 컨시딘이 DJ와 기자로 붐비는 클럽 아서에 이 곡을 가져가서 정식으로 들려줬다. 다음 날 아침 탑 40 방송국 프로그램 디렉터가 컬럼비아에 전화를 걸어 레코드 사본을 요청했다. 그렇게 1965년 7월 20일 컬럼비아는 6분 이상 되는 'Like a Rolling Stone'을 온전한 길이로 발매했다. 팝 음악 역사의 선례가 될 결정이었다.

이 곡에 깊은 인상을 받은 앤드루 루그 올덤은 <디스크 앤 뮤직 위크>에 다음 같은 리뷰를 썼다. "그가 이 표현을 싫어하든 좋아하든 딜런은 매우 상업적이고 다른 사람들보다 조금 더 앞선 감각을 완벽하게 갖고 있다. 이것이 그를 독특하게 만들어 준다. 'Like a Rolling Stone'은 그가 만든 곡들 중 가장 환상적인 결과물이며 탐라-모타운의 느낌을 살짝 가미한 딜런 버전의 'Twist & Shout'다." 비록 비틀스나 스톤스에 준하는 판매량을 기록하지는 못했지만 대신 딜런은 자신이 예술적 공감을 불러일으키는 또 다른 경쟁에서 동시대 뮤지션들보다 앞서 있다는 걸 잘 알았다. 그는 기자 친구인 알 아로노위츠에게 "정신적으로 무장해야 해."라고 반복해 말하면서 조롱하는 투로 덧붙였다. "믹 재거에게도 정신적으로 무장했다고 생각하는지 한번 물어보지 그래?"

'Like a Rolling Stone'이 발매되고 5일 만에 딜런은 1965년 뉴포트 포크 페스티벌에서 지금은 전설이 된 일렉트릭 세트를 선보였다. 이 작은 이벤트의 중요성을 가장 먼저 알아차린 존재는 당연히 무대 뒤에서 지켜보던 여러 프로 레코드 맨이었다.

잭 홀츠먼이 정확히 그랬다. 테오 비켈, 주디 콜린스, 톰 팩스턴 덕에 포크 음악의 선두주자가 된 일렉트라의 소유주였던 홀츠먼은 하루 종일 무대 뒤에서 피트 시거, 비켈, 뱅가드 레코드의 솔로몬 브라더스와 함께 시간을 보냈다. 특히 저녁이 가까워지면서 그는 흥분 상태가 되었다. 일렉트라의 새로운 대표 밴드 중 하나인 폴 버터필드 블루스 밴드의 멤버들이 딜런 밴드의 중추를 담당하고 있었기 때문이다. 홀츠먼은 이렇게 회상했다. "리허설을 봤기 때문에 어떤 일이 벌어질지는 알고 있었어요. 하지만 포크 팬의 부정적인 반응은 예상하지 못했죠."

홀츠먼은 딜런이 'Maggie's Farm'을 노래할 때 군중 속에서 사진을 찍고 있었다. "목 뒤 머리카락이 쭈뼛 섰어요. 누구든 무조건 이곳에 와야 한다는 생각이 분명해졌죠. 그건 마치 종교적인 순간이었어요... 거의 바닥으로부터 들어 올려진 것 같은 강렬함이 느껴졌죠. 온몸이 얼얼해지더라고요... 그의 가사가 너무나 원숙해서 머릿속에서 뭔가가 딱 분명해졌어요. 뭐랄까. 그건 생각하게 하면서도 춤추게 만드는 가사였어요... 그래서 결심했습니다. 록을 더 공격적으로 하기로요. 일렉트라의 미래가 보였죠."

흥미롭게도 홀츠먼이 유리한 위치에 설 수 있도록 도와준 사람은 일렉트라의 새로운 프로듀서이자 그 공연의 사운드를 담당했던 폴 로스차일드였다. 그는 이렇게 말했다. "뉴포트에서의 그날 밤은 수정처럼 맑았어요. 한 시대의 끝이자 또 다른 시대의 시작이었죠." 홀츠먼은 로스차일드를 포크 레이블 프레스티지에서 데려왔다. 로스차일드는 시카고에서 버터필드 블루스 밴드를 발견한 뒤 이 밴드에 맹렬한 연주를 들려주는 일렉트릭 기타리스트 마이크 블룸필드를 추가로 영입했다. 홀츠먼은 그를 다음처럼 인정했다. "폴 로스차일드는 저보다 더 길거리 유행에 밝았어요. 보스턴 출신인데 음악에 대해 폭넓고 깊은 식견이 있었죠. 대마초를 피웠고요. 정말 적재적소에 딱 맞는 사람이었어요... 보르살리노 모자와 가죽 코트로 자신을 잘 꾸밀 줄 알았죠... 폴은 아티스트를 끌어들이기에 완벽한 선택이었어요."

축제 주최자 앨런 로맥스가 무대에 올라 버터필드 블루스 밴드를 소개하면서 전통주의자와 모더니스트 사이에 긴장감이 흐르기 시작했다. "오늘 여러분은 위대한 블루스 연주자들의 멋진 음악을 들으셨습니다. 이제 시카고에서 온 어린 소년들의 일렉트릭 악기 연주를 듣게 될 겁니다. 이 친구들이 이 하드웨어를 정말 연주할 수 있는지 한번 봅시다." 로맥스가 무대를 떠나자 버터필드와 딜런의 매니저 앨버트 그로스먼은 "정말 닭똥 같은 소개였어요, 앨런."이라고 맞받아쳤다. 그 결과, 보기 좋지 않은 논쟁이 벌어졌고, 결국 로맥스가 그로스먼을 밀쳤다. 잭 홀츠먼은 둘의 싸움을 이렇게 묘사했다. "과체중에 딱 봐도 건강이 안 좋아 보이는 두 사람이 으르렁대면서 흙탕물 속에서 굴러다니더라고요."

분노한 앨런 로맥스는 그로스먼이 아티스트 숙소에 마약을 공급한다면서 축제에서 그를 추방하려고 했다. 그러나 최고 보스인 조지 웨인은 그렇게 조치하면 그로스먼이 축제를 혼란에 빠뜨릴 수 있다는 현명한 주장을 통해 로맥스의 노력을 무산시켰다. 밥 딜런이

'Maggie's Farm'을 연주할 때 폴 로스차일드의 무대 담당자였던 조 보이드는 양쪽 진영을 오가면서 메시지를 전달해야 했다. 무대 뒤에서는 앨런 로맥스, 피트 시거, 테오 비켈이 보이드에게 "사운드를 낮춰야 한다고 말해. 이건 이사회의 명령이야."라고 지시했다. 보이드는 울타리를 뛰어넘어 믹싱 데스크로 향했고, 그곳에는 로스차일드와 그로스먼, 당시 포크 계의 스타였던 피터 야로우가 볼륨 컨트롤을 지키고 있었다.

"앨런에게 전하세요. 이쪽 이사회는 적절하게 사운드를 컨트롤하고 있고, 사운드 레벨도 딱 좋다고 생각한다고요." 야로우가 검지를 들어 올리며 대답했다. 때마침 딜런이 'It Takes a Lot to Laugh, It Takes a Train to Cry'의 라이브를 시작하자 그로스먼과 로스차일드는 웃음을 터뜨렸다.

젊은 메신저 조 보이드는 그해 말 런던으로 건너가 일렉트라의 영국 지사에서 한동안 일했다. 이때 그가 발굴해 잭 홀츠먼의 눈에 띄게 한 밴드가 바로 인크레더블 스트링 밴드였다. 이후 독립 프로듀서로서 조 보이드는 1966년부터 1967년까지 런던 블라니 클럽에서 이후 중요하게 언급될 UFO 사이키델릭 콘서트를 런칭했다. 핑크 플로이드, 프로콜 하럼, 소프트 머신 등이 세간에 본격적으로 이름을 알린 공연이었다. 여행을 즐겼던 조 보이드는 회고록에서 뉴포트의 그날 밤이 "록의 탄생"이라고 주장했다. "1960년대의 역사를 이상주의에서 쾌락주의로의 여정으로 묘사한다면 1965년 7월 25일 밤 9시 30분 경이야말로 결정적인 순간이었다."

당시 컬럼비아에서 밥 딜런의 프로듀서를 맡았던 인물은 텍사스 태생의 뮤지션으로 힐빌리와 컨트리에 심취하면서 자란 밥 존스턴이었다. 그는 딜런의 곡 쏟아내는 능력이 초인적이라는 걸 알아채고는 다음 같은 욕망을 내비쳤다. "딜런의 음악을 듣자마자 그와 함께 작업하고 싶었어요." 그러면서 그 획기적이었던 여름에 대해 덧붙였다. "그는 선지자였죠. 시간이 흐르면 사람들은 그가 베트남 전쟁을 막았다는 사실을 깨닫게 될 겁니다."

컬럼비아의 임원인 밥 머시는 존스턴에게 이런 질문을 던졌다. "대체 왜 그렇게 그와 함께 일하고 싶어 하는 겁니까? 손톱도 지저분하고 기타 줄도 망가뜨리잖아요."

존스턴은 버즈의 프로듀서인 테리 멜처가 딜런에게 배정되지 않게 하려고 애썼다. 그는 모두가 동의할 때까지 존 해먼드와 영업 책임자인 빌 갤러거에게 진정서를 보냈다. <Highway 61 Revisited>의 첫 세션이 있던 날 아침 독일인 사운드 엔지니어가 통제실에서 그를 기다리고 있었다.

"오늘 작업은 뭔가요?" 엔지니어가 질문을 던졌다.

"밥 딜런이요."

"꼭 해야 돼요?"

"젠장. 안 되겠어." 존스턴은 더 열정적인 엔지니어를 찾아냈다.

존스턴은 딜런에게 제공할 수 있는 최고의 서비스가 뭔지를 금방 알아챘다. 바로 모든 것을 테이프에 담아내는 것이었다. 자신감의 표현이었는지 딜런은 일부 테이크가 형편없어도 전혀 신경 쓰지 않았다. 그는 곡을 다양한 그루브로 시도해 보고, 잘 안 되는 부분이 있으면 자책하지 않고 재빨리 다음 곡으로 넘어갔다. "딜런은 정말 빨랐어요. 다음에 무엇을 할지도 전혀 알 수 없었죠. 저는 딜런이 우리 중 아무도 모르는 무언가를 알고 있다고 생각했어요. 그래서 그 사람이 그걸 꺼낼 수 있게 해 주고 싶었죠."

물류적인 문제가 있었다. 바로 컬럼비아의 테이프 기계가 "복도 아래에 있었다는 점"이다. 존스턴은 이렇게 회상했다. "노조 엔지니어들이 있었어요. 그중 한 명은 저와 함께 제어실에서 콘솔을 조작했는데 제가 '테이프 돌려주세요.'라고 말하면 그가 문 근처에 있는 어시스턴트에게 '테이프 돌려.'라고 말했죠. 그러면 그 어시스턴트가 복도 끝에 있는 다른 사람에게 '테이프 돌려.'라고 소리를 치고, 다시 '테이프 돌리고 있습니다.'라고 외치는 식이었죠. 그 망할 기계를 작동시키는 데 20분이나 걸렸어요. 마치 세 얼간이에 대한 단편 영화 같은 풍경이었죠." 기계가 제때 켜지지 않아 즉흥으로 했던 연주가 녹음되지 않자 결국 존스턴은 스튜디오에 두 대의 테이프 기계를 설치한 뒤 리코딩을 진행했다.

그해 8월 딜런의 전 프로듀서였던 톰 윌슨은 포크 록의 물결을 감지하고 특이한 시도를 감행했다. 1964년 3월 그는 컬럼비아의 포크 듀오 사이먼 앤 가펑클의 어쿠스틱 음반을 감독한 적이 있었다. 바로 그 앨범 <Wednesday Morning, 3A.M.>은 상업적으로 실패했고, 2인조는 해체의 길을 걸었다. 둘 중 폴 사이먼은 아예 영국으로 떠나 버렸다. 하지만 이 앨범에는 라디오 DJ 사이에서 관심을 불러일으켰던 'The Sound of Silence'라는 유망한 곡이 있었다. 곡이 녹음된 테이프를 발견한 윌슨은 여기에 드럼, 베이스, 일렉트릭 기타를 오버더빙해 1965년 9월 사이먼 앤 가펑클에게 알리지도 않고 이 곡을 발매해버렸다.

톰 윌슨이 오버더빙한 이 곡은 공전의 히트를 기록하면서 결국 빌보드 싱글 차트 1위에 올랐다. 사이먼 앤 가펑클은 매우 기뻐하면서 다시 뭉쳤고 비슷한 시기 또 다른 컬럼비아 소속 밴드인 버즈가 'Turn! Turn! Turn!'을 발매했다. 마찬가지로 포크 록이었던 이 곡은 1965년 크리스마스 직전 3주 동안 1위를 기록했다.

그해 모타운에서 발매된 싱글 중 5곡이 빌보드 1위를 차지했다. 모타운과 마찬가지로 컬럼비아의 행운 역시 당시 영국의 영향력이 지배적이었던 일반적인 패턴에서 보기 드문 미국의 성공이었다. 1965년 미국 1위 싱글의 절반은 모두 영국 아티스트의 곡이었다. 비틀스의 경우 1위 앨범을 네 장이나 기록했고, 앨범 차트 1위에 오른 기간만 30주였다. 더욱 원초적이면서도 강렬해진 브리티시 인베이전의 이 두 번째 해에 롤링 스톤스는 'Satis-faction'과 'Get Off of My Cloud'로 미국에서 2번의 1위를 기록했다. 후, 야드버즈, 뎀 등이 그 뒤를 따랐다.

그즈음 영국에서는 EMI의 인색한 문화에 대적하는 반란이 일어났다. 1965년 8월 조지 마틴은 회사를 그만둔 뒤 자신의 제작사 AIR(Associated Independent Recording)을 설립했다. 불만을 품은 동료 7명 이상이 그의 뒤를 따랐는데 바로 EMI의 젊은 인재 스카우트들이었다. EMI는 당황할 수밖에 없었다. 반면 AIR은 비틀스, 실라 블랙, 만프레드 만, 아담 페이스, 홀리스, 게리 앤 더 페이스메이커스, 빌리 J. 크레이머 등 여러 인기 아티스트와 프로덕션 계약을 체결했다.

독립 프로듀서로서 마틴의 첫 번째 프로젝트는 비틀스 역사상 가장 야심 찬 음반이었다. 바로 그 작품, <Rubber Soul>은 당시 흐름에 맞게 포크 록 중심이었지만 더 나아가 팝의 흐름 전체를 바꿀 두 번째 물결의 시작을 알린 결과물이었다. 당시 기술적으로 가장 뛰어난 비틀이었던 폴 매카트니는 여자 친구인 제인 애셔의 집에 살았다. 그곳은 클래식 음악가와 런던 문화계의 흥미로운 인물이 자주 방문하는 크고 아름다운 타운 하우스였다. 그는 애셔의 어머니가 클래식 레슨을 위해 사용하던 방에서 'Yesterday'와 'Michelle' 같은 점점 더 복잡한 음악을 작곡했다.

우연의 일치로 조지 마틴은 제인 애셔의 어머니와 아는 사이였다. 애셔의 어머니는 그가 공부했던 길드홀의 오보에 교수였다. 녹음 세션에서 매카트니는 조지 마틴의 숨겨진 재능에 처음으로 관심을 보였다. 그의 뮤즈가 더 높은 영감을 찾아 올라갈수록 매카트니는 클래식 음악을 공부해야 할지 고민했다. 조지 마틴은 독학으로 배운 순수함에서 비롯된 그의 비정통적 멜로디의 중요성을 강조하면서 현명하게 그를 설득했다.

그럼에도, 클래식이 가미된 새로운 팝 브랜드에 대한 경쟁은 점점 치열해졌다. 약에 취한 채 헤드폰으로 <Rubber Soul>을 듣던 비치 보이스의 리더 브라이언 윌슨은 폴 매카트니, 조지 마틴과의 창작 전쟁을 선포하면서 비틀스보다 앞선 음악을 만들겠다고 결심했다. 비치 보이스의 제작사가 캐피톨과 마스터 임대 계약을 했다는 점 정도를 제외하면 앤드루 루그 올덤처럼 브라이언 윌슨 역시 필 스펙터가 구축한 독립 프로덕션 학파의 제자였다. 이 임대 계약을 주도한 인물은 그의 아버지이자 매니저인 머리 윌슨이었다.

브라이언 윌슨은 필 스펙터의 세션 뮤지션을 활용하는 방법에서 영감을 얻어 홍키통크 피아노, 오르간, 하프시코드, 프렌치 호른, 거대한 크기의 베이스 하모니카 등 특이한 질감을 가진 여러 악기를 믹싱했다. 또한 스펙터가 그랬던 것처럼 드러머 할 블레인에게 차임, 종, 순수하게 들리는 타악기 소리 같은 경쾌한 리듬을 맡겼고, 때로는 스네어와 팀파니 롤을 사용해 극적인 포인트를 줬다. 그러나 필 스펙터가 다소 엉성하게 사운드의 레이어를 쌓는 쪽이었다면 윌슨은 오른쪽 귀가 들리지 않는 장애에도 불구하고 선명한 사운드를 추구했다. 그것은 마치 사이키델릭 렌즈를 통해 바라본 캘리포니아의 햇살 같은 소리였다. 무엇보다 윌슨은 그에게 영감을 준 또 다른 작곡가인 버트 바카락과 마찬가지로 매우 창의적이었고, 캐치한 멜로디에 특이한 코드 변화를 결합하는 데 재능을 지니고 있었다.

이 논리적으로 복잡한 프로젝트를 통해 <Pet Sounds>가 만들어졌다. 윌슨은 보컬 하모니를 녹음하기 위해 컬럼비아의 8-트랙 기계를 사용했다. 버즈의 프런트 맨 로저 맥귄은 "당시 엔지니어들은 컬럼비아 LA 스튜디오에 있는 8-트랙을 두려워했어요."라고 회상하면서 이렇게 덧붙였다. "8-트랙 기계에 '거대한 개자식'이라는 글씨가 써져 있을 정도였죠." 한데 가히 화학적이라고 할 만한 윌슨의 음향 실험에 대해 맹렬하게 회의적이었던 사람이 있었다. 동료였던 마이크 러브다. 그는 다음 같은 운명적인 말을 내뱉었다. "공식을 건드리지 마."

윌슨의 지독한 완벽주의로 인해 <Pet Sounds>는 1966년 5월이 되어서야 발매되었다. 그리고 이즈음부터 뻔뻔할 정도로 비현실적인 소리가 여기저기서 갈수록 잦은 빈도로 터져 나왔다. 1966년 1월 버즈는 누가 봐도 사이키델릭 약물 시대를 상징하는 제목이었던 'Eight Miles High'를 녹음했다. 존 콜트레인이 'India'에서 들려준 프리 재즈 색소폰으로부터 영감을 수혈한 불협화음 기타 솔로와 드론 사운드를 담고 있는 곡이었다. 봄에는 밥 딜런의 <Blonde on Blonde>가 발매되었는데 무엇보다 "모두 약에 취해야 해!"라는 유명한 오프닝으로 화제를 모았다.

시간을 조금 되돌려 1965년 말 딜런의 순탄했던 행보가 끝나고 있다는 몇 가지 단서가 포착됐다. 그중에서도 투어 밴드와 함께 진행한 다섯 번의 녹음 세션에서 과하게 자신만만하고 신경질적인 결과물만 나왔다는 게 가장 큰 문제였다. 컨트롤 룸에서 이를 지켜보던 밥 존스턴은 딜런에게 내슈빌의 조용한 환경에서 새롭게 시작해 보자고 제안했다. 호기심이 발동한 딜런은 믿을 수 있는 밴드 멤버인 알 쿠퍼와 로비 로버트슨 두 명만 데리고 내슈빌로 내려갔다. 현지 세션 뮤지션들을 모은 존스턴은 모든 연주자를 비좁은 공간에 칸막이도 없이 배치했다. 쿠퍼에 따르면 존스턴은 "물러나서 마법이 일어나도록 내버려 두었다."라고 한다.

현지 뮤지션들이 보여준 호의 덕분인지 아니면 풍경의 변화 덕분인지 해먼드 오르간은 더 매끄럽게 나왔고, 기타 파트는 과하게 일렉트릭하지 않으면서도 더욱 감미롭게 들렸다. 드럼의 셔플 리듬과 톤 역시 더 좋아졌다. 딜런의 목소리는 한결 거칠면서도 소리의 중앙에 더 자신감 있게 자리를 잡았다. 귀에 거슬리는 소리라는 이유로 오랫동안 비판을 받아온 밥 딜런은 내슈빌에서 공명하는 음색을 찾아냈다. 이러한 변화를 이끌어 낸 중요한 요소는 바로 그의 호텔 스위트룸에 있던 피아노였다. 이에 대해 쿠퍼는 다음처럼 설명했다. "제가 밥 딜런의 라이브 카세트 플레이어 역할을 맡았어요. 그가 가사를 작업할 수 있도록 호텔 방에 있는 피아노로 노래를 반복해서 연주해 줬죠. 이건 저에게도 도움이 되었어요. 음악 감독으로서 매일 밤이 도착하기 전에 곡을 숙지하고 밴드에게 가르쳐 줄 수 있었으니까요."

최종 결과물은 밀도 높은 더블 앨범이었는데 무엇보다 남부의 새벽 공기가 물씬 풍기는 아름다운 발라드 곡들이 빛을 발했다. 딜런이 가장 자랑스러워한 작품은 새벽 4시에 단 한 번의 테이크로 녹음된 11분짜리 서사시 'Sad-Eyed Lady of the Lowlands'였다. 매서운 내용이 들어 있기는 했지만 딜런이 자신의 열렬한 팬*을 위해 특별히 만든 곡이었다. 알 쿠퍼는 앨범의 다른 수록곡 '4th Time Around'를 녹음하는 동안 'Norwegian Wood'와 멜로디가 비슷한데 걱정되지 않느냐고 물었다. 딜런은 "나보다 비틀스가 더 걱정할 것 같은데."라고 퉁명스럽게 대답했다.

예의상인지 장난인지 몰라도 딜런은 앨범이 공식 발매되기 직전 존 레넌에게 직접 이 곡을 들려줬다. 마치 흑인 민스트럴이 그랬던 것처럼** 딜런을 카피한 레넌을 딜런이 카피하는, 이 비뚤어진 게임은 예상대로 딜런을 흠모했던 레넌에게는 너무 벅찬 것이었다. 후에 레넌은 이렇게 고백했다. "정말 혼란스러웠어요... 런던에 있을 때 그 곡을 들려줬죠. 그가 '어때?'라고 묻더군요. 전 '좋지는 않네요.'라고 대답했죠... 마치 다 까발려진 것 같은 느낌이었거든요."

당시 비틀스는 대놓고 마약에 취해 완성한 또 다른 앨범 <Revolver>를 마무리하고 있었다. 이 음반에는 인도 음악의 웅웅거리는 드론 소리, 부족을 연상케 하는 드럼, 레슬리 앰프를 통해 초현실적인 이미지를 노래한 레넌의 목소리 등을 테이프 샘플로 실시간 녹음해 완성한 대담한 피날레 'Tomorrow Never Knows'가 수록되어 있었다. 1966년 8월 일러스트레이션과 사진이 혼합된 실험적인 커버로 발매된 <Revolver>는 영국 비평가와 팬들 사이에서 큰 반향을 일으켰다. 기이하게도 미국 캐피톨은 이 모든 사이키델리아를 지지하지 않았다. 그들은 미국 버전의 비틀스 앨범을 편집본으로 만들었을 뿐만 아니라 <Pet Sounds>가 실수라고 확신했다. 이런 이유로 미국 캐피톨은 <Pet Sounds>가 발매되고 8주 후 비치 보이스가 기존에 발표한 모든 서핑 찬가를 수록한 베스트 앨범을 내놓았다.

런던이 음악적 혁신의 중심지가 되었다는 사실을 깨달은 브라이언 윌슨은 1966년 여름 비틀스의 홍보 담당자인 데릭 테일러를 고용해 <Pet Sounds>의 영국 발매를 홍보했다. 테일러는 비치 보이스에 대한 대중의 선입견, 즉 서핑 밴드 이미지를 부수고, 대신 작가이

---

* 딜런의 아내 사라(Sara)를 뜻한다. 조운 바에즈라고 주장하는 비평가들도 있다.
** 이 책 3장 초반부에 나오는 내용이다.

자 프로듀서로서 브라이언 윌슨의 천재성을 알리는 데 주력했다. 곧 영국 언론을 통해 브라이언 윌슨의 개인적인 걸작인 동시에 매혹적이고 중요한 이 앨범에 대한 기사가 쏟아져 나왔다.

비틀스는 여름 내내 펼쳐질 마지막 월드 투어를 시작하기 직전인 1966년 5월 월도프 아스토리아에서 <Pet Sounds>의 테스트 프레스를 처음 들었다. 물리적으로는 필리핀에서 쫓겨나고 상징적으로는 남부 전도사들에 의해 불태워진 1966년 가을*** 비틀스는 오랜만에 안식년을 가졌다. 이 기간에 폴 매카트니는 <Pet Sounds>를 더욱 깊게 감상했다. 그는 자신이 가장 좋아하는 곡인 'God Only Knows'를 들으면서 자주 눈물을 흘렸다. 어느새 좀 더 나이든 폴 매카트니는 "큰 감동을 받았어요. 교육을 위해서 아이들에게 각각 한 장씩 사줬죠... 세기의 고전이에요."라고 고백했다. 조지 마틴은 "팝 음악의 살아 있는 천재로 한 사람을 꼽으라면 브라이언 윌슨을 꼽겠다."라면서 그를 향한 열정을 드러냈다.

이렇게 1964년에서 1966년은 세계에서 가장 강력한 히트 머신이었던 존 레넌, 폴 매카트니, 조지 마틴이 미국의 탕자 밥 딜런과 브라이언 윌슨에게 집착했던 급격한 변화의 시기였다. 각각 가사와 음악적인 측면에서 당대의 혁신가였던 딜런과 윌슨은 이카루스처럼 위험할 정도로 태양에 가까이 다가가는 모험을 감행했다.

비록 브라이언 윌슨이 가장 심하게 추락했지만 먼저 불타오른 쪽은 밥 딜런이었다. 암페타민에 의지해 과도한 작업량을 소화하던 딜런은 언제나 수상한 구석이 있었던 앨버트 그로스먼과 거리를 두기 시작했다. 일렉트릭을 시도한 파격적인 변신으로 관객의 비난과 야유를 받은 딜런은 1월 첫 아이 제시를 출산한 아내 사라 로운즈의 품으로 숨어들었다. 우연이든 고의든 딜런은 1966년 7월 29일 롤러코스터에서 뛰어내렸다. 그로부터 40년 후 딜런은 다음처럼 고백했다. "오토바이 사고를 당해 부상을 입었지만 회복한 상태였어요. 경미한 부상이었고, 구급차를 부르거나 병원에 입원하지도 않았죠. 사실 극심한 생존 경쟁에서 벗어나고 싶었어요."

***　필리핀에서 대통령궁에서의 식사를 거절하면서 큰 문제가 발생했다. 존 레넌이 "비틀스가 예수보다 인기가 많다."라고 언급한 뒤 미국 남부에서는 그들의 앨범을 불태우기도 했다.

15.

동부에서
서부로

서부가 최고_

일렉트라 레코드, 도어스
그리고 몬터레이 팝 페스티벌

**1965
~1967**

미국 레코드 산업 내부에서 조용하게 이동하는 사람이 점차 증가했다. 동쪽 해안에서 서쪽 해안으로. 물론 로스앤젤레스에는 이미 자체적인 레코드 산업이 존재했다. 특히 캐피톨은 모회사인 EMI에서 쏟아지는 비틀스의 히트곡으로 몸무게를 늘렸다. 1950년대 이후 다양한 독립 음반사가 할리우드를 중심으로 생겨났다. 워너 브라더스 레코드와 그 자매 레이블인 리프라이즈 레코드가 대표적인 경우였다.

1960년대에 걸쳐 출신지가 서로 다른 음반 프로듀서로 구성된 다채로운 새 커뮤니티가 서부를 중심으로 형성되었다. 그중 장래가 촉망되는 인물이 한 명 있었다. 바로 브롱크스 출신의 스물다섯 살 홍보 담당자 제리 모스였다. 그는 1960년 더 화창한 모험을 하기 위해 뉴욕 브릴 빌딩을 떠나 서부로 왔다. 독립 홍보 담당자로 일하게 된 모스는 당시를 이렇게 회상했다. "비행기가 착륙하고 이모가 나를 데리러 왔어요. 날씨는 환상적이었죠." 현지 경쟁자들보다 더 배고팠던 모스는 하루 종일 일할 수 있을 거라고 생각했다. 친구가 없었던 탓에 그는 밤낮으로 DJ들과 어울렸다. "캘리포니아에서 보낸 시간은 꿈만 같았어요. 라디오 방송국 앞에 차를 주차하고 바로 걸어 들어갈 수 있었죠. 높은 빌딩과 사람들 사이를 비집고 지나가야 하는 뉴욕과는 달랐어요. 개척자가 된 듯한 느낌이었죠."

당시 제리 모스는 음악가이자 기회를 잡기 위해 분투 중인 배우 허브 알퍼트와 친구가 됐다. 알퍼트는 그즈음 스탄 게츠, 주앙 지우베르뚜, 브라질의 보사노바 천재 안토니우 카를로스 조빙 같은 이국적인 재즈 삼바 음악을 듣던 참이었다. 알퍼트의 티후아나 브라스 밴드와 함께 길고 빛나는 경력을 시작하면서 모스는 알퍼트에게 맹세하듯 말했다. "우리가 잠자는 동안에도 돈을 벌 수 있어야 해요. 음반이 출시된 지 6개월이 지났어도 상관없어요. 라디오 방송국에 계속 알려야 해요. 이게 핫한 거라고 말이죠." 때와 장소, 그들이 추구하는 음악이 모두 맞아떨어졌다. 1966년 A&M이라는 이름의 4년 된 레이블은 티후아나 브라스의 음반으로 비틀스보다 더 많은 1,300만장을 판매하면서 궤도에 올랐다. 비슷한 시기 모스와 앨퍼트는 브라질로부터 또 다른 영감을 수혈해 히트를 기록했다. 세르지오 멘데스 & 브라질 '66을 발견하고 계약한 것이다. 이 그룹은 알퍼트의 투어를 서포트하는 와중에 'Mas Que Nada'로 차트에 올랐다.

허브 알퍼트의 전 사업 파트너였던 루 애들러는 시카고에서 로스앤젤레스로 이주한 또 다른 인디 프로듀서였다. 매니저 겸 프로듀서로 일하던 애들러는 1966년 초 지역 포크 그룹 마마스 앤 파파스가 'California Dreamin''으로 전국적인 성공을 거두는 데 크게 공헌했다. 당시 쿨한 캘리포니아의 상징이었던 버즈의 프론트 맨 로저 맥귄도 기실 시카고에서 날아온 인재였다.

일렉트라의 잭 홀츠먼은 미지의 음악적 영역을 개척하기 위해 서부로 더 깊숙이 나아갔다. 1965년 봄 홀츠먼은 "러빙 스푼풀을 손에 넣었다고 생각했는데 실패해서 정말 불안해졌어요."라고 회상했다. 그러던 중 뉴포트에서 밥 딜런의 일렉트릭 세트가 등장했다. "다들 뉴욕을 중심으로 뭔가를 발굴하려 했어요. 그래서 전 캘리포니아로 가서 판돈을 걸었죠." 홀츠먼은 이미 로스앤젤레스에 현지 홍보 사무소를 두고 있었다. 1965년 여름 그는 이 사무소를 A&R 부서로 발전시킬 방법을 모색했다.

마리화나의 광범위한 효과는 뉴욕 포크 신의 밀실 공포증과 대조를 이루며 일렉트라의 음악적 취향과 회사 문화를 근본적으로 바꾸어 놓았다. 일렉트라의 프로듀서 폴 로스차일드는 스튜디오에서의 공식 업무 외에 뮤지션과 힙스터를 상대로 대마초를 판매하는 수익성 높은 부업을 병행했다. 잭 홀츠먼은 자신의 맨해튼 아파트에서 고음질 스테레오 사운드 시스템을 갖춘 세션을 연 뒤 게스트에게 마약이 든 쿠키를 제공하고 최신 음악을 들려줬다. 일렉트라의 로스앤젤레스 사무실에서 여러 현지 플레이어와 잡담하면서 잭 홀츠먼은 다음 같은 점을 깨달았다. "캘리포니아에서는 뮤지션이 매니저에 의해서가 아니라 자연스럽게 서로를 찾아요. 이게 가장 큰 차이점이었죠. 서로 어울리고, 술 마시고, 유대감을 쌓고, 훨씬 더 재미있었어요." 당시 캘리포니아는 마리화나 문화가 번성하던 곳이었다. 화창한 기후와 자유로운 분위기 덕분이었다. 수하물 검사와 탐지견이 없던 시절 홀츠먼은 여행 가방에 대마초를 가득 싣고 뉴욕으로 돌아갔다.

1965년 가을 폴 로스차일드가 체포되어 9개월간 수감되었다. 그동안 홀츠먼은 로스차일드에게 월급의 절반을 지불했다. 그러고는 마음을 다잡고 A&R의 탐색 임무를 강화했다. 낯선 로스앤젤레스 언더그라운드에서 재능을 발굴하기 위함이었다. 그는 "포크 신에서 대학은 정말 중요했지만 록은 달랐어요."라고 설명하면서 이렇게 덧붙였다. "커피숍에 앉아 있는 똑똑한 대학생들이 아니었죠. 훨씬 더 인종적으로 통합된, 다른 종류의 청중이었어요... 할리우드 중심부, 바인 근처, 선셋 스트립, 동쪽의 라 시에네가에서 서쪽의 도헤니까지 수십 개의 클럽이 있었죠... 저는 <로스앤젤레스 프리 프레스> 한 부를 집어 들고 거기 나오는 모든 밴드 목록을 살펴본 뒤에 들어 본 밴드가 있는지 체크 표시를 했어요. 흥미로워 보이는 밴드는 친구들에게 물어보고 반응을 살펴봤죠. '오, 걔네 괜찮아.', '시간 낭비하지 마.' 등등."

결국 1965년 말 홀츠먼은 비도 리토라는 클럽에서 첫 번째 유레카의 순간을 맞이했다. 포크 록 밴드 러브가 공연하던 곳이었다. 그는 아내인 니나와 함께 "뉴욕에서는 볼 수 없었던, 실크 같은 금발 머리를 출렁이게 다듬은 소녀들" 사이에 서 있었다. 니나 홀츠먼은 당시를 이렇게 회상했다. "아서 리가 일어났을 때 혀가 튀어나온 부츠를 신고 있었어요. 끈도 없었고요. 안경은 파란색 렌즈와 빨간색 렌즈가 하나씩 달린 웃긴 모양이었죠. 제 인생을 통틀어 가장 기괴한 사람이었어요." 일렉트라의 보스는 그에게 즉시 매료되었다. "위험 요소가 있어 보이거나 밴드가 무슨 일을 벌일지 모를 때가 있잖아요. 저를 매료시키는 건 바로 그런 점이에요." 다음 날 그는 현금으로 5천 달러의 선지급금에 3년 간 6장의 앨범을 발매하는 계약서를 준비했다. 바로 그날 마약에 미친 아서 리는 화려한 컨버터블을 구입하고, 남은 돈으로 밴드 멤버들에게 각각 100달러씩 나눠 줬다.

우연히도 러브의 데뷔 앨범과 수록 싱글은 홀츠먼이 다음 밴드를 발견하는데 결정적인 순간을 제공해 줬다. 바로 일렉트라 역대 최대 규모이자 20세기 후반 가장 중요한 밴드라 할 도어스였다. 러브가 LA의 새로운 노이즈로 급부상했던 1966년 초에 데뷔해 레퍼토리를 쌓아가던 도어스는 이후 런던 포그라는 선셋 스트립의 싸구려 클럽에서 공연했다. 키보디스트 레이 만자렉은 누군가의 레이더망에 잡히기 전, 그러니까 밴드로서의 체계가 조금씩 갖춰지고 있던 그 시절을 다음처럼 회상했다. "우리 자신을 위한 공연이나 마찬가지였어요. 대부분의 클럽에서 사람이라고 해 봤자 멤버 4명, 웨이트리스, 바텐더, 그리고 고고 댄서인 론다 레인까지 총 7명이 전부였죠."

자체 제작한 데모를 들고 시내를 돌아다니던 도어스는 루 애들러를 찾아갔다. 애들러는 모든 곡을 첫 5초씩만 듣더니 도어스를 문 앞으로 안내했다. 이후 멤버들은 또 다른 로컬 인디 음반사인 리버티 레코드를 방문했다. 짐 모리슨이 "내가 작은 게임을 하나 한 적이 있어. 너도 그 게임이 뭔지 알 거야. '미쳐버리기' 게임이지."[*]라고 노래하자 레이블 사장은 턴테이블 바늘을 치워버리면서 이렇게 외쳤다. "여기서 나가! 이 음반 들고 나가! 니들은 미쳤어!"

결국 그들은 밥 딜런의 전 홍보 담당자였고, 당시 컬럼비아 로스앤젤레스 사무실에서 A&R 담당자로 일하고 있던 빌리 제임스를 찾아갔다. 제임스는 그들의 음악에 훨씬 호의적이었다. "음악이 달랐어요. 침울하고 위협적인 게 아니라 암묵적인 위험을 슬며시 퍼트리는 것 같은 음악이었죠. 생각해 보세요. 'The Game Called Go Insane'이라는 내용의 3분짜리 노래가 AM 라디오에서 흘러나오고 어린 소녀들을 춤추게 하는 광경을요. 정말 기발한 발상이죠. '미쳐버린다'라는 건 우리가 로큰롤에서 지금까지 고려하지 않았던 선택지였어요." 그는 다음처럼 말하면서 멤버들을 기쁘게 했다.
"음악이 마음에 드네요. 여러분은 이제 컬럼비아 레코드와 계약한 겁니다."

음반 계약이 체결되었지만 나중 제임스가 알게 된 것처럼 "컬럼비아는 아무것도 하지 않았어요. 몇 주가 지나고 몇 달이 지난 후 회사는 도어스를 탈락자 명단에 올렸죠." 이 엄청난 실망에도 불구하고 4명의 젊은이는 다시 힘을 내서 공연을 계속했고, 거대한 운명이 흔히 그렇듯 그 과정 속에서 운이 개입했다. 런던 포그의 주인이 관객을 못 끌어모은다는 이유로 도어스를 해고하던 바로 그날 밤 도시에서 가장 힙한 클럽인 위스키 어 고고의 예약 담당자 로니 하란이 찾아왔던 것이다. 짐 모리슨의 섹스 어필에 반한 그녀는 선언하듯 이렇게 말했다. "여러분이 우리 클럽의 하우스 밴드가 되었으면 좋겠네요."

그것은 또한 잭 홀츠먼이 교차로에서 행운의 티켓을 거머쥔 뒤 레코드 맨의 신전에 입성하는 순간이었다. "1966년 5월 LA로 날아갔어요. 로니 하란이 흰색 컨버터블을 타고 공항에 마중 나왔죠. 아서 리가 위스키 어 고고에서 연주하는데 제가 들렀으면 하는 눈치더라고요. LA 시간으로 밤 11시, 뉴욕 시간으로 새벽 2시였죠. 피곤하긴 했지만 갔어요. 아서가 다음에 나올 밴드가 있으니까 계속 있으라고 눈치를 주더라고요." 당시 홀츠먼은 캘리포니아의 포크 록 밴드 영입 경쟁이 치열해지면서 초초함을 느끼고 있었다. "위스키 어 고고에서 연주하는 밴드 중에 제가 완전 사랑에 빠져서 필사적으로 계약하려고 했던 밴

---

[*]   'A Little Game'의 가사다.

드가 있었어요. 버팔로 스프링필드였죠. 하지만 애틀랜틱의 아흐메트 에르테군을 이길 순 없었어요. 우린 애틀랜틱의 놀라운 히트 기록이 없는 작은 레이블이었으니까요. 그래도 러브를 통해 성공의 초입에 들어서기는 했으니까 일렉트라에 더 많은 신뢰를 가져다 줄 수 있는 두 번째 그룹이 필요했죠."

무대에 오른 젊은 밴드는 그를 사로잡지 못했다. "짐은 보기에는 사랑스러웠지만 장악력이 부족했어요. 어쩌면 너무 뻔한 생각일 수도 있지만 당시 로큰롤에 있었던 로코코풍 장식이 전혀 없는 것처럼 느껴졌죠. 1966년은 아직 비틀스와 <Revolver>의 시대였다는 점을 기억해야 해요. 하지만 내면의 목소리가 속삭였어요. 그들에게 제가 보거나 듣는 것보다 더 많은 게 있다고 말이죠. 그래서 저는 계속 클럽으로 갔어요. 마침내 넷째 날 저녁에 그 소리를 들었죠. 짐은 블랙홀처럼 공연장의 에너지를 자기 안으로 빨아들이는 퍼포먼스로 엄청난 긴장감을 조성했어요. 'Alabama Song'은 이미 알고 있는 노래였지만 그날만큼은 이 곡을 통해 완전한 도어스를 볼 수 있었죠. 그리고 'Light My life'에서 만자렉의 바로크 오르간 연주를 들었을 때. 제 말은, 진짜로 들었을 때요. 곧장 계약 준비에 들어갔어요."

계약은 쉽게 진행되지 않았다. 컬럼비아에 크게 실망한 이후 이들은 독립 프로듀서인 테리 멜처와 프랭크 자파의 제안을 거절한 바 있었다. 그러나 다행히도 도어스의 멤버 중 일렉트라에서 발매한 플라멩코와 블루스 음반의 열렬한 팬이 한 명 있었다. 바로 기타리스트 로비 크리거였다. 그는 일렉트라를 수준 높은 레이블로 여겼다. 키보디스트 레이 만자렉은 밴드의 타고난 리더는 아니었지만 맏형이자 음악적 역량이 가장 뛰어났고, 거의 즉시 이 일렉트라의 보스와 연결되었다. 그는 나중 홀츠먼을 다음 같은 농담조로 표현했다. "음반 업계에서 처음으로 만난, 제대로 된 문장으로 말하는 사람." 또한 만자렉은 "홀츠먼은 지적인 사람이었어요."라고 말하면서 이렇게 덧붙였다. "동시에 뉴욕 출신의 카우보이였죠. 마치 게리 쿠퍼가 뇌는 탑재한 상태로 시내를 질주하는 것 같았어요. 쿠르트 바일과 베르톨트 브레히트가 'Alabama Song'을 썼다는 것도 알고 있더라고요."

만자렉과 홀츠먼은 진보적인 유대인 가정 출신 보헤미안이었다. 둘은 짐 모리슨과 함께 영화에 대한 열정도 공유했다. 시카고 출신인 만자렉은 UCLA에서 영화 촬영을 공부하기 위해 LA에 머물렀고, 그곳에서 짐 모리슨을 만났다. 비슷한 취향을 가졌던 그들은 음악을 영화적, 문학적, 음악학적 차원에서 논의했다. 만자렉은 도어스의 영감에 대해 이렇게 설명했다. "우린 오슨 웰스의 영화와 하울링 울프의 음악, 즉 어둠을 좋아했어요. 머디 워터스가 부른 'Hoochie Coochie Man'이나 어두운 배음이 깔려있는 마일스 데이비스의 음악도 우리 취향이었고요. 깊이 있는 심리적인 시 같은 음악도 좋아했어요. 앨런 긴스버그의 시 <Howl>의 시작을 여는 문장, '나는 우리 세대 최고의 지성들이 광기에 의해 파괴되는 것을 보았다.' 역시 많은 영향을 줬죠. 이 외에 <City of Night>, <Raymond Chandler's Los Angeles>, 너대니얼 웨스트의 <Miss Lonelyhearts>와 <The Day of the Locust> 같은 책들로부터 도어스가 나온 거예요."

모든 게 맞아떨어졌다. "그들은 저를 좋아했어요." 홀츠먼은 이렇게 회상하면서 덧붙였다. "컬럼비아에 의해 거절 당한지 얼마 되지 않았기 때문에 처음엔 말을 잘 안 했죠. 그러다가 깨달았어요. 딱 1장만 보장하는 게 아니라 3장을 발매한다는 조건으로 계약이 성사될 수 있다는 걸요. 일단 도어스는 2장의 정규 앨범을 낼 수 있는 충분한 곡을 갖고 있지 않았어요. 그래서 다른 레이블이 제공하지 않는 걸 주려고 했죠." 기실 계약의 기본 조건은 선급금 5천 달러, 음반 판매에 대한 로열티 5%, 아티스트 친화적인 75/25 비율의 퍼블리싱 분할 등 당시로서는 상당히 일반적인 편에 속했다. 즉, 계약을 성사시킨 핵심은 앨범 3장 발매라는 장기적인 약속이었다.

다음 문제는 프로덕션이었다. "폴에게 LA로 가서 도어스를 보라고 했죠. 보고 나서는 '미쳤다.'라고 하더군요. 저는 '내 생각은 달라.'라고 답했죠. 그래서 다른 프로듀서들을 좀 살펴봤지만 결론은 폴이었어요... 도어스에게 필요한 건 그들이 괴롭힐 수 없는 힘을 지닌, 그래서 그들로부터 존경을 받을 수 있는 사람이었거든요. 로스차일드는 그 모든 걸 갖추고 있었어요. 그리고 폴은 한 번 약속을 하면 반드시 지켰죠. 결국 저는 폴에게 말했어요. '폴, 이런 말을 하게 될 줄 몰랐지만 넌 내게 빚을 졌잖아. 이 밴드는 당신이 해야 해. 당신이 이 일을 할 수 있는 유일한 사람이야.' 그러니까 폴이 대답하더라고요. '글쎄요. 그렇게까지 말한다면야.'"

홀츠먼은 로스차일드의 가석방 담당자를 만나 로스차일드가 법을 어기지 않을 거라고 보장하는 서류에 서명해야 했다. 그의 터프한 명성에 걸맞게 로스차일드는 녹음에 들어가기 전 밴드가 2주 동안 열심히 연습하게 만들었다. 사운드 엔니지어 브루스 보트닉은 당시를 이렇게 회상했다. "스튜디오에 도착하자마자 알겠더군요. 첫날부터 사운드가 완벽해졌다는 걸요. 그 이후에는 아무도 노브, 앰프, 마이크에 손을 대지 않았어요. 모두 라이브로 녹음했죠. 심지어 테이프를 느리게 플레이해서 목소리를 녹음하는 것도 다 라이브로 했어요."

유능한 뮤지션이 넘쳐나는 속에서 짐 모리슨은 악기 연주도 못하고 음악에 대해 상대적으로 무지한, 확실히 특이한 존재였다. "짐은 엘비스의 열렬한 팬이자 시나트라의 열혈 팬이었어요." 보트닉은 짐 모리슨 때문에 당황하기는 했지만 그를 다음처럼 파악했다. "엄청난 음역대를 갖고 있기는 했죠. 속삭임에서 비명까지, 단 2초 만에 0에서 60까지를 낼 수 있었으니까요. 부드럽게 노래하다가 괴성을 지르고... 하지만 뮤지션은 아니었어요." 폴 로스차일드는 이렇게 말했다. "모리슨의 박자 감각은 끔찍했죠. 그래서 마라카스나 탬버린을 집어들 때마다 저나 밴드의 누군가가 빼앗으려고 했어요."

하지만 모든 위대한 예술가가 그렇듯 모리슨도 본능적으로 어떤 우물에서 물을 마셔야 하는지를 알았다. 그중에서도 벨파스트 출신 그룹 뎀의 프런트 맨 밴 모리슨의 영향이 가장 컸던 것으로 밝혀졌다. 로비 크리거는 밴 모리슨을 이렇게 표현했다. "위스키 어 고고 초창기 시절에 밴 모리슨은 공포의 대상이었어요. 술에 취해 마이크를 이리저리 던지고, 소리 지르고, 흥분하고, 터무니 없는 짓을 마구 해댔죠. 무대 근처에 가기가 두려울 정도였어요. 그 사람 속에는 진짜 악마가 있었다니까요." 짐 모리슨은 이 벨파스트 가수의 매혹적인 알앤비를 주의 깊게 연구했고, 그가 보여준 무아지경은 모리슨의 커리어에 많은 영향을 미쳤다. 그의 친구 중 한 명인 딕비 디엘은 다음처럼 당시의 짐 모리슨을 묘사했다. "짐은 스스로 무아지경에 빠지곤 했어요. 그와 함께 무대에 도착해 무대 뒤에 앉아 한 시간 정도 지켜봤죠. 술을 마시거나 대마초를 핀 뒤에 무대로 올라가더라고요. 짐은 수줍은 시인으로 등장해서는 거칠고 연극적이고, 성적인 모습으로 종종 변했어요."

단 일주일 만에 녹음된 도어스의 데뷔 앨범은 시대를 초월한 클래식의 보고였다. 'Light My Fire'가 상업적인 돌파구를 마련했지만 가장 오랫동안 울려 퍼질 곡은 앨범의 마지막 트랙이었다. 폴 로스차일드는 "획기적인 곡이었던 'The End'를 녹음하던 중이었어요."라고 회상하면서 이렇게 말했다. "온몸에 소름이 돋았어요... 테이크를 끝내고 나니까 그 경험 때문에 방에 있던 다른 사람들처럼 녹초가 되어버렸죠."

짐 모리슨은 스튜디오에 도착하기 전 LSD를 했다. 유기적으로 써진 이 서사시의 정신을 충실히 담아내기 위함이었다. 이후 첫 테이크의 긴장감이 고조되자 로스차일드는 휴식을 요청했고, 모리슨은 근처 교회를 돌아다니다가 발을 헛디뎌 심하게 넘어졌다. 성모 마리아 동상을 바라보던 그는 노래의 숨겨진 의미를 번뜩 깨달았다. 그러고는 두 번째 테이크에서 천둥과도 같은 퍼포먼스를 곡 후반부에 집어넣었다. "동트기 전 일어난 살인자가 부츠를 신고 복도를 걸어 내려오네." 그것은 오이디푸스적인 카타르시스를 느끼게 하는 구절이었다. 로스차일드는 첫 테이크의 부드러운 인트로와 두 번째 테이크의 강렬한 피날레를 연결해 전설적인 걸작을 탄생시켰다. 로스차일드는 "그 순간 이 밴드가 유명해질 거라는 걸 알았죠."라고 말했다.

유일하게 남아 있는 물음표는 짐 모리슨의 변덕이었다. 'The End' 세션이 끝난 후 여전히 마약에 취해있던 모리슨은 텅 빈 스튜디오로 돌아가 기계에 소화기를 뿌리고 하프시코드를 거품으로 덮어 버렸다. 홀츠먼은 손해 배상 수표를 써야 했지만 이후 도어스의 프로다운 태도에 놀라움을 금치 못했다. 1967년 1월까지 4개월을 기다려 달라고 제안했는데 밴드가 아무런 불평 없이 받아들였던 것이다. 이는 크리스마스 직전 발매되는 수많은 앨범에 묻히지 않기 위함이었다. 또한 짐 모리슨과 로비 크리거가 주요 작곡가였음에도 불구하고 도어스는 "공연, 작곡, 출판에 따른 모든 수익을 균등하게 나누고 모든 저작권을 밴드 전체의 이름으로 등록"했다.

앨범 발매를 기다리는 동안 홀츠먼은 도어스가 뉴욕 50번가의 온딘에 위치한 클럽에서 한달 간 라이브를 할 수 있게 해 줬다. 그곳은 레이 만자렉이 묘사하기를 "앤디 워홀 비슷한 사람들과 플라스틱으로 만든 것 같은 여자들, 그리고 모드 족" 등 세련된 사람이 모이는 핫한 공간이었다. 1966년 10월 뉴욕의 '벨벳'과도 같은 '언더그라운드'를 깊숙하게 관찰한 도어스는 이를 통해 예술과 음악계의 최첨단을 엿봤다. 이에 대해 홀츠먼은 다음처럼 말했다. "도어스는 시각적인 이미지로 뭘 해야 하는지 알고 있었어요. 개인적인 자아를 제쳐두고 짐을 전면에 내세웠죠. 첫 앨범 표지 사진 촬영 중에 멤버들이 말하더라고요. '짐을 좀 더 크게 보이게 하자.'라고요. 짐이야말로 적임자라는 걸 잘 알았던 거죠."

<롤링 스톤>은 짐 모리슨을 이렇게 평가했다. "모리슨은 과하게 예쁘다. 마치 호모 2명이 전화 통화로 만들어 낸 인물처럼 보인다." 짐 모리슨은 디자이너 미란다 바비츠와 함께

지금은 그의 상징이 된 벨트, 타이트한 가죽 바지 등으로 흑백 실루엣 패션을 완성했다. 영화 <The Wild One>에서 말론 브란도가 입었던 오토바이족 의상에서 영감을 얻은 결과였다.

일렉트라의 홍보 책임자인 스티브 해리스는 그의 재능을 곧 알아챘다. "짐은 제가 아는 그 어떤 록 스타보다 카메라 보는 법을 잘 알고 있었어요. 포즈를 취할 줄 알았죠... UCLA에서 영화학 학위를 받은 사람이잖아요." 또 다른 예리한 목격자는 바로 공연 프로모터 빌 그레이엄이었다. "그가 마이크를 향해 걸어가는 방식, 마이크 스탠드를 갖고 하는 행동, 한 공간에서 다른 공간으로 이동하는 방식, 무대를 배회하는 방식, 그건 마치 뱀, 표범 같았어요. 미끄러지고 속삭이는 듯한 움직임을 통해 섹슈얼리티와 관능미를 발산했죠. 패션으로는 특히 검은색을 강조했어요. 검은색 가죽 바지를 입었고 속옷은 안 입었죠. 짐 모리슨은 옷을 입는 게 아니었어요. 그건 매우 강력한 성명서 같은 것이었어요."

도어스와 일렉트라는 죽이 잘 맞았다. 그들은 당시 기준으로는 매우 참신했던 아이디어를 함께 떠올렸다. 'Break On Through'의 비디오를 촬영해 TV 네트워크에 밴드의 진정한 개성을 보여 주는 매력적인 이미지를 제공하려 한 것이다. 홀츠먼은 이렇게 설명했다. "처음엔 도어스 투어를 할 여력이 없었어요. 그렇다고 밴드스탠드나 훌라발루 같은 프로그램의 산만한 10대 관객 앞에서 공연하는 건 영 내키지 않았고요. 음악에 대한 집중력이 떨어질 것 같았거든요. 대중에게 노출되어도 통제된 상황에서 노출되기를 원했어요." 보다 폭넓게 생각하려 한 홀츠먼은 비디오 촬영과 함께 선셋 스트립에 있는 광고판도 대여했다.

제목과는 달리 수록 싱글 'Break On Through'는 빌보드 차트에서 106위를 기록하는 데 그쳤다. 당시 상황을 고려했을 때 그것은 참담한 실패였다. 하지만 7분짜리 곡 'Light My Fire'가 즉각적인 인기를 끌면서 고무적인 기운이 감돌았다. 폴 로스차일드는 잘못된 선택을 했다는 사실을 깨닫고는 소용돌이치는 악기 섹션의 상당 부분을 잘라 3분 30초 분량의 라디오 에디션을 만들었다. 그 말을 들은 레이 만자렉과 로비 크리거는 충격받은 표정으로 서로를 바라봤다. 로스차일드는 자신의 주장을 펼쳤다. "여러분이 미네소타 미니애폴리스에 사는 열일곱 살짜리 아이이고, 도어스에 대해 들어본 적이 없다고 상상해 보세요. 로큰롤을 좋아하긴 하는데 라디오에서 이 노래가 흘러나오는 거예요."

그러자 모리슨이 이렇게 의견을 표했다. "라디오에서 듣고 마음에 들어 앨범을 구입하면 예상치 못한 7분짜리 'Light My Fire'를 보너스로 받을 수 있겠네요." 밴드 전체가 마침내 동의했다. "뉴욕에 전화해서 잭에게 결정됐다고 전해요."

홀츠먼이 주목한 것처럼 결국 핵심은 "도어스는 성공을 정말 원했고, 짐은 스타가 되기를 원했다."는 것이었다. 일렉트라의 홍보 책임자인 스티브 해리스도 모리슨이 자신의 정상 정복을 위해 능숙한 방법으로 주변 사람에게 최면을 걸고 심지어 조종까지 한다는 점을 알아챘다. 해리스는 "짐은 자신의 인생에서 누가 중요하고 누가 중요해질지 알고 그 사람을 정복하는 방법을 알고 있었어요."라고 말했다. 또한 이는 일렉트라 주요 간부의 여성들에게도 적용되는 것이었다. 잭 홀츠먼과 스티브 해리스의 부인은 모두 짐 모리슨이 그들의 눈을 종종 응시했다고 말했다. 그들에 따르면 그것은 존경과 지지를 얻기 위한 행동이었다.

'Light My Fire'의 짧은 버전이 라디오 네트워크를 통해 전파를 타고 흐르자 1967년 봄부터 도어스의 이름이 서부 해안 전체에 퍼지더니 이내 그 규모와 기세가 점점 커져 갔다. 이를 가능하게 한 주역은 소수의 로스앤젤레스 공연 기획자, 그중에서도 길거리의 반응에 예민한 촉수를 지녔던 루 애들러였다. 그는 적시적소에 딱 맞는 움직임이 뭔지를 알고 있는 인물이었다. 'Light My Fire'가 발매되기 조금 전인 1966년 겨울, 분위기를 장악했던 노래는 마마스 앤 파파스의 대히트곡 'California Dreamin''이었다. 그래서 애들러는 그룹의 프런트 맨인 존 필립스와 함께 이후 웨스트 코스트 플라워 파워* 최고의 순간이라 불리게 될 몬터레이 국제 팝 페스티벌을 기획했다. "샌프란시스코에 간다면 머리에 꽃을 꽂고 오세요."**라고 적힌 최면에 걸린 듯한 초대장이 그 마법 같은 봄 내내 미국 전역의 전파를 탔다.

비틀스와 스톤스가 라이브 공연을 중단한 상황에서 앤드루 루그 올덤은 루 애들러에게 런던 록의 홍보 대사로 후를 추천했다. 그러고 나서 올덤과 폴 매카트니는 애들러에게 당시 런던에서 막 주목받고 있던 지미 헨드릭스에게 도박을 한번 걸어 보라고 제안을 던졌다. 이 와중에 놀라운 예지력을 발휘한 인물이 있었다. 바로 리프라이즈의 사장 모 오스틴

---

*   당시 히피 운동을 뜻한다. 히피들은 전쟁을 반대했고, 사랑과 평화의 상징으로 꽃을 사용했다.

**   Scott McKenzie의 'San Francsico'의 가사 일부다. 이 단락에서 언급된 존 필립스가 작곡했다.

이었다. 그는 후의 매니저인 키트 램버트와 크리스 스탬프가 설립한 인디 트랙이 갖고 있던 헨드릭스의 미국 판권을 막 계약한 상태였다.

수줍음 많지만 결단력 있었던 모 오스틴은 서부 해안의 떠오르는 또 다른 세력이었다. 전설적인 재즈 레이블 버브에서 비즈니스를 배운 그는 프랭크 시나트라가 만든 레이블 리프라이즈를 1960년대 스윙잉 런던으로 조용히 이끌었다. 영국의 인디 레이블 파이 레코드와 라이선스 계약을 맺은 덕분이었다. 이 계약을 통해 리프라이즈는 킹크스와 페툴라 클라크에 대한 북미 판권도 확보했다. 런던에서 주문한 업계 잡지를 꼼꼼히 훑어보던 오스틴은 지미 헨드릭스의 첫 번째 싱글 'Hey Joe'가 1967년 2월 영국 톱 10에 진입하고, 3월에는 또 다른 싱글 'Purple Haze'가 히트했다는 걸 알아냈다.

오스틴은 이미 알고 있었지만 헨드릭스의 북미 판권에 대한 권리를 지닌 사람은 원래 아흐메트 에르테군이었다. 트랙 레이블을 배급하던 데카와 애틀랜틱 사이의 라이선스 계약 때문이었다. 그런데 이변이 발생했다. 에르테군이 드물게 판단력을 잃었던 것이다. 에르테군은 헨드릭스가 B.B. 킹과 너무 비슷하다고 생각했다. 이와 관련해 오스틴은 이렇게 증언했다. "애틀랜틱이 헨드릭스를 거절했다는 사실을 믿을 수가 없었어요. 그래서 헨드릭스를 정말 빨리 쫓아갔어요. 영국에서 제가 신뢰하는 사람들에게 전화를 걸었는데 모두 헨드릭스가 얼마나 뛰어난 연주자인지 말해 주더라고요. 무엇보다 헨드릭스의 표정, 그건 정말 경이로웠어요. 헨드릭스에 대한 생각을 멈출 수가 없었죠. 자신이 중요한 무언가를 발견할 수 있는 중요한 인물임을 나타내는 모든 요소가 헨드릭스에게는 있었다니까요."

지미 헨드릭스에게 모국으로의 화려한 컴백 기회를 제공한 무대가 바로 앞서 언급한 몬터레이 팝 페스티벌이었다. 그뿐 아니라 이 페스티벌을 통한 그의 미국에서의 첫 성공은 모 오스틴에게 거대한 미래를 열어 줬다. 그러나 페스티벌을 개최하려면 큰 과제를 하나 해결해야 했다. 샌프란시스코 언더그라운드 밴드들이 출연료 없이 참가하도록 설득하는 것이었다. 워너 브라더스 레코드의 임원 조 스미스는 베이 에어리어 밴드들이 자기들 마음대로 행동한다는 걸 잘 알았다. "사실 1966년 그레이트풀 데드와 계약할 당시에는 그레이트풀 데드가 어떤 밴드인지 전혀 몰랐어요." 그는 이렇게 고백하면서 덧붙였다. "하지만 길거리에서 이 밴드에 대한 소문이 돌고 있다는 것은 알았습니다. 당시 매니저만 7명이더군요. 어떤 매니저가 미팅에 나타나거나 전화를 받을지 알 수가 없었죠."

계약은 상호 편집증에 시달리는 것마냥 길고 지루한 대하소설처럼 바뀌었다. 온갖 공포스러운 이야기를 들은 밴드는 워너 경영진을 피를 빨아먹는 자본가라고 생각했다. 반면 워너 경영진은 공포스러운 이야기를 듣고는 밴드의 회사에 찾아갔을 때 뭔가 마시는 걸 두려워했다. 행여 마약이라도 섞여 있을까 싶었던 것이다. "결국 아내와 함께 아발론 볼룸에 갔는데 와, 마치 펠리니 영화에 들어온 것 같더라고요." 히피 파티에 정장 차림으로 갔던 스미스는 이렇게 회상했다. "음악, 조명, 마약, 춤추는 사람들, 공연장에 퍼져 있던 광기. 모든 게 압도적이었어요. 저희는 내내 입을 벌린 채로 보고 들었죠. 공연이 끝나고, 그레이트풀 데드와 음반 계약을 맺었어요. 워너 브라더스가 최초의 대형 히피 밴드를 갖게 된 거죠."

언제나 약에 취해있고, 도저히 믿을 수 없는 뮤지션에게 2만 5천 달러를 준다는 건 여전히 위험한 도박이었다. 그러나 조 스미스는 재니스 조플린이나 컨트리 조 같은 또 다른 플라워 파워 뮤지션을 위한 기회가 무르익었음을 직감했다. 그는 회사 보스인 워너의 마이크 메이트랜드에게 이렇게 말했다. "한 밴드·뮤지션 당 2만 5,000달러에 계약할 수 있어요."

"일단 그레이트풀 데드가 어떻게 되는지 보자고." 메이틀랜드는 조심스럽게 대답했다. 충분히 이해 가능한 발언이었다.

스미스의 결론은 다음 같았다. "그때는 이미 너무 늦었을 겁니다."

몬터레이는 그의 주장을 증명했다. 전체 행사 기간 동안 약 5만 5천 명이 머물렀고, 밤에 열린 대규모 쇼에는 최대 약 9만 명이 모였다. 몬터레이는 세계 최초로 현대식 사운드 시스템을 실험했을 뿐만 아니라 진정한 의미에서의 미디어 쇼케이스였다. 무엇보다 1천 명이 넘는 미디어 관계자를 끌어모은 비틀스의 홍보 담당자 데릭 테일러의 공이 컸다.

흥미롭게도 런던에서 온 뮤지션들에게 캘리포니아의 플라워 파워는 견디기 힘든 것이었다. 기타리스트 피트 타운센드는 "헤이트 애시베리는 관광객들이나 가는 싸구려 술집처럼 보였어요."라고 말하면서 이렇게 덧붙였다. "당시 런던에서 벌어지고 있는 일이 훨씬 더 흥미롭게 느껴졌죠. 모든 게 얼마나 얕아 보였는지 놀랐다니까요. 몬터레이의 밴드들은 정말 형편없었어요. 재니스 조플린은 못생기고 술만 마시고 소리만 지르는 여자였는데 아이크 앤 티나 터너나 여러 다른 사람과 비교되더군요. 제가 보기엔 전혀 그렇지 않았어요. 그녀의 밴드 더 홀딩 컴퍼니는 제가 들어 본 밴드 중 최악이었고요. 컨트리 조 앤 더 피쉬가 무대에 올라왔는데 컨트리 조는 일종의 정치적 발라디어로 흥미로웠지만 그를 중심으로 모인 밴드는 모두 괴짜들이더라고요… 오티스 레딩이 멤피스 혼스의 빈자리를 채우기 위해 부커 티 앤 더 엠지스와 함께 라이브를 할 때쯤 돼서야 좀 의미 있는 공연처럼 느껴졌죠. 하지만 후와 헨드릭스가 무대에 오르면 오티스 레딩도 날려 버릴 수 있겠구나 생각했어요."

앤드루 루그 올덤 역시 몬터레이에서 본 것에 깊은 인상을 받지 못한 채 런던으로 돌아왔다. "밴드들이 별로더라고요. 저에게 그 밴드들은 스타가 아니었어요. 그들은 당신보다 더럽고 독창적이지도 못하고, 마약과 술에 완전히 쩔어 있었어요. 몬터레이를 통해 이 새로운 밴드들이 영국으로부터 팝과 록의 상당 부분을 미국으로 되찾아 왔지만 전 그 매력을 이해할 수 없었어요. 저는 저의 스타가 스타답게 행동하는 것을 좋아하는 쪽이에요." 이 이벤트가 음악 산업에 미칠 영향에 대해서는 의심의 여지가 없었다. 몬터레이는 반문화가 대중화되는 결정적인 순간이었고, 인디 레이블이든 메이저 레이블이든 그들을 향해 계약서를 내밀게 만들었다. 1965년 뉴포트 포크 페스티벌에 가지 않았던 음반사 사장들은 그제야 더 큰 그림을 명확하게 보기 시작했다.

A&M의 설립자 제리 모스 역시 그 자리에 있었다. 계약을 해 놓은 뮤지션이나 밴드가 없다는 게 아쉽기는 했지만 아쉬운 만큼 그는 히피 문화에 완전히 매료됐다. 헨드릭스라는 승리의 패를 들고 있던 모 오스틴 역시 헨드릭스가 기타를 불태우는 모습을 관중석에서 지켜봤다. "페스티벌이 끝나고 헨드릭스와 제대로 된 계약을 할 수 있을지 계속 궁금했어요. 다른 레이블의 A&R 담당자들이 와서 헨드릭스의 계약을 팔 생각이 있는지 물어보더군요." 몬터레이에서 오스틴은 또 다른 중요한 인물을 만났다. 힙하고, 두터운 인맥을 자랑했던 영국인 앤디 위컴이었다. 위컴은 런던에서 앤드루 루그 올덤과 루 애들러를 위해 일한 경력의 소유자였다. 오스틴은 그를 A&R 담당자로 고용했고, 위컴은 그에게 조니 미첼, 제스로 털, 밴 모리슨을 소개해 줬다.

모 오스틴은 다음처럼 회상했다. "앨범 판매량을 보고 생각했죠. '와, 뭔가 있구나.' 지미 헨드릭스의 앨범을 200만 장이나 팔 수 있는 흐름에서 그저 무난한 느낌의 아티스트가

30만 장 팔기란 쉽지 않을 거예요. 예를 들어 프랭크 시나트라는 200만 장을 판 적이 없어요. 딘 마틴도 없었고요. 레코드와 관련한 유행이 지금처럼 만들어지기 전까지 200만 장을 판매한 아티스트는 그리 많지 않았어요."

비록 도어스나 러브가 몬터레이에서 공연하지는 않았지만 일렉트라는 그 보상을 톡톡히 누렸다. 잭 홀츠먼은 이렇게 회상했다. "1967년 봄이 되자 도어스의 인기가 절정에 달했고, 몬터레이 덕에 회사는 완전 대박이 났죠. LA가 대세였어요." 캘리포니아의 사이키델리아가 현대의 상상력을 사로잡은 가운데 라디오 친화적인 'Light My Fire'의 편집본이 쉽게 오지 않는 돌파구를 열어줬다. 레이 만자렉은 다음처럼 말했다. "'Light My Fire' 이후 모든 게 폭발적으로 성장했어요. 1967년 7월 중순 즈음에 도어스는 미국 최고의 밴드였죠."

17년 동안 자신의 뮤즈를 쫓아 야생을 누비며 다사다난한 세월을 보낸 잭 홀츠먼은 이렇게 메이저리그에 입성했다. 이미 기사가 운전하는 캐딜락을 소유한 그는 일렉트라의 첫 싱글 1위를 기념하는 의미로 다양한 선물을 준비했다. 도어스의 드러머 존 덴스모어는 말을 선물로 받았다. 로비 크리거와 레이 만자렉에게는 영화 장비가 주어졌다. 심지어 폴 로스차일드의 가석방을 도와준 담당관도 골드 디스크를 받았다. 로스차일드는 당시를 다음처럼 회상했다. "1967년 그날이 기억나네요. 잭이 복도에서 저에게 다가오더니 말하더라고요. '폴, 처음으로 5억 달러를 돌파했어요.' 원래 회사에 급여 대상자라고 해 봤자 14명이나 15명 정도였어요. 하지만 모든 게 변하기 시작했죠. 회사가 엄청나게 커졌어요. 잭은 그 거대해진 회사를 운영해야 했고요. 저는 그가 경영자가 되기 위해 필요한 게 무엇인지 공부하는 걸 지켜봤고, 바로 그때부터 일렉트라는 크게 발전했어요. 잭은 자신과 아내를 위해 여피스러운 영지도 마련했어요. 그렇게 멋진 다세대 아파트는 뉴욕에서 살면서 본 적이 없었죠. 끝내주는 주방, 식탁 위의 음식, 벽에 걸린 물건... 훌륭한 수집품 등등."

기회를 놓치지 않았던 홀츠먼은 수익을 다시 로스앤젤레스에 재투자했다. "라 시에네가에 땅을 샀죠. 어려운 결정도 아니었어요." 홀츠먼은 자체 녹음 시설 없이는 일렉트라가 서부 해안에서 진정한 존재감을 발휘할 수 없다고 생각했다. 그는 12만 달러를 들여 본사 옆에 최첨단 스튜디오를 건설했는데 그의 표현을 빌리자면 "꿈의 실현"이었다.

이전 80년 동안 방대한 미국 음반 산업의 중심지는 뉴욕이었다. 그러나 사이키델릭 음악이 폭발하면서 로스앤젤레스가 음악의 지도 위에 확고히 자리를 잡았다. 전선이 다시 그려지고, 네트워크가 재구축되었다. 영국 언더그라운드가 미국 출신 블루스 기타리스트를 몬터레이를 통해 본국으로 송환하는 일도 있었다. 영국의 침공이 JFK 공항에 상륙한 지 불과 3년 후 이제는 새로운 꿈이 대륙 서쪽에서 출발해 동쪽을 향해 소용돌이치면서 베이비 붐 세대에게 다음 같은 초대장을 보냈다. "LSD를 하고, 음악을 틀어라. 자신의 목소리와 새로운 시대의 목소리에 귀를 기울여라. 기존 가치를 거부하라."*

---

*   영어로는 'Turn on, Tune in, Drop out'. LSD와 카운터컬처를 대표한 심리학자 티모시 리어리가 만든 문구다. 1967년 샌프란시스코 골든 게이트 공원에서 열린 이벤트에서 3만 명의 히피들을 향해 이 문구를 처음 내뱉었다. 이후 히피 문화와 플라워 파워, 카운터컬처를 상징하는 캐치프레이즈가 되었다.

16.

검은색
캔버스

-
레너드 코언, 클라이브 데이비스
그리고
카운터컬처 시대의
기업 통합

**1967
~1968**

재정이 없으면 (음악이라는) 로맨스도 없는 법이다. '사랑의 여름'이라는 대중적인 문화로 주로 기억되지만 1967년 미국 음반 산업의 연간 매출액은 사상 처음 10억 달러를 돌파했다. 애틀랜틱과 워너의 인수를 비롯한 다양한 기업 이벤트가 있었던 1967년은 여러 측면에서 오늘날 우리가 알고 있는 음반 산업의 시작을 알린 해였다.

맨해튼을 바라보고 있는 이 남자, 정중하면서도 유쾌한 성격의 소유자였던 고다드 리버슨은 CBS 레코드 그룹의 사장이자 이 거대한 르네상스의 핵심 목격자 중 한 명이었다. 대공황기를 겪었던 젊은 시절부터 오랜 경력을 쌓아 온 이 현명한 거물은 세계적인 10대 음악의 급증을 컬럼비아와 자신의 미래에 대한 신호로 이해했다.

유일한 문제가 있었다. 바로 그가 여전히 고다드 리버슨으로서 즐거운 시간을 보내고 있다는 것이었다. 고다드 리버슨의 리더십 스타일에서 덜 칭찬할 만한 측면 중 하나는 팀 빌딩에 대한 개인적인 혐오였다. 그는 고위 경영진과 냉담한 거리를 유지하면서 아래층에서 격렬한 권력 다툼이 벌어지도록 방치했다. 그중에서도 두 명이 1960년대 중반 내내 자리를 놓고 경쟁을 이어나갔다. 컬럼비아의 영업 책임자였던 빌 갤러거와 국제 부서로 승진한 변호사 클라이브 데이비스였다.

1956년 컬럼비아의 사장으로 취임한 이후 고다드 리버슨은 세계를 누비면서 그의 세대 최고의 인재들과 함께 다양한 언어로 맛있는 술과 음식을 즐겼다. 그가 사무실에 없을수록 회사 정치는 더욱 악화되었다. 반면, 부하 직원이 상대보다 더 나은 성과를 내기 위해 노력할수록 리버슨이 신경 써야 할 문제는 자연스럽게 줄었다. 어쩌면 회사와 사장 모두에게 이득이 되는 완벽한 구조였다. 때로 감정이 과열되면 리버슨이 중재자로 나섰다.

단 하나의 문제는 고다드 리버슨이 가끔 훼방 놓는 버릇이 있는 빌 페일리 CBS 회장에게 대답을 꼭 해야 하는 상황이 있다는 것이었다. 베이비붐으로 인해 기업들이 청소년용 제품을 취급하면서 CBS는 펜더 기타와 크리에이티브 플레이띵스라는 장난감 회사를 사들였다. 사실상 흐름에 떠밀려서 이뤄진 무계획적인 인수였다. 이 인수가 실수였다는 사실을 깨닫는 데는 그리 오랜 시간이 걸리지 않았고, 페일리는 하버드 비즈니스 스쿨에 전화를 걸어 CBS 제국에 대한 연구를 의뢰했다. 그러던 중 고다드 리버슨에게 반갑지 않은 소식이 들려왔다. 컨설턴트들이 페일리에게 CBS 레코드와 두 개의 대형 레이블인 컬럼비아와 에픽의 마케팅과 A&R 부서를 하나의 전능한 부서로 통합해야 한다고 조언한 것이다. 이는 리버슨이 항상 반대해 왔던 바로 그 일이었다. 이후 컬럼비아의 팝 A&R 책임자였던 미치 밀러가 회사를 떠나기로 결정하면서 문제는 더욱 복잡해졌다.

리버슨은 군주처럼 군림하는 타입의 인물이었다. 따라서 자신의 손을 더럽히기보다는 자신의 바쁜 라이프 스타일과 컬럼비아 조직 개편이라는 골치 아픈 일 사이에 완충 장치를 만들기로 결심했다. 대부분의 내부자는 승진이 유력한 경쟁자로 CBS 유통 시스템 구축에 중요한 역할을 했던 빌 갤러거를 꼽았다. 하지만 리버슨은 본능적으로 클라이브 데이비스를 선호했고 이유는 다음과 같았다. "저는 변호사를 선호해요. 그들이 받는 훈련이 문화적 배경을 제공하고, 더 나아가 감정에 자주 휩쓸리지 않는, 매우 명확한 사고방식을 갖게 만들기 때문이죠."

경력 후반기에 접어든 리버슨은 컬럼비아의 문화적 유산을 유지하는 데 관심을 기울였다. 그는 수년 동안 수익의 일부를 역사적 또는 예술적으로 중요하다고 생각되는 프로젝트에 투자했다. 그는 컬럼비아가 오직 창고와 장부로만 문화를 이해하는 상인들에게 넘어갈지도 모른다는 생각에 몸서리쳤다. 이런 이유로 리버슨은 데이비스를 사무실로 불러 서른세 살의 그에게 행정관리 부사장이라는 특이한 이름의 새 직책을 제안했다. 하지만 리버슨이 예상하지 못한 점이 있었다. 바로 클라이브 데이비스가 음악에는 문외한인 변호사였지만 큰 야망을 품고 있다는 것이었다. 또한 리버슨은 대중문화의 변화 속도와 규모를 과소평가했다. 과거에는 쉰여섯 살이면 컬럼비아를 운영하기에 그리 많은 나이가 아니었지만 1967년이 되자 고다드 리버슨은 마치 지난 시절의 공룡처럼 보였다. 무엇보다 숫자가 그들의 현실을 말해 줬다. 컬럼비아는 여전히 업계에서 가장 큰 매출을 기록했지만 세전 수익은 고작 500만 달러에 불과했다. 레코드 산업이 빠르게 확장되던 이 시기에 컬럼비아의 현실은 차가워지고 있었다.

1967년 봄과 여름 내내 컬럼비아 상층부에서 법정 음모가 벌어지는 동안 당시 쉰일곱이었던 존 해먼드는 희귀한 물고기를 낚아챘다. 몬트리올 출신의 서른두 살짜리 시인 레너드 코언을 우연히 발견한 것이다. 훗날 밴 모리슨의 매니저가 된 그의 친구 메리 마틴은 해먼드에게 전화를 걸어 경고하듯이 팁을 줬다. "훌륭한 작곡가이긴 하지만 좀 이상해. 컬럼비아 직원들의 관심을 끌 순 없을 거야."

호기심 천국이었던 해먼드는 캐나다 국립영화위원회에서 제작한 <Ladies and Gentlemen... Mr. Leonard Cohen>을 봤다. 젊은 시인이자 소설가였던 코언의 경력을 다룬 다큐멘터리였다. 그의 가장 잘 알려진 작품은 소설 <Beautiful Losers>와 시집 <The Spice-Box of Earth>였다. 해먼드와 마찬가지로 코언도 소규모 가족 신탁 기금의 수혜자로서 부유한 편이었다. 하지만 역시나 해먼드와 마찬가지로 코언도 돈에는 별 관심이 없었다. 부유할 때나 궁핍할 때나 그는 항상 검소하게 살았고, 타인에게 관대했다.

코언 가문은 의류 사업으로 큰돈을 벌었고, 해먼드가 그랬던 것처럼 코언 역시 가정부, 집사, 운전기사 등이 있던 세계에서 자랐다. 1961년부터 그는 그리스 히드라 섬에서 다른 보헤미안 망명자들과 함께 숨어 지내며 암페타민에 취해 잠도 자지 않고 곡을 썼다. 코언은 캐나다 젊은 층으로부터 꽤 인기를 누렸다. 포크 디바 주디 콜린스에게 아름다운 가사를 지닌 곡 'Suzanne'을 써 주기도 했다. 이 곡은 그녀의 최신 앨범에 수록되었고, 텔레비전 쇼에도 나왔다. 코언에 대해 알면 알수록 해먼드는 그의 음악이 더욱 좋아졌다.

해먼드는 그를 점심 식사에 초대하기로 마음 먹었다. 두 사람은 첼시 호텔 로비에서 만난 후 모퉁이를 돌아 23번가에 있는 레스토랑으로 걸어갔다. 코언은 인재 스카우트로서 해먼드의 거대한 유산에 대해 이미 알고 있었다. 나중 해먼드에 대해 그는 이렇게 평가했다. "그 사람은 음악과 음악가를 대하는 데 있어 어떤 종류의 성실성과 도덕성을 고수해 왔어요. 지금도 그렇게 하고 있고요. 이 나라에 그만한 인물은 없다고 생각해요." 해먼드는 예술가로서의 자기 운명에 대해 절대적인 믿음을 가진 괴짜가 테이블 건너편에 있음을 깨달았다. 그는 가짜가 아니었다.

점심 식사 후 그들은 첼시 호텔로 돌아와 침대 가장자리에 앉았다. 코언은 'The Master Song', 'The Stranger Song', 'Suzanne', 'Hey, That's No Way to Say Goodbye' 등을 노래하고 연주했다. 해먼드는 아무 말도 하지 않은 채 조용히 앉아 있었다. 그는 코언이 기본적인 왼손 코드 변경에 능숙하지 않다는 점을 알아차렸다. 대신 코언에게는 스스로 개발한 독특하면서도 최면적인 스타일의 플라멩코 핑거 피킹이 있었다. 그의 가사는 밥 딜런과 동등한 수준의 진정한 시였지만 그와는 달랐다. 아마도 더 대륙적이고, 아카데믹한 배경을 반영한 결과로 보였다. 무엇보다 코언은 노래를 통해 듣는 사람을 시대를 초월한 장소로 끌어들이는 마술사였다.

코언이 기타를 내려놓자 해먼드가 말했다. "아주 좋은데요." 코언은 그 말이 재능을 말하는 것인지 음반 계약을 뜻하는 것인지 확신할 수 없었다.

해먼드의 문제는 처음 그의 친구가 예상했던 것처럼 컬럼비아를 설득하는 것이었다. 해먼드는 먼저 빌 갤러거에게 요청했다. "서른두 살의 시인이요?" 갤러거는 믿을 수 없다는 듯 숨이 턱 막힌 표정을 지었다. "미쳤어요, 존? 어떻게 그런 사람을 시장에 팔 수 있겠어요?"

코언이 팔릴 수 있다는 근거를 마련하기 위해 해먼드는 코언의 책을 출판한 바이킹 프레스의 톰 귄즈버그를 만났다. 점심을 먹으면서 해먼드가 질문을 던졌다. "당신 쪽 작가 중 한 명인 레너드 코언과 계약하려고 해요."

"흥미로운 사실을 알려 줄까요? 그의 마지막 시집을 540부 팔았죠." 귄즈버그는 이렇게 대답하면서 바로 그 시집 <The Spice-Box of Earth>에 나오는 구절을 인용해 덧붙였다. "당신 정말 미쳤군요, 존!" 해먼드는 고집을 꺾지 않았다. "<Beautiful Losers>는 단행본으로 꽤 잘 팔렸잖아요?" "네, 맞아요. 성적인 이미지 때문에 진가를 인정받지는 못했지만 지금쯤 60만 부는 팔렸을 거예요." "그렇다면 그에게 뭔가 있다고 믿지 않아요?" 귄즈버그의 결론은 이랬다. "아니요, 그렇진 않아요."

다행히 CBS의 복잡한 정치적 상황이 코언에게 유리하게 전개되었다. 상황이 자신의 통제 범위를 벗어나고 있다고 느낀 고다드 리버슨은 치고 나갈 수 있을 때 그러기로 결심했다. 그는 이사회 의장직을 반(半) 은퇴하는 조건으로 협상을 타결하고, 당시 서른다섯이던 클라이브 데이비스에게 사장직을 넘겼다.

컬럼비아의 내부 혁명은 클라이브 데이비스가 몬터레이에 참석하면서부터 일어났다. 그의 표현을 빌리자면 그 이벤트는 "나라는 인간을 변화시켰다". 그의 부하 직원 중 한 명이자 재치 있는 인물이었던 월터 예트니코프는 이렇게 회상했다. "클라이브가 완전히 바뀐 상태로 돌아오더니 고상한 용어로 설명했어요. '새로운 세상을 엿보았다.'라고 했죠. 그러면서 플라워 파워 세대의 달콤함과 음악의 초월성에 대해 이야기를 하더라고요. 사랑의 구슬을 단 목걸이를 착용한 상태로요. 개종을 한 거예요... 이후 클라이브는 네루 재킷을 입고 색안경을 썼어요. 난 그게 진심이었다고 생각해요. 물론 그의 진심은 하나 더 있었어요. 머릿속에서 춤추는 달러 사인을 본 거죠."

해먼드는 새로운 사장에게 레너드 코언에 대한 자신의 믿음을 설명하면서 빌 갤러거가 계약에 반대한다는 사실을 조심스럽게 언급했다. 클라이브 데이비스는 결국 계약에 서명했다. 그해 여름 스튜디오에서 해먼드는 긴장하고 있던 레너드 코언과 예민한 베이스 연주자 윌리 러프를 한 팀으로 구성해 2인조로 기본 트랙을 녹음했다. 해먼드의 바람대로 두 사람의 케미스트리는 찰떡궁합이었다. 간섭하지 않으면서도 힘을 실어주는 러프의 연주 덕에 코언의 잊히지 않는 발라드는 탄탄한 구조와 최면에 걸린 듯한 정서를 일궈낼 수 있었다. 코언은 모든 조명을 꺼달라고 요구했다. 강력한 분위기를 연출하기 위함이었다. 그는 비교적 작은 공간에 촛불과 향을 배치해 스튜디오를 정통 교회처럼 만들었다. 거울을 보며 곡을 썼다는 코언의 말을 들은 해먼드는 건물에서 거울 하나를 찾았다. 코언은 희미하게 비친 자신의 모습을 앞에 두고 넋을 잃은 채 노래를 불렀다. 강력한 테이크가 완성되자 해먼드는 들고 있던 신문 뒤에서 흥분한 나머지 "딜런, 조심해야 할 걸!"이라고 외칠 뻔했다.

코언과 러프의 매혹적인 단순함이 마음에 든 해먼드는 가능한 한 편곡을 최소화한 건조한 앨범을 떠올렸다. 그러나 완전히 벌거벗은 것 같은 사운드를 들었을 때 코언은 적나라하게 떨리는 자신의 목소리에 움찔하고 놀랐다. 그는 리버브, 현악기, 만돌린, 페어그라운드 오르간, 여성 백킹 보컬을 넣을 순 없겠냐고 호소했다. 제작 스타일에 대한 피할 수 없는 의견 충돌은 교착 상태로 이어졌다. 어디서든 벌어질 법한 과정이었다. 그 와중에 스물여섯 살의 프로듀서 존 사이먼이 'Suzanne'에 드럼과 당김음으로 연주한 피아노를 추가하자고 제안했다. 원래 그는 오케스트라 연주 녹음을 위해 합류한 스태프였다. 코언은 금세 혼란에 빠져버렸다.

코언은 최종 컷을 직접 믹싱하려고 했지만 화려하게 장식된 곡을 완성하는 데 어려움을 겪었다. 그 와중에 해먼드가 코언의 컷을 한번 들어 보려고 들렀다. 그는 코언에게 "당신이 지니고 있는 마법이 사라졌네요. 이건 당신이 아니에요."라고 퉁명스럽게 말했다. 해먼드는 오랜 경력을 통해 음반을 더 상업적으로 만들려는 수백 번의 노력이 정작 구매자의 마음을 떠나게 하는 걸 봐 왔다. 노래 실력은 불완전했지만 코언은 자신의 노래가 적나라한 고백처럼 들릴 때 더 가슴 아프다는 점을 인정해야 했다. 해먼드는 역방향 프로세스를 통해 믹스를 다듬었다. 그에 따르면 "커피에서 설탕을 다시 빼내는 것"과 같았다. 그는 오케스트라를 편집한 뒤 그것을 뒤에서 울려 퍼지게 했다. 또한 코언의 떨리는 목소리를 전면에 두드러지게 배치함으로써 군데군데 추상적인 색채가 스며든, 완전히 발가벗은 듯한 검은색 캔버스를 창조했다.

캐나다의 30대 시인이 만든 이 특이한 음반은 컬트 현상으로 출발해 클래식으로 자리 잡았고, 코언은 밥 딜런과 비교되는 정당한 평가를 받았다. 길었던 경력 동안 유럽에서 천재로 추앙받았던 코언은 컬럼비아 레코드에서 천만 장 이상의 음반을 판매했다. 그가 수십 년간 남긴 예술적 유산은 갈수록 거대해졌다. 대부분의 레코드사가 젊은 로커를 찾아 헤매던 시절 레너드 코언은 위대한 존 해먼드가 직접 현대 음악의 만신전으로 안내한, 시대를 초월한 또 다른 전설이었다.

계약서에 서명하긴 했지만 클라이브 데이비스는 레너드 코언에게 아주 큰 인상을 받지는 못했다. 컬럼비아를 다시 정상에 올려놓기 위해 그에게 필요한 건 사이키델릭 록 명단이었다. 그는 몬터레이에서 본 공연 목록을 작성했다. 그의 눈에 들어온 가수는 빅 브라더앤 더 홀딩 컴퍼니의 보컬 재니스 조플린이었다. 그들은 몬터레이 이후 이미 독립 레이블과 음반 계약을 맺고, 앨버트 그로스먼과 매니지먼트 계약을 체결한 상태였다. 컬럼비아는 그들을 25만 달러에 이적시키는 데 성공했다.

이사회실에서 계약이 공식화되고 있을 때 조플린은 데이비스에게 섹스를 통해 거래를 마무리하자고 제안했다. 약간 당황한 데이비스는 상대방을 무장 해제시키는 매너를 발휘해 방을 무사히 빠져 나왔다. 방을 빠져 나오기 전 데이비스는 뮤지션들에게 컬럼비아가 겉으로 보이는 것만큼 격식을 차리는 회사가 아니라고 장담했다. 조플린의 측근 중 한 명은 그 발언을 시험해 볼 필요가 있다고 여겼다. 아나나 다를까. 그는 입고 있던 옷을 모두 벗어 버렸다.

클라이브 데이비스는 타고난 귀를 갖고 있는 인물은 아니었다. 대신 그는 히트작을 만드는 데 필요한 기술을 배웠다. 예트니코프는 그런 그를 이렇게 회상했다. "클라이브의 상승세는 인상적이었고, 때로 재미있기도 했어요. 어느 날 오후에 그의 사무실에 들렀을 때 댄스 레슨을 받고 있는 걸 봤죠. 스스로가 최고의 자리에 오른 현대 팝 음악에 맞춰서 엉덩이를 흔들고 있더라고요… 선생님은 '긴장 푸세요.'라고 말하고 있었고요. 노력하고 있기는 했지만 몬터레이에서 그가 봤던 자유분방하고 자유롭게 사랑을 나누는 히피의 모습은 아니었어요. 그보다는 프랑켄슈타인 박사가 만든 다루기 힘든 괴물처럼 보였죠."

리버슨 시대의 최종 페이지를 넘기면서 데이비스는 영업 부서에서 일하는 빌 갤러거의 충성도 높은 직원들에게 불길한 톤으로 <롤링 스톤>을 읽지 않는다면 사업을 잘못하고 있는 것이라고 강조했다. 예트니코프는 데이비스가 "성공에 집착하는 인물"이었다고 하면서 이렇게 덧붙였다. "클라이브와 함께 맨해튼 미드타운의 레코드 매장에 가서 배치를 점검하곤 했어요. 컬럼비아 레코드가 진열대 앞에 없으면 클라이브는 레코드를 진열대 앞으로 옮겼죠. 그의 말투, 행동, 옷차림은 마치 연예인 같았어요. 미친 듯이 레코드를 팔았고요. 결국 애틀랜틱의 아흐메트 에르테군과 제리 웩슬러 같은, 방대한 음악적 배경을 지닌 노련한 베테랑들을 경쟁에서 물리쳤어요. 클라이브는 콘서트를 찾아 다니고 무대 뒤에서 어울리면서 현장에 머물렀어요. 히트 메이커로서 자신의 페르소나를 신중하게 구축했죠. 야심 있는 아티스트를 자신의 세력 안으로 끌어들이려 했고요. 클라이브는 홍보 팀과 함께 언론도 집중 공략했어요. 이전까지 언론 효과를 많이 보진 못했거든요. 그러더니 곧 자신의 상승세를 둘러싼 과장을 믿더라고요. 의견이라기보다는 선언하는 투로 이렇게 말했죠. 자신이 팝의 새로운 교황이라고요."

팝 스타를 유혹하는, 이 어려운 예술 분야에서 클라이브 데이비스의 라이벌은 뉴욕의 또 다른 독재자 아흐메트 에르테군이었다. 그는 내부 저항에도 불구하고 회사를 사이키델릭 록이라는 새로운 세계로 이끄는 중이었다. 훈장까지 받은 대사의 아들이었던 에르테군은 미국의 위대한 레코드 산업의 거물 중 거의 틀림없이 가장 교활하면서도 매력적인 인물이었다. 런던에서부터 로스앤젤레스까지, 에르테군은 자신의 삶을 마음껏 즐기는 와중에 엡스타인의 파트너인 로버트 스티그우드와 특별한 관계를 발전시켰다. 당시 스티그우드는 차트 정상을 지배하던 비지스의 미국 판권을 갖고 있었다. 또한 그는 에르테군에게 사이키델릭 록 밴드 크림을 소개했다. 훗날 에르테군은 크림이야말로 1960년대 자신이 일

귀낸 최고의 승리 표식이라며 자랑스럽게 얘기했다.

에르테군의 설명에 따르면 그가 무대 위 스무 살 기타리스트의 실력에 처음 감탄한 건 런던 스카치 오브 세인트 제임스에서 열린 윌슨 피켓을 위한 파티에서였다. 에르테군은 자신이 먼저 스티그우드에게 에릭 클랩튼과의 계약을 제안했다고 주장했다. 하지만 스티그우드의 증언은 달랐다. 크림은 자발적으로 결성된 밴드였고, 드러머 진저 베이커와 베이시스트 잭 브루스의 경우 이미 스티그우드가 매니지먼트를 맡고 있던 그레이엄 본드 오거니제이션의 멤버였다는 것이다. 크림의 매니저가 된 스티그우드는 "에르테군은 비지스를 원했어요. 사실 크림을 간절히 바라진 않았고요."라고 말하면서 이렇게 부연했다. "런던 폴리도어에서 데모를 들려줬더니 '정말 멋지네. 멋져. 하지만 잘 팔리지는 않을 것 같아.'라고 말하더군요. 아흐메트는 훌륭한 스토리텔러였고, 이게 그의 매력 중 하나였죠. 하지만 그는 자신의 스토리에서 많은 것을 잘라 낼 수 있는 인물이었어요. 그가 크림과 계약한 건 제가 비지스와 계약할 수 있게 해 줬기 때문이었어요. 이게 진짜 진실이에요."

부인할 수 없는 사실은 크림이 미국에서 스타덤에 오르는 데 큰 역할을 한 주역이 바로 아흐메트 에르테군이었다는 것이다. 애틀랜틱은 1967년 초 크림의 싱글 'I Feel Free'에 대한 미국 판권을 라이선스했고 괜찮은 판매고를 올렸지만, 아흐메트 에르테군에게는 이 곡이 좀 불만이었다. 양철처럼 들리고 너무 영국적이라는 게 이유였다. "제 취향에 맞는 블루스가 부족했어요. 그래서 우리가 제작을 맡았죠."라고 에르테군은 말했다. 그러고는 애틀랜틱의 뉴욕 스튜디오에서 직접 프로덕션을 맡았다. 크림은 진짜 블루스를 제대로 해보자는 애정을 공유하면서 오래된 블루스 곡인 'Lawdy Mama'를 'Strange Brew'로 재작업했다. 에르테군은 이 곡의 세션을 이렇게 회상했다. "정말 큰 소리로 연주했죠. 어떻게 청력을 잃지 않았는지 모르겠어요." 최고 수준의 블루스를 담고 있는 강렬한 앨범 <Disraeli Gears>는 차트 6위를 기록한 'Sunshine of Your Love'를 시작으로 미국을 강타했다. 나중함께 런던으로 가는 길에 에르테군은 스티그우드에게 비지스와 크림을 합치면 애틀랜틱 앨범 매출의 50%가 된다고 말했다.

아흐메트 에르테군과 서로를 약간은 경계하는 경쟁적 관계였던 제리 웩슬러는 장발의 로커 비슷한 무리가 차트에 넘쳐 나는 광경을 겁에 질려 지켜봤다. 자신이 진정 사랑하는 음악만을 추구했던 그는 애정하는 앨라배마 스튜디오에서 알앤비 음악 프로듀스를 계속했다. 그는 에르테군처럼 공항을 돌아다니면서 히피 로커들을 쫓아다니고 싶지 않았다. 1967년 6월 애틀랜틱은 아레사 프랭클린의 'Respect'와 영 래스칼스의 'Groovin을 포함해 빌보드 핫 100에 18곡의 싱글을 올렸다. 역사의 흐름을 잘 의식했던 웩슬러는 자신의 최근 성공이 일반적인 유행을 거스르는 행운에 불과하다는 걸 모르지 않았다. 당시 알앤비 음악계를 보면 VJ가 망하고, 체스는 급격히 쇠퇴하는 중이었다. 스택스는 고전을 면치 못했고, 마피아와 관련 있던 룰렛 레코드의 소유주 모리스 레비는 은퇴한 상태였다.

제리 웩슬러는 타고난 비관론자였다. "저는 어떤 일이든 잘 풀릴 거라고 생각하지 않아요. 지붕이 무너져 내리는데도 행복한 미소를 지으며 걸어 다니는 잘난 척하는 낙관주의자보다 이게 낫죠... 애틀랜틱에서 일했을 때 두려움이야말로 저의 원동력이었어요. 엔진을 움직이게 한 힘이었죠." 한동안 웩슬러는 "바람이 한 번만 훅 불어도 순식간에 우리 모두를 날려버릴 수 있다는 느낌에 사로잡혀 있었어요. 연이어 실패작을 내놓으면 어쩌지 싶은 생각... 성장하거나 사라지거나 둘 중 하나라는 생각을 항상 하고 있었죠." 웩슬러의 암울한 예측을 접한 애틀랜틱의 세 번째 주주 네수히 에르테군은 그의 형제 아흐메트에게 회사를 매각하라고 말했지만 웩슬러는 아흐메트에 대해 이렇게 증언했다. "아흐메트는 저 같은 감정을 가진 적이 없었어요. 설령 그런 감정을 가졌다고 해도 저처럼 양보하거나 그러진 않았을 거예요... 아흐메트는 진정한 용기와 불굴의 의지를 가진 사람이었어요. 그는 언제나 실천적으로 독실한 쾌락주의자였죠. 과감하게 베팅하고, 실패에 대해 걱정하지 않았어요. 그는 정말로 그렇게 살았어요."

"재앙이 임박했다고 생각할 이유가 없었어요." 아흐메트 에르테군은 이렇게 말하면서 덧붙였다. "하지만 다른 두 명의 매각 의지가 너무 강해서 선택의 여지가 없었죠." 세 파트너는 잠재적 구매자가 나타날 때까지 여러 곳을 둘러봤다. 그중 협상을 시작한 회사는 과거 거대 영화사였던 워너 브라더스도, 현대의 대기업인 워너도 아닌 워너-세븐 아츠였다. 1967년 당시 워너-세븐 아츠는 약화된 할리우드 거물과 영화 배급사 간의 불행한 결혼 정도 되는 회사였다. 잭 워너는 1억 8,400만 달러에 두 개의 음반사 워너 브라더스 레코드와 리프라이즈를 포함한 워너 브라더스 그룹 전체를 세븐 아츠의 소유주 엘리엇 하이먼에게 매각했다. 아흐메트 에르테군에게 하이먼은 다음 같은 인물이었다. "의심스러운 평판을 가진 사업가이자 권모술수에 능했어요. 매력적인 구석이라고는 전혀 없었죠." 남겨진 유일한 질문은 바로 액수였다. 웩슬러는 이렇게 증언했다. "월스트리트의 거물들이 우리를 대표했지만 끔찍한 결과를 가져왔어요. 결국 우리가 생각했던 가격의 절반 정도인 1,750만 달러에 팔았거든요. 3,500만 달러의 가치가 있었는데 말이죠. 우리가 고용한 메인 협상가가 영 머리가 좋지 못했던 것 같아요."

잉크가 채 마르지도 않았을 1967년 말 제리 웩슬러는 파트너들에게 "우리가 큰 실수를 저질렀다."라고 고백했다. "너무 싸게 팔았어요. 지금도 후회하고 있고, 앞으로도 그럴 거예요." 이를 증명하듯 이듬해 애틀랜틱의 매출은 4,500만 달러로 급증했다. 웩슬러와 에르테군은 4,000만 달러에 애틀랜틱을 다시 사들이려 했지만 엘리엇 하이먼은 이를 단호하게 거절했다. 상황은 더욱 악화되었다. 애틀랜틱의 모든 최고 스태프가 하이먼에게 재협상하지 않으면 회사를 관두겠다고 으름장을 놓았던 것이다. 에르테군은 이렇게 추론했다. "경영진 없는 회사라는 건 별 가치가 없기 때문에... 말하자면 스태프들 입장에서도 제대로 된 거래를 성사시켜야 했던 거죠... 거의 회사를 또 팔아야 할 분위기였어요." 알코올 중독자였던 엘리엇 하이먼은 자신의 새로운 고수익 상품이 사라질지도 모른다는 두려움에 여러 보너스로 에르테군과 웩슬러의 입을 계속 틀어막았다. 이후 에르테군과 웩슬러가 진짜로 회사를 떠나기 전에 하이먼은 현명하게도 재매각을 결정했다.

운 좋게도 이 지저분한 계약은 오래 지속되지 않았다. 아흐메트 에르테군은 "엘리엇 하이먼이 계속 대표를 맡았다면 저는 아마 회사에 남지 않았을 것"이라고 인정했다. 단 1년 만에 하이먼은 "자신의 무리와 함께 음악 비즈니스에서 나가 버렸다". 이후 시장에는 3개의 인기 독립 레이블인 워너, 리프라이즈, 애틀랜틱이 한꺼번에 경매에 올랐다. 다행히 잠재적 구매자가 그림자 속에서 맴돌고 있었다. 그는 훨씬 더 고위층이라고 할 수 있는 존재였다.*

사이키델릭 음악이 대중문화에 미친 영향이 무엇이든, 순전히 산업적 관점에서 봤을 때 반문화의 전 세계적인 확산은 소수의 거대 기업이 시장의 리더로 부상하는 집중화 과정을 촉발했다. 이 모든 것은 영국의 음악적 우세와 미국의 시장 지배라는 모순으로 귀결되었다. 독립 프로듀서 밥 크라스노우는 이를 다음처럼 정리했다. "영국에서는 혁명이 일어나고 있었어요... 영국에서는 모든 레이블이 라이선스 발매를 할 수 있었죠... 미국의 소규모

레이블은 그런 권한이 없었기 때문에 독립 음반 유통사는 종종 기회를 놓쳤어요. 여러 면에서 메이저 레이블이 부상할 수밖에 없었던 거죠."

17.

금단의
열매

-
비틀스가 애플을 세우고,
크리스 블랙웰이
아일랜드 레코드를 설립하다.

**1967
~1969**

런던의 예술적 진원지에서 조용히 무언가가 썩어 갔다. 1967년 초 뉴스 오브 더 월드의 3부작 탐사 보도 이후 언론의 논쟁이 촉발되었다. 곧장 눈길을 끌었던 이 보도의 제목은 다음과 같았다. "팝 스타와 마약: 충격적인 사실들".

이 보도에 거론된 영국 포크 가수 도노반은 곧장 체포되었다. 1967년 2월 어느 날 새벽 키스 리처즈와 믹 재거, 몇몇 친구가 밤샘 파티를 하던 중 경찰이 들이닥쳐 집을 수색했다. 안타깝게도 재거와 리처즈가 히스테리하게 웃는 동안 경찰은 그들의 주머니에서 암페타민과 마리화나를 발견했다. 파티의 또 다른 게스트인 아티스트 로버트 프레이저는 헤로인을 소지한 채로 발견되었다. 어리석게도 경찰이 떠날 때 키스 리처즈는 레코드 하나를 크게 틀었다. 금관 악기와 웃음소리가 불협화음으로 웅웅거리는 밥 딜런의 <Blonde on Blonde> 오프닝 트랙이었다. 가사는 이랬다. "모두 약해 취해야 해!" 이미 악명 높았던 스톤스가 상황을 이보다 더 나쁘게 처리할 수는 없었다. 우연의 일치인 듯 재거와 리처즈가 법정에 출두한 바로 그날, 브라이언 존스가 대마초 소지 혐의로 체포됐다. 마약에 대한 사법부와 언론의 공동 캠페인이 전개되었던 것이다.

그해 봄 폴 매카트니가 <Sgt. Pepper's Lonely Hearts Club Band>의 테스트 카피를 캘리포니아로 가져왔을 때 그는 누가 봐도 마약에 찌든 브라이언 윌슨을 발견했다. 윌슨은 마치 당시 분위기를 말해 주는 슬픈 상징처럼 보였다. 그는 스튜디오에서 채소에 관한 익살스러운 노래*의 프로듀스와 리코딩에 완전히 매달려 있었다. 그러나 비치 보이스의 뒤에서 창조적인 힘을 제공한 이 예술가는 벽을 향해 돌진하는 또 다른 선두 주자였다. 그가 매일 하던 약은 암페타민과 바르비투르의 강력한 조합인 데스부탈이었다. 그것은 복용자를 마치 신처럼 고조시켰다가 어둡고 편집증적으로 돌변하게 했다. 'Good Vibrations'의 대성공 이후 음악적으로 무적이라고 느낀 브라이언 윌슨은 마찬가지로 각성제 중독이었던 시인 밴 다이크 파크스와 새 앨범 <Smile>을 공동 작업하고 있었다. 그들이 "신에게 바치는 틴에이지 교향곡"으로 묘사한 이 음반의 첫 리코딩은 'Surf's Up'과 'Heroes and Villains'였는데 진정으로 거창한 무언가를 일궈 낸 곡들이었다. 하지만 윌슨은 저 자신도 혼

---

*   곡 제목은 'Vega-Tables'다. 이 단락에서 언급되는 앨범 <Smile>에 수록되어 있다.

란스러워할 정도로 끝없이 믹스하고 재작업하는 패턴으로 자신과 공동 작업자들을 미치게 만들었다. 결국 캐피톨은 인내심을 잃고 발매를 취소했다. 기실 당시 그는 마약 중독과 함께 정신 분열증에 시달리는 상태였다.

그 격동의 봄 내내 앤드루 루그 올덤은 공식적으로는 몬터레이를 돕고 있었지만 실제로는 그렇지 않았다. 그가 캘리포니아에 머물고 있었던 이유는 스톤스의 범죄 사건을 피하기 위함이었다. 그런데 갑자기 그의 사업 동료인 앨런 클라인이 런던으로 가서는 데일리 미러와 인터뷰를 진행했다. 내용은 다음 같았다. "스톤스의 문제는 내 문제다. 나는 최고의 변호사를 구하기 위해 최선을 다하고 있으며 매일 재판 맨 앞줄에 서 있을 것이다." 정작 그는 올덤에게 아무런 자문을 구하지 않았다. 따라서 그것은 놀라운 홍보 전략이었다. 올덤은 나중 이렇게 회고했다. "차라리 '저작권은 내 것'이라고 말했으면 더 좋았을 걸." 엄밀하게 말하자면 앨런 클라인은 올덤의 경영 고문이었다. 이 영리하고 나이 많은 뉴욕 출신 회계사는 이런 행동을 통해 뭔가를 얻으려 했던 것이다. 클라인은 믹 재거가 올덤의 예술적 통제를 거부하기 시작했음을 알아챘다. 균열을 발견한 그는 지렛대를 들이밀었다.

영악한 믹 재거는 올덤을 축출하는 가장 빠른 방법을 생각해 냈다. 바로 돈을 낭비하고 굴욕을 줘서 사임하게 만드는 것이었다. 올덤이 다음 앨범을 만들기 위해 올림픽 스튜디오에 밴드를 소집하면 재거는 스톤스 멤버들과 함께 몇 시간씩 늦게 도착했다. 그의 뒤에는 뭔가를 얻어내려 어슬렁거리는 인간들이 마약에 찌든 채로 따라왔다. 스톤스는 올덤의 지시 따위 무시하고 LSD에 취하기 일쑤였다. 그들은 멜로트론, 시타르, 봉고 등을 손가락으로 더듬거리며 터무니 없는 즉흥 연주를 들려줬다. 1963년 5월 정식 라인업에서 해고된 뒤 가끔 피아노를 연주했던 이언 스튜어트는 올덤이 느꼈을 소외감에 안타까움을 표했다. 나중 그는 그 세션이 "우리가 연주할 수 있는 최악의 블루스"였다고 인정했다. 3주 후 올림픽 스튜디오에서 올덤이 받아든 청구서는 18,000파운드에 달했다.

컨트롤 룸 주변을 서성거리던 올덤은 재거가 "편의상 약에 취했다"는 걸 알아챘다. 재거는 입을 삐쭉 내민 채 예술적 자유를 추구하는 보헤미안을 연기하고 있었다. 빠르게 성장한 이 팝 아이콘은 그렇게 밴드를 장악하려 했다. 결국 <Their Satanic Majesties Request>이라는 제목을 지닌 지저분한 앨범에서 주목할 만한 하이라이트라고는 '2000 Light Years from Home'과 'She's a Rainbow'뿐이었다. 편곡을 맡았던 존 폴 존스는 작업 당시를 이렇게 회고했다. "영원히 기다리는 것 같았어요. 프로답지 못하고 지루하다고 생각했죠."

앤드루 루그 올덤이 떠날 때가 다가왔다. 영화 배우이자 그의 친구였던 로렌스 하비는 세상 물정에 밝은 인물답게 올덤에게 경고했다. "마녀사냥에 맞서 싸울 수는 없어. 그건 짐승의 본성 같은 거야. 예술가는 일어나서 빛을 발하고 자신의 창조주를 떨쳐버리게 되어 있다고. 아담과 이브처럼 말이야." 팝의 전성기라 할 1967년이 되자 혁명, 자아 발견, 기업적 독립 등에 대한 아이디어가 모든 팝 스타의 입에 오르내렸다. 물론 습관적인 약물 사용과 함께 거대한 망상도 생겨났다. 스톤스가 전 주인으로부터 자유로워지는 과정을 지켜보면서 또 다른 아담과 이브의 조합이 자신들만의 지식의 나무를 맛보고 싶어 했다. 레넌과 매카트니였다.

비틀스의 자유를 향한 의지는 밴드 역사상 가장 유명한 음반인 <Sgt. Pepper's Lonely Hearts Club Band>의 공식 발매와 함께 시작됐다. 이 앨범은 비평가들의 찬사를 받았고, 첫 3개월 동안 250만 장의 판매고를 기록했다. 이 앨범을 걸작으로 칭송하는 리뷰가 쏟아졌지만 문제를 제기하는 사람도 많았다. 바로 조지 마틴의 공헌이 크다는 것이었다. 마틴은 기자의 질문을 받자 "레넌과 매카트니가 나에게 많이 의지하는 것은 맞아요. 이 친구들이 많이는 알고 있지만 디테일까지는 모릅니다."라고 인정함으로써 레넌과 매카트니의 분노를 불러 왔다.

그들의 또 다른 걱정거리는 브라이언 엡스타인의 매니지먼트였다. 1963년에서 1966년 사이 캐피톨의 자회사인 EMI와 해외 라이선스 업체들은 비틀스 음반을 전 세계적으로 2억 장 판매했다. 놀라운 수치였다. 브라이언 엡스타인은 비틀스의 모든 수익에 대해 25%의 수수료를 받았다. 또한 그는 런던에서 가장 인기 있는 공연장 중 하나인 새빌 극장의 소유주로서 로열 박스와 사이드 스테이지 바에서 친구와 비즈니스 지인을 접대했다. 하지만 폴 매카트니와 존 레넌은 정작 비틀스와 EMI의 계약이 형편없다는 걸 잘 알았다. 이 당혹스러운 사실은 앨런 클라인이 스톤스와 데카의 애초에 환상적이었던 계약을 재협상하면서 더욱 두드러졌다. 또 다른 문제도 있었다. 노동당 정부가 지배하던 시기의 영국 세법이었다. 1967년 초 비틀스의 회계사는 수익을 비즈니스 벤처에 투자하지 않으면 세무 당국이 개인 수입의 86%를 가져갈 거라고 경고했다.

비틀스 멤버, 그중에서도 반란의 주동자로 보이는 폴 매카트니가 자신을 밀어낸다고 느낀 브라이언 엡스타인은 마지막 몇 달을 악마와 씨름하며 보냈다. 그가 약물 중독으로 전문적인 치료를 받는 동안 그의 아버지는 세상을 떠났다. 어머니와 함께 시간을 보내며 문제에서 잠깐 벗어날 수 있었지만 최선의 노력에도 불구하고 엡스타인은 너무 많은 약을 복용하고 젊은 남자를 찾아 런던 거리를 배회하는 등 예전의 나쁜 습관으로 돌아갔다. 그즈음 사업 파트너인 로버트 스티그우드와의 갈등이 소송으로 번질 조짐을 보였다. 친구들은 엡스타인이 긴장 때문에 계속 땀을 흘리고 턱을 긁는 모습을 목격했다. 그해 8월 불면증에 시달리던 엡스타인은 수면제를 너무 많이 복용한 탓에 그대로 영원히 잠들어 버렸다.

비틀스는 웨일스에서 마하리시 마헤시 요기와 함께 명상 수련을 하고 있을 때 엡스타인의 사망 소식을 접했다. 레넌은 혼잣말로 "젠장. 큰일 났네."라고 중얼거렸다. 마하리시 요기와의 영적 상담을 마친 그는 공개적으로 저널리스트들을 향해 구루의 복잡하고 장황한 말을 반복했다. "브라이언은 그저 다음 단계로 넘어가는 것뿐입니다. 그의 영혼은 여전히 우리 곁에 있고 앞으로도 그럴 것입니다. 그에 대해서 우리가 갖고 있는 실체적인 기억을 바탕으로 우리는 나아갈 것입니다."

그 주 금요일 오후 매카트니의 집에서 밴드 회의가 소집되었다. 그의 사망 소식은 모두를 주눅들게 했다. 엡스타인은 유언을 남기지 않았다. 따라서 그의 매니지먼트 에이전시인 NEMS의 소유권은 음악 사업 경험이 전무한 동생 클라이브 엡스타인에게 넘어갈 가능성이 높았다. 비틀스가 갖고 있는 사업 관련 서류는 전혀 없었다. 모든 음반 및 영화 계약서는 엡스타인의 사무실 어딘가에 보관되어 있었다. 비틀스는 심지어 돈이 어디에 예치되어 있는지도 몰랐다. 비틀스의 어시스턴트 닐 애스피널은 당시를 이렇게 설명했다. "비틀스가 약해지지는 않았어요. 하지만 함께 뭉쳐서 자신들만의 사무실과 조직을 만들어야 한다는 걸 깨달았죠."

그래서 그들은 알파벳순으로 식물 이름을 딴 7개의 자회사를 포함하는 멀티 미디어 기업 애플을 설립했다: 순서대로 살구(Apricot), 블랙베리(Blackberry), 콘플라워(Cornflower), 수선화(Daffodil), 에델바이스(Edelweiss), 디기탈리스(Foxglove), 그린게이지(Greengage)였다. 누적 로열티로 100만 파운드를 손에 쥔 레넌은 친구들에게 열정적으로 발표하듯 말했다. "우리는 모든 걸 할 거야! 전자 제품도 만들고, 옷도 만들고, 출판도 하고, 음악도 할 거야. 우린 재능을 발견하는 사람이 될 거야."

정확히 같은 시기인 1967년 9월 30일 BBC가 라디오 1을 개국했다. 채널의 문을 여는 테마 곡은 바로크 팝 스타일의 'Theme One'이었는데 바로 조지 마틴이 작곡한 것이었다. 1964년부터 1967년까지 북해에서 활동한 해적 라디오 선박은 영국을 세계에서 가장 비옥한 최첨단 팝의 서식지로 만드는 데 중요한 역할을 했다. 1964년 초 라디오 캐롤라인이 먼저 개국했고, 곧이어 라디오 애틀랜타가 문을 열었다. 가장 성공적인 해상 방송국은 라디오 런던이었는데 그들은 영국 남동부 해안에 정박해 있던 미국 기뢰 제거선을 이용해 방송을 송출했다. 해적 라디오 선박이 총 21척으로 늘어나면서 매일 약 1,500만 명이 라디오를 청취했다. 의회가 해적 라디오 선박을 금지하는 입법을 발의했을 때 BBC는 감탄할 만한 실용주의 노선을 택했다. 미국 라디오를 모방한 탑 40 포맷으로 큰 인기를 끌었던 라디오 런던을 연구한 것이다. BBC는 해적선 출신의 톱 DJ를 고용하는 방식을 통해 언더그라운드에 머물던 사이키델릭을 전국 규모의 방송 서비스로 퍼트렸다. 오락과 문화의 확산이라는, 영국의 세금 지원 시스템을 활용한 것이기도 했다.

이 젊고 대담한 DJ들에게 먹이를 준 존재는 새로운 세대의 인디 레이블이었다. 후의 매니저였던 키트 램버트와 크리스 스탬프는 자신들의 트랙 레이블에서 지미 헨드릭스 익스피리언스를 런칭했다. 로버트 스티그우드 역시 직접 설립한 인디 레이블 리액션 레코드를 통해 크림의 데뷔 앨범을 내놓았다. 프로콜 하럼을 프로듀스한 데니 코델의 더램 레이블도 있었다. 1968년에는 뛰어난 블루스 기타리스트 피터 그린이 이끄는 플리트우드 맥이 마이크 버논의 블루스 레이블인 블루 호라이즌에서 데뷔 앨범을 발매했다. 앤드루 루그 올덤의 이미디어트 레코드는 스몰 페이시스를 프로듀스했는데 1968년 발매된 앨범 <Ogdens' Nutgone Flake>는 런던 정신을 대표하는 기념비적인 작품으로 평가 받았다.

새롭게 등장한 독립 레이블의 대표 중 독특한 과거를 지녔고, 그만큼이나 독특한 미래를 펼칠 레코드 맨이 한 명 있었다. 바로 아일랜드 레코드의 설립자 크리스 블랙웰이다. 아일랜드는 트래픽, 제스로 틸, 킹 크림슨, 프리, 캣 스티븐스, 록시 뮤직, 밥 말리, 에머슨 레이크 앤 파머와 같은 획기적인 아티스트를 제작했고, 세계를 정복한 두 개의 레이블인 크리살리스와 버진의 모태였다. 영국 록을 지질학에 비유한다면 아일랜드 레코드는 사이키델릭 화산을 중심으로 형성되어 이후 영국 음악계의 지형을 영원히 바꿔 놓은 회사였다. 크리스 블랙웰은 영국 음악 역사상 아마도 가장 중요한 레코드 맨일 것이다.

그는 비정통적인 경로를 통해 로큰롤 사업에 뛰어들었다. 카리브해의 레코드를 영국으로 수입하는 것이었다. 블랙웰은 백인 자메이카인으로 운동 신경이 뛰어났고, 말솜씨가 좋았다. 외모 역시 훌륭했다. 다소 내성적인 성격이었지만 그는 동시대 사람들 사이에서 두각을 나타냈다. 블랙웰은 식민지 시대의 뉘앙스가 묻어나는 특이한 억양의 소유자였다. 그의 억양을 통해 런던 사람들은 멀리 떨어진 미지의 세계를 떠올렸다.

1937년에 태어난 크리스 블랙웰은 1960년대 '스윙잉 런던'을 풍미한 대부분의 인물들보다 몇 살 더 많았다. 또한 그는 카리브해 기준에서 봐도 보기 드문 혼혈이었다. 그의 아버지 미들턴 조셉 블랙웰은 메이요 주 웨스트포트 출신으로 전직 군인이자 개신교 아일랜드인이었다. 그의 어머니 블랑시 린도는 17세기에 포르투갈로 건너간 세파르드계 유대인 혈통으로 부유한 자메이카 상인 왕조의 딸이었다.

많은 위대한 레코드 맨이 그랬듯 크리스 블랙웰의 인격과 커리어를 형성한 것은 씁쓸한 어린 시절이었다. 유복한 가정 환경과 밝고, 다문화적인 배경을 가졌음에도 불구하고 그는 외동아들로 태어나 불운한 운명을 겪었다. 기관지 천식이 심해 집에서 하인들과 함께 지내야 했고, 이런 이유로 8살 때까지 글을 읽거나 쓰지 못했다. 그의 부모님은 에롤 플린, 노엘 카워드, 제임스 본드의 작가 이언 플레밍 등을 손님으로 맞이했던 사교계의 인사였다. 블랙웰은 그 시절을 "아버지가 바그너와 슈트라우스를 아주 크게 틀어놨던 멋진 디너 파티"라고 묘사했다.

블랙웰이 학교생활에 잘 적응하지 못했던 열두 살 때 그의 부모님은 좋지 않은 상황 속에서 이혼했다. 따라서 그는 정서적이고, 지리적인 격변을 겪어야 했다. 그는 소원해진 부모님과 수천 마일 떨어진 영국의 명문 기숙학교 해로우로 보내졌다. 그의 학업 성적은 같은 반 친구들보다 훨씬 뒤처졌다. 그의 아버지는 시카고 근처의 마을로 이주했고, 블랙웰은 영국과 자메이카, 일리노이를 오가면서 10대 시절을 보냈다. 1950년대 초 아버지를 만나기 위해 시카고에 갔을 때 그는 재즈 클럽을 처음 방문했다. 이러한 성장기를 통해 블랙웰은 독립심을 습득했지만 학업적으로는 쉽게 해이해졌다. 결국 해로우에서 5년을 뒤처진 끝에 열일곱 살이었던 블랙웰은 학업을 중단했다. 동료 기숙사생들에게 술과 담배를 팔다가 적발되었기 때문이다. 그는 학생들이 보는 앞에서 매를 맞고 퇴학당했다. 교장은 그의 어머니에게 보내는 편지에 이렇게 썼다. "크리스토퍼는 다른 곳에서 더 행복할 수도 있을 겁니다." 이 청년에게는 자격증 하나 없었다. 잠시 회계와 프로 도박의 세계에 도전했지만 결국 그는 1958년 자메이카로 돌아왔다. 그러고는 몬테고 베이의 고급 호텔인 하프 문에서 수상 스키 강사로 일했다.

귀족 가문의 후예였던 크리스 블랙웰의 인생은 이렇게 실망스러운 출발을 보였다. 그러나 일련의 기이한 사건으로 인해 운명이 바뀌었다. 1958년 자메이카의 어느 더운 오후 그는 친구들과 함께 모터보트를 타고 바다로 향했다. 과거 해적의 안식처였던 포트 로열에서 출발한 이들은 자메이카의 남쪽 해안으로 나아갔다. 한데 부주의했던 나머지 보트가 늪에 좌초되었다. 다른 선택의 여지는 없었다. 가장 몸이 건장했던 블랙웰이 열대 더위 속에서 도움을 구하기 위해 습지를 통과해 걸어갔다. 4시간을 헤맨 끝에 해변에 도착한 그는 갈증과 피로를 못 이기고 헐떡이면서 쓰러졌다. 어지럽고 기운조차 없었지만 블랙웰은 머리 위에서 어떤 소리가 다가오는 걸 들었다. 한 라스타파리안[*]이 블랙웰을 일으켜 세운 뒤 야영지까지 그를 데리고 갔다. 블랙웰은 그들이 주는 물을 마신 뒤 쓰러져서는 잠에 빠졌다.

얼마 후 블랙웰이 깨어났을 때 라스타인들은 성경을 읽고 있었다. 그들은 그에게 전통 라스타 음식을 먹이고 그가 정신 차릴 때까지 기도를 계속했다. 블랙웰은 너무 혼란스러워 무슨 일이 벌어지고 있는지 이해하지 못했다. 하지만 이 때의 기억은 평생 그와 함께했다. 때는 1950년대 후반이었다. 킹스턴 시내의 건장한 사람들조차 이 기괴하게 생긴 부족 생명체를 피하던 시기였다. 당시 사람들은 라스타인을 "수염 인간"이라고 불렀다.

죽음에 가까운 경험을 한 직후 블랙웰은 아일랜드 레코드를 설립했고, 1년 만에 자메이카에서 연달아 히트곡을 냈다. 1961년 첫 번째 제임스 본드 영화인 <Dr. No>가 자메이카에서 촬영할 때 그는 제작 보조로 잠시 일했다. 이때 블랙웰은 영화 제작자로부터 영구적인 직업을 제안받았다. 당시 스물세 살이었던 그는 곧장 점쟁이에게 달려가 상담을 의뢰했다. 점쟁이는 자신 있는 어조로 그에게 음악 사업을 계속해야 한다고 말했다.

---

[*] 라스타파리(Rastafari)를 믿는 사람을 뜻한다. 라스타파리는 기독교가 변형된 자메이카의 토속 종교로 그들의 구원자는 '흑인 예수'다. 1950년대까지는 보편화되지 못했지만 1960년대부터 자메이카 전역에 퍼져 나갔다.

1962년 새로운 물결이 자메이카 차트를 서서히 지배하고 있었다. 이 흐름을 주도한 자메이카의 알앤비 프로듀서들은 트럭을 타고 킹스턴 거리를 돌아다니며 디제잉을 선보였다. 사람들은 이걸 사운드 시스템이라고 불렀다. 블랙웰은 현명했다. 그는 자메이카에서 경쟁하는 대신 런던으로 이주해 콕슨 도드, 듀크 리드, 킹 에드워즈의 사운드 시스템 히트 레코드를 유통하는 수입 사업을 시작했다. 그는 미니 쿠퍼를 몰고 상점과 가판대를 돌며 트렁크에서 레코드를 팔았다. 이러한 그의 선택은 빠르게 수익을 올렸다. 그중에서도 지미 클리프의 'Miss Jamaica'와 데릭 모건의 'Forward March' 등은 각각 3만 장씩 판매되면서 베스트셀러가 되었다.

블랙웰은 런던의 모더니스트들이 기존 알앤비 대신 자메이카 리듬을 자연스럽게 받아들이는 광경을 보고 놀랐다. 브릭스턴의 램 잼 같은 클럽에서 블랙웰은 인종적으로 다양한 관객이 비슷한 옷을 입은 채 전염성 강한 스카 비트에 맞춰 똑같이 춤추는 광경을 목격했다. 당시 런던에서 가장 핫한 모드 클럽은 아일랜드 출신 사업가 로넌 오라일리가 운영하는 소호의 작은 지하 클럽 신(Scene)이었다. 로넌은 최초의 해적선 라디오인 캐롤라인 호의 배후 인물이기도 했다. 블랙웰은 이 클럽의 상주 DJ였던 가이 스티븐스에게 관심을 보였다. 그는 희귀 알앤비 레코드를 꿰고 있는 것으로 유명했는데 롤링 스톤스와 후가 그의 컬렉션을 뒤지기 위해 아파트를 방문할 정도였다.

1964년 4월 비틀스가 미국을 침공하던 시기 블랙웰은 자메이카 음반을 소호의 최신 레코드 가게에 공급했다. 또한 그는 가이 스티븐스를 설득해 아일랜드 레코드의 카탈로그에 알앤비 음반사인 수 레코드를 더했다. 수 레코드에서 발매한 곡들은 연달아 히트를 기록했다: 아이네즈 앤 찰리 폭스의 'Mockingbird', 크리스 케너의 'Land of a Thousand Dances', 밥 앤 얼의 'Harlem Shuffle', 제임스 브라운의 'Night Train', 로이 C.의 'Shotgun Wedding' 등등. 아일랜드의 첫 직원인 데이비드 베터리지는 당시를 이렇게 증언했다. "가이 스티븐스는 수 레코드를 통해 우리를 서인도 레게 음악에서 벗어나게 해 줬어요. 그는 미국에서 곡을 사들였고, 그 사람 덕분에 우리는 밴드를 주류로 진출하게 하는 방법에 대한 지식을 얻었죠."

프로듀서로서 블랙웰의 첫 번째 메이저 히트는 국제적으로 성공한 자메이카의 10대 소녀 밀리 스몰의 곡 'My Boy Lollipop'이었다. 밀리의 버밍엄 공연에 동행하던 중 블랙웰은 스펜서 데이비스 그룹이라는 현지 밴드를 알게 됐다. 당시 이 밴드를 이끌던 인물은 열네 살의 신동 스티브 윈우드였다. 그는 똑같은 방법을 반복했다. 밴드와 매니지먼트 계약을 체결하고 그들에게 자메이카 음악인 'Keep On Running'을 팝 비트와 퍼지 기타로 재작업 하라고 설득한 것이다. 블랙웰이 원한 건 롤링 스톤스의 '(I Can't Get No) Satisfaction'을 연상케 하는 결과물이었다.

그는 이 곡의 발매를 필립스 레코드의 서브 레이블인 폰타나에게 제안했다. 한데 멍청 하고, 자만심으로 꽉 찬 폰타나의 A&R 담당자는 블랙웰에게 믹스의 여러 부분을 개선하 라고 조언을 던졌다. 블랙웰은 2주를 기다렸다가 똑같은 마스터를 들고 폰타나로 돌아갔 다. 그는 훌륭한 조언을 해준 A&R 담당자에게 우아하게 감사를 표했다. "지금 소리가 얼 마나 좋은지 들어 보세요!" 이처럼 크리스 블랙웰은 얼마든지 매력적으로 교활해질 수 있 는 인물이었다. 아첨에 기분 좋아진 A&R 담당자는 블랙웰의 속임수에 넘어가 발매를 준 비했다. 1966년 1월 이 레코드는 대히트하면서 비틀스의 'Day Tripper'를 영국 차트 1위에 서 밀어냈다. 서른에 가까워진 크리스 블랙웰이 큰 성취를 일궈내기 시작한 바로 그 순간 이었다.

스펜서 데이비스 그룹이 두 장의 앨범을 내고 해체했을 때 아일랜드 레코드는 곧장 스 티브 윈우드의 새 그룹인 트래픽과 계약할 만큼 성공을 거둔 상태였다. 1967년 핑크색으 로 새롭게 디자인되어 재발매된 트래픽의 첫 앨범 <Mr. Fantasy>는 재즈풍의 사이키델릭 한 히트작이자 정교한 재킷 아트워크로 완성된 레코드였다. "제대로 된 레이블에는 스튜 디오가 있어야 한다."라는 블랙웰의 신념에 따라 베이싱 스트리트에 정식으로 스튜디오 를 설립한 것 역시 아일랜드의 성장하는 정통성을 보여주는 또 다른 중요한 신호였다.

아일랜드 레코드 붐을 일으킨 모든 고유한 특징 중에서도 최상은 바로 블랙웰의 탁월 한 재능이었다. 그는 아티스트들을 유혹하는 데 천부적이었다. 먼저 블랙웰은 핑크 플로 이드, 소프트 머신, 프로콜 하럼이 처음 주목받았던 UFO 클럽 파티의 운영자이자 과거 일 렉트라에서 일했던 조 보이드를 영입했다. 아일랜드 레코드는 보이드를 통해 페어포트 컨 벤션을 끌어들였다. 페어포트 컨벤션은 이후 <Liege & Lief>를 발표하면서 영국 포크 음 악의 정점을 들려줬다. 당시에는 주목받지 못했지만 천재적이었던 닉 드레이크도 아일랜 드에서 발굴하고 프로듀스한 아티스트였다. 그의 데뷔 앨범 <Five Leaves Left>에는 'River

Man'과 'Way to Blue' 같은 주옥 같은 명곡이 실려 있었다.

제스로 털을 영입하기 위해 블랙웰은 야심 가득했던 매니저 크리스 라이트와 테리 엘리스에게 거부할 수 없는 제안을 던졌다. "30위 안에 드는 히트곡 10곡을 내놓으면 모든 걸 당신의 레이블로 넘기겠다."라는 것이었다. 크리스 라이트는 당시를 이렇게 떠올렸다. "블랙웰은 꽤 똑똑했어요. '어차피 톱 텐 싱글을 내진 못할 테니 오히려 쉽게 동의할 거야. 설령 그렇게 되더라도 많은 돈을 벌 수 있겠지.'라고 생각했겠죠. 그에게는 윈-윈인 상황이었던 거예요." 라이트와 엘리스는 제안에 동의했고, 1969년 크리살리스 레이블이 설립되었다.

블랙웰의 노련한 행보는 업계의 여러 거물급 인사로부터 점차 주목받았다. 아일랜드는 킹 크림슨의 북미 판권에 대한 라이선스를 애틀랜틱에게 줬다. 이런 인연으로 아흐메트 에르테군은 크리스 블랙웰에게 아기 얼굴을 한 살인자라는 전설적인 별명을 붙여줬다. 테리 엘리스는 블랙웰을 이렇게 설명했다. "뉴욕에 눈이 1피트나 쌓여있는데 자메이카에서 비행기 타고 온 크리스 블랙웰이 청바지에 슬리퍼를 신고 나타났죠. 거대한 금발 머리에 상쾌한 얼굴을 한 섬 소년! 만약 당신이 아흐메트 에르테군 같은 사업가라면 이렇게 생각할 거예요. "손쉽게 조종할 수 있겠군. 거래를 해 봐야겠어.' 하지만 사업 얘기를 하는 순간 크리스는 바로 변했어요. 터프하면서도 정말 똑똑했죠."

크리스 블랙웰의 측근 중 또 다른 중요한 인물은 매니저 데이비드 엔토벤이었다. 그는 선구적인 프로그레시브 록 그룹 킹 크림슨을 아일랜드에 데려온 주역이었다. 엔토벤은 "블랙웰은 비전을 가질 수 있게 해줬고, 그 비전에 따라 당신은 성공하거나 실패하기도 했죠."라고 말했다. "저는 그에게 무한한 감사를 표하고 싶어요. 그 사람은 천재였어요. 좋은 사람을 끌어들일 줄 알았고, 일에 있어서도 탁월했죠. 무엇보다 그는 리더였어요. 전거의 대놓고 그를 따랐죠." 엔토벤은 가이 스티븐스에게도 찬사를 보냈다. "가이 스티븐스가 없었다면 아일랜드는 매우 다른 곳이 되었을 거예요... 킹 크림슨을 발견하고 크리스에게 데려온 건 사실 가이 스티븐스라고 봐야 돼요. 가이 스티븐스는 진짜 음악 마니아였어요... 그와 크리스는 아티스트에게 실제적인 자유를 허용했어요. 당시 다른 어떤 음반사도 그렇게 하지 않았죠."

크리스 라이트 또한 아일랜드의 초기 성공에 있어 가이 스티븐스의 역할을 강조했다. "블랙웰이 전체적인 크리에이티브 책임자였다면 가이 스티븐스는 훌륭한 파트너였어요. 무엇보다 그는 블랙웰이라면 시도하지 않았을 영역까지 나아갔죠. 가이 스티븐스는 재능 있는 사람이 가끔 그렇듯 조금 괴팍한 면이 있었어요. 야생적인 곱슬머리에 약간 강렬하고 거친 느낌을 주는 타입이었죠. 하지만 재미있는 사람이었어요." 당시 아일랜드의 매니징 디렉터였던 데이비드 베터리지도 동의했다. "매우 강렬하고 추진력 있는 성격이었어요. 정말 멋진 사람인 동시에 거의 미친 것처럼 보일 때도 있었죠. 그는 누구보다 먼저 뭔가를 볼 줄 알았어요. 정말 완전한 천재였죠." 프로그레시브 록이 대세가 될 것임을 예견한 가이 스티븐스는 1969년 글램 록 그룹 모트 더 후플을 발견하고 이름까지 지어 줬다. 아일랜드가 미래의 사운드와 정신을 향해 나아가고 있음을 증명하는 또 다른 결정적인 순간이었다.

비슷한 시기 아일랜드와 마찬가지로 급성장한 레이블이 있었다. 과거 찰리 채플린의 영화 스튜디오였던 장소로 회사를 이전한 A&M이었다. 한데 딱 알맞게 아일랜드와 A&M 사이에 꿈과 같은 대서양 횡단 동맹이 만들어졌다. A&M의 사장인 제리 모스는 당시를 이렇게 회상했다. "그때가 제게는 멋진 시절의 시작이었죠. 데니 코델도 만났고 크리스 블랙웰도 만났죠. 6주마다 영국에 가서 크리스의 집에 가방을 놓고 클럽에 갔어요. 완벽했죠. 그 친구들에게는 미국에 유통하고 싶은 레코드가 있었고 저는 밴드를 찾고 있었으니까요. 데니를 통해서 조 카커, 프로콜 하럼을 알게 됐어요. 크리스를 통해서는 프리, 캣 스티븐스, 스푸키 투스 같은 훌륭한 영국 로큰롤을 알게 되었고요."

런던에 매료된 모스는 1969년 영국 A&M을 설립했다. "우리 관계에 영향을 미쳤죠." 모스는 자신을 도와준 호스트에게 영원히 감사한 마음이지만 사실상 경쟁자가 된 거라고 인정했다. 물론 그 무렵에는 차세대 슈퍼 그룹을 찾기 위한 경쟁이 이미 치열한 상황이었다. "그룹을 보러 어딘가에 갈 때마다 밖에 주차된 아흐메트 에르테군의 리무진을 봤죠… 그는 매우 매력적이고 설득력 있는 사람이었어요." 제리 모스는 한숨을 내쉬며 이렇게 말했다. 두 사람이 모두 영국 블루스 그룹 험블 파이를 쫓고 있을 때도 "아흐메트가 계속 제안을 했어요."라고 모스는 덧붙였다. "결국 40만 달러에 우리와 계약하게 되었는데 당시로서는 엄청난 금액이었죠. 다행히 매우 성공적이었어요. 플래티넘 앨범을 내고, 피터 프램튼을 영입할 수 있었으니까요."

예술적으로는 하늘에 구름 한 점 없었지만 조직적인 측면에서 봤을 때 아일랜드 레코드는 모래 위에 세워진 회사였다. 데이비드 베터리지가 설명한 것처럼 "1968년에서 1969년 사이에 갑자기 여기저기서 주목을 받았어요. 원래는 일종의 서인도 전문 레이블이었는데 말이죠. 이런 변화로 인한 충격은 피할 수 없는 몰락을 예고하는 것이기도 했어요. 물론 우린 젊은 레이블이었기 때문에 그걸 느끼지는 못했지만요. 아마도 너무 빨리 성공해서 어디로 가야 할지 몰랐던 것 같아요." 베터리지는 그 시절 크리스 블랙웰을 창의적인 개인으로 묘사한 초상화를 그렸는데 그림 속 그는 흔히 말하는 것처럼 채소 따위 먹고 싶어하지 않고, 오직 고기만 먹고 싶어하는 사람처럼 보인다.[*]

크리스 블랙웰과 유행에 밝았던 그의 스태프들을 위해 공평하게 말하자면 1960년대 후반 런던의 레코드 산업 문화는 책임감 있고, 공부하려는 경영과는 거리가 멀었다. '열매로 그들을 알 수 있다.'라는 격언처럼 그 풍요로운 시절에 크리스 블랙웰의 아일랜드는 영국에서 가장 인기 있는 음악가들을 위한 과수원이 되었다. 물론 크리스 블랙웰이 EMI와 데카에 도전장을 내민 최초의 예술 사업가는 아니었다. 그러나 1969년이 되자 그는 비즈니스 선배들보다 한발 더 나아가 자체 스튜디오를 운영하고, 자메이카 레코드를 매장에 직접 유통하는 밴 차량 여러 대를 보유했다. 심지어 그들에게는 프레싱 공장까지 있었다.

1969년이 되면서 매니저의 교체가 물밑에서 진행되었다. 앤드루 루그 올덤은 경쟁에서 밀려났고, 애플은 역사상 가장 우스꽝스러운 실수를 저지른 기업으로 전락을 거듭했다. 새빌 로에 위치한 백만 파운드짜리 애플 본사는 특권층이 누리는 일상의 풍요로움으로 가득한 장소였다. 그러나 운 좋게 이 끝내주는 열차에 탑승할 수 있었던 사람들이 강물을 바닥나게 만들었다. 주방 직원이 주문에 따라 식사를 조리하고, 고급 와인 저장고를 계속 보충했다. 40명의 직원은 친구, 컨설턴트, 다양한 기생충으로 가득했는데 예외 없이 비용 청구서를 작성했다. 존 레넌의 LSD 친구이자 매직 알렉스라는 별명을 가진 괴짜 과학자는 비행접시, 인공 태양, 전기식 페인트, 72 트랙 스튜디오 및 여러 다양한 미친 창조물을 만든답시고 30만 파운드를 낭비했다. 자칭 "근사한" 패션을 판매한다는 애플 부티크는 관리가 너무 엉망인 나머지 재고품에 대해 소매점보다 더 많은 비용을 치렀고, 매출보다 더 많은 도난을 당했다. 세금을 내는 대신 돈을 쓰는 게 원래 목적이었다면 그것을 달성한 셈이었다.

[*] 어떤 일을 할 때 즐거운 것(고기)만 하길 원하고, 힘들거나 재미없는 부분(채소)은 피하려 한다는 뜻이다. 21장과 27장에 더 자세히 나온다.

거의 자기들 마음대로 만든 <Let It Be>를 발매하고 난 뒤의 인터뷰에서 털복숭이 헤로인 중독자가 된 존 레넌은 애플이 처음부터 그림의 떡이었다는 점을 인정했다. "애플은 매주 손실을 보고 있어요. 거물급 사업가의 밀착 경영이 필요합니다. 막대한 수익을 낼 필요는 없지만 이런 식으로 계속된다면 앞으로 6개월 안에 모두 파산할 거예요." 앨런 클라인은 이 인터뷰를 읽자마자 믹 재거에게 궁금한 질문을 던졌다. "비틀스의 원래 리더는 누구였지?" 교활하고, 상황 판단이 빠른 재거는 "존."이라고 대답했다. 재거의 당시 여자 친구였던 마리안느 페이스풀은 당시를 이렇게 회상했다. "믹이 존 레넌에게 전화를 걸더니 '너희들을 관리해야 할 사람이 누군지 알아? 앨런 클라인이야.'라고 말하더라고요. 존은 원래 비틀스와 스톤스의 유토피아적인 공동 프로젝트와 제휴에 관심이 많았어요. 그래서인지 '알았어. 진짜 끝내주는 아이디어네.'라고 대답하더라고요. 약간 더러운 속임수였지만 믹은 클라인에게 더 큰 물고기를 던져줘서 주의를 분산시키려고 한 거예요. 이런 방법으로 스톤스를 묶고 있는 클라인의 줄을 풀 수 있었던 거죠."

비틀스가 건장한 뉴요커와 계약하고 얼마 지나지 않아 믹 재거가 길을 달려 애플로 뛰어 들어갔다. 그는 숨을 헐떡이고, 겁에 질린 척 연기하면서 레넌에게 말했다. "서명하지 마, 존! 서명하면 앨런을 고소할 거야!" 물론 이미 때는 늦었다. 레넌, 해리슨, 스타, 이렇게 3명은 이미 썩을 대로 썩은 애플을 클라인에게 넘겼다. 설상가상으로 폴 매카트니에게는 개인 매니저인 리 이스트먼이 있었다.

순수함은 상실되었다. 크리스 블랙웰의 천국 같은 아일랜드 레코드에서 새로운 세대의 밴드와 레코드 맨이 행복하게 지내는 동안 영국 팝의 아담과 이브는 이제 직접이 아닌 미국 변호사를 통해 서로 대화를 나눴다. 그렇게 영국의 미래가 남쪽으로 이동하고 있었다.

18.

다윗과
골리앗

-
불타오르는 스타들과
슈퍼매니저들의 행진

1968
~1970

모든 측면에서 그것은 익숙한 패턴이었다. 1968년 일렉트라의 보스 잭 홀츠먼은 레코드 맨으로서 마치 중년의 위기와도 같은 시기를 겪었다. 하와이 마우이 섬에서 시간을 보내고 있던 그는 홀로 2인용 침대에 누워 선풍기가 돌아가는 모습을 최면에 걸린 듯 바라봤다. 아늑한 고요함을 만끽하면서 홀츠먼은 성인이 된 이후 처음으로 음악 사업 이후의 삶에 대해 심사숙고했다.

수년간의 일 중독은 그에게 큰 타격을 입혔다. 잭 홀츠먼은 기업 회장으로서 히피 혁명의 한복판에서 작전을 지휘했지만 최근 들어 자신의 나이를 실감하고 있었다. 그의 결혼 생활은 파탄에 이르렀고, 예술가의 마약 중독은 늘어만 갔다. 맨발로 해변에 앉아 유리처럼 투명한 푸른 바다를 바라보며 그는 스스로에게 약속했다. "5년 후에는 어떻게든 이 일을 끝낼 거야. 여기, 마우이로 이사 와서 다시 시작해야겠어."

상업적 성공에도 불구하고 일렉트라는 전년도에 상당한 부수적 피해를 입었다. 아서 리의 불 같은 천재성은 그의 그룹 러브를 집어삼켰다. 천사 같던 팀 버클리는 제멋대로 구는 내향인이 되더니 결국 헤로인에 중독되었다. 일렉트라의 어두운 별 짐 모리슨은 이제 풀타임 치료가 필요했다. 알코올 남용의 결과였다. 잭 홀츠먼의 회상에 따르면 "모리슨발(發) 폭풍 경고 사인이 점점 잦아지면서 동시에 커졌어요. 스튜디오 바닥에 쓰러져서는 바지에 오줌을 싸기도 했죠." 폴 로스차일드의 추천으로 그는 밥 딜런의 전 어시스턴트였던 밥 뉴워스를 모리슨을 위한 베이비시터로 고용했다.

뉴워스는 모리슨의 속도에 맞춰 술을 마시면 그의 신뢰를 얻을 수 있다는 걸 깨달았다. 그는 당시 모리슨과 함께 했던 경험에 대해 다음처럼 말했다. "그가 앨범 만드는 것에 계속 관심을 갖도록 하는 게 관건이었어요. 제가 무지하게 꼬드겼죠. 저는 음반사를 대표하는 입장이었으니까요. 짐은 제가 그에게 아이디어를 제시하기 위해 함께 있다는 걸 알고 있었고, 어떤 속임수에도 속고 싶어하지 않았어요." 뉴워스는 자기 파괴적인 노출증이라는 위험한 게임을 하고 있던 그가 "자신이 뭘 하고 있는지 잘 알았다고 확신"했다. "그가 보여준 모든 행동의 배후에는 그만의 방법이 있었어요. 자신의 이미지에 대한 감각도 뛰어났죠. 그걸 이용할 줄도 알았고요."

턱에 살이 쪄서 불룩하게 튀어나온 모리슨은 자신의 성적 매력에 대한 흥미를 잃어버린 상태였다. 그러나 그는 경험을 바탕으로 명성을 다투는 게임에서 교묘한 지휘권을 얻었다. 그의 무모한 장난이 계속될수록 전설은 더욱 커져만 갔다. 1967년 12월 뉴헤이븐에서 열린 콘서트에서 그는 경찰관에게 말대꾸 하다가 곤봉으로 맞았다. 분을 참지 못한 짐 모리슨은 무대에 올라가 경찰의 폭력에 대해 노래로 응수했고, 결국 무대에서 체포되었다. 홀츠먼은 이 사건이 "대중문화의 결정적인 순간"이었다고 확신했다. 이 사건은 라이프 매거진에 여러 페이지에 걸쳐 보도되었다. 그 결과 도어스의 차기작 <Waiting for the Sun>의 선주문량은 무려 70만장 넘게 치솟아 올랐다.

모리슨은 도가 지나치다 싶을 정도로 같은 루틴을 계속 반복했다. 1969년 3월 마이애미에서의 어느 더운 밤, 13,000명 앞에서 공연하던 그는 관객에게 브래지어와 속옷을 벗으라며 조롱했다. 주장에 따르면 자신의 성기를 바지 밖으로 꺼냈다고 한다. 그는 외설죄와 폭동을 선동한 혐의로 무대 위에서 체포되었다. 하지만 이번에는 상황이 달랐다. 미국 전역의 프로모터가 공연 일정을 취소했고 방송 횟수가 줄었다. 심지어 음악 언론도 그를 비난했다. 폴 로스차일드는 지난 2년 동안 술에 취해 비틀거린 채 마약 중독자들과 함께 들어오곤 했던 이 가수에게서 보컬 실력을 끌어낼 의지를 잃었다. <The Soft Parade>의 부적절하게 매끄러운 프로듀싱에 대해 잭 홀츠먼과 논쟁을 벌인 로스차일드는 <Morrison Hotel>에서 마지못해 날것의 블루지한 접근 방식으로 되돌아갔다. 그러고는 다시는 도어스를 프로듀스하지 않겠다고 맹세했다.

여기, 짐 모리슨의 무대 위 페르소나가 그에게 어떻게 마지막 피난처가 되어주었는지를 보여주는 섬뜩한 예시가 있다. 그는 머물 곳이 많았음에도 불구하고 일렉트라의 LA 사무실을 스토킹하면서 직원들을 길 건너편 술집으로 유인했다. 퇴근 시간 이후 사무실을 파손한 경우도 있었다. 어느 날 아침 모리슨이 사무실 부근 수풀에서 쓰러진 채 발견되었을 때 일렉트라 LA의 매니저인 수잔 헴스는 이를 악문 채 직원들에게 구급차를 부르지 말라고 지시했다. "그냥 내버려 두세요." 의식을 잃은 스타 주위에 "내가 있었다면 교통 통제용 콘을 설치했을 거예요."라고 나중에 농담한 걸 고려하면 잭 홀츠먼 역시 반대하지 않았을 것이다. 홀츠먼은 이에 대해 이렇게 설명했다. "수년 동안 저는 의도적으로 아티스트와 과하게 친밀해지는 것을 자제했어요. 저는 그들의 절친한 친구도 아니고 음반사를 운영하는 사람이기 때문이죠. 너무 가까워지면 객관성과 권위가 약화될 수 있어요. 그리고 이 두

가지가 모두 필요한 날이 반드시 오게 마련이죠."

미국 반문화 신이 급진화하면서 마흔에 가까워진 잭 홀츠먼은 다방면에 밝은 힙스터를 영입하려 했다. 일렉트라의 영향력을 유지해야 할 필요성을 느꼈기 때문이다. 뉴욕 본사에 들어온 새로운 인재는 앤디 워홀의 실험적인 팝 아트 그룹 벨벳 언더그라운드의 절친한 친구였던 대니 필즈였다. 필즈는 자신에 대해 이렇게 소개했다. "저는 60년대 사람이에요. 뉴욕에서 자란 유대인 소년이었지만 지금은 앤디 워홀과 하드 록, 혁명, 워싱턴 행진, 마리화나를 즐기는 사람이 되었죠." 필즈가 보기에 일렉트라의 고위 관리자들은 자신과는 정반대였다. "양복에 넥타이를 입고, 마티니를 곁들인 점심을 먹는, 매디슨가에서 돌아다니는 구식의 50년대 인간"이었다. 돌이켜보면 그가 디트로이트에서 MC5라는 준정치적인 로큰롤 그룹을 발견한 것은 뉴욕에서 이미 일어나고 있던 현상을 고려했을 때 지극히 자연스러운 단계였다. MC5는 기실 혁명적인 공동체의 일부였다. 무엇보다 그들의 매니저인 존 싱클레어는 극좌 반인종주의 정치 단체인 화이트 팬더스의 리더였다.

필즈는 이렇게 회상했다. "저는 코뮌으로 운영된 싱클레어의 집에 머물렀어요. 그곳의 모든 걸 사랑했죠. 식사하는 곳에는 소총을 든 국방 장관이 있었고, 남자들이 원시인처럼 식탁을 두드리며 음식을 달라고 했어요. 여자들은 브래지어도 안 하고, 마더 어스에서 파는 긴 치마를 입고 부엌을 들락거렸고요... 남자들은 여자들의 머리채를 잡아당기는 것 정도를 빼면 모든 걸 다 했어요... 싱클레어 같은 사람은 진짜 본 적이 없었다니까요. 그는 문을 활짝 열어 놓은 채 똥을 누면서 마치 린든 존슨이 대마초를 피우는 것 같은 억양으로 명령을 외치곤 했어요... 저는 계약서에 사인도 대신 해주고, 악수를 건넸어요. 잭의 승인을 받는 건 그저 형식적인 절차에 불과하다고 확신시켰죠."

MC5를 통해 대니 필즈는 열아홉 살의 이기 팝이 있었던 밴드 스투지스를 소개받았다. 잭 홀츠먼은 당시를 이렇게 설명했다. "존 싱클레어는 자신의 마스코트 밴드인 스투지스를 돕고 싶어했어요. MC5와 같은 패키지로 묶을 것을 제안했죠. MC5의 라이브 세션을 준비하기 위해 갔을 때 저는 '일단 만나보지 않고는 안 된다.'라고 말했어요. 그렇다고 해서 오디션을 봤던 건 아니에요. 대니가 스투지스에 워낙 열광적이어서 저도 그 제안에 굴복하지 않을 수가 없었죠. 계약을 체결했어요. 만약 제가 스투지스의 음악을 들었다면 아마 거절했을 거예요. 듣지 않길 잘한 거죠!"

서로 간의 신뢰가 높아지면서 홀츠먼은 MC5에 15,000달러, 스투지스에게 5,000달러를 선불로 줬다. 대니 필즈가 전화를 통해 자세하게 설명한 것처럼 MC5는 3,000명을 수용할 수 있는 공연장을 매진시킬 정도로 뛰어난 라이브 밴드였다. 그들의 혁명적인 정신을 가장 잘 담아내기 위해 데뷔작 <Kick Out the Jams>는 라이브로 녹음되었고, 마치 벼락 같은 소리를 담고 있었다. 시간이 흐르면서 이 음반은 클래식으로 인정받았다.

안타깝게도 일렉트라의 스태프들에게 이 그룹은 관리하기 어렵고 위협적인 존재였다. 사내 프로듀서 브루스 보트닉은 이 공동체적인 전사들에 대해 이렇게 묘사했다. "무대에서 배변을 하는 건 문화적 반항의 표시일지라도 정말 역겨웠어요. 두 명이 엉덩이를 드러내고 똥을 싸서는 그걸 손으로 집어 들더라고요." 그들은 장비를 훔치고, 일렉트라에게 무료 콘서트를 개최하라고 요구했다. 심지어 일렉트라의 로고로 가짜 광고를 만들어서 레코드 매장을 모욕하기도 했다. 서로를 의심하는 분위기가 조성되면서 협력 관계는 금세 악화되었다. MC5는 오해를 받고 있다고 느꼈다. 그들은 레코드 업계의 적대적인 반응에 좌절했다.

1960년대 후반 기준으로 보더라도 MC5는 음악을 한계까지 추구하면서 살았던 급진적인 밴드였다. 이 공동체의 일원 중 한 명이었던 이기 팝에 대해 홀츠먼은 이렇게 말했다. "이기 팝은 악마 같은 영혼을 갖고 있었어요. 계속 자기 자신에게 빠져들었죠. 세인트 마크스 플레이스의 메이저 클럽인 일렉트릭 서커스에서 공연을 하고 있던 때였어요. 땅콩버터를 온 몸에 바르고, 반짝이는 옷을 뒤집어쓰고는 관객 사이로 뛰어들더라고요. 하지만 아무도 그를 잡지 않았어요. 10피트 아래 바닥으로 추락했죠." 일렉트라의 홍보 담당자인 스티브 해리스는 어느 날 저녁 전쟁 같은 공연으로 지친 이기 팝을 파크 애비뉴에 위치한 장소로 데려다 주던 때를 떠올렸다. 그것은 그에게 잊지 못할 기억이었다. 무대에서 무자비하게 자해를 시도한 이기 팝은 피를 흘리고, 기저귀를 찬 채 차에서 내렸다.

"누가 왔다고 할까요?" 제복을 입은 도어맨이 물었다.
"이기라고 전해 주세요."
"올려 보내 주세요." 여자의 목소리가 들렸다.

해리스는 엘리베이터 안에서 창피해서 죽을 뻔했다. "올라가는 내내 엘리베이터 직원이 기저귀를 차고 피를 흘리는 이기를 보더라고요. 도착하고 둘러보니까 영화에서나 볼 법한 멋진 아파트였죠. 키 큰 로렌 바콜처럼 생긴 여자가 실내 가운을 입고 나타났어요. 함께 술 몇 잔 마신 다음 저는 떠났고 이기는 남았죠." 다음 날 이기는 해리스에게 전화를 걸어 사과를 전했다. "오늘 밤에는 일 못할 거 같아요. 아침에 32바늘이나 꿰맸어요."

이 모든 일이 벌어지는 동안 스투지스의 음반 판매량은 미미했다. 하지만 대니 필즈는 이렇게 증언했다. "스투지스가 다른 뮤지션과 전 세계에 미친 영향은 헤아릴 수 없을 정도로 컸어요... 그들은 진정한 의미에서 원조 펑크 밴드였어요. 그들이 없었다면 펑크 록도, 섹스 피스톨스도, 라몬스도, 1970년대에 정말 중요했던 그 어떤 것도 없었을 겁니다." 홀츠먼은 필즈의 예지력을 인정하면서 음악을 포함한 그들을 둘러싼 에피소드 전체를 다음처럼 설명했다. "비록 유명하지는 않지만 어떤 사람이 강력하게 구매를 권하는 기묘한 예술 작품 같은 게 있잖아요. 마찬가지예요. 몇 년이 지나면 지속적인 중요성을 지닌 예술로 판명되는 거죠."

1960년대 후반 비단 일렉트라만이 아닌 모든 음반사가 자기 파괴적인 문화로 보이는 이 상황을 이해하기 위해 고군분투했다. 애틀랜틱 레코드의 경우, 빠르게 변화하고는 있었지만 알앤비와 백인 록 사이에서 여전히 갈피를 잡지 못하는 상태였다. 이즈음 애틀랜틱에는 버팔로 스프링필드가 있었다. 그들은 예술적 잠재력에도 불구하고 멤버들의 비대한 자아와 뱀파이어 같은 매니저로 인해 안타까운 무용담 정도로 전락해버린 밴드였다. 그들의 운명은 강탈에 가까운 매니지먼트 계약 조항으로 인해 이미 정해져 있었다. 작곡 수익의 75%를 매니저의 퍼블리싱 회사인 텐-이스트 뮤직이 독차지했던 것이다. 최초의 히트곡인 'For What It's Worth'가 성공을 거두는 동안 닐 영이 받은 첫 로열티는 고작 292달러에 불과했다.

그 후로도 상황은 별로 나아지지 않았다. 전해지는 바에 따르면 예민한 닐 영이 리허설에 나타나지 않을 때마다 야심가였던 스티븐 스틸스는 로렐 캐년에 있는 방갈로로 그를 쫓아갔다. 그러고는 기타를 머리 위로 휘두르면서 "네가 내 경력을 망치고 있어!"라고 소리를 질러 댔다. 영이 공연 전에 간질 발작을 일으키자 스틸스는 이 캐나다인이 책임을 회피하는 드라마 속 여왕 같은 인간일 뿐이라고 여기면서 그를 "똥 같은 놈"이라고 묵살해 버렸다.

녹음 세션을 하던 어느 날 누가 기타 솔로를 연주할지를 두고 스틸스와 영이 의견 충돌을 빚던 중 영이 컨트롤 룸에서 발작을 일으켰다. 아흐메트 에르테군은 "이제 그만 싸워요."라고 요구했다. "당신 둘이 피투성이가 되더라도 아무도 신경 쓰지 않을 겁니다... 이해가 돼요?" 물론 그들은 이해하지 못했다. 1968년 5월 버팔로 스프링필드는 에르테군이 강력한 사이키델릭 밴드이자 대마초를 마구 피워댔던 크림을 두고 고생하는 와중에 해체했다. 크림에는 1960년대 초 재즈를 하던 시절부터 헤로인을 상용했던 야성적인 눈빛의 드러머 진저 베이커가 있었다. 크림의 매니저 로버트 스티그우드는 "세 번째 미국 투어 때는 매일 밤마다 언쟁과 싸움이 벌어졌어요."라고 증언하면서 이렇게 덧붙였다. "진저는 잭을 죽이려고 했어요. 잭은 자살하려고 했고요. 에릭은 죽어 가는 목소리로 이렇게 말했어요. '날 여기서 빠져나가게 해줘요. 저 두 인간이 너무 싫어요.'"

소문에 따르면 아흐메트 에르테군은 크림이 해체한다는 소식을 듣고 이렇게 애원했다고 한다. "그건 안 돼요. 저를 위해 한 번만 더 해 줘요. 제리 웩슬러도 있잖아요. 암에 걸려 죽어가고 있는데 당신들의 앨범을 한 장만 더 듣고 싶어 한다고요." 크림은 최후의 노래를 들려주기 위해 심혈을 기울였다. 이후 에르테군은 그들에게 놀라운 소식을 전했다. "제리가 안 죽을 거 같아요. 훨씬 좋아졌어요." 스티그우드와 에르테군의 결단력 있는 위기 관리 덕분에 크림은 1968년 말 몇 차례의 고별 공연을 더 치르고 우아하게 퇴장했다. 데뷔 이후 애틀랜틱에서 나온 크림의 음반은 1,500만 장이 팔렸고, 그중 대부분이 미국에서 판매되었다.

유독 리스크가 높았던 이 시대에 크림, 버팔로 스프링필드, 야드버즈는 유명 뮤지션으로 구성된 드림 팀인 슈퍼그룹이라는 개념을 대중화시켰다. 그런 그들의 옆에는 마찬가지로 슈퍼했던 매니저가 있었다. 1969년 레코드 산업의 핵심 구조에 큰 변화가 일어났을 때 데이비드 게펜이라는 이름의 젊은 에이전트가 서서히 주목받았다. 곱슬머리였던 그는 새로운 시대의 완벽한 상징이었다.

데이비드 게펜이 상대한 골리앗은 엔터테인먼트 업계 전체였다. 그의 어머니는 그를 '다윗 왕'이라고 부를 정도로 열정적인 인물이었다. 게펜은 10대 시절 MGM의 거물 루이스 B. 메이어의 전기를 읽으면서 롤 모델을 찾았다. 이후 UCLA 학위를 위조해 윌리엄 모리스 에이전시에 입사했다. 회사 우편실에서 일하는 하찮은 직책이었지만 게펜은 이걸 효과적인 발판으로 삼았다. 그는 자신이 분류하는 편지를 읽으면서 에이전시 업무를 파악했을 뿐만 아니라 협상의 기술도 배웠다.

게펜을 알아본 최초의 음반 거물은 클라이브 데이비스였다. 몬터레이에서 데이비스를 매료시킨 플라워 세대 싱어송라이터 로라 나이로의 에이전트가 바로 게펜이었기 때문이다. 나이로는 CBS에서 큰 성공을 거두지 못했지만 스물다섯의 게펜은 자신의 퍼블리싱 회사인 투나 피시 뮤직을 설립할 만큼 현명했다. 그가 가진 지분은 50%였다. 나이로의 출판권을 둘러싸고 아티 모굴과 법적 분쟁을 하는 동안 게펜은 투나 피시 뮤직을 클라이브 데이비스에게 매각하는 협상을 벌였다. 분쟁과 지저분한 거래를 통해 게펜은 결국 200만 달러를 손에 쥐었다.

히피가 끝물에 가까워질 무렵 게펜은 로스앤젤레스로 이주해 파트너 엘리엇 로버츠와 함께 매니지먼트 에이전시를 설립했다. 그들은 성장하고 있던 로렐 캐년의 싱어송라이터 커뮤니티에 곧바로 뛰어들었다. 로렐 캐년은 시골 냄새 물씬 풍기는 산속 휴양지로 대도시 로스앤젤레스가 내려다보이는 그곳에서 데이비드 크로스비, 에릭 버든, 마마 캐스, 프랭크 자파, 짐 모리슨, 칼 윌슨, 폴 로스차일드 등이 살았다. 두 사람의 첫 번째 큰 성공은 크로스비, 스틸스 앤 내시, 즉 CSN과 함께 찾아왔다.

이 세 스타는 잼을 하면서 독창적인 레퍼토리를 만들어 냈지만 그들에게는 심각한 계약 문제가 있었다. 데이비드 크로스비의 전 그룹인 버즈는 컬럼비아 소속이었다. 그레이엄 내시의 그룹 홀리스는 컬럼비아의 서브 레이블인 에픽과 계약했다. 스티븐 스틸스는 지금은 없어진 버팔로 스프링필드로 인해 여전히 애틀랜틱과 계약한 상태였다. 따라서 크로스비, 스틸스 앤 내시는 록 계의 라이벌이자 왕인 클라이브 데이비스와 아흐메트 에르테군 사이의 수많은 대결 중 하나가 될 것이었다.

둘 다 돈은 많았지만 에르테군이 데이비스보다 더 마음을 끄는 매력을 지녔고, 결정적으로 훨씬 더 예민한 귀를 가지고 있다는 점에서 우위였다. 에르테군은 크로스비, 스틸스 앤 내시가 폴 로스차일드와 함께 녹음한 투 트랙 데모를 듣고는 곧장 수표를 꺼냈다. 그는 로스차일드에게 "원하는 숫자를 쓰세요. 얼마든 상관없어요."라고 말했다. 레코드 발매 계약이 체결되지도 않은 상황이었지만 아르테군은 이 트리오의 큰 성공을 확신했다.

에르테군은 또한 자신의 아티스트인 스티븐 스틸스가 음악적 힘과 지배적인 개성을 겸비한 인물이라는 사실을 재빨리 알아차렸다. 스틸스가 애틀랜틱의 사무실로 찾아와 내시와 함께 영국에 가서 연주를 해야 하는데 돈이 없다고 하소연하자 에르테군은 서랍을 열어 2,000달러를 건넸다. 얽힌 계약을 풀려면 경험 많은 매니저가 필요하다는 것을 알고 있던 에르테군은 스틸스에게 로버트 스티그우드를 찾아가 보라고 제안했다. 런던으로 간 스틸스는 거친 목소리로 스티그우드에게 인사를 건넸다. "만나서 반가워요. 저녁이나 합시다." 잠시 뒤 스틸스는 완전한 실수라고 할 수 있는 말을 건넸다. "자동차 매장 쇼윈도에서 롤스-로이스를 봤는데 마음에 들더군요. 내일 보내 줄 수 있어요?" 대체 뭔 소리를 들은 건지 믿을 수 없다는 듯 스티그우드는 다음처럼 대답했다. "글쎄요. 제 생각엔 우리가 함께 일할지에 대해 얘기하는 게 먼저일 것 같은데요?"

스틸스는 선언하듯 이렇게 말했다. "우리는 당신으로 결정했어요. 아흐메트가 좋을 거라고 했거든요." 두말할 필요도 없이 스티븐 스틸스는 인성 테스트에서 불합격했다. 런던에서 스티븐 스틸스를 기다리고 있던 실망은 그것만이 아니었다. 그레이엄 내시와 함께 조지 해리슨에게 데모를 가져갔지만 거절당하고 만 것이다. 절망에 빠진 스틸스는 크로스비의 전 여자 친구인 조니 미첼의 매니저에게 전화를 걸었다. 바로 데이비드 게펜과 엘리엇 로버츠였다.

용감한 성격의 게펜은 클라이브 데이비스에게 전화를 걸었다. 그러나 데이비스는 크로스비와 내시의 방출을 거절하면서 CSN이 CBS와 계약하는 게 어떻겠냐고 제안했다. 게펜은 애틀랜틱으로 가서 스티븐 스틸스를 계약에서 풀어달라고 간청했지만 제리 웩슬러의 대답은 "꺼져!"였다. 다음 날 웩슬러는 게펜에게 사과했고, 에르테군은 게펜에게 자신의 매력을 어필하려고 했다. 에르테군이 설득한 결과, 게펜은 규모는 작지만 최첨단인 애틀랜틱이 새로운 슈퍼그룹에 더 적합하다는 생각을 품게 되었다.

게펜은 이상적인 균형점을 찾을 때까지 두 거물 사이에서 가능한 한 다양한 타협안을 제시했다. 데이비스는 전 버팔로 스프링필드의 기타리스트 리치 퓨레이가 멤버로 있는 새로운 컨트리 록 밴드 포코와 계약하기를 원했다. 물론 에르테군은 데이비스의 별난 요구에 항의하는 척했지만 데이비스보다 더 예리한 귀를 가진 그는 짐짓 씩씩거리는 척하면서 스왑 딜에 응했다.

이렇게 게펜이 CSN과 함께 부상한 전체 과정 속에서 제외된 인물이 한 명 있었다. 데모의 프로듀스를 맡았던 폴 로스차일드였다. 훗날 로스차일드는 이렇게 회상했다. "돌이켜 보면 그건 미국 음악계에서 사랑과 평화의 1960년대가 사실상 끝났음을 알리는 신호였어요... 데이비드 게펜이 매니저로 캘리포니아의 바다에 입수한 건 상어가 석호에 들어온 꼴이나 마찬가지였죠."

상징적이게도 게펜은 세 뮤지션 모두에게 전례 없는 개인의 자유를 허용하는 새로운 조건[*]을 부여했고, 이런 이유로 이들은 밴드 이름을 정하지도 않았다. 세 사람이 데뷔 앨범을 녹음하고 있을 때 뿌연 스튜디오에 들어온 제리 웩슬러는 음반 타이틀을 <Songs from the Big Ego>로 하자고 제안했다. 그의 농담은 조금도 먹히지 않았다. 웩슬러는 자신의 수염에 대고 작게 중얼거렸다. "내 말을 못 들었나 보네."

스티븐 스틸스는 밴드 동료들로부터 '여러 개의 손을 가진 캡틴'이라는 애칭으로 불렸다. 그는 드럼을 제외한 앨범의 모든 악기를 직접 연주했고, 컨트롤 룸을 들락날락하면서 원하는 대로 믹스를 조정했다. 이로 인해 앨범 프로듀서인 빌 할버슨은 사운드 엔지니어가 되었다.

미국과 영국 모두에서 어떤 패턴이 형성되고 있었다. 공격적인 매니저들은 마약에 취한 스타를 대신해 너무 많은 돈과 예술적 자유를 요구했다. 이로 인해 경쟁력이 부족한 음반사는 레코드 제작 과정에 대한 발언권을 거의 지니지 못한 채 단순한 금융업자 혹은 판매 기구가 되어갔다.

일각에서는 비즈니스 관행에 냉소적인 선례를 남긴 밥 딜런의 전 매니저 앨버트 그로스먼을 비난했다. 그로스먼은 재니스 조플린을 매니지먼트하던 중 그녀가 헤로인 중독이라는 걸 알고는 남 몰래 20만 달러짜리 보험을 들었다. 조플린이 헤로인 과다 복용으로 사망한 뒤 보험사는 그녀가 비자발적 자살을 했다고 주장하면서 보험금 지급에 이의를 제기하려 했다. 그로스먼은 조플린의 헤로인 중독 사실을 전혀 몰랐다고 부인했고, 결국 20만 달러를 받아 냈다.

[*] 1960년대는 플라워 파워가 대표하듯 '사랑과 평화를 추구하는 이상적 우리(공동체)의 시대'로 정의된다. 1970년대는 반대로 '개인(적 욕망)의 시대'라고 불린다. 19장의 첫 단락에도 이에 대한 저자의 표현이 써져 있다.

새로운 유형의 헤비급 매니저가 등장했다. 비대한 몸집만큼이나 커다란 서류 가방을 들고 다녔던 피터 그랜트는 레드 제플린을 대변한 인물이었다. 레슬링 선수이자 나이트클럽 경비원이었던 그랜트는 날카로운 눈매와 양끝이 위로 올라간 콧수염을 가진 헐크 같은 사내였다. 1968년 말 야드버즈의 기타리스트 지미 페이지의 탁월한 블루스 연주에 이미 주목하고 있던 제리 웩슬러는 CBS, 워너, 아일랜드 등을 제치고 레드 제플린을 영입한 후 그들을 차세대 슈퍼그룹으로 내세웠다. 그랜트와 페이지의 사인을 받기 위해 11만 달러라는 거액이 들었지만 웩슬러는 후에 이렇게 말했다. "레드 제플린과 계약한 건 저였지만 그들과 함께 뭘 하지는 않았어요. 전혀요. 아흐메트가 관리를 맡았죠. 왜냐하면 그들을 견딜수 있을 것 같지 않았거든요. 피터 그랜트와 잘 지내긴 했지만 그는 짐승 같은 인간이었어요."

음반 업계에서 가장 큰 규모를 자랑하던 CBS 레코드조차 시류에 휩쓸렸다. 재니스 조플린이 마약 중독으로 세상을 떠날 즈음이었던 1970년 사이먼 앤 가펑클마저 해체를 선언했다. 그 후 앤디 윌리엄스와 조니 캐시의 TV 쇼가 폐지되었고, 따라서 둘은 앨범을 무료로 홍보할 수 있는 기회를 박탈당했다. 그러나 클라이브 데이비스의 지휘 아래 1967년 약 13%에 불과했던 CBS의 시장 점유율은 1970년 22%까지 치솟았다. 한데 데이비스는 모회사인 CBS Inc.에 제출했던, 거의 거꾸로 번개가 치는 것 같은 급속한 성장 차트를 지속할수 없다는 걸 깨닫고는 석유 산업을 모방했다. 당시 석유 산업에는 원유 탐사보다는 기존 매장량을 활용하는 쪽이 더 안전한 방법이라는 인식이 퍼져 있었다. 이때부터 주요 기업들은 입찰 전쟁의 시대로 빨려 들어갔고, 지분은 계속해서 상승했다.

1970년 벌어진 모든 상징적인 이벤트 중에서 마지막을 장식한 사건은 바로 비틀스의 해체였다. 멤버들의 재정적, 개인적 문제가 공공연한 비밀이 된 상태에서 기업 매각이 시작되었다. 먼저 클라이브 엡스타인이 NEMS의 자기 지분 70%를 금융회사 트라이엄프 인베스트먼트 트러스트에 매각했다. 헨리 제임스 역시 얼마 지나지 않아 노던 송스를 ATV에 팔았다. 가격은 120만 파운드였다. 조셉 록우드 경은 EMI의 막대한 자금을 텔레비전 쪽에 투자했다. 그는 5,660만 파운드에 템스 텔레비전과 엘스트리 스튜디오를 포함한 Associated British Picture Corporation을 인수해 EMI를 영국에서 독보적인 엔터테인먼트 제국으로 건설했다. 한편 미국에서는 EMI의 자회사인 캐피톨 레코드가 1억 달러 이상의 수익을 올렸다.

폴 매카트니는 비틀스가 더 이상 활동하지 않는다고 인정했다. 존 레넌은 팬들에게 전하는 메시지를 통해 이렇게 말했다. "그리하여, 친구 여러분. 그저 계속 나아가야 합니다. 꿈은 끝났습니다." 몇 주 후 조셉 록우드 경은 한창 이익을 올리고 있을 때 EMI 회장직에서 물러났다. 그가 건설한 제국은 연 매출 2억 2,500만 파운드를 달성하면서 새로운 10년을 맞이했다. 이렇게, 먹이 사슬의 정점에 있는 사람들에게 예술적으로 활기찼던 1960년대는 어느덧 진지한 사업거리가 되어버렸다.

영국과 마찬가지로 미국에서도 엄청나게 다채로웠던 한 챕터가 막을 내렸다. 길거리를 떠난 새로운 시청자들이 어느새 하나둘 집 안 소파에 웅크리고 앉았다. 홈 엔터테인먼트 시장이 개막된 것이다.

앨런 더글라스는 이 모든 과정을 지켜본 흥미로운 목격자 중 한 명이다. 그는 지미 헨드릭스의 마지막 리코딩을 프로듀스한 것 외에 라스트 포이츠, 티모시 리어리, 말콤 엑스, 앨런 긴즈버그의 구어체 앨범을 발매한 독립 프로듀서였다. 1950년대에 재즈 프로듀서로 처음 일을 시작했던 더글러스는 이렇게 회상했다.

"전 오래 일해 왔고, 그래서 알 수 있었어요. 1970년 말이 되니까 모든 것이 순식간에 끝나더라고요. 눈을 떠보니 모든 게 폐쇄됐어요. 관객도 싹 다 사라졌고요. 1965년부터는 주로 샌프란시스코를 중심으로 한 서부 해안에 관객이 몰렸죠. 1966년과 1967년부터는 미국 전역으로 퍼져갔고요. 그러니까, 3~4년이 지났을 뿐인 거예요. 이 짧은 시간 안에 모든 게 바뀌었어요. 사람들이 거리를 떠나 일터로 돌아갔죠. 언더그라운드에서 시작된 그 모든 교향곡이 완전히 끝나버린 거예요."

19.

레코드
비즈니스의
왕들

거물들과 로렐 캐년_

워너 레코드, 어사일럼 레코드
그리고 아메리카나의 탄생

1969
~1973

자기 중심적 태도라는 특정한 아이디어에서 모든 게 시작되었다. 그것은 히피풍 나팔바지 차림으로 나타나더니 시간이 지남에 따라 기술을 연마하고, 욕망을 증식했다. 이후 진화를 거듭하면서 완전한 여피 문화가 되었다. 나중 레이건 시대 대중문화에서 진부하게 여겨질 모든 것이 1970년대 초 록 신에서 태동했다. 덥수룩한 구레나룻과 별처럼 빛나는 눈을 지녔던 이상주의자가 어느덧 1달러짜리 지폐 위에 인쇄된 조지 워싱턴의 잉크 얼굴로 변해버린 것이다.

새로운 10년이 시작될 무렵 로렐 캐년에서 월스트리트까지를 잇는 파이프라인이 개통했다. 미국에서 가장 힙한 독립 레코드사 중 세 곳인 애틀랜틱, 일렉트라, 워너가 거대 기업과 정면으로 경쟁할 수 있는 연합을 결성한 것이다. 이 금융 피라미드의 정점에 위치한 존재는 스티브 로스라는 인물이었다. 사근사근한 성격의 로스는 장례식장, 주차장, 리무진 서비스, 연예 기획사 등을 소유한 상장 대기업 키니 내셔널 컴퍼니의 운영자였다.

1969년 당시 마흔두 살이었던 스티브 로스는 홈 엔터테인먼트가 비약적인 성장을 이룰 것이라고 정확히 예측했다. 그는 주주들을 설득해 워너-세븐 아츠를 4억 달러에 인수했다. 그가 이 인수를 진정한 기회로 전환하려면 먼저 잭 워너와 엘리엇 하이먼이 남긴 수많은 혼란을 정리할 필요가 있었다.* 일단 워너 그룹 산하인 리프라이즈의 주식 3분의 1이 여전히 프랭크 시나트라의 소유였다. 애틀랜틱의 전반적인 사업 의욕 역시 역사상 최저 수준이었다.

로스는 운이 좋았다. 어느 날 그의 가족 중 열두 살짜리가 우연히 이렇게 말을 한 것이다. "스티브. 애틀랜틱 레코드를 인수한다니 정말 대단해요. 아흐메트 에르테군이라는 환상적인 사람이 운영하는 곳인데 정말 멋진 회사에요. 만나보셨어요?" 로스는 고개를 저었다.

"그를 만나보셔야 해요. 블라인드 페이스라는 그룹이 막 결성되었거든요. 스티비 윈우드가 오르간을 치고, 예전 크림 멤버도 있고, 아직 음반을 내지도 않았는데 매디슨 스퀘어

---

* 16장 마지막 부분에서 언급되는 '훨씬 더 고위층이라고 할 수 있을 존재'가 바로 스티브 로스다.

가든을 매진시켰어요. 정말 끝내주지 않아요?"

로스가 애틀랜틱의 보스를 저녁 식사에 초대하자 에르테군은 "기꺼이 받아들이지만 거래에는 전혀 관심이 없다는 걸 알아주셨으면 합니다."라고 정중하게 대답했다. 키니 본사 바로 아래 고급 레스토랑에서 로스는 몇 시간 동안 에르테군에게 애틀랜틱의 운영에 절대 간섭하지 않겠다는 확신을 심어주었다. 에르테군은 로스에게 엘리엇 하이먼도 같은 약속을 했다는 사실을 상기하면서 심각한 톤으로 이렇게 덧붙였다. "당신이 우리 사업을 왜 이해할 수 없는지, 아니 결코 이해할 수 없다는 걸 알려 드리죠. 블라인드 페이스라는 그룹이 있어요."

로스가 바로 치고 들어갔다. "오르간 치는 스티비 윈우드와 예전 크림 멤버 말하는 거죠? 음반은 없지만 매디슨 스퀘어 가든을 매진시켰다고요?"

"네, 네, 바로 그거죠." 에르테군이 눈을 반짝이며 대답했다. "정말 환상적인 일이라고 생각해요." 로스는 방금 에르테군의 마음을 사로잡았다는 것을 깨닫고는 미소를 지으면서 대답했다.

이 발전적인 대화에 대해 알게 된 잭 홀츠먼은 아흐메트 에르테군과 모 오스틴의 소개를 받아 최고급 정장 차림으로 스티브 로스를 만났다. 홀츠먼은 로스를 위해 산업적인 분석을 내놓았다. 그는 이미 제리 웩슬러, 모 오스틴과 동일한 문제에 대해 토론한 적이 있었다. 슈퍼매니저들의 득세로 인해 레이블과 아티스트 사이에 비용이 많이 들면서 음반사가 단순한 금융업자이자 유통업자로 전락했다는 게 골자였다. 홀츠먼은 이렇게 경고했다. "유통을 직접 통제하지 않으면 전국에 있는 30개 이상의 독립 유통업체를 거쳐야 합니다. 심지어 각기 다른 방식으로 일을 처리해야 하죠. 앨범을 출시하는 데 따르는 물류상의 번거로움은 차치하고서라도 유통업체 중 한 곳이라도 파산하면 최대 백만 달러까지 손해 볼 수 있습니다." 홀츠먼, 웩슬러, 오스틴은 이미 계산을 끝낸 상태였다. 그들에 따르면 전국적인 유통 시스템을 유지하기 위해 필요한 레코드는 연간 약 1억 장이었다. 워너와 애틀랜틱을 합치면 약 8,300만 장, 나머지를 일렉트라가 메우면 가능했다.

로스는 경청하면서 열광적인 반응을 보냈다. 그러나 몇 주가 지나고 홀츠먼은 혹시 무슨 일이 있었는지 궁금해하면서 제리 웩슬러의 집을 방문했다. "로스와 멋진 미팅을 가졌는데 아무 소식이 없네요." 이후 아흐메트 에르테군이 이 이슈를 강행했다. 그는 키니의 부사장 앨런 코언과 함께 협상 테이블을 열고, 홀츠먼에게 800만 달러를 제시했다. 홀츠먼은 일렉트라의 연간 수익 120만 달러에 8년을 곱한 1,000만 달러의 가격이 정당하다면서 버텼다. 키니는 현금으로 700만 달러를 지불하고 나머지 300만 달러는 전환사채로 지불했다. 홀츠먼은 독립 사업가로서 잊을 수 없는 20년을 보냈지만 후회는 없었다. "메이저 레이블과 경쟁할 수 있는 기회를 얻었고, 진정한 힘과 자금력을 갖춘 부티크 레이블이 될 수 있었죠. 저는 일렉트라의 미래를 굳건히 만들고 싶었어요. 또, 이 일을 영원히 할 수 없다는 것도 알고 있었죠. 무엇보다 음반 제작자로 인생을 마감하고 싶지 않았어요. 다른 모험을 하고 싶었습니다."

이 새로운 메이저가 탄생하자 마치 맞춤 구두처럼 스티브 로스의 궁궐에 발을 들여놓은 사람은 당연히 단정한 외교관의 아들 아흐메트 에르테군이었다. 큰돈을 좋아하는 에르테군은 1970년 7월 데카와 계약이 만료되는 업계에서 가장 큰 건을 눈여겨봤다. 바로 롤링 스톤스였다. 당시 프린스 루퍼트 로웬스타인이 매니지먼트를 맡고 있던 스톤스는 블루스 음악의 뿌리로 돌아가고 있었다. 그들은 제리 웩슬러가 애정했던 앨라배마의 머슬 숄스 스튜디오에서 이후 히트할 'Brown Sugar'를 녹음하는 중이었다.

애틀랜틱 레코드의 튀르키예 핏줄이 흐르는 술탄, 즉 에르테군은 거의 1년 간 대놓고 믹 재거와 키스 리처즈를 영입하려고 했다. 그는 언제나 뿌루퉁한 표정을 짓고 있는 키스 리처즈를 향해 "여왕 폐하"라고 부르기까지 했다. 풍부한 경험에 인기까지 높았지만 자금이 절실했던 재거는 체스 레코드의 후계자인 마샬 체스를 영입해 자신의 제작사인 롤링 스톤스 레코드의 운영을 맡겼다. 재거와 로웬스타인은 애틀랜틱을 마음에 들어 하면서도 최대한 많은 돈을 요구해 입찰 전쟁을 벌이려고 했다. 클라이브 데이비스 역시 냄새를 맡긴 했지만 재거가 요구한 500~600만 달러의 '엄청난' 로열티 앞에서는 망설일 수밖에 없었다.

결국 에르테군은 비벌리 힐스 호텔에서 스티브 로스가 루퍼트 로웬스타인과 마샬 체스를 직접 만날 수 있는 자리를 마련했다. 로스의 허락 하에 에르테군은 롤링 스톤스 레코드에 앨범 5장당 100만 달러의 선급금과 장당 1달러의 로열티를 제안했다. 이후 발매된 <Sticky Fingers>는 지퍼가 달린 상징적인 재킷으로 화제를 모았다. 디자이너는 앤디 워홀이었다. 이 음반은 영국과 미국에서 300만 장의 판매고를 기록하면서 선급금을 무난히 회수했다.

스티브 로스는 더 큰 그림을 봤다. 1970년 당시 애틀랜틱, 워너, 일렉트라를 합치면 미국 앨범 시장의 18%를 점유했는데 이는 CBS보다 높은 수치였다. 독립성을 유지하면서도 월스트리트를 유혹할 단일 브랜드가 필요했던 로스는 키니의 장례식장을 떼어낸 뒤 별도의 지사를 만들어 부동산 소유권을 옮겼다. 음반사와 영화사를 총괄하는 새로운 법인에는 워너 커뮤니케이션스라는 멋진 새 이름이 붙여졌다. 그리고 1971년 말 세 개의 음반사는 자체 유통 네트워크인 WEA로 이전했다. WEA는 미국 전역에 8개의 지역 지사를 두고 각 지사마다 순회하는 영업 인력을 보유했다. 따라서 개별 지사의 합보다 훨씬 더 큰 시너지 효과를 창출할 수 있었다. 기업 CFO 버트 와서먼은 로스의 전략을 이렇게 설명했다. "스티브가 말하더라고요. '우리에게 문이 3개 달린 사무실 하나만 있었다면 문이 달린 사무실 3개가 있는 것만큼 빠르게 성장하지 못했을 거예요.'"

로스는 거래를 최면을 거는 것마냥 준비하는 인물이었다. 그는 주기적으로 가장 가까운 재무 담당 임원들에게 자신이 작성한 제안서를 이해하는지 테스트하고, 만약 이걸 이해하면 그들이 당황해서 항복하는 표정을 지을 때까지 계속해서 조건을 복잡하게 만들었다. 잭 홀츠먼은 로스를 다음처럼 묘사했다. "스티브 로스는 대학을 졸업하지도 않았지만 똑똑한 사람이었어요. 인생을 즐길 줄 알았죠. 사교성도 있었고요. 숫자를 보는 눈썰미와 헛소리를 알아채는 감각도 대단했어요. 그를 조금이라도 알면 그가 얼마나 날카롭고, 예리한 사업가인지 알게 된다니까요. 예를 들어 음반 회사들은 1년에 수억 달러를 벌 수 있고, 그 돈을 모회사로 보내면 회사에서 원하는 대로 할 수가 있었죠. 반면 영화 쪽은 수억 달러를 보내면 다음 해에 영화를 만들기 위해 그 돈을 다시 썼어요. 이걸 보면서 로스는 깨달은 거죠. 음반 사업이라는 게 제대로만 한다면 현금을 지속적으로 흐르게 할 수 있다는 걸요. 그리고 그 돈을 몇 년 후 아타리 인수와 같은 다른 쪽에 사용할 수 있었어요."

스티브 로스는 보고와 예측을 요구하는 타입이 아니었다. 대신 3개월마다 레이블의 거물들을 비공식 모임에 소집했다. 경쟁사의 부러움은 날로 높아져갔다. 심지어 로스는 레이블 임원에게 자신의 전용기를 빌려주기도 했다. 아티스트 혹은 매니저에게 깊은 인상을 심어줄 필요가 있다는 판단에서였다. 또, 추수감사절을 앞두고는 모든 임원의 아내에게 고급 칠면조를 보냈다. 로스는 좌절한 예술가 신드롬에 시달리지도 않았다. 이를 증명하듯 그는 연예계 사교 모임에 초대받고 싶다는 욕구를 전혀 내비치지 않았다. 조 스미스는 그런 그에 대해 이렇게 설명했다. "스티브는 창의적인 회사를 경영하는 것이 핵심이라고 믿었어요. 아티스트들은 왔다 갔다 하겠죠. 하지만 모와 조, 아흐메트와 제리는 항상 그곳에 있을 거니까요." 따라서 로스는 히트작에게는 축하를 보내고, 실패하더라도 절대 질책하지 않았다. 그는 관심과 자유방임의 정신을 함께 지니고 있었다. 아흐메트 에르테군이 새로운 계약에 대해 전화로 이야기할 때마다 로스는 "아흐메트, 장거리 전화가 왔어요."라고 말하면서 전화를 끊었다. 그러고는 자녀들에게 퀴즈를 낸 다음 에르테군에게 다시 전화를 걸었다.

애틀랜틱의 에르테군이 로스처럼 사기꾼 타입의 영리한 사업가였다면 모 오스틴과 워너는 소리 소문 없이 왕관의 보석 같은 존재가 되어 갔다. 캘리포니아 출신 싱어송라이터 열풍 덕분이었다. 닐 영, 그레이트풀 데드, 프랭크 자파, 랜디 뉴먼을 이미 보유한 상태에서 1969년부터 1970년 사이 모 오스틴과 조 스미스는 제스로 털, 밴 모리슨, 제임스 테일러, 플리트우드 맥, 라이 쿠더, 블랙 사바스, 딥 퍼플, 더그 커쇼, 고든 라이트풋, 앨리스 쿠퍼, 아메리카, 스몰 페이시스와 계약을 체결했다. 두 명의 사장 중에 수줍음 많지만 단호한 성격을 지녔던 모 오스틴은 아티스트, 매니저, 경쟁자 모두에게 WEA 그룹의 아버지 같은 인물로 명성을 쌓아나갔다. 비록 음악을 직접 하지는 않았지만 오스틴은 음악 산업의 미묘한 부분까지 잘 이해하고 있는 인물이었다. 그는 직원들에게 "돈으로만 다 된다면 제너럴 모터스도 음반 사업을 할 수 있을 것"이라고 끊임없이 강조했다.

뛰어난 A&R과 더불어 워너를 성장시킨 마법 같은 요소는 바로 크리에이티브 서비스였다. 이 서비스를 처음 생각해 낸 인물은 스탠 코닌이었다. 워너의 타깃 시청자가 AM 라디오나 주류 언론에 별 관심이 없다는 사실을 깨달은 코닌은 타깃을 언더그라운드 언론과 학생들이 듣는 FM 방송국으로 돌렸다. 인터뷰에 따르면 그의 작업 방식은 다음 같았다. "보통 집에서 양탄자 위에 누워서 펜과 노란 태블릿을 들고 혼자 재미있게 하는 거예요." 그는 광고를 익살스러운 슬로건 게임으로 바꿨다. 폭스바겐 광고의 널찍한 미니멀리즘에서 시각적인 영감을 받은 코닌과 아트 디렉터 에드 스래셔는 이를 통해 워너의 스타일리시하면서도 성(性)적인 얼굴을 창조했다. 코닌은 당시를 회상하면서 이렇게 말했다. "우리는 터무니없는 관심을 끌 수 있는 방법을 계속 생각했어요. 1970년대의 모습, 느낌, 가치관을 활용하려 했죠. 저를 검열하는 사람은 물론 없었고요. 우리는 그저 리듬을 느끼고, 베트남에서 벗어나 약물의 세계로 가고자 하는 사람들과 함께 행진을 시작했을 뿐이에요."

직원들이 '금가루 쌍둥이'라는 별명으로 불렸던 공동 대표 모 오스틴과 조 스미스는 파생의 가치를 빠르게 이해했다. 당시 상황을 조 스미스는 이렇게 설명했다. "모든 매니저, 변호사, 아티스트가 한자리에 앉으면 우리 광고에 대해 이야기하더라고요. 자기 회사 광고에 대해 이야기하는 다른 회사가 있는지 한번 말해 보세요. 광고의 양이 아니라 질에 대해 말이죠." 코닌은 변화된 분위기를 즉각 알아차렸다. "모와 조가 크리에이티브 서비스의 사무실 문을 열고 들어와 우리 그룹을 가리키면서 '바로 저 사람들입니다'라고 말하더라고요. 그러면서 잠재적 계약자들과 함께 사무실 투어를 돌았고, 그 호기심이 본사까지 퍼져 나갔죠. 스티브 로스가 저를 뉴욕으로 초대해서 금융 시장 분석가들 앞에서 연설을 했는데 강당이 가득 차 있었어요. 마치 크리에이티브 서비스를 통해 새로운 시장을 개척할 수 있는 신통력을 발견한 것 같은 풍경이었죠. 정말 놀라웠어요."

한편 버뱅크의 워너 사무실에서 길을 따라 쭉 내려가면 데이비드 게펜의 사무실이 있었다. 원래 그곳은 호기 카마이클이 살던 집이었다. 게펜은 스티브 로스와 함께 일하는 레코드 업계 거물들에게 주목받고 있었다. CSN, 조니 미첼, 닐 영이 소속된 게펜의 에이전시는 히피의 꿈을 실현하기 위해 계약서를 작성하지 않는다는 정책을 고수했다. 게펜은 사무실 소파에 앉아 마리화나를 피우며 가학적인 쾌락에 가까운 열정으로 프로모터와 음반사 간부를 전화 통화로 압박했다. 아티스트들은 이 광경을 즐겁게 바라봤다.

비록 그의 야심을 이해할 수 있는 사람은 거의 없었지만 데이비드 게펜은 복합적인 성격의 소유자였다. 그는 아버지의 직업적 실패에 괴로워했고, 세련되지 못한 어머니를 부끄럽게 여겼다. 자신의 동성애적 성향에 대해서도 혼란을 겪었다. 따라서 홀로 자신의 악마와 씨름하는 것보다 포크 가수의 사업을 처리하는 게 그에게는 더 쉬웠을지도 모른다. 상대를 설득하고 심지어 조종하는 그의 엄청난 힘은 깊은 감정의 저수지로부터 비롯된 것이었다. 그리고 이것은 그를 마치 빙산과도 같은, 믿을 수 없을 정도로 강력하고, 자연적인 힘을 내뿜는 존재로 만들어 줬다. 그러나 킬러 모드가 아닐 때의 그는 강아지 같은 눈빛으로 예술가를 친밀함의 세계로 끌어들이는 세심한 친구였다.

상대적인 관점에서 게펜은 음악적인 지식을 많이 갖춘 편이 아니었다. 대신 노랫말의 진가를 알아보는 진실되고 좋은 안목을 지녔고, 그가 옹호한 우울한 작곡가들처럼 불만족하는 에너지를 갖고 있었다. 이 작곡가들처럼 그는 칙칙하고 평범한 인생에서 벗어나려고 애썼다. 그러고는 세상의 금빛 인정을 갈구했다.

이 시기 게펜의 슈가 대디는 화려하면서도 정교한 계획을 좋아하는 사랑스러운 악당 아흐메트 에르테군이었다. 두 사람은 서로에게 매료되었다. 어느 날 오후 비벌리힐스 호텔에서 전화로 마술을 부리는 게펜을 지켜보던 에르테군은 기자 친구에게 다음처럼 속삭였다. "예술가와 대화하고 있는 게 분명해요. 영혼이 담긴 표정을 짓는 걸 봐요. 지금 이 순간만큼은 열렬한 탐욕의 흔적을 모두 지우려고 노력하고 있는 거죠." 아니나 다를까. 전화기 너머 상대방은 조니 미첼이었다.

아흐메트 에르테군은 자신을 잘 꾸몄고, 과시욕도 있는 인물이었다. 그는 게펜의 매너에 대해 쓴소리를 하고 자신이 수집한 예술품을 보여주곤 했다. 롤링 스톤스가 <Exile on Main St.>를 녹음하고 있던 프랑스 남부로 그를 데려간 적도 있었다. 하지만 정작 게펜은 클라이브 데이비스를 찾아가서 최근 발견한 잭슨 브라운을 소개했다. 이후 잭슨 브라운이 노래를 하는 와중 데이비스의 비서가 문 근처에서 신호를 보냈다. 그러자 데이비스는 잭슨 브라운에게 "미안하지만 잠깐만요."라고 사과하더니 이렇게 말했다. "당신의 노래를 방해할 수 있는 사람은 지구상에 단 한 사람, 고다드 리버슨뿐인데 마침 지금 전화가 왔네요." 바로 이 순간, 게펜이 갑자기 일개 매니저에게 거물로 변모했다.
"기타 챙겨요!" 화가 난 게펜이 일어서면서 말했다. "기타 챙겨요. 여기서 나갑시다!"
"그러지 말아요. 데이브." 아기 같은 얼굴의 잭슨 브라운이 간청했다.
"그냥 내가 시키는 대로 하세요." 게펜이 소리쳤다.

게펜이 아티스트를 출구로 인도하자 데이비스는 "잠깐!"이라고 푸념하듯 외쳤다. 그는 컬럼비아 직원들이 여전히 신이라고 부르는 리버슨의 전화를 보류했다.

엄포를 놓는 듯 했던 행동이 무색하게 게펜은 애틀랜틱으로 슬그머니 돌아가서는 이렇게 말했다. "아흐메트. 이봐요. 잭슨 브라운으로 내 호의를 보여주려는 거예요." "데이비드. 호의는 필요 없어요." 에르테군이 말했다. 게펜이 반론을 제기했다. "잭슨 브라운으로 수백만 달러를 함께 벌 수 있을 거예요."

에르테군이 비웃듯이 대답했다. "그거 알아요? 나한테는 이미 수백만 달러가 있어요.

당신도 음반 회사를 차려요. 그럼 나처럼 수백만 달러를 벌 수 있어요."

운명적인 이 대화 이후 게펜이 당한 거절은 복수로 이어졌다. 그는 생각했다. "젠장! 회사를 차려야겠어." 애틀랜틱으로부터 자금을 투자 받고 배급 계약을 한 뒤 그는 자신만의 아티스트들을 위한 안식처라는 뜻에서 어사일럼이라는 완벽한 이름도 찾았다. 어사일럼은 당시 로스앤젤레스에서 가장 아티스트 친화적인 레이블이었던 A&M을 느슨한 모델로 삼았다. 이렇게 논란의 중심에 섰던 데이비드 게펜은 비록 한동안 아흐메트 에르테군의 그림자를 벗어나지는 못했지만 어쨌든 WEA 연회에 참석할 수 있는 자격을 얻어 냈다.

1년 만에 게펜은 조니 미첼, 톰 웨이츠, 버즈, 잭슨 브라운, 조 조 건, 데이비드 블루, 린다 론스태드 등으로 회사의 스케줄을 꾸렸다. 작지만 인상적인 라인업이었다. 또, 잭슨 브라운의 조언 덕에 게펜은 로스앤젤레스 트루바도어 클럽을 중심으로 떠오르고 있던 컨트리 록 신을 접했다. 이 인연을 계기로 특별한 일이 없던 여러 뮤지션이 브라운과 또 다른 유능한 작곡가 J. D. 사우더의 도움을 받아 함께 연주하기 시작했다. 그들은 스스로를 이글스라고 불렀다. 게펜은 이들과 사인하고, 글렌 프라이와 돈 헨리의 치아 교정 비용을 대신 내줬다.

이후 자신들의 매니지먼트 에이전시가 음반사와 출판사로 확장되면서 데이비드 게펜과 엘리엇 로버츠는 부득불 경영권을 위임할 수밖에 없었다. 게펜은 레이블로 관심을 옮겼고, 엘리엇 로버츠는 놀라울 정도로 영리한 기술과 유머감각을 활용해 뮤지션들을 계속 관리했다. J. D. 사우더는 로버츠가 우디 앨런과 팻 프레디를 섞은 인물이라고 비유하면서 이렇게 회상했다. "그는 진짜 엄청난 양의 대마초를 피우고 거래를 하곤 했어요. 대체 무슨 일이 벌어졌는지 알지도 못한 채 비틀거리면서 그의 사무실을 빠져나가는 사람들을 볼 수 있었죠."

1972년 말 스티브 로스는 캘리포니아의 산들바람을 타고 온 돈 냄새를 맡았다. 그는 게펜에게 빠듯하게 운영되고 있는 레이블의 가격이 얼마냐고 물어봤다. 이 운명적인 만남에서 게펜은 담배를 꺼냈고, 스티브 로스는 눈 깜짝할 사이에 라이터를 켰다. "700만 달러요." 준비도 안 한 채 사교계에 진출하는 사람인양 게펜이 조심스럽게 모험을 걸었다. 로스는 눈 하나 깜짝하지 않고 동의한 뒤 게펜에게 고용 계약을 제안했다. 연봉은 15만 달러였다. 게펜은 구름 위를 걷는 기분으로 회의장을 빠져 나왔다. 대충 따져봐도 그는 이제 개인 자산 천만 달러를 보유한 워너 커뮤니케이션스 상위 15대 주주 중 한 명이었다.

"어사일럼은 아티스트 중심의 레이블이었어요. 1분 정도는 말이죠." 동료인 이글스의 멤버들처럼 몇 년이 지나서야 자신의 출판 및 음반 계약이 충분한 협의 없이 매니저에 의해 팔렸다는 사실을 깨달은 돈 헨리는 이렇게 말했다. 게펜은 너무 일찍 이글스에게서 손을 뗐다. 대신 그는 컬럼비아와의 계약이 만료되어 갈등을 겪고 있던 획기적인 조커를 영입하려 했다. 바로 밥 딜런이었다. 딜런은 여전히 유명했지만 예술적으로는 쇠락의 길을 걷고 있었다. 딜런은 1970년대 초 대가족을 부양하면서 계약 의무를 이행하기 위해 고군분투하던 공백기에 대해 이렇게 말했다. "갑자기 기억상실증에 걸린 것 같았어요." 애틀랜틱의 제리 웩슬러 역시 딜런과 계약하길 원했지만 결국 게펜에게 허를 찔렸다.

게펜은 정교하게 아티스트를 유혹했다. 우선 그는 조니 미첼과 딜런의 기타리스트인 로비 로버트슨이 파리 리츠 호텔에 머물면서 가로수 길을 거닐고, 멋진 시간을 보내게 해줬다. 게펜은 로버트슨에게 질문을 던졌다. "밥과 더 밴드가 함께 투어를 하는 건 어떨까요?" 로버트슨은 딜런 팬들 역시 그러기를 기대하고 있다고 말했다. 이 말을 들은 게펜은 짧고 날카롭게 현실을 점검했다. "더 이상 기대만 받지 마세요. 너무 시간만 지났잖아요. 그건 정말 멋진 일이 될 거예요. 제가 모든 걸 준비해줄게요."

로비 로버트슨은 망설였지만 결국 욕심을 이기지 못하고 게펜에게 딜런을 직접 소개해 줬다. 이후 게펜은 딜런의 집 근처인 말리부로 이사했다. 해변을 거닐던 게펜은 결정적인 묘안을 생각해냈다. 바로 우편주문으로 티켓을 직접 판매하자고 딜런에게 제안한 것이다. 이를 들은 딜런은 흥분을 감추지 못했다. 게펜은 빌 그레이엄을 투어 매니저로 영입해 1974년 1월과 2월에 걸쳐 21개 도시 40회의 공연을 기획했다. 물론 이때까지 게펜은 우호적인 호의를 바탕으로 전문적인 도움을 제공한 것이었다. 그러나 투어가 다가올 즈음 그는 다음 단계로 나아갔다. "라이브 앨범까지 내는 건 어때요?"

제리 웩슬러가 딜런에게 지극히 평범한 계약을 제안했다는 사실을 알게 된 게펜은 딜런을 설득해 딜런이 직접 자신의 레이블인 애시스 앤드 샌드 레코드를 설립하게 했다. 홍보와 유통은 어사일럼·애틀랜틱이 맡았다. 앨범 한 장당 100만 장의 판매량을 약속하면서 게펜은 "팔 수 있을 거라고는 꿈에도 생각하지 못했던 음반도 팔 수 있을 거예요."라고 자신 있게 말했다. 딜런은 투어 직전 발매되는 정규 앨범이 컴백에 힘을 실어줄 것이라고 생각한 뒤 계획을 약간 바꿨다. 그래서 딱 한 장의 앨범에 대해서만 이례적으로 느슨한 계약이 체결되었다.

그 후 조 스미스의 비벌리 힐스 자택에서 전설적인 사업가들의 점심 모임이 열렸다. 음반 업계의 마피아가 모인 거나 마찬가지였다. 여기에는 WEA 최고위급 인사가 모두 참석했다. 스티브 로스, 아흐메트 에르테군, 모 오스틴, 잭 홀츠먼, 스탠 코닌, 제리 웩슬러, 데이비드 게펜. 게펜은 소파 구석에서 웃으면서 웩슬러를 놀려댔다.

"좋아요, 데이비드, 딜런을 당신이 가졌네요." 웩슬러가 인정하면서 말했다. "이제 모든 걸 잊는 게 어때요."

게펜은 계속해서 웩슬러의 "구식 스타일"을 꼬집었다. 건장한 군인 출신의 이 베테랑은 아티스트를 애지중지하는 게펜의 방식이 "말도 안 된다"면서 비난을 퍼부었다. 웩슬러가 엄청나게 분노하면서 모임은 예상치 못한 방향으로 흘러갔다.

"우리가 어떤 규칙을 따를 거라면 누가 규칙을 어겼는지 이것부터 얘기해보죠!" 웩슬러가 소리를 질렀다. "당신이 우리가 보유한 아티스트를 훔쳤잖아!"
"당신은 이미 낡았어." 게펜이 투덜거리면서 응수했다. "대체 뭘 안다고 이러는 거야?"
붉게 달아오른 얼굴에 핏줄까지 튀어나온 웩슬러는 고함을 내질렀다. "데이비드, 그냥 닥치지 그래? 음악에 대해 뭘 안다고? 당신은 그냥 에이전트일 뿐이야! 별 것도 아닌 놈이라고!"

점심 식사를 주최한 조 스미스는 웩슬러가 겁에 질린 게펜에게 달려들지 못하도록 물리적으로 제지를 가했다. 스티브 로스가 일어서면서 말했다. "용납할 수가 없군요." 그는 가장 가까운 화장실로 가버렸다. 모 오스틴 역시 고개를 절레절레 흔들면서 상사를 따라 밖으로 나갔다.

식당으로 파티 자리를 옮겼을 때 테이블 주변으로 죽음과도 같은 침묵이 돌았다. 주방에 있느라 싸우는 소리를 듣지 못했던 조 스미스의 아내는 자신이 선택한 메뉴에 문제가 있다고 여겼다. 포크와 나이프 소리를 들으면서 치즈 수플레를 바라보던 스탠 코닌은 당시를 이렇게 회상했다. "방 안의 변화에 혼란스러웠어요... 데이비드는 우리가 해왔던 방식과는 다르고, 특이한 태도를 지닌 사람이었어요. 음악보다는 현금에 더 신경을 쓰는 것처럼 보이기도 했고요. 휴식 시간이 끝나고 그 누구도 데이비드 게펜이 딜런과의 계약을 시작으로 레코드 계약 방식을 바꿔버렸다는 점을 눈치채지 못했어요... 데이비드는 음반사가 아티스트에게 봉사해야 한다고 설교했어요... 예술가들은 겉으로 보면 왕, 여왕, 폭군이었지만 지금껏 그들 중 진짜 부자가 된 경우는 거의 없었어요... 나중에야 깨달았죠. 이 날 음악에 대한 얘기는 전혀 없었다는 걸요. 그 방에 있는 경영진 중 단 한 명, 제리 웩슬러만이 여전히 스튜디오에서 프로듀스를 하는 데 시간을 쓰고 있었어요. 그리고 그날 가장 불편했던 사람 역시 웩슬러였을 거고요. 결국 목적과 기회, 열정을 모두 지닌 이 사람들 중에서 제리 웩슬러만 잠시 길을 잃게 된 거예요."

개인적이든 도덕적이든 음악적이든 그 동기가 무엇이든 간에 스티브 로스에게 사업은 승자를 뽑고 배당률을 계산하는 게임이었다. 잭 홀츠먼은 로스에 대해 이렇게 설명했다. "그는 타고난 도박사였어요. 라스베가스에 가서 카드 게임을 하곤 했죠. 적당히 돈을 벌면 테이블을 떠났어요."

도박꾼의 눈으로 밥 딜런 사건을 바라본 스티브 로스는 절차나 중재의 필요성을 일축했다. "당신도 그를 쫓고 저 친구도 그를 쫓는다면 우리가 그를 잡을 확률은 두 배가 되는 거네요." 로스는 씩 웃으면서 충격 받은 얼굴들을 향해 말했다.

20.

디스코의
등장

뉴욕의 거리들 _

클럽 로프트, 브루스 스프링스틴
그리고 밥 딜런의 복귀

**1970
~1975**

쓰레기로 뒤덮인 뉴욕 다운타운 거리에서 완전히 새로운 스타일의 레코드 맨이 씨앗을 하나 심었다. 바로 그 사람, 데이비드 맨쿠소는 아직 이름도 없던 댄스 파티 모임에 사람들을 모으기 위해 고행길에 나섰다. 뉴욕 댄스 신의 역사는 복잡하고 논쟁의 여지가 많다. 물론 확실하게 말할 수 있는 점도 있다. 그즈음 프랑스에서 수입된 오리지널 디스코텍 형식은 유행이 지나 거의 사라진 상태였다는 것이다. 두 대의 턴테이블을 사용하고, 다문화적이었던 미래의 디스코는 그와는 다른 유래를 지니고 있었다.

데이비드 맨쿠소가 기억하는 어린 시절은 다음과 같았다. 1940년대 말부터 1950년대 초까지 우티카 고아원에서 친절한 알리시아 수녀가 매주 아이들을 위해 파티를 열었다. 아이들은 작은 턴테이블에서 흘러나오는 레코드의 음악을 들으면서 풍선을 쫓아 뛰어다녔다.

맨쿠소는 인생의 후반부에 이르러서야 그 연관성을 깨달았다. 그에 따르면 맨쿠소는 젊은 시절 아프리카계 미국인 사이에서 인기를 끌었던 렌트 파티에 특별한 매력을 느꼈다. 그는 이렇게 말했다. "빌리지에 가거나 할렘에 가거나 스태튼 아일랜드에 가거나 파티가 열린다는 소식만 들리면 어디든 갔어요. 어디서든 다양한 친구를 사귀었는데 아마 고아원에서 자란 것과 관련이 있을 거예요."

맨쿠소는 내성적이면서도 대단히 영적인 사람이었다. 그는 1960년대 중반 티모시 리어리*의 마법에 빠져들었고, 브로드웨이 647번지에 위치한 자신의 넓은 아파트 내부에 신전을 만들었다. 그러고는 LSD 의식을 처음 주최했다. 그는 고해상도 사운드 시스템으로 레코드를 틀었다. 그의 개인 모임은 점점 더 규모가 커지고, 댄스 위주로 바뀌었다. 소유를 거부하고, 알몸으로 명상하고, 훔친 음식으로 연명하고, 심지어 노숙자에게 잠자리를 제공하기 위해 현관문의 경첩을 떼어내기도 했던 데이비드 맨쿠소는 1969년 무렵 자신의 진정한 정체성을 찾아 비물질의 세계로 더 멀리 나아갔다. 체중 감소를 염려한 친구들이 입원을 권할 정도로 그는 정신세계에 깊이 빠져들었다. 이렇게 세상의 끝에 서 있는 동안 그는 인생의 사명을 깨달았다.

---

*   환각성 약물, 특히 LSD를 통한 정신의 확장을 주장한 심리학자다. 이 책 15장의 마지막 단락에 그가 주장한 캐치프레이즈가 설명되어 있다.

맨쿠소는 친구들의 도움을 받아 자신의 아파트에 클립쉬혼 스피커, 마크 레빈슨 앰프, 턴테이블 두 대를 다시 설치했다. 그 결과 '로프트'라고 불렸던 이 공간에서 이전까지 그 누구도 경험하지 못했던, 풍선으로 가득한 프라이빗 파티가 열렸다. 맨쿠소는 강렬한 록, 사이키델리아, R&B 등의 음악을 기반으로 화려한 스토리보드를 들려줬고, 여기에 조명과 완전한 어둠, 열대 폭풍우 소리에 맞춰 바람을 일으키는 선풍기 등의 감각적인 특수 효과를 더했다. 당시 로프트를 경험했던 목격자 대니 크리빗은 이렇게 증언했다. "다른 곳에서는 볼 수 없는 뭐라 말하기 어려운 마법 같은 무언가가 있었어요. 약을 하지도 않았는데 약을 한 것 같았죠." 당시 LSD를 비롯한 각종 마약을 구하는 건 어려운 일이 아니었다. 그러나 과거와는 달라진 맨쿠소는 로프트에서의 마약 거래를 금지했다. 로프트의 밤을 장엄한 감정적 경험으로 만든 것은 마약이 아닌 사운드, 음악, 집단정신이었다.

"저는 DJ가 되고 싶은 게 아니었어요." 순수주의자인 맨쿠소는 이렇게 말하면서 자신은 언제나 "뮤직 호스트"라는, 사회적인 의식이 더 강하게 배어있는 타이틀을 선호한다고 강조했다. 그는 친구와 음악 애호가만 로프트에 초대했다. 그곳에는 흑인, 백인, 히스패닉, 비만인, 노인, 노숙자, 이성애자, 게이 등이 모두 섞여 있었다. "우리는 가족 같았어요. 갈등은 전혀 없었고요. 음악은 우리가 바라는 그곳에 도달하는 데 도움을 줬습니다. 음악이야말로 집으로 돌아갈 수 있는 열쇠였던 거죠."

"제 생각에 데이비드는 참나무에서 나고, 결국 참나무가 되는 도토리 같은 인물이었어요." 다른 많은 로프트 단골과 마찬가지로 나중 전문 DJ가 된 크리빗은 이렇게 말했다. 그즈음 여러 다른 댄스 클럽이 생겨났다. 그중에서도 생츄어리는 DJ 프란시스 그라소가 로프트와 비슷한 스타일의 레코드를 트는 곳이었지만 사업체적인 성격이 강했다. 사교 모임 장소로서 생츄어리는 마약과 술이 필수였고, 최신 유행을 좀 더 반영하는 쪽이었다. 따라서 짝을 찾기 위한 장소로 인기가 높았다. 로프트와 생츄어리는 이후 대부분의 클럽을 위한 두 개의 청사진을 제시했다.

공동체적이고, 비영리적인 윤리를 유지하기 위해 100명쯤 되는 로프트 회원은 입장하기 전 2달러짜리 토큰을 지불하고, 나쁘지 않은 식사를 제공받았다. 그러고는 밤새 춤을 췄다. 맨쿠소는 막 깨어나고 있던 로프트와 댄스 클럽의 유행에 적극적으로 동참했다. 경쟁을 선호하는 타입이 아니었던 그는 이렇게 말했다. "다들 정말 잘 됐어요. 우리는 마치 꿀벌처럼 다른 곳에 수분해 줄 수 있었죠."

이후 텐스 플로어와 갤러리가 로프트와 생츄어리를 모방해 문을 열었다. 둘 모두 게이 친화적인 장소로 유명했다. 맨쿠소의 그늘 아래서 래리 레반, 월터 기븐스, 니키 시아노, 프랭키 너클스, 데이비드 로드리게즈 등 뉴욕 초기 댄스 신의 거물급 DJ가 활발하게 활동했다. 경쟁이 과열되고, 점점 더 과시적인 믹싱 기술이 인기를 모으면서 일부 DJ는 더 격렬한 퍼포먼스를 선보였다. DJ 스티브 다퀴스토는 당시를 다음처럼 묘사했다. "새로운 레코드를 발굴하고, 이를 바탕으로 계속 나아가야 했어요."

주류 록 시장에서 밀려난 독립 유통업체들이 수입 음반과 여러 다른 재즈, 소울, 펑크 (Funk), 라틴, 인디 쪽 희귀 음반의 공급을 늘리면서 전문 레코드 매장이 확산되었다. 수많은 장르가 마구 섞여 있던 이 시장의 중심은 뉴욕의 텐스 애비뉴였다. 여러 독립 유통업체가 이곳에서 당시 성장하고 있던 전문 레코드 매장 네트워크에 레코드를 공급했다. 새롭게 등장한 DJ들에게 희귀하고, 춤출 수 있는 레코드를 주로 공급했던 곳은 브릴 빌딩에 위치한 콜로니 레코드와 지하철역에 두 개의 매장을 운영했던 다운스테어 레코드였다. 콜로니와 다운스테어의 손님은 레코드를 구매하기 전 음악을 먼저 들어 볼 수 있었다.

클럽 소유주의 아들이었던 크리빗은 다음처럼 증언했다. "1960년대 말부터 이미 변화가 시작되고 있었어요. 아직은 슈퍼클럽이 없었던 때였죠. 입장료가 없어서 재정적으로도 좀 느슨하게 운영되었고요. 당시 주크박스가 있는 클럽들을 보면 다른 사람도 다 갖고 있는 똑같은 레코드가 꽂혀 있었어요. 고작 '이 톱 100 중에서 고르세요.'라고 말하는 꼴이었죠. 하지만 나인스 서클을 소유하고 있던 아버지는 텐스 애비뉴에 갔어요. 그곳에서는 아세테이트나 플라스틱이 아니라 점토에 음악을 새겨서 개별적으로 잘라줬죠. 그 어떤 재즈 앨범이든 7인치로 커팅할 수 있었어요. 아버지는 주크박스를 이렇게 구한 인기 음악으로 가득 채웠어요. 이 유통업체들은 정말 다양한 물건을 보유하고 있었어요. 문을 활짝 열어 준 존재들이었죠."

1972년 디스코의 선구자 데이비드 맨쿠소는 뉴욕 북부 트렘퍼산 근처 블루 홀이라는 곳에서 이상한 순간을 경험했다. "채석장으로 들어가는 작은 개울이 있었어요. 한 5피트 정도 너비에 스피커처럼 생긴 작은 소용돌이가 있었죠. 몸을 숙여서 최대한 젖지 않고 가까이 다가갔는데 소리가 정말 놀라웠어요. 제가 들어본 것 중 가장 깨끗하고 모든 정보가 담겨 있는 소리였죠. 마치 생명의 역사가 들리는 것 같았어요. 말이 아니라 음악으로요."

맨쿠소는 자칭 '졸졸 흐르는 시냇물의 영혼'을 재현하기 위해 전직 음악가이자 입체 음향 엔지니어인 알렉스 로스너를 찾아가 제작을 의뢰했다. 그가 원한 건 로프트 공간 중앙에 꽃 모양 트위터를 여러 개 매달아 모든 방향에서 선명한 스테레오를 전송할 수 있는 시스템이었다. 뉴욕의 클럽 사운드 시스템 전문가 중 한 명인 알렉스 로스너는 어린 시절 음악에 민감한 아우슈비츠 지휘관이 콘서트에서 그와 그의 아버지를 봤던 기억을 떠올린 덕에 가스실에서 가까스로 탈출한 인물이었다. 그는 로프트에서의 첫 경험을 이렇게 표현했다. "로프트에 들어갔을 때 셔츠를 찢고 춤을 췄어요. 데이비드는 상당한 이상주의자였고, 그 이상주의가 저를 사로잡았죠."

로스너는 클럽 사운드 시스템의 과학을 미지의 영역으로 밀어붙였다. 우선 그는 댄스 플로어 양쪽에 라스베가스에서 쓰는 서브 우퍼 세트를 설치해 맨쿠소의 원래 아이디어를 증폭했다. 이 덕에 댄스 플로어에 들어서면 말 그대로 음악 속으로 들어가는 듯한 느낌을 받을 수 있었다. 아직은 수백 명 뉴요커에게만 알려진 언더그라운드 물결이었지만 초기 댄스 신은 앞으로 돌진하고 있었고, 맨쿠소는 수많은 모방자에 비해 언제나 그 본질에 조금 더 가까운 인물이었다.

초기 댄스 신은 새롭게 떠오르는 달이었다. 겉으로 보기에 음악 산업의 신흥 도시는 여전히 로스앤젤레스였지만 카운터컬처의 슈퍼스타들은 로렐 캐년 궁전으로 후퇴하고 있었다. 굶주린 영혼들은 로스앤젤레스가 아닌 5년 만에 잠에서 깨어난 뉴욕의 거리에서 뮤즈를 쫓아다녔다.

1972년 5월 맨해튼의 어느 날 아침 존 해먼드는 맨쿠소의 로프트에서 3마일 떨어진 업타운에서 웨스트 52번가 51번지의 '블랙 록'*으로 걸어 들어갔다. 당시 그는 예순세 살. 컬럼비아 부사장으로 여유로운 생활을 즐기고 있었다. 해먼드가 한창 신문을 읽고 있는 와중 비서가 마이크 아펠이라는 사람이 11시에 예약되어 있다고 말했다. 그는 비서가 얘기

---

* CBS 빌딩의 별명이다.

한 사람이 자신의 스케줄에 불쑥 끼어들었다는 사실을 알지 못한 채 "들어 본 적 없는데." 라고 생각했다.

약속된 시간이 되자 남자 두 명이 사무실로 들어왔다. 그중 덜 잘 생긴 쪽이 말했다. "당신이 밥 딜런을 발굴했다는 존 해먼드군요. 제대로 된 음악을 들을 줄 아는지 보고 싶네요. 밥 딜런보다 더 뛰어난 사람을 찾았거든요." 해먼드는 차가운 커피를 마시며 대답했다. "당신이 뭘 증명하려고 하는지 모르겠지만 당신을 싫어하게 만드는 데는 성공하고 있군요. 시간 없어요. 소개하려는 사람이 누구죠?" "이 친구의 이름은 브루스 스프링스틴입니다."

해먼드는 젊은 쪽을 향해 고개를 돌리고는 말투를 약간 부드럽게 바꿨다. "내가 더 짜증내기 전에 기타를 꺼내서 연주를 하는 게 어때요, 브루스?" 이후 해먼드가 전혀 예상하지 못했던 일이 벌어졌다. 스프링스틴은 위축된 기색을 여유로운 미소 뒤에 숨긴 채 기타를 꺼내 'It's Hard to Be a Saint in the City'를 노래했다. 해먼드는 즉시 매료되었지만 성미 고약해 보이는 매니저에게 자신의 관심을 들키고 싶지 않았다. 그래서 스프링스틴이 오리지널 곡을 2시간 동안 연주하는 내내 포커페이스를 유지했다. 결국 해먼드는 전화기를 들고 가스라이트 카페의 주인 샘 후드에게 연락했다.

해먼드의 호의로 브루스 스프링스틴은 바로 그날 저녁 해피 아워에 공연할 수 있었다. 나중 스프링스틴이 텅 빈 클럽에서 최선을 다해 연주하고 있던 어느 날, 해먼드의 뮤지션 친구 중 한 명이 다가와 "존, 이 친구 어디서 찾았어요?"라고 물었다. "부드러운 말투를 지닌 매니저와 함께 제 사무실로 들어왔어요." 해먼드는 웃으면서 말했다.

해먼드는 스프링스틴의 작곡 능력과 무대 장악력에 완전히 만족했다. 그는 스프링스틴에게 "컬럼비아 리코딩 아티스트가 될 거예요."라고 얘기한 뒤 바로 다음 날 작은 스튜디오를 예약했다. 단지 데모만 몇 곡 녹음하는 세션이었지만 해먼드는 자신에 대한 기사를 쓰고 있던 뉴요커의 저널리스트 제인 바우트웰을 스튜디오에 초대했다. 해먼드는 그녀에게 "새로운 아티스트를 찾았어요."라고 말하면서 이렇게 덧붙였다. "시간이 좀 걸리겠지만 브루스와 함께 무언가 일어날 것 같아요. 재능이 날것 그대로일 때 들어 줬으면 좋겠어요." 2시간 동안 기타와 피아노로 스프링스틴의 솔로 퍼포먼스를 녹음한 후 해먼드는 세션 리코딩 일지에 이렇게 썼다. "1970년대의 가장 위대한 재능!" 그는 이틀 후 클라이브 데이비스에게 데모를 들려줬고, 데이비스의 사무실에서 두 번째 미팅이 열렸다. 이렇게 스프링스틴은 공식 계약을 체결했다.

　정식으로 진행된 첫 녹음 세션에서 해먼드는 스프링스틴에게 어쿠스틱 사운드를 유지해야 한다고 주장했다. 그러나 스프링스틴이 꿈꾼 건 록 밴드 사운드였다. 이런 과정을 통해 발표된 <Greetings from Asbury Park, N.J.>에는 포크와 덜 익은 록이 어색하게 섞여있었다. CBS는 7만 4,000장을 발주했지만 대부분이 판매되지 않은 채 반품되었다. 그 와중에 또 다른 권력 투쟁이 회사 상층부를 뒤덮었다. 클라이브 데이비스는 마치 유령 같은 고다드 리버슨의 존재에 갈수록 싫증을 느꼈다. 데이비스의 으스대는 태도는 CBS 이사회에서 점점 더 심해졌다. 데이비스가 보기에 스티브 로스 진영과는 대조적으로 CBS는 인격 정치가 상업적 고려보다 우선시되는 구시대적인 행정을 고수하는 회사였다.

　그룹 회장인 빌 페일리가 외부에서 데려온 젊은 아서 테일러를 회사 사장으로 임명하자 클라이브 데이비스는 뻔뻔한 태도로 회의에 불참했다. 게다가 그는 자신의 보수가 적다고 느꼈다. 10만 달러의 연봉에 4만 달러의 추가 보너스를 받고 있던 데이비스는 스티브 로스가 측근들에게 제공하는 패키지, 특전, 전용기 등에 비해 자신의 연봉이 턱없이 적다는 사실을 잘 알았다. 데이비스는 임원들이 움찔하는 표정으로 보는 앞에서 상사에게 질책하듯이 말했다. "제발, 아서, 내 판단에 의문을 제기하지 마세요. 당신은 시장을 이해하지 못해요. 당신은 음악 비즈니스를 이해하지 못한다니까요." 핵심 참모 중 한 명이었던 월터 예트니코프는 "클라이브는 옳았지만 오만했어요. 그런데 그도 습득하고, 저도 습득하고, 결국 모두가 습득하게 되는 그 오만함은 강자를 무너뜨리는 방법이기도 했죠."라고 그때를 회상했다.

　아니나 다를까. 뉴어크의 미국연방 검사 조너선 골드스타인이 폭로한 스캔들로 인해 당당했던 클라이브 데이비스는 결국 왕좌에서 쫓겨났다. 코드명 프로젝트 사운드로 불렸던 이 수사는 리처드 닉슨 행정부가 컬럼비아의 알앤비 레이블에 대한 페이올라를 조사하는 와중 정치적인 동기 하에 마녀사냥을 벌인 것으로 추정된다. 당시 '드러그올라'라고 불렸던, 헤로인 밀수업자 팻시 팔코니의 감시를 수행하던 수사관들은 특이한 업무를 하고 있던 컬럼비아 직원 데이비드 원쇼를 특정해 조사를 벌였다. 그는 컬럼비아 스타들을 관리하지 않을 때 클라이브 데이비스의 개인 업무를 처리했다. 컬럼비아 회계에 따르면 원쇼는 데이비스가 주택 개조와 아들의 성인식 비용 총 9만 4,000달러를 회사 비용으로 청구하는 데 도움을 준 것으로 밝혀졌다.

막대한 조사 비용이 들어갔기에 권력자들은 확실한 승리의 징표가 필요했다. 1973년 5월 검찰은 비록 사소하기는 하지만 피해를 입힐 수 있는 증거를 갖고 빌 페일리와 마주했다. CBS가 지닌 연방 면허로도 별 방도가 없다는 걸 알아챈 아서 테일러는 보안 요원에게 데이비스를 건물 밖으로 데리고 가라고 명령을 내렸다. 망연자실해진 클라이브 데이비스는 굴욕감 속에 실직자가 되어 센트럴 파크가 내려다보이는 자신의 아파트로 돌아갔다.

결국 코드명 프로젝트 사운드는 허위 소득세 신고를 한 혐의로 데이비스를 포함한 19명을 기소했다. 정치적 영향을 극대화하기 위해 다양한 판결이 같은 날 발표되었고, 뉴스 보도는 음반 업계 전체가 부패 문화에 대해 처벌 받았다는 인상을 남겼다. 그런데 만약 닉슨의 수사관들이 폭로하고자 했던 게 제도화된 마약이었다면 그들은 카우보이 로커가 호텔 캘리포니아에 한 명씩 체크인하고 있는 로스앤젤레스*를 기웃거려야 했다. 전 도어스의 매니저 대니 슈거맨은 당시의 풍경을 이렇게 표현했다. "썩어가는 맨션, 청소라고는 하지 않은 수영장, 떠다니는 야자수 잎… 해가 지면 밤의 삶이 시작됐죠."

당시의 변화를 상징하기에 록시보다 더 좋은 곳은 없었다. 록시는 데이비드 게펜, 루 애들러, 엘리엇 로버츠가 1973년 선셋 스트립에 개관한 세련된 풍의 극장이었다. 셋은 전통을 추구하던 클럽 트루바도어를 의도적으로 겨냥했지만 그들의 최종 목적은 이보다 거대했다. 바로 옆에 위치한 VIP 클럽 온 더 록스를 넘어서는 것이었다. 온 더 록스는 경호원을 대동한 채 리무진을 타고 온 유명 인사들이 어스름한 조명 아래에서 코에 파우더를 바르듯 마약을 하는 클럽이었다. 로컬 프로듀서였던 데이비드 앤드럴은 이렇게 말했다. "1970년대 전반기 LA 신에 무슨 일이 일어났는지 이야기하고 싶다면 한 명의 이름으로 요약할 수 있어요. 바로 데이비드 게펜이죠. 그를 중심으로 과거 히피였던 무리가 이제는 메이저 플레이어가 되어 주도권을 잡은 거예요. 우리 모두 대마초를 끊고 진지해졌죠."

---

*   이글스의 음악 'Hotel California'를 활용한 표현이다.

문제는 정작 음반사 경영진이 코카인을 거부하지 않았다는 것이다. 워너의 괴짜 직원 앤디 위컴은 1973년 모 오스틴에게 보낸 메모에 한탄하듯 썼다. "버뱅크의 복도는 산만하고, 잘난 척이나 해대고, 문명화된 행동이 끔찍할 정도로 결여된 곳입니다. 비서들은 추잡한 말이나 해대고 간부들은 누더기 같은 청바지에 더러운 운동복을 입고 어슬렁거리죠. 이런 인간들이 회의실에서 바보 같은 파티를 끝없이 하고, 화장실에서는 코카인을 흡입하고 있습니다." 엘리엇 로버츠가 지적한 것처럼 "당시에는 그 누구도 코카인이 중독성이 세고, 세포를 갉아먹고, 코를 망가뜨린다는 사실을 알지 못했어요. 모두 그저 '한 번 할까?'라고 말했을 정도로 코카인은 대세였죠."

린다 론스태드는 "목을 조이는 정말 납작한 마스크 같다."라는 이미지로 코카인을 설득력 있게 묘사했다. 그리고 그것은 캘리포니아의 사운드에 영향을 미쳤다. 당시 데이비드 게펜의 말리부 숙소에서 지내던 조니 미첼은 코카인 경험을 이렇게 고백했다. "처음에는 코카인이 창의적인 촉매제가 될 수 있다고 봤어요. 그래서 코카인에 관한 노래도 몇 곡 썼죠. 하지만 결국에는 사람을 지치게 하고 죽일 거라는 걸 깨달았어요. 코카인은 웅장한 망상을 주는 대신 영혼을 죽여요. 감정 중추를 차단하기 때문이죠."

로렐 캐년 신이 얼마나 얄팍했는지 깨닫기까지 모든 사람이 몇 년씩이나 걸려야 했던 건 아니다. 게펜의 아티스트 중에서도 노골적인 냉소주의자였던 톰 웨이츠는 당시 기자에게 이런 농담을 던졌다. "이글스의 부츠에는 정작 소똥은 없고 로렐 캐년의 개똥만 묻어있죠." 아메리카는 게펜-로버츠 에이전시가 관리하던 또 다른 도회지의 카우보이 그룹이었다. 웨이츠는 그들을 얼빠진 그룹이라고 여겼다. "차라리 (이름이 아니라) 다리가 없는 말을 타고 사막을 달렸다고 하는 게 어떨까요?"[*]

어사일럼은 상업적 성공을 향해 내달렸지만 그 와중에 데이비드 게펜은 배후에서 분노를 토했다. 그는 워너와의 합병이 "망한 거래였다."라고 실토하면서 이렇게 덧붙였다. "달랑 몇 장의 음반으로 합병했을 때 받았던 가격 전부가 회수됐거든요." 설상가상으로 워너 커뮤니케이션즈의 주가가 폭락하면서 이론적으로 500만 달러 정도 됐던 그의 자본은 200만 달러 미만으로 떨어졌다. 부자에서 순식간에 나락으로 떨어진 게펜은 점점 높아지

---

[*]   아메리카의 히트곡 'A Horse with No Name'의 가사를 비꼰 것이다.

는 명성에 걸맞게 스티브 로스에게 광분을 퍼부었다. 스티브 로스 또한 커져가는 자신의 명성에 걸맞게 행동했다. 그는 여전히 돈줄을 쥐고 있는 게펜을 다독이기 위해 갖은 애를 다 썼다.

잭 홀츠먼은 게펜을 다음처럼 표현했다. "게펜은 고함을 지르는 데 재능이 있었어요. 순수한 에너지로 자신의 뜻을 관철시켰죠. 무엇보다 그의 핵심에는 모호함이 없었어요. 내가 옳고, 당신은 틀렸다. 이상. 이런 식이었죠." 그즈음 개인적으로 환멸에 빠진 동시에 짐 모리슨 사망 이후 레이블을 유지하기 위해 고군분투하고 있던 홀츠먼에게 실용적인 해결책이 제시되었다. 홀츠먼은 워너 제국 기술 부서로의 이직을 협상하는 가운데 로스가 제시한 일렉트라의 어사일럼 합병 건에 대해 동의했다. 로스는 게펜에게 연봉 100만 달러의 거액을 제시했고, 게펜이 그의 자산 500만 달러 중 워너 커뮤니케이션스의 주가 폭락으로 손해 본 액수를 반드시 맞춰주겠다고 약속했다. 게펜은 마지못해 이를 수락한 후 일렉트라의 아티스트와 직원 3분의 2를 쫓아냈다. 그 자신의 표현을 빌리자면 "가치가 없다."라는 게 이유였다.

밥 딜런, 조니 미첼, 칼리 사이먼이 일렉트라 · 어사일럼으로 회사 이름을 바꾼 후 대히트를 기록하자 타임지는 데이비드 게펜을 "20억 달러 규모를 지닌 팝 음악 산업의 금융 슈퍼스타"라는 표현으로 칭송했다. 게펜의 위상은 조니 미첼이 그를 위해 'Free Man in Paris'를 작곡했을 정도로 높아졌다. "스타를 만드는 기계에 불을 지피는" 그의 무거운 짐에 공감하는 내용의 곡이었다.

멜 포스너는 일렉트라의 대량 숙청에서 살아남은 사람 중 한 명이었다. 그는 워너 커뮤니케이션스의 "월스트리트 출신 인간"이 "지난번에 칼리 사이먼 앨범이 백만 장 나갔는데 왜 이번에는 재고가 30만 장이나 있는 거죠?"라고 물었을 때 눈을 비비면서 이렇게 말했다. "이 음반이 앞으로 어떻게 될지 모르니까요." 그것은 어사일럼 레코드와 어사일럼의 퍼블리싱 부문을 맡고 있는 컴패니언 뮤직이 1년 전 부티크 독립 음반사로 출발했다는 사실을 잘 알고 있는 대답이었다. 그러자 양복 입은 남자가 비웃듯이 되물었다. "여기가 어떤 사업하는 곳인지는 알고 있는 겁니까?"

그리고 몇 가지 부정적인 게펜 사건들 중 첫 번째가 터졌다. 딜런의 컴백을 알린 투어

'74의 마지막 날 밤 가수는 기립 박수를 받는 와중에 이렇게 관객을 향해 말했다. "이 모든 투어를 함께한 전설적인 분께 감사의 인사를 전하고 싶습니다. 그가 없었다면 이런 일은 일어나지 않았을 거예요." 이 말이 끝나기가 무섭게 당시 VIP 게스트 사이에 앉아 있던 게펜이 맨 앞줄에서 환한 미소와 함께 일어섰다. 딜런이 말했다. "빌 그레이엄에게 따뜻한 박수 부탁합니다!"

완전한 굴욕을 경험한 게펜은 움츠러들 듯 자리에 앉았다. 공연이 끝난 후 백스테이지로 간 게펜은 멋쩍은 듯 하늘을 보고 있는 더 밴드 멤버들 앞에서 흐느껴 울었다. 다음 날 게펜에게 빚을 진 기분이 든 로비 로버트슨은 딜런에게 전화를 걸었다. "그가 조명을 설치하거나 장비를 운반한 건 아니었어도 이 일에 큰 역할을 했어요. 그에게 감사해야 해요. 이건 당연히 해야 할 일이라니까요." 로버트슨은 딜런에게 간청했다. 딜런이 신음을 내뱉으면서 대답했다. "오, 맙소사. 좋아요. 하자고요."

이후 딜런은 게펜과 직접 대면해 이야기를 나눴다. 그는 게펜이 공개적인 사과를 원한다고 느꼈다. 잡지에 "투어 '74를 가능하게 해준 데이비드 게펜에게 헤아릴 수 없는 감사를 보낸다."라는 내용의 전면 광고를 게재한 후 딜런과 로버트슨은 당시 게펜의 말 많았던 약혼녀인 셰어를 찾아가 의견을 구했다. 그녀가 게펜의 서른한 번째 생일을 맞아 깜짝 파티를 열자고 제안하자 딜런은 비벌리 윌셔 호텔의 그랜드 볼룸을 빌린 뒤 "책임감 있는 남자를 위해"라는 문구가 설탕으로 붙여진 인상적인 생일 케이크를 주문했다. 모 오스틴은 게펜이 가장 좋아하는 아이콘인 바브라 스트라이샌드와의 가짜 만남으로 게펜을 유인하는 임무를 맡았는데 문이 열리자 워렌 비티, 잭 니콜슨, 링고 스타 등 75명이 웃는 얼굴로 환호성을 내질렀다. 딜런은 생일을 맞은 게펜을 위해 'Mr. Tambourine Man'을 노래했다.

그로부터 몇 주 후 딜런과 더 밴드는 라이브 앨범 <Before the Flood>를 일렉트라 · 어사일럼에서 발매하기로 한 계약에 대해 의구심을 품었다. 딜런은 잡지에 실리고 싶어하는 게펜의 유명세에 대한 욕심에 불안감을 느꼈다. 게다가 <Planet Waves>의 판매량은 그때까지 60만 장에 불과했다. 컬럼비아 시절보다 더 낮은 실적이었다. 그래서 딜런과 그의 변호사 데이비드 브라운은 실직한 클라이브 데이비스를 찾아가 의견을 구했다. 비벌리힐스 힐스 호텔에서 열린 이 회의에서 딜런은 무료 전화로 대중에게 직접 라이브 앨범을 판매하자는 방법을 내놓았다. 데이비스는 이 방식이 딜런의 이미지를 떨어뜨릴 수 있다고 경고하면서 대안을 제시했다. 데이비스의 아이디어가 마음에 들었던 딜런은 음반 발매를 의심하지 않던 게펜을 회의에 불렀다.

"데이비드, 콘서트 앨범은 일렉트라 · 어사일럼을 통해 발매하지 않을 거예요. 제가 직접 해 보려고요."

"안됩니다!" 게펜이 소리쳤다. "합의했잖아요!" "아니, 난 안 할 거예요." 딜런이 단호하게 말했다. "게다가 이건 당신 돈을 쓰는 게 아니잖아요, 데이비드. 워너 커뮤니케이션스의 돈이잖아요."

"'The Times They Are A-Changin''을 쓴 사람에게 대체 무슨 일이 일어난 거죠?" 게펜은 비웃으면서 밖으로 뛰쳐나갔다.

게펜은 제리 웩슬러의 미소 띤 수염을 보고 싶지 않았다. 그래서 결국 딜런의 라이브 앨범 발매를 위해 컬럼비아보다 더 높은 가격을 불렀다. 몇 년 후 한 인터뷰에서 게펜은 딜런에 대해 이렇게 말했다. "가장 위대한 아티스트이자 전설인 밥 딜런은 말이죠... 진짜 비열하고 질투심 많고 싸구려에 자존심은 세지만 옹졸해요. 은혜라고는 모르는 사람이죠." 또 다른 인터뷰에서 게펜은 "인생에서 내가 알던 그 어떤 사람보다 돈을 좋아해요."라고 주장했다.

딜런이 말리부를 떠날 때가 되었다. 가족과 함께 그리니치 빌리지로 돌아온 딜런은 유대인 철학자이자 거장 화가인 노먼 래번에게 미술 수업을 받았다. 래번은 학생들에게 사물을 다양한 각도에서, 심지어 타임라인을 통해 인식할 수 있는 기술을 가르쳤다. 그러나 이 수업은 딜런에게 '보는 방법'을 가르쳐 줬을지언정 장기적으로는 가족을 잃게 만들었다. "아내는 그날 이후로 저를 이해해 주지 않았어요. 그때부터 결혼 생활에 금이 갔죠. 아내는 제가 무슨 말을 하는지, 무슨 생각을 하는지 전혀 알지 못했고, 저는 설명할 수가 없었어요."

아내와 네 자녀가 그를 떠나는 끔찍한 상황 속에서 딜런은 도리어 음악적인 영감을 회복했다. 딜런은 형 데이비드 지머맨이 있는 곳 근처인 미네소타 크로 강가로 거처를 옮겼다. 그러고는 의식의 흐름에 기반해 이별하는 두 연인에 관한 노래를 쓰면서 쓸쓸한 여름을 보냈다. 시제를 혼합하고 1인칭, 2인칭, 3인칭으로 노래하는 방식을 통해 딜런은 래번의 테크닉을 곡에 적용했다. 그 결과 완성된 앨범이 <Blood on the Tracks>였다.

컬럼비아와 새 음반 계약을 체결했을 때 딜런은 올드 스쿨의 마지막 남은 흔적이라 할 인물 중 한 명을 찾아갔다. 바로 자신을 발견한 존 해먼드였다. 해먼드는 딜런의 복귀를 영광스럽게 준비했다. 아티스트의 요청에 따라 딜런의 첫 세 앨범이 만들어진 오래된 스튜디오를 예약한 해먼드는 당시를 이렇게 회상했다. "첫 녹음 날짜가 마침 유대인의 새해였어요. 해가 지자마자 밥이 성경책과 와인을 들고나와 건배를 제의했죠." 그들은 그날 저녁 블루스 곡 'Meet Me in the Morning'을 녹음했다.

딜런의 무아지경 같은 테크닉에 매료된 세션 엔지니어 필 라몬은 녹음 분위기를 다음처럼 떠올렸다. "그의 무드, 몸짓을 보니까 정신적으로 취약해졌다는 걸 확실히 알 수 있었어요. 한 곡으로 시작해서 예고 없이 두 번째 곡으로 넘어갔다가 중간에 세 번째 곡으로 전환했다가 다시 첫 번째 곡으로 돌아오곤 했죠... 저에게는 그게 영적인 해방, 즉 그 사람의 내면을 드러내는 것처럼 보였어요... 4일 동안 딜런은 마이크 앞에 서서 자신의 영혼을 음반에 녹여냈어요."

해먼드는 라몬과 세션 뮤지션들에게 딜런을 위해 사운드의 공간을 남겨줘야 한다고 조언했다. 그러나 두 달 후 앨범이 너무 어쿠스틱하다고 느낀 딜런은 의심을 떨치지 못한 나머지 미니애폴리스에서 특정 트랙을 재녹음하자고 요청했다. 딜런은 조건 하나도 덧붙였다. 그의 형이 프로듀스를 맡아야 한다는 것이었다. 컬럼비아는 지머맨 형제가 트랙 5개를 더 거대해진 편곡으로 재작업하면서 이전에 찍어 놓은 프레스 카피를 모두 폐기해야 했다.

비평가와 팬들이 <Blood on the Tracks>를 걸작으로 칭송하는 가운데 딜런은 불과 5개월 후 더블 앨범 <The Basement Tapes>를 발표했다. 1967년 뉴욕 우드스탁에 위치한 집에서 홈메이드로 녹음한 이 음반은 포크 록을 다채롭게 변주한 보고(寶庫)였다. 이후 딜런은 1975년 여름 내내 더 밴드와 함께 <롤링 선더 리뷰> 투어를 바쁘게 돌았고, 그 와중에 또 다른 클래식 앨범인 <Desire>를 녹음했다. 이 같은 딜런의 복귀는 존 해먼드에게 엄청난 자부심의 원천이 되어줬다. "그의 천재성은 미국인의 삶에 대한 예리한 통찰력, 자신의 관찰과 경험을 내면화하는 능력, 드라마틱하면서도 듣는 이의 마음을 꿰뚫어보는 시로 풀어낸 예술성에 있습니다. 그는 한 세대의 태도를 조각하는 데 도움을 줬고, 그의 독특하고 타협하지 않는 자세로 완성한 앨범은 컬럼비아 레코드를 변화시켰습니다."

한편 그해 여름 브루스 스프링스틴은 <Born to Run>을 작업하고 있었다. 이 음반은 이후 그가 그토록 바라던 돌파구가 되어줬다. 그보다 전인 1973년 9월 많은 기대 속에 발매된 두 번째 앨범 <The Wild, the Innocent & the E Street Shuffle>은 "새로운 딜런"이라는 비평가들의 찬사를 받았다. 그럼에도 컬럼비아의 사장 월터 예트니코프는 판매가 저조하자 다음처럼 암울하게 결론지었다. "그 친구는 팔리는 앨범을 내놓을 수 없을 거예요." 이에 대해 컬럼비아 A&R 임원 마이클 필롯은 1974년 내내 "아티스트 명단에 대해 많은 회의를 가졌고, 브루스를 제외하는 것에 대해서도 많은 이야기가 오갔다"고 말했다. 다행히 음악 평론가 존 랜도가 스프링스틴의 짜릿한 콘서트에 대해 극찬하는 리뷰를 쓰면서 상황이 바뀌었다. 랜도는 "로큰롤의 미래를 봤고, 그 이름은 브루스 스프링스틴"이라고 예견했다. 이 리뷰 덕에 예트니코프가 그의 운명을 결정하기 전 브루스 스프링스틴은 싱글을 제작할 수 있는 마지막 기회를 얻었다. 그는 컬럼비아의 기대에 부응할 수 있을지를 결정할 장대한 곡 'Born To Run'을 쓰기 시작했다. 작곡 속도는 느렸지만 효과는 즉각적이었다. 스튜디오를 방문한 CBS의 간부 브루스 런드발은 스프링스틴에게 "이건 히트하겠는데요."라고 말했다. 브루스 스프링스틴은 영 믿지 못하겠다는 표정을 지었다.

스프링스틴과 갈수록 소원해지고 있던 존 해먼드는 'Born To Run'의 대성당과도 같은 크기의 록 사운드에 움찔했다. 그러나 테스트 프레스를 받은 라디오 DJ들은 만장일치로 열광적인 반응을 보냈다. 'Born To Run'은 밥 딜런, 로이 오비슨, 필 스펙터를 의식적으로 섞으려는 시도이자 피를 토하며 스타덤을 갈구하는 외침이었다. 이 곡 이후 컬럼비아는 랜도가 공동으로 프로듀스한 세 번째 앨범을 확고히 지지했다. 투어 지원, 광고, 포스터, 라디오 홍보에 25만 달러를 쏟아 부은 컬럼비아는 랜도의 "로큰롤의 미래"라는 찬사를 최대한 활용했다. 1975년 10월 뉴스위크와 타임이 이 건장한 가수를 1면에 실으면서 앨범은 3위에 올랐고, 스프링스틴의 표현에 따르면 그의 인생에서 "분수령"이 되어줬다.

관리된 성공은 실망을 가져올 수 있는 법이다. 스프링스틴은 "록의 미래"라는 무시무시한 슬로건에 대해 두려움을 표했다. "사람들을 열 받게 할 거예요. 전 쫓겨날 테고요."라는 게 그 이유였다. 이렇듯 스프링스틴은 언론의 반발을 두려워했고, 관객과는 인간적인 친밀함을 유지하길 원했다. 그래서 사실상 빈털터리였음에도 불구하고 수익성 높은 스타디움 콘서트 제안을 거절했다. 런던에서 열린 공연에서 스프링스틴은 분노에 휩싸인 채 복도 전체에 도배된 '록의 미래' 포스터를 모조리 찢어버렸다. 이 보도를 접한 컬럼비아 직원들은 자신들이 너무 과대 선전했다는 점을 깨달았다. 스프링스틴은 무대에 서는 게 "마치 빵점짜리가 되는 것 같다."라고 말하면서 이렇게 덧붙였다. "사람들의 머릿속에서 이런 헛소리를 날려버려야 해요."

부끄러움이라고는 없었던 이 열정적 캠페인의 배후는 바로 매니저인 마이크 아펠이었다. 그는 반복해서 주장했다. "브루스 스프링스틴은 로큰롤 뮤지션이 아니에요. 그는 종교나 마찬가지라고요." 스프링스틴은 아펠이 마스터와 퍼블리싱의 절반을 소유하고 있다는 사실을 알았다. 더욱 불안해진 그는 존 랜도에게 가서 "그가 내 눈을 멀게 하고 있어요."라고 털어놨다. 결국 스프링스틴은 80만 달러의 해고 합의금을 지불하고 아펠로부터 자유로워졌다. 이후 랜도가 매니저를 맡았다. 성미 고약한 아펠이 사라지자 스프링스틴을 둘러싼 비즈니스 관리는 훨씬 순조로워졌다. 비록 월터 예트니코프가 후에 농담처럼 "랜도는 브루스를 예수라고 봤어요. 나한테 아침에 브루스가 뭘 먹었는지 보고하려고 전화하곤 했다니까요."라고 말하기는 했지만.

스프링스틴의 매니저 관련한 일련의 사건을 알게 되었을 즈음 존 해먼드는 자신의 나이를 실감했다. 예순네 살의 그는 심각한 심장마비를 겪었고, 어느덧 회고록의 마지막 장을 집필하는 중이었다. 해먼드는 애지중지해 온 기업형 록 문화를 바라보면서 다음처럼 안타까워했다. "오늘날에는 모든 음반에 너무 많은 것이 관여되어 있어요. 그러다 보니 아무리 사소한 의견이라도 다 말해야 하는 압박감 같은 게 느껴지죠. 더 심한 건 그걸 일일이 다 들어봐야 한다는 거예요. 일자리가 부족했던 옛날에는 음반을 낸 뮤지션이라면 누구나 자동적으로 담당 프로듀서가 진심 어린 관심을 지니고 있을 거라고 생각했어요. 하지만 오늘날 큰돈을 버는 뮤지션들을 보세요. 확실히 그렇지가 않잖아요."

해먼드의 오랜 친구인 제리 웩슬러도 비슷한 상황이었다. 워너 커뮤니케이션스 타워에 있는 애틀랜틱의 새 사무실 복도에서 그는 이름도 모르는 사람들과 마주쳐야 했다. 1974년 여름 아흐메트 에르테군과 데이비드 게펜 사이에서 논의된 애틀랜틱과 일렉트라ᆞ어사일럼의 합병이 거의 성사될 뻔했을 때 웩슬러는 에르테군에게 화를 내면서 경고했다. "당신 언젠가 데이비드 때문에 피눈물을 흘리게 될 거야!"

사실, 강력했던 데이비드 게펜은 그즈음 스스로 만든 몰락의 길로 향하고 있었다. 로스앤젤레스에서 저녁 식사를 마친 후 아흐메트 에르테군은 믹 재거, 비앙카 재거와 함께 게펜의 호화로운 말리부 저택에서 자고 있던 셰어를 깨웠다. 시간은 새벽 2시였다. 재거가 피아노를 두드리고 셰어가 우렁찬 알토로 노래를 부르는 동안 게펜은 테니스 반바지에 운동화를 신고 초췌한 표정으로 앉아 있었다. 술에 취한 에르테군이 중얼거렸다. "이 놈 좀봐. 어떻게 저런 옷을 입을 수 있지?" 방에 있던 모두가 게펜이 게이라는 사실을 알았다. 그렇다면 이 유명인 커플이 사귀는 건 일종의 홍보를 위한 전략이었을까?

셰어가 결혼식을 취소하자 굴욕을 느낀 게펜은 우울증에 빠졌다. 그는 일렉트라ᆞ어사일럼을 통해 1976년 발매한 이글스의 <The Eagles: Their Greatest Hits>로 200만장 출하라는 상업적 성공을 달성했고, 이 음반은 이 책을 쓰는 현재 4,200만장의 판매고를 거두면서 역대 2위에 올라있다. 그럼에도 게펜은 갑자기 음악 사업에서 손을 떼고 싶은 욕망을 느꼈다. 할리우드 정복을 꿈꾸던 그는 스티브 로스를 설득해 워너 브라더스의 영화 사업부에서 고위직을 맡았다. 하지만 몇 달 만에 요령 부족을 이유로 해고당했다. 할리우드의 기준으로 봤을 때도 엄청난 번아웃을 겪은 게펜은 스티브 로스의 후원마저 잃어버렸다. 그는 암 진단을 받은 뒤 은퇴를 선언했다.

뉴욕으로 돌아온 제리 웩슬러는 어느덧 애틀랜틱의 기업 의사 결정에서 배제된 상태였다. 그는 아흐메트 에르테군에게 사직서를 제출했다. "이상하게도 회사를 떠나게 되어 기뻤어요." 후에 그는 이렇게 고백했다. "업계가 크게 성장하면서 중간 경영진이 위에서 형식적인 승인만 받아 회사를 운영하는 시대로 접어들었죠. 최고 경영진은 수백만 달러짜리 거래에 너무 몰두한 나머지 음악에 대해서는 거의 생각하지 않았고요." 자신의 내면을 "유령으로 가득 찬 무도회장"이라고 묘사한 제리 웩슬러는 존 해먼드처럼 음악이 문화적으로, 지적으로, 영적으로 여전히 중요하다고 믿는 프리랜스 프로듀서로 남았다.

적응력이 뛰어난 아흐메트 에르테군은 스티브 로스의 개인 제트기를 타고 승리와 식사를 즐기며 1970년대 후반까지 잘 나갔다. 무엇보다 그는 자신의 직업에 대해 훨씬 무겁지 않은 관점을 지닌 인물이었다. 에르테군은 동료들에게 이렇게 주장했다. "우리가 녹음한 음악을 너무 중요하게 생각하는 것은 실수에요. 이 음악은 클래식이 아니에요. 따라서 클래식과 같은 방식으로 이해해서는 안 돼요. 그 옛날 프레드 아스테어 영화와 비슷하다고 보면 돼요. 재미는 있지만 위대한 예술은 아닌 거죠."

아일랜드
레코드

프로그레시브 록에서 레게까지 _
밥 말리의 배후에서 벌어진 일들

**1972~
1975**

운 좋게도 영국에서는 언제나 상황이 약간 달랐다. 1970년대 내내 영국의 비교적 소박한 음반 산업은 계속해서 그 규모를 훨씬 뛰어넘는 성과를 일궈냈다. 미국 시장이 메이저 음반사가 장악한 골리앗이었다면 작고 오래된 영국은 인디가 믿을 수 없을 정도의 정확성으로 대서양을 가로지르면서 주목받았다. 이를 통해 영국은 다윗이 되어갔다.

영국에서 팝은 일종의 국민적 스포츠로 자리잡았다. 매주 목요일 저녁 4명 중 1명이 BBC의 차트 쇼인 <탑 오브 더 팝스>를 시청했다. 또한 영국은 음반 소비에 많은 돈을 쓰는 국가였다. 국내 음반 판매량을 봐도 프랑스나 서독 등 비슷한 규모의 유럽 국가에 비해 3분의 1 가량 높았다.

영국 주류 미디어의 주변부에는 음악적 엘리트라 할 DJ, TV 진행자, 저널리스트로 구성된 활기찬 네트워크가 있었다. 전직 해적 라디오 DJ 중 BBC에서 가장 대담하게 영국 공중파를 탐험한 사람은 라디오 쇼 <Top Gear>의 DJ 존 필이었다. 그는 실험적인 음악을 선보이는 걸 두려워하지 않았다. 1971년 BBC 텔레비전은 라이브 음악 쇼인 <The Old Grey Whistle Test>를 시작했다. 박학다식한 밥 해리스가 최신 록을 소개하는 프로였다. 음악 전문지 NME는 영국에 얼마나 많은 음악 애호가가 있는지 알 수 있는 지표였다. 당시 주간 발행 부수가 약 30만 부에 달했다.

또 다른 마법 같은 요소 덕에 영국은 인기 음반을 미국에 계속 공급할 수 있었다. 비트붐 이후 영국에서 가장 큰 밴드의 매니저를 맡은 사람은 대부분 동성애자였다. 정체성이 약간은 애매모호했던 앤드루 루그 올덤과 더불어 브라이언 엡스타인, 로버트 스티그우드, 후의 공동 매니저인 키트 램버트 등등. 제네시스의 매니저이자 큰 영향력을 발휘한 인디 레이블 카리스마의 소유주 토니 스트래튼-스미스도 있었다. 이렇듯 당시 대부분의 주요 영국 밴드는 그들의 날개 위에서 명령을 내렸던 멋진 서커스 마스터를 보유했다.

키트 램버트는 그의 밴드 후에게 농담처럼 말했다. "음악이 공연에 방해가 되지 않도록 해." 이러한 연극적인 감각 외에도 게이의 영향은 영국 로커들에게 어쩌면 영원한 젊음을 불어넣었다. 후의 기타리스트 피트 타운센드는 "게이들은 달랐어요. 그들은 다른 어른들처럼 행동하지 않았고, 관습적인 행동을 경멸했죠. 젊은이들과 더 쉽게 어울렸고 그들을 이해하는 것처럼 보였어요."라고 말했다.

1970년경부터 믹 재거는 립스틱을 발랐고, 마크 볼란은 눈 밑에 반짝이를 붙인 채 텔레비전에 출연했다. 그리고 영국 음악계를 눈에 띄게 확장시킨, 1970년대에 가장 중요한 아티스트라고 할 수 있는 데이비드 보위가 등장했다. 1969년 'Space Oddity'라는 참신한 히트곡으로 차트에 오른 이후 보위는 위대한 마르셀 마르소의 제자였던 게이 마임 아티스트 린지 켐프를 사사했다. 켐프는 보위에게 메이크업, 의상, 몸 움직임, 발성 및 성적인 매력에 대해 가르쳤다. 이를 통해 보위는 퍼포먼스 아트와 실험적인 록을 결합했다.

보위는 지기 스타더스트나 알라딘 세인 등의 캐릭터를 연기하는 '배우'로서 자신의 음악에 의식적으로 접근했다. 보위가 대표하듯이 1970년대에 접어들면서 현실과 허구의 경계는 아티스트와 관객 모두를 극한의 판타지로 끌어들이는 신비로운 장막으로 변했다.

양성애를 추구한 글램 록은 1972년경 보위와 클래식 교육을 받은 공동 창작자 믹 론슨이 루 리드를 프로듀스하면서 대서양을 건넜다. 루 리드는 당시 상업적으로 실패한 벨벳 언더그라운드에서 나온 상태였다. 그 결과 탄생한 작품이 <Transformer>였다. 보위와 론슨의 화려하면서도 감미로운 오케스트레이션 위에 앤디 워홀의 팩토리에서 일했던 여장남자들에 대한 리드의 지저분한 묘사를 더한 이 레코드는 이후 클래식으로 대접 받았다. 또한 영국 10대들은 <Transformer>를 시작으로 벨벳 언더그라운드의 레퍼토리를 거슬러 올라가 찾아냈다. 일종의 입문용 클래식이었던 셈이다. 벨벳 언더그라운드를 통해 영국 10대들은 주사기, 채찍, 어민 모피로 이뤄진 씁쓸하면서도 달콤한 뉴욕 언더그라운드의 풍경을 발견했다. 시간이 증명한 것처럼 런던과 맨해튼의 언더그라운드 사이에 핫라인이 개설될 수 있었던 건 어디까지나 글램 록 덕분이었다.

<Transformer>의 상징적인 커버는 1973년 로버트 스티그우드와 린지 켐프 네트워크의 게이 배우들이 제작한 컬트적인 트랜스섹슈얼 뮤지컬 <록키 호러 픽처 쇼>에 영감을 제공했다. 한데 우연히도 어떤 인물이 킹스 로드 극장에서 열린 이 뮤지컬의 첫 공연을 관람했다. 바로 극장 근처에서 복고풍 옷 가게를 운영하던 말콤 맥라렌이었다. 당시 테디

보이[*] 리바이벌리스트였던 그는 곧 거대한 일에 운명처럼 뛰어들었다.

1972년 영국에서 가장 인기 있는 레이블이었던 아일랜드 레코드는 글램의 흐름에 따라 예술 학교 출신 보헤미안이 모여 결성한 밴드 록시 뮤직과 계약했다. 록시 뮤직은 회사의 심장이 약한 사람들에게 불쾌한 충격을 줬다. 록시 뮤직의 매니저 데이비드 엔토벤은 이렇게 말했다. "당시 머프 윈우드가 있었던 A&R 부서에서 우리를 맡았다면 절대 아일랜드 레코드와 계약하지 못했을 거예요." 당시 데이비드 엔토벤의 주요한 협력자는 세일즈 매니저 팀 클라크였다. "팀은 즉시 알아차렸죠. 음악과 아트워크를 모두 알아봤어요. 반면 머프 윈우드는 쓰레기라고 여겼고요. 완전히 거부했죠. 흥미로운 건 어느 날 베이싱 스트리트에서 팀과 제가 록시 뮤직 앨범에 들어갈 첫 커버를 보고 있는데 크리스 블랙웰이 지나가면서 팀에게 묻더라고요. '아직 계약 안 했어요?' 아트워크만 딱 보고 우리가 뭘 하고 있는지를 완전히 이해하더라고요."

록시 뮤직의 데뷔작 표지에는 수영복을 입은 황홀한 자태의 모델이 황금빛 디스크를 옆에 두고 새틴 시트 위에 누워 있었다. 그것은 히피 패션을 향한 의도적인 'Fuck You'였다. 이후 록시 뮤직은 혁명적인 밴드로 추앙 받았지만 데이비드 엔토벤은 "엄청난 일탈은 아니었다."라고 주장하면서 이렇게 덧붙였다. "록시가 음악적으로 아방가르드하고 예술적이긴 했죠. 하지만 킹 크림슨이야말로 진짜 전위적인 밴드였어요. 브라이언 페리는 실제로 킹 크림슨의 리드 싱어 오디션을 보기도 했고요... 아일랜드의 장점은 다양한 음악이 있었다는 거예요. 재능의 만화경 같은 곳이었죠. 사이키델릭 음악, 포크 음악이 모두 함께 있었어요. 아일랜드는 음악적 정체성이 뚜렷하지 않았어요. 그 덕에 장르의 산실이 될 수 있었고, 쿨해질 수 있었죠."

그것은 운명이었을까 순전히 운이었을까. 이즈음 아일랜드의 보스 크리스 블랙웰은 자신이 발굴한 예술가 중 가장 보편적이고, 명백하게 종교적이며 시대를 초월할 뮤지션을 만났다. 때는 1972년 봄. 재능 있는 자메이카 출신 작곡가의 이름이 블랙웰의 귀에 들어갔다. 바로 밥 말리였다. 자메이카에서 이미 유명인이었던 말리는 밴드 웨일러스의 프런트 맨이었다. 그들은 1960년대 초부터 킹스턴의 다양한 레이블에서 100개가 넘는 트랙을

---

[*]   1950년대 영국 젊은이들이 에드워드 7세 시기의 패션을 과장해 모방한 스타일. 테디는 에드워드 7세의 애칭이었다.

녹음한 상태였다. 1971년 겨울 내내 웨일러스는 런던의 허름한 호텔에 머물렀다. 무일푼이었던 그들은 여행용 가방에 의지한 채 추위에 떨면서 음반 계약을 간절히 원하고 있었다. 키가 크고 말쑥했던 매니저 대니 심스와 함께 웨일러스는 당시 스타였던 조니 내시를 따라다녔다.

그보다 대략 1년 전에 스물네 살의 신인 퍼블리셔였던 데릭 그린은 A&M의 런던 사무실에서 손님을 맞이했다. "리셉션 공간에 이국적인 외모의 대니 심스, 조니 내시가 있었어요. 그리고 끝내주게 아름다운 흑인 여성들이 있었죠." 서로를 소개하면서 심스는 그린에게 이렇게 설명했다. "밥 말리는 스토리가 있는 멋진 음악을 갖고 있는 뮤지션입니다." 그린은 사무실에서 데모를 듣고는 계약을 체결했다. "제 커리어에서 가장 기억에 남는 순간 중 하나였어요. 밥 말리가 제 사무실로 와서 어쿠스틱 기타로 그의 노래를 들려줬다니까요. 대니는 밥을 '흑인 믹 재거'라고 훌륭하게 묘사했죠."

그린은 런던의 대형 레코드 회사들이 흑인 믹 재거와의 계약에 조심스러워 할 거라고 느꼈다. 그래서 밥 말리의 데모를 로스앤젤레스에 보냈다. "오직 전설적인 레코드 프로듀서 루 애들러만이 밥 말리의 잠재력을 유일하게 알아봤어요. 선견지명이 있었던 거죠. 루는 오드 레코드에서 로빈슨 패밀리가 말리의 음악을 커버해 녹음한 'You Poured Sugar On Me'를 저에게 선물하기도 했죠. 하지만 안타깝게도 제가 말리와 계약했을 때 시장은 아직 그를 받아들일 준비가 되어 있지 않았어요." 이런 이유로 그린은 조니 내시와 밥 말리, 두 아티스트를 CBS 런던 지사의 오랜 친구인 데이브 마저레슨에게 넘겼다. 둘 중 마저레슨이 관심을 가졌던 가수는 조니 내시였다. 이후 그는 CBS에서 영국 싱글 차트 히트곡 2곡을 내놓았다. 'Stir It Up'과 5위까지 오른 'I Can See Clearly Now'였다. 웨일러스의 경우 CBS에서의 리코딩이 보류되었다. 호의로 맺은 계약이나 마찬가지였던 까닭이다.

웨일러스는 원래 아일랜드 레코드 방문을 꺼렸다. 1972년 봄 그들은 환멸과 절망에 빠진 상태였다. 대니 심스는 자메이카로 돌아갔고, 대신 브렌트 클라크라는 프로모터가 크리스 블랙웰과의 만남을 주선했다. 쿨하게 보이지만 뭔가 비밀스러웠던 밥 말리를 비롯해 버니 리빙스턴, 피터 토시를 훑어 보면서 블랙웰은 이렇게 생각했다. "무명이었지만 그들이 뿜어내는 태도와 분위기는 마치 거대한 스타 같았어요. 준비가 되어 있었죠. 그것도 당장 일할 준비. 다만 모든 것을 자기들만의 방식으로 잘 해내고 싶어했어요."

당시 조니 내쉬가 밥 말리의 곡을 커버해 발표한 'Stir It Up'은 영국에서 13위를 기록했다. 크리스 블랙웰은 웨일러스에 대해 들어 본 적은 있었지만 그들과 함께 하는 게 까다로울 거라고 여겼다. 문제는 CBS와의 계약만이 아니었다. 매니저이자 퍼블리셔인 대니 심스는 자메이카뿐 아니라 그가 계약 에이전시와 브로드웨이의 세련된 레스토랑인 사파이어스를 운영하고 있던 미국에서도 마피아와 연루되어 있다는 의혹을 받고 있었다. 데이비드 베터리지는 "말리는 사실 CBS와 계약한 상태였어요."라고 말하면서 이렇게 덧붙였다. "그런데 CBS는 그를 어떻게 처리해야 할지 몰랐던 거죠. 하지만 크리스는 알았어요. 말리와 계약하기 위해 CBS 영국 회장인 딕 애셔와 논의를 진행했죠. 기본적으로는 아일랜드에서 발매될 웨일러스의 첫 두 장의 앨범 판매에 대해 CBS에 지불해야 하는 2%의 커미션이 핵심이었어요."

또 다른 문제도 있었다. 말리가 아일랜드의 회계에 의구심을 품었다는 점이다. 이런 이유로 말리는 블랙웰에게 직접 싱글을 제작할 수 있는 현금을 요청했다. 거래 성사를 위한 최후의 노력이 담긴 제안이었다. 블랙웰은 오히려 더 영리한 제안을 던졌다. 자메이카에서 앨범 한 장을 제작하는 데 드는 비용을 물어본 것이다. 말리는 블랙웰과 눈을 마주치며 3천에서 4천 파운드 정도라고 대답했다. 블랙웰은 말리에게 지폐 뭉치를 건넨 뒤 행운을 빌고 그를 문 앞까지 배웅해줬다. 직관력이 뛰어난 그는 이렇게 상황을 역전시키는 데 성공했다. 웨일러스는 현금을 들고 사라질 수도 있었다. 그러나 그들은 협상의 목적을 잊지 않았다. 웨일러스는 도덕적이면서도 음악적인 도전을 동시에 느끼면서 킹스턴으로 향했다.

그해 여름 말리는 테이프를 들고 혼자 런던으로 돌아왔다. 크리스 블랙웰은 사운드 엔지니어 토니 플랫과 함께 광범위한 후반 작업을 시작했다. 아일랜드의 16-트랙 짜리 스튜디오 시설과 훨씬 뛰어난 사운드 장비를 통해 킹스턴에서 녹음한 곡들을 개선하고, 악기를 추가로 더빙했다. 이 후반 작업에 참여한 텍사스 출신 키보디스트 존 "래빗" 번드릭은 사운드의 연금술사였다. 말리와 스웨덴에서 알게 된 그는 대니 심스 집단의 일원이기도 했다. 말리의 지도 하에 래빗은 와와 페달을 통해 클라비넷을 "치킨 스크래치"하는 방법을 배웠다. 이를 통해 밥 말리는 아일랜드에서 발표한 곡들에 녹아있는 특징적인 사운드를 잡아냈다.

앨범의 잠재적 히트곡인 'Stir It Up'과 'Concrete Jungle'은 마리화나 흡연자를 위해 맞춤 제작된 부드러운 최면 그루브를 담고 있었다. <Catch a Fire>는 지포 라이터를 연상케 하는 고급스러우면서도 도발적인 아트워크가 돋보인 앨범이었지만 발매 후 1년 간 1만 4천 장 정도밖에 팔리지 않았다. 그럼에도 웨일러스는 <The Old Grey Whistle Test>에 출연하는 쾌거를 이뤄냈다. 그러나 사실을 말하자면 블랙웰은 대중의 관심 부족에 몹시 실망했다고 한다.

블랙웰과 웨일러스는 그해 연말이 되기 전에 게임 플랜을 단순화하기로 결정했다. 그들은 밴드의 트렌치타운 사운드를 서구화하려는 노력 없이 날것 그대로의 공격적인 음악으로 돌아가는 데 만장일치로 동의했다. 그 결과 발표한 앨범이 <Burnin'>이었다. 보다 정치적이고 폭발적인 이 앨범에는 라디오에 적합한 두 개의 트랙, 'Get Up, Stand Up'과 'I Shot the Sheriff'가 수록되었다. 1973년 내내 아일랜드는 웨일러스에게 라이브를 돌게 했는데 기실 투어가 아닌 홍보를 위한 전략이었다. 즉, 음반 회사에서 완곡하게 표현한대로 무명 밴드가 뒤죽박죽 스케줄 속에 그들에게 무관심한 홀과 지역 라디오 방송국에서 자체 공연을 한 것이다. 그러면서 웨일러스는 종종 인기 밴드의 서포트를 맡았다.

버스, 기름으로 찌든 카페, 싸구려 바 등을 돌아다니면서 웨일러스의 삶은 바닥을 쳤다. 두 번째 미국 투어를 돌고 있던 슬라이 스톤이 라스베이거스에서 그들을 해고한 후 내성적인 버니 리빙스턴은 전통 라스타 음식과 자메이카에 대한 그리움을 이겨내지 못한 나머지 다시 투어에 나서기를 거부했다. 11월 말 기관지염에 시달리던 피터 토시는 지친 몸을 이끌고 잉글랜드 북부에서 진행된 네 번째 투어에 나섰지만 결국 포기를 선언했다.

이 셋은 킹스턴 빈민가를 벗어나기 위해 오랜 시간 노래하고 연주했지만 이렇게 아일랜드 레코드와 계약한지 1년 만에 해체되었다. 피터 토시는 크리스 블랙웰이 "이름과 달리 Black도 아니고 Well도 아니다."라고 하면서 "이름과는 반대로 Whiteworse"라고 비난을 퍼부었다. 여기에 더해 그는 아일랜드의 보스가 밥 말리를 솔로로 데뷔시키기 위해 그를 조종했다고 주장했다. 버니 리빙스턴 역시 자신이 학대 당하고 의도적으로 소외되었다는 입장을 밝혔다. 그러나 데이비드 베터리지는 이렇게 말했다. "피터와 버니는 그렇게 매몰차게 굴면 안 됐어요... 웨일러스의 해체는 밴드 내부의 일이었지 아일랜드와는 아무 관련이 없었어요. 밥이 대부분의 곡을 만들고 훨씬 더 많은 돈을 벌었죠. 게다가 모든 찬사를 받았기 때문에 의심의 여지 없이 엄청난 질투가 있었어요. 대마초도 너무 많이 폈고요."

레게라는 장르에는 기본적으로 피해망상이 딸려 있었다. 베터리지는 다음처럼 설명했다. "일반적으로 서인도 제도 음악 커뮤니티 전체가 서로를 좋아하지 않았어요. 자메이카에 있는 여러 레이블이 웨일러스, 메이탈스 등을 프로듀스하던 시절에 절반 정도는 돈을 받지 못했죠. 그래서 함께 일하기 전까지 엄청난 불신이 있었어요."

1973년과 1974년 웨일러스가 영국 전역을 돌며 레게를 전파하는 동안 아일랜드의 핵심 시장은 정반대의 방향으로 움직이는 것처럼 보였다. 보헤미안과 예술 학교 출신의 잘난 척 하는 인간들 사이에서 프로그레시브 록과 지적인 음악이 상업적으로 절정에 달했던 것이다. 새로운 반(半) 독립 레이블인 버진 레코드의 유통을 관리하던 아일랜드 고위 직원들은 마이크 올드필드의 실험작 <Tubular Bells>가 영국에서 200만 장이 팔리는 것을 부러운 눈으로 지켜봤다. 당시 아일랜드에서 발매된 그 어떤 음반보다 훨씬 많은 수치였다. A&R 회의에서 블랙웰은 아방가르드 무드 음악을 전문으로 하는 아일랜드의 서브 레이블을 만들자고 제안했다. 가이 스티븐스는 코크니 말투로 보스의 생각을 가로막았다. "차라리 빌어먹을 정도로 미지근한 레코드 회사라고 부르는 게 어때요?" 블랙웰은 히스테릭한 웃음을 터뜨린 뒤 자신의 아이디어를 조심스럽게 취소했다.

운 좋게도 1974년 여름 에릭 클랩튼이 커버한 'I Shot The Sheriff'가 미국에서 1위에 올랐다. 운명이 와일드카드를 던져주는 순간이었다. 비록 클랩튼은 이색적인 그루브를 연주하는 데 어려움을 겪었지만 이 곡은 백인 로커 사이에서 큰 지지를 받았다. 아일랜드의 A&R 담당자이자 말리의 친구인 트레버 와이어트는 이 현상을 다음처럼 증언했다. "모든 게 한번에 이루어졌지만 그 중에서도 클랩튼이 그 노래를 부른 덕분에 전 세계가 확실히 열린 것 같아요. 특히 미국에서 그랬어요. '흠, 누가 이 곡을 쓴 거지?' 싶었던 거죠."

크리스 블렉웰은 자메이카의 시간이 가까워졌음을 감지했다. 말리에게 자원을 쏟아붓기 시작한 그는 새로운 뮤지션을 구하고, 명목상이기는 했지만 자메이카 출신 매니저도 영입했다. 이렇게 구성된 밥 말리의 투어 머신은 전 세계를 누비며 활기를 되찾았다. 경험을 통해 배운 말리는 자메이카 요리사를 고용해 현지에서 조달한 야채와 과일로 밴드 멤버들에게 영양을 공급했다. 그의 아내 리타는 아이 쓰리스(I-Threes)라는 애칭으로 알려진 백 보컬리스트 중 한 명이었다.

블랙웰은 투어 지원뿐 아니라 비틀스, 스톤스와 함께 일했던 거물급 홍보 전문가 찰리 코머도 영입했다. 코머는 현지 미디어의 최고 기자들이 말리가 공연하는 곳이면 어디든 연필을 들고 대기하도록 만들었다. 무엇보다 그는 뛰어난 매니지먼트 능력을 지녔으면서도 자애로웠고, 직설적이면서도 지칠 줄 몰랐던 실무형 운영자였다. 거침없는 입담으로 유명했던 코머는 재능 있는 인재를 스타로 키워내는 자신의 라이프 스타일을 사랑했다.

크리스 블랙웰은 1975년 7월 런던에서 열린 라이세움 콘서트를 밥 말리 최고의 순간으로 꼽았다. 매진된 이 콘서트에서 지금은 전설이 된 'No Woman, No Cry'의 라이브가 녹음되었다. 그러나 말리의 앨범 판매량은 괜찮은 정도였고, 투어 지원 비용은 이보다 컸다. 따라서 재정적인 회수는 아직 먼 상태였다. 그럼에도, 비슷한 시기였던 1970년대 중반 크리스 블랙웰은 런던 본사를 해머스미스의 아름다운 부지에 위치한 멋진 새 건물로 확장 이전했다. 이러한 성공은 아일랜드의 전체 아티스트 명단과 계열 레이블의 선전 덕분이었다. 크리스 블랙웰은 건물 뒤쪽 스튜디오의 바로 위에 있는 사무실을 선택했다. 사람들에 따르면 그는 다음 같은 점을 회사에 상기시키길 원했다고 한다. 진정한 리더십은 언제나 창작 활동과 밀접한 관계를 유지해야 한다는 것이다.

혹은 다음과 같은 전설이 데이비드 베터리지에 따르면 내려져 온다. "크리스는 거대하고 풍부한 마음과 상상력을 가지고 있었지만 쉽게 지루함을 느꼈던 것 같아요. 핵심적인 일에는 별로 관여하고 싶지 않아했죠... 부재중인 대표였다고 할까요. 그는 자신의 방식대로 일을 처리하기를 원했고, 대주주였으니까 충분히 그럴 만했죠. 하지만 적어도 직원들과 대화는 해야죠! 직원들에게 '나는 이렇게 하고 싶고, 저렇게 하고 싶다.'라는 얘기를 해야 한다고요!" 당시 회사 서열 3위였던 팀 클라크 역시 다음처럼 인정한 바 있다. "그는 자주 사라지곤 했어요. 미국에서 많은 시간을 보냈죠. 그러면서 영화와 영화 산업 주변을 어슬렁거렸어요. 그래서 영국 아일랜드 레코드에서 함께 일하기가 어려웠죠." 이 언급을 통해 알 수 있는 것처럼 크리스 블랙웰과 영국 인디 레이블이 음악 취향은 뛰어났을지언정 사업 운영에 있어서는 대체적으로 미국 쪽에 비해 엄격하지 않았다.

대부분의 레코드 맨이 별스러운 성격을 갖고 있었던 것처럼 크리스 블랙웰에게도 그런 측면이 있었다. 바로 경영에 대한 혐오감이었다. 이러한 그의 특성은 어린 시절을 통해 대체로 설명될 수 있다. 데이비드 베터리지는 공감을 표하면서 다음처럼 말했다. "의심할 여지 없이 그는 외톨이에요. 가끔은 두 달 동안 대화할 기회조차 없었죠. 이런저런 일을 한다고 사라진 뒤에 온갖 문제를 일으켰어요." 매일 사무실에 출근하는 사람의 입장에서 크리스는 학교를 자주 째는 반항아 같았다. 회사에 있을 때에도 그는 책상에 앉아있는 것조차 힘들어했다.

베터리지가 회상한 것처럼 크리스 블랙웰과 언제나 만날 수 있는 유일한 시간은 맨발로 바닷가에 있을 때였다. "서부의 사무실이라고 이름 붙였던 곳에서 회의를 하곤 했는데 실제로는 바하마 나소에 있는 해변 웨스턴 쇼어스였어요. 야자수 아래 앉아서 샌드위치를 먹고, 뭔가를 마시면서 전략을 논의하곤 했죠. 하지만 런던으로 돌아와서 그를 앉혀놓고 실제 회의를 하는 건 정말 어려웠어요. 그래서 추측을 많이 해야 했죠. 미팅이 있으면 복도에서 5분 정도 하고, 다시 다른 곳으로 가고. 이런 식이었어요. 규율이 없는 상태라는 표현이 딱 맞았다고 봐요."

1976년 모든 문제가 곪아서 터졌다. 버진과 계약한 3년간의 유통이 끝나자 리처드 브랜슨은 떠났고, 몇 달 지나지 않아 크리살리스 레코드와의 계약도 종료되었다. 크리살리스의 사장 크리스 라이트는 이렇게 말했다. "아일랜드는 모선(母船) 같은 존재였지만 우리는 스스로 할 수가 있었어요. 중간업체 없이 곧장 유통사와 일할 수 있었죠. 마케팅과 홍보만 하면 되는 상황에서 점점 더 직접 해보고 싶다는 생각이 들었어요.... 우리가 회사를 떠나는 데 개인적인 이유는 없었어요. 그냥 자연스러운 과정이었죠." 하지만 두 사람이 떠나면서 크리살리스는 아일랜드 레코드의 핵심적인 캐릭터를 그대로 가져왔다. "테리와 저는 항상 하던 일을 계속했을 뿐이에요. 아시다시피 쓸데없는 새것을 시도하느라 시간을 낭비할 수는 없는 거잖아요."

아일랜드를 모방하는 것에 대한 민감한 질문에 대해 버진의 A&R 담당자인 사이먼 드레이퍼는 이렇게 말했다. "우리도 레게를 좋아했기 때문에 레게에 뛰어들었던 거예요. 처음에는 작게 시작했다가 크게 뛰어들었는데 크리스 블랙웰이 좋아하지 않았던 것 같아요. 특히 피터 토시가 문제였어요. 우리와 계약을 했거든요. 크리스 블랙웰이 화를 내더라고요! 노팅힐 게이트의 팬케이크 하우스에서 블랙웰과 미팅을 가졌던 게 생생하게 기억나요. 리처드 브랜슨도 거기 있었죠. 우리는 일종의 타협점을 찾기는 했어요. 아일랜드 쪽에 잘못이 있다고 생각하기는 했지만요. 하지만 결국 핵심은 아일랜드가 피터 토시에 대한 소유권을 갖고 있느냐 아니냐의 여부였죠. 어쨌든 여전히 웨일러스의 멤버였거든요. 피터 토시뿐아니라 자메이카 뮤지션들이 계약하려고 보면 모호한 부분이 많다는 점도 문제였고요."

데이비드 베터리지의 추산에 따르면 크리살리스와 버진은 아일랜드 전체 매출의 약 20%를 차지했다. 또한 선셋대로에 있는 미국 회사의 자금이 낭비되면서 손실이 가중되었다. 베터리지는 이렇게 정리했다. "영국 회사에는 약 70~80명의 직원이 있었어요. 당시 영국에는 라디오 방송국이 15개였는데 미국에는 5,000개였죠. 유통부터 마케팅까지 모든 게 훨씬 더 큰 규모였어요. 미국 시장의 위험성은 성공하면 엄청난 보상을 얻지만 거기에 도달하기까지 훨씬 더 많은 비용이 든다는 거예요... 미국 사업부가 음반사가 되고 나서부터 유럽 쪽에서 막대한 돈을 빨아들였지만 제대로 논의된 적은 없었죠."

베터리지는 수년 동안 크리스 블랙웰의 유목민적인 생활 방식에 적응해왔다. 그러나 결국에는 "아일랜드는 더 이상 우리가 처음 시작했던 회사가 아니었어요. 너무 버거워졌고 환멸을 느꼈죠."라고 고백했다. "사람들이 편을 가르기 시작했어요. 제가 떠났을 때에도 뒷말이 많았죠... 회사 전체가 여러 다른 방향으로 흘러가고 있었기 때문에 서너 인디 레이블이 왔다가 없어지고 그랬어요. 그건 부분적으로는 제 잘못, 부분적으로는 다른 사람들의 잘못, 부분적으로는 크리스의 잘못이었어요. 하지만 칼을 들이댔어야 했어요. 회사의 규모를 줄였어야 했어요. 우리 모두가 훨씬 더 행복했을 겁니다. 더 작고 긴밀하고, 창의적인 회사로 남았어야 했어요."

팀 클라크는 "당시 문제는 아일랜드가 여러 소매점을 보유하고 있다는 거였어요."라고 말하면서 이렇게 덧붙였다. "여전히 일정량의 자메이카 음악을 소매업체에 직접 유통하고 있었고, 레코드를 찍어내는 데 너무 큰 어려움을 겪었기 때문에 결국 공장까지 설립했죠. 하지만 유통망과 공장 모두 갑자기 먹여 살려야 하는 기계가 되어버렸어요. 버진과 크리살리스가 떠났을 때 우리는 그 기계에 충분한 먹이를 주지 못했고 많은 비용이 들기 시작했죠."

크리스 블랙웰의 섬에 이보다 더 나쁠 순 없는 폭풍이 몰아쳤다. 팀 클라크는 이렇게 설명했다. "제가 관리 이사직을 맡고 얼마 지나지 않은 1976년에 심각한 재정위기 있었어요. 어느 날 저녁에 크리스 블랙웰이 뉴욕에서 막 비행기를 타고 들어왔는데 완전히 지쳐 있더라고요. 그러면서 '어떻게 해야 할지 정말 모르겠어'라고 말했어요. 우리는 잠시 이야기를 나눴지만 솔직히 저도 어떻게 해야 할지 몰랐죠. 결국 그가 말하더군요. 'EMI와 라이선스 계약을 해야겠어.' 결국 우린 EMI에 전화를 걸고 대화를 나눴고, 백만 파운드짜리 수표를 받았어요."

아일랜드 레코드를 재건하기까지는 몇 년이 걸려야 했다. 거의 죽음에 가까웠던 경험 탓에 전성기를 구가하던 시절 역시 사라져버렸다. 여러 핵심 멤버가 떠났고, 중요한 인재였던 가이 스티븐스와 데이비드 엔토벤은 마약 중독에 빠졌다. 하지만 그 격변의 시기에 두 개의 중요한 영국 인디 레이블이 세계로 발을 내디뎠다. 크리살리스와 버진이었다. 테리 엘리스가 로스앤젤레스로 이주하면서 크리살리스는 제스로 털이 밴드로서 해냈던 것처럼 미국을 정복하기로 결심했다. 한편 런던의 선상 가옥에서 버진의 다양한 사업을 지휘하던 야심가 리처드 브랜슨은 유럽 대륙 진출을 위한 방법 찾기에 들어갔다.

미래의 소리

뉴웨이브가 시작되다_

CBGB, 펍 록
그리고 디스코텍 광란

**1974~
1977**

다음 슬로건을 읽어보라. "워너를 엿 먹이자. 버니*도 엿 먹이고!" 이 슬로건을 만든 인물은 바로 콜럼비아의 새로운 보스 월터 예트니코프였다. 그렇게, 결국에는 재활원에서 끝날 독재적인 통치가 시작되었다. 훗날 예트니코프는 재활원의 치료사 소파에 앉아 혼잣말로 이렇게 고백했다. "사장이라는 지위가 내 머릿속에 입력되고, 내 거시기로 들어가고, 몇 년에 걸쳐 나를 미치광이로 만들었어요."

예트니코프가 CBS 영업 회의에서 선언한 시장 선두 주자와의 전쟁은 회사의 정신을 꽉 틀어쥐기 위해 고안한 유머러스한 속임수에 불과했다. 그의 진짜 문제는 스스로에게 있었다. "훌륭한 새 직장을 얻었지만 내 자질에 의문을 품지 않을 수 없었어요... 전 음치였거든요." 그는 고다드 리버슨과 클라이브 데이비스가 떠난 회사의 공백을 메우기 위해 자신을 왕 같은 인물로 만들어야 한다는 걸 알았다. 그는 이렇게 생각했다. "전쟁은 짜릿하죠. 충성과 연대를 이끌어내요. 우리에게 목적과 추진력을 주고요. 그게 제가 원하던 것이었어요. 전쟁이 곧 저였죠."

예트니코프는 욕설로 점철된 이디시어로 전화기에 대고 소리를 질렀고, 과음을 일삼았다. 그는 미국 음반 산업의 병폐를 상징적으로 보여준 인물이었다. 그렇게, 미국 메이저 음반사 내부에서 음악적 소양이 급격히 쇠퇴했다. 제리 웩슬러, 존 해먼드, 고다드 리버슨, 잭 홀츠먼 등 학식 있는 십자군이 노을 속으로 사라졌다. 업계의 두 거장, 클라이브 데이비스와 데이비드 게펜은 모두 죽었다가 다시 살아났지만 그들의 뒤를 이은 자들이 팝 음악의 역사에 끼친 영향은 문화적으로 큰 의미를 갖지 못했다. 그저 사업가로서 예술가를 팔아먹었을 뿐이다.

워너의 전성기도 사실상 끝났다. 게펜이 사임한 후 조 스미스는 일렉트라·어사일럼으로 이직해 운영을 맡았다. 그가 물려받은 유산은 코카인에 찌든 이글스였다. 조 스미스의 이직과 함께 워너의 모 오스틴은 어쨌든 캘리포니아의 최대 거물로 올라섰다. 월터 예트니코프는 필요 이상으로 비대해진 워너와 계약하려는 인기 아티스트에게 이렇게 경고했

다. "조심하세요. 거기서 길을 잃을 테니까요!"

캘리포니아의 순수주의가 완전히 사라진 건 아니었다. 다름 아닌 A&M의 문안에 순수주의의 마지막 보루가 남아 있었다. 과거 그곳은 찰리 채플린의 오래된 영화 스튜디오였다. 어느덧 저급한 모조품이 된 어사일럼이 예술가의 안식처인 것처럼 보이려 했다면 A&M은 진심으로 그런 곳이었다. 유기적으로 성장한 A&M의 스토리는 두 친구가 음반을 감상하면서 출발했고, 허브 알퍼트가 스타덤에 오르는 과정 속에서 유대감이 형성되었다.

"허비와 어울리면서 아티스트의 기분, 기질 등 많은 것을 배울 수 있었어요." 원칙주의자인 제리 모스는 이렇게 말하면서 사장으로서 온화한 태도를 유지하면서도 회사를 보호하려 애쓰는 자신의 스타일이 아티스트와 매니저의 관계에서 비롯된 것이라고 덧붙였다. "허비는 매우 똑똑한 집안에서 태어난 똑똑한 사람이었어요. 하지만 예술가였죠. 허비는 다소 냉담하거나 공상을 하거나 예술적인 태도를 유지할 수 있었고, 저는 그런 허비의 이미지에 방해가 되지 않는 범위 내에서 일을 처리했죠. 하지만 함께 있을 때나 이동 중에도 허비에게 항상 최신 정보를 알려 줬어요. 허비는 지식이 정말 많은 사람이었어요. 모든 주요 결정에 참여하기도 했고요."

A&M은 버트 바카락, 프로콜 하럼, 세르지오 멘데스, 안토니우 카를로스 조빙, 조 카커, 험블 파이, 카펜터스, 슈퍼트램프 등 다양한 아티스트를 위한 부티크 레이블로 발전했다. 그런 와중에 알퍼트는 다채로우면서도 친숙한 재즈 프로젝트를 녹음하고 제작한 뒤에 투어를 돌았다. 크리드 테일러의 CTI와 맺었던 성공적인 프로덕션 계약을 통해 A&M은 재즈와 펑크(Funk)의 중대한 보물창고를 얻었다. 총괄 매니저인 길 프리슨의 도움 하에 제리 모스는 회사 운영을 맡고, 주로 록 밴드와의 계약을 체결했다. A&M이 캐나다, 런던, 파리에 사무실을 열었을 때 신입사원들은 금세 친근한 분위기와 음악적인 우수성, 특별한 아우라를 느꼈다. 모스는 이렇게 회상했다. "엄청난 신뢰가 있었어요. 우리 두 사람 밑에서 일하면 회사의 리더십과 운영 방식에 대해 의문의 여지 따위 없고, 모든 게 더 근사하고, 쉬워질 거라는 믿음이 있었죠."

반짝이는 눈과 멕시코풍 콧수염을 가진 제리 모스는 스태프와 아티스트를 매우 까다롭게 선택했다. "허브와 저는 서로를 전적으로 신뢰했고, 그 누구의 부정부패도 용납하지 않앉어요. 이게 바로 성공 비결이었죠. 규칙은 매우 간단했어요. 거짓말을 하거나 거래에서 속임수를 쓰면 더 이상 일할 수 없었습니다. A&M은 정직하고, 열심히 일하고 싶은 사람을 위한 곳이었으니까요. 아무도 거짓말을 하지 않았어요. 거짓말에는 많은 에너지가 필요하니까요. 그래서 모든 에너지를 음악에 쏟을 수 있었죠. 허브와 제가 만든 이런 문화가 A&M이 된 거예요."

A&M 런던의 새로운 사장인 데릭 그린이 문제나 의문을 제기할 때마다 모스는 "데릭, 미국에서 팔 수 있을 만큼 훌륭한 아티스트와 계약하세요."라고 말하면서 단순함의 미덕을 언제나 강조했다. 물론 그러한 젊음의 순수함이 영원히 지속될 수는 없었다. 로스앤젤레스가 퇴폐적인 도시로 변해가면서 A&M의 전설적인 문턱에도 서서히 밀물이 스며들었다. 1976년 말이 되자 A&M 홍보 담당 직원들이 놀라울 정도로 빈번하게 '화장실 방문'을 하기 시작했다. 업계 전반에 걸쳐 코카인에 대한 숭배가 직원들과 음반사 사장 모두를 조용히 노예로 만들어 갔다. 이들 중 상당수는 서른이 채 되지 않은 나이였다. 문제는 코카인만이 아니었다. 코카인이 서서히 만들어 내는 부작용, 예를 들어 알코올 중독에 대한 준비 역시 제대로 되어 있지 않은 상태였다.

그즈음 영국에서 온 테리 엘리스는 이렇게 말했다. "LA는 쇼 비즈니스의 도시예요. 당신이 일을 잘한다면, 정말 잘한다면 모든 문이 당신에게 열려 있죠. 당신이 곧 이 도시의 건배사가 되는 거예요." 이렇듯 당시의 통념은 '열심히 일하고 열심히 놀자.'였지만 엘리스는 뒤늦게 깨달았다고 한다. "1960년대로부터 비롯된 자유로운 사랑의 유산은 이미 손을 쓸 수 없는 지경에 이르렀어요. 술과 마약이 정상처럼 보이는 방식으로 자유롭게 유통됐죠. 이로 인해 많은 사람이 건강을 해쳤어요. 술이나 약에 취해 출근하는 게 비정상적으로 보이지 않던 시절이었으니까요." 제리 모스 역시 다음처럼 회상했다. "전 1960년대가 만들어 낸 이상을 사랑했어요. 문화 측면에서 1960년대와 1970년대에 푹 빠져 있었죠. 국가적으로 엄청난 무언가를 목전에 두고 있다고 느꼈어요. 하지만 우리가 직접 그걸 날려 버렸죠. 마약이 더 심각해졌고, 에이즈가 발생했어요. 1970년대 말, 1980년대 초 즈음부터 모든 게 바뀌었죠."

어느덧 미국 대형 음반사들은 우디 앨런의 영화 <애니 홀>에 나오는 '부드러움은 사람을 익게 하고, 썩게 한다.'라는 대사를 떠올리게 하는 음악을 쏟아내고 있었다. 따라서 그와는 반대로 우드스탁의 진흙탕에 갇히지 않은, 연극적인 설득력을 가진 굶주린 독립 음악가들을 위한 기회가 열렸다. 1974년 영국 텔레비전에 출연한 앤드루 루그 올덤은 브로드웨이 글램 로커인 브렛 스마일리를 소개하면서 이렇게 말했다. "음악 비즈니스는 매우 평범해졌어요. 음악 비즈니스는 자신들이 스타를 만든다고 생각하죠. 하지만 올해는 그들이 틀렸다는 것을 알게 될 겁니다." 올덤은 사람들이 후텁지근한 히피 록 음악에 역으로 지쳐버렸다는 점을 감지했다. 그가 내세운 증거는 엘튼 존의 미국 내 돌풍이었다. 그는 경고하는 듯한 톤으로 말했다. "엔터테이너가 돌아왔다!"[*]

1970년대 초 글램 록이 선보인 연극적인 화려함은 1970년대 후반 떠올랐던 괴물, 즉 디스코와 펑크에 생명을 불어넣는 전기 충격을 선사했다. 프랑켄슈타인 박사의 완벽한 예시가 될 인물도 있었다. 바로 미래에 섹스 피스톨스의 제작자가 될 말콤 맥라렌이었다. 그는 1975년 디자이너 파트너인 비비안 웨스트우드와 함께 뉴욕을 돌아다니면서 휴식을 취했다. 그러면서 둘은 립스틱, 헤어 스프레이, 하드 록의 키치한 조합을 통해 마치 롤링 스톤스를 패러디한 것처럼 보였던 뉴욕 돌스의 의상과 이미지를 만들어 냈다. 거칠고 흥미진진하며 종종 벨벳 언더그라운드와 비교되곤 했던 뉴욕 돌스는 CBGB에서 공연하던 젊은 그룹들에게 영감을 제공했다. CBGB는 텔레비전, 라몬스, 패티 스미스 등이 처음 공연을 펼쳤던 로어 이스트사이드의 눅눅하고 창문도 없는 클럽이었다. 관객 중에는 토킹 헤즈, 수어사이드, 블론디 등이 있었다.

흥미롭게도 클럽 주인인 힐리 크리스탈은 이전에 빌리지 뱅가드를 운영했던 포크 뮤지션으로 1973년에 컨트리, 블루그래스, 블루스를 선보이기 위해 CBGB를 열었다. 클럽 이름은 세 장르의 이니셜을 딴 것이다. 쓰레기로 뒤덮인 거리에서 흘러나오는 음악과 함께 유기적으로 진화했던 CBGB는 환상적으로 엉망진창이었던 포크 실험실로 출발해 이후 전설적인 공간으로 거듭났다.

어떤 흐름이 만들어졌다. 비슷한 시기 런던에도 펍 록이라는 새로운 신조어가 생겨났고, 관객은 파인트 한 잔 가격으로 걸쭉한 위트와 에너지, 그리고 라거 거품이 넘치는 기

---

[*] 엘튼 존은 1970년대를 대표하는 뮤지션이다. 그는 1960년대 히피의 이상, 즉 "음악으로 세상에 변화를 가져올 수 있다."라는 믿음을 신뢰하지 않았다. 지극히 개인적인 감정을 노래했고, '연극성' 강한 음악을 선보인 엔터테이너였다는 점에서 올덤이 엘튼 존을 예시로 든 것이다.

본에 충실한 록을 들을 수 있었다. 닥터 필굿, 킬번 앤 더 하이 로즈, 덕스 딜럭스, 브린슬리 슈워츠 등을 비롯한 이 신의 중심 중 상당수는 전직 모드로 어느덧 서른에 가까운 나이였다. 그들은 히피 문화에 갈수록 지루함을 느꼈다.

데이브 로빈슨은 이 신흥 런던 신의 핵심 인물 중 한 명이었다. 1970년대 후반 영국의 가장 상징적인 뉴 웨이브 인디 음반사였던 스티프 레코드를 설립한 그는 1960년대를 다른 각도에서 바라본 모험가였다는 점에서 CBGB의 사장과 닮은 구석이 있었다. 아일랜드 태생으로 부드러운 악센트를 지녔던 로빈슨은 예리하면서도 뭔가 구린 측면이 있는 것처럼 보이는 터프한 괴짜였다. 로빈슨이 성장할 당시 아일랜드는 심각한 경제 침체로 인해 매우 불안정한 상황이었다.

그래픽 디자인과 슬로건에 대한 아버지의 안목을 물려받은 로빈슨은 잡지 사진작가로 일을 시작했고, 1960년대 아일랜드의 다른 많은 불안한 젊은이처럼 구직을 위해 런던으로 향했다. 이후 그의 뒤를 따라 아일랜드의 알앤비 밴드 피플이 영국으로 왔다. 피플은 로빈슨의 방에서 얹혀살았는데 나중 문제를 일으켜 그와 함께 쫓겨났다. 하지만 1967년 어느 날 밤, 가까운 미래에 로빈슨의 운명을 바꿀 사건이 벌어졌다.

조 보이드의 사이키델릭한 UFO 이벤트에서 피플의 공연이 끝난 후 당시 피플의 매니저로 활동하던 데이브 로빈슨은 보이드에게서 10파운드의 공연료를 받았다. 그런데 몇 분 후 다시 돌아와서는 이렇게 말했다. "조, 나 좀 도와줄래요? 대기실에 어떤 미친놈이 제 밴드 멤버들을 짜증나게 하고 있어요. 자기가 지미 헨드릭스의 매니저인데 우리 보고 투어 오프닝을 맡아달라고 하네요." 보이드는 양복을 입은 남자가 진짜 마이크 제프리인 것을 확인했다. 놀란 로빈슨은 눈을 동그랗게 뜨고 마이크 제프리를 잠깐 쳐다보더니 작은 대기실로 도망쳐버렸다. 이후 로빈슨의 밴드는 피플에서 에어러 어패런트로 이름을 바꾸고 지미 헨드릭스와 함께 전세계 투어에 나섰다.

로드 매니저가 병에 걸린 탓에 로빈슨은 운이 좋게도 갑자기 지미 헨드릭스의 로디 역할을 맡았다. 54일 동안 50회의 공연을 하는 동안 지미 헨드릭스는 지치고 의심스러운 표정으로 로빈슨에게 돈과 계약에 대해 질문을 던졌다. 로빈슨 역시 마이크 제프리의 불투명한 방식에 의구심을 갖고 있었다. "대체 어떤 방식으로 일이 처리되고 있는지 알고 싶었죠." 로빈슨은 헨드릭스를 따라 미국에 갔을 때 헨드릭스의 음악적인 조상이라 할 머디 워터스가 싸구려 공연장에서 계약에 따라 강제로 연주하는 광경을 보고 충격받았다. 반면 헨드릭스는 최고의 공연장에서 백인 관객을 상대로 라이브를 펼쳤다. 당연히 전석 매진이었다.

지미 헨드릭스와 함께 한 경험은 데이브 로빈슨의 머릿속을 아이디어로 가득 채웠다. 로디이자 수완가였던 로빈슨은 아일랜드인의 눈으로 런던의 공연이 어떻게 돌아가는지를 바라봤다. 이를 통해 그는 포크의 진정한 의미에 대해 심사숙고하기 시작했다. 그것은 영국의 앨범 차트를 지배하고 있던 캘리포니아의 형식적인 포크가 아닌 로빈슨의 표현을 빌리자면 "음악이 태어난 환경과 사회적인 관계를 맺는 음악"이었다. 로빈슨은 1972년경 런던 출신 뮤지션이자 불구였던 이언 듀리를 만나 음악을 다시 대중에게 돌려주는 풀뿌리 반(反) 메이저 운동에 대한 자신의 비전을 설명했다. "데이브가 바닥에 앉은 채로 밥을 먹으면서 이렇게 말하더군요. 하나의 지역에서 음악이 발전할 수 있는 환경이 조성되면 입소문을 통해 그 음악이 성장할 거라고 말이죠."

그래서 1973년과 1975년 사이에 로빈슨은 이즐링턴 다문화 지역에 있는 펍인 더 호프 앤 디 앵커 위에 녹음 스튜디오를 만들었다. 더 호프 앤 디 앵커는 빅토리아풍 높은 천장이 돋보이는 우아한 공간이었다. 또, 이곳 지하에 위치한 공연장은 밴이나 장비가 없는 무명 밴드에게 안성맞춤이었다. 펍 록 신에 다른 공연장이 없는 건 아니었지만 더 호프 앤 디 앵커는 런던의 CBGB 같은 장소였다. 킬번 앤 더 하이 로즈의 보컬이었던 듀리는 당시를 이렇게 증언했다. "데이브는 열정적으로 일했어요. 그래서 그를 좋아했죠. 그 친구가 땀을 뻘뻘 흘리면서 밴 뒤에 상자를 싣는 모습을 본 적이 있어요. 데이브는 스스로 말한 것처럼 콘크리트 바닥 위에서 소매를 걷어붙이고 열심히 일했어요. 언제나 거기에 있다는 느낌을 줬죠."

그러나 런던의 펍 로커들은 재정적으로 어려움을 겪었다. 그뿐 아니라 미국이 재채기를 하면 전 세계가 감기에 걸린다는 속담처럼 암울한 경제 상황이 대중의 분위기 전반에 영향을 미쳤다. 베트남 전쟁 비용으로 1971년 닉슨 쇼크가 발생했고, 미국 정부는 금본위제에서 달러의 동결을 해제했다. 달러와 연동되는 서방의 모든 통화와 금융 시장에 혼란이 닥쳤고, 전 세계적인 경기 침체가 발생했다. 1974년까지 영국의 GDP는 매년 4%씩 줄어들었다. 인플레이션은 25%에 달했고, 실업률은 100만 명을 넘어섰다. 파업으로 전국이 마비되면서 길거리에는 쓰레기 봉투가 쌓였고 국제적인 석유 위기로 인해 주유소에는 불황이 닥쳤다. 결국 1976년 제임스 캘러핸 총리는 국제통화기금을 불러들였다. 그렇게 영국이 지닌 문제들이 바닥을 쳤다.

말콤 맥라렌은 뉴욕에서 돌아온 뒤 우울하고, 쓰레기로 뒤덮인 거리와 마주했다. 그는 히피의 혼수상태에 빠진 런던에 충격을 주기로 결심하고는 가게 이름을 섹스로 바꿨다. 이후 신체 결박에서 영감을 받은 하드 로커 의상을 전문적으로 취급했다. 그러던 어느 날 한 손님이 들어와서는 너덜너덜해진 옷을 안전핀으로 꿰매 만든 자신만의 룩을 선보였다. 빨간 머리에 당시 10대였던 그의 이름은 존 라이든이었다. 그는 영국의 소위 노동 계급이 복지 계급으로 바뀐 지 오래되었다는 점을 이해하고 있는, 독특한 유형의 길거리 지식인 이었다. 그에게는 '4명의 존'으로 불렸던 친구가 있었는데 그중에는 나중 시드 비셔스와 자 워블이라는 예명을 갖게 될 2명이 있었다.

우연히도 맥라렌 매장에 가끔 들르는 또 다른 인물이 있었다. 도벽이 있었던 그는 바로 데이비드 보위 공연에서 기타와 앰프를 훔친 뒤 밴드 창단을 꿈꾸고 있던 스티브 존스 였다. 그는 인맥이 두터운 맥라렌에게 와서 조언을 구했다. 맥라렌이 가장 먼저 오디션을 보자고 제안한 인물은 라이든이었다. 라이든은 매장 주크박스 옆에 서서 앨리스 쿠퍼의 'School's Out'에 맞춰 몸을 비틀고, 씩씩대면서 노래를 불렀다. 결과는 합격이었다. 맥라렌은 자신의 부티크에서 영감을 얻어 섹스 피스톨스라는 밴드 이름을 생각해 냈다.

맥라렌은 음악보다는 패션에 더 관심이 많았다. 그는 라이든에게 불구였던 이언 듀리의 스타일을 연구해보라고 제안했다. 듀리는 가죽 장갑에, 면도날 귀걸이를 끼고, 낮게 조정된 마이크 스탠드 위로 등을 구부린 채 노래하는 인상적인 무대 포즈로 유명했다. 어린 시절 아이콘이었던 1950년대 로커 진 빈센트의 트릭을 차용한 것이었다. 진 빈센트는 오토바이 사고를 당한 이후 다리 보조기를 착용한 채 노래했다.

1976년 7월 4일 마치 바이러스가 창궐하듯 라몬스가 런던에 도착했다. 그들은 이제 막 사이어 레코드에서 데뷔 앨범을 발매하고 대니 필즈의 매니지먼트를 받고 있었다. 몇몇 뉴욕 음악 언론의 지지에도 불구하고 라몬스는 빈털터리였고, 갈 곳이 없었다. 그랬던 그들이 런던으로 날아가 유명 공연장인 라운드 하우스에서 3천 명의 열광적인 관중을 앞에 두고 환희에 찬 라이브를 하게 된 것이다.

공연 직전 클래시의 멤버 조 스트러머, 믹 존스, 폴 시모넌은 무대 뒤의 깨진 창문을 통해 들어가서 분장실에 있는 라몬스와 어울렸다. 특유의 감언이설을 발휘한 존 라이든은 무대의 문을 열고 들어와서 이 예언적인 모임에 합류했다. 관객 중에는 스트랭글러스와 댐드의 멤버도 있었다. 만약 펑크 록 탄생의 중요한 날이 존재한다면 이 날이 바로 그 날이었다. 상징적으로 표현하자면 그것은 런던의 독립기념일이었다.

정확히 같은 시기에 디스코는 뉴욕 언더그라운드에서 세계적인 팝 현상으로 빠르게 진화했다. 잠깐 1973년으로 돌아가서 디스코의 첫 번째 경고 사격은 아프리카 수입업자들이 브루클린으로 들여온 한 장의 레코드로부터 비롯되었다. 바로 프랑스에서 찍은 마누 디방고의 곡 'Soul Makossa'였다. 데이비드 맨쿠소가 자메이카 물건을 파는 상점에서 발견한 이 레코드는 매일 밤 로프트에서 불타오르듯 인기를 모았다. 여러 다른 DJ들이 유통 중인 마지막 남은 카피를 구하기 위해 사투를 벌일 정도였다. 같은 해 5월 빌보드는 'Soul Makossa'가 "흑인 커뮤니티에서 전례 없는 인기를 누리면서 뉴욕 상점에서 2달러에서 3달러 사이에 팔리고 있다"라는 내용의 기사를 실었다. 커버 버전의 홍수를 지켜보던 애틀랜틱은 오리지널에 대한 미국 판권을 확보했다.

음반사들이 댄스 플로어 커뮤니티의 성장에 주목하기 시작한 1975년 데이비드 맨쿠소는 스티브 다퀴스토, 저널리스트 빈스 알레티와 함께 비영리 단체인 레코드 풀을 설립했다. 일주일에 한 번씩 약 100명의 DJ 회원이 프린스 스트리트 99번지에 있는 맨쿠소의 새로운 로프트에 모여 30~50개의 신보와 아직 발매되지 않은 프로모션 음악을 감상하는 형식이었다. 메이저와 인디를 막론하고 아직 클럽 프로모션 경험이 없는 음반사는 이 감상회를 통해 뉴욕의 유행을 선도하는 모든 DJ로부터 소중한 피드백과 지지를 얻을 수 있었다. 음반사는 보답 차원에서 맨쿠소의 새로운 로프트로 음반 한 상자를 배달하면 끝이었다. 그렇게 이상주의자 데이비드 맨쿠소는 다시 한번 현장을 최우선으로 여기고 있었다.

디스코에 거액을 투자한 최초의 음반 거물은 크림의 매니저에서 뮤지컬 <지저스 크라이스트 슈퍼스타>의 제작자로 변신한 로버트 스티그우드였다. 그는 호황을 누리고 있던 자신의 엔터테인먼트 회사 RSO와 함께 1975년 로저 달트리와 엘튼 존이 주연한 영화 <토미>를 제작했다. 1976년 2월 스티그우드가 매니지먼트를 맡고 있던 비지스는 첫 번째 디스코 히트곡인 'You Should Be Dancing'을 녹음하고 화려한 컴백을 알렸다.

1976년 여름 런던에서 펑크가 떠오르던 무렵 스티그우드는 영국의 음악 평론가 닉 콘이 쓴 뉴욕 매거진의 기사를 읽었다. '새로운 토요일 밤의 부족 의식'이라는 제목의 글이었다. 이 기사에서 닉 콘은 브루클린 노동계급 젊은이들이 겪는 도시에서의 힘겨운 삶을 실제 보도처럼 묘사했다. 그에 따르면 이 젊은이들은 베이 리지에 위치한 디스코텍 2001 오디세이의 댄스 플로어에서 미친 듯이 춤을 추면서 주말을 불태웠다. 스티그우드는 이 글의 영화화 판권을 9만 달러에 구입하고, 100만 달러에 존 트라볼타와 세 편의 영화 계약을 체결했다. 이후 영화 촬영이 시작되었고, 비지스가 사운드트랙의 대부분을 맡았다.

아마도 가장 상징적인 디스코 레이블은 로스앤젤레스에 기반을 둔 독립 레이블 카사블랑카였을 것이다. 뉴욕 출신으로 재미있는 캐릭터를 지녔던 닐 보가트가 설립한 카사블랑카는 업계 역사상 가장 화려한 흥행 성적을 거둔 음반사 중 하나였다. 보가트는 이성애자였을 수도 있지만 로버트 스티그우드와 마찬가지로 그의 경력은 연극적인 것에서 출발했다. 그는 1980년 개봉한 영화 <페임>에 영감을 준 스쿨 오브 퍼포밍 아츠를 다녔다. 보가트가 가장 먼저 일을 시작한 레이블은 알 수 없는 이유로 철자를 틀리게 표기한 부다 레코드(Buddah Records)였다. 그는 이 회사를 통해 버블검 음악을 시장에 내놓았다. 그가 겨냥한 핵심 시장은 반문화로 인해 음악적인 권리를 박탈당한 젊은이들이었다. 그는 이 젊은이들이 부담스럽지 않은 버블검 팝 록을 소비할 것이라고 예측했다.

1960년대 후반 닐 보가트는 히피 록의 유행에 기꺼이 맞서며 커티스 메이필드, 빌 위더스, 글래디스 나이트와 같은 스타의 홍보를 맡았다. 건방진 미소를 띤 채 직원들에게 종교적으로 반복하던 그의 애착 만트라는 "무슨 수를 써서라도!"였다. 라디오 DJ나 프로그램 디렉터가 선물이나 점심 초대를 거절하더라도 보가트와 그의 일행은 방송국에서 그들의 레코드가 선곡될 수 있도록 무슨 짓이든 다 했다.

보가트 관련 전설에 따르면 그의 활동 초기에 가장 뚫기 어렵고 매수에도 넘어가지 않는 프로그램 디렉터는 영향력 있는 WABC의 릭 스클라였다. 그래서 보가트는 새로운 묘책을 고안해냈다. 처남인 벅 레인골드에게 방송국 남자 화장실의 한 칸에 숨어 있게 한 것이다. 레인골드는 변기 위에 배터리로 작동하는 레코드플레이어를 올려놓은 채 문틈을 들여다보며 스클라가 들어오기를 기다렸다. 마침내 스클라가 들어왔을 때 레인골드는 표적이 편안해질 때까지 기다렸다가 옆 칸막이에서 새로운 레코드를 플레이했다.

이렇듯 재미있는 이야기가 음반 업계에 퍼지면서 닐 보가트는 유머러스한 조 스미스의 관심을 끌었다. 음반사 경영자가 해야 할 일에 대한 조 스미스의 믿음은 아주 간략했다. 바로 "사람들을 언제나 흥분시키는 것"이었다. 그는 닐 보가트가 워너 계열 레이블을 설립할 수 있도록 모 오스틴에게 다음 같은 제안을 던졌다. 만약 보가트에게 100만 달러의 자금을 지원한 후 수익을 내지 못하면 워너가 인수한다는 내용의 계약이었다.

레이블의 이름은 고전 영화 <카사블랑카>에서 따온 것이었다. 보가트의 첫 번째 대표밴드는 메이크업과 귀를 찢는 무대가 매력적이었던 키스였다. 그들의 이러한 특성은 연극과 과잉을 좋아하는 보가트의 취향에 딱 맞았다. 중서부에서 열리는 키스의 첫 공연을 위해 보가트는 쇼케이스가 매진될 수 있도록 명성 있는 헤드라이너인 로리 갤러거를 섭외했다. 또한 독립 프로모터의 도움을 받아 영향력 있는 DJ를 공연장으로 오게 한 후 자리에 앉혔다.

키스가 뽐내듯 앞으로 나아갔다. 피터 크리스는 공중으로 떠오르는 드럼 세트가 낮은 천장에 비해 너무 높이 올라가는 바람에 머리를 부딪혀서 잠시 의식을 잃었다. 진 시몬스는 머리에 불을 붙였다. 기타리스트 에이스는 거대한 우주 부츠를 신은 채 넘어졌다. 키스에 이어 데님을 입고 등장한 로리 갤러거는 예상대로 연기 자욱한 폐허에 발을 들여놓고는 이후 천천히 죽어갔다. 키스에게 주목을 완전히 빼앗긴 것이다. 보가트는 이상한 낌새를 전혀 못 챈 에어로스미스에게 같은 수법을 반복했다. 키스가 오프닝 공연을 할 때마다 초대 받은 DJ들은 그들의 폭발적인 퍼포먼스를 보면서 웃음을 터트렸다.

보가트의 사촌이자 라디오 홍보 담당자였던 래리 해리스는 방송국을 순회하면서 라디오 DJ와 특별한 관계를 구축했다. 그는 방송이 진행되는 동안 스튜디오에 조용히 앉아 키스의 앨범 위에 태연하게 코카인을 올려놨다. 훗날 해리스는 "내가 처음 시도한 건 아니에요."라고 말했지만 그 방법은 꽤 효과가 있었다. 그는 이렇게 덧붙였다. "검은색으로 된 앨범의 후면 커버가 코카인을 흡입하기에 완벽했죠."

그때까지 판매된 키스의 앨범은 10만 장이었다. 카사블랑카의 막대한 지출을 감당하기에는 턱없이 부족한 수치였다. 카사블랑카의 사무실에는 수영장도 있었다. 갓 데뷔한 록 뮤지션들이 수영장을 애용하면서 손님들에게 입에 담기에도 민망한 놀라움을 주기도 했다. 하지만 회사의 덩치가 커진 워너 역시 홍보와 배급에 어려움을 겪고 있었다. 결국 모 오스틴은 친절하게도 75만 달러를 탕감하고 보가트가 독립 음반사로 활동하는 것을 허락했다. 그리고 얼마 지나지 않아 카사블랑카는 파산 위기에 몰렸다. 그러던 1974년 11월 보가트는 디스코 파라다이스로 향하는 티켓을 우연히 발견했다.

보가트를 방문한 손님은 독일 출신 기획자인 피터 마이젤의 아내 트루디 마이젤이었다. 피터 마이젤은 당시 독일에서 무드 음악으로 성공을 거두고 있던 이탈리아 태생의 프로듀서를 관리하고 있었다. 프로듀서의 이름은 조르지오 모로더였다. 파산 위기였지만 데모가 마음에 들었던 보가트는 카사블랑카가 모로더가 설립한 레이블인 오아시스의 카탈로그를 북미 전역에 홍보하고 배포하는 레이블 계약을 체결했다. 어느 날 늦은 밤 카사블랑카의 임원들이 한데 모였다. 그러고는 미국의 솔 가수 도나 서머가 부른 모로더의 최신작 'Love To Love You Baby'를 플레이했다. 그때 누군가 실수로 바늘을 곡의 시작 부분으로 돌려놓았다. 사람들은 약에 취한 채로 계속 머리를 흔들면서 이 반복적이고 관능적인 노래에 몸을 맡겼다. 곡에서 기묘한 마법을 느낀 보가트는 모로더에게 전화를 걸어 확장 버전을 만들어 달라고 요청했다.

1975년 8월 카사블랑카가 풀 사이드로 발매한 17분짜리 버전은 춤추기에 적합한 곡은 아니었다. 그러나 처음에는 플로리다에서, 그 이후에는 북동부 디스코텍에서 반응을 얻었다. 심지어 프로그레시브 록을 전문으로 하는 몇몇 심야 라디오 DJ에게도 주목을 이끌어 냈다. 이렇게 입소문이 퍼지자 보가트는 도나 서머의 미래를 계획했다.

1975년 도나 서머가 6주간의 홍보 캠페인을 위해 JFK 공항에 도착했을 때 보가트는 그녀가 꿈에 그렸을 법한 홈커밍 장면을 연출했다. 독일에서 7년간의 긴 시간을 보내고 돌아온 도나 서머가 대기 중인 리무진에 탔을 때 마침 라디오에서는 'Love To Love You Baby'가 흘러나왔다. 이후 센트럴 파크가 내려다보이는 호텔 스위트룸에 들어가자 정성스럽게 배치된 20여 개의 꽃 장식이 그녀를 맞이했다. 고향인 보스턴을 방문하는 일정에서는 벅 레인골드가 로스앤젤레스에서 출발해 도착하기까지 모든 여정을 개인적으로 에스코트했다. 레인골드는 지난 몇 달간 심근염으로 병상에 누워있던 도나 서머를 위해 앰뷸런스를 준비하고, 그녀를 실제 사이즈로 본뜬 케이크 모형과 비행기 일등석 티켓 2장도 함께 마련했다. 이 모든 게 보가트의 계획이었다. 그는 미국이 도나 서머와 사랑에 빠지기 전에 먼저 서머가 카사블랑카와 함께 일하는 것에 행복을 느끼길 원했다.

카사블랑카의 첫 번째 디스코 실험에 금전적으로 큰 도움을 준 존재는 바로 키스였다. 1975년 11월 궤도에 진입한 키스는 네 번째 앨범 <Alive!>로 앨범 차트 톱 10에 올랐다. 이 음반은 카사블랑카 역사상 최초의 플래티넘 앨범이 되었다. 이듬해 봄에도 <Destroyer>와 <Rock and Roll Over>가 모두 플래티넘을 달성했다. 대부분의 록 밴드가 1년에 앨범 한 장을 발매하던 시기에 키스는 대대적인 공격에 나섰다. 그들은 불과 30개월 만에 6장의 앨범을 발매하고, 끊임없이 투어를 진행했다. 그것도 시중의 그 누구보다 더 시끄럽고, 더 야성적이고, 더 과격한 투어였다. 현금이 들어오자 보가트는 워너에게 빚졌던 75만 달러를 갚고, 할리우드에 모로코식 카스바를 구입했다. 이후 새로운 직원을 고용하고, 회사를 선셋 스트립의 더 큰 건물로 옮겼다. 보가트는 자신의 사무실과 회사 로비를 낙타 인형, 플라스틱 야자수, 모로코 가구, 드레이핑 직물로 만든 베두인족의 텐트 등으로 꾸몄다. 롤 모델은 실제 카사블랑카에 있는 릭스 카페(Rick's Café)였다. 부러움이야말로 업계 최고의 직원을 끌어들이는 요소라고 믿었던 보가트는 직원들에게 인상적인 직함, 메르세데스 세단을 선물했다. 필요 경비 계좌를 개설해주고, 모두에게 일등석 탑승을 권장했다. 보가트는 모든 직원의 생일, 심지어 박스 포장 직원의 생일도 샴페인 파티로 축하해줬다. 그는 무역 박람회에서도 같은 전략을 사용했다. 카사블랑카 부스에 모로코식 카스바를 만든 뒤 내부를 다양한 도박 게임으로 가득 채운 적도 있었다. 복면을 쓴 벨리 댄서들이 통로를 지나가면서 카사블랑카 도박 칩을 나눠줬다. 운이 좋은 방문객은 실제로 상품을 받았다.

카사블랑카 직원들은 히트곡을 내는 게 점점 쉽다고 느꼈다. 영광스러웠던 그 시절, 인생은 그 어느 때보다 좋았다. 음악적으로도, 직업적으로도, 그리고 무엇보다 화학적으로도 회사는 행복했다. 회사의 2인자였던 래리 해리스는 사무실에서 대놓고 마리화나를 피웠다. 그러나 해가 지면 서랍에서 더 강한 마약을 꺼냈다. 초창기 카사블랑카가 선호했던 마약은 퀘일루드라는 일종의 합법적인 알약이었다. 보통 루드라고 불렸다.

화려한 쇼 덕분에 키스가 성공을 거두자 카사블랑카의 펑크(Funk) 대표주자인 조지 클린턴은 대마초와 코카인을 하면서 진행된 미팅에서 투어 지원을 요구했다. 그가 제시한 묘안은 연기 구름을 뚫고 등장하는 모선이었다. 모형 비행 접시가 홀 뒤쪽에서 관객의 머리 위로 날아오고, 그 뒤에 조명이 2초 동안 꺼지면 더 큰 버전이 무대에 등장하는 식이었다. 그 와중에 우주의 에너지를 암시하는 드라이아이스를 헤치고 조지 클린턴이 등장해 이른바 "포주 산책"을 시작했다. 어쩌면 자기 방종이라고도 할 수 있을 조지 클린턴의 라이브는 다행히 즉각적인 성공을 거뒀다. 유머감각과 뛰어난 리듬 섹션 덕분이었다. 1975년 12월에 발매된 조지 클린턴의 앨범 <Mothership Connection>은 플래티넘을 기록했다.

호화로운 실험이 항상 수익성이 좋지는 않았다. 카사블랑카는 프로그레시브 록 그룹 엔젤을 성공시키려고 애썼다. 엔젤은 고급 예술을 연상케 하는 환상적인 무대로 훗날 풍자 영화 <This Is Spinal Tap>의 밑그림에 여러모로 영감을 준 밴드였다. 홀 조명이 어두워지면 천사 가브리엘의 황금빛 얼굴이 드럼 너머로 나타나면서 천상의 목소리가 객석 전체에 울려 퍼졌다. "그리고 어느 날 천국에서 가브리엘이 천사의 무리를 소환했습니다..." 조명, 드라이아이스, 거울로 이루어진 시스템이 피라미드 세트를 비췄다. 이후 무대 아래에서 다섯 개의 유리 칸막이가 솟아오르면서 밴드가 지상의 세계에 등장하는 식이었다. 안타깝게도 멤버들은 가끔씩 포드에 갇히기도 했다.[*]

분명 음반을 홍보하는 더 저렴한 방법이 있어야 했다. 도박을 좋아하던 닐 보가트조차도 댄스 플로어 히트 싱글이 진지한 구석이라고는 완전히 사라진 록의 세계에서 해결책으로 자리잡았다는 걸 알아챘다. 유럽에서는 피터 마이젤의 한사 레이블이 최초의 디스코 히트곡들, 그 중에서도 보니 엠의 'Daddy Cool'을 내놓았다. 1976년 초 미국에서는 비지스가 이를 증명했다. 얼마 지나지 않아 보가트는 운 좋게도 빌리지 피플을 제작한 프랑스 프로듀서 앙리 벨롤로와 자크 모랄리를 만났다. 일종의 게이 클럽 코스튬 컨셉트를 지향한 빌리지 피플의 멤버들은 각각 인디언, 건설 노동자, 경찰, 카우보이, 선원, 오토바이족 등으로 차려입었다. 그들은 이를 통해 미국의 삶을 상징적으로 묘사하려 했다.

[*]   <This Is Spinal Tap>에도 비슷한 장면이 나온다.

빌리지 피플의 운명은 레이블의 다른 많은 대표 뮤지션·밴드의 운명과 마찬가지로 회사의 전통에 의해 결정되었다. 바로 귀에서 피가 날 정도의 큰 음량으로 데모를 틀어 직원들의 반응을 확인하는 카사블랑카 테스트였다. 아니나 다를까. 보가트가 빌리지 피플의 데모로 건물 전체를 흔들자마자 열광에 빠진 직원들이 회의장으로 쏟아져 들어왔다. 이렇게 카사블랑카는 두 번째 디스코 폭탄을 터뜨리면서 음악 역사에 디스코 레이블로 확실히 자리를 잡았다.

베이비붐 세대 최후의 멋진 파티가 막 시작될 무렵 또 다른 중요한 선구자가 빠르게 수를 늘리고 있던 댄스 플로어의 군중 속으로 들어섰다. 바로 그 사람, 나일 로저스는 치틀링 서킷**과 공군 쇼 무대를 중심으로 활동하면서 성공을 거두기 위해 분투하던 펑크(Funk) 기타리스트였다. 특유의 '처킹' 스타일***을 개발한 그는 대서양 양쪽의 흐름을 유심히 관찰했다. 그러던 1970년대 중반 런던에 장기 체류 중이던 로저스는 록시 뮤직의 공연에서 큰 깨달음을 얻었다. 세련된 팝과 연극적인 의상이 기묘하게 뒤섞인 음악에 매료된 그는 가까운 레코드 가게를 뒤적였다.

로저스는 록시 뮤직의 앨범 아트워크에 있는 화려한 모델에 주목했다. 또, 미국에서 키스가 급부상하는 것을 보면서 팝이 개념적이면서도 현란한, 얼굴 없는 음악이 되어가고 있음을 눈치챘다. 뉴욕으로 돌아온 그는 베이시스트 버나드 에드워즈와 함께 시크를 결성했다. 그러고는 중독성 있는 두 번째 싱글 'Everybody Dance'를 1976년 말에 녹음했다. 루더 밴드로스의 힘있는 백그라운드 보컬이 함께 담긴 곡이었다.

우연히도 데모의 사운드 엔지니어인 로버트 드레이크는 당시 큰 인기를 누리던 흑인 디스코텍 나이트 아울의 DJ였다. 데모의 믹스가 완료되고 몇 주 후 드레이크가 로저스에게 전화를 걸었다. "이봐, 나일. 와서 이것 좀 봐!"

로저스가 디스코텍에 들어서자 드레이크는 "이것 좀 봐."라고 말하면서 바늘을 턴테이블 위에 올렸다. 독특한 베이스 라인과 함께 "Everybody Dance"라는 울부짖음이 클럽 전체에 울려 퍼졌다. 로저스는 이렇게 회상했다. "댄스 플로어에서 열광적인 댄서들이 에어

** 짐 크로법이라 불린 흑백 인종분리 정책이 있던 시대에 흑인 관객을 대상으로 흑인 뮤지션이 안전하게 연주할 수 있었던 공간
*** 한두 개의 코드를 반복 연주해 그루브를 만들어 내는 스타일

기타와 에어 베이스를 막 치더라고요. 로버트가 턴테이블 두 개로 1시간 동안 이 곡을 7번이나 플레이했어요. DJ가 댄스 플로어를 달구기 위해 인기 레코드를 반복해서 재생하는 이유를 모르진 않지만 이건 정말 말도 안 되는 거였어요."

디스코가 화산처럼 분출했다. 나일 로저스는 "디스코는 모든 면에서 제 어린 시절 히피들을 이끌었던 힘만큼이나 개방적이고 공동체적이었어요."라고 말했다. 로저스와 그의 친구들이 그랬던 것처럼 디스코는 실제로 아프리카, 히스패닉, 아시아 출신의 다운타운 주민에게 더 포용적이었다. "춤추는 파트너를 만지는 게 다시 멋지다고 느껴졌어요. 메인스트림 클럽에서 추는 춤에 노골적인 터치와 동작이 소개되었고, 결과적으로 게이 섹스가 벽장에서 댄스 플로어로 나오게 됐죠."

그것은 정말로 적절한 타이밍과 적절한 장소였다. 1977년 초 파라마운트는 로버트 스티그우드의 최신작인 <Saturday Night Fever>를 조심스럽게 개봉했다. 이 영화와 사운드트랙이 그해의 블록버스터 중 하나가 될 거라고 예상한 사람은 아무도 없었다. 한편 카사블랑카의 도나 서머는 속삭이는 듯한 보컬을 담고 있는 달콤한 싱글 4곡이 톱 40에 진입하는 데 실패하면서 원 히트 원더가 될 위기에 처했다. 그러던 중 갑자기 다섯 번째 싱글 B면에 위치한 곡이 상황을 역전시켰다. 1976년 말 일렉트로닉 사운드를 실험하기 위해 조르지오 모로더가 작곡하고 프로듀스한 곡 'I Feel Love'였다. 조르지오 모로더는 이 곡에서 어쿠스틱 악기를 일체 사용하지 않았다.

바이닐이 마치 외계에서 온 비행접시처럼 음악계에 착륙했다. 업계에서 그 중요성을 가장 먼저 알아차린 권위자는 록시 뮤직의 전위적인 프로듀서이자 의상도착증이 있었던 브라이언 이노였다. 베를린에서 진행되던 데이비드 보위의 녹음 세션에 불쑥 끼어든 그는 환한 웃음을 지은 채 'I Feel Love'의 카피를 손에 들고 선언하듯 말했다. "미래의 소리를 들었어! 이 싱글은 앞으로 15년 동안 클럽 음악의 사운드를 바꿀 거라고!"

버진 레코드와 러프 트레이드

레코드 샵과 레이블들 _

버진 레코드, 러프 트레이드,
스티프 레코드
그리고 섹스 피스톨스

**1976~
1978**

뉴욕과 런던이 마치 우물처럼 도처에 산재해 있는 듯했다. 그리고 이 우물들은 거대한 언더그라운드 네트워크를 통해 서로 연결되어 있었다. 곧 도착할 새로운 흐름은 로프트나 지하에 위치한 클럽으로부터 비롯된 게 아니었다. 그것은 DJ, 뮤지션, 바이닐 중독자에게 기이하고 놀라운 희귀 음반을 공급하던 전문 레코드 가게의 덕을 톡톡히 봤다. 메이저 음반사의 타워 훨씬 아래에서 새로운 세대가 다양한 음악적, 민족적인 재료들을 섞기 시작했다. 기실 이 재료들은 당대에 가장 힙하고 역동적인 매장에서 이미 연달아 재생되고 있었다.

흥미로운 인물 중 한 명이 당시 런던에 살았다. 바로 그 사람, 테드 캐롤은 안경을 쓰고 수염을 기른 아일랜드인으로 파트너인 로저 암스트롱과 함께 골본 로드와 소호 시장에서 레코드 가판대를 운영했다. 1975년 그들은 캠든 타운 지하철역 모퉁이에 록 온이라는 가게를 열었다. 음반을 찍고 판매하는 게 얼마나 쉬운 일인지 알게 된 캐롤은 치직(Chiswick) 레이블을 설립하고 레코드를 발매했는데 원오워너스(101ers)의 'Keys to Your Heart'가 그중 하나였다. 원오워너스(101ers)는 클래시를 결성하기 전 조 스트러머가 몸담았던 밴드였다.

버진 레코드는 프로그레시브 록, 펑크, 포스트 펑크의 시대를 그 어떤 회사보다 멋지게 엮어 냈다. 1970년대 초 버진은 여러 개의 대안 매장을 열었고, 1973년부터는 아일랜드 레코드 산하의 인디 레이블로 출발했다. 나중 유명 기업가가 되는 창업자 리처드 브랜슨과 동일시되지만 기실 버진의 레코드 맨은 남아프리카 공화국 출신이자 리처드 브랜슨의 먼 사촌인 사이먼 드레이퍼였다.

학구적인 집안에서 태어난 사이먼 드레이퍼는 남아프리카 콰줄루-나탈 고원에서 어린 시절을 보냈고, 이후 케이프타운과 더반에서 공부했다. 그는 <다운 비트>, <비트 인터내셔널>, <NME>, <멜로디 메이커> 등 미국과 영국에서 발간되는 음악 출판물을 읽으면서 최신 정보를 얻었다. 또, 요하네스버그의 여러 전문 수입 상점을 통해 음반과 서적을 우편 주문해서 다양한 영향을 흡수했다. 소프트 머신, 프랭크 자파, 델로니어스 몽크, 잭 케루악, 로렌스 펄링게티, 그레고리 코르소 등등. 주문이 도착하기까지는 약 한 달이 걸렸다.

그러나 그는 곧 더 빨리 구할 수 있는 방법을 터득했다. 예를 들면 소프트 머신 데뷔작이 영국에서 발매되기 훨씬 전에 미국 프레싱을 구하는 식이었다.

열아홉 살이었던 1960년대 후반 드레이퍼는 더반 지역에서 주간 쇼 DJ를 하기 시작했고, 이를 통해 남아공의 검열을 완전히 이해했다. 그는 이렇게 회상했다. "국영 방송사의 음악 라이브러리에 흥미로운 음반이 꽤 많았지만 모두 금지였어요. 밥 딜런의 앨범은 전 트랙이 분필로 그어져 있었죠. 도어스의 첫 앨범도 마찬가지였고요. 대부분의 트랙을 플레이할 수 없었어요. 그래서 더 큰 도서관이 있는 SABC 요하네스버그에서 레코드를 주문했지만 항상 방송 불가 레코드를 요청했기 때문에 머리 속에서는 언제나 조심해야 한다는 경종이 울렸어요." 드레이퍼는 남아공에서 지미 헨드릭스를 선곡한 최초의 DJ였다.

당시 그는 영감을 주는 헤겔주의자이자 마르크스주의자인 교수 밑에서 정치를 공부했다. 이 교수는 나중 인도 여성과 동거했다는 이유로 비밀경찰에 의해 살해당했다. 드레이퍼는 다음처럼 증언했다. "부모님은 아파르트헤이트에 매우 반대하셨어요. 어머니는 정부에 반대하는 대중 시위를 조직한 여성 운동 단체 블랙 새시의 회원이었죠. 하지만 저는 함께 대학에 다녔던 한두 명만큼 용감하지 못했어요. 그냥 남아공 밖으로 나가고 싶었죠. 문화적 박탈감을 느꼈어요. 음반만 금지된 게 아니라 제가 읽고 싶었던 책도 금지였거든요. 대표적으로 노먼 메일러의 책은 다 금지였어요. 도서관에 윌리엄 스타이런의 <Confessions of Nat Turner>가 비치되어 있으면 누군가 항의하곤 했고요. 실제로 책을 불태우기도 했다니까요."

드레이퍼는 어린 시절 내내 어머니가 영국에 있는 친척에 대해 얘기하는 것을 들었다. 그중 한 명인 이브 브랜슨은 남편이 대학에서 법을 공부하는 동안 전원생활을 그린 쟁반 판매 사업을 시작했다. 이 부부의 아들인 리처드는 독특한 성격에 난독증을 앓았다. 리처드는 학교생활에 어려움을 겪었지만 <스튜던트>라는 잡지를 창간해 성공을 거뒀다. 어느 날 사이먼 드레이퍼는 귀를 쫑긋 세웠다. 그의 먼 사촌인 리처드가 할인 가격으로 레코드를 파는 통신 판매 사업을 한다는 소식 때문이었다.

1970년 12월 사이먼 드레이퍼는 뒷주머니에 100파운드를 넣고 동생과 함께 런던에 도착했다. 아파트를 구한 후 그는 리처드 브랜슨을 찾아가 오랫동안 연락이 끊긴 친척이라고 자신을 소개했다. 아침으로 레코드를 먹을 만큼 음악을 좋아한다는 소개도 잊지 않았다. 놀라워하면서도 반갑게 그를 맞이한 브랜슨은 함께 점심 식사를 하면서 가게, 음반사, 녹음 스튜디오, 출판사를 설립하려는 자신의 계획을 설명했다.

바로 다음 날 드레이퍼는 버진의 통신 판매 서비스 담당자가 되었다. 그러고는 바로 그 주에 문을 연 옥스퍼드 스트리트의 첫 매장에 비치할 재고 구매에 들어갔다. 그는 다음처럼 회상했다. "그곳에 있던 그 어떤 사람보다 제가 음반과 음악에 대해 더 많이 알고 있더라고요. 그것도 훨씬 더 많이요. 저는 직원들에게 '아무도 없는 레코드가 있어야 한다.'라고 말했어요. 수입 음반, 희귀 음반, 심지어 해적판도 있어야 한다고요."

드레이퍼는 마치 종교를 믿는 것처럼 존 필의 라디오 쇼를 듣고 손님이 쓴 편지를 읽었다. 재고가 남아 가격이 싼 희귀 레코드를 미국으로부터 구입하고, 독일과 프랑스에서는 실험적인 음악을 수입했다. 1973년 리처드 브랜슨이 버진의 자체 레이블을 설립하기로 결정한 것에 대해 드레이퍼는 다음처럼 언급했다. "계약할 아티스트를 물색하면서 저는 이 레이블이 임팩트를 줘야 한다고 생각했어요. 물론 매출도 중요했지만 다른 유명 레이블, 특히 아일랜드를 살펴보니까 크리스 블랙웰의 판단력이 뛰어나다는 걸 알 수 있었죠. 그는 자기만의 것이 있는 아티스트와 계약했어요. 카리스마, 크리살리스, 일렉트라, 뱅가드도 아일랜드처럼 한 사람의 취향이 반영된 회사였죠. 저 역시 우리 레이블만의 개성을 확실히 만들고 싶었어요."

리처드 브랜슨은 처음부터 야심 찬 젊은 사업가였다. 그는 아일랜드와 수익성 높은 유통 계약을 체결했는데 이는 크리살리스보다 훨씬 좋은 조건이었다. 버진은 유망한 출발을 보였다. 그러나 드레이퍼는 "1975년 무렵 마이크 올드필드와 탠저린 드림에 지나치게 의존한다는 사실을 깨달았어요."라고 설명하면서 이렇게 덧붙였다 "우리가 스스로를 코너에 몰아넣은 거예요. 너무 작은 회사였기 때문에 몇 달 동안 쫓아다녔던 10cc와 계약을 맺을 수 없었죠. 제로에서 다시 시작해서 아티스트를 찾으려고 변함없이 노력하던 중에 운좋게도 펑크가 등장했어요."

1976년 여름, 작지만 활기찬 레코드 가게 러프 트레이드가 문을 열었다. 펑크 열풍의 중심이 될 이 가게의 젊은 창업자는 레코드 사업에서 중요한 운명을 갖게 될 또 다른 레코드 중독자 제프 트래비스였다. 뉴 웨이브가 흥했던 시절 다른 많은 위대한 인재 발굴자가 그랬던 것처럼 마켓, 도서관, 대학, 문화의 용광로가 그의 어린 시절에 풍요로운 배경을 제공했다. 그의 러시아 조부모는 1930년대에 반유대인 학살을 피해 런던 교외 달스턴에 정착한 이민자였다. 어린 제프 트래비스는 토요일마다 신발 가게를 돌아다니면서 현지 시장의 풍경과 냄새를 만끽하는 데 많은 시간을 보냈다.

다문화 지역인 이즐링턴에서 학교를 다닌 제프는 당시를 이렇게 설명했다. "처음으로 레코드를 구입한 건 런던 북부의 한 전자제품 가게였어요. 아케이드 안에 있었는데 세탁기와 토스터기를 지나가면 안쪽에 레코드 카운터가 있었죠." 10대였던 1960년대 후반 런던의 전문 레코드 가게를 발견한 그는 점심시간에 종종 지하철을 타고 새로 발매된 음반을 들으러 시내에 갔다. 그가 가장 좋아했던 가게는 뮤직랜드였다. 당시 이곳에서 일하던 직원 중에는 엘튼 존도 있었다.

케임브리지에서 영문학 공부를 마친 트래비스는 미국을 가로지르는 로드 트립에 나섰다. 이 여행을 통해 그는 인생을 바꿔 놓을 경험과 마주했다. 샌프란시스코에서 트래비스는 시티 라이츠 서점에 들어섰고 그곳의 엘리트적이지 않은 친근한 분위기에 녹아 들었다. "시티 라이츠는 항상 제 마음속에서 낭만적인 공간이었어요. 비트 시인도 어느 정도 좋아했지만 좀 의구심이 들었죠. 블랙 마운틴 시인* 쪽을 더 좋아했어요." 점점 늘어나는 바이닐 컬렉션을 어떻게 해야 할지 고민하던 트래비스는 다음 같은 공간을 떠올렸다. 이를테면 그것은 사람들이 물건을 사지 않으면 나가야 한다는 부담감 없이 서로 어울리면서 레코드를 플레이하고 직원과 대화도 나눌 수 있는 인간적인 레코드 가게였다.

트래비스에게 영향을 미친 곳은 뮤직랜드만이 아니었다. "특히 옥스퍼드 스트리트에 있는 버진 레코드 매장에서 쿠션에 앉아 음악을 들었던 게 인상적이었어요. 그곳에는 청취 부스도 있었죠. 이런 경험을 통해 레코드 가게에 간다는 행위가 단순히 물건을 사러 가는 것 이상의 의미가 있다는 점을 깨달았어요. 커뮤니티의 장소가 될 수 있다는 걸요." 러프 트레이드를 독특하게 만들어 준 요소는 바로 런던의 래드브룩 그로브에 위치해 있다는 점이었다. 무엇보다 카리브해의 색채가 강한 이 지역에는 성공하기 위해 고군분투하던 뮤

---

* 1950년대 노스캐롤라이나의 블랙 마운틴 대학을 중심으로 활동한 아방가르드 시인들을 뜻한다.

지션이 많았다. 트래비스는 커뮤니티적인 분위기를 조성하기 위해 인근 지역을 둘러봤다. 흑인, 백인, 남성, 여성 등 핵심 고객과 마찬가지로 거기에는 레게, 펑크, 아방가르드 록이 뒤섞여 있었다.

이러한 대안 레코드 가게의 확산을 통해 최신 인디가 고객에게 다가갔다. 뉴욕 디스코 신이 그랬던 것처럼 펑크의 폭발은 대안적인 네트워크를 형성했다. 예를 들어 런던의 가장 멋진 레코드 상점은 모두 패딩턴에 본사를 둔 통신 판매 회사 스카이독을 통해 미국에서 발매된 펑크 싱글을 구비했다. 이런 흐름 속에 생겨난 영국의 통신 판매 기반 인디 음반사 중 눈에 띄는 곳이 하나 있었다. 1976년 여름 데이브 로빈슨과 닥터 필굿의 매니저 제이크 리비에라가 설립한 스티프 레코드였다. 기실 로빈슨과 리비에라 같은 펍 로커가 펑크에 발을 들여놓는 것은 그리 비약적인 도약이 아니었다. 장르로서 펑크의 나이는 어렸지만 펑크는 펍 록이 그랬던 것처럼 불경한 정신과 날 것 그대로의 사운드를 선호했다.

1976년 말과 1977년 초 즈음의 섹스 피스톨스는 마치 고객을 끌어들이는 재미있는 쇼윈도 디스플레이 비슷한 존재였다. 피스톨스의 레코드 발매 속도는 실제로 너무 느렸다. 이 덕에 여러 다른 밴드가 과대광고의 혜택을 받았는데 대표적으로 스티프에서 발매한 댐드의 'New Rose'의 경우, 영국 최초의 펑크 레코드가 됐다. 데이브 로빈슨이 종종 바닥에서 잠을 자던 원룸 사무실에서 통신 판매 사업을 운영했던 스티프는 이후 뉴욕 출신 원조 펑크 뮤지션이자 밴드 텔레비전의 전 멤버였던 리처드 헬의 'Blank Generation'을 발매했다.

1976년 11월 말 섹스 피스톨스의 'Anarchy in the UK'가 EMI에서 발매되었다. 이 곡은 차트 38위에 오르면서 소소한 히트를 기록했다. 그러던 중 1976년 12월 영국 TV 생방송에서 섹스 피스톨스의 기타리스트 스티브 존스가 진행자를 "더러운 새끼", "빌어먹을 썩은 놈"이라고 불렀던 유명한 사건이 터졌다. 데일리 미러가 이를 '더러움과 격노'라는 헤드라인으로 보도하면서 대중의 분노는 극에 달했다. EMI는 계약 체결 90일 만에 섹스 피스톨스를 해고했다.

새 레이블이 절실히 필요했던 말콤 맥라렌은 두 명의 비서를 통해 A&M 런던 사장과의 미팅을 성사시켰다. "말콤이 가죽옷을 입고 무릎에는 체인을 두른 채 제 사무실에 들어오던 모습이 선명하게 기억나네요. 능글맞은 미소, 일부러 엉뚱하게 자른 헤어스타일에도 눈길이 갔고요." 데릭 그린이 웃으면서 말했다. "저는 히피였지만 마음속에는 반항적인 기질이 있었어요. 그가 EMI에 대해 들려주는 이야기에는 거의 관심이 없었죠. 그냥 제 방식대로 음악을 들어 보고 완전히 반해버렸어요! 멈출 수가 없었죠. 섹스 피스톨스와 계약을 해야 했어요."

계약이 가까워질수록 악몽 같은 일이 벌어졌다. 그러나 그린은 이렇게 고백했다. "저와 가까운 사람들은 계약하지 말라고 읍소했죠. 그런 반응이 이어질수록 A&M을 무기력과 엘리트주의에서 벗어나게 해야겠다는 결심을 굳혔어요. 우리가 얼마나 안전하고 거의 중년층에 가까워졌는지를 알려 주고 싶었어요. 심지어 전 머리도 자르고 수염도 밀었다니까요!" 또 다른 문제가 있었다. 그린과 맥라렌이 섹스 피스톨스의 미국 진출에 너무 열중한 탓에 그린이 캘리포니아로 날아가서 A&M 동료들을 설득하는 동안 협상이 계속 지연됐다는 점이다. 그린은 협상 진행을 위해 맥라렌의 옷 가게에 장거리 전화를 걸었다. "안녕하세요, A&M 레코드의 MD입니다. 말콤과 통화할 수 있을까요?" "꺼져." 비비안 웨스트우드가 대답하고는 전화를 끊어 버렸다.

그린은 당시를 다음처럼 회상했다. "제리 모스에게 이 계약이 얼마나 중요한지 설명하느라 정말 바빴어요. 동시에 얼마나 따내기 어려운 계약인지에 대해서도 설명해야 했죠. 제리는 정말 대단했어요. 영국 펑크 신에 대한 이해는 부족했지만 평소보다 더 많은 권한을 전폭적으로 지원해 줬거든요." 이후 그린은 미국 A&M 본사와 정식 미팅을 잡은 뒤 맥라렌을 로스앤젤레스로 오게 했다. "맥라렌이 히피의 본고장인 A&M 주차장에 도착했어요. 무더운 날씨였는데 체인을 무릎에 묶고, 검은색 가죽 원피스를 입었더라고요. 사람들이 그 모습을 보고 얼마나 비웃었을지 상상이 되죠?"

맥라렌은 펑크의 이념적 배경을 A&M의 총괄 매니저인 길 프리센에게 설명했다. 프리센은 정중한 태도로 맥라렌을 사로잡았다. 그린은 프로듀서 크리스 토마스가 포착한 원초적인 하이 파이 사운드를 칭찬하면서 이렇게 말했다. "다 필요 없고, 제가 보기에 이 녹음은 추가적인 프로덕션을 안 해도 이미 발매가 가능해요." 앨범이 준비되고 계약 사항이 최종적으로 정리되었다. 양측은 공식 계약을 위해 런던에서 만나기로 합의했다. 이 과정을 그린은 다음처럼 회상했다. "운이 없게도 그 모든 과정을 거치는 와중에 저는 피스톨스를 만나지도 못했어요." 그린은 예방책도 마련했다. 계약에 회의적인 직원들과 거리를 두기 위해 계열 출판사인 론도 뮤직 사무실에서 만남을 가졌던 것이다.

그린이 방에 들어섰을 때 그의 손님은 허브 알퍼트가 아끼는 프로젝트 중 하나인 앨범 <Magma>를 듣고 있었다. 프로그레시브 록 밴드 마그마의 데뷔작이었다. 조니 로튼은 악수나 인사도 없이 그린을 노려보면서 이렇게 말했다. "이게 지금까지 들어 본 유일한 A&M 앨범이네요." 그 순간 그린은 새로우면서 위협적인 얼굴을 지닌 사람을 발견했다. "정말 놀랐어요. 베이시스트 글렌 매트록은 없고, 이상한 이름을 가진 사람이 있었죠. 시드 비셔스였어요. 꽤 큰 충격이었습니다. 왜냐하면 전 매트록이 밴드의 메인 작가라고 이해했거든요." 그린은 맥라렌을 구석으로 데리고 가서 물어봤다. "시드라는 사람, 음악에 좀 능숙한 편인가요?" 맥라렌은 자랑스럽게 대답했다. "연주 하나도 못해요."

맥라렌은 버킹엄 궁전 밖에서 가짜 계약식을 계획했다. 그는 피스톨스에게 차를 몰고 온 뒤에 버킹엄 궁전 정문 앞에서 떨어지듯이 내리라고 지시했다. 아마도 그가 추진한 최고의 떠들썩한 홍보였을 것이다. 당연히 이 이벤트는 뉴스 네트워크를 도배했다. 그러나 그린은 이런 과정 속에서 뭔가 침몰한다는 느낌을 받았고, 이를 숨기려 했다. 언론을 위해 A&M은 리젠트 팰리스 호텔의 회의실을 예약했다. 이때 그린은 타인을 조종하는 데 능숙한 맥라렌의 재능을 처음 알아챘다. 맥라렌이 라이든의 귀에 대고 투어 일정까지 세세히 알려 주는 걸 들었던 것이다. 그린은 당시 상황을 이렇게 떠올렸다. "독일 TV 기자가 계약서에 그룹의 행동을 통제할 수 있는 권한이 있느냐고 묻기 전까지는 나서지 않으려고 했어요. 그런데 제가 뭐라고 말하기도 전에 시드 비셔스가 방귀를 뀌어 버렸죠."

술에 취해 밴드가 난동을 부렸던 어느 날 그들의 다음 스케줄은 A&M 직원과의 첫 만남이었다. 그린은 그날을 이렇게 설명했다. "그들이 불량한 행동을 한다는 걸 영업 담당자를 통해 처음 알았어요. 시드가 술에 취해서 욕을 하고 화장실에서 피가 나는 발을 닦고 있다고 하더라고요." 그린은 직원들에게 'God Save the Queen'의 선주문이 확실한 1위라는 사실을 계속 상기시켜야 했다.

그 주 일요일 그린의 집에 전화가 왔다. 유난히 화가 난 목소리였다. 내용인즉슨 전날 밤 스피크이지 클럽에서 시드 비셔스가 <Old Grey Whistle Test>의 진행자이자 라디오 1의 DJ였던 밥 해리스를 공격했다는 소식이었다. 밥 해리스는 BBC의 핵심 인물이었다.

그는 자신이 섹스 피스톨스 스캔들에 휘말릴 수도 있다는 생각에 남의 눈에 띄지 않기 위해 영국 북부로 가버렸다. 물론 화가 끝까지 난 상태였다.

"그래서 어떻게 하실 건가요?" 밥 해리스의 에이전트가 물었다.
"피스톨스의 행동은 제가 상관할 바가 아닙니다." 그린이 대답했다.

하지만 일요일 오후의 고요함 속에서 그린은 자신이 휘말린 상황에 대해 심각하게 고민했다. "피스톨스의 행동은 제 양심에 맞지 않았어요. 밥 해리스 사건은 저를 화나게 했죠." 그는 밤새 뒤척였다. 월요일 아침 그린은 A&R 담당자인 마이크 노블과 함께 롤스로이스를 타고 브라이튼 해안가로 향했다. 자갈이 많은 해변에 앉은 뒤 그린은 며칠 전 기자 회견장에서 느꼈던 불편함에 대해 고백했다. "나는 롤스를 몰고, 아이들을 사립 학교에 보내고, 일등석에 앉아서 여행하잖아요. 그러면서 펑크의 후원자인 척하는 게 꼭 위선자가 된 것 같아요. 사실 피스톨스의 음악은 마음에 들지만 펑크의 윤리는 이해하질 못하겠어요." 파도에 돌을 던지며 다음 행보를 고민하던 그린은 마침내 다음 같은 결론에 도달했다. "모든 게 미디어 서커스가 되어버린 거야!"

사무실로 돌아온 그린은 로스앤젤레스의 아침 식사 시간을 기다렸다가 제리 모스에게 전화를 걸었다. 맥라렌과 그의 변호사를 불러낸 그린은 A&M이 계약을 해지한다는 내용의 보도자료 초안을 보여 줬다. 그린은 빈 공간을 가리키면서 언론에 자료를 보내기 전까지 원하는 해지 금액이 얼마인지 쓸 시간이 2시간 남아있다고 말했다. "말콤의 첫 반응은 도저히 못 믿겠다는 거였어요. 그러고는 레이블에 계속 남기 위해 문제를 해결해 달라고 간청하더라고요. 말콤이 균형을 잃은 모습을 목격한 유일한 순간이었죠. 하지만 이것도 홍보가 될 수 있다는 걸 금방 알아차리더군요." 긴장감이 감돌던 회의에서 맥라렌은 계약 해지에 동의했다. 금액은 원래 계약금의 절반인 7만 5천 파운드였다.

그린은 공식 발표를 제외하고는 "언론에 그 어떤 얘기도 말하지 않기로 굳게 결심했어요. 그래서 가족을 데리고 숨어버렸죠."라고 설명했다. 그가 다음 날 신문을 집어 들었을 때 데일리 메일의 헤드라인은 '더러운 부자. 아무것도 하지 않은 대가로 7만 5천 파운드를 받은 펑크 그룹'이었다. 함께 실린 기사에서 말콤 맥라렌은 다음처럼 미심쩍다는 투로 주장했다. "A&M 계약 체결을 축하하는 행사에서 신뢰가 깨져버렸어요. 어떤 사람들은 우리가 여자를 강간하려 했다고 비난하더라고요." 이에 시드 비셔스는 빈정대는 투로 부인했다. "우린 여자 근처에 얼씬도 안 했어요." 신문마다 조금씩 다른 이야기를 전했다. 이브닝 스탠다드의 경우 맥라렌의 말을 인용해서 보도했다. "섹스 피스톨스는 전염병과도 같아서 손댈 수 없는 존재에요. 대신 제가 사무실을 드나들면서 수표를 받고 있죠."

또 한 번의 쿠데타를 성공시키며 자신만만해진 말콤 맥라렌은 버진과 계약을 체결했다. 일찍이 아일랜드의 팀 클라크가 "직물로 된 귀를 가졌다."라고 말한 것처럼 리처드 브랜슨은 음악 문화에 대한 이해 부족으로 오랫동안 음반 업계에서 비웃음을 샀지만 대신 미디어 가치에 대한 안목이 있었다. 그래서 피스톨스가 EMI로부터 계약 해지를 당한 이후 개인적인 열정으로 말콤 맥라렌을 쫓았다. 사이먼 드레이퍼는 이렇게 말했다. "저의 경우 피스톨스의 팬은 아니었지만 당시 버진은 새롭고 핫한 밴드가 급하게 필요했어요. 말콤 맥라렌 역시 리처나 버진을 마다할 수 없는 상태였죠. 물론 회사 내에 그들을 싫어하는 사람도 있었어요. 시드 비셔스는 우리 사무실에 와서 끔찍한 행동을 하곤 했고요. 하지만 그런 행동에 당황할 필요는 없었어요."

2,000단어 분량으로 쓰인 버진의 보도 자료에는 맥라렌의 독선적인 막말이 자랑스럽게 적혀있었다. "섹스 피스톨스는 부끄러워하지 않고 단호합니다. 그들은 무관심한 사람들에게 충격을 주기를 원합니다. 그들은 다른 젊은이들이 무언가 하기를 원합니다!" 'God Save the Queen'을 런칭하기 위해 맥라렌과 브랜슨은 왕실의 기념 행사 기간에 바지선을 빌려 템스강을 항해했다. 언론이 지켜보는 가운데 체포될 수도 있다는 사실을 알면서도 그렇게 한 것이다. 그러나 눈에 띄게끔 연출되는 떠들썩하고 과한 홍보에 누군가 불편함을 느끼기 시작했다. 바로 존 라이든이었다.

섹스 피스톨스의 미국 판권이 아직 확보되지 않은 상황에서 모 오스틴은 A&R 담당자인 밥 레기어와 밥 크라스노우를 런던으로 파견했다. 맥라렌은 특유의 설득력을 통해 두 사람에 깊은 인상을 남겼다. 그러고는 이 두 명을 "4층 계단 밑으로" 안내했다. 크라스노우는 당시를 이렇게 회상했다. "지옥 같았어요. 정말 역겹고, 지저분하고 끔찍한 놈들이었죠. 마치 똥을 밟은 것 같았어요. 심지어 악기 연주도 못했고요. 모든 게 저에게는 재앙이었어요." 호텔로 돌아온 크라스노우는 버뱅크에게 전화를 걸어 메시지를 남겼다. "모, 내 인생에서 본 것 중 최악이에요!"

당황한 오스틴은 1시간 후 다시 전화를 걸어 크라스노우와 레기어가 같은 리허설을 본 게 맞는지 물어봤다. 레기어는 전혀 다른 메시지를 전했다. "모, 계약해야 해요. 대박이 날 거예요!"

모 오스틴은 런던으로 날아가 갈수록 찾기 어려워지고 있던 맥라렌을 추적했다. "마침내 그를 찾았어요. 만나기로 약속했지만 날짜를 정할 때마다 약속을 어겼죠. 정말 실망스럽더라고요. 마침내 자리에 앉아서 거래를 제안했는데 승낙은 했지만 조건이 있었어요. 워너 브라더스가 자신이 만들고 싶은 영화에 투자해야 한다는 거였죠." 그렇게 해서 섹스 피스톨스의 가짜 다큐멘터리 <The Great Rock 'n' Roll Swindle>이 만들어졌다. 말콤 맥라렌은 이 작품에서 "횡령범"으로 출연했다.

급변하는 비즈니스의 세계에서 가장 중요한 건 타이밍이다. 섹스 피스톨스는 거대한 수요가 있음에도 과대광고를 하는 데 거의 1년을 써 버렸다. 섹스 피스톨스의 데뷔 앨범이 영국 매장을 강타한 때는 1977년 11월이었는데 당시 펑크 신은 원시적인 형태에서 이미 벗어나는 중이었다. 따라서 이후 자신이 거대한 팝 강탈을 주도했다는 말콤 맥라렌의 주장은 충분히 의문스러울 수 있다. 사이먼 드레이퍼는 이렇게 말했다. "섹스 피스톨스는 그렇게 많은 음반을 팔지는 못했어요. 하지만 그들은 우리의 이미지를 확고하게 만들어 줬죠." 말콤 맥라렌과 섹스 피스톨스를 맥라렌 본인보다 더 정확하게 묘사한 표현이었다.

섹스 피스톨스 신화에 대한 질문에 드레이퍼는 다음처럼 대답했다. "맥라렌은 자기자신과 온갖 종류의 것들을 발명하는 완전히 과장된 인물이었다고 봐요. 모든 사람을 흥분에 빠트리고, 추측하게 만드는 걸 좋아했죠. 그 과정에서 재미를 느꼈고요. 그는 정말 좋은 아이디어를 분명히 가지고 있었어요. 특히 스스로도 음반을 만들었는데 처음 두 개는 진짜 훌륭했죠. 하지만 맥라렌은 항상 모든 것을 전복시키길 원했어요. 그래서 상대하기에 불편했죠... 그는 피스톨스를 조종하고 싶어 했어요. 그는 그들이 자신의 창작물이 되기를 원했고, 아마도 처음에 어느 정도는 그랬을 거예요. 하지만 그가 선택한 피스톨스의 멤버들은 캐릭터가 강했죠. 그 중에서도 존 라이든은 그에게 굴복하지 않았어요."

라디오 인터뷰에서 라이든이 음반 선곡을 통해 자신의 음악적 취향을 드러냈을 때 드레이퍼는 놀라움을 감추지 못했다. "말콤이 자리를 비운 게 틀림없어요. 그렇지 않다면 절대 그런 일이 일어나도록 내버려 두지 않았을 거거든요. 존은 레게뿐만 아니라 반 더 그라프 제너레이터, 캔, 그리고 섹스 피스톨스가 반기를 들었던 다른 모든 그룹도 좋아하더라고요. 프로그레시브 록에 대한 반감, 과거의 모든 것에 대한 반감, 이런 게 사실 전혀 아니었다는 거죠!"

1977년 말 두 개의 독립 레이블이 뉴 웨이브의 선두 주자로 두각을 나타냈다. 바로 미국의 사이어와 영국의 스티프였다. 1977년 여름 EMI와 유통 계약을 맺은 스티프는 펑크 애티튜드를 더욱 힙하고 유머러스하게 변형한 것들을 선보였다. 그들이 파는 머천다이즈에는 "If it ain't Stiff it ain't worth a fuck"이라는 슬로건이 인쇄되어 있었다. 스티프는 DJ와 레코드 가게에 설문지도 보냈다. 거기에는 "어떻게 죽고 싶습니까?", "가장 좋아하는 변태는?" 등의 질문이 적혀 있었다.

그보다 조금 전인 1977년 여름 내내 로빈슨과 리비에라는 그들의 새로운 희망을 세상에 소개하기 위한 준비로 바빴다. 둘은 런던-아이리시 싱어송라이터 데클란 맥마누스에게 버디 홀리를 연상케 하는 안경을 씌우고 엘비스 코스텔로라는 희한한 예명을 붙여줬다. 그들은 이 야심 찬 뮤지션을 설득해 파크 레인에 위치한 CBS 컨벤션 밖에서 배터리로 작동하는 앰프를 사용해 버스킹을 하게 했다. 미국 진출을 위한 포석이었다.

비록 코스텔로에게 말하지는 않았지만 로빈슨과 리비에라의 계획은 그를 체포하는 영상을 찍는 것이었다. 버스킹을 시작하자마자 스티프 레코드는 익명으로 경찰에 전화를 걸어 수상한 아일랜드인이 파크 레인에서 소란을 피운다고 신고한 후 뉴스 기자들에게 연락했다. 행운의 여신은 용감한 자의 편을 드는 법. 대니 필즈에게 라몬스를 소개해 준 존경받는 미국 저널리스트 리사 로빈슨이 마침 CBS에서 열린 컨퍼런스에 참석한 차였다. 우연히 마주친 코스텔로의 노래에 반해버린 그녀는 호텔에 있는 월터 예트니코프를 찾아가 코스텔로를 한번 보라고 간청했다. "히트할 거예요. 반드시 계약해야 해요."

예트니코프는 이렇게 회상했다. "컨벤션을 향해서 가는데 뒤돌아보니까 길거리에 기타를 작은 앰프에 연결한 채 서 있는, 안경 쓴 약간 괴상한 남자가 있더라고요." 이후 마침내 체포되었을 때 코스텔로는 경찰에게 스티프의 전화번호를 알려 줬다. 경찰은 스티프라는 '사람'은 들어 본 적도 없다고 대답했다. 스티프가 레코드 회사라는 걸 몰랐던 것이다. 한편 파크 레인으로 돌아온 월터 예트니코프는 뉴욕의 A&R 부서에 전화를 걸었다.

기세가 오른 코스텔로는 1977년 8월 잡지 <사운즈>의 표지를 장식했다. 거기에는 그를 쿨한 괴짜로 표현하려는 스티프의 계획이 강조되어 있었다. "엘비스 코스텔로는 나약한 괴짜처럼 생겼습니다. 딱 붙은 안경, 깡마른 얼굴, 핀스트라이프 수트에 간부용 넥타이까지. 아마 당신은 모래를 발로 차서 얼굴에 뿌리고 싶을 겁니다. 엘비스 코스텔로는 아시다시피 팝 스타입니다. 지난 달에는 컴퓨터 오퍼레이터였죠."

곧 흔하게 쓰일 뉴 웨이브라는 용어는 아직 이 떠오르고 있는, 아이러니하면서도 우스꽝스러운 팝 록 브랜드를 지칭하는 표현이 아니었다. 그러나 1977년 말이 되자 이른바 펑크 운동이 새로운 국면에 접어들었다. 대표적으로 뉴욕 사이어의 시모어 스타인은 CBGB에서 발견한 또 다른 그룹 토킹 헤즈의 데뷔를 준비 중이었다. 버진의 사이먼 드레이퍼는 회사가 추구하는 팝의 미래를 이끌 그룹 XTC를 영입했다.

비슷한 시기인 1977년 말 스티프가 주최한 아티스트 단체 공연을 통해 로빈슨이 1970년대 초부터 알고 지내던 이언 듀리가 주목받았다. 뛰어난 펑크(Funk) 밴드 블록헤즈(Block-heads)와 함께 한 그의 곡 'Sex & Drugs & Rock & Roll'은 전국 투어의 열광적인 찬가가 되었고, 그의 첫 앨범인 <New Boots and Panties>는 불티나게 팔렸다. 이후 이언 듀리는 후속곡 'Hit Me with Your Rhythm Stick'으로 영국 싱글 차트 1위에 올랐다.

마침내 뉴 웨이브가 런던과 뉴욕에서 큰 인기를 끌면서 1970년대 초 로빈슨과 듀리가 상상했던 일이 실제로 벌어졌다. 바로 입소문을 통해 클럽과 레코드 가게에서 풀뿌리 운동이 일어나고, 이를 통해 대중에게 음악을 되찾아주는 것이었다. 서른여섯 살의 나이에 스타가 된 듀리만큼 반(反) 메이저 현상의 상징이 될 만한 인물은 없었다. 그는 어린 시절 소아마비로 인해 신체가 기형적으로 바뀌었다. 잘생긴 얼굴은 쇠약해진 몸통에 비해 엄청나게 커 보였다. 그는 걷기가 너무 힘든 나머지 다리 보조기와 지팡이에 의지해 고통스럽게 휘청거렸다. 그는 펑크 열풍의 진정한 꽈지모도였다. 이렇게 이안 듀리는 절름발이도 스타가 될 수 있다는 것을 증명했다. 그는 코크니 속어로 자신을 '라즈베리 리플'이라고

---

*   Raspberry ripple은 속어로 불구(Cripple)라는 뜻이다.

표현했다.

단서를 포착한 A&R 담당자들은 꿈같은 수확을 거뒀다. 유나이티드 아티스트 레코드 런던의 앤드류 로더는 스트랭글러스와 버즈콕스를 발견했다. 아일랜드의 크리스 블랙웰은 슬릿츠와 B-52를 영입했다. 데이브 로빈슨은 스티프의 로스터에 데보, 린 로비치, 그리고 이후 대박을 터트릴 매드니스를 더했다.

가장 큰 이득을 본 주역은 영향력 있는 미국의 여러 미들급 인디 레이블이었다. 1977년 5월 크리살리스는 아름다운 금발을 지닌 데보라 해리와 계약했다. 그녀가 소속된 밴드 블론디는 CBGB에서 활동하고 있었는데 거칠고, 아직은 덜 익은 상태였다. "메이저 팝 그룹이 될 수 있는 엄청난 잠재력을 가지고 있다고 봤어요. 그래서 블론디와 계약했죠. 그리고 그들도 그렇게 되기를 원했고요."라고 테리 엘리스는 설명했다. 그 전해에는 테리 엘리스의 런던 파트너인 크리스 라이트가 잘생기고 야심 찬 보컬이 있는 펑크 밴드 제너레이션 X와 계약을 맺었다. 테리는 그들에 대해 다음처럼 얘기했다. "저 역시 빌리 아이돌을 잠재적인 메이저 팝 스타로 봤어요. 솔직히 말해 연주를 못해도 무대에 오를 수 있다는 펑크 정신은 당시의 저에게 매력적이지 않았어요. 하지만 그 흐름 속에서 등장한 중요한 사람들이 있었죠."

1978년 펑크는 디스코와 섞이기 시작했다. 블론디의 첫 번째 글로벌 히트인 'Heart of Glass'는 진동하는 신시사이저와 디스코 리듬으로 완성된 댄스 플로어 그루브를 담고 있는 상징적인 곡이었다. 믹 재거는 펑크와 디스코, 두 가지 흐름에 모두 발을 담근 또 다른 경험 많은 기회주의자였다. 스톤스의 1978년 히트곡 'Some Girls'에 대해 그는 이렇게 설명했다. "이 레코드는 뉴욕과 뉴욕의 방식에 기반을 두고 영감을 얻은 결과였어요. 그 덕분에 더욱 힘이 실리고, 단단해진 곡을 얻을 수 있었죠... 펑크와 디스코가 동시에 유행하던 그 시기는 꽤 흥미로웠어요."

지금까지 살펴봤듯이 특정 밴드의 시작에 펑크라는 용어가 도움을 줬을 수도 있다. 그러나 대부분의 레코드 맨에게 펑크라는 단어는 별 의미가 없었다. 예를 들어 시모어 스타인은 "언제나 뉴 웨이브라는 용어를 선호했다."라고 하면서 이렇게 덧붙였다. "라몬스에게서 펑크는 전혀 보이지 않았어요. 대신 훌륭한 밴드를 봤죠. 제가 보기에 그들은 아바와 브라이언 윌슨, 비치 보이스의 영향을 조금씩 받은 밴드였어요. 저는 밴드가 뭘 입고 있는지 보지 않아요. 음악을 듣죠. 그들의 음악은 애초에 상업적이었어요." 스타인은 CBGB에서 데이비드 번의 강렬한 공연을 보면서 토킹 헤즈에게도 팝 히트곡이 있다는 것을 직감했다.

데이비드 번은 이렇게 증언했다. "시모어는 장르나 스타일에 상관없이 노래를 들었어요. 라몬스의 경우에도 그는 이미지와 언론 따위는 무시하고, 그들로부터 웃기면서도 클래식한 팝을 들었죠. 내 생각에 토킹 헤즈에게서도 비슷한 느낌을 받았을 거예요. 술과 중국 음식을 먹으면서 노래를 읊조릴 수 있는 그런 느낌. 그는 다른 메이저 레이블처럼 거창한 약속을 하지는 않았어요. 대신 진정으로 몇몇 곡을 좋아해 줬죠."

A&M의 런던 사장에게도 비슷한 방식으로 큰 수익원이 찾아왔다. 당혹스러운 사건 이후 경력에서 가장 힘든 시기를 견뎌낸 데릭 그린은 이렇게 고백했다. "피스톨스가 공개적으로 해고된 후 펑크 신을 둘러보면서 더 이상 신뢰할 수 없다고 느꼈어요. 마지 못해 사무실에 출근하는 기분도 들었고요. 직장 동료와 레코드 업계 지인이 시대에 뒤떨어진 사람으로 보였거든요." 우울한 기분에 빠져 있던 그린은 어느 날 롤스로이스를 타고 런던을 돌아다녔다. 그때 라디오에서 신시사이저가 쏟아지는 것처럼 들리는 팝송이 흘러나왔다. 그린은 DJ에게 전화를 걸어 정체를 물어본 다음 밴드 매니저이자 프로듀서인 마일스 코플랜드를 찾아냈다. 그린의 표현에 따르면 코플랜드는 "나처럼 머리를 자르고 새로운 음악 신을 받아들인, 나이 먹은 음악 업계의 히피"였다.

우연치고는 운이 좋았다. 그린은 몇 년 전 코플랜드가 레이블을 설립하는 데 도움을 준 적이 있었다. 덕분에 매니저는 기꺼이 밴드 스퀴즈를 A&M에 넘겼다. 그 후 코플랜드는 자신의 동생이 소속된 그룹 폴리스를 A&M에 소개해 줬고, 폴리스는 펑크와 레게를 섞은 데뷔곡 'Roxanne'을 발표했다. 그린은 한숨을 쉬면서 이렇게 말했다. "이렇게 저는 십자군 전쟁에 복귀했어요. 그럼에도 스태프들과 다시 긍정적인 자세로 일하려고 했죠. 스태프들은 펑크에 대한 입장을 바꿨고, 더 이상 과거처럼 펑크를 훌륭한 음악의 종말로 간주하지 않았어요. 폴리스, 스퀴즈, 조 잭슨으로 우리는 미국에서 먹힐 수 있는 뉴 웨이브 밴드를 갖게 됐죠... 덕분에 A&M이 다시 최신 유행을 탈 수 있었던 거예요." 실제로 A&M은 한번에 여러 개의 파도를 타는 중이었다. 또 다른 영국 출신 밴드 슈퍼트램프는 로스앤젤레스로 활동 무대를 바꾼 후 발표한 1979년 블록버스터 앨범 <Breakfast in America>로 폭발적인 인기를 누렸다. 새로운 10년이 다가오는 와중에 A&M은 세계에서 가장 큰 독립 음반사로 거듭났다.

뉴욕과 런던에서 일어난 모든 문화적 변화에도 불구하고 비즈니스의 기본 법칙은 브리티시 인베이전 이후 변하지 않았다. 이에 대해 그린은 이렇게 설명했다. "영국은 정말 손해를 보는 시장이었어요. 1970년대에 크리스 블랙웰, 테리 엘리스, 크리스 라이트, 토니 스트래튼-스미스, 빌 커비슬리, 그리고 저와 같은 영국 레코드 맨과 아티스트 매니저에게 가장 중요한 차트는 빌보드였죠. 전 세계적인 규모로 레코드를 팔아야 간접 비용과 자존심을 모두 지킬 수 있었거든요. 우리는 미국의 시장 지배자와 친구가 되는 방법을 알고 있는 기업가였어요. 그리고 이건 1980년대에도 '펑크적'인 태도를 고수했던 사람들은 결코 해낼 수 없는 일이었죠. 예를 들어 아들의 매니저를 맡고 있던 폴 웰러의 아버지가 미국 투어가 불필요하다는 아티스트의 의견을 받아들이지 않았다면 저는 미국 시장을 위해 잼과 계약했을 거예요."

또 다른 예시는 바로 이언 듀리였다. 그는 "미국을 좋아하지 않아요. 그러니까 말리부에서는 절대 나를 찾을 수 없을 거예요."라고 고백했다. 데이브 로빈슨은 이언 듀리에게 루리드의 서포트 역할로 미국 투어에 설 수 있는 기회를 줬는데 서류상으로 그것은 거절할 수 없는 제안이었다. 그러나 이언 듀리는 코크니로 써진 자신의 가사가 미국 관객에게 통하지 않을 것이라고 확신했고, 이 여정은 결국 불운하게 끝나버렸다. JFK 공항에 도착했을 때 이언 듀리는 침울한 얼굴로 홍보 보좌관 코스모 바이닐에게 이렇게 말했다. "미국진짜 싫어." 6주 후 실망스러운 투어가 이어진 탓에 기분이 썩 좋지 않았던 루 리드는 백스테이지에서 그를 대놓고 무시했다. 듀리는 집으로 가는 비행기에 몸을 실으면서 말했다. "내가 얘기했잖아."

24.

소돔과
고모라

디스코라는 화염 _

빌보드 톱 40 라디오를
장악한 네트워크

1979~
1980

언론은 비꼬고, 조롱하는 태도를 감추지 않은 펑크를 집중적으로 비판했지만 디스코는 화려하게 치장한 겉모습 뒤에 더 외설적이고, 더러운 표정을 지니고 있었다. 디스코 원더랜드의 엄청난 찬가였던 'Le Freak'을 공동 작곡한 시크의 기타리스트 나일 로저스는 화장실에서 마법과도 같았던 시절을 보냈다.

로저스는 그가 애정한 클럽 스튜디오 54의 틈새 공간을 회상하면서 이렇게 말했다. "아직도 기억나요. 어떤 소녀가 저를 끌고 안으로 들어갔죠. 그런 경험은 처음이었어요. 당시 대부분의 시간을 여자 화장실에서 보냈어요. 제 사무실이라고 알려졌을 정도였죠." 약물의 영향이 컸다. "구강 섹스를 엄청나게 많이 했어요. 여자화장실에서 나가라고도 하지 않았죠... 마실 수 있는 건 다 마실 수 있고, 친구도 거기서 만나고... 만약 누군가 화장실을 사용해야 하면 내가 들어오라고 하면 됐어요. 그러면 들어와서 내 앞에 앉았어요. 심지어 처음 본 여자였는데도 말이죠."

차트에 영향을 미치는 게임은 훨씬 더 지저분해졌다. 당시 카사블랑카의 부사장 래리 해리스는 음반 업계에서 가장 중요한 인물인 빌 워들로의 로비를 직접 담당했다. 워들로는 빌보드 차트의 디렉터로서 사실상 미국 내 거대 소매업체의 주문량을 결정하는 사람이었다. 래리 해리스는 워들로에게 선물을 마구 뿌렸다. 디스코 관련 기증품, 가십, 도나 서머 주연의 영화 <Thank God It's Friday>의 촬영 현장 방문 등등. 이런 로비를 통해 카사블랑카의 키스는 빌보드 앨범 차트에 음반 4장을 한꺼번에 올렸다.

1978년 4월 카사블랑카는 클럽 54의 '제한 구역'으로 워들로를 초대해 잊을 수 없는 밤을 선사했다. 당시 광경을 목격한 운 좋았던 사람들에 따르면 금단의 구역은 쾌락주의적인 지하 세계였다. 그 파티에 참여한 사람들은 그림자 속에서 섹스를 했고, 유명인들은 테이블 주위에 앉은 채 코카인에 절어 있었다. 50대 중반이었던 빌 워들로는 그곳에 전혀 어울리지 않는 외모를 갖고 있었지만 호스트들은 그를 마치 하렘의 술탄처럼 대접했다.

RSO의 마스터 세일즈맨인 알 코리 역시 게임을 어떻게 플레이하는지 알고 있는 인물이었다. 1978년 5월 신비롭게도 그가 베니스에서 목격되었다. 빌 워들로에게 곤돌라를 태워

주고, 웅장한 수상 도시를 보여주기 위함이었다. 바로 그다음 주에 <토요일 밤의 열기>의 수록곡이자 RSO의 차기 빅 싱글인 이본 엘리먼의 'If I Can't Have You'가 빌보드 싱글 차트에서 1위를 차지했다. 다른 사람들 역시 꽃다발 따위로 워들로를 귀찮게 하지 않았다. TK 레코드의 소유주 헨리 스톤은 빌 워들로에게 팜스프링스에 있는 집의 계약금을 안겨줬다. 케이시 앤 더 선샤인 밴드가 기록한 총 5번의 빌보드 1위에 감사를 보내기 위함이었다. 스톤은 이렇게 말했다. "그에게 간간이 돈을 찔러줬죠. 제가 말한 그대로 차트에 계속 곡을 올려주더라고요."

이 먹이사슬의 정점에서 웃고 있는 존재는 바로 거대 제조기업인 필립스와 지멘스가 공동 소유한 유럽의 메이저 회사 폴리그램이었다. 그들의 행보는 처음부터 굉장했다. 2,300만 달러를 들여 RSO와 카사블랑카를 인수한 것이다. 1978년 한 해 동안 <토요일 밤의 열기>와 <그리스>는 빌보드 차트에서 총 31주간 9번 1위에 올랐다. 카사블랑카에서는 빌리지 피플과 도나 서머가 플래티넘 앨범 4장을 추가했다. 미국에서 4억 7천만 달러의 매출을 기록한 폴리그램은 1979년 초 미국 3대 음반사가 된 것을 기념하기 위해 호화로운 파티를 열었다. 이렇게 폴리그램이 부상하면서 WEA와 CBS는 조금씩 압박감을 느꼈다.

흥분에 취한 폴리그램의 네덜란드와 독일 경영진은 영화 사운드트랙이 일회성이라는 사실을 단 한 번도 생각하지 못했다. 또한 마약에 취한 카사블랑카가 키스 멤버 4명의 솔로 음반을 총 500만 장이나 발주했다는 사실도 알지 못했다. 이는 키스의 매니저들이 닐 보가트에게 강요한 계약상의 의무였다. 매니저들은 행여 솔로 프로젝트가 마약에 취한 밴드의 해체를 가져오진 않을까 염려했던 것이다. 4장의 앨범은 1978년 9월 같은 날 발매되었고, 홍보비로 75만 달러가 지출되었다. 이것은 음반 업계에서 자해 행위나 마찬가지였다. 키스의 보통 팬이라면 4장의 솔로 앨범을 다 구매할 리 없었기 때문이다.

헨리 스톤은 빌보드 컨벤션 기간 동안 열린 잊을 수 없는 파티 하나를 다음처럼 회상했다. "닐이 콧구멍으로 테이블 위에 가득 올려진 코카인을 한 방에 들이마시더라고요." 폴리그램 유통 사업부의 단골 손님이었던 릭 블리와이스는 절정의 성공가도를 달리던 카사블랑카의 분위기를 이렇게 묘사했다. "음악이 울려 퍼지는 가운데 12대의 전화기가 울렸어요. 그 건물 안에서는 절대 대화를 할 수 없었죠. 소리를 질러야 했어요. 만약 일반인이었다면 전력 낭비와 사운드 볼륨에 놀라서 주저앉았을 거예요." 복도 아래에서는 라디오의 플레이리스트에 카사블랑카의 레코드가 더해질 때마다 판촉 담당자가 오리엔탈 징을 쳤다.

1979년 회사의 신입 영업 사원이었던 대니 데이비스는 사무실에 자리를 잡고 앉았을 때 자신의 눈 앞에 벌어지고 있는 풍경을 믿을 수 없었다. "월요일이나 화요일에 비서를 찾다 못해 그녀의 이름을 불렀어요. 주위를 둘러보니까 비서가 신용카드를 손에 들고 테이블 위에 놓은 코카인을 흡입하기 좋게 정리하고 있더라고요... 프로그램 디렉터와 통화를 하고 있는데 어떤 사람이 들어왔어요. 그런데 그 인간이 골프채를 들고 뛰어다니면서 제 책상 위에 있는 물건을 부숴버렸다니까요. 제가 통화하는 동안 성냥으로 제 책상을 불태우기도 했고요. 전화기를 들고 WSGA의 제리 로저스에게 이렇게 말했어요. '제리, 제 책상에 불이 났어요. 이제 끊어야겠어요.'"

한편 싸구려 모방자와 관광객이 뉴욕에 한꺼번에 몰려들면서 디스코는 그 마력을 잃어갔다. 로프트의 DJ 대니 크리빗은 이렇게 증언했다. "엄청난 인파가 몰려들었어요. 클럽은 계속 문을 열었죠. 모든 곳이 만석이었어요. 충분하지 않은 공간 안에서 모든 게 점점 더 커졌죠. 뉴요커들은 외부 도시에서 들어오는 사람을 '시골뜨기'라고 불렀어요. 저희에게는 마치 영화 <토요일 밤의 열기>에 등장하는 인물처럼 보였고요. 힙하지도 않고, 개성도 없는 평범한 무리 같았죠."

톰 실버맨은 빠르게 진화하는 디스코 현장을 보도하던 젊은 저널리스트였다. 그는 1978년 디스코 산업 전문지 <디스코 뉴스>를 창간한 뒤 DJ, 레코드 가게, 라디오 프로그래머 네트워크를 통해 전국적인 정보를 수집했다. "1978년에 첫 번째 대형 방송국이 디스코 음악 전문 포맷으로 전환했고, 6개월 만에 35~40개의 방송국이 뒤를 따랐죠. 그중 일부는 이런 변화가 정당화될 수 없는 도시에 있었어요. 모두가 붐에 편승해 돈을 벌려고 했던 거죠. 그 와중에 정말 형편없는 디스코 음반이 쏟아져 나왔어요. 돌리 파튼의 'Baby I'm Burning', 아서 피들러가 지휘한 앨범 <Saturday Night Fiedler> 같은 것들이요."

1979년 여름 시카고의 한 무명 라디오 DJ가 여러 징조 중 첫 번째 사건이 될 기이한 이벤트 개최를 발표했다. 바로 그 사람, 디스코를 증오했던 스티브 달은 방송국이 디스코 전문 포맷으로 바뀌면서 직장을 그만둬야 했다. 이후 록 방송국 WLUP에 자리를 잡은 그는 시카고 화이트삭스 구단주의 아들이자 록을 사랑했던 남자 마이크 벡을 만났다. 마이크 벡과 스티브 달, 이 두 사람은 구단주인 아버지 벡의 승인 하에 상상력 넘치는 계획을 세웠다. 비유하자면 그것은 거대한 크기의 야구 방망이로 디스코 볼을 부수는 것이었다.

달은 이 행사를 '디스코 폭파의 밤'이라고 불렀다. 먼저 그는 7월 12일 화이트삭스 경기에서 관중이 디스코 제물을 제공하면 98센트에 입장할 수 있다고 청취자들에게 알렸다. 경기 당일이 되자 대형 헬멧을 쓴 달이 군용 지프를 타고 돌아다니는 가운데 불꽃놀이 전문가들이 디스코 레코드 더미를 폭발시키는 모습을 보기 위해 무려 5만 명이 모여들었다. 팬들이 경기장에 쏟아져 들어오고, 허영의 소각*을 위한 불꽃이 터지면서 이후 35분 동안 아수라장이 연출됐다. 이러한 혼란에 대비하지 못한 화이트삭스는 경기를 포기해야 했다. 경기장 밖에서는 15,000명의 로커 무리가 맥주를 마시면서 "디스코는 거지 같아, 디스코는 거지 같아..."라고 외쳤다.

얼마 지나지 않아 디스코는 폴리그램의 밑바닥에서도 최저점을 찍었다. 1979년 경기 침체에 디스코 포화 상태가 더해지면서 1930년대 이후 처음으로 음반 산업은 11%의 실질적인 위축을 경험했다. 모두가 이러한 변화를 느꼈다. 파산 위기에 처한 클라이브 데이비스의 아리스타 레이블은 독일의 거대 기업인 아리올라에 매각되었다. 가장 큰 피해를 입은 곳은 폴리그램의 미국 유통망이었다. 릭 블리와이스는 이렇게 설명했다. "우리에게는 카사블랑카와 RSO가 있었고, 머큐리와 폴리도어의 더 작은 히트작들도 있었죠. 그래서 마침내 빅 리그에 진입했다고 생각했어요. 다르게 생각할 이유 역시 없었고요." 그러던 중 가히 모든 실패의 어머니라 할 로버트 스티그우드의 어리석었던 최신작이 나왔다.

블리와이스는 다음처럼 증언했다. "영화 <Sgt. Pepper's Lonely Hearts Club Band>는 재앙이었어요. 모두 이 작품이 또 다른 <Saturday Night Fever>나 <Grease>가 될 거라고 예상했죠. 원래는 사운드트랙에 대한 단골 주문을 좀 보류하려고 했지만 수많은 단골이 엄청난 양의 사운드트랙을 구매하겠다고 고집했어요. 마치 쓰나미의 마지막 큰 물결 같았죠. 먼저 <Fever>의 파도가 밀려왔고, <Grease>의 파도가 밀려왔죠. 그 다음에 <Pepper>의 파도가 밀려왔어요. 그런데 <Pepper>만이 파괴적이었던 거예요." 폴리그램의 고위 경

---

*   Bonfire of the vanities: 죄악시되는 물건을 태우는 행위를 뜻하는 종교적 표현. 같은 제목의 소설과 영화도 있다.

영진은 로열 박스에 앉은 채 댄스 플로어가 불타는 블랙홀이 되어 폭발하는 모습을 공포에 질린 표정으로 내려다봤다.

단순히 반품만 넘쳐 난 게 아니었다. 지난 2년 동안 폴리그램의 미국 내 유통망은 세 배로 성장한 상태였다. 막대한 운영 비용을 감당하지 못하면서 폴리그램의 모든 해외 수익은 디스코 지옥으로 빨려 들어가 불타버렸다. 폴리그램은 회계부정을 저지른 닐 보가트를 해고했다. 이후 1982년 그가 암으로 사망할 무렵 카사블랑카는 거의 문을 닫은 상태가 됐다.

마치 문 닫을 시간에 깜빡이는 불빛처럼 현실이 임박하고 있었다. 부스스하고 헝클어졌던 모습과 결별한 밥 딜런은 머슬 숄스 스튜디오에서 제리 웩슬러가 프로듀스한 종교적인 레코드 <Slow Train Coming>으로 돌아왔다. 일부 사람들은 딜런이 기독교 재활 치료를 받는 것은 아닌지 궁금해했지만 이 미네소타의 시인은 타이밍을 캐치하는 감각을 잃지 않았다. 그는 그래미 시상식에 모인 레코드 회사 중역들 앞에서 이렇게 노래했다. "그건 악마일 수도, 주님일 수도 있죠. 하지만 당신은 누군가를 섬겨야 할 거예요."[*] 그것은 자기도취와 쾌락주의로 점철된 지난 10년의 문을 닫는 목소리였다. 냉소주의자들은 나비넥타이를 맨 채 웃고 있었을지도 모르지만 딜런의 그래미 수상은 7년 전 그가 당시 구식 취급받은 제리 웩슬러 대신 데이비드 게펜의 부유한 정신 병동을 택했던 운명적인 사건에 아이러니한 각주를 더했다.

흥미롭게도 그즈음 모 오스틴은 데이비드 게펜에게 음악 사업을 다시 해 보라고 권유하는 중이었다. 게펜은 제안을 반갑게 받아들이면서도 더 많은 것을 원했다. 그는 협상을 통해 수십억 달러 규모의 미래를 위한 계약을 체결했다. 모 오스틴이 워너 브라더스 레코드를 통해 게펜이 운영하는 음반사에 자금을 대주고, 스티브 로스가 워너 커뮤니케이션즈를 통해 영화 제작사에 자금을 지원하기로 한 것이다. 당시 서른일곱 살의 나이였던 게펜은 운 좋게도 스튜디오 54에서 에이즈에 감염되지 않았다. 그는 엔터테인먼트 산업 전체를 정복하기 위해 로스앤젤레스로 돌아왔다.

---

[*]   딜런의 곡 'Gotta Serve Somebody'의 가사다.

회사 이름을 무엇으로 할지 고민하고 있을 때 디자이너 친구였던 캘빈 클라인이 "게펜 레코드"를 추천했다. "섹스를 더 많이 할 수 있을 것"이라는 게 이유였다. 행운을 더하기 위해 게펜은 자신의 경력이 처음 시작된 곳 바로 옆에 위치한 선셋 대로에 사무실을 열었다.

소식을 들은 아흐메트 에르테군이 물었다. "데이비드, 왜 애틀랜틱으로 돌아오지 않았어요? 다시 함께 일할 수 있었을 텐데?" 게펜이 대답했다. "장난해? 넌 끝났어... 애틀랜틱은 끝났다고!"

말은 그렇게 했지만 게펜은 시대에 대한 감각을 잃은 상태였다. 레이블 런칭을 위해 유명 가수가 필요하다고 확신한 그는 카사블랑카의 전성기에서 내려온 도나 섬머에게 150만 달러의 선금을 쏟아 부었다. 그러나 그녀는 우울증을 이기지 못한 채 종교에 빠져 있었고, 무엇보다 지친 것으로 드러났다. 그 후 게펜은 같은 금액으로 창작과 상업성 모두에서 슬럼프를 겪고 있던 엘튼 존을 영입했다.

그럼에도 게펜은 여전히 최고의 스타 유혹자였다. 당시 존 레넌은 자신의 컴백 앨범인 <Double Fantasy>를 막 제작하고 있는 중이었다. 레넌이 제안을 기다린다는 소식을 들은 게펜은 오노 요코에게 전보를 보내 두 사람의 음악적 미래를 논의하기 위한 만남을 정중하게 요청함으로써 모든 경쟁자를 물리쳤다. 레넌은 기뻐하는 아내를 미소 띤 채 바라보면서 "바로 이 사람이군."이라고 말했다. 당시 레넌의 실질적인 매니저는 오노 요코였다. 게펜은 또다시 100만 달러의 선불금에 동의했다.

게펜 레코드에서 발매된 레넌의 중년 복귀작은 미적지근한 평가와 함께 판매 부진을 겪었지만 1980년 12월 레넌이 암살당하면서 애도의 물결에 휩싸였다. 레넌의 죽음으로 돈을 번다는 비난을 우려한 게펜은 모든 광고를 중단했다. 그러나 이 음반으로 게펜의 새로운 레이블은 처음으로 수익성 있는 히트를 일궈 냈다.

하지만 워너 제국 내부는 열정으로 넘치는 게펜의 복귀를 반가워하지 않는 분위기였다. 네수히 에르테군이 이끄는 WEA의 국제 부서가 레이블 수출권을 100만 달러의 선금으로 사려고 제안했을 때 게펜은 분노를 표했다. 홀 앤 오츠의 변호사 앨런 그루브먼은 게펜의 문제를 전해 듣고는 CBS의 예트니코프에게 가서 자신이 경쟁적인 제안을 던져 보겠다고 나섰다. 타이밍은 완벽했다. 그루브먼의 멘토 월터 예트니코프가 워너 커뮤니케이션스에게 영화사 프로젝트를 제안했지만 스티브 로스에게 거절당한 지 얼마 되지 않은 때였기 때문이다. 예트니코프는 복수를 원했다.

뉴욕의 한 식당에서 랑구스틴과 홍합을 먹으면서 예트니코프는 그루브먼이 개처럼 구걸하면 게펜과 수출권을 계약하겠다고 말했다. 중개 수수료를 받기 위해 이 무기력한 변호사는 무릎을 꿇고 "제에에에발!"이라고 징징거렸다. 이후 게펜이 CBS로부터 1,500만 달러의 선급금을 받고 떠났을 때 워너 경영진은 경악하면서 반역죄에 대해 논의했다. 그러나 침착한 모 오스틴은 CBS가 게펜의 스타트업에 필수적인 현금 유동성을 제공했을 뿐이라고 주장하면서 특유의 철학적 태도를 잃지 않았다.

쉽지 않은 시대였다. 1980년의 여러 베스트셀러가 증명하는 것처럼 디스코 이후 불황에 시달리던 메이저 음반사는 팬 베이스가 확실한 성인용 록으로 다시 돌아갔다. 특히 CBS는 수익 감소에도 불구하고 핑크 플로이드의 <The Wall>, 브루스 스프링스틴의 <The River>, 빌리 조엘의 <Glass Houses> 등의 히트 덕분에 운 좋게도 순항을 이어갔다. 지휘봉을 잡은 지 5년이 된 월터 예트니코프는 이를 통해 자신의 기반을 단단히 다졌다.

CBS 타워 내부에서 예트니코프가 11시 이전에 출근하지 않는다는 것은 상식이었다. 그가 도착하면 이미 술에 취해 보드카 냄새를 풍겼다. 24시간 쇼 비즈니스 활동을 위해 아내와 아들을 떠난 이후 예트니코프의 자연스러운 서식지는 야간 사무실이었고, 변호사, 아첨꾼, 파티 걸이 들락거렸다. 한 오랜 친구에 따르면 월터는 그곳에서 "자신의 더러운 모습"을 드러냈다.

예트니코프는 음반 제작자는 아니었지만 강력한 권력 브로커로 명성을 얻었다. 그의 거침없는 성격 이면에는 예술적 결핍을 유머 감각으로 보완하는 묘하게 사랑스러운 캐릭터가 숨어 있었다. 아버지의 잦은 구타를 견뎌낸 예트니코프는 브루클린의 소년에서 맨해튼의 거물로 성장했다. 이처럼 그의 스토리는 놀라운 회복탄력성을 보여준다. 애초에 예트니코프는 자신을 그렇게 심각하게 여기지 않았다. 그러면서도 재빠르고, 열심히 일할 줄 아는 전술적, 법적 본능을 가졌던 덕에 그의 술 취한 독재를 포함한 모든 나쁜 점이 오래도록 번영을 누렸다.

그러나 모두가 그를 이해한 것은 아니었다. 예트니코프의 사무실과는 달리 술기운이라고는 조금도 없던 CBS의 복도에서 사교성 좋은 신임 사장 존 백은 저렇게 입이 상스러운 사람이 어떻게 그 자리에 오를 수 있었는지 이해할 수 없었다. 그는 새로 부임한 지 얼마 되지 않은 상태였다. 따라서 회장 빌 페일리에게 깊은 인상을 남기길 원했다. 백은 자기 관리가 뛰어난 전문가가 필요하다고 봤다. 무엇보다 음반 사업부의 과소비 문화를 바꾸기 위함이었다.

공군 사령관 출신인 백은 과거 런던에서 CBS 레코드를 운영했고, 현재 뉴욕에서 국제 부서를 책임지고 있는 해병대 출신 딕 애셔가 이상적인 후보라고 판단했다. 그 결과, 애셔는 잠재적으로 어색해질 수도 있는 예트니코프 휘하의 부대표로 승진했다. 그의 권한은 낭비성 지출을 줄이는 것이었다.

일을 하던 애셔는 금방 눈에 띄는 한 가지 구멍을 발견했다. 독립적으로 일하는 지역 라디오 곡 중개인 네트워크에 지불하는 금액이 싱글 1개당 최대 10만 달러에 달한다는 사실이었다. 그는 부서 직원들을 통해 이 불투명한 시스템이 뉴욕의 프레드 디시피오와 로스앤젤레스에 있는 조 이스그로가 이끄는 전국적인 네트워크라는 점을 밝혀냈다. 이후 이 네트워크는 언론의 비판적인 기사가 이어지면서 폭로되었다. 거대한 페이올라 사기를 의심한 애셔는 송장을 합산한 결과 CBS가 매년 이 독립 프로모터들에게 총 천만 달러를 지급하고 있다는 계산에 다다랐다.

그리고 놀라운 일이 벌어졌다. 1980년 2월 핑크 플로이드는 LA에서 풍선으로 만든 돼지, 거대한 애니메이션, 공연 도중 세워졌다가 무너지는 4개의 벽으로 구성된 공연을 준비하고 있었다. 4채널 입체 음향으로 설계된 이 공연은 총 다섯 번 열릴 계획이었다. 애셔는 LA가 핑크 플로이드에 열광하고 있다는 사실을 잘 알았다. 상황이 이랬기에 히트 싱글 'Another Brick in the Wall'을 굳이 홍보하지 않아도 틀어 줄 것으로 예상하고 LA 지역 라디오 홍보에 대한 일반적인 지불을 보류했다. 하지만 신기하게도 누적 청취자 수가 300만 명에 달하는 LA의 4대 방송국에서는 이 곡을 한 번도 틀지 않았다. 핑크 플로이드의 매니저가 불만을 제기하자 필요한 금액이 지불되었고, 그제야 라디오에서 곡이 흘러나왔다.

애셔는 망연자실했다. 반면 예트니코프는 웃음 지으면서 이렇게 말했다. "저는 길거리

캐릭터를 좋아해요. 디시피오도 그중 하나였죠." 예트니코프는 몇 년 전 이 안경 쓴 라디오 홍보 담당자를 56번가에 있는 팻시의 이탈리안 레스토랑에 초대한 적이 있었다. 그 저녁 식사 자리에서 예트니코프는 자신이 제공하는 서비스가 위장 페이올라가 아닌지 직설적으로 물었다. 디시피오는 그렇지 않다고 말하면서 예트니코프의 법적 책임을 부인하는 문서에 기꺼이 서명하겠다고 약속했다. 디시피오는 이렇게 주장했다. "레이블에 자신이 하는 일을 잘 아는 홍보 담당자가 있었다면 제가 필요 없었을 거예요. 너무 많은 음악이 쏟아져 나오기 때문에 라디오에서도 잡초를 제거해야 하거든요. 라디오는 제가 잡초를 제거할 수 있다는 것을 알고 있고요. 라디오는 저를 존중해 줘요. 제 말에 귀를 기울이죠. 제가 가져오면 그들이 플레이해요. 전 레스토랑에 누가 들어올지 결정하는 지배인이에요. 히트 레코드를 가져오면 반드시 플레이되게 만들죠. 저는 히트 외에는 아무것도 취급하지 않아요."

경기 침체가 심해지자 스티브 로스의 기업 관리자인 데이비드 호로위츠는 자체 조사에 들어갔다. 그의 계산에 따르면 이 인디 프로모터들은 워너, 일렉트라, 애틀랜틱에 매년 총 600만 달러의 손실을 입혔다. 1980년 11월 빌보드는 익명의 소식통을 인용해 워너에서 보이콧을 발표했다고 보도했다. "지금까지 독립 프로모터가 퇴출되지 않은 이유는 각각의 회사가 상대방이 먼저 하기를 원했기 때문이다. 워너 커뮤니케이션스의 레이블이나 CBS가 먼저 나서야 한다."

빌보드가 모든 주요 레이블을 향해 독립 프로모션에 대한 질문을 던지면서 서서히 윤곽이 드러났다. MCA 역시 인디 프로모션 중단을 고려했지만 캐피톨의 프로모션 책임자인 브루스 웬델은 다음처럼 반문했다. "인디 프로모션을 중단할 이유가 없어요… 다른 사람이 한다고 해서 내가 왜 내 강점 중 하나를 포기해야 하죠?" 흥미롭게도 빌보드는 워너 커뮤니케이션스의 보이콧에도 불구하고 애틀랜틱이 비밀리에 독립 프로모션을 계속 쓰고 있다는 사실을 밝혀냈다.

반대 의견을 무시한 채 딕 애셔는 상사에게 청원을 넣었다. 예트니코프와의 중대한 회의에서 애셔는 현명하게도 도덕적 비난이 아닌 전술적 논증에 집중했다. 너무 비싸게 성장한 독립 프로모터를 무너뜨릴 수 있는 드문 기회가 찾아온 것이다. 위에서 내려다보는 빌 페일리와 존 백의 시선을 느낀 예트니코프는 애셔의 열정에 전혀 공감하진 않았지만 결국 굴복할 수밖에 없었다. 1981년 초 CBS는 보이콧에 동참했다.

애셔와 호로위츠가 예상하지 못한 점이 있었다. 바로 아티스트의 반응이었다. 인기 레코드가 이상하게도 에어플레이에 실패하자 매니저들이 불만을 토했다. 붐타운 랫츠와 아담 앤트의 변호사인 폴 마샬은 이렇게 설명했다. "제 뮤지션들이 상처받았고, 제 생각에는 딕이 잘못하는 거였어요. 전 페이올라에 대해 전혀 몰랐어요. 도덕적인 이슈가 있는 것처럼 보여서 그가 도덕적으로 옳다고는 생각했죠. 하지만 자신에게 일자리를 제공하는 아티스트가 창을 맞고 있는데 백마를 탈 수는 없잖아요." 어스, 윈드 앤 파이어의 모리스 화이트는 애셔의 얼굴에 대고 직접적으로 말했다. "이봐요, 제 직업은 하나뿐이에요. 나를 당신의 십자군으로 만들지 마요."

월터 예트니코프는 다음처럼 결론지었다. "페이올라 금지령은 웃기는 얘기였어요. 특정 곡이 히트하지 못하면 그건 도리어 인디 프로모션 담당자가 자신이 하는 일이 뭔지를 분명히 안다는 뜻이었죠. 치열한 경쟁이 벌어지는 이 사업의 특성을 고려할 때 업계 전반의 보이콧은 전혀 일어나지 않았어요... 아티스트는 음반사만큼, 아니 그 이상으로 절실하게 히트곡을 갈망하거든요. 금지령을 피하기 위해 우리 회사를 포함한 여러 레이블이 아티스트나 매니저에게 추가 돈을 주면서 인디 프로모터를 직접 고용하게 했어요. 이렇게 독립 프로모터는 어떤 방식으로든 게임에 참여하는 존재였죠. 게임을 하고 싶고, 이기고 싶다면 그들을 무시할 수는 없는 거예요."

A&M의 프로모션 담당자인 찰리 프레보스트는 인디 프로모터가 후에 갱으로 묘사되긴 했지만 경험에 비춰봤을 때 자신이 믿지 않는 음반은 맡지 않았다고 회상했다. 그것은 "뇌물을 쓰는" 불투명한 시스템이기는 했지만 프레보스트는 항상 "이 사람들 역시 레코드맨"이라고 느꼈다.

카사블랑카의 2인자인 래리 해리스 역시 이에 동의하면서 인디 프로모터의 성장하는 파워가 잡지 <Radio & Records>의 차트 및 방송국 평가에 영향을 미쳤다고 말했다. 1970년대에 이들의 부상을 지켜본 해리스는 이렇게 덧붙였다. "이 인디 프로모터들은 대부분 음악에 푹 빠져있었어요. 기록을 깨는 데 자부심을 갖고 있었죠. 이들은 모두 한때 업계에서 일하다가 회사를 위한 게 아닌 혼자 일하기로 결정한 사람이에요. 시카고, 포틀랜드, 시애틀 등에 해당 마켓의 프로그래머와 긴밀한 관계를 맺고 있는 사람이 고용돼서 활동했죠. 업계에는 누가 '일 처리'를 잘하는지 널리 알려져 있었어요. 물론 대기업이 매일 뇌물을 주고도 거의 문제가 되지 않는다는 게 항상 마음에 걸리긴 했죠. 정부의 간섭도 있었고요. 하지만 우리 외에 방위 산업이나 제약 업계의 페이올라는 뭐냐는 거예요. 결론부터 말하자면 인디 프로모터는 훌륭한 서비스를 제공했고 이걸 잘 해냈어요. 히트할 거라는 직감이 들면 그들에게 돈을 써서 우리 편으로 만들 수 있었죠."

당시 여러 레이블의 소유자였고, 플로리다에서 가장 큰 독립 유통업체를 운영했던 헨리 스톤은 다음처럼 설명했다. "이 모든 게 사람이 하는 일이라는 사실을 기억해야 해요. 그리고 사람들은 술, 마약, 창녀, 비싼 식사, 밤거리를 좋아하죠. 특히 DJ들 말이에요." 스톤이 신뢰한 프로모터는 돈이 돈을 낳는다는 철학을 지녔던 프레드 렉터였다. 그는 스톤으로부터 받은 돈과 레코드로 여행 가방을 가득 채우고 플로리다 전역을 돌아다녔다. 그럼에도 스톤은 "히트 레코드는 살 수 있는 게 아니에요."라고 말하면서 이렇게 덧붙였다. "만약 히트가 안 되면 대중이 원하지 않는다는 겁니다. 아무리 열심히 해도... 결국에는 그냥 지나가버리는 거죠. 하지만 히트 레코드는 계속 남아요... 사람들은 지금도 여전히 그 레코드를 뭔가 의미 있는 것으로 기억하죠."

보이콧 운동의 실패로 힘을 얻은 미국 각 지역의 독립 라디오 프로모터는 점차 히트를 위한 공식 문지기가 되어갔다. 이들은 심지어 실패에 당황한 워너를 향해 과감하게 수수료 인상을 요구하기도 했다. 잘못된 행위가 도리어 감탄을 부르는 이 업계에서 방관자 대부분은 능글맞은 웃음을 참지 못했다. 사실 페이올라는 1940년대 후반부터 있었고, 업계의 모든 베테랑이 그 존재를 알았다. 당시에는 알앤비 음반을 방송에 내보내려면 저임금 DJ의 손에 50달러를 쥐어 주어야 했다. 이제, 주요 지역에서 활동하는 영향력 있는 DJ에게 선곡을 부탁하기 위해 필요한 금액은 1만 달러였다. 소규모 음반사에서는 감당할 수 없는 금액이었다. 소위 프로모터라고 불리는 자들이 똥을 금으로 바꿀 수 있는 건 아니었다. 그러나 그들은 불황기에도 거대 레이블이 더 쉽게 정상을 지킬 수 있게 해 준 검증된 시스템이었다.

25.

성공의
이면(裏面)

포스트 펑크와 불황 _

슈가 힐 레코드, 사이어 레코드,
팩토리 레코드,
다니엘 밀러와 뮤트 레코드

**1979~
1982**

음반 산업의 거물들이 디스코에 대한 관심을 놓지 않으면서 디스코 버블은 패혈성 종기처럼 터져버렸다. 그러나 진물이 흐르는 와중에도 뉴욕의 밤 문화는 팝 음악의 미래를 계속해서 보여 줬다.

할렘과 브롱크스에서는 턴테이블이 그 자체로 하나의 악기가 됐다. 새로운 세대의 클럽 DJ들 덕분이었다. 전직 솔 가수였던 실비아 로빈슨은 1979년 악명 높았던 모리스 레비의 재정적 도움을 받아 슈가 힐 레코드를 세웠다. 그녀가 발매한 첫 레코드는 슈가힐 갱의 'Rapper's Delight'였다. 이 곡은 이후 거대한 영향을 미쳤다. 그로부터 몇 달 후 블론디는 포스트 펑크에 랩을 섞어 그루브를 살린 6분짜리 곡 'Rapture'를 발표했다. 이 곡은 그래피티 아티스트가 등장하는 비디오로 화제를 모으면서 빌보드 1위에 올랐다. 그룹 최초의 넘버원이었다. 지금 우리가 힙합이라고 부르는 음악은 아직 그 이름을 찾지 못한 상태였다. 그 와중에 뉴 웨이브의 마지막 후손이 공식적으로 탄생했다.

톰 실버맨은 이렇게 설명했다. "1979년 무렵 디스코는 부정적인 의미를 지녔고, 불황의 책임을 떠안았죠. 그래서 <디스코 뉴스>에서 <댄스 뮤직 리포트>로 회사 이름을 바꿨어요. 어느덧 디스코라는 단어가 음악 자체가 아니라 특정 장소만을 의미했기 때문에 그다지 마음에 들지 않기도 했고요. 우리는 댄스에 기반한 록을 뜻하는 'DOR'이라는 용어를 만든 뒤에 클럽에서 사람들이 춤추는 모든 종류의 음악에 대해 보도했어요. 그러던 중 소매점에 전화를 걸었을 때 브레이크비트의 존재를 발견했죠."

실버맨이 새로운 소식을 전해들은 곳은 6번가와 43번가에 있는 인기 DJ 매장 다운스테어 레코드였다. 그는 자신이 알게 된 새로운 '브레이크 룸'에 대해 이렇게 증언했다. "계단을 내려갔어요. 옷장 크기만한 별도의 방이 있더라고요. 한 남자가 책상에 앉아있었고 그 뒤에는 기묘한 레코드 컬렉션이 있었죠. 밥 제임스, 몽키스, 크라프트베르크, 인크레더블 봉고 밴드, 세론, 빌리 스콰이어, 이글스 등등. 서로 전혀 상관없어 보이는 음반들이 꽂혀있더라고요. 하지만 문 밖에 열일곱 살짜리 아이들이 줄을 서서 레코드당 2장씩 사려고 기다리고 있었다니까요!"

이 아이들은 레코드가 발매됐을 때 그게 뭔지 잘 알지도 못했던 너무 어린 아마추어 DJ들이었다. 이 사실을 알면서도 실버맨은 아이들에게 물어봤다. "어떤 음반을 사야 할지 어떻게 아니?" 그중 한 명이 대답했다. "아프리카 밤바타가 디제잉 때 플레이하는 곡을 살 거예요." 실버맨은 당황했지만 호기심이 발동했다. 그는 브롱크스에 있는 한 클럽을 찾아 이 미스터리한 이름을 추적했다.

"가히 미쳤다고 할 수 있을 음악의 조합이었어요. 제임스 브라운, 슬라이 앤 더 패밀리 스톤, 조지 클린턴 같은 펑크(Funk) 음악을 록, 디스코, 다른 장르와 섞은 음악이었죠. 하지만 4~8마디만 플레이하고 그걸 반복했어요." 기자 출신이었던 실버맨은 개혁적인 블랙 스페이드 갱 단원으로 줄루 네이션을 창단한 아프리카 밤바타의 배경 스토리에도 매료되었다. 밤바타는 뉴욕의 빈민가를 진정시키고 고양시키기 위해 이 공동체 문화 운동을 시작했다. 실버맨은 다음처럼 증언했다. "당시에는 여전히 인종 차별이 심했고, 아이가 살해당하는 일도 많았어요. 하지만 브레이크댄스, 그래피티, 랩, 디제잉은 돈이 없는 사람들도 할 수 있는 표현의 형태였죠." 아프리카 밤바타의 짜릿한 디제잉 퍼포먼스를 기록으로 남기고 싶었던 실버먼은 부모님으로부터 5,000달러를 빌려서 1981년 토미 보이를 설립했다. "슈가 힐 레코드를 보고 깨달았어요. 메이저 레이블이 될 필요가 없다는 걸요. 고급이어야 할 필요도 없고요!"

한편 새로운 댄스 신이 맨해튼 다운타운의 디스코와 펑크가 시작된 곳에서 빠르게 진화했다. 이를 목격한 사람 중 한 명이 바로 2005년 애틀랜틱 레코드의 CEO가 된 크레이그 칼먼이었다. 당시 10대였던 칼먼은 뉴욕의 레코드 가게를 기웃거리면서 DJ로 일할 수 있는 곳을 찾았다. "디스코 시대가 끝나고, 모든 것이 다운타운으로 옮겨갔어요. 스튜디오 54, 제논, 코파카바나 같은 클럽이 예전에는 다 업타운에 있었죠. 제트기를 타고 온 유명 인사들이 이곳으로 몰려들었고요. 하지만 그때만 해도 뉴욕시의 생활비가 감당할만했어요. 그래서 로어 이스트사이드와 웨스트사이드를 중심으로 새로운 집단이 형성됐죠." 다문화적이고, 사회학적으로 다양하며, 지저분하기도 했던 이 새로운 핫 스팟에는 흑인, 백인, 히스패닉, 게이, 이성애자, 성전환자가 있었다. 음악가, 시인, 화가, 마약상, 배우, 언론인 등 모든 종류의 다양한 사람이 몰려들었다.

웨스트 62번가에 있었던 펑키 클럽 허라와 로프트로부터 영감을 얻은 다운타운의 파라다이스 개러지 외에도 당시의 정수를 담아낸 새로운 슈퍼 클럽이 웨스트 37번가에 있었다. 바로 그 클럽, 댄스테리아를 1979년에 개장한 주인공은 모험심 강한 독일인 기획자 루돌프 피퍼였다. 댄스테리아는 무엇보다 유럽의 예술성과 뉴욕의 다문화주의가 공존했던 클럽이었다. 댄스테리아에 대해 칼먼은 이렇게 말했다. "최고의 용광로였어요. 4개의 층에 각기 다른 DJ와 음악 테마가 있었죠. 저는 금요일과 토요일에 상주 DJ로 일했어요. 동료이자 전설인 마크 카민스와 함께 밤을 보냈죠."

칼먼은 매주 토요일 맨해튼의 가장 멋진 레코드 가게를 샅샅이 뒤졌다. 그는 초기 댄스 신에서 활동하던 다른 DJ들처럼 다운스테어 레코드, 바이닐 마니아, 99 레코드, 다운타운 레코드, 록 앤 솔, 록 인 유어헤드 등 장르 특화된 레코드 가게 네트워크를 전부 훑으면서 돌아다녔다. "펠라 쿠티부터 제임스 브라운, 뉴 오더, 리 페리, 에릭 비 & 라킴, 실베스터, 조르주 벵, 팔러먼트, 펑카델릭, 크라프트베르크, 클래시의 레코드를 다 샀어요. 레게, 펑크, 펑크(Funk), 디스코, 힙합, 브라질리언, 크라우트록 등등. 클럽에서 어떤 밤을 보내든 사람들이 저를 찾게 만들고 싶었죠."

댄스테리아는 다양한 댄스 플로어 외에 최첨단 라이브 밴드의 공연도 선보였다. 칼먼은 뉴욕 초기 댄스 신의 선구자로 토킹 헤즈, 톰 톰 클럽, 디페시 모드, 소프트 셀을 꼽으면서 다음처럼 향수를 자극했다. "포스트 펑크와 사이어 레코드 시대였죠. 시모어 스타인이 왕이었어요!"

1970년대 후반 라몬스를 필두로 출발한 사이어 레코드는 어느덧 뉴욕에서 가장 주목받는 음반사가 되었다. 보헤미안 정신에 충실한 동시에 사업적으로는 거대 기업 WEA와 교류했던 브루클린 출신 시모어 스타인은 1978년 레이블의 절반을 워너 커뮤니케이션스에 매각했다. 스타인은 제리 웩슬러에게 큰 영향을 줬던 박식한 빌보드 편집자 폴 애커먼을 위해 일하면서 커리어를 쌓았다. 그의 나이 서른여섯, 15개의 해외 차트를 정리하는 작업이었다. 스타인은 이 일을 통해 배운 점을 결코 잊지 않았다. "처음 빌보드에서 일했을 때 영국보다 독일, 프랑스, 이탈리아에서 더 많은 히트곡이 나왔어요. 그래서 혼자 사업을 시작했을 때 다른 지역 레퍼토리 소스를 우선적으로 살펴봤죠."

이후 스타인은 킹 레코드를 설립한 시드 네이선의 견습생으로 신시내티에서 실제 비즈니스를 배웠다. 그러고는 EMI로부터 저렴한 라이선스를 협상해 미국 인디 비즈니스의 발판을 마련했다. 그는 사이어의 공동 설립자인 리처드 가터러와 함께 마이크 버논이 이끄는 영국의 유망한 인디 레이블 블루 호라이즌에 투자했다. 당시 블루 호라이즌은 초기 플리트우드 맥을 포함한 클래식한 레코드를 보유하고 있었다. 스타인은 이렇게 설명했다. "1960년대 초반 즈음 영국에 처음 왔을 때 다른 사람들의 집에 묵었어요. 그런데 마이크 버논이 돈을 아끼고 싶어서 그러는 거라면 자기와 함께 지내자고 말하더라고요. 마이크는 햄스테드 가든 교외에 살았고, 그의 아내가 요리를 많이 해 줬죠. 토스트에 스파게티와 콩을 얹어 먹었어요. 제가 그런 음식을 먹는다는 사실을 어머니가 알았다면 아마 매를 맞았을 거예요!"

런던 여행이 너무 잦아지자 결국 스타인은 베이커 스트리트 근처에 머물 곳을 마련했다. 당시 워너의 백만장자 경영진은 그에게 "돈을 너무 아껴."라고 농담을 던졌다. 그러나 이후 벌어진 일에서 알 수 있듯이 1980년대 워너의 자본은 스타인의 스마트한 거리의 방식에 많은 빚을 졌다. 프리텐더스의 보컬이자 사이어의 간판이었던 크리시 하인드는 1979년 런던에서의 첫 만남에 대해 다음처럼 회상했다. "시모어의 주소를 받고 그곳으로 가서 문을 두드렸더니 시모어가 묻더라고요. 근처 골동품 시장에 같이 갈 수 있냐고요. 그래서 벼룩시장으로 가서 뭐가 있는지 함께 뒤지고 다녔죠."

런던의 어느 평범한 토요일 스타인은 포토벨로 마켓을 돌아다니다가 근처에 위치한 러프 트레이드 매장에 들렀다. 1980년 무렵 러프 트레이드는 고객들로 가득했는데 스페셜스, 언더톤스, 조이 디비전 같은 인기 그룹의 레코드 수십만 장을 매장 뒤 사무실에서 유통하고 있었다. 스타인은 런던의 인맥을 통해 레질로스, 언더톤스, 에코 앤 더 버니멘, 심플 마인즈, 매드니스, 잉글리시 비트, 소프트 셀, 디페시 모드, 큐어에 대한 북미 판권을 계약했다.

또 다른 레이블이 대서양을 횡단하는 활기를 느꼈다. 다름 아닌 러프 트레이드가 유통하던 신생 레이블 중 하나이자 1979년 조이 디비전의 매니저 롭 그레튼이 맨체스터에 설립한 팩토리 레코드였다. 1980년 5월 이언 커티스가 자살하고 5개월 뒤 조이 디비전은 이름을 뉴 오더로 바꿨다. 이후 그들은 펑크(Funk) 그룹 어 서튼 레이시오의 서포트 밴드로 뉴욕에 방문했다. 팩토리의 공동 디렉터인 롭 그레튼, 토니 윌슨, 그리고 레이블 프로듀서인 마틴 하넷 등이 동행했다.

월슨은 뉴욕 방문을 다음처럼 떠올렸다. "3주 동안 허라와 댄스테리아에서 놀고, 어울리면서 많은 시간을 보냈어요. 디자인이 멋졌고, 공연장과 디스코, 스타일 라운지가 하나로 합쳐진 클럽이었죠. 이런 클럽에서는 데이비드 번도 화장실에 갈 수 있겠구나 싶더라고요." 그해 겨울 월슨과 그레튼은 기발한 아이디어를 떠올렸다. "뉴욕에 이런 클럽이 있는데 맨체스터에는 왜 없을까?" 이언 커티스가 죽으면서 사후 프리미엄으로 수익이 쏟아져 들어오자 그레튼과 월슨은 가장 거대한 도박을 꿈꿨다. 맨체스터에 뉴욕 스타일의 슈퍼 클럽을 세우는 것이었다. 이를 통해 무대, 디스코텍, 서로 인접한 라운지를 포함한 현대적인 디자인의 하시엔다가 1981년 지어졌다.

러프 트레이드를 통해 유통되는 모든 영국 인디 중 뉴욕 댄스 플로어가 특히 열광한 모던한 스타일의 그룹이 있었다. 바로 그 밴드, 디페시 모드는 시모어 스타인이 미국으로 가장 많은 양의 앨범을 수입한 주인공이었다. 디페시 모드가 소속된 레이블은 신스 팝 전문이었던 뮤트였다. 뮤트의 설립자 다니엘 밀러는 1981년 썸 비자르 레코드에서 발매된 소프트 셀의 12인치 싱글 'Memorabilia'의 프로듀서였다.

게리 누먼, 휴먼 리그, OMD, 비지지 등 영국 신스 팝 밴드의 상업적 성공이 보여주는 것처럼 신시사이저가 유행하는 시기였다. 크라프트베르크의 음악을 듣던 다른 경쟁자들과 달리 다니엘 밀러는 독일 미래파에 특별한 감정을 내비쳤다. 그는 오스트리아 난민의 아들이자 1938년 비엔나 대탈출로부터 태어난 '사랑의 아이'였다. 밀러는 이렇게 설명했다. "부모님은 런던에서 만나기 전에는 서로를 전혀 몰랐어요. 런던에 오셨을 때 아버지는 영어를 한 마디도 못 하셔서 배우가 되기엔 어려웠죠. 하지만 전쟁 중에 오스트리아 이민자를 위한 유명한 카바레 클럽 '랜턴'을 운영하셨고, 그곳은 오스트리아와 독일 난민의 만남의 장소가 됐죠. 어머니는 그곳에서 배우로 일했고요. 그렇게 두 분이 만난 거예요.

"전쟁 중에 부모님은 모두 BBC 방송국의 독일어 파트에서 일하셨어요. 아버지는 특히 성대모사를 잘하셨는데 전쟁 중 만우절에 히틀러의 연설을 흉내 낸 게 독일에도 방송된 적이 있었죠. 믿기 어려울 정도로 똑같았어요. 웃기기도 했고요. 많은 사람이 진짜 히틀러라고 생각했거든요."

1951년 다니엘 밀러가 태어났을 때 전쟁의 어두운 그림자는 더 이상 아이들의 손에 닿지 않았다. 런던 북서부에서 다양한 국가의 이웃과 함께 자란 다니엘 밀러는 전후의 재건 정신에 흠뻑 젖은 채 어린 시절을 보냈다. "그 당시에는 아이들이 길거리에서 놀 수 있었고 제 또래의 아이들도 많았어요. 그런데 네다섯 살쯤이었던 어느 날 학교에서 기억은 안 나지만 무슨 소리를 듣긴 들었나봐요. 나중에 집에 와서 제가 부모님에게 '아돌프 히틀러가 누군데?'라고 반문했거든요. 그러니까 부모님이 서로를 쳐다보면서 '그래, 이렇게 일찍 일 줄은 예상 못했는데... 어... 뭐라고 대답해야 하나?'라고 말하는 듯한 표정을 지었던 게 기억나요."

그의 아버지인 마틴 밀러는 영국의 TV, 영화, 연극 등에 꾸준히 출연했다. 그는 애거서 크리스티의 작품 <쥐덫>의 최초 1,000회 공연에 출연했고, <핑크 팬서>, <프리즈너>, <닥터 후>, <어벤져스>에서 배역을 맡았다. 다니엘은 어린 시절 영화 세트장에 갔던 기억을 떠올렸다. "특히 기억에 남는 한 가지가 있는데 아버지가 이스라엘에서 제작된 영화 <엑소더스>에 출연하셨어요. 엄마, 아빠와 함께 긴 여행을 떠났죠. 아홉 살 즈음이었던 것 같아요."

밀러 가족이 공유한 유대교는 인본주의적이고 자유주의적인 측면이 강했다. 따라서 유대 역사의 문화적 측면을 소중히 여기긴 했지만 종교적이지는 않았다. 다니엘은 부모님의 어두운 기억도 물려받았다. 그는 성인이 되면서 이를 이해했다. "아버지는 전쟁이 끝난 후에도 비엔나로 돌아가지 않으셨어요. 제가 부모님에게서 느낀 괴로움은 독일보다는 오스트리아와 연관된 것들이었는데 오스트리아 합병과 그 이후 비엔나에서 벌어진 일, 즉 하루아침에 사람들이 유대인에게 등돌린 일처럼 매우 개인적인 것이었죠. 직장에 출근했는데 갑자기 '더 이상 고용할 수 없다.'라는 말을 듣고, 대학에서 쫓겨나고, 병원에 들어가는 데 어려움을 겪고, 별을 달고 거리를 청소해야 했어요. 오스트리아에서 겪었던 일들은 부모님에게 매우 직접적인 영향을 미쳤어요."

그의 부모님의 오래된 상처의 중심에는 그들의 친구와 가족의 얼굴이 있었다. 다니엘 밀러는 이렇게 증언했다. "많은 사람들이 제때에 나왔지만 모두가 그런 건 아니었어요. 특히 나이 많은 분들이요. 비극적이었죠. 사람들을 남겨두고 떠나는 건 살아남은 사람들에게 엄청난 트라우마를 남겨요. 그리고 남은 생애 동안 그들의 성격에 영향을 미치죠."

어느덧 예순셋이 된 밀러는 "내 캐릭터에 영향을 준 모든 걸 받아들이게 되었어요. 그 점을 잘 인식하게 됐죠."라고 말하면서 다음처럼 덧붙였다. "성장하면서 그런 환경에서 자란 건 지극히 정상적인 거예요. 제 주변에도 비슷한 사연을 가진 친구들이 있었고요." 젊은 시절 다니엘 밀러는 자신과 마찬가지로 사연이 많은 집에서 태어난 독일 젊은이들에게 어떤 동질감을 느꼈다. 다니엘 밀러의 첫 여자 친구는 독일인이었는데 그의 부모님은 반대하지 않았다.

어린 시절부터 음악에 심취했던 밀러가 큰 깨달음을 얻은 때는 1969년 아버지가 돌아가신 직후였다. "비슷한 시기에 여러 가지 일이 복합적으로 일어났어요. 새로운 음악을 찾고 있었는데 가게에서 아몬 될의 음반을 발견했고, 존 필의 방송에서는 캔을 들었죠. 그건 앵글로 아메리칸 음악도 아니고 블루스도 아니고 영국 팝의 전통에 기반한 음악도 아니었어요. 하지만 '와우!'라고 생각했죠."

밀러는 당시 길드포드 예술 학교에서 영화와 TV를 공부하고 있었다. "크라우트록이 전부는 아니었다는 사실을 잊어서는 안 돼요. 라이너 베르너 파스빈더, 베르너 헤르초크, 빔 벤더스 같은 독일 영화감독들이 있었죠. 그들은 전쟁이 남긴 것들을 씻어내는 새로운 독일 문화를 재정의했어요. 하지만 동시에 이 새로운 문화가 미국이나 영국의 영향에 바탕을 두지 않아야 한다는 점도 의식하고 있었죠."

밀러의 첫 직장은 광고 편집이었다. 이후 그는 스위스에서 DJ로 일했다. 펑크 열풍에 이끌려 런던으로 돌아온 그는 코르그 700S 신시사이저와 티악 4트랙 레코더를 구입한 뒤 직접 홈메이드 리코딩을 만들었다. 1978년 스물일곱 살이었던 그에게 운명적인 날이 찾아왔다. 밀러는 테스트 프레스를 들고 긴장한 채 러프 트레이드 매장에 들어섰다. 제프 트래비스가 매장 뒤 사무실에서 나와서는 매장 내 사운드 시스템으로 밀러가 갖고 온 레코드를 재생했다. 트래비스는 고객들이 계속 진열대를 둘러보는 동안 추상적인 구어체 노랫말과 교차되어 들리는 밀러의 날카로운 일렉트로니카 음악에 고개를 끄덕였다. 음악이 끝나고, 트래비스는 아무렇지도 않게 2,000장을 주문했다. 뮤트 레코드의 비즈니스가 출발하는 순간이었다.

투어를 마치고 돌아온 밀러는 문 앞에서 데모 더미를 발견했다. 그의 첫 싱글을 구입한 다른 뮤지션들이 앨범에 적힌 주소로 데모를 보낸 것이다. 그는 이 데모를 꼼꼼하게 들었고 1979년 패드 가젯과 계약했다. 이듬해에는 디페시 모드를 발견했다. 이후 디페시 모드는 뮤트 레코드에서 1981년 발매한 두 번째 싱글 'New Life'로 영국 차트에 진입하고, 얼마 지나지 않아 'Just Can't Get Enough'로 최초의 메이저 히트를 기록했다. 시모어 스타인은 기뻐하면서 디페시 모드의 미국 시장 권리를 사들였다.

뮤트의 초기 발매작에 영향받은 또 다른 가수는 자메이카 출신 미녀이자 스튜디오 54의 단골이었던 그레이스 존스였다. 그녀는 1977년 에디트 피아프의 'La Vie en Rose'를 디스코로 리메이크해 큰 성공을 거둔 바 있었다. 이후 크리스 블랙웰은 바하마에 있는 자신의 컴퍼스 포인트 스튜디오에서 그녀의 프로듀스를 직접 맡았다. 블랙웰은 먼저 음악적인 방향성을 바꾸고, 멋진 리패키징으로 커버 디자인을 개선했다. 또, 기묘하게 시적인 존스의 음악에 슬라이 앤 로비의 리듬 섹션을 더한 뒤 프랑스계 베냉인 키보디스트 월리 바다후의 연주를 입혔다. 그래서 완성된 1981년 앨범 <Nightclubbing>에는 보석 같은 댄스 플로어용 음악 'Pull Up to the Bumper'와 아스토르 피아졸라의 'Libertango'를 매혹적인 일렉트로-더브 스타일로 리메이크한 곡이 수록되었다. 그보다 1년 전인 1980년에 그레이스 존스는 다니엘 밀러의 첫 싱글 'Warm Leatherette'을 커버해 발표하기도 했다.

블랙웰의 컴퍼스 포인트 스튜디오를 통해 토킹 헤즈에 뿌리를 둔 톰 톰 클럽을 비롯한 흥미로운 뮤지션이 여럿 소개되었음에도 불구하고, 아일랜드 레코드는 침체기에 빠져들었다. 상승과 하강을 반복하는 음악 비즈니스 산업에서 크리스 블랙웰은 1970년대 초반 그토록 찾으려 애썼던 음악적인 이상향을 자메이카에서 찾았던 바 있다. 즉, 음반 제작자로서 1980년대 초반까지 블랙웰이 경험한 최고의 순간은 밥 말리의 세계적인 부상이었다. 따라서 그는 뉴 웨이브에 대한 열정을 크게 느끼지 못했다. 그가 뉴 웨이브 신에 제대로 뛰어들지 않은 이유다. 1981년 밥 말리가 서른여섯이라는 이른 나이에 충격적으로 사망하면서 아일랜드의 취약점이 드러났다.

불과 4개월 후 한 시대가 끝났다는 느낌을 더욱 가중시킨 사건이 발생했다. 아일랜드의 초기 역사에서 중요한 역할을 했던 A&R 담당자 가이 스티븐스가 오랜 투병 끝에 세상을 떠난 것이다. 사망 원인은 마약과 알코올 중독이었다. 데이비드 베터리지는 이렇게 회상했다. "가이는 마약에 심하게 빠졌어요. 우리가 어느 정도 끊게 했지만 결국 마약 때문에 감옥에서 1년을 있어야 했죠. 터무니없이 긴 형량이었어요. 나중에 치료제를 복용하긴 했지만 대개 그렇잖아요. 이번에는 술독에 빠져버렸죠. 저는 아일랜드를 떠난 상태였지만 CBS에서 그를 본 적이 있었어요. 당시 그가 프로듀스하던 클래시와 함께였는데 완전히 망가졌더라고요. 정말 안타까운 일이었죠. 죽었을 때 겨우 서른여덟 살이었으니까요."

가이 스티븐스를 떠나 보내야 했던 또 다른 그의 친구는 런던에서 가장 존경받는 A&R 담당자 중 한 명이었던 앤드루 로더다. 그는 캔, 모터헤드, 닥터 필굿, 버즈콕스, 스트랭글러스 등의 미국 아티스트를 홍보하면서 명성을 얻었다. 로더는 일할 당시를 이렇게 떠올렸다. "레이더 레코드에서 일할 때 가이가 보통 술 냄새를 풍기면서 끔찍한 상태로 찾아오곤 했어요. 두려웠지만 그를 안 볼 수는 없었죠. 얼마 전에 상자를 열다가 그가 줬던 책을 발견했어요. 그가 아이들 보러 간다고 했을 때 돈을 빌려줬거든요. 그때 답례로 받은 거예요. 그리곤 얼마 지나지 않아서 세상을 떠났죠."

암울했던 1981년 여름 앤드루 로더는 아일랜드의 새로운 A&R 담당자 자리를 제안 받았다. 반가우면서도 다소 회의적이었던 로더는 오랜 친구인 아일랜드의 매니징 디렉터 마틴 데이비스에게 전화를 걸어 물어봤다. 질문의 요지는 크리스 블랙웰이 과연 자신이 아닌 다른 사람이 계약을 진행하는 걸 허락할지에 대한 여부였다. 데이비스는 로더에게 같이 바하마로 가자고 제안했다. "함께 일하게 됐군요. 반가워요." 크리스 블랙웰은 미소를 지으며 그를 맞이했다. 로더는 야자수가 우거진 곳에서 블랙웰의 환대를 받는 입장에서 A&R의 자유에 대해 불평하기가 좀 부끄러워졌다. 결국 그는 피할 수 없는 제안을 받아들였다. "주말이 끝날 무렵에 더 많은 당근을 제안 받았어요. 그리고 아일랜드의 A&R 책임자이자 이사가 됐죠."

로더가 새 직장에 도착했을 때 회사는 위기였다. 그는 다음처럼 회상했다. "말리가 사망한 해에 성 베드로 광장에 먹구름이 끼기도 했고, 부정적인 일이 많이 일어났어요... 아일랜드에 들어오기 전에는 이런 말을 들었죠. '걱정 마세요. 크리스는 항상 미국에 있으니까요. 그저 몇 달 동안 출근하지 않았을 뿐이에요.' 그런데 제가 출근한 날에는 '세상에, 크리스가 왔어요!'라는 거예요. 곧장 저에게 전화가 오더군요. 라이시엄에서 열리는 빅 고다르 앤 더 서브웨이 섹트의 공연을 보러 갈 수 있냐는 거였어요. 크리스가 당신이 가서 확인해 줬으면 좋겠다고 하더라고요. 그래서 갔죠. 제가 보기에 그들의 음악은 오래된 똥 무더기 같았어요. 가난한 사람이 부르는 토니 베넷 같았죠. 그래서 크리스에게 전달했어요. '네, 보러 갔는데 마음에 들지 않았어요. 이런 이유 때문에요.' 더 이상 할 말이 없었죠. 그런데 며칠 후 다시 이런저런 얘기가 들리는 거예요. '크리스가 별로 행복해하지 않아요.' '뭐가 마음에 안 든다는 거죠?' '당신이 빅 고다르와 계약하고 싶지 않다는 거요'. '흠, 빅 고다르와 계약하고 싶으면 자기 회사니까 하면 되잖아요!'"

그 후 로더는 마리안느 페이스풀이 <Broken English>의 후속작으로 내놓을 앨범에 소방관으로 투입되었다. 바로 그 음반 <Dangerous Acquaintances>는 마치 시든 튤립 같았다. 로더는 다음처럼 회상했다. "프로듀서는 신경 쇠약에 걸렸고 마리안느는 진짜 상태가 안 좋았어요. 일이 제대로 진행되질 않았죠. 계단에 앉아서 마리안느와 대화를 하면서 일이 틀어지지 않게 하려고 애썼어요. 그리고 집에 돌아가면 새벽 5시였죠. 몇 주 후 복도에서 누군가가 묻더라고요. '오늘 밤 마리안느 페이스풀 앨범 발매 파티에 갈 거야?' 저는 '뭐야, 파티가 있어요?'라고 반문했고요. 아무도 말해준 사람이 없었거든요." 로더가 우려했던 대로 그는 A&R 부서의 집사 역할을 하고 있었다.

그로부터 1년 전 아일랜드는 U2라는 젊은 포스트 펑크 그룹과 계약했다. 로더는 두 번째 앨범인 <October>의 마지막 작업을 점검하기 위해 더블린으로 파견되었다. "큰 성공을 거둘 게 확실해 보였어요. 첫 번째 앨범인 <Boy>의 투어를 막 끝낸 상태였고, 후속 앨범 제작에 어려움을 겪고 있었지만요. 저는 '왜 아일랜드는 그 어떤 멍청이라도 성공할 거라고 말할 이 그룹을 지원하지 않고, 쓸데없는 짓을 하는 걸까?'라고 생각했죠. 크리스는 의구심이 있었던 걸로 기억해요. 항상 U2에 대해 '좋아, 하지만...'이라고 말했죠."

로더는 스페셜 에디션으로 발매되는 앨범에 한해 'Gloria'의 싱글 레코드를 무료로 넣는 아이디어를 생각해 냈다. "미국 아티스트의 앨범을 발매할 때 사용했던 트릭이죠. 발매와 동시에 모든 팬이 달려가서 새 앨범을 사게 만들었어요. 하지만 크리스는 이 아이디어에 반대했어요. 잠깐 반짝 인기를 끌다가 사라질 거라고 생각했거든요. 어쨌든 우리는 앨범을 발매했고, 당연히 차트에 올랐다가 사라졌죠. '내가 말했잖아.'라고 크리스가 말하더군요. 그래서 저는 응수했죠. '처음으로 차트에 올랐잖아요. 뭐가 나쁘다는 거예요?'"

로더는 다음 같은 점을 알아챘다. "어떤 부서의 그 누구든 '크리스는 어떻게 생각하죠?'

라는 질문에 부딪히지 않고는 의미 있는 결정을 내리기가 매우 어려웠어요. 어떤 제안을 하거나 의견을 제시해도 항상 '크리스는 어떻게 생각하나요?'라는 질문으로 돌아왔죠. 그리고 잠시 후 이런 대답이 돌아와요. '모르겠어요. 물어보진 않았어요. 하지만 제 생각은...'"

당시 아일랜드 레코드는 약 120명의 직원을 고용하고 있었다. 큰 사업 없이는 그들을 먹여 살릴 수 없는 상태였다. 따라서 블렉웰이라는 컬트적인 인물의 부재가 갖는 무게는 필연적으로 사무실 정치를 만연하게 만들었다. 1960년대 후반 뭉쳐진 동지애로 시작한 레이블이었지만 1980년대 초가 되자 아일랜드 레코드는 일종의 제3세계 왕정처럼 낡고, 전제주의적이며 불공정한 조직으로 변해있었다. 회사에서 잘 나가려면 규칙에 따르든지 그렇지 않으면 떠나는 수밖에 없었다.

1982년 영국 시장은 팝으로 크게 도약했다. 폴리스, 매드니스, 잼, 스트랭글러스, 클래시, 아담 앤트, UB40 같은 뉴 웨이브의 거대 밴드들이 여전히 히트곡을 냈지만 사운드는 점점 부드러워졌다. 이들을 제치고 차트 상위권을 차지한 주역은 새로운 세대의 신스 팝 그룹인 휴먼 리그, 듀란 듀란, 디페시 모드, 야주, 컬처 클럽, 소프트 셀, 유리드믹스 등이었다. 1982년 아일랜드에서 나온 주목할 만한 히트작은 키드 크리올 앤 더 코코넛츠의 앨범 <Tropical Gangsters>뿐이었다. 계열 레이블 중 하나이자 뉴욕의 노 웨이브* 운동을 대표하는 회사였던 지 레코드가 발매한 이 음반에는 살사풍 인기 싱글 'Stool Pigeon'과 'Annie I'm Not Your Daddy' 등이 수록되었다.

수요의 구조 자체가 바뀌고 있었다. 아일랜드의 퍼블리싱 책임자인 라이오넬 콘웨이는 이렇게 말했다. "1970년대에 아일랜드에는 커리어를 쌓아가는 밴드들이 있었어요. 하지만 1980년대가 되자 모든 게 바뀌었죠. 기본적으로 싱글 시장처럼 된 거예요. 일회성인 경우가 많아졌고, 저희는 이에 대한 준비가 되어 있지 않았죠."

아일랜드와는 달리 당시 뉴욕의 여러 박식한 DJ는 전 세계에서 발매되는 개별 트랙을 발굴하고 테스트했다. 크레이그 칼먼은 자신의 생각을 다음처럼 내비쳤다. "전 이 모든 게

---

* 1970년대 후반 뉴욕에서 만들어진 실험적인 장르. 노이즈, 불협화음, 무(無) 조성 등을 특징으로 한다. 노 웨이브는 전통적인 록의 형식을 깨부수려는 음악적인 시도였고, 이후 포스트 록에 큰 영향을 미쳤다.

레코드 가게에서 비롯된 거라고 믿어요. 레코드 가게에 살다시피 하면서 릭 루빈, 비스티 보이스, 래리 레반, 젤리빈 베니테즈, 아프리카 밤바타와 마주치기도 했죠. 뉴욕, LA, 마이애미에서 흥분되는 음악이 쏟아져 나왔고, 진짜 혁명이 일어났어요. 영국 쪽도 뜨거웠죠. 특히 러프 트레이드와 임포턴트 같은 대형 수입업체에서 7인치와 12인치 싱글이 엄청나게 쏟아져 나왔어요. 클럽 신에서는 정말 많은 새로운 사운드, 댄스, 그리고 힙합이 영국 얼터너티브 음악, 미국 인디 록과 섞여서 폭발했고요. 레코드 가게에서는 DJ들이 새로운 앨범이 들어올 때마다 사재기 경쟁을 벌였어요. 물량이 언제나 부족했거든요."

1982년 5월 톰 실버맨의 신생 레이블인 토미 보이는 아프리카 밤바타의 'Planet Rock'을 발매했다. 드럼 머신과 샘플러의 사용으로 주목받은 이 곡은 이후 클래식 힙합 레코드로 인정받았다. 두 달 후 슈가 힐 레코드는 더 큰 장르의 이정표를 세웠다. 바로 그랜드마스터 플래시 앤 더 퓨리어스 파이브의 'The Message'를 세상에 내놓은 것이다. 톰 실버맨은 다음과 같이 말했다. "요즘 사람들은 랩과 힙합의 급진적인 출발이 당시 어떤 느낌이었는지 상상할 수 없을 거예요. 808 드럼 머신, 최초의 페어라이트와 싱클러비어 샘플러, 브레이크 댄스, 그래피티, 빠르게 컷하는 DJ 테크닉, 랩 등등. 모든 게 한꺼번에 쏟아져 나왔죠. 정말 많은 새로운 것들이 한데 어우러진 기묘한 조합이었어요."

경험이 풍부한 크리스 블랙웰에 대해 공평하게 말하자면 그는 아일랜드가 최악의 시간을 보내는 와중에도 제대로 된 나무를 선택하기는 했다. 아일랜드의 뉴욕 사무실 주소에서 이름을 가져온 서브 레이블 포스 앤 브로드웨이를 설립한 뒤 댄스테리아의 DJ인 마크 카민스를 뮤지션 발굴자로 고용하려고 한 것이다. 시모어 스타인이 이 소식을 들었을 때 그는 심장 감염으로 병원에 누워 치료를 받는 중이었다. 그는 팔뚝으로 페니실린이 흘러내리는 걸 보면서 누군가의 데모를 주의 깊게 들었다. 정신적으로 힘든 와중에도 스타인은 곧바로 카민스에게 전화를 걸어 정식 음반 제작을 위한 돈 18,000달러를 건넸다. 스타인은 알지 못했지만 크리스 블랙웰은 카민스가 막 발견한 마돈나 치코니라는 가수를 이미 거절한 상태였다. 카민스는 당시 마돈나가 직접 찾아와 건넨 자체 제작 데모 'Everybody'를 댄스테리아에서 자주 플레이했다. 카민스의 실험을 위해 비용을 지불한 스타인은 이렇게 물었다. "마돈나를 한번 볼 수 있을까요?"

오후 3시쯤 카민스로부터 전화가 왔다. 마돈나가 8시에 병원에 들른다는 연락이었다.

스타인은 목욕도 하지 않고 면도도 하지 않은 상태였다. 병원 가운 밖으로는 엉덩이가 튀어나와 있었다. 그는 오후 내내 전화로 업무를 봤다. 비서가 잠옷 한 벌을 가져왔고, 이발사가 이발을 위해 급하게 왔다. 의사는 씻어도 된다고 허락했다. 스타인은 웃으면서 회상했다. "건강해 보여야 한다고 생각했어요. 에이즈가 유행하기 시작한 때였잖아요. 마돈나가 오래 살지 못할 사람과 계약한다고 생각하게 만들고 싶지 않았어요." 스타인은 마돈나를 프로듀스하고 홍보하려면 워너의 자금이 필수라고 판단했다. 모 오스틴이 거래를 망치려고 하자 그는 여전히 WEA의 국제 부서 총책임을 맡고 있던 네수히 에르테군에게 연락을 취했다.

네수히 에르테군이 말했다. "형이 당신이 병원에 입원했다고 하더군요. 의사 말 잘 들으세요. 계약에 필요한 건 지원하겠습니다."

그날 밤 마돈나가 스타인의 병실에 들어섰다. 스타인은 이렇게 회상했다. "행여 더 몸이 안 좋아졌다면 관 속에 누워있었을 거예요. 하지만 마돈나에게 그런 건 중요하지 않았어요. 그녀가 원한 건 거래뿐이었죠."

26.

마이클 잭슨과 CD,
그리고 MTV

회복으로 향하는 길_

<Thriller>와 MTV
그리고 콤팩트디스크의 탄생

**1981~
1983**

독립 음반사에게 1980년대의 실질적 시작은 대략 1978년경이었다. 그와는 달리 특정 메이저 음반사에게 1970년대는 약 1983년까지 이어졌다. 예를 들어 월터 예트니코프와 데이비드 게펜 같은 거물은 신스 팝, 포스트 펑크, 힙합 사운드가 뉴욕 클럽 신을 뒤흔들고 있는 상황에 대해 전혀 알지 못했다. 대부분의 미국인도 마찬가지였다. 마치 디스코와 펑크가 존재하지도 않았다는 듯 1981년 가장 많이 팔린 레코드는 CBS의 서브 레이블 에픽에서 발매된 1970년대 록 그룹 알이오 스피드웨건의 앨범이었다. 이듬해에는 노련한 프로그레시브 로커들로 구성된 영국의 슈퍼 그룹 아시아가 게펜 레코드에서 400만 장을 기록하면서 미국 최대 판매량을 일궈냈다. 최종 결과를 놓고 보면 고품질 성인용 록을 들려주는 기존의 유명 밴드가 변함없이 시장에서 가장 돈이 되는 상품이었다.

그러나 귀가 있는 사람들은 더 잘 알았다. 1981년 A&M의 사장 제리 모스는 미래의 아내 앤과 함께 콩코드를 타고 런던으로 여행을 떠났다. 그는 도착하자마자 택시를 타고 데릭 그린의 집으로 갔다. 마침 TV에서 폴리스가 <탑 오브 더 팝스> 무대를 펼치고 있었다. 어느 레스토랑에서 식사를 할 것인지 논의하던 모스의 시선은 몇 분 후 다시 텔레비전으로 향했다. 휴먼 리그의 'Don't You Want Me' 때문이었다. 그는 여자 친구와 눈빛을 주고받았다. "저와 여자 친구 모두 머릿속에서 이 노래를 지울 수가 없었어요." 모스는 바로 다음 날 이 전염성 있는 곡을 추적하기 위해 버진 레코드의 지인들과 만났다. 이후 리처드 브랜슨의 하우스보트에서 모스는 휴먼 리그의 북미 판권을 협상했다.

앨범 <Dare!>를 들고 로스앤젤레스로 돌아온 모스는 영업 및 홍보 책임자인 해롤드 차일스에게 'Don't You Want Me'를 들려줬다. 영악한 성격의 차일스는 언제나 하얀색 양복을 고집했고, 머리에는 파나마 모자를 썼다. 그는 사무실에서 항상 텔레비전을 켜놓은 채로 의자도 없이 서서 일하는 습관을 갖고 있었다. 제리 모스에게 명령을 받은 차일스는 자신의 방식대로 전화를 걸었다. 회사의 아티스트 개발 담당 부사장인 마틴 키어컵은 이렇게 말했다. "해롤드와 함께 A&M의 모든 현장 직원을 대상으로 홍보를 했던 게 기억나요. 생소한 신시사이저 사운드였지만 모두가 열광적인 반응을 보냈죠. 부분적으로는 가사의 내러티브 덕분이었어요. 홍보 담당자들은 무엇보다 '당신은 칵테일 바에서 웨이트리스로 일하고 있지'라는 가사에 공감했어요. 영화 <A Star Is Born>으로부터 영향받은 스토리 전개가 노랫말에 깊이를 줬던 거죠." 그러나 이 음반의 기세는 더딘 편이었다. 진보적인 로스앤젤레스 방송국에서 시작해 도시 별로 탑 40 라디오를 석권한 후에야 중서부까지 도달했다. 그리하여 결국 빌보드 싱글 차트에서는 1위, 앨범 차트에서는 3위에 올랐다.

닐 영은 휴먼 리그의 기발한 사운드에 놀라움을 금치 못했다. 그는 앨범 한 장당 백만 장에 해당되는 선금을 받고 게펜 레코드로 이적한 상태였다. 1982년 영은 신시사이저와 포크 록, 미묘한 보컬이 뒤섞인 악명 높은 앨범 <Trans>를 발표했다. 앨범이 투자금을 회수하지 못하고 실패하자 데이비드 게펜은 영에게 "로큰롤"을 만들라고 요구하면서 컨트리풍 후속작인 <Old Ways>의 녹음을 중단시켰다. 게펜의 말에 화가 난 이 캐나다인은 밴드 이름을 쇼킹 핑크스로 바꾸고 엘비스 시대의 12마디 로커빌리를 기반으로 하는 키치한 풍자 음악을 발표했다. <Everybody's Rockin'>이라고 불린 이 30분짜리 코미디 앨범은 결국 나중 웃음거리가 되는 300만 달러짜리 소송으로 이어졌다. 게펜의 변호사는 닐 영이 스스로를 대표하지 않는 사기적인 앨범을 만들었다는 점을 법원에 설득하려 했지만 결국 실패했다.

CBS의 월터 예트니코프 역시 백미러를 주시하면서 가속 페달을 밟았다. 완전히 망가진 키스 리처즈에게 믹 재거가 말도 걸지 않는 상황이었지만 예트니코프는 스톤스를 영입하기 위해 1년을 진을 빼듯이 보냈다. 약삭빠르고 속임수에 능한 재거에게 철저히 농락 당한 예트니코프는 이렇게 고백했다. "전 세계를 돌아다니면서 배고픈 음반사 임원이 자신의 삐쩍 마른 엉덩이를 쫓는 걸 보는 게 그의 즐거움이었죠. 의기양양한 록의 왕자라는 이미지가 그의 이면을 숨기고 있었어요. 바로 경제학을 진지하게 공부한 사람이었다는 거죠." 길고 복잡한 협상이 끝나고, 음악전문지 <롤링 스톤>은 다음처럼 보도했다. "2,500만 달러짜리 거래를 통해 CBS가 수익을 창출할 수 없다는 점은 명백하다." 익명의 소식통은 예트니코프의 사무실 밖 직원들이 "다른 무엇보다 명성을 위한 선택"이라고 쑥덕거렸다는 점을 인정했다.

그처럼 어려웠던 1982년 CBS의 매출은 10억 달러였지만 수익은 고작 2,200만 달러였다. 월터 예트니코프는 8월 13일 금요일에 공장 두 곳을 폐쇄하고 직원 300명을 해고했다. 전후 음반 업계에서 이런 일은 거의 없었다. 승리가 절실히 필요했던 그는 1979년의 디스코 블록버스터 <Off The Wall> 이후 앨범을 발표하지 않고 있던 마이클 잭슨에게 전화를 걸었다. 메시지는 간단했다. 음악을 만들고, 포장하고, 매장에 진열할 또 다른 스매시 히트가 크리스마스 시즌을 위해 필요하다는 것이었다.

잭슨의 프로듀서인 퀸시 존스를 중심으로 산타모니카에서 긴급 회의가 소집됐다. 그는 프로덕션 팀에게 엄청난 과제를 발표했다. "좋아요, 여러분, 우리가 음반 산업을 구해보자고요!" 그들은 11월 30일 발매 일정에 맞춰 〈Thriller〉를 완성했다. 키보디스트 브라이언 뱅크스는 이렇게 증언했다. "때와 장소를 기억해야 해요. 당시 음반 업계는 완전히 침체되어 있었어요. 어느 날 밤 프로덕션 팀이 전체 디자인 시안과 주요 페이지를 확대한 인쇄물 뭉치를 콘솔 위에 올려놓고 보고 있더라고요. 퀸시가 이야기하는 동안 저는 뒤에서 제 일을 했죠. 〈Off The Wall〉이 800만 장 정도 팔렸잖아요? 퀸시가 이렇게 말했던 게 기억나요. '업계가 몇 년 전이랑 달라. 600만 장만 팔아도 성공이야.'"

〈Thriller〉의 마케팅을 위해 예트니코프는 이탈리아계 미국인이자 CBS 임원이었던 프랭크 딜레오를 선택했다. 그것은 탁월한 결정이었다. 로스앤젤레스에서 전국적인 홍보 네트워크를 주도했던 페이올라의 핵심 조 이스그로가 딜레오와 절친이었던 까닭이다. 이스그로와 그의 라디오 홍보 담당자들은 모든 수단을 동원해 지역 단위로 전격전을 펼쳤다. 그들이 받은 액수는 곡당 10만 달러였다. 'Billie Jean'이 1위를 기록하는 동안 CBS는 'Beat It'을 싱글로 발매했다. 이런 대규모 공습은 1964년 비틀스의 침공 이후 전례가 없는 것이었다. 이제 다음 차례는 앨범 〈Thriller〉였다. 9곡으로 구성된 트랙리스트에서 7곡의 싱글이 모두 톱 10에 진입했고, 음반은 37주 동안 1위를 유지했다. 발매 1년 만에 CBS는 〈Thriller〉로 6,000만 달러를 벌어들이면서 지난 4년간의 우울함을 단숨에 씻어 냈다. 보수적으로 추산해도 앨범은 현재까지 4,500만 장이 판매되었다. 괴물 같은 히트를 통해 〈Thriller〉는 바이닐 정글의 킹콩이 됐다.

1983년의 산업적인 르네상스에는 〈Thriller〉와 동시에 발생한 또 다른 줄기가 있었다. 1981년 스티브 로스와 아메리칸 익스프레스가 설립한 MTV는 24시간 내내 팝 뮤직 비디오만 보여주는 새로운 채널이었다. 'Billie Jean'이 MTV에서 거절당하자 잭슨의 매니저 론 와이스너는 월터 예트니코프에게 전화를 걸었다. MTV가 백인 아티스트 전용이라는 소문이 퍼진 것에 대해 문제를 제기하기 위함이었다. 예트니코프는 전화기에 대고 소리 지르기로 유명한 사람이었음에도 조심스럽게 행동했다. 그는 강력한 영향력을 가진 그룹 회장

빌 페일리에게 자문을 구했고, 페일리는 직접 MTV에 전화를 걸어 그날 뮤직비디오를 방송하지 않으면 CBS 레코드와 향후 어떤 거래도 할 수 없을 거라고 협박했다. 페일리의 영향력과 분노를 두려워한 MTV는 몇 시간 후 'Billie Jean'의 뮤직비디오를 내보냈다.

마이클 잭슨은 판매되는 모든 음반의 도매 가격에서 42%라는 기록적인 로열티를 챙겼음에도 최고의 자리를 유지하려는 집착이 강했다. 월터 예트니코프는 이렇게 증언했다. "한밤중에 마이클에게 전화를 받곤 했어요. '월터, 음반이 1위가 아닌데 어떻게 할 거야?' 저는 '일단 좀 자고 내일 처리하죠.'라고 대답했고요." 예트니코프가 자신에게 공감하지 않는다는 걸 깨달은 마이클 잭슨은 <Thriller>를 다시 1위로 끌어올리기 위한 엄청난 방법을 생각해 냈다. 그는 타이틀곡의 뮤직비디오를 만들기 위해 존 랜디스 감독에게 연락을 취했다. 그가 만든 공포 영화 <An American Werewolf in London>을 레퍼런스로 삼기 위함이었다.

유일한 문제는 랜디스가 기획한 14분짜리 '연극적인 단편 작품'을 실현하려면 50만 달러가 든다는 것이었다. 잭슨은 예트니코프에게 전화를 걸어서 콘셉트를 설명한 후 랜디스에게 전화를 넘겼다. 랜디스는 후에 자신의 기억을 이렇게 설명했다. "예트니코프가 불을 뿜는 것처럼 소리를 질렀어요. '이 개자식아! 대체 씨X 뭐가 문제야?' 이게 예트니코프와 나눈 대화의 전부였어요."

잭슨이 예트니코프에게 말했다. "알았어요. 돈 제가 낼게요." 하지만 존 랜디스와 그의 물류 담당자인 조지 폴시는 더 나은 계획을 세웠다. 단편 영화 분량인 45분짜리 비하인드 영상을 촬영한 뒤 전체 60분짜리 다큐멘터리를 완성해서 TV 방송사에 제안하는 것이었다. 그들은 입찰 경쟁을 시작했고, MTV와 쇼타임이 각각 25만 달러의 판권을 제시했다. 획기적인 'Thriller'의 비디오는 1983년 12월 첫 방영되었다. 이렇게 앨범이 공식 발매된 지 대략 1년 만에 잭슨 열풍의 두 번째 물결이 일어났다.

욕설이 난무했음에도 예트니코프는 잭슨 열풍의 전체적인 스토리에 스릴을 느꼈다. <Thriller>와 MTV가 가져온 흥분 덕분에 1983년 전체 음반 산업은 불황에서 벗어나 4.7%의 증가율을 기록했다. 자신이 주도한 페이올라 반대 운동을 잊어야만 했던 딕 애셔는 이렇게 표현했다. "밀물이 들어오면 모든 배가 올라가는 법이죠."

<Thriller>가 폭발적인 성공을 거두자마자 워너가 노래하고 춤추는 멀티 악기 연주자 프린스에게 막대한 자원을 투입하기로 결정한 건 아마 우연이 아니었을 것이다. 1978년부터 비평가의 찬사를 받은 펑크(Funk) 록 레코드 5장을 발매한 그는 워너의 가장 유망한 인재였다. 1983년 초 'Little Red Corvette'으로 최초의 상업적 성공을 거둔 후 워너는 프린스를 더 띄우기 위해 영화 사업부에 위험한 도박을 제안했다. 이후 1년 간 촬영한 뒤 1984년 개봉한 반(半) 자전적인 뮤지컬 드라마 영화 <Purple Rain>은 즉각적인 히트를 기록했고, 프린스의 길고 다채로운 커리어의 전환점이 되었다. 영화 사운드트랙은 천만 장 이상의 판매고를 기록했다.

이러한 새로운 세대의 텔레비전 팝 음악이 전 세계적인 규모로 폭발적인 인기를 끌고 있을 때 기술 혁명이 일본 전역을 휩쓸었다. 일본과 네덜란드의 일부 기업가는 콤팩트디스크가 세계적인 음악 붐을 역사적인 규모로 일으킬 잠재력을 갖고 있다고 확신했다.

가장 강력한 챔피언은 전직 오페라 가수이자 소니의 고위급 임원이었던 오가 노리오였다. 또 다른 거인도 있었다. 바로 당시 독일 제조업체인 지멘스와 합병한 네덜란드의 필립스였다. 소니와 필립스는 동일한 원리에 기반한 서로 다른 제품을 각각 개발했다. 그러나 소니는 베타맥스 비디오 카세트로 수백만 달러의 손실을 입은 상태였다. 이런 이유로 두 회사는 하나의 표준 포맷에 대한 특허를 공동으로 사용하는 게 현명하다는 인식을 공유했다.

CD를 개발한 두 회사의 압력에 굴복한 최초의 미국 기업은 CBS였다. 1968년부터 소니와 일본 내 음반 판매에 관한 공동 계약을 맺은 상태였기 때문이다. 유럽에서 폴리그램은 필립스의 소유였다. 따라서 폴리그램은 CD에 대해 엄청난 열정을 드러냈다. 디스코의 무덤에서 기어 나온 폴리그램은 필립스의 인재 풀에서 전직 회계사 출신 얀 티머를 데려와 새 사장으로 영입했다. 무엇보다 그는 기회를 포착하는 데 재능이 있는 인물이었다. 티머는 오가와 마찬가지로 CD가 당대의 가장 중요한 발명품이라고 확신했다.

티머는 폴리그램만으로는 음악 카탈로그가 부족하다는 사실을 깨닫고는 미국 쪽 대형 파트너를 물색했다. 그가 합병을 제안한 회사는 워너 커뮤니케이션즈였다. 비디오 게임 회사 아타리를 인수한 것에서 알 수 있듯이 데이비드 호로위츠와 스티브 로스가 새로운 테크놀로지에 대해 음반 업계의 거물들보다 훨씬 더 잘 안다고 봤기 때문이다. 일례로 1980년대 초 로스는 비디오 게임이 음반 수요 감소에 부분적으로 이유를 제공하는지에 대한 내부 보고서를 의뢰하기도 했다. 티머는 이로부터 동맹의 여지를 발견했다. 그러나 월터 예트니코프가 워싱턴에 로비를 벌이면서 언론을 통한 공개 토론이 시작되었다. 결국 연방거래위원회가 개입한 뒤 독점을 막는다는 이유로 워너-폴리그램 합병을 중단시켰다.

음반 업계의 주류 고위층은 대부분 유대인이었다. 따라서 CD를 향해 눈썹을 찌푸리는 사람도 있었다. 독일과 일본의 합작품이었던 까닭이다. 그러나 일본에서 나온 수치는 그들의 군침을 돌게 했다. 일본의 음반 가게에 진열된 지 불과 4개월 만에 소니는 이미 월 10,000대의 CD 플레이어와 30만 장의 디스크를 판매하면서 최대치의 성과를 달성했다. 1984년 전체 판매 예상치는 일본에서만 1,000만 장이었다. 또 다른 핵심은 가격이었다. 일본 소비자들은 이미 바이닐로 그 앨범을 소유하고 있음에도 거의 두 배에 달하는 17달러를 주고 CD를 구입하기 위해 줄을 섰다.

1983년 미국의 CD 거래량은 1억 3백 30만 달러로 서서히 증가했다. 앞으로 어떤 일이 벌어질지 짐작하긴 어려웠지만 CD는 100년에 걸친 음반 산업 역사상 가장 큰 호황을 이끌 준비가 되어 있었다. 1920~1930년대 거대 라디오 업체들이 그랬던 것처럼 1980년대 전 세계 미디어 및 하드웨어 대기업은 자신들의 타워에서 CD를 내려다보면서 군침을 흘려댔다. 얼마 지나지 않아 CD는 진정한 의미에서 지구촌 단위의 수십억 달러짜리 금광이 될 운명이었다.

세계에서 가장 강력한 음반사 경영자였던 월터 예트니코프는 불황에서 호황으로 급변하는 시기를 이렇게 설명했다. "단 몇 년 만에 코카인이 내 도덕성을 말아먹은 것처럼 마약 따위엔 손대지 않았던 마이클 잭슨이 성층권으로 단숨에 치솟아 올랐어요. 이를 통해 구매 열풍을 일으켰죠. 덕분에 내 권력 기반이 더욱 단단해질 수 있었고요. MTV와 CD가 보여준 것처럼 10년 동안 벌어진 일련의 혁신으로 수익이 급증했고, 업계에 과잉을 가져왔어요. 얼마 지나지 않아서 1980년대는 쾌락주의에 물들었던 1970년대마저 이타적이었던 시대로 보이게 만들 겁니다."

27.

밥 말리라는
전설

들썩이는 런던_

프랭키 고스 투 할리우드, U2
그리고 아일랜드와 스티프의 대실패

**1983
~1987**

1983년 가을 데이비드 로빈슨은 예상치 못한 전화 한 통을 받았다. 크리스 블랙웰이 새로운 매니징 디렉터를 구한다는 소식이었다. 우쭐한 기분이 들기는 했지만 로빈슨은 정중히 거절했다. 스티프에 대한 헌신이 그 이유였다. 당시 스티프는 직원 26명을 고용하고 있는 7년 차 인디 레이블이었다.

로빈슨이 단호하게 문을 닫은 건 아니었다. 무엇보다 크리스 블랙웰은 1977년 제이크 리비에라가 갑자기 스티프를 떠난 후 어려움을 극복하는 데 도움을 준 사람이었다. 로빈슨 역시 이를 인정했다. "우리는 꽤 친해졌어요. 일 년에 세 번 정도는 저녁 식사를 했죠. 만나서 이런저런 이야기를 나눌 사람 목록에서 제 이름이 제법 상위권에 있었어요." 어느덧 로빈슨은 서른아홉 살에 둘째 아이를 기다리고 있었다. 안전한 미래에 대한 부담을 느낄 수밖에 없는 상황이었다. "명성에 관해서라면 아일랜드가 제 모델이었죠."

결국 블랙웰은 거절할 수 없는 좋은 제안을 내놓았다. "크리스가 말하더라고요. '내가 스티프의 절반을 사면 당신이 아일랜드의 경영을 맡아요. 아일랜드 수익의 일부를 줄게요." 두 사람은 메이페어의 한 중식당에서 저녁 식사를 위해 만났다. 블랙웰은 팩시밀리 종이에 두 조항으로 된 계약서를 작성했다. 200만 파운드에 해당하는 스티프 주식의 50%가 첫 번째 조항, 다른 하나는 20%의 이익 공유 시스템에 관한 내용이었다. 두 사람은 계약서에 서명하고 악수를 나눈 후 디저트를 주문했다.

안타깝게도 상황은 그렇게 간단하지 않았다. 로빈슨은 한숨을 쉬면서 말했다. "아일랜드에 돈이 없을 거라는 생각은 전혀 하지 못했어요. 회사에 들어와서 계좌를 살펴봤는데 아일랜드에는 돈도 없었고, 실제로는 파산 상태였어요." 레전드급 직설로 유명한 이 아일랜드인은 블랙웰에게 대놓고 물어봤다. "이봐요. 손 떼야겠어요. 계약해 봤자 소용 없는 상황이잖아요. 그리고, 스티프 주식은 어떻게 지불할 거예요?"

블랙웰은 또 다른 당근을 테이블 위에 올려놓았다. "스티프의 절반을 사고, 3~4년 뒤에는 회사 전체를 팔아 줄게요. 나는 아주 잘할 수 있으니까 당신도 잘할 수 있을 거예요." 로빈슨은 "어리석게도 동의했어요. 현금 흐름에 도움이 되도록 분기별로 25만 파운드씩

분할 지급 받기로 했죠."

스티프에서 아일랜드로 온 로빈슨은 직원들에게 최선을 다해 일할 것을 주문했다. "처음엔 좀 당황스러웠어요. 발매를 기다리는 모든 앨범을 들어 봤는데 '이게 뭔 일이지.' 싶더라고요. 이 회사는 말기 환자구나. 안 되겠구나. 돈도 없고 발매 일정도 없었으니까요. 도대체 누가 이런 짓을 하는 건지 알고 싶었죠. 기괴한 사무실 정치도 있었어요. 열성적으로 회의를 진행했는데 아무런 반응이 없었죠. 저는 사람을 굉장히 의식하는 편이에요. 그래서 사람들이 눈을 마주치지 않는 걸 잘 알아차리죠. '도대체 무슨 일이 벌어지고 있는 걸까?'라는 생각이 들었고, 그 이유를 알아내는 데 시간이 좀 걸렸어요. 그러던 와중에 직원 중 한 명으로부터 제보를 받았어요. 기본적으로는 이런 거예요. 블랙웰이 자메이카에서 늦게 일어나서 대마초 한 대 하고 런던에 전화를 거는 거죠. 그리곤 물어봐요. '오늘은 어떤 일이 있었어요?' 당시에 사무실 팩스가 완전 새 거였고, 딱 1개 있었어요. 그래서 비서에게 들어오고 나가는 모든 팩스를 복사해 달라고 부탁했죠. 실제 상황을 알기 위해 모든 팩스를 읽어 봤는데 깜짝 놀랐어요. 거의 모든 팩스의 끝에 블랙웰이 있었죠. 바이닐, 컷, 아트워크 등등. 모든 게 그에게 전송되고 있었어요. 하지만 다음날 답장이 오는 경우는 전혀 없었죠. 그 와중에 블랙웰은 대마초를 또 몇 대 피우고 마이애미로 가서 돌아다니기만 했어요. 아무런 결정도 내려지지 못했죠. 회사 내부의 냉담함이 극심한 수준이었어요. 직원들이 2~3주 동안 아무런 답을 받지 못할 거라는 걸 알면서도 뭔가를 보내는 상황이었으니까요."

로빈슨은 블랙웰이 부재 중임에도 회사를 통제하는 상황이 부실의 원인이라고 확신했다. 그는 블랙웰을 몰아붙였다. "지금 뭐 하는 거예요? 썅. 뭐 하자는 거야? 당신 돈도 없잖아. 나한테 이따위 하찮은 걸 판 거야?" 블랙웰은 손을 더럽히는 걸 좋아하지 않았지만 데이브 로빈슨처럼 강인한 인물을 선택하면서 무의식적으로 현실 점검을 하고 싶었는지도 모른다. 그리하여 블랙웰의 축복 속에 로빈슨은 환영받지는 못했지만 반드시 필요한 일련의 개혁에 착수했다.

수년간 쌓인 녹이 아일랜드의 구석구석을 갉아먹은 상태였다. 로빈슨은 오직 간결하면서도 과감한 공포 통치를 통해서만 이 문제를 해결할 수 있다고 생각했다. "모든 책상에 인터콤을 설치해서 제가 전화 통화를 엿들을 수 있게 했어요. 직원들을 미치게 만들었지만 그래도 통화하는 내용이라고는 여자 친구나 어머니, 할머니, 미국 휴가 예약 같은 것들이었죠. 여러 차례 회의를 하면서 이렇게 해서는 안 된다고 말했어요."

영업 부서 직원인 레이 쿠퍼는 잊을 수 없는 데이브 로빈슨 시대의 시작을 다음처럼 회상했다. "아일랜드는 영국에서 개방형 사무실이 있는 유일한 회사였어요. 벽에는 골드 디스크가 걸려 있었고, 마치 매력적인 대형 작전실 같았죠. 한쪽에는 차트 순위, 라이브, 아티스트 정보 등 모든 게 적혀 있는 커다란 보드가 있었고요. 하지만 데이브가 들어오자마자 화분에 심은 야자수와 화초를 모두 버렸어요. 좀 더 무미건조하게 만들고 싶었던 거죠. 그 뒤에는 버튼만 누르면 원하는 것을 말할 수 있는 인터콤 시스템을 설치했고요. 이 시스템이 설치되었을 때 데이브가 첫 번째 명령을 내린 사람이 누구였냐 하면 크리스를 위해 일하는 켄 할렛이었어요. 스피커에서 갑자기 데이브의 목소리가 나오더라고요. '켄 할렛, 치즈 좀 가져와요... 당장!' 모두가 고개를 돌려서 서로를 바라봤죠."

로빈슨은 싱글에 민감한 귀를 갖고 있었다. 덕분에 아일랜드의 쓰레기 같은 발매 일정에서 확실한 경쟁력을 갖춘 노래 하나가 그의 귀에 들렸다. 바로 리버풀 출신의 무명 그룹 프랭키 고스 투 할리우드의 'Relax'였다. 이 곡의 프로듀서는 'Video Killed the Radio Star'를 만든 트레버 혼이었다. 그가 설립한 ZTT 레이블은 당시 아일랜드 산하의 서브 레이블로 들어가면서 그 대가로 베이싱 스트리트 스튜디오를 막 받은 상태였다. ZTT가 제작한 'Relax'는 1983년 가을 내내 70위권에서 주춤하면서 돌파구를 찾지 못하는 중이었다.

로빈슨은 아일랜드의 뉴욕 사무실을 방문했을 때 들었던 'Relax'의 7분짜리 Sex Mix 버전을 5,000장 주문했다. 그는 다른 음반사가 휴가에 들어갈 크리스마스가 소문을 내기에 최적의 시기라고 봤다. 로빈슨은 12명의 영업 사원에게 전략 소매점을 순회하라고 지시한 뒤 매장에 설치된 사운드 시스템으로 'Relax'를 틀어주는 점원들에게 돈을 쥐어주도록 했다. 금세 5,000장이 다 팔렸고, 크리스마스가 지나자 이 레코드는 40위권 안에 슬그머니 올라갔다. 그 주에 프랭키 고스 투 할리우드는 어쩐지 기분 나쁜 느낌을 주는 가죽 수트를 입고 <탑 오브 더 팝스>에 나왔다. 첫 TV 출연이었다. 'Relax'는 1월 둘째 주 차트에서 6위에 올랐다.

그즈음 언론의 분노가 폭발했다. BBC 라디오 1의 DJ 마이크 리드는 방송 도중 이 노래를 "외설적"이라고 규정하면서 방송 금지를 선언했다. BBC 라디오 1의 프로듀서 테드 베스턴은 로빈슨에게 직접 전화를 걸어 이 소식을 알려 줬다. "프랭키 고스 투 할리우드의 'Relax'는 방송 금지됐습니다." 로빈슨이 되물었다. "이해할 수 없는데 왜죠?"

"사정(射精)에 대한 노래잖아요."

"어떻게 그렇게 말할 수 있죠?" 로빈슨은 순진무구한듯한 뉘앙스로 말을 이어갔다. "그런 가사라고 볼 수도 있는 레코드를 금지한다면 엄청나게 많은 레코드를 금지해야 해요. 하나 더 있어요. 제가 지난 주에 홀리 존슨의 어머니를 만났거든요. 프랭키 고스 투 할리우드는 홀리가 처음 갖게 된 직업이에요. 평생을 실업수당 받으면서 살았는데 갑자기 밴드에 들어가게 된 거죠. 어머니가 매우 기뻐하셨어요. 아일랜드인답게요. 전화번호 알려드릴게요. 아들의 첫 음반을 금지한다고 말씀해 주세요."

"엄마에게 내가 왜 얘기를 해요!" 베스턴은 점점 짜증이 치밀어 올랐다.

"좋아요. 그렇다면 최소한 언론에게 왜 그런 일이 벌어졌는지 설명이라도 해야죠." 로빈슨은 밀리지 않고 맞받아쳤다. 놀랍게도 베스턴은 동의했다. "좋아요. 그렇게 하죠. 그쪽에서 기자 회견을 준비하면 제가 얘기할게요."

그날 오후 175명의 미디어 관계자가 모였다. 그들은 "'Relax'는 사정에 관한 노래"라는 BBC Radio 1 대변인의 설명을 진지하게 들었다.

빙고! 이 노래의 반체제적인 분위기에 더해 <탑 오브 더 팝스>까지 이 사건에 휘말리면서 'Relax'는 5주간 방송 출연 금지를 당했음에도 그 기간 동안 차트 1위를 유지했다. 결국 'Relax'는 총 200만 장이 팔렸다. 그해 영국 싱글 판매량 3위였다. 로빈슨은 이렇게 말했다. "제가 없었다면 'Relax'는 성공하지 못했을 것이라는 얘기를 기꺼이 받아들일 수 있어요. 제가 없었다면 레코드가 제시간에 도착하지 않았을 겁니다. 영업 팀에 전달되지도 않았을 테고요. <탑 오브 더 팝스> 출연 기회도 잡지 못했을 테고 기자 회견도 열지 못했을 겁니다. 모두 스티프 레코드에서 갈고 닦은 테크닉이었죠."

아일랜드는 여전히 대금을 지불하지 못하는 상황이었다. 로빈슨은 발매 타이틀을 취소하고 "크리스와 함께 대마초는 피웠지만 아무 일도 하지 않는 밴드"와의 관계를 끊는 것에 대해 전혀 거리낌이 없었다. 모든 분야에서 예산이 삭감되었고, 매니저들은 로빈슨의 사무실로 몰려와서 "투어가 잡혀있는데 발매를 취소할 순 없다."라고 호소했다. 로빈슨은 그들을 향해 이렇게 설명했다. "이 레코드는 히트작이 아니에요. 음반을 내도 소용없어요. 지원할 자금도 없습니다. 이 레코드는 히트 못해요."

매니저들이 어이가 없다는 표정으로 물었다. "그걸 어떻게 알아요?"
"그게 제가 여기 있는 이유에요. 알아두세요."

로빈슨은 다음처럼 인정했다. "제가 꽤나 거칠고 골칫거리였던 것은 분명해요. 하지만 마침내 우리가 다시 순항하면서 모든 아일랜드 직원이 제대로 일하기 시작했죠." 예를 들어 레이 쿠퍼는 처음엔 경계했지만 로빈슨의 독특한 스타일에 금세 적응했다. 영국 북부로 로빈슨과 함께 출장을 떠난 경험에 대해 쿠퍼는 이렇게 회상했다. "데이브가 제 방을 돌아다니면서 생동감 넘치는 목소리로 이야기하다가 구석으로 가서는 싱크대에 오줌을 쌌어요." 쿠퍼는 로빈슨이 회사에 미친 영향을 일종의 전기 충격 요법이라고 설명했다. "1980년대 초의 아일랜드는 창의적으로나 재정적으로나 확실히 하락세였죠. 크리스가 왜 데이브를 선택했는지 알 수 있었어요... 데이브는 다혈질에 영리하고 거칠고 부주의했지만 제가 보기에 뛰어난 마케팅 맨이었어요. 그의 입에서 나오는 모든 말이 색다르고 도전적이었죠. 저에게 진정한 가르침을 줬어요. 아일랜드가 죽어있었을 때 그 사람만큼은 살아있었죠."

아일랜드의 위계질서가 재편되면서 회의실에는 시무룩한 표정이 가득했다. 쿠퍼가 묘사한 것처럼 아일랜드의 기존 경영진은 음악에 대해 '지적인' 태도를 지녔다. 반면 '적나라한 솔직함'으로 독특한 문화적 충돌을 일으킨 데이브 로빈슨은 '거리의 남자'였다. 일을 하던 와중 로빈슨은 자신이 알앤비에 대해 아무것도 모른다고 고백하면서 회사의 권위자인 애슐리 뉴턴에게 가르침을 구했다. 속물들은 로빈슨의 등 뒤에서 비아냥거렸지만 그것은 레이 쿠퍼가 지적한 것처럼 아이러니한 상황이었다. "데이브는 바보 같은 인간을 못 참았어요."

미디어 전문가이자 ZTT의 커뮤니케이션 디렉터인 폴 몰리는 로빈슨을 다음처럼 설명했다. "특히 공격적인 버전의 레코드 맨이죠. 자세히 말하면 이래요. 과거의 아일랜드에는 거의 겸손함에 가까운 제도적 섬세함이 어떤 형태로 있었죠. 그리고 이건 애매한 표현이긴 한데 바로 이런 점이 기민한 계획을 세우고, 호화로운 엔터테인먼트 업계를 지배하는 데 방해가 됐을 수도 있어요. 더 나아가 1980년대의 치열했던 상업적인 경쟁 속에서 레이블의 존립 자체를 위협 받을 수도 있었고요. 로빈슨은 바로 그런 아일랜드의 기존 문화를 찢어버렸던 거예요."

팩토리의 공동 설립자 롭 그레튼은 폴 몰리를 "똥덩어리"라고 표현한 바 있다. 데이브 로빈슨 역시 이의를 제기하지 않았다. 로빈슨은 이렇게 말했다. "지금도 그렇지만 폴 몰리는 저를 못 견뎌했어요. 예술적으로 과장된 허세를 부리면서 저와는 다르다고 스스로를 생각했거든요. 저는 '개가 토끼를 보게 하라.'*, '말 없이는 갈 수 없다.' 같은 아일랜드 속담으로 그를 짜증나게 만들었죠. 당시 우리에겐 좋은 레코드가 필요했고, 좋은 태도가 필요했고, 사용할 수 있는 비디오가 필요했어요. 몰리가 'Relax'로 정말 게이스러운 비디오를 만들었잖아요? 주변에서는 모두 그가 예술적 천재라고 등을 두드려주었지만 너무 도가 지나쳐서 방송에 내보낼 순 없었죠."

사이비 지적 변증법 비슷했던 영국 포스트 펑크 신의 관점에서 나이 든 로빈슨은 아일랜드 늪지대에서 온 야만적인 족장처럼 보였을지도 모른다. 그러나 직원들과 소속 프로듀서들도 모르는 사이에 스티프는 아일랜드에 100만 파운드를 빌려줘서 운영비를 충당하도록 했다. 로빈슨의 감탄할 만한 자신감에는 그럴 만한 이유가 있었다.

중식당에서 저녁을 먹고 함께 일하게 된 이후부터 블랙웰과 로빈슨은 밥 말리의 베스트 음반에 대해 꾸준히 이야기를 나눴다. 한데 블랙웰이 로빈슨에게 말하지 않은 사실이 하나 있었다. 말리가 사망한 직후 라이세움 콘서트 기념 라이브 앨범을 발매했다는 것이었다. 결과는 비참한 실패였다.

로빈슨은 자신의 새 프로젝트에 대해 다음처럼 설명했다. "(말리의 가장 인기 있는 앨범인) <Exodus>의 판매량이 영국에서 18만 9,000장이라는 사실을 알았을 때 저는 그 수치가 너무 낮다고 봤어요. 100만에 가까울 거라고 생각했거든요. 매드니스도 70만장을 팔았

---

* '내 할 일 좀 하게 비켜라.'라는 뜻이다.

으니까요. 심지어 미국에서도 말리의 최고 음반 판매량은 60~70만 장 정도였어요. 그래서 '백인에게는 팔리지 않는 건가?'라는 생각이 들었죠."

로빈슨은 시장 조사 전문가인 게리 트루먼을 불렀다. 주로 백인인 메인 타깃 고객층을 프로파일링하기 위함이었다. 트루먼은 8개의 그룹을 대상으로 조사를 진행했다. 로빈슨은 게리 트루먼을 다음처럼 표현했다. "그는 배경에 뒤섞이는 걸 즐기는 재미있는 괴짜에요. 사람들을 참여시키지만 스스로 하도록 내버려두는 걸 선호하죠. 저도 마찬가지예요. 사람들이 4~5개의 트랙을 듣고 즉흥적으로 말하거나 우리가 만들고 정한 사진이나 앨범 타이틀을 보고 대화 나누는 걸 무지하게 좋아해요. 이 조사에서 많은 사람이 '전설적이다.', '그는 전설이다.'라는 말을 많이 했어요. 대중이 '전설'이라는 제목을 선택한 거죠. 사람들은 밥 말리가 약간 반(反) 백인일지도 몰라서 우려된다는 흥미로운 단서를 제시하기도 했어요. 밥 말리가 백인인 자신을 싫어할지도 모른다고 생각한 거죠."

"아일랜드는 밥 말리의 멋진 사진을 갖고 있었지만 문제가 있었어요. 웃는 모습이 하나도 없었다는 거였어요. 친근함도 없었고요. 항상 약간 거칠고 공격적이었죠. 그리고 상당히 정치적이기도 했고요." 트루먼의 관찰에 따르면 주류 음반 구매자가 원하는 건 라스타파리아니즘의 강령이 아니었다. 그걸 뛰어넘는 보편적인 마음, 즉 사랑 노래와 기분을 고양시키는 휘파람 같은 음악이었다. 로빈슨은 앨범을 올바른 방향으로 이끌 잘생긴 초상화를 골랐다. 그에 따르면 "<Legend>의 트랙 순서를 정하는 데만 고민을 많이 해서 적어도 한 달은 걸렸다."라고 한다.

1984년 5월 TV 광고 캠페인과 함께 발매된 <Legend>는 영국 앨범 차트에서 밥 말리 커리어 사상 처음으로 1위에 진입했다. 그리고 일주일 후인 5월 14일에 데이브 로빈슨은 마흔 살이 되었다. 아일랜드는 로빈슨의 임신한 아내가 해머스미스에 있는 새 집에서 준비한 생일 파티의 비용을 제공했다. 돌이켜보면 그날 밤은 꿈에 그리던 수확의 시작을 축하하는 자리였다.

밥 말리는 여름 내내 14주 동안 영국 앨범 차트에서 1위를 유지했다. 싱글 차트에서는 프랭키 고스 투 할리우드의 두 번째 히트곡인 'Two Tribes'가 9주 동안 영국 1위를 차지하면서 150만 장의 판매고를 올렸다. 그렇게, 영국이 두 번째 프랭키 열풍에 휩싸이면서

'Relax'도 다시 2위로 올라섰다. 이대로라면 그해는 프랭키의 해였다. 그러나 시간이 지나면 진정한 괴물은 <Legend>의 차지가 될 것이었다. 이 음반은 현재까지 2,500만 장이 팔렸다. 말리가 자유와 진보의 거대한 상징이 된 아프리카의 경우 얼마나 많은 복제품이 더 팔렸는지는 아무도 모른다. 아프리카에서 말리는 거의 확실하게 역사상 가장 거대한 음악 아이콘이다.

이렇게 영국에서 아일랜드가 화려한 르네상스를 일궈내자 이에 고무된 크리스 블랙웰은 미국 사업을 다시 고려했다. 새로운 피가 필요했던 그는 마케팅 직원을 대거 영입한 후 A&M의 프로모션 담당자였던 찰리 프레보스트를 사장으로 임명했다. 일을 시작하기 직전 프레보스트는 블랙웰의 뉴욕 아파트에서 열린 작은 파티에 초대받았다. 말콤 맥라렌도 손님으로 왔던 파티였다. 한데 파티 참석자 중 블랙웰이 뉴욕에서 만나는 연인이자 그가 초콜릿 케이크라는 애칭으로 불렀던 매혹적인 흑인 여성이 있었다. 파티 도중 그녀는 프레보스트를 한쪽으로 데려가서 물어봤다. "크리스 밑에서 일할 거죠?" 프레보스트가 흥분을 억누르면서 대답했다. "그럴 거 같아요." "얇은 얼음 위를 걷는 걸 좋아하니까 조심하세요. 하지만 절대 먼저 가려고 하지 않아요. 당신 보고 먼저 가보라고 할 거예요."

미국에서 아일랜드는 애틀랜틱을 통해 유통되었다. 아흐메트 에르테군은 크리스 블랙웰을 설득해 계약을 라이선스로 전환하려고 오랫동안 노력했다. 천문학적인 라디오 홍보 비용 때문이었다. 블랙웰은 애틀랜틱이 자신의 색다른 음반을 취급하지 않을 것이라고 확신했다. 이런 이유로 아일랜드 산하 포스 앤 브로드웨이 레코드에서 나온 음반을 인디 유통망을 통해 독립적으로 발매했다. 프레보스트는 당시 상황을 다음처럼 설명했다. "당시 애틀랜틱 레코드를 운영하던 더그 모리스와 대화를 나누는데 절망에 찬 표정으로 저를 바라보면서 말하더라고요. '당신들 돈도 없는데 어떻게 하려고요?' 우리에겐 마케팅을 포함해 전반적인 일에 필요한 현금이 많지 않았어요. 애틀랜틱처럼은 절대 할 수 없었죠. 그래서 크리스는 항상 창의적인 방법을 모색했어요.

프레보스트는 계속해서 설명을 이어나갔다. "프랭키 고스 투 할리우드 관련해서는 창의적인 방법을 많이 시도했어요. 우리는 영국에서 로빈슨이 했던 걸 살펴보고 우리만의 버전을 고안했죠. 일단 인디 라디오 프로모터를 쓰지 않는 방법을 생각했어요. 그래서 수입 레코드를 많이 들여와서 라디오를 제외한 모든 곳에 써먹었죠. 그리고 소매점 판매 보고서 분석을 진짜 열심히 했어요. 이 덕분에 'Relax'는 에어플레이 없이도 모든 소매점에서 엄청 팔렸죠. 남들보다 예리한 프로그래머는 항상 로컬 판매량을 모니터링해요. 그래서 이게 라디오에 제대로 반영되고 있는지 확인하죠. 우린 에어플레이 및 에어플레이 관련 리포트를 보장하는 프로그래머의 전화를 받기 전까지는 해당 곡을 서비스하지 않기로 의도적으로 결정했어요. 그래서 처음 2~3주 동안은 트렌드를 반영할 줄 아는 프로그래머 명단을 충분히 확보했죠. 그러고 나서는 그들의 리포트에 우리 레코드가 확실히 포함될 수 있게 했어요. 이런 방식을 통해 빠르게 에어플레이 차트에 싱글을 올리니까 메이저급 방송국에서도 전화가 오더라고요. 서비스를 보류했는데도 에어플레이를 한 곳도 있었어요. 제가 알기로 이전까지 그런 경우는 없었죠."

프레보스트는 말콤 맥라렌이 혁신적인 오페라 힙합 콘셉트 앨범 <Fans>를 발표했을 때 역심리학 기법을 적용했다. "빌보드 1면 안쪽에 전면 광고를 실었어요. 내용은 이랬죠. '우리는 당신이 이 레코드를 싫어해도 상관없습니다. 우린 사랑하거든요.' 사람들은 크리스가 약속을 잘 안 지키고 대마초나 피워댄다고 말했어요. 하지만 모든 직원이 집에 가고 없는 밤에 크리스와 저는 종종 사무실을 돌아다니곤 했어요. 그러다가 우리 둘 다 누군가 아일랜드 로고가 그려진 편지지에 뭔가를 쓰는 데 거의 1페니를 낭비했다는 사실을 알게 됐죠. 진심 짜증이 나더라고요. 그래서 회사 편지지 생산을 중단시켜버렸어요."* 프레보스트는 크리스가 "디테일에 대한 안목이 있었고, 로열티에 대해, 돈이 어디에 있는지에 대해 잘 알고 있었다."라고 평가했다.

블랙웰은 마치 유령 같았던 런던에서의 존재감을 뉴욕에서도 재현했다. 프레보스트는 이렇게 말했다. "그는 밤에 출근해서 밤새도록 일하곤 했어요. 뉴욕에 있을 때는 잠도 자지 않고 계속 일만 했죠. 하지만 매우 비싸고 정교한 보안 시스템을 설치해서 책상에 앉아 정문 앞을 지나가는 모든 사람, 특히 건물에 들어오는 모든 사람을 감시했어요. 이 감시 세트는 엘리베이터에도 설치됐고, 정문에도 하나 더 설치됐죠."

얼마 지나지 않아 프레보스트는 크리스 블랙웰의 별스러운 점을 이해했다. "하루에도 열 번씩 전화 통화를 했는데 제가 받은 인상은 자주 볼 수 없는 하워드 휴즈 같은 사람이

---

*　크리스 블랙웰의 캐릭터를 드러내는 부분이다. 자신의 아이디어를 위해서는 회사 돈을 엄청나게 쓰면서도 직원들의 사소한 낭비는 참지 못했던 그의 통제적이면서도 모순적인 성격을 보여준다.

었어요. 자메이카에 갈 때는 연락이 닿지 않기를 원했고, 그곳이 그의 피난처였죠. 하지만 나소에 있을 때는 완전히 준비가 되어 있었어요. 모두가 크리스에 대해 항상 감탄했던 점은 그가 서로 다른 여러 공간을 가지고 있다는 것이었어요. 그는 각각의 나라에 서로 다른 여자 친구가 있었고, 서로 다른 사람이 운영하는 각각의 사업체를 갖고 있었죠. 스튜디오에 있을 때는 다른 곳에 있을 때와는 완전히 다른 사람이 됐어요. 특히 음악을 직접 연주할 때가 있었는데 거의 온몸을 떨면서 플레이하는 모습을 볼 수 있었죠... 이게 바로 크리스라는 사람의 핵심이었어요. 그는 항상 말했죠. 레이블은 절대 안 팔 거라고. 음반사를 팔기 전에 차라리 바지를 먼저 팔겠다고요."

그러나 실상은 달랐다. 블랙웰은 아일랜드에 대해 장기적인 매각 계획을 갖고 있었고, 데이브 로빈슨 역시 이 사실을 알았다. 또, 블랙웰은 얼마 지나지 않아 U2의 매니저 폴 맥기네스에게 이 비밀을 알려야 했다. 1983년 U2는 <War>와 <Under a Blood Red Sky>로 아일랜드 레코드에서 가장 큰 히트를 기록했다. 이 점을 고려했을 때 맥기네스는 프랭키 고스 투 할리우드의 엄청난 성공에 대해 복잡한 감정을 가질 수밖에 없었다. 1984년 여름 날것 그대로의 포스트 펑크가 썰물처럼 빠져나가는 것을 알아차린 U2는 프로듀서 브라이언 이노, 스티브 릴리화이트와 함께 새 앨범 준비에 들어갔다. 바로 그 음반, <The Unforgettable Fire>에서 U2는 딜레이 페달과 신시사이저로 사운드의 캔버스를 넓히려는 의도적인 노력을 담아냈다. 앨범은 1984년 10월에 발매되었고, 영국에서 2주 동안 1위에 올랐다.

아이러니하게도 1979년 맥기네스가 U2의 데모를 들고 런던을 돌던 시절에 그는 스티프에 연락을 취한 적이 있었다. 로빈슨은 초창기 시절을 다음처럼 회상했다. "사실 U2는 꽤 형편없었어요. 하지만 블랙웰이 투어를 지원하는 계약을 체결했고, 맥기네스를 미국의 인기 에이전트였던 프랭크 바살로나에게 소개했죠. U2는 2년 동안 스테이션 왜건 뒤에 유홀 트레일러를 달고 미국 투어를 했어요. 프랭크 바살로나는 가능한 모든 공연에 그들을 서포트 밴드로 넣었죠. U2는 정말 많은 사람과 함께 공연했고, 보노는 그들로부터 뭔가를 훔쳐냈어요. 그들의 장점과 매력을 흡수한 거죠. 보노는 뭔가를 찾아내기 위해 무대 한쪽에 서 있곤 했어요. 그게 바로 보노의 대단한 점이죠."

로빈슨은 조심스럽게 말을 이어갔다. "보노가 U2의 매니저예요. U2의 초기 데모는 별로였지만 2년 만에 완전히 변모한 건 보노의 미디어에 정통한 능력 덕분이었어요... 맥기네스는 회계사 역할만 했어요. 돈 문제를 맡았죠.. 밴드의 두뇌는 보노였어요." U2의 초창기 시절에 아일랜드 직원들은 멤버들이 마치 성자처럼 호텔에서 일찍 잠자리에 드는 동안 매니저가 로커처럼 파티를 즐기는 밴드는 U2가 유일하다고 농담을 하곤 했다. 하지만 돈이 생기면서 모든 게 바뀌었다. U2가 록 스타덤에 오르기 몇 년 전 찰리 프레보스트는 매니저의 명성이 높아지는 광경을 직접 맛봤다. "맥기네스가 저에게 말하더라고요. '방금 아일랜드와 재계약했어. 네가 여기 있는 줄 알았다면 절대 재계약하지 않았을 거야. 넌 개자식이니까!' 그 순간부터 그와 그의 스태프가 우리 사무실 사람들의 이름을 일부러 틀리게 불렀어요. 우린 그냥 레코드를 만드는 게 우리 일이었기 때문에 하기로 결정한 거예요. 그리고 우리는 할 수 있는 한 최선을 다했고, 그 어떤 상황에서도 타협하지 않았어요. 그런데도 그들과는 어떤 교류도 맺지 못했어요. 전혀 없었죠."

프레보스트는 다음과 같이 인정했다. "자금이 부족했기 때문에 U2와 프랭키를 동시에 진행하는 건 사실상 불가능했어요. 당시에는 음반을 내고, 투어를 지원하고, 인디 프로모터를 통해서 홍보를 하는 데 약 200만 달러가 들었어요. 필라델피아에 공연을 보러 갔을 때 정말 불편했던 적이 있었어요. 저녁이었고, 공연이 시작되기 훨씬 전이었는데 거의 매진된 상태였죠. 맥기네스가 그의 변호사와 함께 차에 타고 있었는데 두 사람이 저를 마주본 상태에서 와인을 몇 병씩 마시고 있었어요. '찰리, 어떻게 할 거야? 프랭크 고스 투 할리우드야? 아니면 우리야? 어느 쪽을 택할 거야? U2가 레코드 업계에서 그간 어떤 식으로 일을 처리했는지 몰라도 필라델피아에 도착했을 때 저는 그런 상황에 놓인 게 진짜 화났어요."

1984년 10월 영국에서 U2가 거둔 차트에서의 짧은 성공은 곧바로 프랭키 고스 투 할리우드가 몰고 온 열풍에 가려졌다. 이전까지 거의 1년간 프랭키는 싱글과 리믹스만 발표한 상태였다. 이렇듯 오랫동안 기다려온 더블 앨범 <Welcome to the Pleasuredome>은 거대한 성과를 일궈냈다. 1984년 11월 EMI 유통 사업부는 아일랜드에게 선주문으로만 600만 파운드짜리 수표를 전달했다. 12월 'The Power of Love'로 세 번째 차트 1위를 차지한 아일랜드는 한 해의 전리품을 모조리 챙기면서 사상 최고의 재무 성과를 거뒀다. 녹슬었던 캐리비안 크루저가 오랜 침체기를 끝내고 1980년대 중반 급성장하고 있던 CD 시장으로 출항하는 순간이었다.

그럼에도 로빈슨의 결론은 암울했다. "우리가 해낸 모든 게 무소용이었어요. 왜냐하면 블랙웰이 몇 편의 영화에 손을 댔고, 개봉도 하질 못했거든요." 함께 일한 지 1년 만에 데이브 로빈슨은 블랙웰이 주도하는 여러 프로젝트로 인해 거액의 자금이 뒷문으로 빠져나가고 있다는 사실을 깨달았다. 두 사람의 관계는 소원해졌다. "1984년 한 해에 5,600만 파운드 정도의 매출을 올렸어요. 이 돈으로 아일랜드의 모든 부채를 갚았는데 정말 놀라운 성과였죠. 제가 받을 이익 분배는 20%였으니까 계산하면 800만 파운드 좀 넘는 수익에서 약 200만 파운드는 받았을 거예요." 하지만 1985년 봄 로빈슨은 스티프에 대한 여섯 번째 분할금을 받지 못한 뒤 "수익 분배가 엉터리"라는 사실을 깨달았다. 사실 갖고 있는 돈이 너무 없어서 아일랜드는 U2에게 줘야 할 5백만 파운드의 로열티도 지불할 수 없는 상태였다.

아일랜드의 CFO인 아트 예거는 다음처럼 증언했다. "U2가 받게 될 로열티 수표는 그들이 처음으로 받는 큰 돈이었어요. 그래서 엄청 흥분해있었죠... 그런데 갑자기 그 돈이 사라져버린 거예요. 덕분에 U2는 CBS 레코드와의 계약을 포함해서 원하는 건 무엇이든 할 수 있는 절대적인 기회를 얻게 되었죠. CBS는 당시 그들에게 북미 시장에 대한 거대한 계약을 제안한 상태였는데 말이 되는 얘기였어요. 왜냐하면 그때 미국 아일랜드 레코드는 그다지 큰 규모가 아니었거든요. 그래서 U2는 북미에서는 CBS와 일을 하고, 나머지 지역에서는 크리스와 일하게 됐죠. 당시 많은 사람이 아일랜드는 이미 파산했고, 아일랜드의 10%를 갖고 있든 97%를 갖고 있든 아무것도 남지 않을 거라고 말했어요. 하지만 보노는 크리스와 함께하기로 결정했어요. 그래서 그 10%를 가져갔고 그 10%가 나중에는 3천만 달러가 되었죠."

U2와 달리 데이브 로빈슨은 그 어떤 대체 계약도 제안받지 못했다. 로빈슨은 자신이 처음부터 끝까지 속았다고 느꼈다. 처음 맺었던 계약이 어떻게 끝났는지에 대해 로빈슨은 이렇게 증언했다. "블랙웰은 끊임없이 골대를 옮겼어요. 블랙웰을 위해서라면 대신 총도 맞을 충성심 강한 자금 담당자들이 항상 그 사람이라면 어떻게 할 것인지 추측하고, 그가 거의 택하지 않았던 타당한 상업적 감각의 길로 그를 이끌려고 애썼죠. 블랙웰은 계약서, 수입, 은행에 있는 돈 등에 대한 세부 정보를 제공하지도 않고 마치 제가 회사를 팔게 만든 사람인 것 같은 인상을 줬어요. 블랙웰은 모든 사람에게 항상 그렇게 행동하고, 회사를 팔아버렸죠."

로빈슨은 1985년 8월에 회사를 떠났고, 그의 퇴직은 아트 예거가 처리했다. 로빈슨은 이렇게 말했다. "간단히 말하면 1984년은 정말 좋았어요. 하지만 1985년은 모든 돈이 사라진 형편없는 시기였죠. 회사는 파산했고, 더 이상 팔 게 없었어요. 제가 할 수 있는 일이 아무것도 없었죠. 블랙웰이 회사 문제나 제 문제를 해결하려고 하지 않았기 때문에 2년째 되던 해에는 정말 지저분해졌어요. 그의 측근들은 저를 제거하려고 스티프를 뒤흔들었고요."

혼란한 와중에 로빈슨은 전통적이면서도 독특한 펑크 그룹 포그스를 발견하고 스티프와 계약했다. 포그스는 회사가 무너지기 전 그가 마지막으로 발굴한 밴드였다. 비록 천부적인 뭔가가 눈에 띄지는 않았지만 1985년 발매된 그들의 앨범 <Rum, Sodomy & The Lash>는 클래식의 반열에 올랐다. 이후 30년이라는 시간이 흐르는 동안 이 음반 수록곡인 'A Pair of Brown Eyes'와 'The Body of an American' 등은 미래 세대가 공유하는 찬가가 되었다. 그리고 이 미래의 세대는 영국의 수많은 펍에서 나와 집으로 돌아가는 길에 달을 바라보면서 울부짖듯이 이 노래를 불렀다.

그 와중에 크리스 블랙웰의 전선(戰線)은 워싱턴 D.C.의 빈민가로 이동한 상태였다. 그곳에서 수백만 달러가 하수구로 흘러내렸다. "오, 맙소사." 찰리 프레보스트는 어떤 영화에 대해 언급만 해도 진저리를 쳤다. "(바로 그 영화) <Good to Go>는 크리스와 저의 종말을 불러왔어요. 애틀랜틱 레코드와 맺은 계약은 예비 비용을 포함한 비용을 제하고 매달 월급을 받는 방식이었죠. 수표가 잘 들어올 때도 있었고 없을 때도 있었어요. 수표가 없는 이유는 크리스가 <Good to Go> 제작에 투입하기 위해 가져가서였고요. 그는 LA에 있던 아일랜드 픽쳐스에 정말 많은 돈을 쏟아 부었어요."

워싱턴 D.C.의 고고* 신이 차세대 대세라고 확신한 블랙웰은 고고 뮤지션·밴드를 하나둘 영입했다. 프레보스트는 이렇게 회상했다. "우리는 고고에 정말 헌신했어요. 고고를 전국적으로 확산시켜야 했죠. 하지만 아무리 밀어붙여도, 뇌물을 주고, 홍보를 하고, 뮤지션이 방송 출연을 해도 워싱턴 D.C.라는 게토를 벗어날 수가 없었어요." 그 사이 영화 제작 전체가 재앙으로 치달았다. 감독은 물러났고, 아무도 영화에 자금을 대거나 개봉을 원하지 않았다.

---

* 흑인 펑크(Funk)의 하위 장르로 당김음을 특히 강조한 리듬 패턴에서 장르 이름을 따왔다. 영화 <Good to Go>가 고고 신을 배경으로 한다.

프레보스트는 다음처럼 설명했다. "회사 자금이 바닥났었어요. 당시 우리는 로버트 파머의 'Addicted To Love'를 히트시키려고 애쓰고 있었고요. 크리스가 전화로 <Good to Go>에 대해 이야기하면서 '왜 관심을 안 갖는 거야? 이걸 히트시키기 위해서 노력은 하는 거야?'라고 묻더군요. 제가 흑인 커뮤니티와 충분한 관계를 맺지 못해서 도움이 되질 않는다고 생각하는 것 같더라고요. 그리고 그의 말이 맞았어요. 저에겐 흑인 문화 쪽으로는 타고난 뭔가가 없었어요. 록 쪽에 관심이 많았죠. 결국 <Good to Go>를 중심으로 그를 돕는 사람과 우리처럼 다른 쪽으로 수익을 창출하려는 사람으로 회사가 나뉘어 버렸죠."

블랙웰은 최면에 걸린 슬롯머신 도박꾼 같았다. <Good to Go>에 대한 그의 헌신은 무모함에서 자살 충동으로 이어졌다. 그는 매달 60만 달러에 달하는 수표를 뽑아내면서 자금을 고갈시켰다. 프레보스트는 한숨을 쉬면서 말했다. "1985년 말을 보세요. 우리는 막 'Addicted to Love'를 발매했고, 1위를 할 수 있다는 걸 알았어요." 사실 아일랜드는 대금을 지불하지 않는 것으로 악명 높았다. 따라서 프레보스트는 에어플레이를 위해 독립 프로모터에게 무려 40만 달러를 제대로 지불해야 했다. "뉴욕 사무실에 최소 60명이 근무했지만 대부분을 해고해야 했어요. 급여를 감당할 수 없었기 때문에 1월 즈음엔 15명 정도만 다시 출근했죠." 아트 예거는 이 혼란을 수습하기 위해 직원을 해고하고 "암살자 아트"라는 별명을 얻었다. 그러나 자신의 사재를 털어 해고된 직원들에게 급여를 지급한 것만큼은 칭찬받아 마땅하다.

1986년 봄 블랙웰의 아파트에서 열린 긴장감 넘치는 회의에서 프레보스트는 회사를 떠나기로 했다. 로버트 파머가 1위를 차지하기 불과 일주일 전이었다. "정말 힘들었어요. 제가 회사에 입사했을 때만 해도 아일랜드는 1년에 100만에서 200만 달러를 벌던 회사였어요. 하지만 제가 회사를 떠날 즈음에는 2천만 달러까지 올라갔죠. 그래서 2년 정도는 버틸 수 있었고요. 하지만 크리스는, 글쎄요. 신용카드를 사용했는지는 모르겠지만 신용카드를 사용했다면 영수증을 보관하는 게 일반적이잖아요. 크리스는 항상 영수증을 그냥 버리곤 했어요. 신경을 쓰지 않았죠. 그래서 그는 항상 우리가 가진 돈의 액수에 대해 무심한 태도를 보였어요. 이런 식으로는 경쟁을 할 수가 없잖아요. 그래서 힘들었죠. 하지만 정작 그는 경쟁하고 싶어했어요."

한편 U2는 아일랜드에서 받지 못한 로열티의 충격에서 벗어나지 못했다. 유명하지만 여전히 부자는 아니었던 그들은 1년이 넘는 시간을 들여 뒷마당에 괴물 기계를 하나 만들었다. 바로 그들이 미국 시장을 돌파할 수 있게 해준 앨범 <The Joshua Tree>였다. 이즈음 매니저인 폴 맥기네스는 더블린에 있는 자신의 매니지먼트 사무실을 통해 Upfront · EGS에 연락을 취했다. 그러고는 U2만의 고유한 무대 제작을 의뢰했다. Upfront · EGS가 개발한 최첨단 무대 장치는 스타디움 스케줄을 더 많이 소화할 수 있게 해 줬다. 또, 다른 공연에 빌려줄 수도 있었다. 1987년 U2가 투어를 통해 폭발적인 인기를 얻었을 때 그들은 티셔츠만으로 수백만 달러의 수익을 올렸다.

같은 아일랜드인이었음에도 데이브 로빈슨의 운명은 냉혹한 대조를 이뤘다. 스티프 레코드와 함께 잔해서 기어 나온 그는 다섯 번째 할부금인 25만 파운드까지는 받아냈지만 그가 아일랜드에 빌려준 100만 파운드는 지난 4번의 할부로 어쨌든 회수한 상태였다. 이런 이유로 블랙웰을 향한 소송은 느리고, 비용도 많이 들었다. 이틀간의 법정 공방 끝에 그가 받아 낸 합의금은 고작 7만 5천 파운드였다. 소송 비용을 겨우 충당할 수 있는 액수였다. 감정이 북받쳐 오른 로빈슨은 다음처럼 고백했다. "이 사건으로 제 삶이 바뀌었고, 제 관계도, 아이들의 관계도 바뀌었어요. 혼자 생각했죠, '넌 정말 바보야, 로보. 만약 네가 나쁜 놈이었다면 (그랬어야 했어.) 단호한 태도를 취해서 맥기네스처럼 10%는 받았을 텐데 말이야. 운전석에 앉은 이상 직접 운전을 했어야지.' 저는 끔찍한 일을 겪으면서도 회사를 수렁에서 건져내기 위해 계속 싸울 준비가 되어 있는 아일랜드 출신 얼간이였어요. 저는 여전히 거기에 서서 '내가 한 거야!'라고 말하고 싶었죠. 어리석었어요. 쓸데없는 자존심이었죠. 어쩌면 크리스 블랙웰은 저보다 저에 대해 더 많이 알았는지도 몰라요!"

항상 결말이 좋은 크리스 블랙웰의 보기 드문 재주를 데이브 로빈슨은 아일랜드 속담으로 설명했다. "운 좋은 사람은 태어나기만 하면 된다." 그 잔인한 단순함에 웃음을 터뜨리면서도 그는 또 다른 속담을 꺼냈다. "운을 믿어야 해요. 그렇지 않으면 참을 수 없는 인간들이 잘되는 이유를 어떻게 설명할 수 있겠어요?"

아일랜드의 전 매니징 디렉터인 팀 클라크는 크리스 블랙웰을 이렇게 묘사했다. "그의 뛰어난 점은 창의적인 인재를 선발하고 기회를 주는 것이었어요. 훌륭한 상사는 아니었죠. 크리스는 돈을 정말 잘 썼어요. 영화가 제작 중일 때면 '걱정하지 마, 우리는 조금만 투자하면 돼. 나머지는 내가 구할게.'라고 말하는 경우가 많았죠. 하지만 돈은 모이지 않았고 그는 계속 돈을 썼어요. 정말 미친 짓이죠! 하지만 크리스는 이런 종류의 문제에 접근하면 장난 꾸러기 학생처럼 행동했어요. 웃고 낄낄거리고, 매력을 발산하면서 상황을 빠져나갔죠. 그리고 결국에는 재정적인 문제에 대한 해결책을 찾아낸 사람 역시 크리스였어요."

퍼블리싱 책임자 라이오넬 콘웨이는 크리스 블랙웰이라는 수수께끼에 대해 자신만의 견해를 제시했다. "그는 도박꾼이고 언제나 그랬어요. 우리가 나소에 있을 때 내기하는 걸 정말 좋아했죠." 이에 덧붙여 콘웨이는 비단 영화만은 아니었다고 말했다. "그가 돈이 필요하다는 이유로 우리가 하는 일에 완전히 타격을 입힌 다른 일들도 있었어요. 예를 들면 제인 폰다가 했던 것처럼* 운동 동영상 시리즈를 만들기 위해 투자하고 장소까지 마련한 적이 있었어요. 많은 자본을 투입했지만 결국 현금 흐름에 큰 문제가 생겨버렸죠. 블랙웰은 모험적인 기질의 사업가였어요. 이 점이 문제였죠. 그가 정말 무언가 해 보고 싶어 하면 막을 수가 없었어요."

보물 상자를 보충해야 할 때가 오면 "그의 결정은 정말 놀라웠어요."라고 콘웨이는 계속해서 증언했다. "그는 항상 우위를 점했어요. 모두가 아일랜드와 거래하고 싶어 했으니까요. 아일랜드는 경이로운 레이블이었고 크리스는 뮤지션을 설득하는 데 경이로운 능력을 갖고 있었어요. 모든 사람이 그와 함께 일하고 싶어 했죠... 정말 거래를 잘 했어요. 이게 그의 매력이었죠. '아기 얼굴의 살인자', 정말 딱 맞는 별명이에요."

아트 예거는 다음처럼 회상했다. "1985년인가 1986년인가 크리스가 저에게 마이애미 사우스 비치로 가서 말린이라는 호텔을 사라고 했어요. 그래서 가 봤는데 호텔 전체가 완전 허름하더라고요... 그리고 시간이 흘러 지금 이곳은 음악과 젊은이들, 훌륭한 호텔이 있는 가장 핫한 지역 중 하나가 됐죠. 크리스는 이곳의 절대적인 선두에 서 있고요. 크리스는 말린 호텔 이후에 다른 호텔도 인수했어요. 얼마 뒤에는 저에게 막 졸업한 젊은 디자이너를 아일랜드 트레이딩 컴퍼니의 수석 디자이너로 영입해 달라고 부탁하더라고요. 그 친구가 바로 마크 제이콥스였죠."

궁극적으로 크리스 블랙웰이 오랫동안 성공적인 경력을 쌓을 수 있었던 비결은 흐름을

---

* 1982년 배우 제인 폰다는 에어로빅 비디오 시리즈 〈Jane Fonda's Workout〉를 발매해 미국에서 큰 성공을 거뒀다.

따라가면서도 결단력을 잃지 않는 그의 능력 덕분이었다. 크리스 블랙웰은 물처럼 쉽게 방향을 바꾸면서도 자연을 거스르지 않고 자신의 최종 목적지, 즉 성공이라는 바다를 향해 나아갔다. "언제든 겪어야 할 일이 생기면 적응하고 대처해야 해요. 인간은 적응력이 매우 뛰어나요. 자신에게 주어진 카드를 최대한 잘 활용해야 하죠. 무작정 패를 던져서는 안 돼요."

28.

막을 내린
황금기

거대 기업의 시대_

폴리그램, 소니, BMG
그리고 Thorn-EMI가
시장을 장악하다.

1985
~1994

당시 영국 땅에서 벌어지는 경쟁을 우뚝 서서 내려다보는 거물이 한 명 있었다. 바로 그 사람, 모리스 오버스타인은 우스꽝스러운 모자로 악명 높았던 동성애자에 괴짜 뉴요커였다. 그러나 그는 영국에서 가장 강력한 힘을 가진 레코드 업계의 군주가 되었다.

아버지 일라이가 RCA의 A&R 담당자였지만 어린 모리스는 음악적인 감각을 물려받진 못했다. 그러나 그는 CBS 런던 지사를 이끌면서 10년간 영국 싱글 차트 1위를 40곡 발매했다. 레코드 산업계를 동물의 왕국으로 여겼던 열혈 정복자 오비는 긴장감 넘치는 협상에서 데릭 그린에게 이렇게 말했다. "정글에 있다고 생각하세요. 내가 코끼리라면 당신은 개미예요. 난 당신을 밟고, 죽일 겁니다. 심지어 그런 짓을 하는지에 대한 자각조차 없이 말이죠."

1980년대 초 한 소문에 따르면 오비는 A&R 담당자인 머프 윈우드가 밴드 계약 건으로 올 때마다 개처럼 무릎을 꿇고 빌 것을 요구했다고 한다. 또 다른 소문도 있었다. 그의 또 다른 충견인 찰리가 회사에 찾아온 밴드를 향해 꼬리를 흔들지 않으면 계약에 서명하지 않았다는 것이다. CBS의 2인자였던 전 아일랜드 상무이사 데이비드 베터리지는 오비를 따라다니는 많은 이야기가 마치 전화 게임처럼, 하급 직원의 농담으로 시작되어 공포스러운 이야기로 과장된 것이라고 의심한다. 베터리지가 생생하게 기억하는 것도 있다. 성대에 생긴 폴립으로 인해 만들어진 오비의 전설적인 목소리가 가성과 비명을 오고 가는 섬뜩한 광경이었다.[*]

오비와 긴밀하게 일한 모든 사람이 그의 우스꽝스러운 무례함 뒤에 놀랍도록 명석한 두뇌가 있다고 동의한다. 그는 대형 음반 회사를 어떻게 앞에서 이끌고 뒤에서 지원해야 하는지 잘 아는 타고난 장군이었다. 그는 개를 데리고 다니면서 각 층을 시찰하고 직원들이 생각하는 조직에 대한 문제를 골똘히 경청했다.

오비는 음반 산업이 나아갈 방향에 대해 매우 선견지명이 있는 이론을 최초로 제시했

---

[*] 유튜브에 'Maurice Oberstein Brit awards 1992'라고 입력하고 가장 위에 나오는 영상을 보면 시작하자마자 그의 기괴한 모자와 목소리를 확인할 수 있다.

다. 이를 통해 그는 사후에 '건축가'라는 칭호를 얻었다. 1970년대 후반 오비는 이렇게 경고했다. "지금껏 메이저와 인디는 '내 음악이 네 음악보다 낫다.'라는 식으로 경쟁해 왔어요. 하지만 이제는 내 마케팅 영향력이 당신보다 낮다는 경쟁이 될 거예요." 이러한 현실 인식을 바탕으로 오비는 체스 플레이어가 '물량의 우위'라고 일컫는 것이 가져올 더 큰 결과를 이해했다.

음반 시장이 점차 글로벌화되면서 메이저 음반사는 독립 음반사에게 더 넓은 유통 지역을 요구했다. 특히 유럽에서 이러한 흐름은 도드라졌다. CBS, WEA, 폴리그램, EMI 같은 메이저 업체들은 베네룩스나 스칸디나비아 같은 지역 블록 대신 갈수록 유럽 전역에 대한 판매권을 원했다. 오비가 정확히 예측한 대로 근근이 운영되고 있던 모든 독립 음반사는 그들로서는 막대한 선급금을 새로운 계약에 투자하고, 입금이 되면 언제나 긴급하게 그 돈을 지출할 수밖에 없었다. 게다가 라이선스 음반이 해외에서 차트에 오르기라도 하면 아티스트의 매니저가 이미 지출한 그 돈을 찾으러 왔다.

1980년대 초 오비는 영국 시장에서 가장 빠르게 성장하는 젊은 회사였던 버진이 아일랜드 레코드를 추월하는 모습을 지켜봤다. 음악인은 아니었지만 리처드 브랜슨은 1980년대가 규모의 시대라는 사실을 잘 알고 있던 또 다른 해군 지휘관이었다. 1978년경부터 그는 자신의 하우스보트에서 일하면서 글로벌 그룹을 구축했고, 영국 주요 레이블의 일상적인 운영은 사이먼 드레이퍼에게 맡겼다.

크리스 블랙웰이 이언 플레밍이 소유했던 자메이카의 저택 골든아이를 매입한 직후 브랜슨은 본드 영화에 악당으로 출연한 사람답게 영국령 버진 아일랜드에 위치한 네커 섬을 구입해 자신만의 낙원으로 삼았다. 전 세계에 녹음 스튜디오, 음반 매장, 음반 회사를 설립하면서 버진은 마침내 제국을 건설했다. 사이먼 드레이퍼는 이렇게 말했다. "1970년대에 우리가 계약한 아티스트들을 생각해 보세요. 소프트 머신과 캔터베리풍 밴드들, 독일 밴드들, 탠저린 드림, 연주 음악 등등. 모두 유럽 전역에서 엄청나게 팔릴 수 있는 음반이었어요. 그래서 다른 음반사들이 영국과 미국에 과하게 집중할 때 우리는 시작부터 유럽 전역에서 음반을 판매했어요. 물론 미국은 공략하기 어려운 시장이었죠. 사실 유럽에서 음반을 파는 게 훨씬 더 쉬웠어요."

그 시기에 버진은 상당수의 신스 팝과 뉴 로맨틱 밴드를 포함해 컬처 클럽, 필 콜린스, UB40, 휴먼 리그, 피터 가브리엘 등의 팝 블록버스터와도 계약했다. 특별한 질감을 지닌 이들의 사운드는 비영어권 시장에서 즉각적인 인기를 끌었다. 이에 대해 드레이퍼는 거의 사과하는 투로 고백했다. "사실 저는 1970년대에 매우 이상주의적인 사람이었어요. 하지만 1980년대에는 덜 이상적인 사람이 됐죠. 아니, 차라리 더 실용적인 사람이 되었다고 봐야겠네요. 1980년대에는 성공해야 한다는 압박감, 사업체를 운영해야 한다는 압박감, 음반을 팔아야 한다는 압박감이 더 컸어요."

버진의 성공은 정말 갑작스럽게 이뤄졌다. "1983년에 우리는 영국의 주요 레이블 중 하나가 되었고 전 세계에 회사를 설립했어요. 수백만 장의 음반을 판매하고 차트를 석권하고, 많은 돈을 버는 것을 즐겼죠. 부정적인 부분도 있었어요. 해외에서도 회사를 운영하면서 캐나다, 호주, 독일, 프랑스에 있는 밴드와 계약해야 한다는 점이었죠. 이로부터 오는 거대한 압박을 잘 다뤄야 했어요... 영국과 전 세계에 있는 수많은 A&R 담당자가 아티스트를 찾아내서 자기만의 방식대로 일하길 원했어요. 그래서 우리는 모든 밴드와 계약을 체결했죠. 그리고 거기서부터 우리의 열정이 불타올랐던 거예요."

드레이퍼는 '리처드 브랜슨의 성공 요인'을 다음처럼 회고했다. "리처드는 탁월한 기업가였어요. 믿기 어려울 정도로 야심에 차 있고, 항상 새로운 일을 추진하려고 했죠. 1984년, 1985년 즈음에 그가 '항공 사업을 하고 싶다'고 말하더라고요. 저는 그러고 싶지 않았지만요. 저는 책 출판이나 예술계에 종사하고 싶었고, 그 후에도 그렇게 했어요. 그리고 소매점 관련된 것들에는 관여하고 싶지 않았고요. 하지만 리처드는 그 무엇이든 할 수 있었을 거예요. 그리고 실제로도 그렇게 했죠. 그는 수많은 사업을 벌였지만 실패도 많이 했어요. 그래서 우리가 음반 회사에서 하는 일과 리처드의 야망 사이에 긴장감 같은 게 있었죠. 어느 정도까지는 성장하는 과정이 즐거웠지만 1986년에 회사가 상장되었을 때 갑자기 2억 5천만 파운드의 가치가 있는 회사의 지분 15%를 소유하게 됐어요. 그제야 이 지분이 진짜라는 걸 깨달았죠."

1980년대 중반에 접어들면서 대서양 양쪽의 상황이 약간 미쳐 돌아갔다. 미국에서는 이미 엄청난 비용이 드는 독립 라디오 프로모션이 음악 판매의 판도를 바꿨다. 당시 Top 40 라디오의 음악 프로그램은 마피아와 연결된 것으로 알려진 라디오 프로모터 그룹 '네트워크'가 엄격히 통제했다. 뉴욕의 프레드 디시피오, 로스앤젤레스의 조 이스그로, 보스턴의 제리 브레너, 시카고의 제프 맥클러스키, 클리블랜드의 게리 버드, 버팔로의 제리 마이어스, 애틀랜타의 지미 대븐포트 등이 바로 그들이었다.

당시 A&M의 영업 및 프로모션 책임자였던 해롤드 차일즈는 이렇게 말했다. "레코드를 방송에 나오게 할 수가 없었어요. 라디오 방송국은 독립 프로모터에게 무엇이든 재생할 수 있는 선택권을 줬죠. 그리고 메이저 음반사는 독립 음반사를 없애기 위해 독립 프로모션을 사용했고요. A&M은 그런 돈을 쓸 수 없었고, 모타운도 마찬가지였어요. 1970년대는 달랐어요. 음반사와 음반사의 대결이었죠. 우리 모두 자체 라디오 홍보 담당자가 있었고, 라디오 방송국을 찾아 다니면서 프로그램 디렉터와 와인도 마시고 식사도 하고, 싸우기도 했죠. 그 때는 회사와 회사 간의 싸움이었어요. 하지만 독립 프로모터들이 등장했을 때, 즉 1980년대 초 중반부터는 제3의 단체와 경쟁하게 된 거예요."

힙합 레이블 토미 보이의 설립자인 톰 실버맨은 다음처럼 고백했다. "1986년 회사의 절반을 워너 브라더스에 매각한 이유 중 하나는 탑 40 라디오를 관리하는 인디 프로모터와 접촉할 수 없었기 때문이에요. 이건 더 이상 페이올라가 아니었어요. 사실 저는 페이올라에 반대하지 않아요. 1950년대에 음반사들은 DJ 몇 명에게 돈을 지불하면 알앤비 레코드를 방송에 내보낼 수 있었고, 이건 대단히 유용한 방식이었죠. 페이올라에는 민주적인 측면이 있었어요. 하지만 5~6명의 전국적인 팝 프로모션 담당자가 라디오 방송국과 계약을 맺게 되면서 갈취 게임으로 변질되었어요. 결국 그들이 라디오에 나오는 모든 레코드를 작업하게 되었죠. 더 이상 홍보가 아니게 된 거예요. 그들의 행위는 갈취였어요."

1980년대가 진행되면서 모든 대형 독립 음반사의 입지가 갈수록 흔들렸다. 체스에 비유하자면 여왕과 룩이 회랑을 장악하면서 꽤나 이름 있는 기사와 비숍이 모두 무방비 상태가 된 것이다. 이것은 전세계적인 규모로 진행된 기업들의 엔드 게임이었다.

1985년 점점 괴팍해지던 모리스 오버스타인은 CBS에서 해고된 후 폴리그램으로 자리를 옮겼다. 폴리그램은 네덜란드의 모기업인 필립스가 콤팩트디스크를 공동 소유하고 있는 유럽 대륙의 가장 거대한 헤비급이었다. 영국 음반 업계는 이를 바라보면서 긴장을 느꼈다. 오버스타인이 폴리그램 영국 지사의 대표가 된 그해에 폴리그램은 증권거래소에 상장되었고, 1987년 필립스는 지멘스와의 기업 분할을 통해 폴리그램의 완전한 소유권을 가져왔다. 얀 티머는 콤팩트디스크의 전술적 중요성을 분명히 보여주면서 필립스 그룹 최고 경영자 자리를 꿰찰 준비에 들어갔다.

필립스가 대대적인 공격에 나섰던 1986년 150년 역사를 지닌 독일의 서적 출판사 베르텔스만은 3억 달러에 제너럴 일렉트릭으로부터 RCA를 인수했다. 한편 맨해튼에서는 비밀스러운 거래의 그림자가 CBS 내부에서 일렁거렸다. 회사의 사장인 로렌스 티쉬가 CBS 레코드를 미국의 식품업 억만장자 넬슨 펠츠에게 매각하려고 한 것이다. 가격은 1억 2천 5백만 달러였다. 거래를 막기로 결심한 월터 예트니코프는 소니의 미국인 고위 임원인 미키 슐호프에게 전화를 걸어 경쟁적인 제안을 넣게 했다. 그것은 현명한 선택이었다. 베타맥스 비디오의 실패 이후 소니는 필립스와 마찬가지로 콤팩트디스크의 성패가 거의 전적으로 양질의 콘텐츠 제공 여부에 좌우된다는 사실을 절감했기 때문이다.

소니와 CBS 간의 피할 수 없는 흥정과 시간 끌기는 1987년 10월 19일 블랙 먼데이*에 협상이 타결될 때까지 1년 동안 계속되었다. 로렌스 티쉬는 금융 시장의 엄청난 격변을 두려워했다. 당황한 그는 슐호프에게 전화를 걸어 20억 달러 제안이 여전히 유효한지 수줍게 물었다. 슐호프는 소니의 공동 창업자인 아키오 모리타에게 연락을 취했다. 블랙 먼데이의 혼란에도 불구하고 CBS 레코드가 여전히 20억 달러의 가치가 있는지 확인하기 위함이었다. 그렇게 최후의 카드가 제시되면서 미국에서 가장 오래된 음반사, 즉 컬럼비아 레코드가 일본의 소유로 넘어갔다.

전술적인 측면에서 소니의 CBS 인수는 월터 예트니코프에게 성공적인 결과였다. 그러나 새 소유주는 그의 음주와 코카인 중독을 용납하지 않았다. 인수 후 불과 몇 달 만에 예트니코프는 재활원에 들어갔다. 그는 알코올 중독에서 벗어났지만 2,500만 달러의 넉넉한 퇴직금과 함께 은퇴를 맞이했다. 소니 뮤직으로 이름을 바꾼 회사의 새로운 보스는 예트니코프의 후배라 할 토미 모틀라였다. 사업가로서 예트니코프의 실적은 그의 개인사만큼이나 극적이었다. 그러나 그가 남긴 장기적인 유산이 대체 무엇이었는지는 여전히 확실치 않다.

* 미국 주식 시장이 대폭락한 날.

비용 경쟁이 공식적으로 펼쳐지면서 인디 음반사의 인수합병이 계속 일어났다. 1989년 5월 EMI는 문제가 많았던 크리살리스를 7,500만 달러에 인수했다. "많은 것들이 평생 지속되지 않잖아요. 저를 포함한 사람들도 변하고요." 1985년 공동 창업자 테리 엘리스와의 운명적인 결별을 언급하면서 크리스 라이트는 한숨을 내쉬듯 말했다. "우리는 사업하는 내내 문제가 있었어요. 함께 일할 때는 정말 잘 맞았죠. 하지만 테리에게는 감정적인 짐이 많았던 것 같아요. 본인도 인정한 것처럼 술을 너무 많이 마셨고, 그러다 보니까 다른 짓도 너무 많이 했던 것 같고요. 좀 힘들어졌죠. 함께 일하기가 매우 어려워졌고, 제가 해서는 안 된다고 생각한 거래를 하고 싶어하기 시작했어요."

테리 엘리스는 다음처럼 증언했다. "파트너십은 어려운 거예요. 저와 크리스의 경우를 보면 우린 매우 다른 사람이었고 지금도 마찬가지에요. 파트너십의 초기 단계에서는 그게 장점이었죠. 완전히 다른 관점에서 일에 접근했으니까요. 종종 타협점을 찾곤 했고요. 어느 한쪽 극단으로 치우치지 않기 때문에 사업을 운영하기에 좋은 방법이라고 지금도 생각해요. 하지만 성공하면 약간의 오만함이 생기죠. 서로 타협하려는 마음도 줄어들게 되고요. 이게 바로 분열의 원인이었어요."

크리스 라이트는 최후의 순간을 이렇게 회상했다. "테리가 칸 영화제에 가서 영화 <산타클로스: 더 무비>에 400만 파운드를 투자하기로 약속한 그 때였어요. 제가 말리니까 '이 거래를 허락하지 않으면 끝이다.'라고 화를 내더라고요. 그게 끝이었죠." 테리 엘리스는 둘이 화해할 때까지 둘을 한 방에 가둘 수 있는, 앨런 그루브먼 같은 변호사 친구가 없었다는 점을 뒤늦게 후회했다.

1985년 크리스 라이트는 테리 엘리스의 지분을 인수하고, 크리살리스의 단독 대표로 회사를 이어갔다. 하지만 라이트는 낯선 문제를 물려받아야 했다. 미국 회사를 운영해 온 건 엘리스였기 때문이다. "미국의 사업 비용이 너무 커져서 독립적인 회사로서는 감당하기 어려웠어요. 아일랜드, 버진, 모타운, A&M도 마찬가지였죠." 라이트는 다음처럼 추론했다. "기본적으로 규모가 너무 컸어요. 미국 회사에 85명 정도의 직원이 있었는데 팔 만한 음반이 전혀 없었죠. 현금 흐름에 문제가 생겼어요."

라이트는 약간의 후회를 안고 돌아보면서 이렇게 말했다. "미국 회사를 그냥 폐쇄할 수도 있었어요. 돌이켜보면 가장 실용적인 방법이었을 것 같아요. 하지만 협상이 결렬될 때까지 BMG와 10년간 조인트 벤처 계약을 맺을 수 있을 거라고 생각했고, 결국에는 EMI와 계약을 하게 됐죠. 다른 회사들도 나름대로 비슷한 종류의 문제를 겪고 있었어요. 그래서 모두 빠르게 뒤를 따랐죠."

"아일랜드가 매각된 이유는 우리와 상황이 비슷해서였을 거예요." 라이트는 이렇게 추측하면서 덧붙였다. "블랙웰은 U2의 로열티를 지불할 수 없었고, 회사에는 영화 제작자인 존 헤이먼이라는 파트너가 있었어요. 이 둘이 크리살리스가 EMI와 계약을 맺는 걸 보고 생각한 것 같아요. '젠장, 저렇게 많은 돈이 있다면 여길 나가서 돈 무지하게 벌 수 있을 텐데.'"

크리스 블랙웰의 가장 가까운 측근인 톰 헤이스와 CFO 아트 예거는 지난 4년 동안 아일랜드의 자금 조달을 위해 고군분투했다. 예거는 다음처럼 인정했다. "톰도 힘들었고 저도 힘들었어요. 톰과 저는 수년 동안 아일랜드에 계속 숨을 불어넣으려고 애썼어요. 회사의 나머지 직원들이 각자의 일을 할 수 있도록 말이죠. 매우 성공적이었다고 생각해요. 톰은 정말 천재예요. 톰 헤이스는 제가 아는 사람 중 가장 똑똑한 사람일지도 몰라요." 아일랜드의 퍼블리싱 책임자인 라이오넬 콘웨이도 서브 퍼블리싱 계약 연장을 위해 끊임없이 노력했다고 회상했다. 대개 U2에게 돈을 지불하기 위함이었다.

톰 헤이스는 더 큰 그림을 다음처럼 설명했다. "이런 옛말이 있어요. '큰 일을 하기엔 너무 작고, 작은 일을 하기엔 너무 크다.' 1980년대 말 미국을 보면 방송국도 너무 많고, 커버해야 할 범위도 너무 넓고 대기업의 주머니 사정이 훨씬 좋았어요. 따라서 홍보 비용이 끔찍할 정도로 높았죠. 그래서 MTV는 우리 같은 인디 레이블에게 유용하긴 했지만 1980년대 후반 즈음엔 모든 뮤지션과 밴드가 비디오를 원했어요. 게다가 저희는 이미 자리를 잡은 독립 음반사였기 때문에 더 이상 틈새 시장이랄 게 없었죠. 우리와 크리살리스의 경우, 영국의 대형 인디 레이블이었다고 볼 수 있죠. 우리의 젊은 버전인 베거스 뱅큇 레이블도 있었고요. 분명 회사를 팔기에 적절한 시기였어요."

1988년 콤팩트디스크가 바이닐 판매를 추월한 것과 관련해 헤이스는 다음처럼 추론했다. "아마 1980년대 후반은 기존 메이저 음반사가 가장 번성한 시기였을 거예요. 이 회사들은 비용지불이 다 끝난 지 오래된 방대한 백 카탈로그를 보유하고 있었죠. 수많은 클래식 레코드의 경우 저작권이 소멸된 상태였기 때문에 로열티를 지불할 필요가 없었고요. 이 회사들은 이걸 장당 15파운드에 팔았어요." 콤팩트디스크 덕분에 폴리그램 같은 기업은 먼지 쌓인 오래된 금고를 현금 지급기로 탈바꿈시킬 수 있었다.

아일랜드는 회사의 매각 방침을 대대적으로 알렸다. 회사 지분의 1%를 보유하고 있던 헤이스는 이렇게 증언했다. "워너가 관심을 보였어요. 하지만 매우 빠르게 폴리그램이 관심을 드러냈죠." 전술적으로 폴리그램은 미국에 진출하려는 야망을 가진 부유한 유럽 회사라는 점에서 완벽한 조건을 갖추고 있었다. "미국 전역에 제대로 유통하려면 어느 정도 필수적인 양이 필요해요. CBS나 워너는 이걸 할 수 있었죠. 하지만 폴리그램의 경우 지역마다 창고를 보유하는 걸 정당화할 수 있을 만큼 충분한 물량이 필요했어요."

7월 말 이 소식은 공식적으로 발표되었다. 아일랜드 레코드가 3억 달러에 매각된 것이다. 아일랜드의 수석 협상가였던 존 헤이먼은 다음처럼 회상했다. "정말 기뻤어요. 훌륭한 거래를 성사시킨 것 이상의 의미가 있다고 생각해요. 회사가 확장 중에 있고, 모든 변화에 발을 맞추려면 더 큰 동물의 일부가 되어야 했죠." 3천만 달러라는 거금을 벌어들인 U2도 이를 기념했다. 당시 U2는 아일랜드에서 가장 큰 밴드였기 때문에 폴 맥기네스는 아일랜드 매각 협상 관련해 폴리그램과 정기적으로 소통했다. 협상이 벌어지는 동안 U2가 문제를 일으키지 않을 거라는 점을 폴리그램에 확신시키기 위함이었다.

폴리그램은 동시에 A&M과 협상을 진행했다. A&M의 소유주인 제리 모스와 허브 알퍼트 역시 그즈음 메이저에 밀린다는 느낌을 받고 있었다. 찰리 채플린 스튜디오를 중심으로 몇 블록에 걸쳐 성장한 거대 독립 음반사 A&M은 당시 메이저 음반사의 유통에 막대하게 의존하고 있었다. 그럼에도 그들은 인기 밴드와의 계약 및 홍보를 위해 동일한 거물과 경쟁해야 했다. 분명 앞뒤가 맞지 않는 상황이었다.

1985년경 내재된 문제가 처음 수면 위로 떠올랐다. CBS의 유럽 유통이 A&M의 떠오르는 스타 브라이언 아담스를 지원하지 않은 것이다. 이유는 다음과 같았다. 아담스가 그해 미국에서 가장 많이 팔린 앨범인 <Born in the U.S.A.>를 발표한 CBS 소속 아티스트 브루스 스프링스틴과 경쟁한다는 주장이 제기된 것이다. 유통 계약 갱신 시기가 다가오자 월터 예트니코프는 조건을 강화했다. 사실상 새로운 유럽 파트너를 찾는 것 외에 제리 모스에게 다른 대안은 없었다.

A&M은 유럽 유통을 폴리그램으로 이전했고, 파트너십 결과는 성공적이었다. 제리 모스는 이렇게 말했다. "폴리그램의 회장 데이비드 파인과 아주 잘 아는 사이였어요. 그래서 레이블을 매각할 때가 되니까 얀 티머가 와서 가격을 제시하더라고요." 아일랜드를 인수하는 와중에 폴리그램은 A&M 인수를 위해 5억 달러를 더 쏟아 부었다.

모스가 메이저 펀딩의 필요성을 확신하게 된 마지막 결정적 이유는 버진이 자넷 잭슨을 가로채서였다. 당시 버진은 생체 건강 비즈니스 관련한 실수를 만회하기 위해 고군분투했다. 사이먼 드레이퍼는 다음처럼 설명했다. "리처드가 재정적인 문제를 겪게 된 이유는 항공사가 아니었어요. 항공사는 항상 상장 기업에서 제외되어 있었거든요. 문제는 우리가 상장한 뒤부터 리처드가 갑자기 많은 돈을 이용할 수 있게 됐다는 거였어요. 원래 회사의 초과 인출은 쿠츠 은행에서 빌린 4백만 파운드였는데 로이즈 은행에서 3,500만 파운드를 또 빌렸죠. 이 공적 자금을 모두 확보한 뒤에 리처드는 부동산 회사 등등 해서 뭐든지 간에 무섭게 사업을 확장했어요. 주가는 떨어지고 다시 어려움이 닥쳤죠. 비공개로 전환해야 할 정도였어요. 비공개로 전환하려면 상장 주식을 다시 매입해야 했고요. 그래서 음반 회사 지분을 후지산케이에 매각하는 동시에 다른 자산도 팔려고 노력했어요."

"예를 들어 버진 소매 체인은 항상 적자를 냈지만 이미지에 매우 좋았기 때문에 계속 운영했어요. 리처드는 매장 직원들이 적자에 대해 알기를 원하지 않았고 항상 나쁜 소식은 숨겼죠. 그래서 대중은 버진 소매업이 수익성 있는 사업이라고 알았어요. 하지만 실제로는 그렇지 않았죠. 진짜로 돈을 버는 유일한 매장은 파리의 메가스토어 정도였어요 … 음반 판매, 서적 판매, 영화 판매 등등 규모가 획기적이라고 할 정도로 엄청났죠. 그러나 다른 모든 것들은 재앙이었어요. 소매 체인은 엄청난 돈을 잃었어요… 리처드 주변에는 언제나 재앙이 있었지만 그는 이걸 성공처럼 보이게 했어요. 항공사는 훨씬 나중에 매우 성공적인 결과를 낳았죠. 제가 일하던 때에 큰돈을 버는 유일한 회사는 확실히 음반사였어요. 하지만 부동산 회사에서 특히 많은 손실을 입었기 때문에 결국에는 음반사도 매각해야 했죠."

버진은 세간의 이목을 끄는 사업으로 헤드라인을 장식했지만 리처드 브랜슨의 비즈니스 후배 켄 베리는 정작 그 뒤에서 구매자를 물색했다. 드레이퍼도 이를 인정했다. "우리는 회사를 더 그럴 듯하게 보이기 위해 추가적인 노력을 기울였어요. 롤링 스톤스와의 계약이 바로 그랬죠. 자넷 잭슨도 어차피 계약했을 테지만 어느 정도는 그런 측면이 있었고요. 매각 협상을 진행하던 중에 스톤스와 800만 파운드에 계약을 체결했죠. 이런 것들이 분명 회사를 더 매력적으로 보이게 해줬을 거예요." 결국 Thorn-EMI가 버진 레코드를 5억 6천만 파운드에 인수했다.

사람들은 다시 한번 엄청난 가격표에 놀라움을 금치 못했다. 그런데 데이비드 베터리지가 이해한 것처럼 버진에는 중요한 자산이 하나 있었다. 아일랜드와 CBS의 매니징 디렉터로 오랫동안 근무한 후 수년 동안 버진 산하 레이블을 운영한 베터리지는 아일랜드가 유럽 파트너인 아리올라와 맺은 라이선스 계약과 비교해 다음처럼 설명했다. "저는 운 좋게도 그 모든 것의 양면을 모두 볼 수 있었어요. 무엇보다 당시 유럽에서 버진이 어떤 사업을 하고 있는지 내부자의 시각으로 볼 수 있었죠. 버진은 아일랜드와 상황 자체가 완전 달랐어요. 전 이탈리아나 프랑스, 독일로 날아가서 버진 그룹의 동료로 함께 일하는 사람과 직접 이야기를 나누고, 프로모션에 대해 논의할 수 있었죠. 버진은 유럽에서 큰 성공을 거뒀고요. 반면 아일랜드와 크리살리스는 미국에서 손해만 보고 있었어요."

사이먼 드레이퍼에게 그것은 20년 모험의 끝이었다. "저는 1986년 기업 공개에는 찬성했지만 이듬해 미국 지사를 설립하는 건 미친 짓이라고 봤어요. 무엇보다 상장 기업의 환경이 편하질 않았어요. 수익을 내야 하고 장기적인 결정도 내릴 수가 없으니까요. 그래서 결국 회사를 그만뒀죠. 저는 대기업이라는 환경이 마음에 들지 않았고, 리처드 브랜슨이 20년 동안 쌓아온 것을 전혀 관심 없는 벤처기업에 맡기는 것도 원치 않았어요. 확실히 결별할 때가 되었던 거죠."

크리스 라이트에게 그 시절은 엄청난 고통이었다. 크리살리스 계약은 두 부분으로 구성되어 있었는데 이런 이유로 최초 계약 체결 후 2년이 지나서야 충격이 그를 덮쳤다. 그는 목이 멘 상태로 겨우 말을 이어나갔다. "6개월 동안 잠을 잘 수가 없었어요... 행복한 느낌이 들질 않았죠. 1991년의 두 번째 계약이 제게 큰 영향을 미쳤어요." 오늘날 영국에서 가장 부유한 1천 명 중 한 명임에도 불구하고 크리스 라이트는 다음처럼 고백했다. "돈을 위해서 뭐든 하는 건 아니라고 봐요. 특히 젊을 때는 더욱 그렇죠. 돈 들 일도 없고요. 돈이 많이 필요하지도 않죠. 햄버거와 감자튀김 한 접시만 있으면 돼요. 나이가 들면서 특정 라이프스타일에 익숙해지면 돈이 조금 더 중요해지죠. 하지만 젊을 때는 그렇지가 않잖아요." 크리살리스의 판매는 그에게 자신의 청춘이 끝났음을 알리는 것이었다.

제리 모스도 비슷한 입장이었다. "기업 인수에 대한 여러 이야기를 접하기는 했지만 우리에게도 일어날 일이라고는 믿지 않았어요... 첫해에는 비교적 행복했어요. 데이비드 파인이 말했던 것처럼요. '인수 뒤에도 변하는 건 없어요.'"

그러던 어느 날 폴리그램 회장으로부터 전화가 왔다. "우리 회사의 퇴직 정책을 알고 계신지 모르겠지만 이곳의 의무 퇴직 연령은 만 예순하나이고, 제 생일이 다음 주 토요일이에요."라고 그는 말문을 열었다.

모스는 깜짝 놀라서 대답했다. "데이비드, 당신과 더 이상 함께 일할 수 없다는 건가요?"

"실제로 지금 누가 제 자리를 물려받을지 정하고 있습니다."라고 파인은 말했다.

폴리그램의 왕좌를 이어받은 사람은 폴리도어 프랑스 지사에서 승승장구했던 음반사 임원 알랭 레비였다. 그는 음침한 캐릭터로 악명이 자자했다. "처음부터 우리와 맞질 않더라고요." 모스는 이렇게 인정하면서 덧붙였다. "알랭은 요즘에는 더 위험할 수 있는 MBA 보유자였어요. 대학에서 배운 거라고는 지출을 줄이는 게 전부였죠. 그래서 단기적으로는 이익을 봤지만 장기적으로는 회사가 문을 닫게 됐어요. 멍청한 운영 방식이었죠. 그는 그에게 뭐든 얻을 게 있는 특정 아티스트와 친구가 됐어요. 반면 다른 아티스트는 굶어 죽었고요. 그의 리더십은 끔찍하고 무섭기까지 했어요. 그리고 그건 우리 회사에 맞질 않았죠... 얼마 지나지 않아서 파리 사무소를 폐쇄하고 뉴욕 사무소도 폐쇄했어요. 사람들이 떠났어요. 저는 회사를 좀 더 소규모에, 꽉 짜여있고, 더욱 공격적으로 만들었지만 알랭은 그저 제가 떠나기만을 바랐어요."

A&M의 로고는 말 그대로 벽에 그려져 있었다. 문화 충돌의 가슴 저미는 상징이기도 한 이 로고는 튜브의 멤버인 프레리 프린스와 마이크 코튼이 창조한 벽화였다. A&M 로고를

다양한 시각으로 묘사한 이 벽화는 1970년대부터 사운드 스테이지 주변에 자랑스럽게 전시되었다. 그러나 회사의 새로운 주인은 이 로고를 싫어했다. 1993년 하얗게 칠해지기 전까지 이 벽화는 거리에서 볼 수 있는 지역 풍경의 일부였다. 사무실을 정리할 때가 되었을 즈음 모스는 궁금하다는 투로 이렇게 말했다. "이제 그런 벽화를 그릴 사람이 있을까요?" 그는 미안한 듯 어깨를 으쓱하면서 허브 알퍼트를 바라보곤 말을 이어나갔다. "우리가 뭘 어떻게 할 수 있겠어요? 이게 우리가 맺은 계약이잖아요. 그리고 회사를 운영하기로 선택한 자들은 그런 종류의 사람들이고요. 우리는 더 이상 회사의 소유주가 아니에요... 그래서 떠났죠. 허브와 저에게 우리 회사는 정말 많은 의미가 있었어요. 우리가 떠난 후에 회사는 폴리그램의 법인이 되었고요."

임원 중 한 명이었던 밥 가르시아는 다음처럼 증언했다. "평균 15년 또는 20년 이상 A&M에 몸담았던 직원들에게는 거의 폭력에 가까운 일이었어요. 저는 이걸 '알랭 레비 신드롬'이라고 불러요. '알랭 레비가 건물에 있다'는 말을 듣는 것은 매우 이상한 경험이었어요. 그게 무슨 뜻이냐고요? '청소할 똥이 없는데도 똥을 치우라.'는 뜻이죠. 마치 정체불명의 이상한 바이러스를 몸에 주입한 것 같았어요. 그리고 당신은 절대 그걸 이해할 수 없죠. 친해질 수도 없고요. 매력적인 구석이라곤 없었죠. 이를테면 <고스트 버스터즈>에 나올 법한 뉴욕의 건물을 상대해야 하는 거죠. 거예요. 그리고 그게 우리를 소유한 사람들이 관심을 갖는 것들이었죠. 이전까지 A&M은 언제나 자체적인 우주의 중심이었어요. 그런데 갑자기 다른 사람의 우주를 돌고 있는 위성이 돼버린 거예요."

거대 메이저 음반사 내부에서도 사상자가 발생했다. 특히 1990년 타임과 합병한 워너의 모 오스틴은 1992년 전립선 암으로 사망한 스티브 로스의 부재를 실감했다. 뉴욕의 회계 직원들이 자신의 결정에 간섭하자 오스틴은 곧 깨달았다. "더는 견딜 수가 없었어요... 그걸로 끝이었죠." 1970년대와 1980년대에 걸친 워너의 눈부신 성공을 되돌아보면서 오스틴은 다음처럼 회고했다. "로스 시절에는 기업 간 간섭을 최소화한 채 회사의 지원을 받을 수 있었어요. 기업가 정신을 발휘하면서 위험을 감수할 수 있었고, 그 덕분에 경영진에게 힘을 실어줄 수 있었죠. 철학적으로는 음악이 우리의 최우선 순위라는 기본 신념, 즉 예술과 상업이 충돌할 때마다 예술가가 우선해야 한다는 신념을 고수했고요." 그러나 1990년대 중반이 되자 이러한 윤리는 스티브 로스의 죽음과 함께 사라졌다.

이 노쇠한 레코드 맨은 반(半) 은퇴한 백만장자가 되었다. 일부 레코드 맨은 떠났고, 나머지 일부는 나이 든 실력자로서 한동안 자리를 지켰다. 그렇게, 한 세대 최고 인재들을 위한 황금기가 막을 내렸다.

29.

폐허가 된
신전

러프 트레이드의 추락 _

브릿팝 시대의 영국 인디,
서브 팝과 시애틀

1991
~1997

"믿는 자는 구원 받지만 그렇지 않은 자는 벌 받을 것이다." 기업 엔터테인먼트의 확산에도 불구하고, 여전히 무수한 저항 집단이 있었다. 그중에서도 한 곳이 특별했다.

영국 얼터너티브 음악의 진원지는 러프 트레이드였고, 그들은 음악 마니아들로부터 산위의 신전으로 존경받았다. 모두가 증언하는 것처럼 러프 트레이드는 레코드 비즈니스 역사상 가장 보기 드문 현상을 일궈냈다. 1976년 이 작은 가게가 문을 열었을 때만 해도 영국에는 인디 음반사가 10여 개에 불과했다. 그러나 1980년대 후반이 되자 800여 개로 늘어났고, 그중 500개를 러프 트레이드의 유통 허브에서 취급했다. 사람들은 이 허브를 '카르텔'이라고 불렀다. 이렇듯 단 하나의 회사가 수많은 바이닐 수집가를 다양한 홈메이드 음악 시장으로 끌어들인 사례는 이전까지 없었다.

수십 년 동안 대부분의 음반 회사는 사람들이 원하는 유형의 음악을 제공한다는 가정 하에 운영되었다. 그러나 러프 트레이드의 설립자 제프 트래비스는 언제나 정반대의 견해를 갖고 있었다. 그는 1980년대 초 BBC 기자에게 다음처럼 말했다. "음반 시장은 인위적으로 만들어지는 거예요. 만약 다른 대안이 주어진다면 사람들은 그걸 선택할 수도 있어요."

30년간 더욱 현명해진 트래비스는 이렇게 주장했다. "그 당시나 지금이나 마찬가지에요. 폭스 뉴스를 보세요. 폭스 뉴스는 한 나라가 어떤 나라인지, 사람들이 어떤 식으로 생각해야 하는지에 대한 이미지를 제공해요. 그리고 일반 대중에게 제공되는 이런 것들은 모두 대단히 순환적이죠. 우선 중요한 전제가 있어요. 제가 일반 대중의 지능을 과소평가하는 건 아니라는 거예요. 하지만 대중 앞에 놓이는 콘텐츠는 유통 방식에 따라 완전히, 전적으로 결정되는 거예요. 누가 권력을 쥐고 있는지, 더 나아가 그들이 대중이 무엇을 듣고, 읽고, 보길 원하는지가 중요한 거죠. 인터넷으로 인해 많은 변화가 일어나고 있지만 이건 여전히 사람들의 생활 방식과 사고 방식에 큰 영향을 미쳐요. 우리가 TV에서 보는 것, 라디오에서 듣는 것, 신문에서 읽는 것은 절대적으로 중요해요."

1980년대 내내 제프 트래비스와 그의 동료들은 인디에서 만들어진 대안적 음악의 공급을 확대함으로써 대중의 수요를 바꾸기로 결심했다. 또, 러프 트레이드의 키부츠* 모델이 다층 건물로 확장되면서 더 깊은 사회학적 차원을 일궈 냈다. 러프 트레이드는 대공황 이후 쇠퇴한 영국, 그중에서도 북부의 황량함을 우울한 음악으로 포착해 낸 레코드에 대한 수요를 견인했다. 1982년까지 영국의 실업률은 눈덩이처럼 불어났다. 지난 8년 동안 세 배나 증가한 끝에 300만 명을 기록했다. 전국 평균은 8명 중 1명이었지만 북부 지역에서는 6명 중 1명이 복지 혜택을 받았다. 영국이 이렇게까지 분열된 적은 없었다.

하지만 트래비스는 다음처럼 강조했다. "북부의 많은 아티스트와 의식적으로 계약한 건 아니었어요. 그저 북쪽에서 최고의 음악이 나왔기 때문인 거 같아요. 전 왜 런던에서 더 좋은 음악이 나오지 않는지 항상 궁금해요. 정말 이상하지 않아요? 어쨌든 이걸 보면 어려운 시기에는 그것만의 진실성을 담고 있는 위대한 예술이 나온다는 진부한 격언이 떠올라요."

카르텔이 팩토리, 투톤, 4AD, 뮤트, 크리에이션, 원 리틀 인디언, 고! 디스크스, 썸 비자르, 픽션, 쿠킹 바이닐 등 수많은 인디 레이블을 품에 안는 동안 제프 트래비스는 러프 트레이드의 사내 레이블을 통해 '인디'를 상징하게 될 맨체스터 밴드와 계약을 체결했다. 바로 스미스였다. "모든 사람이 스미스가 얼마나 대단한 밴드인지 처음부터 알지는 못했어요. 하지만 A&R 담당자라면 누구나 회사의 다른 직원을 교육하고, 함께 일할 수 있도록 돕는 게 자신의 업무 중 하나라는 것을 알고 있죠. 많은 사람이 스미스를 좋아했어요. 물론 그들을 이해하지 못하는 사람도 많았지만 우리 중 일부에게 스미스는 러프 트레이드가 하는 일의 절대적인 중심이었어요. 그들은 지적이고, 교육 수준도 높았어요. 획기적이고 독창적인 동시에 혁신적인 밴드였죠. 정치적으로도 어느 정도 깨어 있었고요. 또, 당시 많은 남성이 이해하지 못했던 방식으로 페미니즘을 이해했어요. 무엇보다 매력적이었죠. 그리고 북부 사람들이었어요."

간과된 현상이 하나 있다. 바로 러프 트레이드가 미국 얼터너티브 록에 미묘한 영향을 미쳤다는 점이다. 시모어 스타인이 이 인디 네트워크에서 비롯된 다양한 밴드의 북미 판권을 라이선스하는 동안 미국 주변부에서는 또 다른 풀 뿌리 운동이 조용히 싹을 틔웠다.

* 이스라엘의 생활 공동체를 뜻한다.

브루스 파빗이 그 숨은 영웅들 중 한 명이었다. 그는 너바나를 론칭한 시애틀의 레이블 서브 팝의 설립자다.

파빗은 원래 시카고 출신이었다. 이후 1979년 학생 신분으로 워싱턴 올림피아에서 '서브터레니언 팝'이라는 라디오 쇼를 진행했다. "저는 데드 케네디스, X, 와이퍼스 같은 웨스트 코스트 펑크와 러프 트레이드의 카탈로그를 많이 선곡했어요. 러프 트레이드는 당시 제가 가장 좋아했던 레이블이었죠." 1980년 파빗은 미국 최초의 인디 잡지를 창간했다. 이름은 마찬가지로 <서브터레니언 팝>이었다. 그는 메이저가 관심조차 기울이지 않는 지역 밴드가 전국 소도시에 많이 있다는 걸 잘 알았다. 따라서 파빗은 잡지를 통해 "뉴욕, 로스앤젤레스, 샌프란시스코를 제외한 도시에 중점을 두고 모든 레코드를 지역적인 관점에서 리뷰"했다.

파빗의 독창적인 시각은 영국 잡지 NME의 관심을 불러일으켰다. NME는 그가 만든 미국 인디 차트를 최초로 영국에 소개했다. 1981년 잡지 이름을 <서브 팝>으로 바꾼 파빗은 이후 믹스테이프와 잡지를 번갈아 발행했다. 영감의 수원지는 러프 트레이드였다. 파빗은 실제로 러프 트레이드의 도움을 받아 생애 최초로 음반 제작을 경험했다. "러프 트레이드 유통에서 200장이나 가져갔어요. 제 사업이 본격적으로 시작되는 순간이었죠. 결국 2,000장이 팔렸는데 당시로서는 꽤 괜찮은 수치였죠!"

1983년 파빗은 시애틀로 터를 옮겼다. 운명적인 이주였다. 그곳에서 그는 얼터너티브 음악과 스케이트보드 장비를 판매하는 가게를 설립하는 데 손을 보탰다. 폴아웃 레코드 앤 스케이트보드라고 불린 이 가게는 보헤미안적이었던 캐피톨 힐 지역의 만남의 장소가 되었다. 파빗은 다음처럼 설명했다. "1985년 서브 팝 레이블을 만들기 위해 가게를 떠났지만 그전까지 이곳에서 4AD, 팩토리, 러프 트레이드 같은 영국 쪽 레이블뿐만 아니라 SST 레이블 같은 미국 하드코어 펑크도 판매했어요. 그러면서 분위기를 조성하는 데 한몫했죠." 파빗은 얼터너티브 잡지 <로켓>에 '서브 팝'이라는 제목으로 칼럼을 기고하고, 시애틀 라디오에서는 서브 팝 쇼를 진행했다. 또, 메트로폴리스와 보그 같은 클럽에서 디제잉을 하는 등 자신의 메시지를 현지 스트리트 신에 전파했다.

1986년 파빗은 마침내 서브 팝 음반사를 설립했다. 2년 뒤에는 2만 달러를 투자한 지역 음악 프로모터 존 폰먼과 함께 팀을 이뤘다. "존이 시애틀 현장을 기록하는 데 동참했죠. 우리 둘 모두 시애틀이 크게 도약하고 있다는 점에 의견을 같이 했어요." 1988년 만우절에 둘은 작은 사무실을 열고 그린 리버, 사운드가든, 머드허니, 너바나 같은 밴드의 싱글을 우편 주문으로 판매했다.

파빗은 이렇게 회상했다. "커트와 너바나를 둘러싼 모든 게 빠르게 진행됐어요. 노래는 강렬하고 으르렁대는 스타일이었지만 무대 밖의 커트는 수줍음 많고 조용했죠. 감수성도 풍부하고 창의적인 사람이었는데 무엇보다 새로운 음악에 대한 열렬한 팬이었어요. 처음부터 엄청난 야망을 드러내거나 하지도 않았고요. 1988년 가을에 지역 대학 방송국에서 첫 싱글 'Love Buzz'가 흘러나오는 거에 흥분할 정도였으니까요." 데뷔 앨범 <Bleach>를 발매한 지 1년 만에 너바나는 영국의 잡지 사운즈의 표지를 장식하고, 유럽 투어를 진행했다. 서브 팝이 런던에서 진행한 레임페스트 쇼케이스에서는 압도적인 무대를 선보였다.

한편 뉴욕에서는 음반 업계에서 거대한 운명을 지닐 또 한 명의 젊은이가 지역 인디 커뮤니티를 통해 성장했다. 바로 프로듀서이자 데프 잼의 창립자인 릭 루빈이었다. 1980년대 초 학생이었던 루빈은 당시를 이렇게 회상했다. "맥두걸 스트리트에 99 레코드라는 작은 독립 레코드 가게가 있었어요. 에드 발먼이라는 사람이 운영하는 곳이었는데 주로 거기서 놀곤 했죠. 에드는 ESG, 부시 테트라스, 리퀴드 리퀴드 같은 인디 음반을 발매한 음악 업계의 멘토 같은 사람이었어요. 99 레코드는 영국 12인치 레코드와 인디 펑크 록을 많이 들을 수 있는 정말 쿨한 독립 매장이었고요."

브레이크 비트에 푹 빠졌던 루빈은 줄루 네이션의 DJ 재지 제이와 친구가 되었다. "저는 힙합을 블랙 펑크 록이라고 봤어요. 그건 음악을 다시 받아들이는 또 다른 방법이었죠. 거장이 만든 것도 아니고, 위대한 음악성에 기반한 것도 아니에요. 아이디어나 할 말이 있는 사람이라면 누구나 만들 수 있는 음악이었죠." 그는 아직 학생이었던 1984년 흑인 프로모터 러셀 시몬스를 소개받아 데프 잼을 설립했다. 루빈은 엘엘 쿨 제이의 'I Need a Beat' 같은 초기 발매곡을 시작으로 자신이 받았던 다양한 영향을 혼합해나갔다. "고등학교 때는 AC/DC와 레드 제플린 같은 음악을 들었어요. 나중엔 데드 케네디스, 블랙 플래그 같은 인디 펑크 록에 빠져들었죠. 그러다가 진지하게 힙합에 몰두한 건데 다시 원점으로 돌아왔어요. 레드 제플린과 블랙 사바스 같은 오래된 음악이 그리워지더라고요." 1985년 루빈은 장르의 이질적인 경계를 허물었던 'Walk This Way'를 프로듀스했다. 발표된 지 오래된 에어로스미스의 록 음악에 런 디엠씨의 매력적으로 비뚤어진 랩을 더한 이 곡은 데프 잼 역사상 최초로 차트 톱 10에 올랐다.

루빈은 그와는 정반대의 시도를 하기도 했다. 바로 하드코어 펑크 밴드 비스티 보이스에게 랩을 해 보라고 설득한 것이다. 그 결과 12인치 레코드 'Rock Hard'가 탄생했고, 이 곡은 '(You Gotta) Fight for Your Right (to Party)'와 'No Sleep till Brooklyn', 이렇게 두 개의 톱 10 히트곡을 포함한 1위 앨범 <Licensed to Ill>로 이어졌다. 이러한 장르와 개성의 충돌로부터 데프 잼 역사상 세 번째로 등장한 중요 그룹이 나왔다. 1988년 획기적인 힙합 앨범 <It Takes a Nation of Millions to Hold Us Back>을 발표한 퍼블릭 에너미였다.

1988년 즈음이 되자 사운드와 아이디어가 대서양을 가로지르면서 지속적인 반향을 일으켰다. 미국 해안에서 그런지와 펑크에 기반한 힙합이 폭발적으로 성장하고 있을 때 영국에서는 1980년대 초반의 뉴욕 클럽에서 영감을 받은 새로운 종류의 포스트 펑크 댄스 물결이 러프 트레이드의 유통망을 통해 확산되었다. 무대는 다시 한번 영국 북부였고, 그 중심에는 맨체스터의 팩토리 레코드가 있었다. 당시 6년 동안 적자를 기록하고 있던 팩토리 레코드는 조이 디비전과 뉴 오더로부터 얻은 수익을 슈퍼 클럽 하시엔다에 쏟아부었다.

1987년 팩토리의 공동 설립자 토니 윌슨은 이렇게 인정했다. "이제 전 거리의 유행과 멀어졌어요. 1976년부터 1981년 정도까지는 발매되는 모든 음악을 알았고, 매일 밤 다른 밴드를 봤죠. 하지만 그런 시기는 지나갔어요. 지금은 다른 사람들에게 무슨 일이 일어나고 있는지 물어봐야 해요." 반면 팩토리의 새로운 A&R 책임자인 마이크 피커링은 다음처럼 설명했다. "롭 그레튼과 전 댄스 레이블을 원했어요. 이를테면 팩토리 댄스라고 이름 짓는 거죠... 그런 흐름이 오는 게 느껴졌거든요... 토니에게 행운이 있기를 바라지만 그가 롭과 같은 비전을 갖고 있진 않았던 것 같아요. 댄스는 절대 흥하지 않을 거라고 했거든요." 의견 불일치로 인해 피커링은 자신의 댄스 레이블인 디컨스트럭션을 설립했다. 그리고는 On-U 사운드, FON, 챔피언, 뮤트의 서브 레이블인 리듬 킹 등 여러 다른 하우스의 선구자와 경쟁을 벌였다.

하지만 마이크 피커링과 롭 그레튼은 변함없이 하시엔다의 프로그래밍에 영향력을 행사했다. DJ 데이브 하슬람은 이렇게 증언했다. "1987년 중반까지 목요일, 금요일, 토요일은 매주 밤마다 1,200명의 사람으로 가득 찼어요. 그중 목요일은 이 도시의 인디 댄스 팬들을 위한 날이었죠. 피커링이 주관한 금요일에는 취향은 좀 더 세고, 인종적으로는 흑인 관객이 많이 모였어요." 그러던 1988년 초 또 다른 DJ 존 다실바가 하시엔다에 엑스터시라는 신종 마약을 들여왔다. 그는 수요일마다 이비자를 테마로 한 밤을 열었다. 다실바는 다음처럼 말했다. "디트로이트 테크노부터 힙합, 개러지, 하우스, 애시드 하우스에 이르기까지 사방에서 음악이 흘러나왔어요. 약물과 음악이 마치 천둥을 동반한 기차처럼 하시엔다를 덮쳤죠."

1989년 하시엔다의 댄스 플로어에서 영국 최초의 엑스터시 관련 사망 사건이 발생했다. 그러나 레이브 문화는 급성장했고, 새로운 클럽, 새로운 밴드, 새로운 인디 레이블이 하나 둘 생겨났다. 그해 영국의 가장 상징적인 레이블은 고스(Goth)와 콜드웨이브[*]를 전문으로 다뤘던 4AD였다. 4AD는 스튜디오 집단 M/A/R/R/S의 단발성 실험이었던 'Pump Up The Volume'을 발매해 획기적인 대히트를 기록했다. 이렇듯 댄스가 가미된 히트 행진은 스톤 로지스, 프라이멀 스크림, 그리고 해피 먼데이스로 이어졌다. 이 중 해피 먼데이스는 하시엔다의 엑스터시 딜러들이 모여 결성한 밴드였다.

댄스 문화와 샘플링이 주류로 자리 잡을 무렵이었던 1991년 러프 트레이드의 유통 부문이 무너졌다. 4천만 파운드 상당의 음반이 전국적으로 유통될 정도로 규모가 커졌지만 그 성공은 이상주의적인 설립자들이 감당하기에는 너무 크고 부담스러웠다. 유통 부문에서 발생한 현금 흐름의 어려움은 음반 회사를 포함한 기업 전체를 무너뜨렸다. 제프 트래비스는 뒤늦게 후회하며 한숨을 내쉬었다. "러프 트레이드의 가장 큰 결점은 비즈니스를 이해하는 재무 책임자가 없었다는 거예요."

자본이 넉넉하지 않은 수백 개의 레이블에 종사하는 사람들에게 그것은 단순한 유통업체의 파산이 아니었다. 러프 트레이드의 실험에는 강력한 문화적 차원이 있었고, 갑작스러운 죽음은 공백을 만들었다. 4AD의 보스인 아이보 와츠-러셀은 그 의미를 이렇게 되짚었다. "한 시대의 종말이었어요. 순진하게도 전 러프 트레이드가 진정한 음악 애호가로 가

---

[*]   Coldwave. 포스트 펑크와 강렬한 전자음을 합친 장르다.

득 차 있다고 생각했죠. 레이블의 역사를 잘 알고, 우리가 발매하는 수많은 음악을 즐기는 사람들이 운 좋게도 밑바탕에서 레이블을 관리하는 거나 마찬가지라고 느낀 거예요."

피나클이라는 다른 유통 회사가 동일한 핵심 서비스를 제공했지만 와츠 러셀은 다음처럼 말했다. "꿈이 끝난 거예요. 이제 메이저 레이블에서 일하는 사람과 약간만 다르다고 할 수 있는, 얼굴 없는 개인이 4AD 제품을 상자에 포장하고 있었어요. '인디'라는 단어가 그 의미와 신뢰성을 잃어가는 시작이었던 거죠." 하지만 이 위기의 순간에 인디의 한 우두머리가 패기를 드러냈다. 바로 베거스 뱅큇과 4AD 그룹 소유주인 마틴 밀스였다. 그와 관련된 여러 일들이 증명하는 것처럼 밀스는 시간이 흐를수록 독립적인 가치를 위한 지략가이자 수호자로 거듭났다. 이런 측면에서 밀스는 1970년대 초의 크리스 블랙웰을 떠올리게 했다. 그러나 그는 위기를 겪으면서 더욱 규범적이고, 집단적 대의에 헌신하는 모습을 보였다.

대부분의 레코드 맨과 마찬가지로 마틴 밀스라는 수수께끼 같은 인물은 소년의 눈을 통해서 볼 때 가장 잘 이해할 수 있다. 그의 아버지는 요크셔 노동계급 가정에서 태어난 가장 똑똑한 아들이었다. 파리의 소르본 대학을 나왔고, 1939년 인도 공무원 출신 가족에서 태어난 중상류층 아내를 만났다.

1949년 태어난 마틴 밀스는 파리에서 피어난 영국인과 인도인 학생 로맨스의 산물이었다. 안타깝게도 그는 이렇게 고백했다. "아버지에 대한 기억이 잘 나질 않아요. 열한 살 때 돌아가셨거든요. 오래된 사진 몇 장을 제외하고는 아버지에 대한 뚜렷한 기억이 없어요." 어린 시절 마틴 밀스는 뛰어난 학생이었지만 아버지의 죽음이라는 그림자가 학교와 집까지 그를 따라다니면서 괴롭혔다. 어느덧 예순두 살이 된 밀스는 다음처럼 인정했다. "10대 시절에 저는 매우 불안했어요. 아버지의 부재는 저를 매우, 매우, 매우 불안한 아이로 만들었죠"

전후 영국의 엄혹한 어둠 속에서 비트 붐은 마치 서커스가 마을에 온 것마냥 찾아왔다. 섀도우스와 비틀스의 음악을 듣던 소년 밀스는 스톤스, 애니멀스, 킹크스, 후, 야드버즈가 들려준 날카로운 사운드에 점점 빠져들었다. "1966년 무렵에서야 <Bring It All Back Home>을 처음 듣고 그의 음악을 거꾸로 찾아 들었어요. 딜런에 빠져버린 거죠. 딜런만들었던 건 아니에요. 수많은 뮤지션들 중 하나였죠. 하지만 돌이켜보면 딜런이야말로 반세기를 통틀어 가장 뛰어난 예술가였어요."

옥스퍼드에서 초등학교 교장으로 일하던 어머니를 본받아 밀스는 1970년 오리엘 대학에서 철학, 정치학, 경제학을 전공하고 졸업했다. 영국이 사이키델리아에 열광하던 그 시절을 밀스는 이렇게 회상했다. "전혀 거칠게 보내지 않았어요. 마약도 안 하고 술도 거의 안 마셨죠. 엄청 성실한 학생이었는데 학생 신분으로 나름 즐기는 법을 배우기는 했던 것 같아요. 솔직히 말해서 성장도 좀 느렸고요. 10대 때는 부끄러움도 많이 탔어요. 나중에 대학에 가서야 비로소 제 자신을 드러냈죠."

밀스는 런던의 모든 음반 회사에 입사 지원서를 냈다. 하지만 정작 제안이 들어온 곳은 해머스미스 노동거래소였다. 그는 이곳에서 영국의 낙태법 개혁을 위한 정치인 및 전문가 그룹인 레인위원회의 통계학자 자리를 맡았다. "결국 제가 그 보고서를 만든 사람이 되었어요. 실제로 모든 리서치를 분석하고 보고서의 통계적인 측면을 거의 모두 작성했죠."

밀스는 친구인 닉 오스틴과 팀을 이뤄 전문 레코드 매장인 베거스 뱅큇을 설립했다. 매장 수는 총 5개였다. 1970년대의 여러 전문 소매점과 마찬가지로 그들은 펑크의 폭발적인 인기를 기반으로 레이블 베거스 뱅큇 레코드를 설립했다. 이후 3년 동안 펑크 음반을 계속 발매한 끝에 행운의 티켓이 그들에게 도착했다. 1979년 불황의 한가운데에서 찾아온 그의 이름은 바로 게리 누먼이었다. 불황으로 인해 사무실에 청구서가 쌓였음에도 그들은 누먼을 위한 신시사이저를 구입하기 위해 현금을 축내야 했다. "우리는 파산 직전이었어요. 월급도 줄 수 없는 상황이었죠. 가게의 현금 흐름으로는 더 이상 레이블에 필요한 자금을 조달할 수 없었어요. 벼랑 끝으로 내몰리고 있었죠."

다행히도 아리스타 런던 지사의 감축 관리 책임자가 찾아와 워너와 그들 간에 수익성 높은 거래를 성사시켰다. 밀스와 오스틴은 10만 파운드의 수표를 현금화한 뒤 안도의 한숨을 내쉬었다. 이 수표는 생명의 은인이자 돌이켜보면 워너의 현명한 도박이었다. 워너는 몇 달 후 게리 누먼의 대서양 횡단 히트작인 'Cars'로 도박 자금을 편안하게 회수했다. 수익을 새로운 하위 레이블에 재투자하기로 한 밀스와 오스틴은 4AD를 설립했다. 레이블 운영은 매장 매니저 중 한 명인 아이보 와츠-러셀이 맡았다. 아이러니하게도 1985년 무렵

이 신생 레이블은 어두운 보석 같은 작품을 연달아 내놓으면서 모회사를 압도했다: 바우하우스, 모던 잉글리시, 디스 모탈 코일, 데드 캔 댄스, 그리고 픽시스.

그러던 1980년대 중반 즈음 닉 오스틴이 자신만의 예술에 꽂혀 옆길로 새기 시작했다. 마틴 밀스가 밴드 컬트를 히트시키는 데 집중하는 동안 그는 회사 내에서 고립되었다. 뉴에이지 음악과 재즈-펑크(Jazz-funk)에 매료된 탓이었다. 둘 사이의 긴장감은 곧 소원해진 관계가 되었고, 밀스는 그가 회사를 떠나게 만들었다. 오스틴은 잘못된 시기에 퇴사한 걸 후회하고는 몇 년 후 소송을 제기했다.

밀스는 이렇게 고백했다. "닉 오스틴과 사이가 틀어진 게 제 인생에서 유일하게 큰 사건이었어요. 후유증이 엄청났죠. 결국 3개월 동안 서로 법정에서 싸웠어요. 정말 엄청난 일이었죠. 빚도 크게 지게 되었고요." 아이보 와츠-러셀은 이 사건이 그룹에 먹구름을 드리웠다고 말했다. "제 입장에서는 정말 이상했어요. 혼자 벌였던 새 사업에서 성공하지 못한 닉이 마틴으로부터 더 많은 돈을 받을 자격이 있다고 판단한 게 분명해 보였죠. 이 무렵 4AD가 정말 잘 나갔고, 재정적으로도 매우 풍족했어요. 컬트 역시 잘 되고 있었고요. 아마 닉은 그중 일부를 받을 자격이 있다고 느꼈을 거예요."

밀스는 법적 비용을 지불하기 위해 4AD의 현금 보유고를 활용해야 했다. 그 보상으로 그는 아이보 와츠-러셀에게 레이블의 절반을 줬다. 와츠-러셀은 만족해하면서 이렇게 말했다. "그럴 필요는 없었어요. 무슨 일이 벌어지는 건지 보려고 법원에 딱 한 번 갔을 뿐인데 판사가 마틴에게 유리한 판결을 내린 날이었죠." 당시 런던에서 로스앤젤레스에 이르는 모든 거물급 독립 음반사가 돌이킬 수 없는 문턱에 서 있었다. 바로 메이저 레이블에 의한 인수였다. 그러나 마틴 밀스만큼은 달랐다. 그는 법정에서 나와 밝은 미래를 향해 발걸음을 옮겼다. "그 후 펍에 갔는데 마틴의 어깨에서 엄청난 무게가 사라진 걸 볼 수 있었어요. 다 같이 눈물을 흘렸죠."

러프 트레이드가 무너졌을 때 소방관으로 뛰어든 사람 역시 마틴 밀스였다. 그리고 이것은 밀스가 마침내 인디의 정상에 올랐음을 상징하는 사건이었다. 그는 뮤트의 재무 책임자 던컨 카메론과 함께 RTM이라는 새로운 유통 회사를 설립했다. 밀스는 다음처럼 설명했다. "러프 트레이드의 정신은 유지하되 보다 체계적이고 안전한 환경에서 운영하는 게 목표였어요. 그리고 결국, 기존 카르텔에서 RTM으로 옮긴 레이블은 모두 손해를 보지 않았죠. 우리는 실질적인 유통을 피나클에 하청하는 기발한 아이디어를 생각해 냈어요. RTM은 판매 및 마케팅 조직이었고, 음반을 상자에 넣는 모든 작업은 피나클이 하는 식이 었죠. 유통 수수료의 일부는 기존 부채를 상환하는 데 사용했어요. 약 18개월이 걸렸지만 유통된 양에 해당하는 모든 돈을 회수하는 데 성공했죠."

연기 자욱한 폐허에서 모든 인디 레이블 대표가 인디 정신을 되살리기 위해 의지를 불태운 건 아니었다. 아이보 와츠-러셀은 이렇게 회상했다. "트라우마나 지루함과는 별개의 문제였어요. 모든 게 무너졌을 때 주변에 제가 편안함을 느끼는 수준보다 훨씬 더 많은 사람으로 회의실이 가득 찼어요. 회의는 끝없이 이어졌고요. 모두가 자기 살길을 찾으려고 애쓰는 듯한 느낌이 들었죠. 러프 트레이드가 회복하지 못하는 상황에서 크리에이션의 설립자 앨런 맥기와 전화 통화를 했어요. 레이블을 포기하지 말라고 설득했죠. 소용없었지만요."

소니가 급습해 그 잔해에서 프레이멀 스크림과 나중 오아시스의 레이블이 되는 크리에이션 레코드를 인수했다. 1992년에는 또 다른 폭탄이 터졌다. 팩토리 레코드의 파산이었다. 이 격변의 세월은 4AD의 창립자에게 감당하기 어려운 것이었다. "1979년에 피터 켄트와 함께 레코드 레이블을 설립할 기회가 주어졌죠. 1990년대 초에는 회사를 운영했고요. 전 그 일을 즐기지도 않았고 잘하는 편도 아니었어요. 더 중요한 건 음악에 대한 애정을 잃을 위험에 처했다는 거였죠." 러프 트레이드가 파산한 지 2년 만에 아이보 와츠-러셀은 캘리포니아로 이주한 뒤 은퇴했다. 미국의 서브 팝도 마찬가지였다. 그런지가 폭발적으로 성장하자 너바나는 데이비드 게펜의 새 레이블인 DGC 레코드에 영입되었다. "물론 존 폰먼과 저는 그 일에 실망했죠."라고 서브 팝의 설립자 브루스 파빗은 인정했지만 그럼에도 불구하고 그는 너바나의 첫 세 앨범에 대해 꽤 높다고 할 수 있는 2.5%를 받았다. "돌이켜보면 DGC였기 때문에 <Nevermind>를 훨씬 더 많은 대중에게 알릴 수 있었고, 그럴 만한 가치가 있었어요. 놀라운 앨범이었으니까요. 커트, 너바나와 함께 일해서 영광이었어요."

너바나의 성공으로 어느 정도 현금을 확보했음에도 서브 팝은 회사의 절반을 워너에 매각해야만 했다. 브루스 파빗은 한탄하듯 말했다. "레이블이 성장하면서 문화가 바뀌었어요. 점점 더 부서화되고 자발적인 면이 사라졌죠. 엄밀히 따지면 인디였지만 실제로는 메이저와 경쟁하고 그들의 특성을 받아들이고 있었죠. 제 파트너인 존 폰먼은 이러한 접근 방식에 훨씬 더 익숙해 보였어요. 저는 떠났고요. 가족의 부양을 위해 워싱턴의 오카스 섬으로 이주했어요. 존은 계속해서 레이블을 운영했고, 그의 경영 아래서 레이블은 좋은 비즈니스를 했어요. 다만 예전만큼 혁신적이거나 재미있거나 문화적으로 중요하지는 않게 된 거예요."

메이저가 막대한 부와 권력을 갖게 된 상황에서 1990년대의 과하게 보편적이고 재미도 없었던 팝 록은 모험적인 상상력을 가진 사람에게 적대적인 환경을 조성했다. 뮤트의 설립자 다니엘 밀러가 대표적인 인물이었다. 1980년대 초 밀러는 리처드 브랜슨 같은 사람으로부터 온 수익성 높은 제안에 대해 이렇게 언급했다. "정기적으로 거절을 해야 했어요. 팔 이유가 없었으니까요. 저는 젊고, 독립적이었고, 제 일을 정말 잘하고 있었어요." 상황이 변한 건 러프 트레이드가 파산한 직후부터였다. "재정적으로만 어려움을 겪은 게 아니었어요. 솔직히 말해 음악적인 어려움도 있었죠. 1990년대 중반에 브릿 팝 시대가 있었잖아요? 그 시대가 싫었어요. 제게는 직관적으로 와 닿질 않았죠. 브릿 팝이 아닌 다른 음악은 노출되기가 매우 어려웠기 때문에 계약도 많이 하지 않았어요. 라디오 1과 미디어는 브릿 팝에 완전히 장악되어 있었고요. 그때쯤에는 재정적으로도 좋지 않았어요. 그래서 모든 게 약간 우울했죠."

1990년대 중반 비슷한 시기에 다니엘 밀러가 켄싱턴의 줄리스 와인 바에서 만찬을 소집했다. 마틴 밀스, 원 리틀 인디언의 소유주인 데릭 버켓, 쿠킹 바이닐의 소유주 마틴 골드슈미트, 차이나 레코드의 소유주인 데릭 그린 등 12명의 인디 거물이 모였다. 만찬이 진행되는 와중에 베테랑 데릭 그린은 테이블을 둘러봤다. "저마다 특이한 개성을 가진 사람이 함께 한, 꽤 재미있는 모임이었어요. 왜냐하면 커뮤니티로서 서로 친한 사이도 아니고, 경쟁심도 치열하고, 사적으로 아는 바도 없었고, 말 걸기에도 쉽지 않은 사람들이었거든요. 자존심도 매우 셌고요. 그런데 일상적으로 전투를 치르려면 그럴 필요가 있긴 했어요."

"어쨌든 와인 바에 앉아 토론을 듣고 있었어요. 모든 불만이 터져 나왔죠. '우리 레코드는 라디오 1에 나오지도 않고, 메이저의 마케팅 영향력 때문에 HMV에서도 볼 수 없다.' 라고요. 저녁 식사를 하던 중에 머릿속에 불이 켜지더라고요. '이 자리에 모인 모든 사람의 공통점이 뭔지 알겠어! 이 테이블의 모든 사람이 돈을 잃고 있구나! 그 순간 저는 혼자서 웃었어요. 그러다가 '아마 맞을 거야. 우리 중 그 누구도 돈을 벌지 못하고 있는 거야.'라고 생각했죠. 그렇다면 우리는 왜 사업을 하는 걸까요? 우리가 그렇게 하는 유일한 이유는 대차 대조표에 우리의 마스터와 계약의 가치가 0으로 표시되어 있기 때문이에요. 따라서 매년 회계사는 우리가 엄밀히 말하자면 파산했다고 말했죠. 하지만 우리가 정말로 잘 알고, 믿는 게 있었어요. 바로 메이저가 우리를 사기 위해 수백만 달러를 지불할 거라는 점이었죠."

결국 테이블의 절반 정도가 냅킨을 던지고 수표를 요구했다. 1995년 포티스헤드로 성공을 거둔 고 디스크스! 레이블은 폴리그램에 매각됐다. 1997년 모치바와 함께 성공한 그린은 자신의 레이블을 워너에 팔았다. 파티 주최자였던 다니엘 밀러는 10년의 대부분을 "재정적으로나 예술적으로나 절뚝거리면서" 버텨 냈다. 그가 뮤트의 운영을 계속할 수 있으려면 충분한 현금이 필요했고, 유일한 방법은 메이저와 전 세계적으로 대규모 라이선스를 맺는 것뿐이었다. "하지만 흥미로운 제안이 들어오지 않았어요. 그러던 중 갑자기 모비의 <Play>가 크게 히트했고, 당연히 모든 사람이 저와 계약을 하고 싶어했죠!"

모비가 앨범을 천만 장이나 팔아준 덕에 다니엘 밀러는 정말 강력한 위치에 설 수 있었다. 그는 이렇게 증언했다. "EMI-버진의 프랑스인 사장 엠마누엘 드 부레텔에게 가서 제가 원하는 목록을 제시했더니 그가 '좋아요, 대부분 가능할 것 같네요.'라고 말하더라고요. 그래서 생각했죠. 이 기회에 다른 사람과 일해야겠다고요. 게다가 그때쯤 전 이미 이 일을 한 지 24년이나 된 상태였어요." 2002년 밀러는 깔끔하게 2,300만 파운드짜리 거래를 얻어 냈다.

만찬 참석자 중 데릭 버켓은 자신의 위치를 분명하게 지켜 냈다. 조용한 성격의 그는 비요크의 성공 이후 원 리틀 인디언 레이블을 노리고 접근해 온 늑대 무리를 차단했다. 그리고, 마틴 밀스가 있었다. 몇 년 전 닉 오스틴과 법적 다툼을 벌일 때만 해도 회사를 매각하는 건 그에게 상상할 수 없는 일이었다. "돈 때문에 이런 생각을 할 수밖에 없기는 해요. 상황이 어려웠을 때였죠. 한번 고려해 보기는 했지만 그냥 안 하기로 했어요. 미쳤던 거죠. 그 이후로 저는 단호하게 항상 거절했어요."

마틴 밀스는 결국 회복했다. 능력자 리처드 러셀이 운영을 맡은 새로운 서브 레이블 XL 리코딩스가 프로디지로 공전의 히트를 치면서 충분한 보상을 받은 것이다. 댄스 록 히트 곡 'Music for the Jilted Generation'은 베거스 뱅큇 그룹, 특히 빠르게 성장하는 XL 리코딩스의 입지를 확고히 다지면서 컴퓨터 시대로의 진입로를 열어 줬다.

그 와중에 꽉 막힌 교통 체증을 결연한 표정으로 뚫고 걸어가는 인물이 있었다. 새로운 인디 레이블인 도미노의 창립자 로렌스 벨이었다. "러프 트레이드 유통이 무너졌을 때 저도 그 자리에 있었어요." 벨은 잡다한 일로 성장기를 보냈던 젊은 시절을 회상하면서 이렇게 덧붙였다. "저도 그 사무실에서 일하고 있었는데 모든 것이 무너지는 걸 목격했죠. 정말 우울했어요... 크리에이션, 팩토리 등등. 주변의 모두가 떠났어요. 인디 레이블이 실패하고, 파산하고, 팔리는 것을 봤죠. 일군의 메이저 음반사가 모든 걸 장악했어요. 가짜 인디를 설립해서 문화 전체를 사들이고 씹어 먹었죠. 하지만 저는 여전히 음악과 무언가를 발견하는 게 좋았어요. 진정으로 독립적인 일을 하고 싶었죠. 다시 시작해서 밴드를 찾고, 모든 것에 맞서고 싶었어요. 1991년은 음악적으로도 정말 좋은 해였어요. 그때부터 밴드와 함께 작업하고 음반 발매하는 일을 하고 싶다는 생각이 들었죠. 그래서 1993년에 제 레이블을 설립했어요." 도미노는 2004년 프란츠 퍼디난드로 큰 성공을 거두기 전까지 지하실에서 운영되었다. 그들의 첫 번째 발매작은 원래 서브 팝과 계약했던 인디 록 그룹 세바도의 영국 라이선스 음반이었다. 이렇게, 이야기는 다시 원점으로 되돌아왔다.

난민, 망명자, 추방자가 생겨났다. 기업의 집중화와 러프 트레이드의 몰락으로 인해 한 세대를 이뤘던 영국의 여러 개성 있는 레코드 맨이 길가를 정처 없이 떠돌았다. 1990년대에 불어닥친 비바람에 노출된 수많은 지친 전사 앞에 거액의 수표가 제시되었다. 오직 소수의 열혈 전사만이 열정을 간직한 채 믿음을 지켜 냈다. 그것은 먼지였을까, 꽃가루였을까. 한때 널리 이름을 떨쳤던 신전의 폐허 위에 사방에서 날아온 바람이 불었다. 그리고 이 폐허는 어떤 이들에게는 슬픈 기억이지만 다른 이들에게는 다시 다가올 운명의 이상향이 되어줄 터였다.

30.

버블검
숲

터져버린 대유행_

유니버설과 좀바에서
냅스터와 아이튠스까지

1995
~2014

처음엔 공장이, 그 다음엔 슈퍼마켓이 등장했다. 단맛 나는 인공 과일로 이뤄진 플라스틱 정글에 입성하면 잠시 쓰이고 버려지는 신세를 면치 못했다. 새로운 시대에는 어린이에게 판매되는 패스트푸드와 같은 음악이 성인용 가격표를 달고 흘러나왔다. 문자 그대로 식음료 업계에서 일하던 사람들이 복합 기업을 인수했고, 그들과 더불어 조직적인 슈퍼마켓 산업에 대한 개념이 생겨났다.

"사업이 커지면서 오만해졌어요." 릭 루빈은 1988년 데프 잼 레이블을 떠난 뒤 새로운 모험을 찾아 서부로 향한, 그 시대의 몇 안 되는 진짜 레코드 맨이다. 그는 1991년 레드 핫 칠리 페퍼스의 <Blood Sugar Sex Magik>을 프로듀스했고, 새로운 레이블인 아메리칸 리코딩스에서 조니 캐시의 마지막 네 앨범을 감독했다. "1990년대부터 음반사는 모두 회계사와 변호사가 운영했어요. 그다지 유쾌하지 않은 사업이 되어버린 거죠."

콤팩트디스크는 레코드라는 인공물 자체에 큰 변화를 가져왔다. 사람들이 최신 팝을 구입하면서 레코드 구매 습관을 형성하기 시작한 때는 대략 1940년대부터였다. 그러나 일렉트라의 설립자 잭 홀츠먼은 이렇게 말했다. "45rpm 레코드가 사라진 후 싱글을 위한 포맷 역시 없어졌어요. CD 초창기에는 가격이 15달러에서 18달러 사이였죠. 시간이 지나면서 하락했지만 이 모델은 비즈니스에 역행했어요. 싱글은 역사적으로 레코드 사업에 중요한 역할을 했죠. 구매층을 확실하게 하고, 앨범의 명함 역할을 해 줬으니까요."

1990년대 시장의 최고 음악가들은 확실히 흥미로운 앨범을 만들 능력이 있었다. 너바나, 푸지스, 라디오헤드, 레드 핫 칠리 페퍼스, 레이지 어게인스트 더 머신, 케미컬 브라더스, 매시브 어택, 포티스헤드, 벡, 제프 버클리를 포함한 수많은 뮤지션·밴드가 콤팩트디스크의 모든 기능을 활용해 가격표를 정당화하는 데 성공했다. 하지만 음반 구매자에게 CD 시대는 최신 히트곡을 구입하기 위한 최소 비용이 15달러라는 것을 의미했다. 이렇게 가격이 뻥튀기 되면서 레코드 업계 표준 상품의 가격은 사상 최고치로 치솟았다.

홀츠먼은 다음처럼 말했다. "문제는 그들이 모두 자신이 천재라고 생각했다는 점이었어요. CD가 매우 빠르게 자리를 잡았을 때 소매점들은 가능한 한 빨리 LP를 없앴죠. 그러고는 레이블에게 이렇게 말했어요. 바이닐 LP용으로 설계된 12인치 통을 판자를 이용해서 반으로 나눈 다음에 가격도 두 배, 담을 수 있는 양도 두 배인 CD를 넣으라고 말이죠. 게다가 음반사들은 계약서에 새로운 기술을 사용할 경우 로열티를 20% 감면한다는 조항을 넣었어요. 따라서 CD 한 장에 1달러의 로열티를 받아야 했던 아티스트가 갑자기 80센트를 받게 된 거예요. 어떤 경우에는 포장 공제로 25%가 더 빠져서 55센트만 받는 경우도 있었죠. 결과적으로 레이블의 수익성이 엄청나게 높아졌어요. 상황이 이러니까 레이블을 운영하는 모든 사람이 스스로를 완전 천재라고 생각한 거죠."

돈을 쉽게 벌면 최고의 기업도 안주하기 마련이다. "엄청난 성장은 대부분 카탈로그 판매에 기반을 둔 것이었어요." 데이 라 솔(De La Soul)로 상업적 성공을 거둔 후 워너의 부사장이 된 토미 보이의 설립자 톰 실버맨은 이렇게 지적하면서 덧붙였다. "카탈로그를 확보하고 있다면 좋아하는 음반을 60~80% 높은 가격에 CD로 재구매하는 사람들로부터 매출의 45%를 얻었죠. 고수익 상품이었기 때문에 메이저 음반사는 야심 차게 도전할 필요가 없었어요. 무엇을 하든 큰 성공을 거뒀죠."

심지어 우습게도, 모든 사람이 CD의 사운드가 바이닐보다 더 낫다고 확신한 건 아니었다. 1991년 인디 하우스 음악 전문가로 애틀랜틱에 합류한 크레이그 칼먼은 이렇게 말했다. "처음부터 CD는 음악을 듣는 방식을 개선할 수 있는 기술적 성과로 선전됐어요. 업계에서 바이닐의 죽음을 기쁜 마음으로 발표했을 때 저는 두 형식을 비교하느라 식은땀을 흘리면서 밤잠을 설쳤죠. 레드 제플린, 마일스 데이비스, 플리트우드 맥, 밥 말리, 밴 모리슨, 아레사 프랭클린, 닐 영, 프랭크 시나트라 같은 아티스트의 음반을 바이닐과 CD로 동기화했어요. 초기의 CD는 깨지기 쉽고, 유리 같고, 날카롭고, 2차원적이었던 반면에 바이닐은 맑고, 개방적이고, 부드럽고, 매력적이고, 귀에도 편했어요. 물론 CD가 편리하기는 했죠. 하지만 당시에는 음질에 대한 희생이 너무 컸어요. 바이닐 앨범 재킷의 아트워크, 라이너 노트, 물성 같은 전체적인 경험은 말할 것도 없고요. 1980년대에 바이닐과 CD는 저에게 비교 대상조차 아니었어요."

릭 루빈은 확신에 찬 어조로 말했다. "초창기에는 바이닐 마스터에 비해 이미 하위 마스터였던 카세트 마스터가 CD 마스터로 격하돼서 쓰이는 경우가 많았어요. 따라서 더 높은 해상도를 구현할 수 있는 잠재력을 지녔지만 CD의 소스는 정말 2류에 가까웠죠. 우리 모두 바이닐에서 좋은 소리를 내기 위해 열심히 마스터링 작업을 했지만 CD용 마스터링 작업은 아직 많이 하지 않은 상태였어요. 그래서 먹이 사슬의 더 아래에 놓이게 된 거예요... CD에는 좋은 점과 나쁜 점이 있었어요. 음질은 좋지 않았지만 편리하고 휴대성이 좋았죠. 하지만 긴 상자에 CD가 담겨 나왔을 때 정말 끔찍했어요. 거대한 슬리브 아트워크와 아날로그 사운드가 그리워졌죠."

크레이그 칼먼은 원본이 단계적으로 사라지면서 클래식 레코드의 진정한 사운드가 격하되고 있다는 사실을 깨달았다. "저는 바이닐로 녹음된 역사를 보존하는 임무에 들어갔어요. 거의 모든 장르에서 중요했던 모든 아티스트의 디스코그라피를 매일 밤 작성했죠. 공부하고 조사해서 완벽한 카피를 찾아야 했어요." 이 애틀랜틱 CEO는 현재 세계 최대 규모의 가장 깨끗한 바이닐 컬렉션을 자랑스럽게 소장 중이다. 그가 보유한 LP와 10인치, 45회전을 모두 합하면 약 75만 장에 달한다. 그는 바이닐에 대한 집착을 인정하면서도 출시된 지 65년이 지난 지금까지도 12인치 LP가 여전히 사랑받는 것은 우연이 아니라고 강조했다.

아니나 다를까. 콤팩트디스크의 내재적인 약점, 그중에서도 높은 가격, 차가운 사운드 및 저렴한 패키징은 1990년대 중반 음악이 기업화되면서 구조적인 시장 문제를 유발했다. 대기업이 음반 회사를 인수한 것처럼 베스트 바이, 월마트, 타깃, 서커스 시티 같은 거대 기업이 수익성 좋은 소매 시장에 뛰어든 것이다. 이 회사들은 베스트셀러 음반을 공격적인 가격인 12달러에 판매하면서 기존 음반 체인을 약화시켰다. 1996년까지 베스트 바이와 월마트는 연간 1억 4,500만 장의 콤팩트디스크를 판매했다.

동시에 대규모 인수가 진행되면서 더욱 집중된 생산력을 낳았다. 1995년 3월 캐나다 음료 대기업 시그램의 후계자인 에드가 브론프먼 주니어는 이사회를 설득해 MCA의 지분 80%를 57억 달러에 인수하고, 영화 그룹까지 사들인 후 이름을 유니버설로 바꿨다. 한편 암스테르담에서는 식품 업계에서 일하다 곧장 필립스의 새 CEO가 된 코 분스트라가 걱정하는 투자자들에게 그룹의 "출혈"을 줄이겠다고 약속했다. 이후 그의 공언대로 폴리그램의 일부가 시장에 매물로 나왔다. 유럽에서 가장 큰 음반사였지만 영화 사업부가 적자를 내는 회사들로 인해 엉망이 된 탓이었다.

1998년 에드가 브론프먼은 시그램 이사회를 설득해 폴리그램을 106억 달러에 인수했다. 폴리그램 대표 알랭 레비는 전 애틀랜틱 공동 대표 더그 모리스로 신속히 교체되었다. 모리스는 대규모 구조조정 계획의 일환으로 980명의 직원을 해고하고 200개에 달하는 뮤지션·밴드와의 계약을 해지했다. 1999년 초에 폴리그램은 이전 MCA로 알려진 그룹과 정식으로 합병했다. 골리앗 기업 유니버설 뮤직 그룹이 탄생하는 순간이었다.

거품은 터지기 직전의 논리를 무시하는 경향이 있다. CD도 마찬가지였다. 그것은 부동산이나 투기 거품과 다르지 않았다. 1999년 백스트리트 보이스의 앨범 <Millennium>은 발매 첫 주 100만 장이 넘는 CD를 판매하면서 기존 모든 기록을 갈아치웠다. 그리고 브리트니 스피어스의 <Oops!... I Did It Again>이 발매 첫 주에 130만 장의 판매고를 올리면서 기록을 새롭게 썼다. 엔 싱크는 2000년 단 일주일 만에 240만 장이라는 역사적인 판매고를 올리면서 다시 한번 기록을 경신했다. 백스트리트 보이스, 브리트니 스피어스, 엔 싱크. 이렇게 셋의 미국 내 전체 음반 판매량을 합치면 무려 9,600만 장에 이른다. 이러한 틴팝의 물결 속에서 2001년 <아메리칸 아이돌>이 폭스에서 첫 방영을 시작했다. 영국의 <팝 아이돌>로부터 영감을 얻은 결과였다.

순전히 재정적인 측면에서 보면 냅스터가 등장한 1999년에 CD 사업은 전례 없는 호황을 누렸다. 통계가 증명한다. 미국에서만 연간 매출이 128억 달러에 달했다. 음악의 공급은 점점 더 집중되었다. 월마트는 매장당 평균 750개 타이틀을 판매하면서 미국 소매 CD 판매량의 20%를 점유했다.

릭 루빈은 이렇게 말했다. "음악이 그냥 쏟아져 나오는 방식이었어요. 담당자들은 품질에 거의 신경을 쓰지 않는 것처럼 보였고요. 마치 큰 스위치가 있는 것처럼요. 라디오에 나오는 건 딱 한 곡뿐이고, 나머지는 다른 곡으로 가득 채워서 CD를 발매해요. 사람들이 앨범을 구매하게끔 트릭을 쓰는 거죠. 그리고 이런 행동이 반란으로 이어졌다고 생각해요. 좋은 노래는 달랑 하나만 있는 끔찍한 앨범을 다섯 개나 사면 시스템에 대한 믿음이 사라질 수밖에 없는 거죠. 제 생각에 시스템과 창조적인 측면 모두 망가졌던 것 같아요. 이게 바로 붕괴를 만든 큰 이유라고 봐요. 라디오를 통한 팬과 아티스트 사이의 호감 역시 거의 쌓이질 않았고요."

최악의 상황에 기술적 무지가 더해졌다. 비디오 게임, MTV, 콤팩트디스크에 뛰어든 스티브 로스와 달리 엔터테인먼트 산업을 지배하는 새로운 황제들은 CD라는 인공품을 계속 팔기만 했다. 시모어 스타인은 다음처럼 표현했다. "EMI의 원래 이름은 그라모폰 컴퍼니, RCA의 원래 이름은 빅터 토킹 머신 컴퍼니, 컬럼비아 레코드의 원래 이름은 컬럼비아 그라포폰 컴퍼니, 데카의 원래 이름은 데카 포노그래프 컴퍼니였어요. 알겠죠? 그들은 축음기를 만들었어요... 1950년대에 컬럼비아와 RCA가 각각 33rpm과 45rpm을 발명했고, 로큰롤이 등장했죠. 음반 사업이 폭발적으로 성장하면서 '더 이상 하드웨어를 만들지 않아도 되겠구나. 다행이다.'라고 생각한 거예요. 운 좋게 필립스와 소니가 카세트와 CD를 만들면서 조금 더 버틸 수 있었지만 우리 스스로 파멸의 씨앗을 심은 셈이죠. 이 일은 피할 수도 있었어요. 하드웨어 제작을 중단하지 말았어야 했어요."

워너의 잭 홀츠먼은 이렇게 말했다. "기술은 다른 어떤 엔터테인먼트 매체보다 음반 사업을 변화시키는 데 많은 기여를 했어요. 영화도 마찬가지고요. 텔레비전의 경우, 직선적인 진화 경로를 따라서 항상 발전했지만 동일한 주파수, 동일한 전파를 사용했죠. 하지만 레코드는 실린더에서 디스크, LP, CD에 이르기까지 근본적으로 달랐어요. CD 모델은 18년 동안 순조롭게 진행되었지만 2000년에 냅스터가 등장하면서 갑자기 메이저 업체들이 알게 된 거예요. 통제력을 잃을 수도 있겠구나. 이름은 밝힐 수 없지만 이 책에 나오는 사람 중 한 명에게 '이봐요, 큰 변화가 일어나고 있어요. 새로운 기술로 다른 종류의 뭔가를 해 볼 수 있을 거예요.'라고 말한 적이 있었어요. 그러니까 그가 이렇게 말하더라고요. '오, 잭, 당신은 항상 미래에 대해 이야기하잖아요. 전 그냥 현재를 다루고 싶어요.' 저는 '아니요, 그렇게 될 겁니다. 어떻게 받아들일 계획이죠?'라고 물어봤죠. 그러니까 이렇게 대답하더라고요. '받아들이는 게 아니라 그냥 그게 지나가길 원할 뿐이에요.' 그 결과, 모두가 일어나서 싸움에 나섰죠."

냅스터와 다른 파일 공유 시스템이 소매 판매를 잠식하면서 음반 업계는 불타는 로마의 네로처럼 허둥지둥했다. 2000년 에드가 브론프먼은 이사회를 설득해서 프랑스의 생수 독점 기업 비방디와 340억 달러에 주식으로만 합병하는 운명적인 계약을 성사시켰다. 정신없던 그 시기에 전설적인 자책골과도 같았던 기업 비방디 유니버설의 탄생이었다.

경험 많은 사람 사이에서도 어리석음이 만연했다. 그들은 분명 더 잘 알고 있어야 했다.

예를 들어 2001년 버진의 켄 베리는 머라이어 캐리를 영입하기 위해 8,000만 달러를 쏟아부었다. 서른 살의 디바가 신경쇠약에 걸린 채 전성기를 지나고 있다는 사실을 알게 된 베리의 놀라움을 상상해 보라. 심지어 운도 그들의 편이 아니었다. 이 위험한 투자는 결국 상업적 손실로 이어졌는데 버진에서의 새로운 출발을 알리는 머라이어 캐리의 앨범 발매 날짜는 바로 2001년 9월 11일이었다.

풍선껌 숲의 가장 초현실적인 동화는 좀바 그룹의 매각이었다. 이 그룹 산하의 레이블 자이브는 브리트니 스피어스, 백스트리트 보이스, 엔 싱크, 저스틴 팀버레이크 등을 통해 틴 팝 공장들 중 가장 당도 높은 음악을 들려줬다. 한데 10년 전 체결된 잘못된 계약으로 인해 BMG는 전년도 매출액을 기준으로 좀바를 인수해야 하는 계약상의 의무가 있었다. 별들의 조화가 맞아떨어진 덕에 좀바의 소유주인 클라이브 칼더는 운 좋게도 27억 4,000만 달러라는 엄청난 돈을 손에 쥔 채 카리브해의 석양을 향해 항해를 떠났다. 그 돈으로 BMG가 물려받은 건 비유하자면 윌리 웡카 없는 초콜릿 공장이었다.

풍선껌 지수는 이듬해부터 마침내 추락했다. 먼저 비방디 유니버설의 주가가 폭락하면서 에드가 브론프먼 주니어는 230억 달러의 손실을 입었다. 가족의 음료 제국을 사실상 하수구에 쏟아부은 셈이었다.

한편 거리에서는 베스트 바이와 월마트 같은 소매업계의 큰손이 취약한 상황 속에서도 거대한 성공을 일궈 냈다. 그 와중에 전통적인 음반 체인점인 타워와 뮤직랜드가 할 수 있는 최선이라고는 최신 탑 40 히트곡에 집중하는 것뿐이었다. 실제 악기를 연주하는 아티스트의 음반을 적극적으로 추천했던 미국과 영국 전역의 오래된 매장은 팝 문화의 중심에서 서서히 밀려났다. 현란한 커버를 앞세운 공장식 밴드가 매장에 돈을 지불하고 양쪽 진열대를 장악한 뒤 단골손님을 쫓아낸 것이다.

베스트 바이와 월마트가 시장의 65%를 장악한 가운데 오래된 레코드 체인인 타워 레코드와 뮤직랜드가 결국 파산했다. 크레이그 칼먼은 한탄하면서 이렇게 말했다. "가장 슬픈 날은 타워 레코드가 문을 닫은 날이었어요. 타워는 음악을 정말 좋아했고, 방대한 물품을 보유하고 있었죠. 최전선에서 일하는 저희에게는 기존 아티스트의 히트 음반을 중심으로 비즈니스가 변화했기 때문에 정말 힘들었어요. 새로운 아티스트가 진출하는 건 점점 더 어려워졌죠."

물론 샴페인을 마음껏 마시던 그 시절 모든 사람이 틴 팝을 구매했던 것은 아니다. 1990년대 후반부터 일렉트로닉 음악에도 10대가 아닌 성인을 위한 물결이 일어났다. 매시브 어택, 모비, 프로디지, 비요크, 오비탈, 케미컬 브라더스, 생제르맹, 시버리 코퍼레이션, 크루더 앤 도프마이스터, 다프트 펑크 등의 혁신적인 앨범은 일렉트로니카를 주류 대중에게 선보였다. 오직 일반적인 음악 팬만 그들의 음악을 찾았던 것은 아니다. 기존 아티스트와 소규모 프로듀서까지 이들의 음악을 들었다. 이후 이 하이테크 장르가 모방의 홍수를 불러일으키면서 홈 스튜디오에서 생산되는 일렉트로닉 음악의 양은 레이블, 상점, 소비자가 추적하기에는 너무 방대해졌다. 바로 성인용 CD 시장에 일렉트로닉 언더그라운드 최고의 순간을 모아 놓은 DJ 믹스 컴필레이션이 넘쳐났던 이유다.

댄스라는 명칭은 사라져서 사용되지 않는 상황에서 특정한 장르 용어가 생겨났다. 하우스, 앰비언트, 트랜스, 트립 합, 칠 아웃, 라운지, 일렉트로가 나이트클럽, 호텔, 레스토랑의 대표적인 사운드로 자리를 잡았다. 완전히 새로운 세대의 컴필레이션 브랜드가 특히 유럽 레코드 매장에서 점점 더 큰 공간을 차지했다. 미니스트리 오브 사운드, 디펙티드, 카페 델 마르, 글로벌 언더그라운드, 헤드 칸디, 스페이스 나이트, 호텔 코스테스, 부다 바, DJ 킥스 외 수많은 컴필레이션이 도시의 성인 시장에서 엄청나게 팔려 나갔다.

아무도 알아차리지 못했지만 DJ 믹스 컴필레이션은 개인화된 스토리보드에 맞춰 다이내믹하게 조립된 싱글 모음에 지나지 않았다. 이 모든 컴필레이션의 제작자들은 30~60세의 도시 인구가 원하는 건 단순히 일렉트로닉 언더그라운드 최고의 순간이라는 점을 정확하게 이해했다. 사람들은 더 이상 60분짜리 앨범을 필요로 하지 않았다.

불법 다운로드 디바이스는 무료라는 점과 더불어 대중이 원하는 노래 역시 구할 수 있게 해 줬다. CD 매장은 더 이상 거리 문화의 중심이 아니었다. 따라서 모든 체제 전복적인 행위는 인터넷에서 일어났다. 윈앰프와 아이튠즈 같은 MP3 소프트웨어 덕분에 사람들은 이제 스스로 DJ가 될 수 있었다. 새로운 천 년의 첫해에 대중문화는 '누구나 DJ가 될 수 있는 시대'로 단번에 진입했다. 이렇게 지난 세기의 음악은 자신의 삶을 위한 사운드트랙을 제공하는 먼지투성이의 조립식 잉여물이 되었다.

애플은 도시 인구에서 가장 인기 있는 하드웨어 제조업체였다. 그들은 아이팟 출시 기회를 정확하게 포착해 큰 성공을 거뒀고, 이후 놀라울 정도로 은밀하게 스마트폰 시장으로 진출했다. 비틀스의 제작사인 애플과 20년에 걸쳐 벌인 상표권 분쟁은 소문에 의하면 5억 달러로 마침내 해결되었고, 이후 이 동명의 캘리포니아 거대 기업은 음악 사업에 진출했다. 110년 역사의 음반 업계가 세 번째 침체기를 벗어날 기회를 얻는 순간이었다.

2002년 4월 스티브 잡스는 AOL 타임 워너의 사장에게 직접 전화를 걸었다. 이후 워너 뮤직 임원인 폴 비디치가 파견되었다. 워너 대표단의 기술 부사장 케빈 게이지는 애플 본사에서 열린 한 회의에서 파일 공유 방지를 위해 디지털 트랙에 '잠금 장치'를 암호화해야 한다고 비디치와 함께 주장했다. 게이지가 파워포인트 프레젠테이션을 시작하자마자 스티브 잡스는 화를 내면서 소리를 질렀다. "헛소리하고 있네!" 잡스의 폭발을 완곡하게 언급하면서 EMI의 사장 로버트 팩슨은 이렇게 회상했다. "우리를 압박해야 할 바로 그 방식으로 우리를 압박하더라고요... 때때로 경영진을 높게 보지 않는 순간이 있었지만 대신 음악 창작자를 언제나 비즈니스의 정점에 뒀어요."

스티브 잡스는 세계에서 가장 영향력 있는 아티스트 매니저와 팝 스타, 특히 애플의 가장 시끄러운 치어리더가 된 보노를 직접 로비해서 메이저 회사가 순응하지 않으면 지저분한 반란이 일어날 수 있다는 점을 암묵적으로 상기시켰다. 스티브 잡스는 급변하는 비즈니스 환경 속에서 충격에 휩싸인 전세계 주요 메이저 기업 임원들의 머리 꼭대기에 앉아있었다. 놀라운 점은 잡스가 아이튠즈 스토어가 아티스트를 위한 것이라고 주장했음에도 그가 음악에 대해 거의 아무것도 모른다는 사실을 그 누구도 알아차리지 못했다는 것이다. 최근 한 애플 고위 직원이 인정했듯이 당시 잡스는 힙합이라는 장르에 대해 들어 본 적조차 없었다.

하지만 잡스는 다른 것들을 잘 알았다. 2002년 회의에서 그가 음반사에게 말하지 않은 내용이 하나 있었다. 당시 잡스는 콘텐츠가 시급히 필요한 상황이었다. 휴대용 기기라는 미지의 영역으로 위험한 탐험을 떠나기 위함이었다. 잡스는 나중 유니버설 CEO 루션 그레인지에게 이렇게 말했다. "여러분들이 건강해야 해요. 여러분이 건강해야 더 많은 아티스트와 인재에게 투자할 수 있고, 이는 곧 내 비즈니스의 성장을 의미하기 때문이죠."

수치가 가장 명확한 그림을 보여 준다. 아이튠스 스토어의 첫해에 아이팟 판매량은 9배나 증가해 애플의 가장 많이 팔린 제품이 되었고 매출도 37%나 증가했다. 2003년부터 2011년까지 애플은 아이튠스 스토어를 통해 총 3억 대의 아이팟과 100억 곡의 노래를 판매했다. 이는 월마트와 베스트 바이를 모두 제친, 소매업체로서는 최대 판매량이었다. 애플에게 아이튠스 스토어는 전쟁을 승리로 이끈 핵심 전투였다. 10년 동안 음악과 앱이 차지하는 비중은 애플 전체 매출의 5~10%에 불과했지만 애플의 성장에 비춰 볼 때 이는 비교적 안정적인 비율이었다. 아이폰과 아이패드의 판매량 증가에 힘입어 아이튠스 스토어는 2009년 10억 달러를 돌파했고 2013년에는 20억 달러를 찍었다. 기기가 많이 팔릴수록 더 많은 음악이 팔렸다.

애플이 화려하게 성장하는 동안 메이저 음반사들이 겪어야 했던 불운은 삭막한 대조를 이뤘다. 마치 바람 빠진 축구공 같은 신세였다. 그럼에도 자신의 족적을 남기기로 결심한 에드가 브론프먼은 워너 뮤직을 공개되지 않은 금액에 인수한 뒤 2011년 5월 러시아 태생 유대계 거물인 렌 블라바트닉에게 매각했다. 액수는 33억 달러였다. 2004년에는 소니와 BMG가 합병해 소니 BMG가 탄생했고, 2008년에는 베르텔스만이 BMG를 소니에 팔았다. 2011년 EMI는 40억 파운드의 부채를 이겨 내지 못했다. 결국 채권자인 시티뱅크에 의해 음반 사업부는 유니버설에, 출판 사업부는 소니가 주도하는 컨소시엄에 매각되었다. 액수는 각각 12억 파운드와 22억 파운드였다. 이후 이러한 흐름에 따라 더 많은 급매가 이어졌다.

산 정상에서 바라본 가장 최근의 음악 산업 붕괴는 비록 잔인했지만 모든 것을 감안할 때 어쩌면 대자연 속 장대한 주기의 일부일 수도 있는 산불과 비슷하다. 참 이상한 일이지만 과학자들은 숲이 실제로 1세기에 한 번 정도는 치명적인 화재를 필요로 한다는 사실을 발견했다. 이를 통해 밑바닥 토양을 위한 영양분을 보충한다는 것이다.

31.

계시

언제나처럼 미래_

스트리밍 시대의 레코드 비즈니스,
그 의미와 생존에 대하여

그것은 마치 레코드 회전과 같다. 지구가 계속 자전하는 방식과도 유사하다. 인류의 역사는 긴 호(弧)를 그리는 나선처럼 거듭 반복되고 있다. 마치 계절 혹은 리듬과 하모니가 본질적으로 순환하는 것처럼. 보아하니 이 끊임없는 소멸과 재생이 우리의 삶에 건강, 안정, 의미를 부여하는 것은 아닐까.

2012년 인류 역사상 가장 부유한 기업이 된 애플의 아이튠스 '생태계'는 디지털 음악 경쟁에서 영원히 승리할 운명인 것처럼 보였다. 그러나 당연한 말이지만 세계의 그 어떤 강력한 조직도 계획된 음악 경제를 오랫동안 유지할 수는 없다. 음반 산업 불황의 절대적 저점이었던 2014년 사람들은 더 작고, 젊고, 사용자 친화적인 시스템으로 눈을 돌리기 시작했다. 그 결과, 아이튠스의 판매량은 불길할 정도로 추락을 거듭했다.

2006년 스물셋의 프로그래머 다니엘 에크가 이끄는 스웨덴의 스포티파이는 스타트업에 불과한 무명의 브랜드였다. 그러나 1999년 이후 처음으로 음반 업계의 수익이 상승세로 돌아선 2015년에 스포티파이의 구독 기반 스트리밍 서비스는 이미 3,000만 명이라는 놀라운 수치의 사용자를 확보했다. 구독자는 매달 10달러를 내고 무제한으로 음악을 감상했다. 피할 수 없는 현실을 인정한 애플은 기존 MP3 모델을 단계적으로 폐지하고 스포티파이와 유사한 애플 뮤직으로 아이튠스를 재출시한다고 발표했다. 여기에 BBC에서 영감을 수혈한 라디오 채널이 더해졌다. 그러나 모든 자원을 투입했음에도 애플의 스트리밍 전환에는 어려움이 따랐다. 문제는 스포티파이가 몇 년 앞서 있던 상황만이 아니었다. 애플의 새로운 CEO 팀 쿡은 10년 전 스티브 잡스가 난폭하게 대했던 때보다 훨씬 더 자신감 넘치고, 미래를 볼 줄 알고, 거래하기도 까다로운 음반 업계와 마주해야 했다.

오래된 프랑스 속담처럼 변하는 것이 많을수록 변하지 않는 것은 더 많은 법이다. 2000년대 초반의 격변 속에서 가장 큰 생존자는 지난 2세기 동안 이어져 온 음악 저작권의 틀, 더 나아가 수익성 있는 모든 콘텐츠를 소유한 메이저 음반사의 오래된 위계질서였다. 또 다른 놀라운 생존자도 있었다. 바로 변함없이 음악적 혁신의 원동력이 되어줄 독립 레코드 레이블 모델이었다. 물론 오늘날 많은 회사, 특히 실물 음반을 발매한 적이 없는 스타트업은 레코드 레이블이라는 명칭을 불편해한다. 차라리 그들은 '음악 레이블'이라는 좀 더 모호한 명칭을 선호한다. 그럼에도, 음반은 여전히 전체 음악 생태계의 중요한 생명선이다. 왜냐하면 모든 곳에서 인기 음반을 원하기 때문이다. 스트리밍 플랫폼, 라디오 방송국, 인디 음반 매장, TV 광고주, 영화 사운드트랙, 나이트클럽 댄스 플로어, 유튜브 동영상 및 아직 발명되지 않은 기타 미디어 등등. 심지어 콘서트 업계도 새로운 곡을 녹음하고 그것으로 투어를 하는 신구 아티스트에게 의존한다. 음악 비즈니스 전체에서 음반사만이 다른 모두와 거래하는 유일한 독립체라는 점이 무엇을 의미하는지 잠시 멈춰서 생각해보기 바란다. 그들은 아티스트, 매니저, 스튜디오 프로듀서, 유통업체, 레코드 가게, 비디오 감독, 사진작가, 홍보 담당자, 음악 출판인, 저널리스트, 라디오 DJ, TV 프로듀서, 마케팅 대행사, 투어 에이전트, 공연 기획자 등과 거래한다.

우리는 냅스터와 마이스페이스의 시대로부터 아주 먼 길을 걸어왔다. 뮤지션에게 레이블이 필요 없고 인터넷을 통해 대중과 직접 소통할 수 있다는 생각은 이제 2000년대 초반에 퍼졌던 진기한 환상 정도가 되어버렸다. 즉, 정반대의 일이 벌어진 것이다. 스포티파이, 애플 뮤직, 아마존 뮤직, 디저, 타이달, 텐센트, 구글 플레이 등 수많은 디지털 음악 플랫폼이 모든 콘텐츠 관리를 후방 산업체인 디지털 유통회사에 위탁한다. 이 업체를 애그리게이터(Aggregator)라고도 부른다. 빌리브 디지털, 오처드, 푸가, CD 베이비, 디스트로키드, 레코드 유니온 같은 애그리게이터는 수천 개의 음악 공급업체와 전 세계에 존재하는 수많은 디지털 음악 플랫폼 간의 방대한 트래픽을 필터링하고 조직한다. 이 유통업체의 업무는 레이블, 프로듀서, 아티스트와의 거래를 통해 그들의 콘텐츠를 여러 플랫폼에 올리고 일정, 마케팅 및 로열티를 관리하는 것이다.

시간이 지남에 따라 오디오 스트리밍은 주크박스와 개인 맞춤형 라디오가 혼합된, 일종의 하이브리드 형태로 진화하고 있다. 그리고 이 기술은 데이터 분석과 인공 지능에 초점을 맞춰왔다. 대시보드, 통계 보고서 및 기타 분석 도구를 통해 공급업체, 유통업체 및 레이블은 누가 언제, 어디서, 무엇을 듣는지 학습할 수 있다. 빅 브라더는 사용자의 청취 습관과 검색 기록을 통해 모든 사람의 음악적 취향과 관심사를 파악하고, 개별 사용자가 실제로 좋아할 만한 새로운 음악을 추천하는 데 무서울 정도로 능숙하다. 말할 필요도 없이 사용자 수억 명의 프로필이 점점 더 정확해지고 있다.

물론 강력한 도구의 도움에도 불구하고 스트리밍 시장은 여전히 놀라울 정도로 복잡하다. 그러나 유통 회사의 마케팅 담당자들이 발견한 공통점이 하나 있다. 이 빽빽한 새로운 모델에서 어떤 종류의 앨범을 출시하든 그에 준하는 스토리가 있어야 한다는 것이다. 이유는 이렇다. 스트리밍은 판매와 비슷하지만 정작 거기에 금전 등록기는 존재하지 않기 때문이다. 수많은 콘텐츠가 제공되고 자동이체 구독이 매달 일종의 복권 당첨금을 만들어내는 상황에서 음악 공급업체는 사람들의 관심을 끌고 더 많은 트래픽을 확보하기 위해 서로 경쟁한다. 따라서 스트리밍에는 신문, 블로그, 소셜 미디어, 라디오 쇼 등 전통적인 방식으로 홍보할 수 있는 레이블이 필요하다. 또한 이것은 스트리밍 플랫폼이 장르별 채널, 재생 목록, 팟캐스트를 자체 제작하는 이유이기도 하다. 이메일과 알림을 통해 모든 사용자는 신작, 금주의 추천, 유명인 재생 목록, 예정된 공연 및 뉴스로 위장한 기타 홍보물에 관한 맞춤형 알림을 수신한다.

이 급증하는 시장에서 중요한 점은 스트리밍이 전 세계적으로 확산됨에 따라 공급업체와 주요 배급사 모두 성장하는 시장에 현지 사무소를 개설하고 있다는 것이다. 현재 전 세계 40개 이상의 도시에서 수많은 경쟁 유통업체가 현지 A&R 및 홍보 팀을 고용해 모국어 레퍼토리를 소싱하고, 계약하고, 홍보한다. 한국의 케이 팝이나 카리브해 레게톤의 세계적인 성공에서 알 수 있는 것처럼 오늘날의 시장은 인종적으로 이미 더욱 다양해지는 중이다. 중국, 인도, 중동의 스트리밍 시스템은 형식과 가격대 모두 다르지만 스트리밍 시스템의 인기는 모든 곳에서 저작권의 원칙을 강화하고 있다.

수치가 이를 증명한다. 2014년 140억 달러로 사상 최저치를 기록했던 전 세계 음반 산업 매출은 매년 약 10억 달러씩 꾸준히 증가했다. 2019년 전 세계 매출은 200억 달러에 조금 못 미쳤고, 이 수치는 이후 새로운 10년 간 계속 증가할 것으로 예상된다.

물론 이 상승세가 일반적인 뮤지션과 소규모 레이블의 주머니에까지 미치지는 못했다. 인정할 수밖에 없는 부분이다. 하지만 거대한 카탈로그를 보유한 거물급 뮤지션이라면 사정이 다르다. 다시 기지개를 켠 그들은 모든 방향에서 청신호를 보고 있다. 그들은 엄청나게 변화된 문화 속에서 완전히 탈바꿈한 음악 비즈니스가 회복하고 있는 지금, 1940년대와는 전혀 다른 지평선을 마주하고 있다. 그리고 전 세계가 훨씬 더 큰 문제에 빠져있던 1940년대와 마찬가지로 나이 먹은 레코드 거물들은 다음 같은 이상한 생각을 하기 시작했다. 음악 비즈니스가 다시 살아나고 있을 뿐 아니라 오히려 과거보다 더 커질 수도 있다는 것이다.

2019년 음반과 콘서트 티켓의 연간 매출을 합친 약 500억 달러가 인터넷에 의해 변화된 음악적 환경을 통해 흘렀다. 한데 그중 150억 달러가 보이지 않는 디지털 상거래의 정글에 복잡하게 얽혀 있다. 너무나도 복잡하기에 거물들마저 이 다차원적인 세계의 지도조차 만들지 못하는 상황이다. 인플레이션을 고려하면 여전히 금융위기 이전 수준에는 미치지 못하지만 빠르게 성장하고 있다는 점과 더불어 한 가지 큰 차이점이 존재한다. 음악이 더 넓은 경제에서 전략적으로 더욱 중요해지고 있다는 점이다. 오디오 장비, 스폰서십, 방송, 상품화, 잡지, 웹진 및 다양한 B2B 서비스와 같은 모든 부수적인 거래를 더하면 주변 생태계는 모로코나 쿠웨이트 같은 고속 발전 국가의 GDP와 같은 수준인 약 1,300억 달러로 확장된다. 여기에 스마트폰까지 고려하면 더 큰 그림의 진정한 규모를 이해할 수 있다. 스마트폰 제조업체와 통신사가 스트리밍에 막대한 규모로 관여하고 있는 지금, 음악은 현대 세계에서 결코 질 수 없는 싸움의 장이 된다.

전 세계의 모든 기술 대기업이 멀티 플랫폼 생태계의 중심에 음악을 배치하기 위해 수십억 달러를 투자하는 데에는 다 이유가 있다. 이것은 자선 사업이 아니다. 그들은 2020년대에 아이클라우드의 영향력이 점점 증가함에 따라 더 많은 돈이 쏟아질 거라고 기대한다. 만약 필요 이상의 낙관론처럼 들린다면 대낮에 서 있는 저 코끼리를 보라. 인터넷의 영향을 거의 받지 않는 콘서트 산업은 2018년 전 세계적으로 200억 달러라는 사상 최대 기록을 세웠다. 티켓 가격은 평균 94달러. 페스티벌의 수와 스폰서십이 모두 증가했다. 온라인 티켓 마케팅의 정확성이 높아진 덕에 (비록 운이 좋은 경우에만 해당되지만) 대형 콘서트와 페스티벌은 현대 음악 비즈니스에서 가장 수익성이 높은 분야가 되고 있다. 핵심은 이런 현상이 끝날 기미가 보이지 않는다는 것이다. 인구 증가와 더불어 공연 문화가 역사상 그 어느 시절보다 많은 국가에서 뿌리내리고 있는 가운데 골드만 삭스는 콘서트 산업이 꾸준히 성장해 2030년 약 380억 달러 규모가 될 것이라고 전망했다.

정말 가능한 일일까? 2000년대 초반 불법 복제가 기승을 부리고 음반사가 침몰하면서 할아버지 록 스타의 고별 투어 티켓 가격이 치솟았다. 그것은 음악 산업이 전면적으로 붕괴하기 전 마지막 거품인 것처럼 보였다. 그럼에도 불구하고 페스티벌은 계속 생겨났다. 밀레니얼 세대의 팝과 일렉트로닉 댄스 음악이 록 스타가 지배하던 스타디움으로 계속 들어왔다. 기업 스폰서의 지출이 이어지면서 공연과 페스티벌은 오늘날 10대가 즐기는 종합적인 라이프스타일 경험으로 변모했다. 그리고 마침내 리코딩된 음악의 판매량이 회복되었다. 마지막 남은 어두운 구름이 걷히고, 모든 예측이 긍정적으로 바뀌는 순간이었다.

이렇게 시너지, 수익성, 그리고 지속 가능성에 대한 새로운 감각이 오늘날 발견되었다. 그렇다면 우리가 마땅히 감사를 보내야 할 대상이 있다. 2019년 어떤 구독 기반 스트리밍 음악에 비용을 지불한 2억 5,500만 명의 사람들이다. 여전히 선두를 달리고 있는 스포티파이의 프리미엄 구독자 수는 1억 1,000만 명이고, 여기에 더해 매달 1억 2,000만 명이 광고 기반 구독 형태로 시스템을 이용한다. 이 군침 도는 수치 다음으로 주목해야 할 회사는 같은 해 6,000만 장의 티켓을 판매한 콘서트 업계의 거물 라이브 네이션이다. 이제 이해할 수 있을 것이다. 이게 바로 한 세대 만에 처음으로 비즈니스 투자자들이 날개를 퍼덕이면서 고층 빌딩에서 내려오기 시작한 이유다. 2018년 음반 업계는 A&R 및 아티스트 로열티로 총 58억 달러를 지출했는데 이는 CD 붐 이후 볼 수 없던 투자 수준이었다.

20년간의 파괴 뒤에 일어난 오늘날의 새로운 시너지는 인터넷 혁명이 마침내 더 잘 작동하는 괴물*을 중심으로 안정화되었기 때문이다. 그러나 시장은 20년간 놀라울 정도로 다층적인 네트워크와 틈새시장의 혼란 속에서 세분화되었다. 유튜브의 콘텐츠 책임자인 로버트 킨클은 21세기 음악 비즈니스를 인도(印度) 거리의 혼돈에 비유하면서 스위스 같았던 과거로 돌아갈 수 없음을 우회적으로 시사했다. 그의 비유가 얼마나 오래 지속될지는 아직 미지수다. 당분간 오늘날의 혼란은 마찬가지로 격동적이었던 전쟁 중 라디오의 등장과 상당히 유사할 것이다. 당시에도 지금처럼 지역적 다양성과 새로운 시장으로 향하는 성장이 젊은 세대와 기성 세대 간의 경제적 불평등으로 인해 한층 복잡해졌다. 또, 혼란스러운 레코드 산업의 기술 및 상업적인 변화에 인구 통계학적, 문화적인 복잡성이 더해지면서 다층적인 레이어를 형성했다.

오늘날 대형 음반사가 혹독한 경제 상황을 이겨 내고 살아남을 수 있었던 이유는 다음과 같다. 가장 빠르게 적응하고, 다양화하고, 청소년 문화를 포용하고, 최대한 많은 수입원을 확보했기 때문이다. 이는 수학적 필연이었다. 2018년 스트리밍은 전체 음반 수익의 40%

---

* 스트리밍 서비스를 의미한다.

를 차지했다. 나머지 60%는 전례 없이 복잡해진 포맷과 지역적 이례성으로 인해 분산되었다. 과거 포맷의 죽음을 알리는 헤드라인이 눈에 띈다면 덥석 믿어서는 안 된다. 실제로 오래된 습관은 쉽게 사라지지 않는다. MP3를 예로 들 수 있다. 애플이 아이튠스를 단계적으로 폐지하겠다고 발표한 지 3년이 지난 2018년에도 모든 다운로드 플랫폼은 여전히 음악 산업에 20억 달러에 가까운 수익을 선물했다. 물리적인 포맷을 보면 CD, 바이닐, 카세트를 통해 약 50억 달러가 여전히 창출됐다. 20년간 쇠퇴한 CD는 베이비붐 세대의 기대 수명과 맞물려 언제든 곧 사라질 운명에 처하는 대신 석양처럼 천천히 지고 있다. 이런 통계에 반해 유일하게 버티고 있는 나라는 세계에서 두 번째로 큰 음악 경제 대국 일본이다. 보호주의와 자국이 개발한 포맷에 대한 대중의 애정 덕에 2018년에도 일본은 깔끔하게 포장된 자국산 CD에 거의 10억 달러를 지출했다. 유럽에서 CD를 가장 늦게 포기하고 있는 국가는 독일이다. 2019년에도 CD는 전체 18억 달러 규모의 독일 음악 시장에서 30%를 차지했다.

모든 곳에서 판매 패턴이 스트리밍으로 이동 중이다. 하지만 그 때가 완전히 도래하기 전까지 음반 산업은 130년 역사상 가장 복잡한 시대를 통과하고 있다. 서구에서는 사상 최초로 음반 시장이 약 4세대에 걸쳐 계층화되었고, 각 세대는 고유한 포맷, 홍보 채널, 문화적 배경을 지닌다. 소위 밀레니얼 혹은 Y세대라고도 불리는 1990년대에 태어난 오늘날 젊은 성인은 신문도 읽지 않고, CD도 사지 않는다. 국영 방송 또한 듣지 않는다. 이들은 모든 음악과 정보를 인터넷에서 얻는다. 이 스펙트럼의 정반대에 있는 60대와 70대는 음악 경제에서 가장 부유한 인구층이지만 인스타그램이나 스포티파이를 사용하지 않는다. 전통적인 출판물에 충성하는 그들은 대부분 무시할 수 없을 정도로 많은 양의 CD를 우편으로 주문한다. 이 두 세대 사이에 40대, 50대인 X세대가 위치한다. X세대는 바이닐을 가장 많이 구매하고 페이스북, 트위터, 팟캐스트에 가장 중독되어 있다. 이제 막 성인이 된 네 번째 그룹인 Z세대는 1990년대에 태어난 선배 세대와는 조금 다른 종류의 밀레니얼이다. 그들은 유튜브 채널과 인스타그램에 중독되어 있지만 대불황 속에서 성장했다. 따라서 Z세대 다음에 올 10대가 어디에 관심을 둘지는 그 누구도 정확히 알 수 없다.

만약 좀 더 구체적으로 들어가서 특정 장르와 상업적 네트워크를 연구한다면 고려해야 할 또 다른 톱니바퀴가 있다. 예를 들어 일렉트로닉 댄스 음악은 비트포트, 사운드클라우드, 밴드캠프 또는 주노 같은 틈새 디지털 플랫폼을 중심으로 발전했다. 따라서 클럽 DJ는 고음질 사운드 파일을 통해 자신의 댄스 플로어 음악을 달러로 전환할 수도 있다. 수없이 보도된 것처럼 바이닐의 부흥은 아방가르드 록, 얼터너티브 포크, 예술적인 일렉트로 음악을 주로 취급하는 인디 레코드 가게에서 일어나고 있다. 바이닐이 겨냥하고 있는 대상은 도시 힙스터라는 완전히 다른 종류의 시장이다. 아마존의 조용한 부상은 크게 알려지지 않은 또 다른 현상을 가리킨다. 현재 세계 최대의 CD 소매업체인 아마존은 타워, 월마트, 타깃과 같은 대형 유통업체가 포기한 상품을 온라인으로 판매한다. 수천만 명의 CD 수집가가 디지털 방식으로 상품을 검색한 후 문 앞까지 그 CD를 배송 받는다.

그중 가장 기묘한 현상은 2019년 바이닐이 15년 연속 성장세를 기록했다는 점이다. 공식 통계에 따르면 바이닐은 전체 글로벌 음악 판매량의 3%에 불과하지만 바이닐의 호화로운 언더그라운드 시장은 닐슨이나 사운드스캔에 판매량을 등록하는 인디 전문 가게와 아티스트에게 매우 중요하다. 공장 생산량을 기준으로 볼 때 바이닐은 음악 혁신이 가장 활발한 지역에서 공식적인 수치를 훨씬 웃도는 판매량을 기록하고 있다. 시장의 절반은 미국에 집중되어 있고, 2019년에는 현금 영수증 등록 건수에서 CD를 앞질렀다.

바이닐 르네상스는 봄 축제로 성장한 레코드 스토어 데이에 많은 빚을 지고 있다. 이 행사는 매년 4월 지정된 토요일에 열린다. 2007년 어려움을 겪고 있는 레코드 전문점 커뮤니티에 대한 대중의 지지를 불러일으키기 위해 미국에서 시작된 이 행사는 큰 성공을 거뒀다. 미국과 유럽의 인디 네트워크에서 4월은 이제 일종의 '제2의 크리스마스'로 상점과 음반사에 큰 수익을 안겨 주는 날이 되었다. 이 모든 새로운 흥분과 활기 덕분에 미국에서는 매년 30~40개의 새로운 인디 음반 매장이 문을 열고 있다. 현재 미국 전역에는 약 2,000개의 인디 음반 매장이, 영국에는 약 240개의 인디 음반 매장이 존재한다.

스트리밍 시대에도 바이닐은 계속 성장할 수 있을까? 아마 그렇지는 않을 것이다. 그러나 소매상들의 관찰은 흥미로운 단서를 제공한다. 아티스트가 쇼케이스를 한 뒤 한정판 바이닐에 사인을 해 주는 매장 이벤트에 젊은 여성이 눈에 띄게 많이 찾아온다는 것이다. 일반적으로 무거운 슬리브에 컬러 디스크가 들어있는, 이 크고 예쁘고 맛있는 냄새가 나는 것 같은 형식에는 강력한 사회적 매력이 존재한다. 이처럼 감성을 자극하는 바이닐의 모든 요소와 25달러라는 가격대 덕분에 레코드 전문점은 디지털 시대에 새로운 대항 문화로 자리 잡을 수 있었다. 큰 규모의 비디오나 광고를 제작할 여력이 없는 인디 레이블에게 바이닐은 비용 측면에서 효율적일 뿐 아니라 팬들에게 직접 '걸작'을 선보일 수 있는 방법이기도 하다. 이 모든 요소를 합쳐보면 중력을 거스르는 것처럼 보이는 바이닐의 언더그라운드 열풍이 왜 계속 유지되는지 이해할 수 있을 것이다. 해가 거듭될수록 바이닐은 더 많은 반항적인 밀레니얼을 끌어들이고 있다.

그러나 바이닐이 오늘날 음반 산업에서 가장 논란이 많은 물음표는 아니다. 모든 논쟁 중에서 다른 모든 논쟁을 합친 것보다 더 큰 논쟁이 하나 있다. 바로 디지털 서부의 마지막 무법자인 유튜브와 그 소유주 구글이다. 2019년에 유튜브는 매달 20억 명의 시청자를 끌어모았고, 스트리밍 음악의 약 40%를 차지했다. 시청자 규모만 놓고 보면 유튜브는 애플과 스포티파이보다 더 큰 규모를 지속적으로 유지하고 있다. 구글은 유튜브 광고를 통해 매년 약 150~260억 달러를 벌어들인다. 반면 그들이 음악 업계에 지불하는 로열티는 약 10억 달러에 불과하다.

어떻게 그들은 이 문제를 회피하고 있을까? 유튜브는 광고로 자금을 조달하는 부분 유료화 모델 덕에 수백만 '시청자'가 음악을 더 이상 불법 복제하지 않게 만들었다는 점을 인정받을 만하다고 오랫동안 주장해 왔다. 또한 유튜브는 개발 도상국에 새로운 시장을 개척한 최초의 기업이기도 하다. 이 인터넷 약탈자와 전쟁 당시 대형 라디오 업체 간의 놀라운 역사적 유사성은 2015년 4월 공식화되었다. 바로 유튜브와 1922년부터 미국의 강력한 라디오 로비 단체로 영향력을 발휘해 온 전미방송협회 사이에 MIC 연합이라는 새로운 워싱턴 기반 로비 단체가 결성된 것이다. 이 연합은 음반 업계의 '페어플레이 페어페이' 법에 맞서 싸웠다. 이 법에 따르면 유튜브와 미국 탑 40 라디오는 유럽의 규범에 따라 연간 약 4억 달러의 로열티를 추가로 지불해야 했다. MIC 연합은 1930년대부터 악용된 전술을 반복했다. 그들은 시간을 끄는 동시에 자신들이 '홍보 가치'를 제공한다는 주장을 펼쳤다. 즉, 무료나 마찬가지인 홍보에 음반사가 감사해야 한다는 식으로 협상을 모호하게 만든 것이다.

이를 포함한 다른 많은 사건으로 인해 오늘날 음반 업계에서 구글은 용서할 수 없을 정도로 교활하고, 탐욕스러운 기업으로 여겨진다. 하지만 일부 음반사 사장들은 노출이라는 복잡한 문제가 오늘날 음악 시장의 핵심이라는 사실을 비공식적으로 인정한다. 부분 유료화 플랫폼이 팝 음악을 더 작은 사업으로 만든 것일 수도 있지만 하이틴 팝을 전문으로 하는 메이저 음반사들은 결국 유튜브의 규칙을 받아들였다. 수백만의 잠재적인 시청자에게 신인 아티스트를 노출시킬 수 있기 때문이다. 워너의 주력 회사인 애틀랜틱 레코드의

CEO 크레이그 칼먼은 새로우면서도 점점 더 순환적인 방식으로 전 지구적인 명성을 수익화하는 방법을 배웠다고 말하면서 이렇게 덧붙였다. "우리는 이제 주목받는 비즈니스에 종사하고 있습니다." 그의 회사에 소속된 밀레니얼 팝 스타로는 에드 시런, 브루노 마스, 켈리 클락슨, 자넬 모네 등이 있다. 다른 모든 팝 경쟁사와 마찬가지로 애틀랜틱은 현재 머천다이징, 즉 상품화를 전담하는 수익성 높은 부서를 운영 중이다.

화려한 모델처럼 보이는 가수가 부르는 컴퓨터화된 팝이 왜 이렇게 많은지 궁금하다면 그 이유가 여기에 있다. 지난 20년간 보이 밴드, 탤런트 쇼, 인터넷 불법 복제, 유튜브의 부분 유료화 모델이 음악을 공짜로 제공하는 이 화려한 청소년 시장을 만들어 냈다. 음악이 공짜인 대신 기업 후원, 상품화 및 기타 파생 상품을 통해 수백만 달러를 벌 수도 있기 때문이다. 물론 예술적 수준이 떨어지는 것에 대해 냉소적일 수밖에 없는 이유가 각자 있겠지만 오늘날 3대 팝 공장인 유니버설, 소니, 워너가 20세기에 녹음된 거의 모든 위대한 레퍼토리, 즉 재즈, 클래식, 포크, 블루스, 록, 일렉트로니카의 소유주라는 점을 잊어서는 안 된다. 이 방대하고 아름다운 카탈로그가 지닌 협상력 덕분에 21세기는 이제 아티스트에게 돈을 지불하고, 수십억 달러를 다시 프로덕션에 투입할 수 있는 스트리밍 시스템을 갖추게 됐다.

이렇듯 부분 유료화 기반의 틴 팝에 집중하는 메이저의 방식은 도리어 인디 음반사에게 큰 기회를 만들어 줬다. 위기 속에서도 살아남고 심지어 번창한 인디 음반사들은 무엇보다 양질의 음악에 집중했다. 훌륭한 음반은 언제나 관객을 찾고 장기적인 안정성을 제공한다고 믿었기 때문이다. 제프 트래비스를 예로 들 수 있다. 레코드 워먼 제넷 리와 함께 러프 트레이드 레코드를 성공적으로 재건한 그는 다음처럼 말했다. "콘텐츠에 비해 통신사 문제는 중요하지 않다고 봐요. 저는 음악을 찾아서 사람들에게 들려주는 것만 신경 썼을 뿐이에요." 또 다른 열성적인 인디 제작자는 2012년에 EMI의 잔해에서 뮤트를 구출해낸 다니엘 밀러다. 그는 마찬가지로 동일한 의견을 갖고 있다. "세상에는 언제나 좋은 음악이 많이 있어요. 그것이 우리를 움직이는 원동력이죠."

뮤즈를 쫓아 광활한 대지를 누비는 행위는 레코드 맨의 정신적인 탐구를 요약해서 보여준다. 오늘날의 회복된 경기는 그 혜택을 다시 구식 레코드 맨에게 돌려주고 있다. 시모어 스타인은 외치듯이 말했다. "인디에게 신의 축복이 있기를! 그들은 로큰롤 이후, 심지어 그

이전에도 모든 새로운 트렌드를 소개해 왔어요. 그 밖에 무엇이든, 모든 게 인디로부터 비롯됐죠." 5년간 힘든 시간을 보낸 후 컬럼비아를 떠난 릭 루빈은 "오늘날 메이저 음반사 내부에서 더욱 인디적인 모델로 돌아가야 한다는 인식이 분명히 존재해요."라고 강조했다.

인디 커뮤니티의 정점에 있는 최후의 모히칸은 마틴 밀스다. 그는 현재 XL 리코딩스, 4AD, 마타도어, 영 터크스, 러프 트레이드 등을 포함하는 세계 최대의 인디 협력체 베거스 그룹을 이끌고 있다. 이제 역사가 반복되는 광경을 볼 수 있을 만큼 충분히 나이 든 그는 다음처럼 회상했다. "1987년 하우스 폭발이 실제로 일어났을 때 10년 전 펑크 폭발과 매우 흡사하게 보였어요. 성공적인 레이블이 되려면 연속적인 파도를 잡아야 한다는 것이 분명해졌죠. 모든 파도를 다 잡을 수는 없겠지만 메이저와 경쟁하는 방법은 정면으로 경쟁하는 게 아니라 틈새를 찾은 뒤에 그 틈새 너머의 무언가를 잡는 것이었어요." 이러한 철학 덕분에 그의 그룹은 흥미로운 물고기를 대량으로 낚았다. 게리 누먼, 바우하우스, 컬트, 데드 캔 댄스, 픽시스, 프로디지, 화이트 스트라이프스, 본 이베어, 캣 파워, 리버틴스 등등. 그리고 무엇보다 2011년과 2012년 미국에서 가장 많이 팔린 아티스트 아델이 있다.

밀스는 훌륭한 음악을 발굴하고 판매하는 심플한 비즈니스에 충실했다. 그는 기계적으로 제작된 모든 가짜 팝의 배후에 있는 왜곡된 논리인 '360도 계약', 즉 메이저 기획사가 팝 아티스트의 음반, 출판, 상품화, 라이브, 매니지먼트 등 모든 권리를 갖는 새로운 계약에 저항해 왔다. 밀스는 이러한 '토지 강탈'이나 마찬가지인 계약이 더 비싸지면서 더 많은 돈을 잃고, 설령 블록버스터급 성공을 거두는 예외적인 경우가 발생하더라도 아티스트의 분노를 불러올 거라고 예측했다. 그리고 그의 예측이 옳았다는 게 증명되고 있다. 고가의 티셔츠를 판매하기 위해 부분 유료화 동영상에 수백만 달러를 지출하는 것은 지속 가능한 비즈니스 모델이 아니다. 이것은 명백하게 음악이라고 볼 수 없다.

디지털 시장을 주의 깊게 관찰한 밀스는 변화하는 환경에 맞춰 비즈니스 구조를 세심하게 조정했다. 크게 생각하되 신중하게 지출하는 그는 유럽 전역의 거의 모든 수도에 소규모 사무실을 설립하고, 독립적인 현지 유통업체와 함께 현지 프로모션을 담당하는 '네스팅 시스템'을 디자인했다. 따라서 물리적인 유통 시스템 전체를 운영하는 데 드는 위험한 비용 지출 없이 그의 직원들은 직접 음반을 홍보할 수 있다. 독립 소매점의 경우, 밀스의 그룹은 현재 런던에 러프 트레이드 매장 두 곳, 노팅엄에 한 곳, 그리고 뉴욕에 가장 큰 매장을 운영한다. 여러 면에서 베거스는 다중 촉수를 가진 심해 생물과 비슷하다. 40년 넘게 해저에서 먹이를 먹으면서 살아온 밀스는 생존하려면 주변의 움직임에 민첩하게 대처하면서도 느린 신진대사를 유지하는 능력이 필수라는 점을 배웠다. 그는 축제 사이의 긴 기다림을 오히려 기대하는 인물이다.

전 동료이자 4AD의 창립자인 아이보 와츠-러셀은 "만약 당신이 소수의 낯선 사람들과 함께 난파된 배에 있다면 물과 쌀의 배급을 책임질 사람은 마틴 밀스뿐이에요."라고 주장했다. 그리고 음반 산업이 붕괴되는 동안 그는 실제로 그 역할을 맡았다. 그는 앨리슨 웨넘과 함께 인디 무역 단체인 AIM을 설립한 후 이 아이디어를 그대로 미국으로 가져와 A2IM을 세웠다. 더불어 인디 및 1인 제작자가 모든 온라인 플랫폼을 통해 자신의 음악을 판매할 수 있도록 지원하는 디지털 저작권 유통업체 멀린도 구상했다. 밀스는 또한 음반 업계가 거대 기술 기업에 대항해 벌였던 수많은 싸움에서 핵심적인 역할을 수행했다. 그는 아마도 오늘날 레코드 업계에서 가장 영향력 있는 인물일 것이다. 메이저 음반사를 운영하는 고액 연봉자들도 그를 진정한 설립자이자 리더로서 존경한다.

하지만 마틴 밀스가 여타 동료 백만장자와 다른 점이 있다. 바로 돈에 대한 그의 신중한 태도다. 그는 예술가든 비즈니스 파트너든 "돈은 모든 악의 근원이 될 수 있다."라고 한탄하면서 이렇게 덧붙였다. "사람들이 용납할 수 없는 방식으로 행동할 때 그 기저에는 돈이 있는 경우가 많아요." 베거스 그룹을 뒷받침하는 순수한 가치는 레코드 산업의 위기에서 살아남은 일부 생존자가 여전히 살아있다는 점을 반갑게 상기시킨다. 사실, 그중 최고라고 할 수 있는 인물들은 실제 더 중요한 존재로 성장했다.

이제 우리는 원점으로 돌아와 지난 세기 중요한 음악의 대부분을 발견하고 육성한 특별한 소수로 회귀한다. 바로 기업 시대에 눈에 띄는 희귀종이었던 음악인들[*]이다. 이들은 만약 그들이 상업적으로 생각할 수 있었다면 더 잘 팔았을 거라고 믿었던, 잘난 척하는 경영진 세대에 의해 밀려나고, 평가 절하된 바 있다.

그렇다면 무엇이 음반 비즈니스를 돌아가게 하는 것일까? 릭 루빈은 이렇게 말했다.

---

[*]   저자는 여기서 일부러 Music Men이라는 표현을 썼다. 직접 음악을 하는 뮤지션이 아니라 음악을 언제나 최우선으로 여겼던 프로듀서, 레코드 레이블 대표 등을 뜻한다.

"많은 부분이 우리가 이 일을 시작했을 때 왜 그걸 한 건지의 문제와 관련 있어요. 돈을 벌기 위해 음악에 뛰어든 사람이 항상 잘 되는 것은 아니라고 생각해요. 저는 항상 최선을 다해 음악을 해 왔고, 그것이 궁극적으로 어디로 이어지든 저에겐 괜찮아요. 저는 제 자신을 도박꾼이 아니라 일종의 예술품 수집가라고 봐요. 제가 항상 느낀 것은 마치 사랑에 빠지는 것과 비슷하다는 겁니다. 이걸로 무엇을 얻을 수 있는지가 중요한 게 아니에요. 이건 상업적인 벤처가 아니에요. 그럴 수도 있지만 그건 단지 부산물일 뿐이죠. 상업적인 목적이 아니라 순수한 의도가 있기 때문에 가능한 일이라는 거예요." 위대한 존 해먼드 역시 다음처럼 언급했다. "레코드를 더 상업적으로 만들려는 노력이 구매자의 마음을 떠나게 하는 걸 수백 번도 더 봤어요. 그래서 항상 이렇게 말하죠. 당신 자신이 되세요!"

A&R 관련한 기교는 여러 단계에 걸쳐 작동하지만 최고의 프로듀서들에게는 한 가지 공통점이 존재한다. 바로 자신의 판단력에 대한 뿌리 깊은 믿음이다. 배아 단계의 천재성을 감지할 수 있고, 확신에 차 있는 그들은 다른 사람이 알아채지 못하는 것에 대해 혼자서 감탄하는 스스로를 종종 발견한다. 존 해먼드는 이렇게 말했다. "제가 발견한 모든 위대한 음악가에 대해서라면 한 순간도 의심한 적이 없어요. 전 그들이 내는 소리의 특이점을 들을 수 있었거든요. 그들의 우수함은 언제나 분명해 보였어요. 불빛이 번쩍였다고 할까요. 로켓이 발사되는 것 같은 느낌. 대체 다들 뭐 하는 거지? 왜 이 소리를 듣지 못하는 거지? 이런 게 항상 나를 놀라게 했어요."

이러한 수준의 명료성에 도달하려면 수년간의 학습이 필요하다. 아버지와 이름이 같은 블루스 가수 존 해먼드는 이렇게 증언했다. "아버지는 사명을 지닌 복잡한 사람이었어요. 돈을 위해 일하지 않았죠. 아버지는 스스로를 독립적인 측면에서 부유하다고 생각했지만 빈털터리로 돌아가셨어요. 자신이 프로듀스한 아티스트에게 로열티를 받지 않으셨죠... 정직한 분이셨어요. 굉장히 꼼꼼하셨고 옷을 잘 차려입으셨죠. 술도 마시지 않고, 편지를 보내면 반드시 답장을 하셨고요. 비올라를 연주하고 음악 차트를 이해하고, 5개 국어를 구사했어요. 아버지는 스스로 모든 것을 알고 싶어 했다는 점에서 반항아였어요. 고전 그리스어와 라틴어를 읽을 수 있었고, 한때는 신학교에 진학할 생각도 하셨죠."

독서광이자 열혈 인문주의자인 러프 트레이드의 설립자 제프 트래비스는 이 직업이 저널리즘의 한 형태라고 설명한다. "내 생각에 비판적으로 판단할 줄 아는 명확한 시각을 가

지려면 대체 어떻게 해야 하는지, 사람들은 전혀 알지 못해요. 레이블을 운영하는 우리 모두는 평생 음악을 들으면서 살아가죠. 그런데 어떤 음악이 특별하다고 판단하려면 다른 모든 것을 알아야 하거든요. 이건 자신의 사랑을 장미에 처음 비유한 사람은 천재일 가능성이 높고, 그 다음은 바보일 가능성이 높다는 에즈라 파운드의 유명한 명언과 비슷한 거예요. 요즘 나오는 음악의 엄청난 양을 생각해 보세요. A&R 담당자는 모든 걸 들어야 하는 직업이에요. 매일 몇 시간씩 조사하고, 매일 밤 공연을 보러 나가야 하는 진짜 직업 말이에요. 음반 회사를 운영하는 유일한 방법은 자신의 판단에 대한 믿음을 갖는 거예요. 하지만 그 판단은 평생의 업무 경험에 바탕을 두고 있어야 해요."

천재성을 찾으려면 그것이 무엇으로 만들어졌는지 알아볼 수 있어야 한다. 리코딩의 문화적 가치와 마찬가지로 시장 가치는 다음의 핵심 요소를 합친 결과다. 아티스트, 곡, 그리고 법적으로는 인정받지 못하지만 녹음된 음악의 핵심이자 마법 같은 세 번째 요소인 사운드. 사운드의 중요성을 고려할 때 레코드 중독자가 성공적인 음반사를 경영하는 것은 놀라운 일이 아니다. 그들은 보통 레코드 가게, 라디오 방송국, 음악 잡지 등 음반사와 어쨌든 관련된 일을 하다가 이 산업에 뛰어들었다. 10대 시절 그들은 주말이면 레코드 가게를 뒤지고, 공연을 보러 가고, 마니아용 라디오 쇼를 듣거나 친구들을 위해 완벽한 믹스테이프를 편집하면서 시간을 보내는 외톨이였다. 레코드 족은 전체 장르를 세세하게 연구하는 지칠 줄 모르는 연구자인 동시에 한발 물러서서 음악적, 사회학적으로 이러한 움직임이 실제로 무엇을 의미하는지 큰 그림을 볼 수 있다. 그들은 가장 까다로운 고객이지만 진정으로 특별한 것을 발견했을 때 가장 설득력 있는 홍보 주체가 되어 준다.

레코드 맨은 호기심 많고, 거리에 친숙하며 사람들과 그들의 이야기에 대한 개방적인 태도를 지닌다. 이러한 모든 특성 덕분에 아티스트들은 비교적 쉽게 레코드 맨을 찾을 수 있었다. 로버트 존슨이 헨리 스피어의 카운터에 나타난 것처럼 밥 딜런은 교묘하게 해먼드의 레이더망에 포착됐다. 엘비스, 조니 캐시, 칼 퍼킨스, 제리 리 루이스도 모두 샘 필립스의 문 앞에 나타났다. 밥 말리는 크리스 블랙웰을 소개해 달라고 요청했다. 스미스의 기타리스트 조니 마는 직원인 척 허세를 부리면서 러프 트레이드 창고에 들어간 뒤 출입구를 통해 트래비스가 나타나기를 기다렸다. 음악의 역사에서 이러한 사건은 드문 일이 아니다. 자신의 운명에 대해 확고한 의식을 가진 위대한 아티스트는 자신의 산파를 직접 선택하는 경향이 있다.

현대 음반 제작자의 조상은 유럽의 귀족 가문이다. 수세기에 걸친 클래식 음악 레퍼토리는 작곡가가 부유한 후원자의 인정을 받고 재정적 지원을 받는 데 의존했다. 후원자가 있다는 것은 오페라 홀과 대성당으로 들어가는 관문이었다. 수많은 계몽적인 후원자가 위대한 예술 작품을 대중에게 선보임으로써 사회의 수준을 끌어올리려고 했다. 재즈의 자식이자 보드빌의 손자인 로큰롤은 이 고대의 시스템을 현대의 민주적인 시대에 맞게 변형한 것일 뿐이다.

비록 규모는 달라졌지만 업계에서 가장 영리한 음반 제작자들은 이러한 유산을 분명히 의식한다. 50년 동안 대서양을 가로지르며 히트 음반을 발매한 시모어 스타인은 코믹 오페라 작곡 듀오인 길버트 앤 설리번을 잃어버린 고리로 꼽았다. "미국에서 틴 팬 앨리의 시작은 19세기 후반 길버트 앤 설리번을 비롯한 영국의 뮤직 홀 신에 빚을 졌다고 봐요. 하지만 2차 세계 대전으로 인해 미국은 세계 최강국이 됐죠. 엘비스는 여리고성을 무너뜨린 여호수아 같은 존재였고요. 1956년 그가 등장했을 때 로큰롤이 탄생했고, 로큰롤은 오늘날까지 지속되고 있어요. 스스로를 재창조할 수 있는 특성 덕분이죠." 스타인은 전후 영국이 위대한 팝 음악을 다량으로 생산할 수 있었던 이유를 탁구에 비유해 설명했다. "영국의 1960년은 미국의 1952년과 같았어요. 로큰롤을 시작한 건 우리였기 때문에 미국이 영국보다 10년은 앞설 수 있었죠." 비틀스 이후 영국은 스키플, 알앤비, 시카고 블루스, 펑크, 댄스, 힙합 등 미국의 오래된 레코드에 대한 연극적인 해석을 통해 다시 미국에 영향을 미쳤다. "스테이지 예술과 똑같은 거예요. 브로드웨이가 위일까요? 아니면 웨스트엔드? 어떤 해에는 영국이 앞서기도 하죠. 영국은 예술 학교와 더 오랜 전통이 있기 때문에 연기에 있어서는 확실히 우위예요. 위대한 작가도 많고요."

1960년대 인재 스카우트를 위해 정기적으로 캘리포니아에서 런던으로 왔던 A&M의 사장 제리 모스 역시 비슷한 점을 발견했다. "우리 미국인들은 몇몇 밴드를 제외하고는 다소 과감하지 못한 반면에 스톤스, 후의 극적인 효과는 세상에, 정말 클래식했어요! 마치 셰익스피어 작품을 연기하는 배우 같았다니까요. 영국인들은 가능한 한 드라마틱하게 해야 한다고 믿었어요. 그들의 모든 게 과장을 통해서 번창했죠." 그러나 미국의 이민자 문화와 달리 영국에는 뿌리 깊은 계급 체계가 존재한다. 그들의 음악 시스템이 더욱 복잡한 이유다. 조지 마틴은 이렇게 설명했다. "EMI 초창기에 프로듀서는 사무실에서 입는 것과 똑같이 정장과 넥타이를 착용해야 했어요. 사운드 엔지니어는 하층 계급이었죠. 구분을 위해 흰색 코트를 입었어요. 리코딩 아티스트 역시 사회적으로 열등한 사람이었죠. 그다지 품위 있는 직업으로 받아들여지지 않았던 배우와 같았어요. 하지만 많은 돈을 번다는 이유로 이런 시선을 참아내야 했죠. 뭔가 수상쩍은 캐릭터로 보는 사람도 언제나 많았고요."

현대의 진보적인 인디 밴드 사이에서도 이 유산은 여전히 남아 있다. 팩토리 레코드의 박식한 사장인 토니 윌슨이 교양 있는 뮤지션이라고 할 수 있는 존 케일에게 맨체스터 출신 노동자 계급이자 훌리건 그룹인 해피 먼데이스를 프로듀스해 달라고 요청했을 때 케일은 "어떤 친구들이죠?"라고 물었다. 윌슨은 웃으면서 대답했다. "제가 그들을 설명할 수 있는 최선의 표현은 쓰레기에요. 완전 쓰레기들이죠." 사회 풍자에 대한 영국의 약간 장난스러운 욕구는 최소 셰익스피어까지 거슬러 올라간다. 오늘날까지도 영국은 여전히 영국의 계급을 풍자하는 팝 음악을 애정한다. 비록 이런 특성으로 인해 수출하기에는 어렵지만 말이다.

기실 팝 음악계 전체는 그저 몇 가지의 핵심 요소로 이루어진 민족적인 용광로다. 아일랜드 태생으로 런던 스티프 레코드에서 경력을 쌓은 데이브 로빈슨은 다음처럼 말했다. "영국 음악은 언제나 연극적인 측면이 있었기 때문에 항상 기묘했어요. 퀸, 데이비드 보위, 케이트 부시, 엘튼 존, 록시 뮤직... 수많은 최고의 팝 스타는 항상 연극적이었죠. 영국과 아일랜드의 토착 음악은 사실 포크 음악이지만 영국 대중은 그런 음악을 구입하지 않아요. 연극적인 종류의 팝을 구매하죠. 민족적이고 도시적인 필터를 거치는 미국과는 매우 달라요." 로빈슨이 지적했듯이 테네시 동부를 중심으로 한 컨트리는 스코틀랜드-아일랜드 전통 음악의 영향을 많이 받았다. 뉴욕 그리니치 빌리지의 포크 신 역시 마찬가지다. 가장 밑에 위치한 공통분모로 요약하면 팝 음악은 세 가지 주요 물결을 기반으로 형성되었다. 아프리카 블루스, 스코틀랜드-아일랜드 포크, 영국 보드빌이다. 로빈슨은 이렇게 정리했다. "이 모든 걸 한데 섞으면 위대한 노래가 탄생하고, 위대한 리듬과 가사가 만들어지는 거예요. 지미 헨드릭스가 그런 경우였죠. 그리고 결국, 로큰롤의 대부분이 거기서 비롯된 거예요."

하지만 로빈슨은 다음처럼 제안한다. "이 비즈니스를 이해하려면 유대인의 모든 측면을 살펴봐야 해요. 음악 비즈니스는 과거에도 매우 유대인적이었고, 지금도 그래요." 전 A&M의 런던 사장인 데릭 그린은 그 이유가 오랫동안 궁금했다고 인정하면서 웃는다. "가끔 협상을 할 때면 테이블 양쪽 모든 사람이 유대인일 때가 있어요." 반은 유대인, 반은 아일랜드인인 그린이 도달한 결론은 이렇다. "유대인은 위험을 감수하는 데 능숙해요. 이스라엘에는 이런 속담이 있어요. 모두가 자신이 총리가 되어야 한다고 생각한다." 일렉트라의 설립자 잭 홀츠먼의 의견도 동일하다. "많은 유대인이 이 일에 뛰어든 이유는 진짜로 돈 많은 사업가라면 하지 않을 일이기 때문이에요. 위험을 감수하려고 하지 않는 거죠."

A&M의 설립자 제리 모스는 유대인이 가장 많이 종사했던 음반 사업은 독립적인 유통업이었고, 상대적으로 유대인이 적었다는 측면에서 라디오는 대조적이었다고 지적한다. 스스로도 유대인인 모스는 "상품을 입고하고, 상품을 주문하는 건 유대인이 늘 하던 일이었어요."라고 그 이유를 추론한다. 시모어 스타인은 이러한 현상이 특정 대학, 전문직, 영향력 있는 사교 클럽에서 유대인 이민자를 금지하는 WASP의 오래된 규정 때문에 시작되었다고 본다. 개인적인 경험에 비춰봤을 때 음악 출판, 레코드, 영화 제작과 같은 개방적인 분야에는 자격증이 필요 없었기 때문에 "유대인이 이 새로운 비즈니스에 끌렸다."라는 것이다.

하지만 유대인 상인과 증권가에 대한 고정 관념 뒤에는 훨씬 더 흥미로운 심리적인 영역이 숨어 있다. 맨해튼의 부유한 의사의 아들이자 동유럽 출신인 잭 홀츠먼은 자신의 쓰라린 기억을 다음처럼 상기한다. "부모님은 WASP에 속했던 유대인이었어요. 어릴 때 유대교 회당은 감옥 같았고요. 일주일에 4~5일씩 제 유대교 성인식 준비를 위해 그곳에 있었는데 정말 원망스럽더라고요." 그는 새로 나오는 모든 영화를 집착적으로 봤다고 한다. "영화야말로 제가 진정으로 거주하는 곳이었어요." 이후 학생이 되어 뉴욕의 영화관에서 멀어지면서 그는 포크 음악에 몸을 던졌고, 이를 통해 자신의 뿌리를 심었다. 포크라는 미국의 민속 음악에서 현재 우리가 월드 뮤직이라고 부르는 음악으로 발을 넓힌 홀츠먼은 결국 자신의 기원을 보다 인본주의적인 시각에서 찾는다.

"유대인의 전례에는 관심이 없었어요. 일부 전례는 정말 아름다웠지만요. 전 유대인의 삶을 관통하는 끊임없는 슬픔에 감동했어요. 그중 일부는 러시아를 탈출하거나 폴란드에서 집단 학살을 겪어야 했던 사람들로부터 물려받은 유전적인 요소일 거예요. 하지만 이스라엘을 떠나왔을 때는 희망과 가능성에 대한 풍부한 감각을 느낄 수 있었어요. 그래서 도리어 1955년 중반부터 이스라엘 노래를 녹음하는 일에 관심을 갖게 되었죠. 사실 이스라엘은 미국보다 훨씬 일찍 싱어송라이터에 관심을 가졌는데 키부츠라는 공동체 문화가 있었기 때문이에요." 이제 아흔이 다 된 홀츠먼은 종교에서 벗어나면서 음악이 자신만의 기도 형식이 되었다는 것을 깨달았다. "저는 불가지론적인 유대인이지만 문화적으로 공감하는 능력이 저한테는 있다고 봐요. 신을 믿지 않는다고 해서 무언가를 믿지 않는 것은 아니죠. 제가 믿은 건 음악이에요. 언제나 음악을 보호하려 했고, 올바르게 음악을 하려고 노력했죠. 저는 음악 광신자이고 항상 음악이 가장 중요하다고 생각해요. 나머지는 비즈니스에 불과하고요. 바로 이걸 알았기 때문에 음악을 계속 할 수 있는 거예요."

홀츠먼의 이야기는 자신만의 음악적인 약속의 땅을 찾기 위해 방황했던 제프 트래비스의 10대 시절 이야기와 비슷하다. "아주 어렸을 때 저는 유대인임을 매우 진지하게 받아들였던 시기를 겪었어요." 트래비스는 가족 모두가 유대교에 대한 전통적인 해석을 따랐다고 고백하면서 이렇게 덧붙였다. "저는 인생의 절반을 야간 학교, 히브리어 수업 등으로 보냈어요. 그래서 유대인들이 저에게 관심을 많이 가졌죠. 우린 점심을 다른 장소에서 먹었기 때문에 항상 약간 분리되어 있었어요. 솔직히 말하자면 전 종교를 믿지 않지만요. 어렸을 때부터 종교에 대해 엄청나게 주입을 받았지만 정말 말도 안 되는 소리라고 생각해요." 하지만 나이가 들면서 트래비스는 다음 같은 점을 깨달았다. "음악이 종교를 대체할 수 있다는 주장을 분명히 인정할 수 있어요. 랍비가 지루하게 노래하는 것보다 벨벳 언더그라운드의 음악을 듣는 편이 명백하게 낫죠."

음악 작가에서 프로듀서로 변신한 뒤 레이 찰스와 아레사 프랭클린에게 스타덤을 안겨준 제리 웩슬러 역시 또 다른 예시다. 그의 아버지는 창문 청소부이자 탈무드 학자, 브롱크스의 신비주의자였다. 어느덧 나이 먹은 제리 웩슬러는 어린 시절 경험한 가난과 성서에 대한 열정이 자신의 귀와 야망을 키웠을 뿐 아니라 흑인 음악가에게 느낀 친밀함도 설명해 준다는 사실을 깨달았다. "유대인으로서 저를 하층민과 동일시하지 않았어요. 제가 바로 하층민이었죠." 또 다른 유대인 반항아는 릭 루빈이다. "저는 종교는 없지만 매우 영적인 사람이에요. 운이 좋게도 열네 살 때 초월 명상을 배웠죠. 초월 명상과 도에 대한 관심이 롤러코스터를 타는 와중에도 저를 지탱해 준 원동력이었을 거예요." 루빈은 창의성의 원천에 관한 책을 집필하고 있다. 그는 음반 업계의 여러 주요 인물이 대체 왜 유대인 핏줄인지에 대한 퍼즐을 눈에 띄게 잘 알려진 또 다른 민족 집단으로 확대하면 어떨지에 대해 본능적으로 궁금해한다. "마찬가지로 정말 재능 있는 흑인 음악가가 많이 있어요. 두 문화 모두 고통스러운 과거를 공유하고 있죠. 그리고 아마도 둘 모두 그 유전적인 고통에서 벗어나기 위해 음악을 사용했을 거예요. 그렇다면 고통 때문에 음악에 대한 더 깊은 이해, 더 깊은 통찰력이 생기는 건 아닐까요?"

유대 문화의 초석은 다음 두 가지다. 노예 탈출에 대한 출애굽기의 흡입력 있는 스토리와 유대인의 가장 성스러운 의식 중 하나인 유월절을 기념하는 것이다. 그래서인지 유대인 출신의 많은 휴머니스트 레코드 맨은 아프리카 노예를 뿌리로 하는 정신을 고양시키는 음악을 매우 강력하고 구체적으로 기억한다. 크리스 블랙웰의 유대인 친구이자 회사 동료인 라이오넬 콘웨이는 다음처럼 고백했다. "크리스 블랙웰은 항상 저에게 말했어요. 라스타가 이스라엘의 사라진 열세 번째 부족이고, 따라서 유대교와 관련이 있다고요. 그는 이 관계를 매우 자랑스러워했어요. 항상 저에게 라스타가 유대인이라고 말했죠."

로큰롤의 창시자인 샘 필립스는 저 자신이 목화 따는 사람이었고, 따라서 흑인과 묘한 친밀감을 느꼈다. 자유분방한 에너지 외에 로큰롤이 여러 세대의 흥미를 끈 것은 로큰롤에 흑인의 복음주의가 담겨있었기 때문이다. "가장 종교적인 남부 백인일지라도 1시간 또는 1시간 15분 정도 예배를 했지만 흑인은 4시간, 심지어 하루 종일 예배를 드리곤 했어요. 그런 점이 저를 매료시켰죠. 이 사람들은 결코 우울해 보이지 않았어요. 그 이유가 궁금했죠. 제 판단에 그들이 받는 위로는 신에 대한 믿음과 '어떻게든 괜찮아질 것'이라는 믿음에서 비롯되었던 것 같아요."

이렇듯 아주 오래된 형태의 연극과 종교로부터 거의 모든 현대 음악의 새로운 장르가 발전해왔다. 정상에 위치한 사람들은 이를 잘 알고 있다. 베거스의 보스 마틴 밀스는 자신이 가장 좋아하는 흑인 펑크 예술가 돈 레츠의 말을 인용하면서 이렇게 말한다. "언제나 우리가 하는 일이 전도와 성전이라고 생각했어요. 음악이 종교라면 러프 트레이드는 나의 교회죠." 톱 40 방송이 불공정하다고 생각하는 이 인디 사냥꾼은 뮤즈를 쫓는 와중에 무시당하고 소외된 천재의 산파 역할을 한다. 그리고, 아이보 와츠-러셀이 있다. 은퇴 후 뉴멕시코 북동부로 이주한 이 4AD의 설립자는 매주 하루씩 그의 지역 동물 보호소에서 관리하는 개들을 데리고 사막의 황야를 달리면서 시간을 보낸다. 그는 한숨을 내쉬면서 말한다. "불쌍한 것들. 포에버 홈*을 기다리는 동안 자원봉사자가 산책을 시켜주지 않으면

---

*   동물 구조 서비스이다.

아름다운 주변 환경을 하나도 못 봐요. 저는 아이가 없지만 음악가를 키우다가 개를 구조하는 일을 하게 됐어요. 제 생각에 이 세 가지 책임에는 비슷한 측면이 있어요."

시간이 흘러 노인이 된 샘 필립스는 아프리카계 미국인 음악의 역사적 중요성에 대해 다음 같은 믿음을 내비쳤다. "목화를 따고 노새에게 먹이를 주고, 사탕수수 당밀을 만드는 것 외에는 책임질 게 없었던, 무식하다고 생각했던 사람들로부터 많은 걸 배웠어요. 앞으로 백 년 후에 사람들이 이 음악을 다시 들으면 이들이야말로 거장이었다는 걸 알게 될 겁니다. 이 사람들이 문맹이었을 수도 있죠. 책을 쓸 능력이 없었을 수도 있고요. 하지만 이 사람들은 노래를 만들 수 있었어요. 그리고 이 노래를 3절까지만 들어도 우리는 인생에서 가장 위대한 이야기를 만나게 돼요."

포크와 블루스는 수세기 동안 아래로 내려오면서 지혜가 축적된 음악이다. 필립스는 말한다. "하늘과 바람과 땅으로부터 나온, 힘든 세월을 견뎌낸 음악에 대해 생각해 보세요. 복잡하면서도 단순한 그 음악. 만약 당신에게 기초가 없다면 제가 무슨 말을 하는지 알 수 없을 거예요." 그가 가장 자랑스럽게 생각하는 발견은 엘비스도, 조니 캐시도 아니다. 블루스 주술사 하울링 울프다.

밀집된 도시에서든 탁 트인 시골 평야에서든 다양한 환경에 적응하면서 성스러운 곡조를 찾는 행위는 시대를 초월한 예술이다. 외부와 단절된 대도시에서 레코드는 우리의 민속 전통이자 영적인 치료이며 부족의 신과 마지막으로 연결되는 신성한 연결 고리가 된다. 엉터리 판매원이 가득한 이 게임에서 진짜 레코드 맨은 실제 효과가 있는 마법의 물약을 판다.

스포츠, 정치, 영화, 책, 패션 등의 여러 분야 가운데 음악은 저 멀리 모닥불로부터 비롯된 부족의 유전자가 지배하는 영역으로 남아 있다. 수천 년간 이어진 기술 발전과 함께 우리는 어디에 있는 것일까? 우리는 여전히 밤이면 불빛 주위에 모여 이 모든 것을 이해하려고 노력하면서 별을 향해 꿈을 꾼다.

구하면 찾을 수 있으리라.

레코드 맨: 음반 산업의 장대한 역사

COWBOYS AND INDIES: The Epic History of the Record Industry

발행일 2025년 3월 20일

지은이 가레스 머피
옮긴이 배순탁
발행인 최우진
편집 김은주
디자인 이현아

발행처 그래서음악(somusic)
출판등록 2020년 6월 11일 제 2020-000060호
주소 (본사) 경기도 성남시 분당구 정자일로 177
    (연구소) 서울시 서초구 방배4동 1426
이메일 book@somusic.co.kr

ISBN 979-11-93978-64-1 (03670)